東洋古典譯註叢書 134

譯註 世說新語補 5

附 索引

刪定 王世貞
책임번역 金鎭玉
공동번역 南誠佑 金泰勳
현토 吳圭根

전통문화연구회

飜譯委員

企劃編輯　東洋古典飜譯編輯委員會
飜譯研究管理　南賢熙
責任飜譯　金鎭玉
共同飜譯　南誠佑　金泰勳
懸　吐　吳圭根
潤　文　朴勝珠
校　訂　李承俊　朴相水
出　版　白俊哲
裝　幀　김진디자인

東洋古典譯註叢書를 발간하면서

우리의 古典國譯事業은 민족문화 진흥의 기초사업으로 1960년대부터 政府 支援으로 古文獻 現代化 작업을 추진하여 많은 成果를 거두었다. 당시 이 사업 추진의 先行課題로 東洋古典이라 일컬어지는 중국의 基本古典을 먼저 飜譯하여야 한다는 學界의 주장이 있었음에도 불구하고 우리 고전이 아니라는 일부의 偏狹한 視角과 財政 事情 등으로 인하여 배제되어 왔다.

전통적으로 중국의 기본고전은 우리 歷史와 함께 숨쉬며 각종 교육기관의 教科書로 활용됨은 물론이고 지식인들의 必讀書가 되어 왔으며, 우리 文化의 基底에 자리잡고 거의 모든 방면의 體系와 根幹을 형성하여 왔다. 그래서 학문연구의 기본서 역할을 해 왔을 뿐만 아니라 오늘날에도 우리의 國學徒 및 東洋學 研究者들에게 같은 역할을 하고 있음은 주지의 사실이다. 그럼에도 불구하고 中國古典은 우리 것이 아니라 하여 專門機關의 飜譯對象에 포함하지 않음으로써, 대부분 原典에서의 직접 번역이 아닌 重譯이나 拔萃譯의 방식이 주를 이루면서 教養水準으로 出版되어 왔다.

오늘날 東洋 三國 중에서 우리의 東洋學 연구가 가장 부진한 이유는, 東洋基本古典에 대한 폭넓은 이해의 부족과 漢文古典 讀解力의 저하에 기인함을 우리는 솔직히 인정하여야 한다. 따라서 이들 중국고전에 대한 신뢰할 만한 國譯이 이루어지는 것이 한국학 연구를 촉진시키는 시급한 先行課題라 할 수 있다.

이에 韓國學 및 東洋學의 연구와 古典現代化의 基盤構築을 위해서는, 전문기관으로 하여금 동양고전을 단기간에 각 분야의 專門 研究者와 漢學者가 상호 협동하여 연구번역하여 飜譯의 傳統性과 效率性, 研究의 專門性을 높일 수 있도록 政策的 配慮가 있어야 한다.

이에 本會에서는 元老 및 中堅 漢學者와 斯界의 專攻者로 하여금 協同硏究飜譯하여 공부하는 사람들이 믿고 引用하거나 깊이 있는 註釋 등을 활용할 수 있게 하고, 知識人들의 敎養을 증진시켜 줄 수 있는 東洋古典의 國譯書 간행을 지속적으로 추진해 왔다. 근래에 다행히 이 사업에 대하여 각계 지도층의 폭넓은 이해와 지원에 힘입어 2001년도부터 國庫補助를 받아 東洋古典譯註叢書를 간행하게 되었다. 이를 계기로 우리 先學의 註釋과 見解를 반영하는 등 국역사업의 內實을 기하게 되었음을 이 자리를 빌려 衷心으로 감사드리며, 아울러 國譯에 參與하신 관계자 여러분의 勞苦에 깊은 謝意를 표한다.

끝으로 우리의 이러한 작업은 오랜 역사 위에 축적된 先賢들의 業績과 現代學問을 이어주는 튼튼한 架橋와 礎石이 되어 진정한 韓國學과 東洋學 발전에 기여할 것을 굳게 믿으며, 21세기를 우리 文化의 世紀로 열어 가는 밑거름이 되도록 우리의 力量을 本 事業에 경주하고자 한다. 江湖諸賢의 부단한 관심과 지원을 기대해 마지않는다.

社團法人 傳統文化硏究會 理事長 李啓晃

凡 例

1. 본서는 ≪譯註 世說新語補≫의 제5책이다.
2. 본서는 ≪世說新語補≫ 간행본의 대부분을 차지하는 顯宗實錄字本 중 상태가 가장 양호하며 印記로 '弘文館'이 찍힌 규장각본 ≪世說新語補≫(奎中 1801-v.1-7)를 底本으로 하되, 顯宗實錄字本 중 상태가 양호한 국립중앙도서관본 ≪世說新語補≫(古032-59)와 木活字로 인쇄된 국립중앙도서관본 ≪世說新語補≫(古373-1)를 참고하였다.
3. ≪世說新語補≫는 ≪世說新語≫와 ≪何氏語林≫의 기사를 발췌한 다음 합하여 刪定한 것으로, 선본인 일본 尊經閣叢刊 ≪世說新語≫(昭和 4年), 규장각 소장 天啓4年本 ≪何氏語林≫(奎中 3300-v.1-6)을 교감 자료로 활용하였다.
4. 저본인 규장각본 ≪世說新語補≫는 간행 과정에서 批點이 빠져 보이지 않는다. 저본에 실리지 않은 批點의 내용은 頭註 항목을 두어 일본 와세다대학 소장 安永8年本 ≪李卓吾批點世說新語補≫(ヌ08 04889)에서 취하여 번역하였다. 한편 이를 '安永本'으로 약칭하고, 교감에도 적극 활용하였다.
5. 저본에는 卷의 첫머리에만 '世說新語補 卷○'이 있으나, 번역서에서는 篇 단위로 別面을 하였기 때문에 篇名마다 앞에 '世說新語補 ○卷'을 삽입하였다.
6. 본서는 원전의 傳統性과 번역의 現代性을 구현하기 위해 노력하였다.
7. 原文은 우리나라 전통 방식으로 懸吐하였다.
8. 原文은 저본의 體制에 따라 단락을 구분하고, 각 단락마다 일련번호를 부여하였다.
9. 讀音이 특수하거나 僻字인 경우에는 ( ) 속에 한글로 音을 달아주었다.
10. 각 篇마다 간략한 해설을 달아 독자의 이해를 돕고자 하였다.
11. 飜譯은 原義에 충실하게 하되, 이해가 어려운 부분은 意譯 또는 補充譯을 하였다.

12. 飜譯文은 한글과 漢字를 混用하였으며, 맞춤법과 띄어쓰기는 한글 맞춤법과 표준어 규정을 따르는 것을 원칙으로 하였다.
13. 譯註는 故事, 官職, 校勘, 難解語, 역사적 사건, 人物, 인용문의 出典, 전문용어, 制度, 異說 등에 관한 사항을 밝혔다. 이 가운데 주로 일본의 ≪세설≫ 연구 중 가장 권위 있는 저작으로 꼽히는 ≪世說音釋≫을 역주에 반영하였다.
14. 校勘은 원문의 衍字, 誤字, 脫字, 倒文 등을 대상으로 하였다.
15. 본서의 校勘에 사용된 符號는 다음과 같다.

( )〔 〕: (저본의 誤字)〔교감한 正字〕

〔 〕: 저본의 脫字 보충

( ): 저본의 衍字 삭제

16. 본서에 사용된 주요 符號는 다음과 같다.

“ ”: 對話, 각종 引用

‘ ’: “ ” 안에서 再引用, 强調

「 」: ‘ ’ 안에서 再引用, 强調

( ): 원문에서는 讀音이 다른 글자나 僻字의 音
번역문에서는 간단한 譯註

〔 〕: 번역문의 이해를 돕기 위한 原文의 漢字나 句節, 譯註에서 인용한 原文, 疏에서 설명 대상으로 제시한 經이나 傳의 단어나 구절

≪ ≫: 書名이나 典據

〈 〉: 篇章名, 作品名, 補充譯

【 】: ‘輔’ 및 ‘頭註’에 표시

○ : 저본에 사용된 단락 구분 표시 遵用

○ : 頭註 구분 표시

目 次

東洋古典譯註叢書를 발간하면서
凡　　例

世說新語補 18卷
37. 재치 넘치는 농담(下)　排調 下 / 11
38. 업신여기고 헐뜯다(上)　輕詆 上 / 62

世說新語補 19卷
39. 업신여기고 헐뜯다(下)　輕詆 下 / 87
40. 거짓과 사기　假譎 / 108
41. 폐출과 면직　黜免 / 130
42. 검소와 인색　儉嗇 / 146
43. 교만과 사치　汰侈 / 152
44. 분노와 조급　忿狷 / 165
45. 비방과 험담　讒險 / 181

世說新語補 20卷
46. 책망과 후회　尤悔 / 185
47. 잘못된 처신으로 인한 낭패　紕漏 / 202
48. 탐닉되다　惑溺 / 224
49. 앙숙　仇隟 / 237

〔附錄 1〕- 索引

1. 索引凡例 / 259

2. 綜合索引 / 263

　　人名索引 / 390

〔附錄 2〕- 參考資料

1. ≪世說新語補 5≫ 參考書目 / 443

2. ≪世說新語補 5≫ 參考圖版 目錄 / 448

3. ≪世說新語補≫ 總目次 / 450

4. ≪世說新語補≫ 解題 / 450

譯註 世說新語補 5

附 索引

37. 재치 넘치는 농담(下) 排調 下

37-1 처음에 謝安이 東山에서 布衣로 지내고 있을 때 형제들 중에 이미 부귀한 자들이 있었다. 〈그들이〉 집에 모일 때면 사람들의 이목을 놀라게 하였다. 〈아내인〉 劉夫人이 농담으로 사안에게 말하였다.

"대장부라면 응당 이래야 되지 않겠습니까?"

사안이 이에 코를 막으면서 말하였다.

"〈저런 꼴을〉 면치 못할까 걱정일 뿐이오."

初 謝安在東山居布衣時에 兄弟已有富貴者 翕(흡)集家門이면 傾動人物이라 劉夫人戱謂安曰 大丈夫不當如此乎아하니 謝乃捉鼻曰 但恐不免耳이로소이다

謝安

【頭註】

○ 劉辰翁 : 이는 악취가 나는 것처럼 코를 막은 것이다. 劉云 "此捉鼻似臭."

37-2 支道林(支遁)이 다른 사람을 통해 印山[1]을 사려고 深公(竺法深)에게 갔다. 심공이 답하였다.

"巢父와 許由[2]가 산을 사고 나서 은거하였다는 말을 듣어보지 못했습니다."

---

1) 印山 : ≪世說新語箋疏≫에서는 印山은 岬山으로 보아야 하며, ≪高僧傳≫에도 '岬山'으로 되어 있다고 하였다. 岬山은 山의 이름이다.

2) 巢父와 許由 : 堯임금 때의 高士들로 箕山의 潁水 근처에 은둔하였다. 요임금이 허유에

支道林이 因人就深公買印山하니 深公答曰 未聞巢・由買山而隱①이라하다

① ≪高逸沙門傳≫에 말하였다. "支遁은 深公(竺法深)의 말을 듣고는 부끄러워 〈산을 사려는 생각을〉 그만두었다."
高逸沙門傳曰 "遁得深公之言, 慙恧(뉵)而已."

37-3 張吳興(張玄之)이 여덟 살 때 이가 빠지자, 선배들은 그가 범상치 않다는 것을 알고 있었기에 일부러 놀리며 말하였다.

"너는 입 속에 어찌하여 개구멍을 열어 놓았는가?"

장오흥이 그 말을 듣자마자 바로 답했다.

"바로 선배들이 이곳으로 드나들게 하려고 그랬지요."

張吳興年八歲에 虧齒①하니 先達知其不常이라 故戲之曰 君口中에 何爲開狗竇(두)오하니 張應聲答曰 正使君輩從此中出入이라하다

① 〈張吳興은〉 張玄之이다.
玄之也.

37-4 〈진자우의 머리가 진자우를 꾸짖다〔頭責秦子羽〕〉라는 글에 말하였다.

"그대(秦子羽)는 참으로 太原의 溫顒, 潁川의 荀寓, 范陽의 士卿인 張華와 劉許, 義陽의 鄒湛, 河南의 鄭詡만 못합니다. 이 사람들은, 어떤 이는 말을 더듬고 聲調를 제대로 맞추지 못하며, 어떤 이는 허약하고 용모가 추한데다 말이 적으며, 어떤 이는 굽신거리며 〈윗사람의 눈에 들기 위해〉 거짓된 태도를 꾸미고, 어떤 이는 시끄럽게 떠들어대나 지혜는 적으며, 어떤 이는 입에 끈적한 엿을 물고 있는 듯 〈말을〉 하며, 어떤 이는 머리 모양이 절구공이에 두건을 씌운 듯하였습니다. 그렇지만 그래도 문장이 볼 만하고 생각이 조리 있어 권세 있는 자에게 빌붙어 모두 조정에 올랐습니다."

게 천하를 물려주려 하자 허유는 거절하고 더러운 소리를 들었다며 영수의 물에 귀를 씻었고, 소보는 소에게 물을 먹이려다가 그 소리를 듣고 물이 더러워졌다며 소를 상류로 끌고 갔다고 한다.(≪高士傳≫ 〈許由〉)

頭責秦子羽云 子는 曾不如太原溫顒(옹) 潁川荀寓① 范陽張華 士卿劉許② 義陽鄒湛(담) 河南鄭詡(후)③하니 此數子者는 或謇喫(건끽)無宮商하고 或尫(왕)陋希言語하고 或淹伊多姿態하고 或讙譁少智諝하고 或口如含膠飴(이)하고 或頭如巾齏杵(저)④로되 而猶以文采可觀이요 意思詳序라 攀(반)龍附鳳하여 竝登天府⑤하니라

① ≪荀氏譜≫에 말하였다. "荀寓는 字가 景伯이다. 조부 荀式은 太尉였고, 부친 荀保는 御史中丞이었다."

≪世語≫에 말하였다. "荀寓는 젊어서부터 裴楷·王戎·杜默과 함께 유명했으며, 晉나라에서 벼슬하여 尙書에 이르렀다."

荀氏譜曰 "寓, 字景伯. 祖式, 太尉. 父保, 御史中丞."

世語曰 "寓少與裴楷·王戎·杜默俱有名, 仕晉, 至尙書."

② ≪晉百官名≫에 말하였다. "劉許는 字가 文生으로 涿鹿 郡 사람이다. 부친 劉放은 魏나라 驃騎將軍이었다. 유허는 惠帝(司馬衷) 때 宗正卿이 되었다."

살펴보건대 유허는 張華와 같이 范陽 사람이기 때문에 '士卿'이라고 말한 것이니, 〈이는〉 互文[3]인 것이다. '종정경'을 '사경'이라고도 한다.

晉百官名曰 "劉許, 字文生, 涿鹿郡人. 父放, 魏驃騎將軍. 許, 惠帝時爲宗正卿."

按 許與張華同范陽人, 故曰 '士卿', 互其辭也. 宗正卿, 或曰士卿.

③ ≪晉諸公贊≫에 말하였다. "鄒湛은 字가 潤甫로 新野 사람이다. 문장으로 현달하여 벼슬이 侍中에 이르렀다. 鄭詡는 字가 思淵으로 滎陽 開封 사람이다. 衛尉卿이 되었다. 조부 鄭泰는 揚州刺史였고, 부친 鄭褒는 司空이었다."

晉諸公贊曰 "湛, 字潤甫, 新野人. 以文義達, 仕至侍中. 詡, 字思淵, 滎陽開封人. 爲衛尉卿. 祖泰, 揚州刺史. 父褒, 司空."

④ ≪文士傳≫에 말하였다. "張華는 사람됨이 위엄이 없었고 〈윗사람의 눈에 들기 위해〉 거짓된 태도를 꾸몄다."

이 말을 미루어 생각해 보면 이 여섯 구절은 돌아가며 위의 여섯 사람을 품평한 것이기는 하다. 그러나 '입은 끈적한 엿을 물고 있는 듯 〈말을〉 한다.'라는 구절은 鄒湛을 가리키는 것으로, 추담은 언변과 문장이 매끄럽고 지혜와 학문이 뛰어났는데도 이렇게 일컬었으니, 〈이유를〉 잘 모르겠다.

---

3) 互文 : 詩文에서 쓰는 修辭 방법의 하나로, 위와 아래의 두 구절 또는 한 구절 안의 두 부분이 서로 호응하거나 보충하도록 하는 표현 방법이다. 본문의 '范陽張華 士卿劉許'는 보기에는 范陽은 張華를, 士卿은 劉許를 각각 꾸며주는 것처럼 보이나 실제로는 范陽과 士卿이 모두 劉許와 張華를 꾸며주고 있는데, 이와 같은 방법을 '호문' 또는 '互辭'라고 한다.

文士傳曰"華爲人少威儀, 多姿態."
推意此語, 則此六句, 還以目上六人. 而口如含膠飴, 則指鄒湛. 湛辯麗英博, 而有此稱, 未詳.

⑤ ≪張敏集≫에 실린 〈頭責子羽文〉에 말하였다. "내 벗 중에 秦生(秦子羽)이 있다. 비록 〈나에게는 손위의〉 존귀한 姊兄이지만 젊어서부터 가깝게 지냈다. 〈진생과〉 당시 친하게 지내던 이들로는 太原 출신의 字가 長仁인 溫顒, 潁川 출신의 字가 景伯인 荀寓, 范陽 출신의 字가 茂先인 張華, 士卿을 지낸 字가 文生인 劉許, 南陽 출신의 字가 潤甫인 鄒湛, 河南 출신의 字가 思淵인 鄭詡가 있었다. 〈그들은〉 몇 년 사이에 앞서거니 뒤서거니 차례대로 조정에 진출했는데, 이 어진 이(진생)는 누추한 골목에서 지내며 몇 번이나 벼슬을 하려고 했으나 좋은 값을 쳐주는 사람이 없어 태연자약하게 고상한 뜻을 굳게 지키며 끝내 게으름을 피우지 않으니, 〈내가〉 이 때문에 안타까운 마음이 들었다.

그리고 또 〈저〉 諸賢들이 이미 〈조정에서〉 한자리씩 차지하고 있으면서 ≪詩經≫ 〈小雅 伐木〉에 나오는 '〈벗을 찾아〉 재잘재잘 노래하는 소리'[4]가 도무지 없고 '王吉과 貢禹가 친구끼리 이끌어주어 벼슬에 나가게 하는 의리'[5]를 심히 위배한 것이 괴이하게 생각되었다. 그러므로 진생의 훌륭한 용모를 바탕으로 삼아 〈頭責子羽〉을 지어 그를 놀리고 아울러 여섯 사람을 조롱한다. 비록 〈실없는〉 諧謔인 듯하지만 실은 비유하려는 바가 있는 것이다. 문장은 다음과 같다.

'泰始 원년(265) 진자우의 머리가 진자우를 꾸짖으며 말하였다. 「내가 그대에게 의탁하여 머리가 된 지 만여 일이 되었습니다. 大自然은 나에게 精神을 부여하고 형체를 만들어 주었습니다. 내가 그대를 위해 두피에 머리털을 심고, 코와 귀를 배치하고, 눈썹과 수염을 자리잡게 하고, 치아를 심으니 〈그대의〉 눈동자는 빛을 발하고 두 광대뼈는 〈늠름하게〉 솟아올랐습니다. 〈그래서 그대가〉 매번 출입할 때에 저잣거리를 거닐면 길을 가던 이들은 피하고, 앉아 있던 이들은 벌떡 일어나 몸을 숙이기까지 합니다. 어떤 이는 君侯라고 칭하기도 하고 어떤 이는 장군이라고 말하기도 하며 손을 올려 경례하고 서서 몸을 굽힙니다. 〈사람들이〉 이렇게 하는 것은 나의 모습이 충분히 훌륭하기 때문입니다.

---

4) 벗을……소리 : ≪詩經≫ 〈小雅 伐木〉에 "재잘재잘 즐겁게 노래하는 새들이여, 서로들 벗을 구하는 소리로다.〔嚶其鳴矣 求其友聲〕"라고 하였는데, 이 구절은 친구간에 서로 의기투합하는 것을 말할 때 쓰인다.

5) 王吉과……의리 : 王吉과 貢禹는 漢나라 때의 인물들이다. 서로 친한 벗으로 벼슬에 나아가고 물러남을 같이 하였다. 왕길이 益州刺史가 되자 친구인 공우가 갓을 털며 벼슬에 나아갈 준비를 하였는데, 과연 그 후 왕길의 추천으로 대부가 되었다.(≪前漢書≫ 〈王吉傳〉)

〈그런데〉 그대는 관원의 모자도 쓰지 않고 금과 은으로 된 장식도 차지 않으며, 〈아녀자의〉 비녀를 〈상투를 고정하기 위한〉 동곳처럼 쓰고 아녀자가 쓰는 머리 장식으로 모자를 대신하며, 맛있는 음식을 맛보지 않고 좁쌀과 푸성귀나 먹으며, 田園에서 찌그러져 살면서 땅에 거름을 주느라 더러워져 시커멓게 되었으면서도 한 해가 저물고 세월이 지나가도 스스로 후회할 줄을 전혀 모릅니다. 그대는 나의 모습에 대해 질려하고 나는 그대의 정신 태도를 천하게 여깁니다. 이렇게 된 것은 틀림없이 그대가 처신을 잘못했기 때문입니다. 그대는 나를 원수처럼 대하고 나는 그대를 적인 양 보아 평상시 즐겁지 못하고 둘 다 근심스러우니 얼마나 못난 일입니까.

그대가 다른 사람들의 보배가 되고자 한다면 마땅히 皐陶·后稷·巫咸·伊陟처럼 나라를 편안하게 잘 다스려 길이길이 나라의 힘이 커지고 인재가 배양되도록 해야 할 것입니다. 그대가 명예가 높아지기를 원한다면 마땅히 許由·子威·卞隨·務光처럼 귀를 씻고 국가가 주는 봉록을 피해 천년토록 훌륭한 명성을 전해야 할 것입니다. 그대가 遊說하고자 한다면 마땅히 陳軫·蒯通·陸生·鄧公처럼 禍를 福으로 변하도록 하고 훌륭한 말로 중재해야 할 것입니다.

皐陶明刑圖

그대가 적극적으로 큰 일을 이루고자 한다면 마땅히 賈生이 등용해 줄 것을 요구하고 終軍이 사신으로 가기를 요청했던 것[6]처럼 탁월한 능력을 갈고 닦아 국가의 중대사를 처리해야

6) 賈生이……것 : 賈生은 漢 文帝 때의 賈誼로, 文才가 있어 문제의 총애를 받았다. 당시의 사람들이 모두 천하가 이미 잘 다스려지고 있다고 하였으나, 가의만 홀로 그렇지 않다고 하며 통곡할 만한 것 한 가지, 눈물을 흘릴 만한 것 두 가지, 길이 탄식할 만한 것 여섯 가지를 열거하여 상소를 올렸다.(≪漢書≫ 〈賈誼傳〉) 終軍은 漢 武帝 때의 사람으로, 문학과 언변이 매우 뛰어났다. 20세에 무제에게 글을 올려 "긴 끈 하나를 주시면 越南王을 묶어 바치겠습니다." 하고 南越에 사신으로 가서, 남월왕에게 복속하도록 설득하여 성공하였다.(≪漢書≫ 〈終君傳〉)

할 것입니다. 그대가 〈名利를 벗어나〉 맑고 깨끗하고자 한다면 마땅히 老聃(老子)이 정신을 전일하게 하고 莊周(莊子)가 심신을 안온하게 했던 것처럼 남김없이 욕심에서 벗어나 뜻이 구름과 해를 넘어서야 할 것입니다. 그대가 은둔하고자 한다면 마땅히 榮啓期가 새끼줄을 허리띠로 매고 漁父가 〈물결 속에서〉 보였다 안보였다 하는 것[7]처럼 신령스러운 산에 머물고 큰 골짜기에서 낚싯대를 드리워야 할 것입니다. 이것이 보잘 것 없는 한 사람이 몸을 드러내고 이름을 이루는 방법입니다.

지금 그대는 위로는 〈老莊의〉 道와 德을 바라지 않고, 중간으로 儒家나 墨家를 본받지도 않으면서 멍하니 빈궁하고 비천하게 지내며 이런 우매한 태도를 고수하고 있습니다. 그대의 마음을 살펴보고 그대의 뜻을 관찰하건대 물러난다 해도 處士가 되지 못하고 나아간다 해도 三事(三公)를 바라지 않고 단지 안일하게 세월을 허비하며 육신을 고달프게 하여 보통 사람들이나 좋아하는 것을 익히고 하니, 또한 잘못된 것이 아니겠습니까.」

이에 자우가 근심스러운 낯빛으로 깊이 생각하더니 대답하였다.「가르침의 말씀을 삼가 잘 들었습니다. 나는 〈하늘로부터〉 받은 천성에 구애되어 禮義에 익숙하지 않은데, 어쩌다 天幸으로 그대가 의탁하는 바가 되었습니다. 지금 〈그대가〉 나로 하여금 〈국가에〉 충성하도록 하고자 하신다면 〈나는〉 마땅히 伍子胥와 屈平(屈原)처럼 되어야 할 것이고, 나로 하여금 신의를 지키도록 하고자 하신다면 마땅히 내 몸을 희생하여 이름을 이루어야 할 것이고, 나로 하여금 절개를 지키도록 하고자 하신다면 마땅히 물불에 뛰어들어 지조를 온전히 해야 하겠지요. 〈그렇지만〉 이 네 가지[8]는 사람들이 꺼리는 바이므로 저는 감히 〈그렇게 되고 싶은〉 마음을 먹지 못하는 것입니다.」

머리가 말하였다.「그대는 이른바 하늘이 벌을 내리고 땅이 옭아맨다는 말처럼 고집스러운 마음이 심한 사람이구려. 산에 올라가 나무를 끌어안고 죽지 않는다면 바

---

7) 榮啓期가……것 : 영계기는 춘추시대의 隱士이다. 공자가 태산을 유람하다가, 영계기가 사슴 갖옷을 입고 새끼줄을 허리에 매고 노래하는 것을 보고 무엇이 그리 즐거우냐고 묻자, "하늘이 만물을 낸 가운데 오직 사람이 가장 귀한데 나는 사람이 되었으니 이것이 첫 번째 즐거움이요, 남자는 높고 여자는 낮으므로 사람들이 남자를 귀하게 여기는데 나는 남자가 되었으니 이것이 두 번째 즐거움이요, 사람이 태어나서 해와 달을 보지 못하고 포대기를 벗어나지 못한 채 죽는 사람도 있는데 나는 아흔다섯 살이 되도록 살았으니 이것이 세 번째 즐거움이다."라고 대답하였다.(≪孔子家語≫ 〈六本〉) 어부는 특정 인물을 지칭하는 것은 아니고, 屈原의 〈漁父辭〉처럼 세속을 떠나 자신을 깨끗이 하려는 은자를 가리키는 듯하다.

8) 이 네 가지 : 앞에 나오는 내용은 세 가지에 불과한데 원문은 '此四者'이고 ≪世說新語≫, ≪李卓吾批點世說新語補≫, ≪容齋隨筆≫ 등도 모두 동일하므로 일단 원문대로 번역하였다.

지를 걷어 올리고 흐르는 물에 뛰어들어 버리겠군요. 내 그대에게 德性을 기르는 법을 알려주고 유유자적하는 법을 가르쳐 주고자 하였건만 그대는 서캐나 이와 같은 〈작은〉 마음으로 나의 생각을 듣지 않는구려. 〈다른 신체 부분들과〉 같이 사람의 몸의 일부가 되면서 유독 그대의 머리가 된 것이 슬프구려. 일단 사람을 비교할 때는 동등한 이들과 비교하는 법이니 그대에게 비슷한 사람들에 대해 알려주겠소.

그대는 太原의 溫顒, 潁川의 荀寓, 范陽의 士卿인 張華와 劉許, 南陽의 鄒湛, 河南의 鄭詡만 못합니다. 이 사람들은, 어떤 이는 말을 더듬고 聲調를 제대로 맞추지 못하며, 어떤 이는 허약하고 용모가 추한데다 말이 적으며, 어떤 이는 굽신거리며 〈윗사람의 눈에 들기 위해〉 거짓된 태도를 꾸미고, 어떤 이는 시끄럽게 떠들어대나 지혜는 적으며, 어떤 이는 입에 끈적한 엿을 물고 있는 듯 〈말을〉 하며, 어떤 이는 머리 모양이 절구공이에 두건을 씌운 듯하였습니다. 그렇지만 그들은 그래도 문채가 볼만하고 생각이 조리 있어 권세 있는 자에게 빌붙어 모두 조정에 올랐습니다. 저 〈남의〉 치질을 핥아 수레를 얻고 연못에 잠수하여 구슬을 얻는 것[9]이 그대가 단지 입술과 혀를 문드러지게 하고 손과 발을 물에 젖도록 하는 것만 하겠습니까.

혼란한 세상에 사는데도 〈적절히〉 헤아려 도모하기를 부끄러워하는 것은 비유하자면 우물을 파고서 〈두레박을 쓰지 않고〉 물 항아리를 안고 〈들어가 물을 담아 나오는 것과〉 같습니다.[10] 〈이래서는〉 부유하게 되기를 기대하기 어렵습니다. 아아, 자우여! 그대는 우리 속의 곰이나 깊은 함정에 빠진 범, 바위틈에 끼인 굶주린 게, 구멍 속의 쥐 따위와 무엇이 다르단 말입니까. 비록 부지런히 힘을 쓰지만 효과를 보기 몹시 힘드니, 움츠리고 기가 꺾인 채 늙을 때까지 희망이 없는 것은 당연합니다. 육신이 온전치 못한 자도 오히려 곤궁하지 않을 수 있거늘, 천명이 아니겠습니까. 어찌 그대와 같이 거처하겠습니까.」'"

張敏集載頭責子羽文曰 "余友有秦生者, 雖有姊夫之尊, 少而押焉. 同時好暱(닐), 有太原溫長仁顒, 潁川荀景伯寓, 范陽張茂先華, 士卿劉文生許, 南陽鄒潤甫湛, 河南鄭思淵詡. 數年之中, 繼踵登朝, 而此賢身處陋巷, 屢沽而無善價, 亢志自若, 終不衰墮, 爲之慨然. 又怪諸賢旣已在位, 曾無伐木嚶鳴之聲, 甚違王・貢彈冠之義. 故因秦生容貌之

9) 저……것 : 치질을 핥는다는 것은, 부귀영화를 위해 비굴하게 윗사람에게 아첨하는 행위를 뜻한다. 옛날에 黃河 가에서 살던 가난한 사람이 아들이 연못에 들어갔다가 귀한 구슬을 얻자, 그것을 얻을 수 있었던 것은 그곳의 용이 잠을 자고 있었기 때문이라고 하면서 구슬을 깨트려버리라고 하였다.(≪莊子≫ 〈列禦寇〉)

10) 우물을……같습니다 : 子貢이 밭일을 하는 노인을 보았는데, 굴을 뚫고 우물에 들어가 항아리에 물을 담아 안고 나와서 밭에 물을 주고 있었다. 끙끙거리며 매우 애를 쓰는데 효과는 아주 적었다.(≪莊子≫ 〈天地〉)

盛, 爲頭責之文以戱之, 幷以嘲六子焉. 雖似諧謔, 實有興也. 其文曰 '維泰始元年, 頭責子羽曰「吾托子爲頭, 萬有餘日矣. 大塊稟我以精, 造我以形. 我爲子植髮膚, 置鼻耳, 安眉須, 揷牙齒, 眸子擒光, 雙顴(관)隆起. 每至出入之間, 遨遊市里, 行者辟易(피역), 坐者竦跽. 或稱君侯, 或言將軍, 捧手傾側, 佇立崎嶇. 如此者, 故我形之足偉也. 子冠冕不戴, 金銀不佩, 釵(차)以當笄(계), 帢以代幗, 旨味弗嘗, 食粟茹菜, 隈摧園間, 糞壤汚黑, 歲莫(모)年過, 曾不自悔. 子厭我於形容, 我賤子乎意態. 若此者乎, 必子行己之累也. 子遇我如讐, 我視子如仇, 居常不樂, 兩者俱憂, 何其鄙哉. 子欲爲人寶也, 則當如皐陶(고요)・后稷・巫咸・伊陟, 保乂王家, 永見封殖. 子欲爲名高也, 則當如許由・子威・卞隨・務光, 洗耳逃祿, 千歲流芳. 子欲爲遊說(세)也, 則當如陳軫・蒯(괴)通・陸生・鄧公, 轉禍爲福, 令辭從容. 子欲爲進趣也, 則當如賈生之求試, 終軍之請使, 砥礪鋒穎, 以幹王事. 子欲爲恬淡也, 則當如老聃之守一, 莊周之自逸, 廓然離欲, 志陵雲日. 子欲爲隱遁也, 則當如榮期之帶索(삭), 漁父之瀺灂, 棲遲神丘, 垂餌巨壑. 此一介之所以顯身成名者也. 今子上不希道德, 中不效儒墨, 塊然窮賤, 守此愚惑. 察子之情, 觀子之志, 退不爲於處士, 進無望於三事, 而徒翫(目)〔日〕[11]勞形, 習爲常人之所喜, 不亦過乎.」於是子羽愀然深念而對曰「凡所敎敕, 謹聞命矣. 以受性拘繫, 不閑[12]禮義, 設[13]以天幸, 爲子所寄. 今欲使吾爲忠也, 卽當如伍胥・屈平. 欲使吾爲信也, 則當殺身以成名. 欲使吾爲介節耶, 則當赴水火以全貞. 此四者, 人之所忌, 故吾不敢造意.」頭曰「子所謂天刑地網, 剛德之尤, 不登山抱木, 則褰裳赴流. 吾欲告爾以養性, 誨爾以優游, 而以蟣蝨同情, 不聽我謀. 悲哉. 俱寓人體, 而獨爲子頭. 且擬人其倫, 喩子儕偶. 子不如太原溫顒, 潁川荀寓, 范陽張華, 士卿劉許, 南陽鄒湛, 河南鄭詡. 此數子者, 或謇喫無宮商, 或尩陋希言語, 或淹伊多姿態, 或讙譁少智諝, 或口如含膠飴, 或頭如巾齏杵, 而猶文采可觀, 意思詳序, 攀龍附鳳, 竝登天府. 夫舐痔(지치)得車, 沈淵得珠, 豈若夫子徒令脣舌腐爛, 手足沾濡哉. 居有事之世, 而恥爲權圖, 譬猶鑿池抱甕, 難以求富. 嗟乎子羽. 何異檻中之熊, 深穽之虎, 石間飢蟹, 竇中之鼠. 事力雖勤, 見功甚苦, 宜其拳局剪蹙, 至老無所希也. 支離其形, 猶能不困, 非命也夫. 豈與夫子同處也.」'"

37-5 王蒙과 劉惔은 평상시 蔡公(蔡謨)을 존경하지 않았다. 두 사람이 한번은 채공을 찾아가서 한참 이야기를 나누고는 이에 채공에게 물었다.

---

11) (目)〔日〕: 저본에는 '目'으로 되어 있으나, ≪世說新語≫ 宋本과 ≪李卓吾批點世說新語補≫(安永本) 등에 의거하여 '日'로 바로잡았다.

12) 閑: '嫺'과 通한다. '익숙하다'는 뜻이다.

13) 設: ≪世說新語箋疏≫에서 인용한 李慈銘의 주석에 "〈洪本에는〉 設이 誤로 되어 있다. 〔設作誤〕"라고 하였다. '設'은 문맥이 통하지 않아 '誤'의 잘못으로 보고 번역하였다.

"공께서는 王夷甫(王衍)와 비교해 어떠한지 스스로 말해 보시지요."

〈채공이〉 답했다.

"나는 왕이보만 못하지요."

왕몽과 유담이 서로 바라보고 웃으며 말하였다.

"공은 어떤 점이 못합니까?"

〈채공이〉 답했다.

"왕이보에게는 그대들 같은 손님이 없지요."

王・劉每不重蔡公이라 二人嘗詣蔡하여 語良久에 乃問蔡曰 公自言何如夷甫오 答曰 身不如夷甫라 王・劉相目而笑曰 公何處不如오 答曰 夷甫는 無君輩客이니라

37-6 郝隆이 7월 7일에 땡볕으로 나가 드러누웠다. 사람들이 그 까닭을 물어보자, 〈학륭이〉 답하였다.

"나는 〈뱃속에 들어있는〉 책을 볕에 쬐고 있소이다."

郝(학)隆이 七月七日에 出日中仰臥어늘 人問其故하니 答曰 我曬(쇄)書①로라하니라

① ≪征西寮屬名≫에 말하였다. "郝隆은 字가 佐治로 汲郡 사람이다. 벼슬은 征西參軍에 이르렀다."
征西寮屬名曰 "隆, 字佐治, 汲郡人. 仕至征西參軍."

37-7 謝公(謝安)이 처음에는 은거하면서 살고자 하는 뜻을 가졌는데, 뒤에 〈출사하라는〉 엄한 명령이 누차 이르러 하는 수 없는 상황이라 비로소 桓公(桓溫)의 司馬로 취임하였다. 당시에 어떤 사람이 환공에게 약초를 보냈는데 그 가운데 '遠志'라는 약초가 있었다. 환공이 〈이를〉 들고 사공에게 물었다.

"이 약은 '小草'라고도 합니다. 어찌하여 하나의 물건인데 두 가지 명칭이 있는 것이오?"

사공이 바로 대답하지 못했다. 그때 郝隆이 자리에 〈함께〉 있다가 바로 답하였다.

"이는 이해하기가 아주 쉽습니다. 〈땅 속에서〉 나오지 않고 있으면 '원지'가 되고 〈밖으로〉 나오면 '소초'가 되는 것이지요."[14)]

〈이 말을 듣고〉 사공은 몹시 부끄러운 기색을 띠었다. 환공이 사공을 보고 웃으며 말하였다.

"郝參軍의 이번 말은 그리 나쁘지 않고 깊은 뜻도 있구려."

謝公始有東山之志러니 後嚴命屢臻하여 勢不獲已하여 始就桓公司馬라 于時人有餉桓公藥草에 中有遠志어늘 公取以問謝호되 此藥又名小草하니 何一物而有二稱①고 謝未卽答이어늘 時郝隆在坐라가 應聲答曰 此甚易解니 處則爲遠志요 出則爲小草라하니 謝甚有愧色이라 桓公目謝而笑曰 郝參軍此過[15] 乃不惡하고 亦極有會로라하니라

遠志

① ≪本草≫에 말하였다. "遠志는 棘菀이라고도 한다. 그 잎을 小草라고 한다."
本草曰 "遠志, 一名棘菀, 其葉名小草."

【頭註】

○ 王世懋 : <謝安은 郝隆의> 예리한 말이 훅하고 들어왔기 때문에 참을 수가 없었을 것이다. 하지만 <평소의 말과 달리 출사한 것은> 일생일대의 큰 흠이 될 만하다.
王云 "機鋒一到, 故不可忍, 然足成終身大隙(극)"

37-8 庾園客(庾爰之)이 孫監(孫盛)을 찾아갔는데 마침 출타하고 없었다. 〈아들인〉 孫齊莊(孫放)이 밖에 있는 것을 보았는데, 아직은 어리지만 영민함이 있었다. 유원객이 시험해 보려고 말하였다.

"孫安國은 어디에 있는고?"

〈손제장이〉 바로 답했다.

---

14) 땅……것이지요 : 謝安이 동산에 있을 때는 원다한 뜻을 품은 군자인 줄 알았는데, 뜻을 버리고 밖으로 나와 벼슬을 하였으니 작은 풀 같은 소인이라는 말이다.

15) 此過 : ≪世說音釋≫에서는 '這回'로, ≪世說箋疏≫에서는 '這一段'으로 보았다. ≪太平御覽≫에는 '通'으로 되어 있다. 일단 번역은 ≪世說音釋≫을 따랐다.

"庾穉恭(庾翼)의 집에 있습니다."

유원객이 크게 웃으며 말하였다.

"孫氏들이 크게 왕성〔盛〕하구나. 이런 아이가 있으니."

〈그러자〉 또 〈손제장이〉 답하였다.

"庾氏들의 융성함〔翼翼〕만 못하지요."

〈손제장이 집으로〉 돌아와 다른 사람들에게 말하였다.

"내가 확실히 이겼어요. 그 놈 아비 이름을 두 번 불렀으니까요."

庾(유)園客詣孫監에 値行이라 見齊莊在外에 尙幼而有神意어늘 庾試之曰 孫安國何在오하니 卽答曰 庾穉(치)恭家라하야늘 庾大笑曰 諸孫大盛이라 有兒如此라하니 又答曰 未若諸庾之翼翼이라하고 還하여 語人曰 我故勝이니 得重喚奴父名①이라하다

① ≪孫放別傳≫에 말하였다. "孫放 형제는 모두 뛰어나고 남달랐으며, 庾翼의 아들 庾園客과 같이 學生이 되었다. 유원객은 젊어서부터 뛰어나다는 명성이 있었다. 담소를 나누다가 손방을 놀리며 '손씨들이 이제 왕성〔盛〕하게 되었구나.'라고 하였는데, 盛은 孫監君(孫盛)의 諱였다. 〈그러자〉 손방이 즉시 답하기를 '유씨들의 융성함〔翼翼〕만 못하지요'라고 하였다. 손방이 임기응변으로 상대를 제압하자 당시 사람들이 우러러 보았다. 司馬景王(司馬師)·陳泰·鍾毓(종육) 같은 현인들이 〈손방과〉 문답을 나누어 보았는데, 〈그를〉 넘어설 수가 없었다."
孫放別傳曰"放兄弟竝秀異, 與庾翼子園客同爲學生. 園客少有佳稱, 因談笑嘲放曰'諸孫於今爲盛.'盛, 監君諱也. 放卽答曰'未若諸庾之翼翼.'放應機制勝, 時人仰焉. 司馬景王·陳·鍾諸賢相酬, 無以踰也."

37-9 范玄平(范汪)이 簡文帝가 마련한 자리에 있다가 말이 꿀리려고 하자 王長史(王濛)를 잡아당기며 말하였다.

"그대가 나 좀 도와주시오."

왕장사가 말하였다.

"이는 산을 뽑아버릴 힘이라도 도와줄 수 있는 일이 아니라오."

范玄平在簡文坐에 談欲屈이라 引王長史曰 卿助我하라하니 王曰 此非拔山力所能助①라하다

① ≪史記≫에 말하였다. "項羽가 漢나라 군대에게 포위당하자 밤에 일어나 노래를 불

렸다. '힘은 산을 뽑을 만하고 기개는 세상을 덮을 만하나, 시운이 불리하니 烏騅馬가 달리지 못하네.'

史記曰"項羽爲漢兵所圍, 夜起歌曰 '力拔山兮氣蓋世, 時不利兮騅不逝.'

37-10 郝隆이 桓公(桓溫)의 南蠻參軍이 되었을 때, 삼월 삼짇날 모임에서 시를 짓는데 짓지 못하는 자에게는 벌주 석 되를 내렸다. 학륭이 처음에는 짓지 못해 벌주를 받았는데, 〈벌주를〉 다 마시고 나서 붓을 잡더니 바로 시 한 구를 지었다.

"娵隅가 맑은 연못에서 뛰어오르네."

환공이 물었다.

"추우가 무엇이오?"

〈학륭이〉 답하였다.

"南蠻 지역에서는 물고기를 추우라고 합니다."

환공이 말하였다.

"시를 지으면서 어찌하여 남만의 말을 쓰는 것이오?"

학륭이 말하였다.

"천 리 먼길을 와서 공에게 의탁해 처음으로 남만 고을의 參軍이 되었으니 어찌 남만의 말을 쓰지 않을 수 있겠습니까."

郝隆爲桓公南蠻參軍이러니 三月三日會에 作詩한대 不能者罰酒三升이라 隆初以不能受罰하고 旣飮에 攬筆便作一句云 娵(추)隅躍淸池로다하니 桓問 娵隅는 是何物고하니 答曰 蠻名魚爲娵隅라 桓公曰 作詩에 何以作蠻語고하니 隆曰 千里投公하여 始得蠻府參軍하니 那得不作蠻語也오하니라

37-11 桓公(桓溫)이 海西公(司馬奕)을 폐위하고 나서 簡文帝를 세웠다.[16] 侍中 謝公(謝安)이 환공을 보고 절을 하자, 환공이 놀라서 웃으며 말하였다.

16) 桓公이……세웠다 : 환온은 東晉의 권신이자 장군이다. 明帝의 사위로 여러 번의 정벌에서 공을 세워 조정을 장악하였다. 자식을 낳지 못한다는 이유로 司馬奕을 폐위시키고 나이 많은 간문제 司馬昱을 황제로 세우는 등 권력을 휘둘렀다. 뒤에 아들인 桓玄이 동진을 무너뜨리고 桓楚를 세우면서 황제로 추존되었다.

“安石(사안), 그대는 무슨 일로 이렇게까지 하시는가?”

사공이 말하였다.

“군주가 앞에서 〈그대에게〉 절을 하는데 신하된 이가 뒤에 가만히 서 있는 법은 없지요.”

桓公旣廢海西하고 **立簡文**①에 **侍中謝公見桓公拜**어늘 **桓驚笑曰 安石 卿何事至爾**오하니 **謝公曰 未有君拜於前**에 **臣立於後**라하니라

① ≪晉陽秋≫에 말하였다. “海西公은 諱가 奕이고 字가 延齡으로 晉 成帝의 아들이다. 興寧 연간(363~365)에 즉위하였다. 젊어서 내시와 같게 되는 병을 앓았기에 궁녀로 하여금 좌우의 시종하는 자들과 사통하게 하여 아들을 낳았다. 大司馬인 桓溫이 廣陵에서 姑孰으로 돌아가다가 京都에 들러 皇太后(崇德太后)의 명령이라 하여 황제를 폐위시키고 海西公이라고 하였다.”

晉陽秋曰 “海西公, 諱奕, 字延齡, 成帝子也. 興寧中卽位. 少同閹人之疾, 使宮人與左右淫通生子. 大司馬溫自廣陵還姑孰, 過京都, 以皇太后令, 廢帝爲海西公.”

桓溫廢主立新君

37-12 習鑿齒와 孫興公(孫綽)은 서로 모르던 사이였는데 桓公(桓溫)이 마련한 자리에 함께 하게 되었다. 환공이 손흥공에게 말하였다.

"習 參軍과 함께 이야기를 나누어 보시오."

손흥공이 말하였다.

"'어리석은 荊땅의 오랑캐가 감히 大國에 대드네.'"[17]

습착치가 말하였다.

"'獫狁을 정벌하느라 太原에 이르렀네.'"[18]

習鑿齒・孫興公未相識에 **同在桓公坐**러니 **桓語孫**호되 **可與習參軍共語**라하니 **孫云 蠢**(준)**爾荊蠻**이 **敢與大邦爲讎**로다 **習云 薄伐獫狁**(험윤)하여 **至于太原**①이라하니라

①〈둘이 인용한 구절은〉≪詩經≫〈小雅〉의 詩이다.

≪毛詩≫의 주석에 말하였다. "蠢은 움직인다는 뜻이다. 荊蠻은 荊땅의 오랑캐(蠻)이다. 獫狁은 북쪽 오랑캐〔夷〕이다.[19]"

習鑿齒는 襄陽 사람이고, 孫興公은 太原 사람이다. 그래서 ≪시경≫의 구절에 근거하여 상대방을 놀렸던 것이다.

小雅詩也.

毛詩注曰 "蠢, 動也. 荊蠻, 荊之蠻也. 獫狁, 北夷也."

習鑿齒, 襄陽人. 孫興公, 太原人. 故因詩以相戲也.

37-13 【補】 習鑿齒는 다리에 생긴 병 때문에 물러나 閭巷에서 기거하고 있었다. 苻堅이 樊과 鄧 지역을 완전히 정복하고서 평소 습착치의 이름을 들어서 알고 있었기에 釋道安과 함께 불러들여 같이 이야기를 나누어 보고는 크게 기뻐하였다.

---

17) 어리석은……대드네 : 習鑿齒는 襄陽, 즉 지금의 湖北省 지역 출신이므로 孫綽이 습착치를 '荊땅의 오랑캐'라고 놀린 것이다. ≪詩經≫〈小雅 采芑〉의 구절을 그대로 인용하면서 '敢與(감히 ~에)' 두 글자를 추가하였다.

18) 獫狁을……이르렀네 : '獫狁'은 중국 북방 이민족의 이름이다. 孫綽은 太原 지역, 즉 지금의 山西省 출신이었기 때문에 習鑿齒 역시 손작을 '험윤'이라고 놀린 것이다. ≪詩經≫〈小雅 彤弓之什〉에 나오는 구절을 그대로 인용하였다. 獫은 '玁'으로도 쓴다. ≪詩經≫ 등에는 주로 '玁'으로 되어 있다.

19) 荊蠻은……오랑캐〔夷〕이다 : 고대 중국에서는 동서남북 사방의 이민족을 달리 불렀는데, 동쪽은 夷, 서쪽은 戎, 남쪽은 蠻, 북쪽은 狄이라고 하였다.

〈습착치가〉 다리를 저는 병 때문에 온전한 성인 半分 정도만 감당할 수 있었기에 부견이 여러 鎭에 서신을 보내며 〈이렇게〉 말하였다.

"晉나라가 吳나라를 평정하면서 생긴 이익은 두 俊傑을 얻은 데 있었는데,[20] 지금 〈내가〉 漢南을 평정해서는 선비 한사람의 반만을 얻었을 따름이다."

習鑿齒以脚病廢居里巷이러니 (符)〔苻〕[21] **堅滅樊鄧**하고 **素聞鑿齒名**이라 **與釋道安竝致焉**하여 **與語大悅**하니라 **以其蹇**(건)**疾**로 **裁堪半丁**하니 **堅與諸鎭書曰 晉氏平吳**에 **利在二俊**이요 **今破漢南**에 **得士一人半耳**라하니라

37-14 桓豹奴(桓嗣)는 王丹陽(王混)의 외조카이다. 모습이 외삼촌과 비슷한 것을 환표노는 몹시 꺼려했다. 桓宣武(桓溫)가 말하였다.

"항상 비슷하지는 않고 가끔 비슷할 따름이다. 항상 비슷한 것은 모습이고 가끔 비슷한 것은 정신이다."

〈이 말을 듣고〉 환표노는 더욱 기분이 좋지 않았다.

桓豹奴는 **是王丹陽外甥**이니 **形似其舅**하여 **桓甚諱之**①라 **宣武云 不恒相似**요 **時似耳**니 **恒似是形**이요 **時似是神**이라하니 **桓逾不說**(열)하니라

① 豹奴는 桓嗣의 어릴 적 字이다.

≪中興書≫에 말하였다. "桓嗣는 字가 恭祖로 車騎將軍 桓沖의 아들이다. 젊어서부터 명성이 높았으며 벼슬은 江州刺史에 이르렀다."

≪王氏譜≫에 말하였다. "王混은 字가 奉正으로 中軍將軍 王恬의 아들이다. 벼슬은 丹陽尹에 이르렀다."

豹奴, 桓嗣小字.

中興書曰 "嗣, 字恭祖, 車騎將軍沖子也. 少有清譽, 仕至江州刺史."

王氏譜曰 "混, 字奉正, 中軍將軍恬(염)子. 仕至丹陽尹."

---

20) 晉나라가……있었는데 : 두 준걸은 陸機와 陸雲 형제를 말한다. 모두 저명한 문학가이다. 원래는 吳나라 사람으로 오나라가 망한 후 진나라에서 벼슬하였다. 서진의 멸망을 초래한 皇族 간의 內亂인 '八王의 亂'에 연루되어 차례대로 희생되었다.

21) (符)〔苻〕 : 저본에는 '符'로 되어 있으나, ≪李卓吾批點世說新語補≫(安永本)와 ≪太平御覽≫ 등에 의거하여 '苻'로 바로잡았다.

【頭註】

○ 王世懋 : 이것을 보면 王混이 風流客들에게 인정받지 못했음을 알 수 있다.
王云 "觀此, 知王混不爲風流所與."

37-15 王子猷(王徽之)가 謝萬을 찾아갔다. 林公(支遁)이 먼저 와 있었는데 쳐다보는 눈빛이 몹시 거만하였다. 왕자유가 말하였다.

"만약 임공이 수염과 머리카락이 모두 온전하다면 氣色이 당연히 이보다는 더 낫지 않겠습니까."

사만이 말하였다.

"입술과 이는 서로를 필요로 하여 어느 한쪽도 없을 수 없으나, 수염과 머리카락이 氣色과 무슨 상관이란 말이요."

〈이 말을 들은〉 임공은 기분이 몹시 언짢아져서 말하였다.

"七尺의 이 몸뚱이를 오늘은 그대 두 분께 맡기겠소!"

王子猷詣謝萬에 林公先在坐러니 瞻矚(촉)甚高어늘 王曰 若林公鬚髮(수발)竝全이면 神情當復勝此不(부)아 謝曰 唇(순)齒相須하여 不可以偏亡①이나 鬚髮何關於神明고 林公意甚惡曰 七尺之軀를 今日委君二賢이라하니라

① ≪春秋傳≫에 말하였다. "입술이 없어지면 이가 시리게 된다."
春秋傳曰 "唇亡齒寒."

37-16 王文度(王坦之)와 范榮期(范啓)가 함께 簡文帝의 초청을 받았다. 범영기는 나이가 많지만 지위가 낮았고 왕문도는 나이가 적지만 지위가 높았으므로, 알현하려 할 때 서로 앞에 서라고 양보하였다. 한참 그러고 나서 왕문도가 마침내 범영기 뒤에 섰다. 왕문도가 이에 말하였다.

"〈키질하여〉 까부르고 바람에 날리니 겨와 쭉정이가 앞에 있다네."[22]

〈그러자〉 범영기가 말하였다.

---

22) 키질하여……있다네 : 왕문도가 자신의 앞에 서게 된 범영기를, 키질하여 낟알을 까부르면 앞에 떨어지는 쭉정이에 빗대어 농담한 것이다.

"〈조리질하여〉 물에 일고 씻어내니 모래와 돌이 뒤에 있다네."[23)]

王文度・范榮期俱爲簡文所要라 **范年大而位小**하고 **王年小而位大**일새 **將前**에 **更相推在前**이라가 **既移久**에 **王遂在范後**라 **王因謂曰 簸**(파)**之揚之**에 **糠秕在前**이로다하고 **范曰 洮**(도)**之汰之**에 **沙礫**(력)**在後**①로다하니라

① 세간의 말에는 〈이 대화가〉 孫綽과 習鑿齒의 말이라고 한다.
世說[24)]是孫綽・習鑿齒言.

【頭註】

○ 劉辰翁 : 두 말은 위치가 바뀌어야 맞다.[25)]
劉云"二語易位, 乃可"

37-17 魏長齊(魏顗)는 평소 도량은 넓었으나 재주와 학문은 뛰어나지 못했다. 처음 벼슬하여 〈임지로〉 나가게 되었을 때 虞存이 놀리며 말하였다.

"그대에게 約法三章을 〈알려〉 주겠소. 〈玄理를〉 담론하는 자는 사형에 처하고, 文筆을 〈과시하는〉 자는 형벌을 내리고, 〈인물을〉 품평하는 자는 죄를 주시오.[26)]"

〈이런 말을 듣고도〉 위장제는 평온하게 웃으며 얼굴에 거슬려 하는 기색이 없었다.

魏長齊雅有體量이나 **而才學非所經**이라 **初宦當出**에 **虞存嘲之曰 與卿約法三章**하노니 **談者死**요 **文筆者刑**이요 **商略抵罪**라하니 **魏**(이)**怡然而笑**하여 **無忤於色**①하니라

① ≪魏氏譜≫에 말하였다. "魏顗는 字가 長齊로 會稽 사람이다. 조부 魏胤은 處士였고, 부친 魏說은 大鴻臚卿이었다. 위의는 벼슬이 山陰令에 이르렀다."
≪漢書≫ 〈高帝紀〉에 말하였다. "沛公(漢 高祖 劉邦)이 〈秦나라 도성인〉 咸陽에 들어가 父老들을 불러놓고 '天下가 진나라의 가혹한 법에 괴로워한지 오래되었다. 지

23) 조리질하여……있다네 : 범영기가 왕문도의 농담을 받아, 조리질하여 쌀을 일면 조리에 남게 되는 모래나 돌에 왕문도를 빗대어 응수한 것이다.

24) 世說 : ≪世說新語≫ 宋本에는 '一說'로 되어 있다.

25) 두……맞다 : 劉辰翁은 王文度와 范榮期 두 사람이 각각 자신이 부족해서 상대의 앞에 서거나 뒤에 서는 것이 당연하다는 겸양의 뜻으로 말하였다고 본 것이다.

26) 玄理를……주시오 : 玄理의 담론, 문필, 인물의 품평은 魏顗가 잘 하지 못하는 일이기 때문에 우존이 이런 사람들을 처벌하라고 하면서 위의를 놀린 것이다.

금 부로들에게 세 조목의 法을 약속하노니, 사람을 죽인 자는 사형에 처하고, 사람을 상하게 하거나 도적질을 하면 지은 죄에 상응하는 처벌을 받을 것이다.'라고 하였다."

應劭의 注에 말하였다. "'抵'는 '이르다〔至〕'의 뜻이니, 단지 '죄에 이르다'라는 말이다."[27]

魏氏譜曰 "顗(의), 字長齊, 會稽人. 祖胤, 處士. 父說(열), 大鴻臚卿. 顗仕至山陰令."

漢書曰 "沛公入咸陽, 召諸父老曰 '天下苦秦苛法久矣, 今與父老約法三章耳. 殺人者死, 傷人及盜抵罪.'"

應劭注曰 "抵, 至也. 但至於罪."

漢 高祖

37-18 簡文帝가 大殿에서 걸어가고 있는데 王右軍(王羲之)과 孫興公(孫綽)이 뒤에 있었다. 왕우군이 간문제를 가리키며 손흥공에게 말하였다.

"이 사람은 명예를 탐하는 사람입니다."

간문제가 돌아보며 말하였다.

"천하에는 본래부터 이가 날카로운 자가 있기 마련이지."[28]

뒤에 王光祿(王蘊)이 會稽內史가 되었을 때 謝車騎(謝玄)가 曲阿으로 나가 전송

27) 抵는……말이다 : 應劭의 주석은 '抵罪'라는 표현을 설명하기 위한 것이다. 사람을 다치게 한 데에는 여러 사정이 있을 수 있고, 도적질을 한 경우는 훔친 물건의 많고 적음이 다를 수 있다. 따라서 그 경중을 따져 적당한 벌에 처해야 하므로 단지 '죄에 이르다'라고 한 것이다.(≪史記集解≫)

28) 왕우군이……마련이지 : ≪世說新語箋疏≫에서 余嘉錫은, 이 부분을 왕우군이 손흥공을 가리키며 간문제에게 말한 것으로 보았다. 또 '명예를 탐하는 사람〔噉名客〕'은 '돌을 먹는 사람〔啖石客〕'의 잘못일 수 있다고 하였다. 道家에서는 돌을 먹는〔啖石〕 양생법이 있고 손흥공이 주장을 잘 펼치기는 하지만 강변하거나 논리에 벗어나는 일이 많았기 때문에 왕우군이 손흥공을 啖石客(돌을 먹는 사람)이라고 놀렸고, 간문제는 그 말의 의도를 이해하고 손흥공은 이가 튼튼하고 날카로워서 자연히 돌을 먹을 수 있다고 말하였으니, 이 또한 손흥공을 놀린 것이라고 보고 있다. 밑에 나오는 문장에서 사현이 '왕승께서는 이가 무디지는 않는 듯하군요.'라고 말한 것은 바로 왕우군이 손흥공을 놀린 방식으로 기롱한 것이라고 하였다. 번역은 일단 원문을 그대로 따랐다.

했는데, 秘書丞에서 물러난 王孝伯(王恭)도 〈전송하는〉 자리에 있었다. 사거기가 말을 하다가 〈이야기가〉 그 일에 미치자 왕효백을 보고 말하였다.

"王丞(王恭)께서는 이가 무디지는 않은 듯하군요."

왕효백이 말하였다.

"무디지 않고 꽤 효과도 있습니다."[29)]

簡文在殿上行에 右軍與孫興公在後러니 右軍指簡文語孫曰 此噉(담)名客이로다하니 簡文顧曰 天下에 自有利齒兒니라 後王光祿作會稽하여 謝車騎出曲阿祖之에 王孝伯罷秘書丞在坐라 謝言及此事하고 因視孝伯曰 王丞齒似不鈍이로다하니 王曰 不鈍하고 頗亦驗이라하니라

王羲之

37-19 張蒼梧(張鎭)는 張憑의 조부이다. 〈장창오가〉 한번은 장빙의 부친에게 말하였다.

"나는 너만 못하구나."

장빙의 부친이 〈그렇게 말한〉 까닭을 이해하지 못하자 장창오가 말하였다.

"너에게는 훌륭한 아들이 있잖느냐."

장빙은 그때 나이가 몇 살에 불과했는데 拱手하며 말하였다.

"할아버님, 어찌 자식을 가지고 아비를 놀리십니까."

張蒼梧는 是張憑之祖니 嘗語憑父曰 我不如汝로다하니 憑父未解所以어늘 蒼梧曰 汝有佳兒①라하니 憑時年數歲에 斂手曰 阿翁이 詎宜以子戲父라하니라

① ≪張蒼梧碑≫에 말하였다. "君의 諱는 鎭이고 字가 義遠으로 吳國 吳 사람이다. 충직하고 이해심이 있으며 관대하고 현명하였고, 嚴正하고 깨끗하였다. 太安 연간(302~303)

---

29) 王丞(王恭)께서는……있습니다 : '이가 날카롭다'는 '언변에 뛰어나다'는 뜻이다. 사거기의 말은 '왕효백이 실질은 없이 말만 잘한다.'는 뜻으로 놀리는 것이고, 이에 대응하여 왕효백은 '말마따나 언변이 나쁘지 않고 또 말을 잘해 명예도 꽤 얻었다.'라고 응수한 것이다.

에 蒼梧太守에 제수되었고, 王含[30]을 토벌하는 데 공이 있어 興道縣侯에 봉해졌다."
張蒼梧碑曰"君諱鎭, 字義遠, 吳國吳人. 忠恕寬明, 簡正貞粹. (泰)〔太〕[31]安中, 除蒼梧太守, 討王含有功, 封興道縣侯."

37-20 劉遵祖(劉爰之)는 젊을 때 殷中軍(殷浩)의 눈에 들었다. 〈은중군이〉 庾公(庾亮)에게 유준조 칭찬을 하니, 유공이 매우 기뻐하며 바로 데려다가 막료로 삼았다. 만나고 나서 그를 獨榻에 앉히고[32] 이야기를 나누어 보았는데, 유준조가 그날은 전혀 〈명성과〉 걸맞지 않았다. 유공은 다소 실망스러운 마음이 들어 마침내 그를 '羊公(羊祜)의 鶴'이라고 불렀다. 옛날 羊叔子(양호)에게 춤을 잘 추는 학이 있었다. 한번은 손님에게 학을 칭찬하자 손님이 시험 삼아 데려와 보라고 했는데, 〈학은〉 날개를 축 늘어뜨린 채 춤을 추려고 하지 않았었다. 그래서 〈유준조를〉 학에 비유한 것이다.

劉遵祖少爲殷中軍所知하여 **稱之於庾公**하니 **庾公甚忻然**하여 **便取爲佐**라 **旣見**에 **坐之獨榻上與語**호되 **劉爾日殊不稱**이라 **庾小失望**하여 **遂名之爲羊公鶴**이라하니 **昔羊叔子有鶴善舞**한대 **嘗向客稱之**하니 **客試使驅來**에 氃氋(동몽)**而不肯舞**라 **故稱比之**①라

① 徐廣의 ≪晉紀≫에 말하였다. "劉爰之는 字가 遵祖로 沛郡 사람이다. 젊어서부터 재주와 학문이 있었으며 玄理를 말하는 데 뛰어났다. 中書郞과 宣城太守를 거쳤다."
徐廣晉紀曰"劉爰之, 字遵祖, 沛郡人. 少有才學, 能言理. 歷中書郞・宣城太守."

【頭註】

○ 劉辰翁 : '羊公의 鶴'이라 불릴 만한 사람들이 너무도 많다.
劉云"羊公鶴可稱, 甚多, 甚多."

---

30) 王含 : ?~324. 東晉 때의 大臣으로, 權臣인 王敦의 형이다. 왕돈의 반란에 참여하였다. 건강이 악화된 왕돈 대신에 元帥가 되어 建康(지금의 南京)을 공격하다가 패주하였다. 荊州刺史 王舒에게 의탁하려다가 도리어 왕서가 보낸 사람들에게 잡혀 長江에 던져져 익사하였다.

31) (泰)〔太〕: 저본과 ≪世說新語≫ 宋本과 ≪李卓吾批點世說新語補≫(安永本) 등에는 모두 '泰'로 되어 있으나, 중국의 역대 연호와 ≪西晉文紀≫ 등에 의거하여 '太'로 바로잡았다.

32) 獨榻에 앉히고 : 독탑은 혼자 앉는 걸상이다. 여럿이 같이 앉는 것은 '連榻'이라고 한다. 독탑에 앉힌다는 것은 대우한다는 의미이다.

37-21 王文度(王坦之)가 西州(揚州)에 있을 때 林法師(支遁)와 講論을 했는데, 韓伯·孫綽 등이 함께 자리에 있었다. 林公(지둔)의 논리가 매번 조금 꺾이려고 하면, 孫興公(손작)이 말하였다.

"法師께서 오늘은 해진 솜옷을 입고 가시밭에 있는 것처럼 여기저기 다 걸리십니다그려."

王文度在西州하여 與林法師講에 韓·孫諸人이 竝在坐라 林公理每欲小屈에 孫興公曰 法師今日에 如着弊絮在荊棘中이라 觸地挂閡(애)라하니라

37-22 顧長康(顧愷之)이 殷荊州(殷仲堪)의 막료가 되었다가 동쪽으로 돌아가려고[33] 휴가를 청했다. 당시는 관례에 따라 〈막료에게는〉 帆船을 지급하지 않는데, 고장강은 한사코 달라고 하여 받아서 출발하였다. 그런데 破冢에 이르러 〈큰〉 바람을 만나 범선이 크게 파손되고 말았다. 고장강이 은형주에게 서찰을 보내 말하였다.

"地名이 파총인데 정말로 무덤을 파헤치고 나왔습니다.[34] 나그네는 무사하고 범선은 무탈합니다."

顧長康作殷荊州佐하여 請假還東호되 爾時例不給布颿(범)이라 顧苦求之하여 乃得發이라 至破冢하여 遭風大敗①어늘 作牋與殷云 地名破冢이어늘 眞破冢而出하니 行人安穩하고 布颿無恙(양)이라하니라

① 周祇의 ≪隆安記≫에 말하였다. "破冢은 沙洲 이름으로 華容縣에 있다."
周祇隆安記曰 "破冢, 洲名, 在華容縣."

顧愷之

33) 동쪽으로 돌아가려고 : 顧長康은 지금의 江蘇省 武進縣인 晉陵 사람으로 진릉은 荊州의 동쪽에 있었다. 그러므로 이렇게 말한 것이다.

34) 무덤을……나왔습니다 : '무덤을 깨트리다(破冢)'는 뜻의 지명처럼 죽을 뻔하였다가 겨우 살아났다는 말이다.

37-23 符朗이 처음 강남으로 건너왔을 때 王咨議(王肅之)가 별의별 일에 간섭하는 것을 몹시 좋아하여 中原의 인물, 풍토, 產物 등에 대해 물었는데 도무지 멈출 줄을 모르니, 부랑은 몹시 짜증스러웠다. 다음에 다시 奴婢의 값에 대해 물어보자 부랑이 말하였다.

"謹厚하고 식견이 있는 자는 〈값이〉 十萬 냥에 이르고, 생각이 없고 노비같은 하찮은 질문을 하는 자는 數千 냥에 그치지요."

符朗初過江①에 **王咨議大好事**하여 **問中國人物及風土所生**호되 **終無極已**②하니 **朗大患之**어늘 **次復問奴婢貴賤**하니 **朗云 謹厚有識中者**는 **乃至十萬**이요 **無意爲奴婢問者**는 **止數千耳**라하니라

① 裴景仁의 ≪秦書≫[35]에 말하였다. "符朗은 字가 元達로 符堅의 從兄의 아들이다. 성격이 호방하며 풍채가 훤하고 총명하여 符堅이 늘 '우리 집안의 千里馬이다.'라고 하였다. 부견이 慕容沖에게 포위당하자 부랑은 謝安에게 투항하여 員外散騎侍郎으로 기용되었다. 吏部郎 王忱이 형인 王國寶와 함께 車馬를 채비하게 하여 그를 찾아갔다. 沙門 竺法汰가 부랑에게 '王吏部 兄弟를 보았습니까?'하고 물으니, 부랑이 '한 사람은 개의 면상에 사람의 마음이고 또 한 사람은 사람의 면상에 개의 마음인 자들을 말하는 것 아닙니까?'라고 하였다. 왕침은 못생겼으나 재주가 있었고 왕국보는 잘생겼으나 사나웠기 때문이었다.

부랑은 늘 조정의 관료들과 잔치를 벌였는데, 당시의 名士들은 모두 타호(침을 뱉는 그릇)를 썼다. 부랑은 그들에게 과시하고자 어린 아이로 하여금 꿇어앉아 입을 벌리게 하고 〈아이의 입 속에〉 침을 뱉으면 〈아이가 침을〉 머금고 나가도록 하였다.

또 〈음식의〉 맛을 아주 잘 알았다. 會稽王 司馬道子가 그를 위해 훌륭한 음식을 차려주고 〈그가〉 다먹고 나자 '關中의 음식 중에서 어느 것이 이만하겠습니까.'라고 하자, 부랑이 '다 좋았는데 소금 간만 조금 덜 배었습니다.'라고 하였다. 즉시 요리사에게 물어보았더니 그 말대로였다. 어떤 사람이 닭을 잡아 대접하였더니 부랑이 '이 닭은 보금자리가 항상 반은 밖으로 드러나 있었습니다.'라고 하였는데, 물어보자 역시 그 말이 맞았다. 또 거위구이를 먹으면서 흰 부위인지 검은 부위인지를 알았는데, 모두 시험삼아 기록해보니 조금도 틀리지 않았다.

≪符子≫ 수십 편을 지었는데, 대체로 보아 老莊의 부류이다. 부랑은 긍지가 높고

---

35) 裴景仁의 秦書 : ≪新唐書≫ 〈藝文志〉, ≪史通≫, ≪容齋隨筆≫ 등에는 모두 '秦紀'로 되어 있다. '秦書'는 '秦紀'의 오류인 듯하다.

남의 심기를 거슬러 세상에 용납되지 못했으며, 뒤에 사람들이 참소해 그를 죽였다."
裴景仁秦書曰"朗, 字元達, 符堅從兄〔子〕[36]. 性宏放, 神氣爽悟. 堅常曰'吾家千里駒也.' 堅爲慕容沖所圍, 朗降謝安, 用爲員外散騎侍郎. 吏部郎王忱與兄國寶命駕詣之. 沙門法汰問朗曰'見王吏部兄弟未.' 朗曰'非一狗面人心, 又一人面狗心者是耶.' 忱醜而才, 國寶美而狠故也. 朗常與朝士宴, 時賢竝用唾壺. 朗欲夸之, 使小兒跪而張口, 唾而含出. 又善識味, 會稽王道子爲設精饌, 訖, 問'關中之食, 孰若於此.' 朗曰'皆好, 唯鹽味小生.' 卽問宰夫, 如其言. 或人殺鷄以食之, 朗曰'此鷄棲恒半露.' 問之, 亦驗. 又食鵝炙, 知白黑之處, 咸試而記之, 無豪釐(리)之差. 著符子數十篇, 蓋老莊之流也. 朗矜高忤物, 不容於世, 後衆讒而殺之."

② ≪王氏譜≫에 말하였다. "王肅之는 字가 幼恭으로 右將軍 王羲之의 넷째 아들이다. 中書郎·驃騎咨議를 지냈다."
王氏譜曰"肅之, 字幼恭, 右將軍羲之第四子. 歷中書郎·驃騎咨議."

37-24 孝武帝(司馬曜)가 王珣에게 사윗감을 구해달라고 부탁하면서 말하였다.

"王敦과 桓溫은 탁월한 부류이니 〈이런 사람들은〉 이미 더 이상 찾을 수가 없는데다 또 조금 뜻을 이루기만 하면 다른 사람의 집안일에 관여하기도 좋아하니,[37] 〈내가〉 필요로 하는 사람이 전혀 아니오. 딱 劉眞長(劉惔)·王子敬(王獻之)같은 무리[38]가 가장 좋소이다."

〈그러자〉 왕순은 謝混을 추천하였다. 나중에 袁山松이 사혼 쪽과 혼인을 맺으려고 하자,[39] 왕순이 말하였다.

"그대는 '황제의 고깃점'[40]에 가까이 가지 마시오."

---

36) 〔子〕: 저본에는 '子'가 없으나, ≪晉書≫ 〈載記〉 및 문맥에 의거하여 보충하였다.

37) 王敦과……좋아하니 : 왕돈은 晉 武帝의 딸 襄城公主에게, 환온은 明帝의 딸 南康公主에게 장가들었다. '다른 사람의 집안일에 관여한다'는 말은, 왕돈과 환온 둘 다 권력을 잡고 조정을 좌지우지했던 것을 가리킨다.

38) 劉眞長·王子敬같은 무리 : 유진장은 明帝의 딸 廬陵公主에게, 왕자경은 簡文帝의 딸 新安公主에게 장가들었다. 유진장은 淸談으로 유명한 名士이고 왕자경은 詩書畵에 뛰어난 예술가로, 모두 왕돈이나 환온 같이 국정을 농단하는 일은 없었다.

39) 나중에……하자 : 효무제가 왕순에게 사위감을 구해달라는 부탁을 하고 얼마 지나지 않아 사망하였다. 그래서 원산송이 사혼에게 딸을 시집보내려고 한 것이다. 謝混은 결국에는 晉陵公主에게 장가들었다.(≪晉書≫ 〈謝混傳〉)

40) 황제의 고깃점 : 원문은 '禁臠'이다. 처음에 晉 元帝가 建業에 진주했을 때, 公私 모두

孝武屬(촉)王珣求女壻曰 王敦·桓溫 磊砢(뇌라)之流는 旣不可復得이요 且小如意면 亦好豫人家事하니 酷非所須라 正如眞長·子敬比가 最佳라하니 珣擧謝混이라 後袁山松[41] 欲擬謝婚①이어늘 王曰 卿莫近禁臠(련)하라하니라

① ≪續晉陽秋≫에 말하였다. "袁山松은 陳郡 사람이다. 조부 袁喬는 益州刺史였고, 부친 袁方平은 義興太守였다. 원산송은 秘書監·吳國內史를 거쳤다. 孫恩이 난을 일으켰을 때 살해당했다. 처음에 황제가 晉陵公主를 위해 王珣에게 사윗감을 물었는데, 왕순이 謝混을 추천하며 '그 사람의 재주는 劉眞長(劉惔)에게는 미치지 못하지만 王子敬(王獻之)보다 못하지는 않습니다.'라고 하였고, 황제는 '그러면 이미 충분하오.'라고 하였다."
續晉陽秋曰 "山松, 陳郡人. 祖喬, 益州刺史. 父方平, 義興太守. 山松歷秘書監·吳國內史. 孫恩作亂, 見害. 初, 帝爲晉陵公主訪壻於王珣, 珣擧謝混, 云 '人才不及眞長, 不減子敬.' 帝曰 '如此, 便已足矣.'"

【頭註】

○ 劉辰翁 : 〈劉眞長과 王子敬 같은 이를〉 사윗감으로 모색하였으니 지극하다.
劉云 "謀婿至矣."

37-25 桓玄이 활을 쏘러 나갔더니, 劉參軍이라는 자와 周參軍이라는 자가 짝을 이루어 내기 활쏘기를 하고 있었다. 거의 이긴 상황으로 오직 한 발만 남겨놓았을 뿐이었다. 유참군이 주참군에게 말하였다.

"자네가 이번 차례에 명중시키지 못하면 내 자네에게 매질을 하겠네."

주참군이 말하였다.

"어찌 자네에게 매질을 당하기까지야 하겠나."

유참군이 말하였다.

"伯禽같이 존귀한 사람도 매 맞는 것을 피하지 못하였는데,[42] 하물며 자네같은

곤궁하여 돼지 한마리라도 잡으면 진미로 여겼는데, 그중에서도 목덜미의 한조각 살점은 특히나 맛이 좋아 황제에게만 올리고 신하들은 감히 먹을 수도 없었다. 이 때문에 당시에 그 고깃점을 '금련'이라고 불렀다.(≪晉書≫ 〈謝混傳〉) 여기에서 왕순은 농담으로 '황제가 아끼는 인물 또는 물건'이라는 뜻으로 썼다. 본문의 이야기로 인해 후에는 '제왕의 사위', 즉 駙馬의 뜻으로도 쓰이게 되었다.

41) 山松 : ≪晉書≫ 〈謝混傳〉, ≪冊府元龜≫, ≪濡水集≫ 등에는 '山松'이 '崧'으로 되어 있다.

사람은 말해 뭐하겠는가."

〈이 말을 듣고도〉 주참군은 거슬려하는 기색이 도무지 없었다. 환현이 庾伯鸞(庾鴻)에게 말하였다.

"유참군은 책 읽는 것을 그쳐야 하겠고, 주참군은 일단 학문에 힘써야 하겠네."43)

桓玄出射에 **有一劉參軍與周參軍朋賭**(도)호되 **垂成**에 **唯少一破**어늘 **劉謂周曰 卿此起不破**면 **我當撻卿**호리라 **周曰 何至受卿撻**고 **劉曰 伯禽之貴**도 **尙不免撻**이어늘 **而況於卿**① 가 **周殊無忤色**하니 **桓語庾伯鸞曰**② **劉參軍宜停讀書**요 **周參軍且勤學問**이라하니라

① ≪尙書大傳≫에 말하였다. "伯禽이 〈작은 숙부〉인 康叔과 〈부친인〉 周公을 뵈었는데, 세 번 뵐 때마다 세 번 모두 매를 맞았다. 강숙이 놀란 얼굴을 하며 백금에게 '商子라고 하는 사람이 있는데 賢人이다. 너와 함께 만나봐야겠다.'라고 하였다. 그리고는 〈함께〉 상자를 만나 물어보니, 상자가 '南山 남쪽에 나무가 있는데 喬라고 합니다.'라고 하였다. 둘이 보러 갔더니 교나무가 정말로 높다랗게 위로 뻗어 있는 것이 보였다. 돌아가서 상자에게 고하자, 상자가 '교나무는 아비의 道理〈를 보여주는 나무〉입니다. 남산의 북쪽에 나무가 있는데 梓라고 합니다.'라고 하였다. 둘이 다시 보러 갔더니 재나무가 정말로 나지막하게 아래로 숙이고 있는 것이 보였다. 돌아가서 상자에게 고하자, 상자가 '재나무는 자식의 도리〈를 보여주는 나무〉입니다.'라고 하였다. 둘이 다음날 주공을 뵐 적에, 문에 들어가서는 종종걸음으로 가고 堂 위로 올라가서는 무릎을 꿇었다. 〈그러자 이 모습을 본〉 주공이 그 머리를 쓰다듬고는, 위로하고 먹을 것을 내주면서 '너희들은 어디에서 君子를 만났느냐?'라고 하였다."

≪禮記≫에 "成王에게 罪가 있으면 周公은 伯禽의 종아리를 때렸다."44)라고 하였으니, 〈이〉 또한 그런 의미이다.

---

42) 伯禽같이……못하였는데 : 백금은 周公의 아들이다. 주공인 조카인 成王이 여러 천자의 일을 행할 수 없자 冢宰로서 그를 도와 천자의 일을 섭행하였는데, 주공이 성왕을 가르칠 때 성왕이 잘못을 하면 대신 백성을 매질하였다.(≪史記≫ 〈魯周公世家〉)

43) 유참군은……하겠네 : 劉參軍은 함부로 고사를 인용하면서 적절하지 않은 비유를 하였고 ≪尙書大傳≫으로 자신의 말재주를 뒷받침하였기 때문에 '책 읽는 것을 그쳐야 하겠다.'고 한 것이다. 반면에 周參軍이 욕을 얻어먹고도 거슬려하는 안색이 없었던 것은 伯禽이 어떤 사람인지를 몰랐기 때문일 것이니 그래서 '일단 학문에 힘써야 하겠네.'라고 한 것이다.(≪世說箋疏≫註)

44) 成王에게……때렸다 : 周 成王이 너무 어린 나이에 즉위하여 숙부인 周公이 가르치면서 정사를 보필하였는데, 성왕이 잘못을 하면 주공은 자신의 아들인 伯禽의 종아리를 쳤다.(≪禮記≫ 〈文王世子〉)

尙書大傳曰“伯禽與康叔見周公, 三見而三笞. 康叔有駭色, 謂伯禽曰‘有商子者, 賢人也, 與子見之.’乃見商子而問焉, 商子曰‘南山之陽有木焉, 名喬.’二(三)[45]子往觀之, 見喬實高高然而上. 反以告商子, 商子曰‘喬者, 父道也. 南山之陰有木焉, 名曰梓.’二(三)子復往觀焉, 見梓實晉晉然而俯. 反以告商子, 商子曰‘梓者, 子道也.’二(三)子明日見周公, 入門而趨, 登堂而跪. 周公拂其首, 勞而食之, 曰‘爾安見君子乎.’” 禮記曰“成王有罪, 周公則撻伯禽.” 亦其義也.

② ≪晉東宮百官名≫에 말하였다. “庾鴻은 字가 伯鸞으로 潁川 사람이다.”

≪庾氏譜≫에 말하였다. “庾鴻의 조부 庾義는 吳나라 內史였고, 부친 庾楷는 左衛將軍이었다. 유홍은 벼슬이 輔國內史에 이르렀다.”

晉東宮百官名曰“庾鴻, 字伯鸞, 潁川人.” 庾氏譜曰“鴻祖義, 吳國內史. 父楷, 左衛將軍. 鴻仕至輔國內史.”

【頭註】

○ 劉辰翁 : 周參軍은 학문을 하지 않았기 때문에 劉參軍의 말이 자신을 비웃는 것이라는 점을 몰랐음을 두고 한 말이다.

劉云“謂周不學, 故不知劉說爲譏己.”

37-26 桓南郡(桓玄)이 殷荊州(殷仲堪)와 이야기를 나누다가 함께 了語[46]를 지었다. 顧愷之가 말하였다.

“불이 平原을 태워 불씨 하나 남지 않았네.〔火燒平原無遺燎〕”

환남군이 말하였다.

“하얀 베로 관을 묶고 銘旌을 세웠네.〔白布纏棺竪旒旐〕”

은형주가 말하였다.

“깊은 못에 물고기 던져 넣고 나는 새 놓아 주었네.〔投魚深淵放飛鳥〕”

다음으로 또 危語[47]를 지었다.

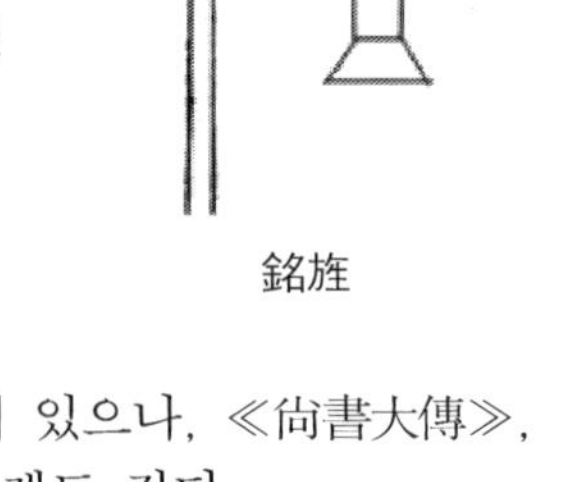

銘旌

45) (三) : 저본과 ≪世說新語≫, ≪李卓吾批點世說新語補≫에는 ‘三’이 있으나, ≪尙書大傳≫, ≪說苑≫, ≪太平御覽≫ 등에 의거하여 衍文으로 처리하였다. 아래도 같다.

46) 了語 : 언어 유희의 하나로, 내용상으로는 되돌릴 여지가 없는 상황을 묘사하고 형식상으로는 ‘了’와 같은 韻字로 끝나는 시구를 짓는 것이다.

47) 危語 : 언어 유희의 하나로, 내용상으로는 위태로운 상황을 묘사하고 형식상으로는 ‘危’와 같은 韻字로 끝나는 시구를 짓는 것이다.

환남군이 말하였다.

"창 끝으로 쌀을 일고 검 끝으로 밥을 짓네.〔矛頭淅米劍頭炊〕"

은형주가 말하였다.

"백 살 늙은이가 마른 가지에 오르네.〔百歲老翁攀枯枝〕"

고개지가 말하였다.

"우물 위 두레박에 어린 아기 누워 있네.〔井上轆轤臥嬰兒〕"

은형주에게 參軍이 한 명 있었는데 〈같이〉 자리에 있다가 말하였다.

"盲人이 눈먼 말을 타고 한밤중 깊은 못에 임했네.〔盲人騎瞎馬 夜半臨深池〕"

은형주가 말하였다.

"쯧쯧! 다른 사람의 〈신체를 가지고〉 공격하다니."

은중감이 〈이렇게 반응한 것은 자신이〉 애꾸눈이기 때문이었다.

桓南郡與殷荊州語次에 因共作了語호되 顧愷之曰 火燒平原無遺燎라하고 桓曰 白布纏(전)棺竪旒旐(유조)라하고 殷曰 投魚深淵放飛鳥라하고 次復作危語에 桓曰 矛頭淅(석)米劍頭炊라하고 殷曰 百歲老翁攀(반)枯枝라하고 顧曰 井上轆轤(녹로)臥嬰兒라하다 殷有一參軍在坐云 盲人騎瞎(할)馬하고 夜半臨深池라하니 殷曰 咄(돌)咄逼人이로다하니 仲堪眇目故也①라

① ≪中興書≫에 말하였다. "殷仲堪의 부친이 오랫동안 병을 앓은 적이 있었는데, 〈그때〉 은중감은 몇 년 동안 부친을 간호하느라 옷을 벗고 편안히 자지 못하였다. 직접 湯藥을 조제하다가 잘못하여 약이 묻은 손으로 눈물을 닦는 바람에 마침내 한쪽 눈이 멀게 되었다."
中興書曰 "仲堪父嘗疾患經時, 仲堪衣不解帶數年. 自分劑湯藥, 誤以藥手拭淚, 遂眇一目."

37-27 東府[48)]의 客館은 판잣집이었다. 謝景重(謝重)이 太傅(司馬道子)를 찾아갔는데, 그때 손님들이 〈객관〉 안에 가득하였다. 〈사경중은〉 애당초 〈그들과〉 말도 섞지 않고 단지 위만 쳐다보며 말하였다.

"會稽王(사마도자)께서 〈이래서〉 결국 객관을 다시 西戎〈의 집〉처럼 만들어 버리

48) 東府 : 원래는 晉 簡文帝의 집이었다가 나중에는 그의 아들인 會稽王 司馬道子의 집이 되었다. 東晉 시기 揚州刺史의 治所였다.

셨구나."[49)]

東府客館是版屋이니 謝景重詣太傅에 時賓客滿中이어늘 初不交言하고 直仰視云 王乃復西戎其屋①이라하니라

① ≪詩經≫ 〈秦風 小戎〉의 〈毛詩序〉에 말하였다. "秦나라 襄公이 군대를 정비하여 西戎을 토벌하였는데, 婦人들이 〈토벌에 참여한〉 남편들을 걱정하였으므로 이 詩를 지은 것이다."

≪詩經≫ 〈秦風 小戎〉에 말하였다. "〈님께서〉 판잣집에 계시니 내 마음이 심란하네요."

毛公(毛亨)의 주석에 말하였다. "〈판잣집은〉 서융의 판잣집이다."

秦詩敍曰 "襄公備其兵甲以討西戎, 婦人憫其君子, 故作." 詩曰 "在其版屋, 亂我心曲." 毛公注曰 "西戎之版屋也."

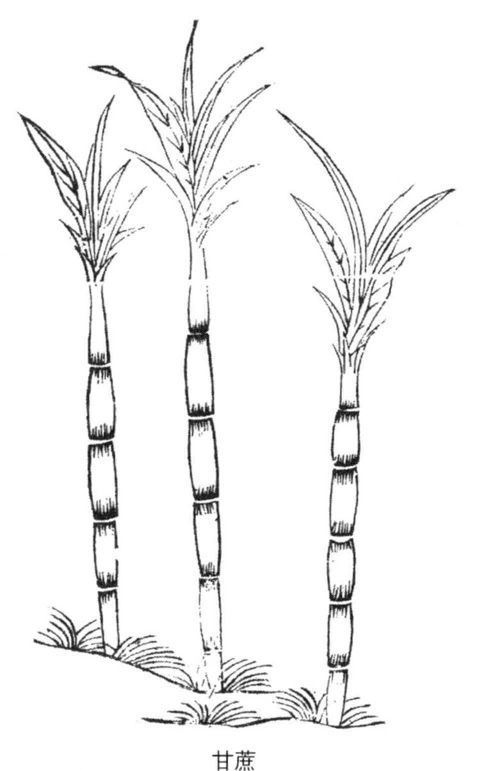
甘蔗

37-28 顧長康(顧愷之)이 사탕수수를 먹으면서 먼저 뿌리 부분을 먹었다. 사람들이 까닭을 물어보자, 〈고장강이〉 말하였다.

"〈이렇게 먹으면〉 차츰차츰 멋진 경지에 이르게 된다오."

顧長康噉(담)甘蔗에 先食尾어늘 人問所以하니 云 漸至佳境이라하니라

37-29 祖廣은 늘 고개를 움츠리고 다녔다. 桓南郡(桓玄)을 찾아가 막 수레에서 내리는데 환남군이 말하였다.

"하늘이 몹시 쾌청한데 祖參軍(조광)은 비가 새는 방에 있다 나오는 것 같구려."

祖廣行恒縮頭어늘 詣桓南郡하여 始下車에 桓曰 天甚晴朗에 祖參軍如從屋漏中來①로다하니라

49) 會稽王(사마도자)께서……버리셨구나 : 이는 틀림없이 자리에 있던 이들 중에 마음에 들지 않는 사람이 있었기 때문에 은근한 말로 비꼰 것이다.(≪世說箋疏≫)

① ≪祖氏譜≫에 말하였다. "祖廣은 字가 淵度로 范陽 사람이다. 부친 祖台之는 벼슬이 光祿大夫였다. 조광은 벼슬이 護軍長史에 이르렀다."
祖氏譜曰"廣, 字淵度, 范陽人. 父台之, 仕光祿大夫. 廣仕至護軍長史."

37-30 桓玄은 평소 〈사촌인〉 桓崖(桓修)를 가볍게 여기고 있었다. 환애는 서울 집에 좋은 복숭아나무를 가지고 있었는데, 환현이 연달아 찾아가 〈복숭아씨를〉 달라고 하였지만 끝내 좋은 것을 받지 못했다. 환현이 殷仲文에게 서신을 보내면서 그 일을 가지고 웃음거리로 삼았다.

"덕이 훌륭하면 肅愼도 楛矢를 바치지만,[50)]만약 그러하지 않다면 집안 정원에 있는 물건조차도 얻을 수 없지요."

桓玄素輕桓崖①러니 崖在京下에 有好桃어늘 玄連就求之로되 遂不得佳者라 玄與殷仲文書하여 以爲嗤(치)笑曰 德之休明이면 肅愼貢其楛(호)矢요 如其不爾면 籬壁間物도 亦不可得也②라하니라

① 崖는 桓修의 어릴 적 이름이다.
≪晉書≫에 말하였다. "桓修는 字가 承祖로 簡文帝(司馬昱)의 〈딸인〉 武昌公主에게 장가들었다. 吏部郎·江州刺史를 지냈다. 桓玄이 帝位를 찬탈하고 〈환수를〉 撫軍將軍으로 삼았는데, 劉裕가 義兵을 일으켜[51)]그를 베어 죽였다."
≪續晉陽秋≫에 말하였다. "환수는 젊어서부터 桓玄에게 업신여김을 당했는데, 〈환현은〉 말끝마다 늘 그를 비웃고 무시하였다."
崖, 桓修小字也. 晉書曰"桓修, 字承祖. 尙簡文武昌公主. 歷吏部郎·江州刺史. 玄纂位, 以爲撫軍將軍, 劉裕義旗起, 斬之."續晉陽秋曰"修少爲玄所侮, 於言端常嗤鄙之."
② ≪國語≫에 말하였다. "仲尼(孔子)가 陳나라에 있을 때에 매가 陳侯의 정원에 떨어져 죽은 일이 있었다. 〈살펴보니〉 楛矢가 관통해 있었는데 돌 화살촉이 1尺 8寸이었다. 중니에게 물어보자 〈중니가〉 '매는 멀리서 날아왔으며, 이것은 肅愼의 화살입니다.

50) 肅愼도……바치지만 : 숙신은 중국 東北 지역에 살던 이민족 이름이고, 楛矢는 가시나무 일종인 楛木으로 만든 화살이다. 周 武王 때에 숙신씨가 이 화살을 특산품으로 조공했다고 한다.(≪國語≫ 〈魯語 下〉)

51) 劉裕가……일으켜 : 유유는 남북조시대 劉宋의 초대 황제이다. 東晉 말기 桓玄이 孫恩의 난을 평정한다는 핑계로 建康에 들어가 安帝를 폐위시키자, 유유가 군대를 일으켜 환현을 물리치고 안제를 복위시켰다. 후에 恭帝에게 선양받아 황제로 즉위하고 국호를 宋이라고 하였다.

옛날 武王이 商나라를 정복하고서 〈사방의〉 모든 오랑캐로 통하는 길을 내고 각각 그 지방의 특산물을 바치게 하였습니다. 이에 肅愼氏가 호시를 바쳤습니다. 옛날 異姓의 제후에게 그 貢物을 나누어 준 것은 복종함을 잊지 않도록 하기 위해서였습니다. 그렇기 때문에 진나라에 숙신씨의 공물을 나누어 주었습니다. 만약 옛 창고를 뒤진다면 찾을 수 있을 것입니다.'라고 하였다. 〈진후가〉 뒤져보게 하여 金櫝에서 찾았는데 처음〈에 중니가 한 말〉과 같았다."

國語曰 "仲尼在陳, 有隼(준)集陳侯之庭而死, 楛矢貫之, 石砮(노)尺有咫. 問於仲尼, 對曰 '隼之來遠矣, 此肅愼之矢也. 昔武王克商, 通道于九夷·百蠻, 使各以方賄貢, 於是肅愼氏貢楛矢. 古者分異姓之職, 使不忘服也, 故分陳以肅愼之貢. 若求之故府, 其可得.' 使求, 得之金櫝(독), 如初[52]."

37-31【補】 王延之와 阮韜는 모두 劉湛의 외조카로 모두 일찍부터 명성을 날렸다. 유담은 이들을 몹시 아껴 일찍이 이렇게 말하였다.

"완도는 나중에 〈천하〉 제일의 인물이 되고 왕연지는 그 다음이 될 것이다."

〈이 말에〉 왕연지는 〈마음이〉 몹시 불편하였다. 〈왕연지가〉 나중에 江州刺史가 되었을 때 매번 下都(建業)로 음식물을 보내면서 완도와 〈다른〉 조정의 관료들을 동일하게 대했다. 高祖(武帝 劉裕)가 이를 듣고 왕연지에게 서신을 보내 말하였다.

"완도는 그대가 딴 생각을 가졌던 적이 없다고 말하였는데, 〈그대가 선물을 똑같이 보내는 것은〉 당연히 劉家(유담)의 月旦評[53] 때문인가."

王延之① **阮韜**②는 **俱是劉湛外甥**(생)이니 **竝有蚤譽**하여 **劉甚愛之**라 **嘗曰 韜後當爲第一**이요 **延之其次也**라하니 **延之甚不平**이라 **後爲江州**하여 **每致餉下都**에 **韜與朝士同例**라 **高祖聞之**하고 **與延之書曰 韜云卿未嘗有別意**라하니 **當由劉家月旦耶**③아

① ≪南史≫에 말하였다. "王延之는 字가 希季로 都官尙書 王昇之의 아들이다. 劉宋에서 벼슬하여 司徒左長史가 되었다. 淸貧하여 사는 집에 비가 새니, 明帝(劉彧)가 材官[54]

52) 如初 : ≪世說新語≫에는 '如初'로, ≪李卓吾批點世說新語補≫에는 '如之'로 되어 있다. ≪國語≫에도 '如之'로 되어 있으며, 그 주석에 '如之는 孔子의 말과 같았다는 뜻이다. 〔如之 如孔子之言也〕'라고 하였다. 또 ≪太平御覽≫에는 '如言'으로 되어 있다.

53) 月旦評 : 인물에 대한 품평의 뜻이다. 後漢의 許劭와 許靖이 鄕黨의 인물들을 품평하기를 좋아해 매월 1일에 인물들에 대해 다시 품평하였던 데서 유래하였다.(≪後漢書≫ 〈許劭傳〉)

에 명해 세 칸짜리 〈작은〉 집을 지어주게 하였다. 吏部尙書·僕射를 거쳤고 鎭南將軍으로 爵號가 올랐다."

南史曰"延之, 字希季, 都官尙書昇之子也. 仕宋爲司徒左長史. 淸貧居宇穿漏, 明帝飭材官爲起齋屋三間. 歷吏部尙書·僕射, 進號鎭南將軍."

② ≪南史≫에 말하였다. "阮韜는 字가 長明으로 陳留 사람이다. 晉나라 光祿大夫인 阮裕의 玄孫이다. 南兗州의 別駕[55]일 때 〈刺史인〉 江夏王(劉義恭)이 〈사적으로〉 쓴 돈을 달라고 요구하자, 완도가 '이것은 조정의 물건입니다.'라고 고집하며 주지 않았다."

南史曰"阮韜, 字長明, 陳留人. 晉光祿大夫裕玄孫也. 爲南兗(연)州別駕, 江夏王求資費錢, 韜曰'此朝廷物也.' 執不與."

③ ≪南史≫에 말하였다. "劉湛은 字가 弘仁으로 南陽 涅陽 사람이다. 조부 劉耽과 부친 劉柳는 모두 晉나라의 光祿大夫 開府儀同三司였다. 유담은 浮華한 것을 숭상하지 않고 史傳을 널리 섭렵했으며, 약관의 나이에 세상을 主宰할 뜻을 품고 스스로를 管仲과 諸葛亮에 견주었다. 太子詹事와 領軍將軍의 관직을 지냈다."

南史曰"劉湛, 字弘仁, 南陽涅(열)陽人. 祖耽, 父柳, 竝晉光祿大夫·開府儀同三司. 湛不尙浮華, 博涉史傳, 弱年便有宰世情, 自比管·葛. 歷官太子詹事·領軍將軍."

37-32【補】 謝康樂(謝靈運)은 어릴 때부터 문장이 아름답고 뛰어났다. 조부인 謝車騎(謝玄)가 그를 매우 특별하게 여겨 親知들에게 말하였다.

"내가 〈총명하지 못한〉 瑍이를 낳았으니 瑍이가 어찌 靈運이처럼 총명한 자식을 낳을 수 있겠습니까."

謝康樂少時에 **便文藻艶**(염)**逸**하여 **祖車騎甚奇之**라 **謂親知曰 我乃生瑍**①하니 **瑍那得不生靈運**②가하니라

① 謝瑍이 총명하지 못하다고 말한 것이다.

謂瑍不慧也.

② 鍾嶸의 ≪詩品≫에 말하였다. "처음에 錢塘의 杜明師가 밤에 동남쪽에서 어떤 사람이 와서 집으로 들어오는 꿈을 꾸었는데, 이날 저녁에 곧바로 謝靈運이 會稽에서 태어났고, 열흘 지나 謝玄이 죽었다. 사영운의 집안에서는 자손을 얻기 어려웠기 때문에

54) 材官 : 기술자와 토목 동사의 일을 주관하는 官署이다.

55) 別駕 : 관직 이름으로 정식 명칭은 別駕從事史이며 別駕從事라고도 한다. 漢나라 때 처음 두었으며 刺史의 보좌관이다. 지위가 비교적 높아 巡行하러 나갈 때 刺史와 수레를 같이 타지 않고 따로 다른 수레에 탄 데서 이름이 유래하였다.

사영운을 두명사에게 보내 가르치고 보살피도록 했고, 〈사영운은〉 15세가 되어서야 도성으로 돌아왔다. 그래서 이름을 '客兒'라고 하였다."
鍾嶸詩品曰 "初, 錢塘杜明師, 夜夢東南有人來入其館, 是夕卽靈運生於會稽, 旬日而謝玄亡. 其家以子孫難得, 送靈運於杜, 治養之, 十五方還都, 故名客兒."

37-33【補】 范蔚宗(范曄)이 처형당하기 직전에 侍妾들이 작별을 고하기 위해 왔다. 범위종이 비통해 하며 눈물을 줄줄 흘리자, 謝綜도 그때 같은 형을 받았는데 범위종을 돌아보며 말하였다.

"외숙께서는 夏侯玄의 안색과는 전혀 딴판이군요!"

范蔚宗臨刑時에 **妓妾來別**하니 **蔚宗悲涕流漣**이어늘 **謝綜時亦同刑**①에 **顧謂蔚宗曰 舅殊不同夏侯色**②이라하니라

① ≪宋書≫ 〈范曄列傳〉에 말하였다. "외조카 謝綜은 范曄에게 인정을 받았다."
宋書曰 "外甥謝綜, 爲曄所知."

② 이에 앞서 범엽이 옥중에서 "禍와 福은 본래 조짐이 없으나 목숨은 돌아감에 끝이 있어라. 〈끝이〉 반드시 이를 것이야 앞서 정해졌으니 뉘라서 잠깐인들 늘릴 수 있으리오. 現生은 이미 알 수 있으나 來生은 막막해 알 길 없네. 잘나나 못나나 모두 무덤 하나인 것을, 굽었니 곧으니 무엇 하러 구분할 것 있으랴. 東陵의 위인지 어찌 논할 것이며 首陽山 옆인지 어찌 따지리오.[56] 비록 嵇生의 琴은 없으나 夏侯의 안색과 같기를 바라노라.[57] 살아남을 그대들에게 말하노니 〈그럼에도 그대들은〉 이 길로 또다시 가겠지."라고 시를 지었다. 그러므로 사종이 그 말로 범엽을 비웃은 것이다.
沈約의 ≪宋書≫에 말하였다. "범엽은 옥에 들어가자마자 바로 죽을 것이라고 생각했다가 황제가 사건을 철저하게 조사하는 바람에 마침내 20일이 지나게 되자 범

56) 東陵의……따지리오 : ≪莊子≫ 〈騈拇〉〉에 "伯夷는 명예를 위하여 首陽山 밑에서 죽었고 盜跖은 이익을 위해서 東陵의 위에서 죽었다.〔伯夷死名於首陽之下 盜蹠死利於東陵之上〕"라고 하였다. 앞의 시구를 받아서 명예를 위해 백이처럼 죽었는지 이익을 위해 도척처럼 죽었는지 따질 것이 없다고 말한 것이다.

57) 비록……바라노라 : 嵇生은 嵇康이다. 呂安과 呂巽 형제간의 다툼을 계기로 평소 원한이 있던 鍾會의 모함을 받아 가산을 몰수당하고 여안과 함께 처형당했다. 처형당하기 전 평소 아끼던 琴으로 태연히 〈廣陵散〉을 연주하였다.(≪晉書≫ 〈嵇康列傳〉) 夏侯는 復姓으로 夏侯玄을 말한다. 大逆不道 사건에 억울하게 연루되어 처형당하였는데, 형장에서도 안색이 전혀 변하지 않고 거동이 태연하였다.(≪三國志≫ 〈魏志 諸夏侯傳〉)

엽은 살 수 있으리라는 희망을 다시 품었다. 〈그러자〉 獄吏가 그를 놀리며 '바깥에서 전하기를 詹事(범엽)는 오랫동안 囚禁될 수도 있다고 합니다.'라고 하자, 범엽이 듣고는 한편으로는 놀라고 한편으로는 기뻐하였다.

사종과 孔熙先이 비웃으며 '첨사께서는 西池의 射堂에서 말을 내달리고 〈득의양양하게〉 주위를 둘러보며 스스로 一世의 영웅이라고 여기더니, 지금은 두서없고 어지럽게 굴며 죽을까 두려워할 뿐이시군요. 설령 이제 〈황상이〉 살려주신다고 하더라도 신하로서 군주를 도모하였으니 무슨 낯으로 살 수 있겠습니까.'라고 하자, 범엽이 옥리의 지휘관에게 '안타깝소이다! 이런 사람들을 땅에 묻게 되었으니.'라고 하였다. 지휘관이 '不忠한 사람이 도대체 뭐가 안타깝다는 거요.'라고 하자, 범엽이 '大將의 말씀이 옳소.'라고 하였다."

先是曄在獄作詩曰 "禍福本無兆, 性命歸有極. 必至定前期, 誰能延一息. 在生已可知, 來緣憧無識. 好醜共一丘, 何足異枉直. 豈論東陵上, 寧辯首陽側・雖無嵇生琴, 庶同夏侯色. 寄言生存子, 此路行復[58]卽." 故綜以譏曄. 沈約宋書曰 "曄意入獄便死, 上窮治其獄, 遂經二旬, 曄更有生望. 獄吏戲之曰 '外傳詹事或當長繫.' 曄聞驚喜. 綜・熙先笑曰 '詹事在西池射堂上, 躍馬顧眄, 自以爲一世之雄. 今擾攘紛紜, 畏死乃耳. 設令今賜以性命, 人臣圖主, 何顏可以生存' 曄謂獄將曰 '惜哉, 薶如此人.' 將曰 '不忠之人, 亦何足惜.' 曄曰 '大將言是也.'"

37-34【補】 王儉이 王敬則과 같이 三公에 제수되었다. 徐孝嗣가 崇禮門에서 왕검을 영접하고는 이어 조롱하였다.

"오늘 두 분은 한쌍의 玉이라고 할 수 있겠습니다."

왕검이 말하였다.

"老子가 끝내 韓非(韓非子)와 같은 傳에 실리게 될 줄은 생각지도 못했습니다."

王儉與王敬則① 同拜三公이라 徐孝嗣於崇禮門候儉하고 因嘲之曰 今日可謂連璧이로다 儉曰 不意老子遂與韓非同傳②이로다하니라

老子

58) 行復 : '且又', 즉 '또', '다시' 등의 뜻이다.

① ≪南史≫에 말하였다. "王敬則은 臨淮 射陽 사람이다. 성격이 남다르고 刀劍을 좋아하였다. 개백정과 장사꾼 노릇을 하며 三吳 지역[59]을 두루 돌아다녔다. 〈劉宋의〉 明帝(劉彧)가 直閣將軍으로 삼았다. 元徽 연간(473~477) 초에 〈南齊에〉 歸順하자 高帝(蕭道成)가 輔國將軍으로 옮겨 宮殿에서 宿衛하는 병사들을 지휘하도록 하였다. 永明 연간(483~493)에 司空·太尉에 올랐다. 武帝(蕭賾)가 한번은 신하들에게 시를 짓도록 하자 왕경칙이 '신이 만약 글을 알았다면 기껏해야 尙書都令史[60]나 되었을 것이니 어찌 오늘같은 날이 가능이나 하겠습니까.'라고 하였다."

南史曰 "王敬則, 臨淮射陽人. 性倜(척)儻, 好刀劍. 屠狗商販, 徧于三吳. 明帝以爲直閣將軍. 元徽初, 歸誠, 高帝遷輔國將軍, 知殿內宿衛兵事. 永明中, 進司空·太尉. 武帝嘗令群臣賦詩, 敬則曰 '臣若解書, 不過作尙書都令史爾, 那得今日.'"

② ≪史記≫ 〈老子韓非列傳〉에서 〈사마천이〉 論했다. "老子가 귀하게 여긴 바의 道는 虛無이니, 無爲로써 變化에 응하기 때문에 著書의 말이 미묘하고 알기 어렵다. 韓非子는 법률을 원용하여 實情에 적절하고 是非에 밝았지만 지극히 가혹하고 恩情이 적었다. 모두 道와 德의 뜻에 근원을 두었지만 노자 쪽이 심원하였다."

史記老子韓非列傳論曰 "老子所貴道, 虛無, 因應變化於[61]無爲, 故著書辭稱微妙難識. 韓子引繩墨, 切事情, 明是非, 其極慘礉(핵)少恩. 皆原於道德之意, 而老子深遠矣."

37-35【補】 劉宋의 太祖(劉義隆)가 張思光(張融)의 면전에서 〈그를〉 司徒長史로 삼는 것을 허락하였는데, 〈임명한다는〉 칙서를 끝내 내리지 않았다. 장사광이 말을 타고 있었는데 몹시 야위어 있었다. 태조가 이를 보고 물었다.

"경의 말이 몹시 야위었는데 먹이를 얼마나 주는 것이오?"

장사광이 말하였다.

"하루에 한 섬을 주옵니다."

태조가 말하였다.

"먹이를 적지 않게 먹는데 어찌하여 이렇게 야위었소?"

장사광이 말하였다.

"신이 허락은 했는데 주지는 않았습니다."

---

59) 三吳 지역 : 吳興, 吳郡, 會稽를 말한다.

60) 尙書都令史 : 都令史는 尙書令, 僕射, 左右丞을 보좌하던 하급 관직으로 西晉 때 처음으로 두었으며 녹봉은 二百石이었다.

61) 於 : 여기서는 '以'의 뜻이다.

〈이 말에 태조가〉 다음날 바로 사도장사에 제수하였다.

宋太祖嘗面許張思光爲司徒長史하고 勑竟不下라 張乘一馬甚瘦(수)어늘 太祖見之하고 問曰 卿馬甚瘦하니 給粟多少아 張曰 日給粟一石이로이다 上曰 食粟不少어늘 何瘦如此오 張曰 臣許而不與니이다하니 明日卽除司徒長史하니라

37-36【補】 劉宋의 世祖(劉駿)가 殷貴妃의 묘소에 이르러 劉德願에게 말하였다.

"경들이 貴妃를 위해 哭을 하되 만약 구슬프게 한다면 마땅히 후한 상을 내리겠다."

유덕원이 말을 듣자말자 울부짖으며 애통해 하였는데 눈물과 콧물이 줄줄 흘러내렸다. 〈그러자〉 세조가 〈유덕원을〉 豫州刺史로 삼았다. 세조가 또 羊志에게 곡을 하라고 하자, 양지도 몹시 슬프게 오열하였다. 다른 날 어떤 이가 양지에게 물었다.

"그대는 어떻게 그렇게 갑자기 눈물이 나올 수 있었소이까?"

양지가 말하였다.

"나는 그날 나대로 죽은 첩을 위해 곡했을 따름이라오."

宋世祖至殷貴妃墓하여 謂劉德願① 曰 卿等哭貴妃若悲면 當加厚賞하리라 劉應聲號慟에 涕泗交橫이어늘 上以爲豫州刺史라 帝又令羊志哭하니 羊亦嗚咽(열)甚哀라 他日有問羊者 卿那得此副急淚아하니 羊曰 我爾日自哭亡妾耳②라하니라

① ≪宋書≫에 말하였다. "劉懷愼의 아들 劉德願은 秦郡太守가 되었는데, 성격이 거칠고 경솔하여 世祖(劉駿)에게 업신여김을 당했다."
宋書曰 "劉〔懷〕[62]愼(字)〔子〕[63]德願, 爲秦郡太守, 性粗率, 爲世祖所狎侮."

② ≪宋書≫에 말하였다. "羊志는 醫員이다."
宋書曰 "羊志, 醫術人."

---

62) 〔懷〕: 저본에는 '懷'가 없으나, ≪宋書≫〈劉懷愼列傳〉과 ≪南史≫〈劉懷肅列傳〉 등에 의거하여 보충하였다.

63) (字)〔子〕: 저본에는 '字'로 되어 있으나, ≪李卓吾批點世說新語補≫(安永本), ≪宋書≫〈劉懷愼列傳〉과 ≪南史≫〈劉懷肅列傳〉 등에 의거하여 '子'로 바로잡았다.

37-37【補】 謝鳳의 아들은 이름이 謝超宗이고, 謝莊의 아들은 이름이 謝朏이었다. 劉宋의 明帝(劉彧)가 두 사람에게 鳳莊門으로 들어오라고 칙명을 내리자,[64] 사초종은 "임금의 명령이니 가지 않을 수 없다." 라고 하면서 종종걸음으로 〈봉장문을 통해〉 들어갔고, 사굴은 "임금은 신하를 예로써 대하는 법이다." 라고 하면서 끝내 들어가지 않았다.

謝鳳子名超宗이요 謝莊子名朏(굴)이라 宋明帝勅二人하여 由鳳莊門入이어늘 超宗曰 君命이니 不可以不往이라하고 乃趨而入이어늘 朏曰 君處臣以禮라하고 遂不入①하니라

① ≪南史≫에 말하였다. "謝靈運의 아들 謝鳳은 사영운의 일[65]에 연좌되어 嶺南으로 유배되었다가 일찍 죽었다."
南史曰 "靈運子鳳, 坐靈運事, 徙嶺南, 早卒."

37-38【補】 朱異는 五經을 두루 공부하고 문장과 역사도 섭렵하였으며 장기, 바둑, 글씨, 算法도 모두 그의 長技였다. 스무 살에 도성으로 갔는데, 沈約이 농담으로 말하였다.

"그대는 나이도 어린데 어찌하여 청렴하지 않은 것이오?"

주이가 머뭇거리며 〈말한〉 의도를 알아차리지 못하자 심약이 말하였다.

"천하에 〈귀한 것으로는〉 오직 文章과 바둑과 글씨가 있을 뿐인데, 그대가 한꺼번에 가져가 버렸으니 어찌 청렴하다 할 수 있겠소."

朱異遍治五經하고 涉獵文史요 博弈(혁)書算이 皆其所長이라 年二十詣都에 沈約戲語曰 卿年少何乃不廉고 異逡巡未達其旨하니 約曰 天下惟有文義棋書어늘 卿一時將去하니 那得云廉①이리오하니라

---

64) 두……내리자 : 당시의 避諱法을 따르자면 謝超宗은 부친의 이름인 '鳳'자가 있는 鳳莊門으로 들어가면 안 되고, 謝朏도 부친의 이름인 '莊'자가 있는 봉장문으로 들어가면 안 되었다. 明帝(劉彧)가 일부러 두 사람에게 짓궂게 군 것이다.

65) 사영운의 일 : 벼슬에서 물러나 고향으로 와 있던 사영운은 불교를 숭상하는 會稽太守 孟顗를 면전에 대고 조소하여 원한을 샀고, 回踵湖의 활용을 두고도 맹의와 갈등이 있었다. 맹의가 사영운이 모반을 꾀한다고 조정에 상주하기에 이르렀고 끝내 모반 사건으로 이어져 廣州로 充軍되었다가 죽임을 당하였다.(≪宋書≫ 〈謝靈運列傳〉)

① ≪南史≫에 말하였다. "朱異는 字가 彦和로 錢唐 사람이다. 조부 朱昭之는 학식으로 유명하였다. 부친 朱巽之는 字가 處林으로 포부와 절조가 있었으며 〈辯相論〉을 지었다. 顧歡이 보고서 남다르게 여겨 딸을 그에게 시집보냈다. 주이는 經史를 두루 보았고 아울러 雜技에도 능통하였다. 侍中과 中領軍을 역임하였다."

南史曰 "朱異, 字彦和, 錢唐人. 祖昭之, 以學解稱. 父巽之, 字處林, 有志節, 著辯相論. 顧歡見而異之, 以女妻焉. 異徧覽經史, 兼通雜藝. 官侍中・中領軍."

37-39【補】 劉諒은 湘東王(蕭繹)으로부터 훌륭하다는 평가를 받고 있었다. 상동왕은 한쪽 눈이 멀었는데, 하루는 유량과 함께 강가에서 노닐다가 가을 풍경의 아름다움을 감탄하자, 유량이 말하였다.

"오늘은 '황제의 딸이 북쪽 물가에 빠졌으니〔帝子降於北渚〕'라고 이를 수 있겠습니다."

상동왕은 〈자기를 풍자하는 것이라고 여겨〉 말하였다.

"그대는 〈다음 구절인〉 '그 눈이 그윽하게 아름다워 나를 근심스럽게 하네.〔目眇眇而愁予〕'[66]를 말하는 것인가?"

이 일을 계기로 〈상동왕은〉 그를 싫어하였다.

劉諒① 爲湘東王所善이라 湘東一目眇하니 一日與諒共遊江濱에 歎秋望之美어늘 諒曰 今日可謂 帝子降於[67]北渚로다하니 湘東曰 卿言 目眇眇而[68]愁予耶아하고 由此嫌之②하니라

娥皇과 女英

66) 그……하네 : 이 구절은 堯임금의 두 딸인 娥皇과 女英이 훌륭한 덕과 아름다운 모습을 지녔는데도 남편인 舜임금의 죽음을 좇아 瀟湘江 가에서 죽은 일을 屈原이 애도한 시이다. 그러나 '眇眇'를 글자 그대로 해석하면 '눈이 애꾸눈이라서 나를 근심스럽게 하네.'라고 볼 수 있으므로 湘東王은 劉諒이 이 구절을 가지고 자신을 빗대어 비웃었다고 생각한 것이다.

67) 於 : ≪楚辭≫ 〈湘夫人〉에는 '兮'로 되어 있다.

68) 而 : ≪楚辭≫ 〈湘夫人〉에는 '兮'로 되어 있다.

① ≪南史≫에 말하였다. "劉諒은 字가 求信으로 彭城 사람이다. 조부 劉繪는 大司馬의 從事中郎이었고, 부친 劉孝綽은 秘書監이었다. 유량은 어려서부터 학문을 좋아하고 文才가 있었으며, 특히나 晉代의 故事를 자세히 알아서 당시 사람들이 '皮裏晉書'[69] 라고 불렀다."
南史曰"諒, 字求信, 彭城人. 祖繪, 大司馬從事中郎, 父孝綽, 秘書監. 諒少好學, 有文才, 尤悉晉代故事, 時號皮裏晉書."

②〈이 구절은〉≪楚辭≫〈湘夫人〉에 보인다. 王逸의 주석에 말하였다. "帝子는 堯임금의 딸이다. '眇眇'는 아름다운 모양이다."
見楚辭湘夫人之曲. 王逸註曰"帝子, 堯女. 眇眇, 好貌也."

37-40【補】 盧詢祖는 말재주가 아주 좋고 인물들에 대해 품평하기를 즐겼다. 한번은 사람들에게〈이렇게〉이야기하였다.

"내가 어제 동녘이 아직 밝기 전에 和氏(和士開)집 門 밖을 지나다가 二陸과 兩潘을 보았는데 빽빽하게 서서 느티나무·버드나무와 나란히 있더군요."

盧詢祖甚有口辯하고 **好臧否人物**이라 **嘗語人曰 我昨東方未明**에 **過和氏門外**①라가 **見二陸**②·**兩潘**③하니 **森然與槐柳齊列**④이라하니라

① 당연히 和士開를 두고 말한 것이다.
≪北史≫에 말하였다. "화사개는 字가 彦通으로 淸都 臨漳 사람이다. 어려서 國子生이 되었는데 이해력이 빨라 같은 국자생들이 우러러보았다. 교활하고 아첨을 잘하여 北齊 神武帝(高歡)의 총애를 받았다. 벼슬은 尙書左僕射에 이르렀다."
當謂和士開. 北史曰"士開, 字彦通, 淸都臨漳人. 幼爲國子生, 解悟捷疾, 爲同業所尙. 以傾巧便辟, 有寵於齊神武. 仕至尙書左僕射."

②〈二陸은〉陸機과 陸雲이다.
機·雲.

③〈兩潘은〉潘岳과 潘尼이다.
≪文士傳≫에 말하였다. "반니는 字가 正叔으로 滎陽 사람이다. 조부 潘勗은 尙書左丞이었고 부친 潘滿은 平原太守였는데 모두 文學으로 유명하였다. 반니는 젊어서

69) 皮裏晉書 : 글자 그대로 해석하면 '살가죽 안의 진서'가 된다. 晉나라 역사에 대해 해박하여 모르는 것이 없다는 뜻으로, 요즘 말로 하자면 '걸어 다니는 진나라 역사서' 정도가 된다.

부터 탁월한 재능이 있었고 문장이 온화하고 우아하였다. 처음에는 州의 부름에 응해 벼슬하였고 太常卿으로 있다가 죽었다."

岳・尼也. 文士傳曰"尼, 字正叔, 滎陽人. 祖勗(욱), 尙書左丞, 父滿, 平原太守, 竝以文學稱. 尼少有淸才, 文詞溫雅. 初應州辟, 終太常卿."

④ 화사개가 권력을 잡고 있자 文士들이 모두 그 집 문에 몰려든 것을 두고 말한 것이다.

劉餗의 ≪隋唐嘉話≫에 말하였다. "盧思道(盧詢祖)는 高齊(北齊)에서 벼슬하였는데, 오래도록 승진하지 못하고 있었다. 당시 화사개가 권력을 잡고 있었기에 어떤 이가 노사도에게 '어째서 화사개를 한 번 보지 않으십니까.'라고 하였다. 노사도는 평소 짐짓 高潔한 척하고 있었기에 가고 싶었지만 다른 사람들이 볼까봐 걱정되어 날이 밝기 전에 갔다. 그 집 문에 이를 즈음에 〈보니〉 서있는 자들이 많았다. 노사도는 말을 멈추고 바라보면서 '저들은 무얼 하는 사람들이길래 빽빽하게 서서 느티나무・버드나무와 나란히 있단 말인가.'라고 하고는 말을 채찍질하여 급히 자리를 떴다."

謂士開當權, 文士皆輻輳其門也. 劉餗隋唐嘉話曰"盧思道仕高齊, 久不得進. 時士開方用事, 或謂盧曰'何不一見和.' 思道素自高, 欲往, 恐爲人所見, 乃未明而行. 比至其門, 立者衆矣. 盧駐轡(비)望之, 曰'彼何人斯, 森然而與槐柳齊列.' 因鞭馬疾去."

【頭註】

○ 王世懋 : 神武帝는 곧 高歡이다. <신무제의 총애를 받았을 때> 和士開는 아직 <존재감이> 드러나기 전이었다.[70)]

王云"神武乃高歡. 士開未逮章."

37-41【補】 侯白은 익살과 농담을 좋아하였다. 하루는 楊素가 牛弘과 함께 조회를 마치고 나오는데 후백이 그들에게 말하였다.

"날이 저물었네.〔日之夕矣〕"

양소가 말하였다.

"우리를 두고 '소와 양이 내려오네.〔牛羊下來〕'[71)]라는 게지요?"

---

70) 神武帝는……전이었다 : 高歡은 北齊의 기틀을 닦은 인물로 사후에 둘째 아들인 高洋이 북제를 세우면서 獻武皇帝로 추존되었다가 뒤에 尊號가 神武로 바뀌었다. 王世懋의 주석은 和士開가 고환의 총애를 받았을 당시에는 아직 크게 드러나지 않았다는 뜻이다.

71) 소와……내려오네 : 소는 牛弘을 말하고, 양은 楊素를 가리키는데 羊과 楊은 발음이 같기 때문이다. '牛羊' 두 글자가 牛弘과 楊素 두 사람의 성과 글자가 같거나 발음이 같은 것을 이용해 농담한 것이다.

侯白好俳諧①이러니 一日楊素②與牛弘退朝에 白語之曰 日之夕矣라하니 素曰 以我爲牛羊下來耶③아하니라

① ≪隋書≫에 말하였다. "侯白은 字가 君素로 魏郡 臨漳 사람이다. 성격이 익살맞아 농담과 잡스러운 이야기하기를 좋아하였다. 楊素가 그와 친하게 지냈다. 高祖(楊堅)가 불러 함께 이야기해 보고는 아주 마음에 들어 하였다. 秀才로 천거되어 儒林郎이 되었으나, 〈조정의 관료들이〉 매번 그를 발탁하려고 할 때마다 〈고조가〉 '侯白은 직임을 감당하지 못한다.'라고 하여 〈발탁하려는 시도가〉 중지되었다."
隋書曰 "白, 字君素, 魏郡臨漳人. 性滑稽, 好爲誹諧雜說. 楊素狎之. 高祖召與語, 甚悅. 擧秀才, 爲儒林郎. 每將擢之, 輒曰 '侯白不勝官.' 而止."

② ≪隋書≫에 말하였다. "楊素는 字가 處道로 弘農 華陰 사람이다. 조부 楊暄은 北魏의 輔國將軍이고 부친 楊敷는 北周의 汾州刺史였다. 양소는 젊어서부터 큰 뜻을 가졌고 安定의 牛弘과 뜻을 같이 하였으며, 학문을 좋아하여 광범위하게 섭렵한 것이 많았다. 수염이 멋졌으며 영웅호걸의 모습을 지녔다. 〈북주의〉 武帝(宇文邕)가 車騎大將軍에 임명하니, 전투마다 공을 세웠다. 上柱國[72]·尙書僕射·仁壽宮大監[73]·越國公을 지냈다."
隋書曰 "素, 字處道, 弘農華陰人. 祖暄, 魏輔國將軍, 父敷, 周汾州刺史. 素少有大志, 與安定牛弘同志, 好學多所通涉. 美鬚髯(수염), 有英傑之表. 武帝拜爲車騎大將軍, 每戰有功. 歷位上柱國·尙書僕射·仁壽宮大監·越國公."

③ ≪詩經≫ 〈王風 君子于役〉에 말하였다. "날이 저물어 소와 양이 내려오나니."
王風曰 "日之夕矣, 牛羊下來."

37-42【補】 柳機와 柳昂은 北周의 조정에서 함께 요직을 거쳤는데, 隋文帝가 황제의 자리를 물려받고 나서는 나란히 지방관이 되었다. 당시 楊素가 권력을 잡고 있었는데, 문제가 연회를 베풀어 준 것을 계기로 양소가 농담으로 유기에게 말하였다.

---

72) 上柱國 : 관직 이름이다. 柱國이라고도 한다. 전국시대 楚나라에서 처음으로 두었다. 적군을 절멸시킨 공을 세운 자를 '상주국'으로 삼았다. 지위는 令尹과 相國의 밑으로 매우 높았다.

73) 仁壽宮大監 : 仁壽宮은 隋 文帝 때 지은 피서를 위한 離宮이다. 大監은 당시 宮室, 宗廟, 陵寢 등의 수선과 관리를 담당하던 관청인 將作監의 최고 관직이다. 楊素가 인수궁 공사를 감독하였다.(≪隋書≫ 〈楊素列傳〉)

"두 버들(유기와 유앙)이 함께 꺾여 버렸소이다."

유기가 듣자마자 바로 대답하였다.

"외로운 버드나무(양소)가 홀로 우뚝한 것만 하겠습니까."

柳機[①] · **柳昂**[②]이 **在周朝**하여 **俱歷要任**이러니 **隋文帝受禪**에 **竝爲外職**이라 **時楊素方用事**라 **因文帝賜宴**하여 **素戲語機云 二柳俱摧**로다하니 **機應聲答曰 不若孤楊獨聳**(용)이라하니라

① ≪北史≫에 말하였다. "柳機는 字가 匡時로 河東 解 사람이다. 용모와 풍채가 훌륭하고 통이 컸으며 經史를 널리 섭렵하였다. 19세 때에 北周의 武帝(宇文邕)가 데려다 記室로 삼았다."
北史曰 "柳機, 字匡時, 河東解人. 偉容儀, 有器局, 頗涉經史. 年十九, 周武帝引爲記室."

② ≪北史≫에 말하였다. "柳昂은 字가 千里로 河東 解 사람이다. 어려서부터 특출나게 총명하고 도량과 식견이 있었으며, 일하는 솜씨가 남들보다 뛰어났다. 북주의 무제 때 內史中大夫가 되어 요직을 차지하고 권력을 잡으니 百官이 모두 그 밑에서 나왔다."
北史曰 "柳昂, 字千里, 河東解人. 幼聰穎, 有器識, 幹局過人. 周武帝時, 爲內史中大夫, 當途用事, 百寮皆出其下."

37-43 【補】 宗如周는 얼굴이 좁고 길쭉하였다. 蕭詧이 놀리며 말하였다.

"그대는 어찌하여 佛經을 비방하였소?"

종여주가 말하였다.

"저는 예전부터 불경을 비방한 적이 없습니다."

그러자 蔡大寶가 말하였다.

"그대는 당연히 여타의 다른 불경들이야 비방하지 않았겠지요. 아마도 ≪法華經≫을 믿지 않으시는 모양입니다."

≪法華經≫에 "불경을 듣고 기뻐하여 귀의하면 얼굴이 좁고 길쭉해지지 않는다."라고 하였다. 종여주는 그제야 〈무슨 말인지〉 알아차렸다.

宗如周面狹長[①]이어늘 **蕭詧**(찰)[②] **戲之曰 卿何爲謗經**고 **如周曰 身自來不謗經**이로다 **蔡大寶曰 卿當不謗餘經**이니 **正應不信法華經爾**라하니 **蓋法華經云 聞經隨喜**면 **面不狹長**이라

如周乃悟[3]하니라

① ≪後梁書≫에 말하였다. "宗如周는 재능과 학문이 뛰어났으며 度支尙書가 되었다."
後梁書曰 "宗如周有才學, 爲度支尙書."

② ≪梁書≫에 말하였다. "蕭詧은 字가 理孫으로 昭明太子(蕭統)의 아들이다. 梁나라 때 岳陽郡王에 봉해졌다."
梁書曰 "蕭詧, 字理孫, 昭明子. 梁封岳陽郡王."

③ ≪後梁書≫에 말하였다. "蔡大寶는 字가 敬仁이다. 일찍이 僕射 徐勉에게 글을 보내 〈벼슬을 구한〉 적이 있었는데, 서면이 크게 칭찬하고는 자신의 아들과 어울리도록 하였으며 자신이 가지고 있던 모든 옛 서적을 죄다 주었다. 〈채대보는〉 마침내 많은 책을 두루 보아 통달하지 못한 학문이 없었다."
後梁書曰 "蔡大寶, 字敬仁. 嘗以書于僕射徐勉, 勉大賞異, 令與其子遊處, 所有墳籍, 盡以給之. 遂博覽群書, 學無不綜."

37-44【補】 宰相 盧邁는 소금과 식초를 먹지 않았다. 동료가 물어보았다.
"足下께서는 소금과 식초를 먹지 않는데 어떻게 견디시오?"
노매가 웃으며 말하였다.
"족하께서는 온종일 소금과 식초를 먹는데 더더욱 어떻게 견디시오?"

盧相邁不食鹽醋어늘 **同列問之**호되 **足下不食鹽醋**하니 **何堪**고 **邁笑曰 足下終日食鹽醋**하니 **復又何堪**[1]고하니라

① 劉昫의 ≪唐書≫에 말하였다. "盧邁는 字가 子玄으로 范陽 사람이다. 효성스럽고 우애있으며 신중하고 성실한 것으로 유명하였다. 貞元 연간(785~805)에 給事中과 平章事로 있으면서 國政이 陸贄의 손에 결정되자 公은 몸을 삼가고 중립을 지키면서 법도를 지킬 따름이었다."
劉昫(구)唐書曰 "盧邁, 字子玄, 范陽人. 以孝友謹厚稱. 貞元中, 以給事中・平章事, 大政決於陸贄(지), 公謹身中立, 守文奉法而已."

37-45【補】 丁晉公(丁謂)이 崖州[74]에서 돌아왔다. 자리를 같이 하고 있던 손님이

---

74) 崖州 : 중국 최남단에 위치한 섬인 海南島에서도 최남단에 있었다. 지금의 海南省 三亞市이다.

천하의 州郡 중에서 어느 곳이 가장 풍요롭고 번창한지를 논하였다. 정진공이 말하였다.

"애주의 지위와 명망이 가장 높지요."

손님이 그 까닭을 묻자, 〈정진공이〉 답하였다.

"宰相이 그 고을의 司戶參軍[75]밖에 되지 못했으니[76] 다른 고을이 어떻게 따라갈 수 있겠소이까."

丁晉公自崖州還에 **坐客論天下州郡**에 **何地最雄盛**이어늘 **公曰 唯崖州地望最重**이라하니 **客問其故**어늘 **答曰 宰相只作彼州司戶參軍**이니 **他州何可及**이리오하니라

37-46【補】 盛度는 몸집이 풍만하고 비대하였다. 하루는 正殿에서 종종걸음으로 나가고 있는데 宰相이 뒤에 있었다. 성도는 처음에 모르고 있다가 〈재상이〉 갑자기 보이자 바로 종종걸음으로 피하고자 하였다. 백 걸음 남짓 가서야 當直 서는 곳을 찾아 그 안으로 몸을 숨겼다. 學士 石中立이 그가 몹시 헐떡거리는 것을 보고 물어보았다. 성도가 그 까닭을 알려주자, 석중립이 말하였다.

"相公께서 〈왜 헐떡이는지〉 물어보시던가요?"

성도가 말하였다.

"물어보시지 않더이다."

헤어지고 열 걸음 정도를 간 뒤에야 비로소 무슨 말인지 알아차리고 욕을 했다.

"그놈이 나를 보고 소라고 했구만!"

盛度體豐肥①어늘 **一日自**(殿前)〔前殿〕[77]**趨出**에 **宰相在後**로되 **盛初不知**라가 **忽見**하고 **卽**

---

75) 司戶參軍 : 州郡의 하급 관리로, 주로 戶籍, 賦稅, 창고의 出納 등의 일을 맡았다.

76) 宰相이……못했으니 : 丁謂는 北宋 초기의 재상이다. 변방을 안정시키고 백성들의 세금을 감면하고 관개 공사를 진행하고 경제를 안정시키는 등의 업적도 있었으나 토목 공사를 지나치게 일으키고 환관과 결탁하여 충신을 모함하고 미신을 이용하여 황제를 우롱하는 등의 악행을 저질렀다. 王欽若, 林特, 陳彭年, 劉承珪 등의 간신들과 함께 五鬼로 불렸으며, 나중에는 재상에서 파직되어 애주의 사호참군으로 좌천되었다.(≪宋史≫〈丁謂列傳〉)

77) (殿前)〔前殿〕 : 저본에는 '殿前'으로 되어 있으나, ≪何氏語林≫과 ≪天中記≫ 등에 의거하여 '前殿'으로 바로잡았다.

欲趨避호되 行百餘步에 乃得直舍하여 隱於其中이라 石學士中立②이 見其喘(천)甚하고 問之하니 盛告其故라 石曰 相公問否아 盛曰 不問하니라 別去十餘步에 乃悟하고 罵曰 奴乃以我爲牛③로다하니라

① ≪東都事略≫에 말하였다. "盛度는 字가 公量으로 餘杭 사람이다. 여러 벼슬을 거쳐 翰林學士·參知政事를 지냈다. 성품이 학문을 좋아하여 집에 있으면서 책을 읽었는데 손에서 〈책을〉 놓은 적이 없었다. 眞宗(趙恒)이 명을 내려 李宗諤·楊億·王曾·李維·舒雅·任隨·石中立과 같이 ≪文苑英華≫를 편찬하게 하였다. 저서로 ≪愚谷集≫이 있다. 성도는 몸집이 풍만하고 비대해서 절하고 일어나기가 곤란하였다. 그에게 절하는 사람이 있으면 〈성도는 답례하기 위해〉 엎드렸다가 일어나지 못해 어떤 때는 〈그 사람에게〉 욕하는 일까지도 있었다. 그의 편협하고 도리에 어긋난 행실이 이와 같았다."

東都事略曰"盛度, 字公量, 餘杭人. 累官翰林學士·參知政事. 性好學, 家居讀書, 未嘗釋手. 眞宗命與李宗諤·楊億·王曾·李維·舒雅·任隨·石中立同編文苑英華. 所著有愚谷集. 度肌體豐大, 艱於拜起, 有拜之者, 俯伏不能興, 或至詬罵. 其褊戾如此."

② ≪宋史≫에 말하였다. "石中立은 字가 表臣으로 河南 洛陽 사람이다. 石熙載의 아들이다. 성격이 활달하고 諧謔을 좋아했는데, 사람들은 〈그의 해학에〉 화를 내지 않았다."

魏泰의 ≪東軒筆錄≫에 말하였다. "參政 石中立은 太宗(趙光義)을 섬길 때 館職[78]이었는데 眞宗 末年에 이르러서도 여전히 學士였다."

宋史曰"中立, 字表臣, 河南洛陽人, 熙載子也. 性疎曠, 好諧謔, 人不以爲怒." 魏泰東軒筆錄曰"石參政中立事太宗爲館職, 至眞宗末年, 猶爲學士."

③ 班固의 ≪漢書≫에 말하였다. "丙吉이 승상일 때 한번은 외출하였다가 길을 정돈하던 자들을 마주쳤는데 행차를 위해 정돈된 길에서 패싸움을 벌여 죽거나 다쳐 길에 널브러져 있었다. 〈그런데도〉 병길은 지나치기만 하고 물어보지 않았다. 앞으로 〈계속〉 나아가다가 〈이번에는〉 소를 몰고 있는 사람을 마주쳤는데 소가 헐떡이며 혀를 빼고 있었다. 병길은 가마를 멈추고 수행하던 아전에게 몇 리나 소를 몰았는지 물어보게 하였다. 그러자 掾吏(보좌관)들은 승상이 전후의 일에 대해 제대로 묻지를 못하였다고 생각하였다. 어떤 이가 〈이 일로〉 병길에게 諫言하자, 병길이 '백성들이 싸움을 벌여 서로 죽이거나 다치게 하는 것은 長安令과 京兆尹이 직분상 당연히 금해야 할 일이고, 연말에 승상은 그 고과를 매겨 상을 주거나 벌을 내려달라고 주청할 때

78) 館職 : 唐宋시대 昭文館, 史館, 集賢院 등에서 修撰이나 編校 등의 일을 맡은 관직을 통틀어 일컫는 말이다.

름이다. 재상은 사소한 일에 직접 관여하지 않나니, 〈그 일은〉 길에서 물어야 할 것이 아니다. 한창 봄에는 少陽이 작용하니 너무 더워서는 안되는데, 소가 가까운 거리를 움직였는데 더위 때문에 헐떡이는 것이 아닐까 걱정되었다. 이는 날씨가 정상을 벗어난 것이니 피해가 있을까 걱정되었다. 三公은 陰陽을 조화롭게 하는 것을 관장하니, 〈그 일은〉 직분상 당연히 걱정해야 할 것이다. 그렇기 때문에 물어보았다.'라고 하였다. 掾吏들이 이에 탄복하고 병길이 大體를 안다고 여겼다."

班固漢書曰 "丙吉爲相, 嘗出, 逢淸道群鬪者, 死傷橫道, 吉過之不問. 前行, 逢人逐牛, 牛喘吐舌. 吉止駐, 使騎吏問 '逐牛行幾里矣.' 掾吏謂丞相前後失問, 或以譏吉, 吉曰 '民鬪相殺傷, 長安令·京兆尹職所當禁, 歲竟丞相課其殿最, 奏行賞罰而已. 宰相不親小事, 非所當於道路問也. 方春少陽用事, 未可太熱, 恐牛近行用暑故喘. 此時氣失節, 恐有所傷害也. 三公典調和陰陽, 職所當憂, 是以問之.' 掾吏乃服, 以吉知大體."

37-47【補】 劉貢父(劉攽)와 王汾이 같이 館閣[79]에 있었다. 왕분은 말을 더듬는 병이 있었는데 유공보가 그에게 贊을 지어 주었다.

"周昌같은 집안인가 생각해 보고 또 韓非같은 부류라고 생각했건만 揚雄같은 명성은 들리지 아니하고 단지 鄧艾같은 기상만 있네."[80]

劉貢父① **·王汾**② 이 **同在館中**이러니 **汾病口吃**이라 **貢父爲之贊曰 恐是昌家**③요 **又疑非類**④라 **未聞雄名**⑤이요 **只有艾氣**⑥로다하니라

① ≪東軒筆錄≫에 말하였다. "劉攽은 字가 貢父(공보)이다. 博學하고 뛰어난 재주가 있었지만 익살스럽고 해학과 장난을 좋아하였으며 또한 자주 그 때문에 남의 심기를 건드리기도 하였다."

≪東都事略≫에 말하였다. "유반은 형인 劉敞(유창)과 같이 공부를 했는데, 자신에게 엄격하고 많은 책을 두루 읽었으며 말과 행동이 고상하고 원대하여 명성이 유창에게 버금갔다."

---

79) 館閣 : 北宋 때 昭文館, 史館, 集賢院의 三館과 秘閣, 龍圖閣 등의 閣이 있었는데, 圖書와 經籍 그리고 國史의 편찬 등의 일을 나누어 담당하였다. 이들 기구를 '館閣'이라고 통칭한다.

80) 周昌같은……있네 : 인용된 네 사람은 모두 말을 더듬었다. '昌', '非', '雄', '艾' 네 글자를 인명으로 보지 않고 글자 그대로 해석하면 '창성한 집안 〈출신〉인가 생각해 보고 또 같은 부류는 아닌 것 같다는 생각도 드네. 영걸스러운 이름은 들리지 아니하고 단지 쑥 냄새만 풍기는구나.'가 된다. 중의적인 글을 지어 은근히 놀린 것이다.

東軒筆錄曰"劉攽, 字貢父. 博學有俊才, 然滑稽喜謔玩, 亦屢以犯人." 東都事略曰"攽與兄敞同學, 自刻厲, 博讀群書, 言行高遠, 名亞敞焉."

② ≪東都事略≫에 말하였다. "王禹偁의 증손자 王汾은 進士 甲科에 합격하였으며 元祐 연간(1086~1093)에 工部侍郎·寶文閣待制가 되어 元祐黨籍[81]에 들어갔다고 한다."
東都事略曰"王禹偁曾孫汾, 擧進士甲科, 元祐中, 爲工部侍郎·寶文閣待制, 入元祐黨籍云."

③ ≪史記≫에 말하였다. "周昌은 힘이 세고 직언하는 데 과감했다. 高帝(劉邦)가 太子를 폐위하려고 하자, 조정에서 강하게 이에 대해 간언하였다. 주창은 천성적으로 말을 더듬는데다 또 크게 화가 났던지라 '신은 입으로는 말을 잘 하지 못합니다. 그렇지만 그, 그, 그것이 옳지 못하다는 것을 압니다. 폐하께서 비록 태자를 폐위하고자 하시나 신은 그, 그, 조서를 받들 수 없습니다.'라고 하니, 고제가 欣然히 웃었다."
史記曰"周昌彊力, 敢直言. 高帝欲廢太子, 廷爭之彊. 爲人吃, 又盛怒曰'臣口不能言, 然期期知其不可. 陛下雖欲廢太子, 臣期期不奉詔.' 上欣然而笑."

④ ≪史記≫ 〈韓非列傳〉에 말하였다. "韓非는 천성적으로 말을 더듬어서 말은 잘 하지 못했으나 저술을 잘 하였다."
韓非傳曰"非爲人口吃, 不能道說, 而善著書."

⑤ ≪前漢書≫ 〈揚雄傳〉에 말하였다. "揚雄은 말을 더듬었다. 과묵하였으며 깊이 사색하기를 좋아하였다."
漢書揚雄傳曰"雄口吃, 默而好深湛之思."

⑥ 〈본문의〉 艾는 鄧艾이다.
鄧艾也.

37-48【補】 王介甫(王安石)가 재상이 되고서 천하의 水利에 신경을 많이 썼다. 劉貢父(劉攽)가 한번은 왕개보를 찾아갔는데, 마침 어떤 손님이 方策을 올리며 말하였다.

---

81) 元祐黨籍 : 원우 연간에 黨派를 형성한 사람들의 名簿라는 뜻이다. 北宋 神宗 때 王安石이 新法을 실시하여 개혁하고자 하였는데 司馬光을 위시하여 文彦博·蘇軾·程頤 등의 구법당은 이에 반대해 신법의 폐기를 주장하였다. 哲宗 원우 원년에 사마광이 재상이 되어 신법을 모두 폐지하고 옛 법을 회복하였는데, 紹聖 원년(1094)에 章惇이 재상이 된 뒤에 다시 구법당을 축출하였고, 徽宗 崇寧 원년(1102)에는 蔡京이 재상이 되어 구법당의 주요 인물 120인을 奸黨으로 지목하여 元祐奸黨碑를 세우고, 다시 309인을 기록하여 元祐黨籍碑를 세웠다.(≪宋史≫ 〈徽宗本紀〉, 〈姦臣列傳 蔡京〉)

“梁山泊의 둑을 터서 물을 빼내면 만 頃의 좋은 농토를 얻을 수 있습니다. 다만 아직까지 그 많은 물을 담기에 적합한 곳을 찾지 못했습니다.”

왕개보가 〈이 말을 듣고〉 고개를 숙이고 생각에 잠기자, 유공보가 목소리를 높여 말하였다.

“이는 그다지 어렵지가 않습니다.”

왕개보는 얼굴이 밝아지며 〈좋은〉 방책이라도 있는가 여겨 얼른 물어보았다.

〈유공보가〉 말하였다.

“따로 양산박 같은 곳을 하나 더 판다면 그 물을 충분히 담을 수 있습니다.”

그러자 왕개보가 크게 웃고 마침내 그만두었다.

王安石

王介甫爲相하여 大講天下水利라 劉貢父嘗造之에 値一客獻策曰 梁山泊①決而涸(학)之면 可得良田萬頃이로되 但未擇得利便之地하여 貯許水耳라하니 介甫傾首沈思어늘 貢父抗聲曰 此甚不難이라하니 介甫欣然 以爲有策하여 遽問之하니 曰 別穿一梁山泊이면 則足以貯此水矣라하니 介甫大笑하고 遂止②하니라

① 梁山泊은 梁山濼이라고도 하는데 東平州에서 50里 되는 곳에 있다.
梁山泊, 亦作梁山濼(락), 在東平州五十里.

② 張太史(張耒)의 ≪明道雜志≫에도 이 일이 실려있는데 太湖의 물을 빼내는 논의를 했다고만 되어 있고 양산박을 언급하지 않았다.

또 稗史[82]에는 “왕개보가 梁山濼의 둑을 여는 일을 논의하자, 유공보가 〈이에〉 응해 ‘이 일은 「楊蟠無齒」입니다.’라고 하였다. 〈왕개보가 무슨 뜻인지〉 물어보자, 〈유공보는〉 ‘양반은 杭州 사람으로 自號가 浩然居士입니다. 〈「楊蟠無齒」는〉 이 일이 커서 끝이 없다는 말입니다.’[83]라고 하였다.”고 되어 있다. 하나의 일인데 세 곳의 이야

82) 稗史 : 패사는 정식 역사서인 正史와는 구별되는 민간에 전하는 일화나 잡다한 이야기 등의 기록을 말한다. 이 이야기는 南宋의 학자 楊萬里가 지은 ≪誠齋集≫과 ≪誠齋詩話≫에 나온다.

83) 양반은……말입니다 : 유공보는 ‘楊蟠無齒’가 ‘浩然無涯’의 뜻이라고 말하였는데, 이는

기가 다르다.

張太史明道雜志, 亦載此事, 但云議乾太湖, 不言梁山泊也. 又稗史 "介甫議開梁山濼, 貢父應曰 '此事楊蟠無齒.' 問之, 曰 '楊蟠, 杭人, 自號浩然居士, 言此事浩然無涯也.'" 一事而三異.

37-49【補】 蘇長公(蘇軾)이 〈좌천되어〉 惠州에 있었는데,[84] 天下에 그가 이미 죽었다는 소문이 퍼졌다. 7년 뒤에 북쪽으로 돌아오게 되었는데 당시 章丞相(章惇)[85]이 막 雷州에 귀양 가 있었다. 蘇東坡(소식)가 南昌太守 葉祖洽을 〈찾아가〉 보았더니, 섭조흡이 물었다.

"세상에 蘇端明(소식)이 이미 道山으로 돌아갔다[86]는 소문이 돌던데, 지금 아직도 인간 세상에서 노닐고 계시는 겁니까?"

소동파가 말하였다.

"도중에 章子厚(장돈)을 보고 바로 되돌아왔을 뿐이오."

蘇長公在惠州①에 **天下傳其已死**라 **後七年北歸**에 **時章丞相方貶雷州**라 **東坡見南昌太守葉祖洽**하니 **葉問曰 世傳端明已歸道山**이어늘 **今尙爾游戲人間邪**아하니 **坡曰 途中見章子厚**하고 **乃回反耳**②라하니라

① ≪宋史≫ 〈蘇軾列傳〉에 말하였다. "紹聖 연간(1094~1098) 초에 御史가 蘇軾이 선대의 황제를 비난했다고 논죄하여 惠州에 安置되었는데, 3년 동안 담담히 조금도 개의치 않았으며, 현명한 사람이건 어리석은 사람이건 할 것 없이 모든 사람들의 환심을 얻었다."

宋史曰 "紹聖初, 御史論軾譏斥先朝, 惠州安置, 三年泊然無所芥蔕, 人無賢愚, 皆得其

언어유희이다. '楊蟠'이 곧 '浩然'인 것이고, '無齒'는 같은 뜻인 '無牙'로 바꿀 수 있고 '無牙'는 '無涯'와 발음이 같은 점을 이용한 것이다.

84) 蘇長公이……있었는데 : 소식은 舊法黨이었는데, 新法黨이 재집권하면서 紹聖 원년(1094)에 寧遠軍節度副使로 좌천되었다가 다시 惠州로 옮겨졌다. 신법당과 구법당 사이의 갈등은 앞의 주 81) 元祐黨籍 참조.

85) 章丞相(章惇) : 北宋 중기의 정치가, 개혁가, 서예가이다. 新法黨의 인물로, 紹聖 원년에 재상이 되어 소식 등 구법당 인사들을 축출하였다.

86) 道山으로 돌아갔다 : 道山은 신선이 산다는 전설상의 산이다. 사람의 죽음을 둘러 말한 것이다.

歡心."

② ≪宋史≫ 〈葉祖洽列傳〉에 말하였다. "葉祖洽은 字가 敦禮로 邵武 사람이다. 熙寧 연간(1068~1077) 초에, 〈올린〉 對策이 권력을 잡고 있던 이들의 뜻에 영합하는 것이어서 시험관인 宋敏求와 蘇軾이 그를 내치려고 하였는데 呂惠卿이 일등으로 뽑았다. 관직에 있으면서 재물을 긁어모으고 뇌물을 받은 것으로 소문이 났다. 徽猷閣[87] 直學士로 있다가 죽었다."

宋史曰 "葉(섭)祖洽, 字敦禮, 邵武人. 熙寧初, 對策投合用事者, 考官宋敏求・蘇軾欲黜之, 呂惠卿擢爲第一. 在官以牟利黷(독)貨聞. 終徽猷閣直學士."

37-50【補】 蘇長公(蘇軾)이 維揚에 있을 때 하루는 손님들을 초청해 잔치를 열었는데, 모두 당시의 명사들이었고 米元章(米芾)도 동석하고 있었다. 술이 몇 순배 돌자 미원장이 갑자기 일어나더니 자화자찬하고는 말하였다.

"세상 사람들이 모두 나를 두고 미쳤다고들 하는데, 원컨대 子瞻(소식)에게 물어보고 싶습니다."

소장공이 웃으며 답하였다.

"나는 다수의 의견을 따르겠소."

蘇軾

蘇長公在維揚에 **一日設客**하니 **皆一時名士**요 **米元章亦在坐**라 **酒半**에 **元章忽起立**하여 **自贊曰 世人皆以芾爲顚**하니 **願質之子瞻**하노라 **公笑答曰 吾從衆**①하리라하니라

① ≪海岳遺事≫에 말하였다. "米元章(米芾)은 일찍이 書畫學博士가 된 적이 있었고 뒤에 禮部員外郎으로 옮겼다. 자주 탄핵을 당해 쫓겨났는데, 하루는 蔡京에게 서신을 보내 객지살이하는 처지를 호소하면서 또 집안사람 열 명[88]이 陳留에 이르러 겨우

87) 徽猷閣 : 北宋 때 궁중에 설치한 藏書閣으로, 徽宗이 직전의 황제인 哲宗이 지은 글과 문집을 보관하기 위해 지었다.

88) 열 명 : 원문은 '百指'이다. 사람은 손가락이 열 개이기 때문에 손가락 백 개는 사람 10명을 뜻한다.

이만한 크기의 배 한 척만 구했다고 하면서 내처 〈편지의〉 행간에 배 한척을 그려 넣으니, 채경이 웃었다. 당시의 탄핵문에서는 그가 미쳤다고 말하였는데, 미불은 또 여러 권력자들에게 두루 고하면서, '오랫동안 중앙과 지방에서 직임을 맡았고 아울러 大臣들에게 인정과 우대를 받았으며, 〈자신을〉 추천해 준 사람들이 수백 명인데 모두가 관리로서의 능력이 제일이라고 했고 한 명도 미쳤다는 명목을 씌운 사람이 없었다.'고 제 입으로 말하였다. 〈이렇게 하여〉 세상에 〈米老辯顚帖〉이 마침내전하게 되었다."

海岳遺事曰"米元章嘗爲書畫學博士, 後遷禮部員外郎. 數遭白簡逐出, 一日以書抵蔡京, 訴其流落, 且言擧室百指, 行至陳留, 獨得一舟如許大, 遂畫一艇於行間, 京哂焉. 時彈文正謂其顚, 而芾又歷告諸執政, 自謂久任中外, 竝被大臣知遇, 擧主累數十百, 皆用吏能爲稱首, 一無有以顚蒙者. 世遂傳米老辯顚帖."

37-51【補】 秦太虛(秦觀)가 賈御史(賈易)에게 탄핵을 당하자,[89] 張文潛(張耒)이 그를 놀리며 말하였다.

"천 여 년 전에 賈生(賈誼)이 秦의 잘못을 논하더니[90] 지금 다시 그렇게 되었습니다."

〈이 말을〉 들은 사람들은 훌륭한 농담이라고 여겼다.

秦太虛爲御史賈所彈①이어늘 **張文潛②戲之曰 千餘年前**에 **賈生過秦**이러니 **今復爾也**로다 **聞者以爲佳謔③**이라하니라

① ≪宋史≫ 〈文苑傳〉에 말하였다. "秦觀은 字가 少游이고 또 다른 자는 太虛로 揚州 高郵 사람이다. 젊어서부터 氣魄이 컸으며 문장에 慷慨함이 넘쳤다. 進士 시험에 응시했으나 급제하지 못했다. 큰 것을 좋아하고 기이함을 드러내었다.[91] 蘇軾이 〈그가 지은 賦를 보고〉 屈原과 宋玉같은 재주가 있다고 하였다. 元祐 연간(1086~1094)

---

89) 秦太虛가……당하자 : 秦觀은 元祐 6년(1091)에 王安石의 新法에 반대하던 세 당파 중의 하나인, 程頤를 중심으로 한 '洛黨'의 일원인 侍御史 賈易로부터 언행을 조심하지 않는다는 비난을 받고 正字의 직에서 파직당하였다.(≪續資治通鑑長編≫ 〈哲宗〉)

90) 賈生이……논하더니 : 前漢 시기의 저명한 사상가이자 문학가인 賈誼가 〈過秦論〉을 지은 것을 두고 한 말이다. 〈과진론〉은 秦나라가 망하게 된 원인을 각 방면의 과실을 통해 분석하고 있기 때문에 붙은 이름이다.

91) 큰……드러내었다 : 규모가 큰 일을 하기 좋아하고 자신의 특이함과 장점 등을 감추지 않고 다 드러냈다는 말이다.

초에 추천으로 太學博士・國史編修에 제수되었다. 뒤에 元祐黨籍[92]에 연좌되어 虔州의 酒稅를 감독하는 자리로 좌천되었다. 使者가 황제의 의도를 받들어 그의 過失을 찾아보았으나 찾지 못하자, 휴가를 내고 佛經을 베껴 쓴 것을 죄로 삼아 삭직하고 郴州로 유배 보냈다. 석방되어 돌아오다가 藤州에서 죽었다. 죽기에 앞서 스스로 挽詞를 지었는데 그 말이 몹시 구슬펐다."

宋史文苑傳曰"秦觀, 字少游, 一字太虛, 揚州高郵(우)人. 少豪雋(준), 慷慨溢於文詞. 擧進士不中. 好大而見奇. 蘇軾以爲有屈・宋才. 元祐初, 薦除太學博士・國史編修. 後坐黨籍, 貶監虔州酒稅. 使者承風旨, 伺過失, 無所得, 以謁告寫佛書爲罪, 削秩徙郴(침)州. 放還, 藤州卒. 先自作挽詞, 其語哀甚."

② ≪宋史≫〈文苑傳〉에 말하였다. "張耒는 字가 文潛으로 楚州 淮陰 사람이다. 13세에 문장에 능했으며, 蘇轍 형제를 따라다니며 배웠다. 약관의 나이에 進士에 급제하였고, 秘書正字・起居舍人을 역임하였다. 元祐黨籍에 연좌되어 파직당했고, 만년에 南嶽廟를 감독하였고 崇福宮을 주관하다가 죽었다. 장뢰는 외모가 매우 뛰어나고 재능이 출중했으며 〈離騷〉 형식의 문학에 특히 뛰어났다. 오랫동안 〈벼슬 없이〉 한가하게 지내서 집이 가난했는데, 郡守 翟汝文이 그를 위해 公田을 사주려고 했으나 사양하고 받지 않았다."

宋史曰"張耒, 字文潛, 楚州淮陰人. 十三歲能文, 從蘇轍兄弟遊. 弱冠第進士, 歷秘書正字・起居舍人. 坐黨籍落職, 晩監南嶽廟, 主管崇福宮, 卒. 耒儀觀甚偉, 有雄才, 於騷詞尤長. 久於投閒, 家貧, 郡守翟汝文欲爲買公田, 謝不取."

③ 賈誼의 ≪新書≫에 〈過秦論〉 상하 2편이 있다.

賈誼新書有過秦上下二篇.

---

92) 元祐黨籍 : 앞의 주 81) 참조.

38. 업신여기고 헐뜯다(上) 輕詆 上

輕詆는 업신여기고 헐뜯는다는 뜻이다. 본편은 上·下 2편으로 나누어져 있으며 전체가 53항목으로 상편이 34항목이고 하편이 19항목이다. 이중 출처가 ≪何氏語林≫인 경우는 상편 6항목, 하편 19항목으로 모두 25항목이다. 당시 명사들 사이에 있었던 상대에 대한 업신여김, 경멸, 모욕, 무시, 욕 등이 정제되지 않은 채 적나라하고 직접적으로 표현된 곳이 많다.

38-1【補】 禰正平(禰衡)이 荊州에서 북쪽으로 許都에 가서 벼슬자리를 구할 적에 명함 하나를 써서 품속에 넣어 두었는데, 〈글자가〉 지워져 흐릿해지도록 자리를 얻지 못했다. 어떤 이가 물었다.

"어찌하여 陳長文(陳群)과 司馬伯達(司馬朗)을 따르지 않습니까?"

예정평이 말하였다.

"그대는 나로 하여금 백정과 술장수 무리를 따르게 하고자 하시오?"

〈어떤 이가〉 또 물었다.

"현재로서는 누가 괜찮은 것입니까?"

예정평이 말하였다.

"큰 놈으로는 孔文擧(孔融)요, 작은 놈으로는 楊德祖(楊脩)이지요."

禰衡

禰(예)正平自荊州北遊許都에 書一刺懷之어늘 漫滅而無所遇라 或問之曰 何不從陳長

文·司馬伯達乎아 **禰曰 卿欲使我從屠沽兒輩耶**아 **又問 當今復誰可者**오하니 **禰曰 大兒孔文擧**요 **小兒楊德祖**①라하니라

① ≪三國志≫ 〈魏志〉에 말하였다. "司馬朗은 字가 伯達로 河內 溫 사람이다. 열 두 살에 經典 시험을 봐서 童子郎[1]이 되었다. 太祖가 司空의 보좌관으로 불러들였다. 成皐令에 제수되었다가 다시 堂陽長이 되었는데, 관대하고 온화하게 정사를 베풀었다. 兗州刺史로 옮겨서는 정치와 교화가 크게 행하여졌다."
魏志曰 "司馬朗, 字伯達, 河內溫人. 十二試經, 爲童子郎. 太祖辟爲司空掾屬. 除成皐令, 復爲堂陽長, 治務寬惠, 遷兗州刺史, 政化大行."

38-2【補】 劉荊州(劉表)가 한번은 직접 편지를 써서는 孫伯符(孫策)에게 보내고자 하여 禰正平(禰衡)에게 〈미리〉 보여주었다. 예정평이 비웃으며 말하였다.

"이래가지고 孫策 휘하의 졸병에게 읽게 하려는 것입니까, 〈아니면〉 張子布(張昭)에게 보게 하려는 것입니까?"[2]

劉荊州嘗自作書하여 **欲與孫伯符**하여 **以示禰正平**하니 **正平嗤**(치)**之 言如是爲欲使孫策帳下兒讀之耶**아 **將使張子布見乎**아하니라

38-3【補】 어떤 사람이 禰正平(禰衡)에게 물었다.

"荀令君(荀彧)과 趙盪寇(趙稚長)는 모두 〈재주와 기상이〉 세상을 뒤덮을 만한 사람들입니까?"

예정평이 대답하였다.

"荀文若(순욱)은 얼굴을 빌려와 문상하러 가기에나 적당하고, 趙稚長은 주방을 감독하며 손님을 초대하기에나 적당하지요."

---

1) 童子郎 : 漢나라 때 재능이 특별한 아이를 뽑기 위해 童子科라는 제도를 두었다. 12세에서 16세 사이의 아이를 대상으로 경전을 시험보아 능통하면 '동자랑'에 제수하고 벼슬을 주었는데 尙書나 御史도 제수하였다.

2) 이래가지고……것입니까 : 張昭는 三國時代 吳나라의 重臣으로, 초대 황제인 孫策에게 극진한 예우를 받았으며 인품도 훌륭하고 학문도 뛰어나 당시 사람들의 추앙을 받았다. 禰衡의 말은, 劉表가 쓴 편지는 손책의 중신인 장자포가 당연히 볼 것인데 그가 보기에 부끄러운 수준이고 졸병 정도나 읽기에 알맞다는 뜻이다.

그 뜻은 순문약은 단지 허우대만 멀쩡하고 조치장은 고기나 잘 먹는다는 것이다.

人問禰正平호되 荀令君·趙盪(탕)寇皆足蓋當世乎아 禰答曰 文若可借面弔喪이요 稚長可使監廚請客이라하니 其意以荀但有貌 趙健啖肉也①라

① ≪三國志≫〈魏志〉에 말하였다. "趙稚長을 盪寇將軍으로 삼았다."
魏志曰 "趙稚長爲盪寇將軍."

38-4【補】虞仲翔(虞翻)이 東吳 지역에 있을 때 曹公(曹操)이 그를 불러들이려고 하였다. 우중상이 이를 듣고 말하였다.

"盜跖[3)]이 남아도는 재물로 멀쩡한 집안을 더럽히려고 하는가."

虞仲翔在東吳에 曹公欲辟之어늘 虞聞之曰 盜跖이 欲以餘財汚良家邪아하니라

38-5 王太尉(王衍)가 王眉子(王玄)에게 물었다.

"네 숙부는 名士인데 어찌하여 존중하지 않는가?"

왕미자가 말하였다.

"명사가 종일토록 허망한 말이나 하는 경우가 어디 있단 말입니까."

王太尉問眉子호되 汝叔名士어늘 何以不相推重고 眉子曰 何有名士終日妄語오하니라

① 숙부는 王澄이다.
叔, 王澄也.

【頭註】

○ 劉辰翁 : 〈王太尉와 王眉子〉 둘 다 맞는 말이다.
劉云 "兩可之詞."

38-6 庾元規(庾亮)가 周伯仁(周顗)에게 말하였다.

"모든 사람들이 그대를 樂氏에 견주더군요."

---

3) 盜跖 : 포학함으로 유명한 春秋時代의 도적이다. 그와는 상반되게 형인 柳下惠는 魯나라의 賢臣이었다.

주백인이 말하였다.

“어떤 악씨요? 樂毅를 말합니까?”

유원규가 말하였다.

“아닙니다. 樂令입니다.”

주백인이 말하였다.

“어찌하여 無鹽의 여자(鍾離春)를 조각하고 그려 西子(西施)를 모독하는가.”

庾元規語周伯仁호되 **諸人**이 **皆以君方樂**(악)이라하니 **周曰 何樂**고 **謂樂毅耶**①아 **庾曰 不爾**요 **樂令耳**라하니 **周曰 何乃刻畫無鹽**하여 **以唐突西子也**②오하니라

① ≪史記≫ 〈樂毅列傳〉에 말하였다. “樂毅는 中山 사람이다. 현명하였으며 燕 昭王의 將軍이 되어 諸侯들을 이끌고 齊나라를 정벌하였다. 趙나라에서 죽었다.”[4)]
史記曰“樂毅, 中山人. 賢而爲燕昭王將軍, 率諸侯伐齊. 終於趙.”

② ≪列女傳≫에 말하였다. “鍾離春은 齊나라 無鹽 지방의 여자이다. 그녀의 추함은 상대할 자가 없었으니, 누런빛의 머리카락에 움푹 들어간 눈, 장대한 기골에 굵은 뼈마디, 들창코에 튀어나온 울대뼈, 살찐 목에 숱이 적은 머리카락, 굽은 허리에 튀어나온 가슴, 옻칠한 듯한 검은 피부를 가졌다. 나이가 서른이 되도록 받아주는 곳이 없었다. 직접 나서 혼처를 구했으나 뜻대로 되지 않자 직접 齊 宣王을 찾아가 後宮으로 삼아 주기를 요청하고 그러면서 왕에게 네 가지 위태로움[5)]에 대해 설명하니, 왕이 正后로 삼았다.”
≪吳越春秋≫에 말하였다. “越나라 王 勾踐이 山中에서 나무하던 여인인 西施를 찾아내 吳나라 왕 〈夫差〉에게 바쳤다.”
列女傳“鍾離春者, 齊無鹽之女也. 其醜無雙, 黃頭深目, 長壯大節, 鼻昻結喉, 肥項少

---

4) 樂毅는……죽었다 : 악의는 戰國時代 燕나라의 名將이다. 齊 湣王이 대외적으로 宋나라를 공격하여 멸망시키는 등 지나친 팽창 정책을 펴고, 대내적으로 폭정을 행하자 燕 昭王은 제나라를 칠 좋은 기회로 보고 악의로 하여금 趙, 楚, 韓, 魏, 燕의 연합군을 지휘해 제나라를 공격하여 거의 멸망에 이르게 하였다. 후에 악의는 제나라 장군 田單의 계략에 의해 연나라 조정의 의심을 받게 되고 결국 조나라로 망명하여 그곳에서 죽었다. (≪史記≫ 〈樂毅列傳〉)

5) 네……위태로움 : 종리춘이 제 선왕을 만났을 때 열거한 당시 제나라가 처한 네 가지 위험으로, 주변에 강력한 秦나라와 楚나라가 있는 것, 화려한 누대 등을 짓는 공사로 모든 사람들이 극도로 피로한 것, 어진 사람은 숨고 아첨하는 무리가 조정에 있는 것, 밤이고 낮이고 술에 빠져 지내는 것이다.(≪列女傳≫ 〈齊鍾離春〉)

髮, 折腰出胸, 皮膚若漆. 行年三十, 無所容入. 衒嫁不售(수), 乃自詣齊宣王, 乞備後宮, 因說王以四殆, 王拜爲正后." 吳越春秋曰 "越王勾踐, 得山中採薪女子, 名曰西施, 獻之吳王."

38-7 深公(竺法深)이 말하였다.

"사람들은 庾元規(庾亮)를 두고 名士라고 말하지만, 〈그의〉 가슴 속에는 가시가 서 말[斗]쯤 들어 있다.[6)]"

深公云 人謂庾元規名士로되 胸中에 柴棘三斗許라하니라

【頭註】

○ 王世懋 : 이 말은 깊은 곳을 정확히 파악했다.
王云 "此言得其深."

38-8 庾公(庾亮)의 권력이 대단하여 王公(王導)을 압도하기에 충분하였다. 유공이 石頭城에 있고 왕공이 冶城에 주재하며 지키고 있었는데, 〈한번은〉 바람이 크게 불어 먼지가 날리자 왕공이 부채로 먼지를 털며 말하였다.

"元規(유량)의 먼지가 사람을 더럽히는구나."

庾公權重하여 足傾王公이라 庾在石頭하고 王在冶城坐에 大風揚塵이어늘 王以扇拂塵曰 元規塵汚人①이라하니라

① 살펴보건대, 王公(王導)은 도량이 크고 〈성품이〉 활달하였다. 庾亮이 武昌에 있을 때 그가 〈동쪽으로〉 내려와 〈도성을 칠 것이라는〉 소문이 돌았는데, 왕공이 식견과 도량으로 바르게 판단하니 시끄럽던 말들이 저절로 사그라졌다. 어찌 〈이와〉 상반되게 부채로 먼지를 턴 일이 있었겠는가.

王隱의 ≪晉書≫ 〈戴洋傳〉에 말하였다. "丹陽太守 王導가 戴洋에게 〈자신이〉 7년 동안 앓고 있는 병에 대해 물어보자, 대양이 '君侯(왕도)의 命은 申 방향에 있고 〈申〉은 土地를 主宰합니다. 그런데 신 방향의 땅 위에서 금속을 鑄造하여 그 불빛이 밝고도 큽니다. 이는 金과 火가 서로 손상시키고 水와 火가 서로 볶는 형국이니, 이 때문

6) 그의……있다 : '가시'의 원문은 柴棘으로 '속셈', '꿍꿍이'의 뜻이다. 가슴 속이 온갖 꿍꿍이로 가득 차 있다는 말이다.

에 〈군후께〉 해를 입히게 된 것입니다.'라고 하였다. 왕도가 冶令[7]인 奕遜을 불러 鎭의 동쪽에 〈治所를〉 열어 옮기게 하였다. 지금의 東冶가 이곳이다."

≪丹陽記≫에 말하였다. "丹陽의 冶城은 宮城에서 3리 떨어져 있는데 吳나라 때 〈금속을〉 주조하던 곳이다. 오나라가 평정되고도 여전히 폐지되지 않았다."

또 말하였다. "孫權이 冶城을 세웠는데 〈금속을〉 주조하는 곳이었다."

이미 石頭城에 큰 보루를 쌓고 나서는 〈석두성〉 가까이에 이 작은 성을 그대로 세워 둘 수는 없으니, 당연히 縣의 治所를 옮겨 성을 비우고 주조소를 설치하였을 것이다. 冶城은 아마도 金陵縣의 본래 치소였을 것이다. 漢 高祖(劉邦) 6년에 천하의 縣과 邑에 성을 쌓게 하였으니, 秣陵(金陵)만 성이 없었을 리가 없다.

按 王公雅量通濟. 庾亮之在武昌, 傳其應下, 公以識度裁之, 囂(효)言自息. 豈或回貳[8]有扇塵之事乎? 王隱晉書戴洋傳曰 "丹陽太守王導問洋得病七年, 洋曰 '君侯命在申, 爲土地之主, 而於申上治, 火光昭大. 此爲金火相爍(삭), 水火相炒, 以故相害.' 導呼冶令奕(혁)遜, 使啓鎭東徙. 今東冶是也." 丹陽記曰 "丹陽冶城去宮三里, 吳時鼓鑄之所, 吳平, 猶不廢." 又云 "孫權築冶城, 爲鼓鑄之所." 旣立石頭大塢, 不容近立此小城, 當是徙縣治空城而置冶爾. 冶城疑是金陵本治. 漢高六年, 令天下縣邑〔城〕[9], 秣陵不應獨無.

【頭註】

○ 王世懋 : 우연히 한 말이지만 또한 없는 일을 말하였다고 단정하기도 어렵다.
王云 "偶然語, 亦難定謂無."

38-9 王丞相(王導)이 蔡公(蔡謨)을 경시하여 〈이렇게〉 말하였다.

"내가 王安期(王承), 阮千里(阮瞻)와 함께 洛水 가에서 노닐 적에 어디서 蔡充의 아이가 있다고 듣기나 했던가."[10]

王丞相輕蔡公 曰我與安期千里로 **共遊洛水邊**에 **何處聞有蔡充兒**①오하니라

---

7) 冶令 : 관직 이름으로 鐵이나 銅이 생산되는 지역에서 철과 동의 주조와 그 工人들의 감독을 담당하였다.

8) 回貳 : ≪資治通鑑≫ 〈梁紀 高祖武皇帝〉의 주석에 "앞의 말과 반대되는 것을 '回'라 하고 앞의 말과 다른 것을 '貳'라 한다.〔反前說爲回 異前說爲貳〕"라고 하였다.

9) 〔城〕: 저본에는 '城'이 없으나, ≪李卓吾批點世說新語補≫(安永本)와 ≪前漢書≫ 〈高帝紀〉에 의거하여 보충하였다.

10) 내가……했던가 : '洛水 가에서 노닐 적'이란 西晉시대를 말한다. 王導,王承, 阮瞻은 서진 때 이미 관직에 진출하였고 蔡謨는 東晉 때에 들어서서야 비로소 관직을 얻은 것을 두고 한 말이다.

① ≪妬記≫[11]에 말하였다. "王丞相의 〈처〉 曹夫人은 천성적으로 투기가 몹시 심해 왕승상이 婢妾을 두지 못하도록 통제하였고, 좌우에서 〈심부름하는〉 아이들조차도 가려 뽑았는데 때때로 곱고 예쁜 아이가 있기라도 하면 모두 질책을 가하였다. 王公은 〈이를〉 오래 참지 못하고 몰래 別館을 마련하니, 妾들이 열을 이루고 자녀들이 줄을 지을 정도였다.

나중에 元會[12]가 있던 날에 부인이 青疎臺에서 멀리 두세 명의 아이가 양을 타고 있는 광경을 바라보았는데, 모두 단정하고 사랑스러웠다. 부인은 멀리서 보고는 몹시 귀엽게 여겨 여종에게 '너는 나가서 뉘 집 아이들인지 물어보거라.'라고 하자, 給使가 재치가 없어 바로 답하기를 '넷째, 다섯째 마님의 도련님들입니다.'라고 하였다. 曹氏가 듣고는 驚愕하고 크게 성을 내어 수레를 준비하라고 명한 뒤 환관과 여종 20명을 지휘하여 사람마다 식칼을 들고 각자 나가서 찾도록 하였다. 王公도 황급히 수레를 준비하라고 명하고 연신 채찍질을 하며 문을 나섰는데, 그럼에도 소가 느린 것이 걱정되어 왼손으로 수레 난간을 붙들고 오른손으로 麈尾(먼지떨이)를 잡고서 〈주미〉 손잡이로 御者를 도와 소를 때려가며 정신없이 달려가 겨우 부인보다 먼저 도착할 수 있었다.

蔡司徒(蔡謨)가 이 이야기를 듣고서 웃고는 일부러 왕공을 찾아가서 '朝廷에서 공께 九錫[13]을 내리고자 하는데, 공께서는 알고 계시는지요?'라고 하였다. 왕공은 참말인 줄 알고 자연스레 겸양의 뜻을 표했다. 채사도가 '다른 것은 듣지 못했고 오직 짧은 끌채의 송아지 수레와 긴 손잡이의 주미가 있다고만 들었습니다.'라고 하자, 왕공이 크게 부끄러워하였다. 왕공이 나중에 채사도를 폄하하며 '내가 옛날 王安期(王承)·阮千里(阮瞻)와 함께 洛水에서 모일 적에는 天下에 蔡充의 아이가 있다는 말을 듣지 못했지.'라고 하였으니, 〈이는〉 바로 채사도가 한 이전의 농담을 분하게 여겼던 것이다."
妬記曰"丞相曹夫人性甚忌, 禁制丞相, 不得有侍御, 乃至左右小人, 亦被檢簡, 時有姸妙, 皆加誚責. 王公不能久堪, 乃密營別館, 衆妾羅列, 兒女成行. 後元會日, 夫人於青疎臺[14]中, 望見兩三兒騎羊, 皆端正可念. 夫人遙見, 甚憐愛之, 語婢'汝出問是誰家

11) 妬記 : 원래의 서명은 ≪妬婦記≫로 여인의 투기에 관한 이야기이다. 2권이었는데 현재는 일실되어 전하지 않고 일부분만 여러 책에 산재해 있다. ≪宋書≫ 〈后妃傳〉에 근거하면 南朝 宋의 太宗 劉彧이 여인의 투기를 몹시 싫어하여 虞通之를 시켜 편찬하게 하였다고 한다.

12) 元會 : 황제가 새해 첫날 아침에 열던 조회이다. 正會라고도 한다.

13) 九錫 : 천자가 제후나 대신을 예우하여 내리는 아홉 가지 기물로, 車馬·衣服·樂則·朱戶·納陛·虎賁·弓矢·鈇鉞·秬鬯을 가리킨다.

14) 青疎臺 : ≪世說新語≫의 주석에도 '青疎臺'로 되어 있다. 이 일화는 ≪何氏語林≫ 〈尤悔〉에 본문으로 실려 있는데 '青疎'로만 되어 있다. '青疎'는 '青瑣', '青鎖', '青璅'와 동일

兒.' 給使不達旨, 乃答云 '是第四五等諸郎.' 曹氏聞, 驚愕大恚(에), 命車駕, 將黃門及婢二十人, 人持食刀, 自出尋討. 王公亦遽命駕, 飛轡出門, 猶患牛遲, 乃以左手攀(반)車闌, 右手捉麈(주)尾, 以柄助御者打牛, 狼狽奔馳, 劣得先至. 蔡司徒聞而笑之, 乃故詣王公, 謂曰 '朝廷欲加公九錫, 公知不?' 王謂信然, 自敍謙志. 蔡曰 '不聞餘物, 唯聞有短轅犢(독)車, 長柄麈尾.' 王大愧. 後貶蔡曰 '吾昔與安期・千里共在洛水集處, 不聞天下有蔡充兒.' 正忿蔡前戲言耳."

【頭註】

○ 劉辰翁 : 다른 사람들의 경멸과 비방은 그 부모에게 더욱 누가 된다.
劉云 "人之輕詆, 更累其父."

○ 王世懋 : 이것은 주석이 아니면 그 내막을 알 수 없다.
王云 "此非註, 不得所以."

38-10 王右軍(王羲之)이 남쪽에 있을 때 王丞相(王導)이 편지를 보내 子姪들이 변변치 못하다고 매번 탄식하며 말하였다.

"虎豘(王彭之)이와 虎犢(王彪之)이는 아직도 그 모양이다."[15)]

王右軍在南에 丞相與書하여 每歎子姪不令云 虎豘(돈)・虎犢이 還其所如①라하니라

① 虎豘은 王彭之의 어릴 적 이름이다.

《王氏譜》에 말하였다. "왕팽지는 字가 安壽로 瑯琊 사람이다. 조부 王正은 尙書郎이었고 부친 王彬은 衛將軍[16)]이었다. 왕팽지는 벼슬이 黃門郎에 이르렀다. 虎犢은 王彪之의 어릴 적 이름이다. 왕표지는 자가 叔虎로 왕팽지의 셋째 아우이다. 나이 스물에 머리카락과 수염이 새하얗게 되어 당시 사람들이 그를 '王白鬚'라고 불렀다. 젊어서부터 도량과 재주가 있다는 칭찬을 받았다. 여러 벼슬을 거쳐 左光祿大夫에 이르렀다."
虎豘, 王彭之小字也. 王氏譜曰 "彭之, 字安壽, 瑯琊人. 祖正, 尙書郎. 父彬, 衛將軍.

하며, 뜻은 '궁정의 문과 창을 장식하는 푸른색의 連環 모양의 꽃문양', '궁전', '화려한 집', '격자 모양으로 조각한 창'이다.

15) 虎豘(王彭之)이와……모양이다 : 어릴 적 이름인 '새끼 돼지〔豘〕', '송아지〔犢〕'처럼 재주와 자질이 여전히 뛰어나지 못하고 평범하다는 말이다.

16) 衛將軍 : 前漢부터 南北朝시기까지 있던 장군의 관직이다. 漢 文帝가 즉위하면서 처음으로 두었는데 京師의 禁衛軍과 변경의 방위를 담당하였다. 후에는 驃騎將軍, 車騎將軍과 동일하게 幕府를 열고 官屬을 두었으며 국가의 政務에도 관여하였다. 隋唐 이후로는 폐지되었다.

彭之仕至黃門郎. 虎犢, 彪之小字也. 彪之, 字叔虎, 彭之第三弟. 年二十而頭須皓白, 時人謂之'王白鬚(수)'. 少有局幹之稱, 累遷至左光祿大夫."

【頭註】

○ 劉辰翁 : 그들이 참으로 새끼 돼지와 송아지 같다는 말이다.
劉云"言其眞如豘犢爾."

38-11【補】 阮光祿(阮裕)이 何次道(何充)가 재상에 제수되었다는 소식을 듣고 탄식하며 말하였다.

"나는 마땅히 어디에서 살아야 할꼬?"[17)]

阮光祿聞何次道拜相하고 **歎曰 我當何處生活**고하니라

38-12【補】 褚公(褚裒)이 孫興公(孫綽)과 함께 曲阿後湖[18)]에서 노닐고 있었는데, 中流에서 바람의 기세가 거세지더니 배가 뒤집어지려고 하였다. 저공은 이미 취해 있다가 이렇게 말하였다.

"이 배의 사람들은 모두 하늘의 꾸지람을 부를 만한 사람이 없다. 오직 손흥공만이 더러운 때가 많으니 정히 〈이 사람으로〉 하늘이 원하시는 것을 따라야겠다."

그리고는 바로 붙잡아 물속으로 던지려고 하였다. 손흥공은 너무 갑작스러워 아무런 대책이 없자 오직 큰 소리로 울부짖었다.

"季野(저부)여, 그대는 나를 좀 불쌍히 여겨주시오."

褚公與孫興公同遊曲阿後湖라가 **中流**에 **風勢猛迅**하여 **舫欲傾覆**이라 **褚公已醉**하여 **乃曰 此舫人皆無可以招天譴者**요 **唯孫興公多塵滓**하니 **正當以厭天欲耳**라하고 **便欲捉擲**(척) **水中**이어늘 **孫遽無計**하여 **唯大啼曰 季野**여 **卿念我**하라하니라

---

17) 나는……할꼬 : 阮裕는 何充을 높이 평가하지 않았으며, 하충이 불교를 신실하게 믿는 것을 두고 그의 면전에서 대놓고 비꼬기까지 하는 등 사이가 좋지 않았다. 본서 〈排調〉 36-19 참조.

18) 曲阿後湖 : 曲阿는 丹陽으로, 곡아후호는 丹陽湖를 말한다. 단양호는 여러 차례의 간척 사업을 통해 본래의 모습을 잃고 현재 丹陽湖, 石臼湖, 固城湖, 南漪湖의 네 호수로 변하였다.

38-13 褚太傅(褚裒)가 남쪽으로 내려갈 때 孫長樂(孫綽)이 배 안에서 그를 보았다. 말하던 중 劉眞長(劉惔)이 죽었다고 언급하자, 손장락이 눈물을 흘리더니 〈시구를〉 읊었다.

"〈어진〉 사람이 떠났으니 나라가 병들었네."[19)]

저태부가 크게 화를 내며 말하였다.

"유진장이 생전에 언제 그대를 끼워준 적이라도 있었던가. 그런데 그대는 오늘 이런 얼굴로 나를 향하는가."

〈그러자〉 손장락이 울음을 뚝 그치더니 저태부를 향하여 말하였다.

"〈그러니까〉 그대는 마땅히 나를 불쌍히 여겨 줘야 하오."

당시 사람들 모두 손장락이 재주는 있지만 성품이 비속하다고 비웃었다.

褚太傅南下에 孫長樂於船中視之①하고 言次에 及劉眞長死어늘 孫流涕하고 因諷詠曰 人之云亡이니 邦國殄瘁(진췌)로다 褚大怒曰 眞長平生에 何嘗相比數오 而卿今日作此面向人이라하니 孫回泣向褚曰 卿當念我라하여 時咸笑其才而性鄙하니라

① 孫長樂은 孫綽이다.
長樂, 孫綽.

【頭註】

○ 劉辰翁 : 나라가 〈병들었다는〉 탄식에 대해 어찌 군이 〈유진장의〉 생전을 〈언급할〉 필요가 있을까.
劉云 "邦國之嘆, 何必平生."

38-14 桓公(桓溫)이 洛陽 땅에 들어가 淮水와 泗水를 지나 북쪽 국경 지역으로 갔다. 부하들과 큰 樓船의 望樓에 올라 中原을 바라보다 탄식하며 말하였다.

"神州(中原)가 적의 손아귀에 떨어져 백 년 동안 폐허가 되도록 만들었으니, 王夷甫(王衍) 등이 그 책임을 지지 않으면 안 된다."

袁虎(袁宏)가 경솔하게 대답하였다.

"運에는 본디 흥망성쇠가 있는 법이니 어찌 꼭 그 사람들의 잘못이겠습니까."

---

19) 어진……병들었네 : ≪詩經≫ 〈大雅 瞻卬〉에 나온다.

환공이 엄숙한 표정을 짓고는 주위 사람들을 둘러보며 말하였다.

"諸君들은 劉景升(劉表)에 대해 많이 들어보지 않았던가. 〈그에게〉 무게가 천 근이나 나가는 큰 소가 있었는데 〈사료인〉 꼴과 콩을 보통의 소보다 열 배는 더 먹었지만, 무거운 짐을 지고 멀리 가는 일은 한 마리 야윈 암소만도 못했지. 魏武帝(曹操)가 荊州에 들어가서는 〈그 소를〉 삶아 士卒들에게 잔치를 베푸니, 이 때 통쾌하다고 말하지 않는 사람이 없었다."

〈이 말의〉 의도는 그 소로 원호를 빗댄 것이었으니, 자리에 있던 모든 이들이 놀라고 원호도 〈놀라〉 낯빛이 하얗게 변하였다.

桓公入洛에 **過淮泗踐北境**하고 **與諸僚屬登平乘樓**하여 **眺矚**(촉)**中原**하고 **慨然曰 遂使神州陸沈百年丘墟**하니 **王夷甫諸人**이 **不得不任其責**①이라하야늘 **袁虎率爾對曰 運自有廢興**이니 **豈必諸人之過**리잇가하니 **桓公懍然作色**하고 **顧謂四坐曰 諸君頗聞劉景升不**(부)아 **有大牛重千斤**하니 **噉**(담)**芻豆十倍於常牛**로되 **負重致遠**은 **曾不若一羸牸**(리발)이라 **魏武入荊州**하여 **烹以饗士卒**하니 **于時莫不稱快**라 **意以況袁**하니 **四坐既駭**에 **袁亦失色**하니라

① ≪晉八王故事≫[20]에 말하였다. "王夷甫(王衍)는 비록 大臣의 자리에 있었으나 事務로 자신을 구속하지 않으니 당시 사람들이 이에 물들어 名敎(儒敎)를 언급하는 것을 부끄럽게 여겼다. 臺郞(尙書郞) 이하는 모두 평소 팔짱 끼고 입다물고 있는 것을 숭상하여 〈해야 할〉 일을 버려두는 것을 고상하다고 여겼다. 四海가 아직은 평안하였으나 識者들은 〈천하가〉 장차 혼란해 질 것임을 알았다."

≪晉陽秋≫에 말하였다. "왕이보가 장차 石勒에게 죽임을 당하려고 할 때 사람들에게 '우리들이 만약 虛無한 담론을 숭상하지 않았던들 이 지경에 이르지는 않았을 터인데.'라고 하였다."

八王故事曰"夷甫雖居台司, 不以事物自嬰, 當世化之, 羞言名教. 自臺郎以下, 皆雅崇拱默, 以遺事爲高. 四海尙寧, 而識者知其將亂." 晉陽秋曰"夷甫將爲石勒所殺, 謂人曰'吾等若不祖尙浮虛, 不至於此.'"

38-15 謝鎭西(謝尙)가 **殷揚州**(殷浩)에게 서신을 보내 **劉眞長**(劉惔)을 위해 **會稽太**

20) 晉八王故事 : 東晉의 盧綝(노침)이 지었다. ≪隋書≫ 〈經籍志〉에는 10권으로, ≪舊唐書≫ 〈經籍志〉에는 12권으로 되어 있다. 西晉 말기에 있었던 '八王의 亂'에 관한 역사적 사실의 기록이며, 현재는 일부만 전한다.

守 자리를 요청하자,[21] 은양주가 답하였다.

"유진장은 同黨伐異하고 俠氣가 센 사람입니다. 〈저는〉 使君[22]께서 자신을 심하게 낮추신다고 늘 여겨 왔는데, 그런데도 여기에 더해 그를 위해 분주히 애쓰십니까?"

謝鎭西書與殷揚州하여 **爲眞長求會稽**어늘 **殷答曰 眞長標同伐異**하고 **俠之大者**라 **常謂使君降階爲甚**이러니 **乃復爲之驅馳邪**아하니라

【頭註】

○ 劉辰翁 : 劉眞長이 이러하다고 말하는 곳이 또 있다. 다른 사람을 위하는 일은 본래 어렵다.
劉云"又有謂眞長如此者. 爲人自難."

○ 王世懋 : 이 말에도 감정이 들어 있다.[23]
王云"此語亦有情."

38-16 袁虎(袁宏)와 伏滔는 桓公(桓溫)의 막부에 같이 있었다. 환공은 연회를 열 때마다 원호와 복도를 불렀는데, 원호는 이를 몹시 부끄럽게 여겨 늘 탄식하며 말하였다.

"公의 厚意는 國士[24]를 영예롭게 하기에는 부족하다. 〈그리고〉 복도와 어깨를 나란히 하는 것도 〈세상〉 어디에 이런 모욕이 있을까."

袁虎・伏滔同在桓公府라 **桓公每遊燕**에 **輒命袁・伏**하니 **袁甚恥之**하여 (桓)〔恒〕[25]**歎曰 公之厚意**는 **未足以榮國士**라 **與伏滔比肩**하니 **亦何辱如之**오하니라

---

21) 謝鎭西(謝尙)가……요청하자 : 會稽郡은 揚州에 속해 있기 때문에 謝尙이 揚州刺史인 殷浩에게 유진장을 추천한 것이다.

22) 使君 : 州郡의 長官에 대한 존칭이다. 謝尙은 江州刺史를 역임한 적이 있는데, 殷浩가 사상에 대해 '사군'이라는 말을 쓴 것으로 보아, 사상이 강주자사로 있을 때 있었던 일일 가능성이 있다.

23) 이……있다 : 殷浩가 답장에서 한 말 안에 劉惔에 대한 은호 자신의 부정적인 감정이 들어 있다는 말로 보인다.

24) 國士 : 나라에서 가장 뛰어난 인물을 뜻한다. 袁宏이 자신의 재능을 자부하며 쓴 말이다.

25) (桓)〔恒〕 : 저본에는 '桓'으로 되어 있으나, ≪世說新語≫ 宋本과 ≪李卓吾批點世說新語補≫(安永本) 등에 의거하여 '恒'으로 바로잡았다.

【頭註】

○ 劉辰翁 : 그런데 또 '袁伏'의 '袁' 자를 드러냈다.[26]
劉云"却又效袁 · 伏之袁."

38-17 孫綽이 ≪列仙傳≫ 〈商丘子〉의 讚을 지어 말하였다.

"기르던 것이 무슨 물건일고? 아마 진짜 돼지는 아니었으리. 만약 바람과 구름을 만난다면 자신을 위해 용처럼 하늘로 날아오르리라."

당시 사람들 다수가 재능이 있다고 여겼는데, 王藍田(王述)은 사람들에게 〈이렇게〉 말하였다.

"근래 孫氏네 집 아이가 지은 글을 보았더니 '무슨 물건'이니 '진짜 돼지'니 하더군요."

孫綽作列仙商丘子贊曰 所牧何物고 殆非眞猪로다 儻遇風雲이면 爲我龍攄(터)①라하니 時人多以爲能이라 王藍田語人云 近見孫家兒作文하니 道何物眞猪也오하니라

① ≪列仙傳≫에 말하였다. "商丘子胥[27]은 商邑 사람이다. 피리 불기와 돼지 치기를 좋아하였다. 일흔이 되도록 아내를 들이지 않았으며 늙지도 않았다. 〈사람들이〉 그 핵심을 물어보자, '그냥 老朮과 菖蒲 뿌리를 먹고 물을 마시는데, 이렇게 하자 배도 고프지 않고 늙지도 않았습니다.'라고 하였다. 황제의

朮

26) 그런데……드러냈다 : 袁宏이 伏滔와 어깨를 나란히 하는 것을 싫어했다는 이야기인데 본문에서 앞쪽에 원굉과 복도가 桓溫의 막부에 같이 있었다는 것을 언급해 놓고 뒤쪽에 '원굉과 복도를 불렀다.'고 하여 또 다시 나란히 언급했다는 말이다.

27) 商丘子胥 : ≪世說新語≫에도 동일하게 '商丘子胥'으로 되어 있으나, ≪列仙傳≫에는 '商邱子胥'로 되어 있으며 본문과 讚의 내용도 다소 차이가 있다.

친인척들과 부자들이 그 말을 듣고서 복용했으나 해를 넘기지 못하고 그만두고는 〈그가〉 방법을 숨기고 있을 것이라고들 하였다. 孫綽이 贊을 지어 '상구자는 출충하였나니 채찍을 잡고 피리를 불며 지냈다네. 목마르면 차가운 샘물을 마시고, 배고프면 창포를 먹었네. 기르던 것이 무슨 물건일고? 아마 진짜 돼지는 아니었으리. 만약 바람과 구름을 만난다면 자신을 위해 용처럼 하늘로 날아오르리라.'라고 하였다."

列仙傳曰 "商丘子胥者, 商邑人. 好吹竽牧豕, 年七十不娶妻而不老. 問其道要, 言 '但食老朮(출)・菖蒲根, 飮水, 如此便不飢不老耳.' 貴戚富室, 聞而服之, 不能終歲輒止, 謂將有匿術. 孫綽爲贊曰 '商丘卓犖(락), 執策吹竽. 渴飮寒泉, 飢食菖蒲. 所牧何物, 殆非眞豬. 儻逢風雲, 爲我龍攄.'"

38-18 孫長樂(孫綽) 형제가 謝公(謝安)의 집에 가서 묵었는데, 〈그들의〉 말이 지극히 허황되고 잡스러웠다. 〈사안의 처인〉 劉夫人이 벽 뒤쪽에서 말소리가 들려 그들이 나누는 말을 자세히 다 들었다. 사공이 다음날 돌아와서 물었다.

"어제 〈온〉 손님들은 어떻던가요?"

유부인이 대답하였다.

"돌아가신 오라버니 문하에는 이런 빈객들이 없었습니다."

사공이 〈이 말을 듣고 얼굴에〉 매우 부끄러워하는 빛을 띠었다.

孫長樂兄弟就謝公宿에 言至款雜이어늘 劉夫人在壁後聽之하여 具聞其語라 謝公明日還하여 問昨客何似오하니 劉對曰 亡兄門에 未有如此賓客①이라하니 謝深有愧色이라

① 劉夫人은 劉惔의 여동생이다.
夫人, 劉惔之妹.

【頭註】

○ 劉辰翁 : 이러해서 孫興公(孫綽)이 劉眞長(劉惔)에게 인정받지 못했던 것이다.
劉云 "是興公果不爲眞長所許也."

○ 王世懋 : 이것이 유진장에게 한 수 뒤지는 점이긴 하지만 바로 謝公(謝安)이 복을 누리는 지점인 것이다.[28]
王云 "此却輸眞長一着, 然乃是謝公享福處."

28) 이것이……것이다 : 孫綽같이 경박한 이들과 교유하는 점은 劉惔보다 못하지만, 이를 충고할 줄 아는 아내가 있다는 점은 謝安의 복이라는 말이다.

38-19 簡文帝(司馬昱)가 許玄度(許詢)와 함께 이야기를 나누고 있었는데, 허현도가 말하였다.

"군주와 아비를 들어서 논제로 삼아보겠습니다."

간문제는 〈이 말을 듣자마자〉 바로 더 이상 대답하지 않았다. 허현도가 가고 난 뒤에 말하였다.

"허현도는 이 문제를 언급하지 않는 게 맞다."

簡文與許玄度共語에 **許云 擧君親以爲難**이라하니 **簡文便不復答**하고 **許去後而言曰 玄度故可不至於此**①라하니라

① ≪邴原別傳≫을 살펴보건대 "魏나라 五官中郎將(曹丕)이 한번은 賢士들과 함께 토론하면서 '지금 여기에 丸藥 하나가 있다고 칩시다. 한 사람의 병을 고칠 수 있는데 임금과 아비가 모두 위급합니다. 임금에게 주겠습니까? 아비에게 주겠습니까?'라고 하자, 사람들의 의견이 분분하여 어떤 이는 아비라고 하고 어떤 이는 임금이라고 하였다. 邴原이 발끈하며 '아비와 자식은 근본이 같으니 또한 더 이상 논란할 것 없습니다.'라고 하였다." 하였다. 임금과 아비를 서로 비교하는 것은 예로부터 이러했는데 簡文帝가 許玄度를 책망한 뜻을 모르겠다.
按邴原別傳"魏五官中郎將嘗與群賢共論曰 '今有一丸藥, 得濟一人疾, 而君父俱病, 與君邪. 與父邪.' 諸人紛葩(파), 或父或君. 原勃然曰 '父子一本也, 亦不復難.'" 君親相校, 自古如此. 未解簡文誚許意.

【頭註】

○ 劉辰翁 : 許玄度가 국가에 충성한 일이 없다는 것을 말한 듯하다. 군주와 아비를 들어 〈논제로 삼는〉 것은 충성과 효도 두 가지가 모두 어렵다는 것을 말한 것이다.
劉云 "似謂玄度無忠國事耳. 擧君親, 謂忠孝兩難也."

38-20 蔡伯喈(蔡邕)가 피리 〈만들기에 좋은 대나무〉 서까래를 발견〈하고는 그것을 가져다 피리를 만들〉었다. 孫興公(孫綽)이 기생의 연주를 들으면서 〈대나무 서까래로 만든 피리를〉 흔들고 두드리다가 부러뜨려 버렸다. 王右軍(王羲之)이 〈소식을〉 듣고는 크게 성내며 말하였다.

"3代에 걸쳐 오랫동안 전해진 악기를 고약한[29] 孫氏 집 아이녀석이 부러뜨렸구먼."

蔡伯喈睹睞笛(적)**椽**이러니 **孫興公聽妓**하고 **振且攤折**①이어늘 **王右軍聞**하고 **大嗔曰 三祖壽**②**樂器**를 **虺瓦**③**弔孫家兒打折**이라하니라

① 伏滔의 〈長笛賦敍〉에 말하였다. "나의 동료 桓子野(桓伊)에게 오래된 긴 피리가 있었는데 노인들에게 전해 들으니 '蔡邕 伯喈가 만든 것이다.'라고 하였다. 처음에 채옹이 江南으로 피난 가서 柯亭[30]의 館所에서 묵었는데, 〈그 관소는〉 대나무를 서까래로 쓰고 있었다. 채옹이 이를 올려다보고 '좋은 대나무이다.'라고 하고는 그것을 가져다가 피리로 만들었는데, 소리가 비할 데 없이 좋았다. 대대로 전해져 지금에 이르고 있다."
伏滔長笛賦敍曰 "余同寮桓子野有故長笛, 傳之耆老云 '蔡邕伯喈之所製也.' 初, 邕避難江南, 宿於柯亭之館, 以竹爲椽. 邕仰眄(면)之, 曰 '良竹也.' 取以爲笛, 音聲獨絶. 歷代傳之, 至于今."

② 〈三祖壽의 壽가〉 어떤 책에는 '臺'로 되어 있다.[31]
一作臺.

③ 〈虺瓦가〉 어떤 책에는 '尫凡'으로 되어 있다.
一作尫(왕)凡.

【頭註】

○ 劉辰翁 : 세 조상이 삼대에 걸쳐 이 피리를 지켜왔다. 虺瓦弔는 지명이 아닌 것 같다. 바로 상서롭지 못하여 단명한 것이다.
劉云 "三祖上三代, 保守此笛. 虺瓦弔, 若非地名. 卽不祥短命."

38-21 王中郎(王坦之)과 林公(支遁)은 몹시 사이가 나빴다. 왕중랑이 임공에 대해 궤변을 늘어놓는다고 말하자, 임공은 왕중랑을 논평하며 말하였다.

"기름때로 반들반들한 顏帢[32]과 거친 베로 만든 홑옷을 착용하고 ≪春秋左氏傳≫

---

29) 고약한 : 원문은 '虺瓦弔'이다. 문맥에 의거할 때 욕인 것은 분명하나 정확한 뜻을 알 수 없어 위와 같이 번역하였다. 참고로 '虺'는 악한 사람을 가리킬 때 쓰고, 弔는 '屌'와 통하는데 남자의 생식기를 뜻하는 욕으로도 쓰인다.

30) 柯亭 : 옛 지명이다. 지금의 浙江省 紹興市 서남쪽에 해당한다. 좋은 대나무가 생산되는 것으로 유명하다.

31) 三祖壽의…있다 : 三祖臺가 될 경우, 三祖는 三國시대 魏 武帝 曹操, 文帝 曹丕, 明帝 曹叡를 가리키므로 三祖가 사용하던 臺, 즉 銅雀臺가 된다.

32) 顏帢 : 帢은 便帽, 즉 편하게 쓰던 모자의 일종이다. 앞뒤의 구분이 쉽지 않아 앞쪽에

을 옆에 낀 채 鄭康成의 수레 뒤를 좇아다니니, 묻건대 이 자는 어떤 먼지 자루[33] 인가."

王中郎與林公絶不相得하여 王謂林公詭辯이라하니 林公道王云 著膩(착니)顔帢(갑)하고 (緰)〔褕〕[34]布單衣하고 挾左傳하며 逐鄭康成車後하니 問是何物塵垢囊①고하니라

①'帢'은 모자이다.

≪裴子≫에 말하였다. "林公(支遁)이 '王文度(王坦之)는 기름때 반들반들한 顔帢을 쓰고 ≪左傳≫을 옆에 낀 채 鄭康成(鄭玄)을 좇아다니며 스스로 高足弟子라고 한다. 그러나 엄밀하게 따져보면 먼지 자루를 벗어나지 못한다.'라고 하였다."

帢, 帽也. 裴子曰"林公云'文度著膩顔, 挾左傳, 逐鄭康成, 自爲高足弟子. 篤而論之, 不離塵垢囊也.'"

38-22 王長史(王濛)가 東陽太守 자리를 요청했으나 撫軍將軍(司馬昱)은 들어주지 않았다. 뒤에 병이 위중해져 임종하게 되자 무군장군이 애통해하며 탄식하였다.

"내 장차 王仲祖(왕몽)를 저버리게 되겠구나."

이에 그를 쓰도록 명하자, 왕장사가 말하였다.

"사람들이 會稽王(사마욱)을 멍청하다고 하더니, 참말로 멍청하구나."

王長史求東陽에 撫軍不用이라 後疾篤臨終에 撫軍哀歎曰 吾將負仲祖로다하고 於此命用之어늘 長史曰 人言會稽王癡러니 眞癡로다하니라

38-23 桓公(桓溫)은 遷都하여 〈국가를〉 넓히고 안정시키는 사업을 펼치고자 하였다. 孫長樂(孫綽)이 表文을 올려 〈천도는 불가하다고〉 諫言했는데, 그 주장이 매우 타당하였다. 환공은 표문을 보고 마음속으로 감복하였으나 그가 다른 의견을 낸 것을 분하게 여겼기에 사람을 시켜 손장락에게 〈자신의〉 뜻을 전달하게 하였다.

재봉선을 넣은 것을 '안갑'이라고 하였다. 東晉 이후로는 이 재봉선이 없는 '無顔帢'을 썼다. 안갑을 착용했다는 것은 시대에 뒤떨어진 것을 비꼬는 말이다.

33) 먼지 자루 : 학식과 재능이 없는 사람을 비유하는 말이다.

34) (緰)〔褕〕: 저본에는 '緰'으로 되어 있으나, ≪李卓吾批點世說新語補≫(安永本)에 의거하여 '褕'으로 바로잡았다. '褕'은 '榻'과 同字이며 '거칠다'는 뜻이다.

"그대는 어찌하여 〈遂初賦〉를 지었던 뜻[35]을 이어 나가지 않고, 구태여 남의 國事에 간섭하는가."

桓公欲遷都하여 **以張拓**(척)**定之業**이어늘 **孫長樂上表諫**호되 **此議甚有理**라 **桓見表心服**이로되 **而忿其爲異**하여 **令人致意孫云 君何不尋遂初賦**하고 **而彊知人家國事**①오하니라

① 孫綽이 표문을 올려 간언하였다 "中宗(元帝 司馬睿)께서 즉위하신 것은 실로 萬里의 長江을 경계로 삼아 지킨 덕분입니다. 그렇지 않았다면 오랑캐의 말이 오래전에 이미 建康의 땅을 밟고 江東은 승냥이와 이리의 마당이 되었을 것입니다."
손작은 〈遂初賦〉를 지어 그칠 줄 알고 만족할 줄 아는 도리를 말하였다.
孫綽表諫曰 "中宗龍飛, 實賴萬里長江, 畫而守之耳. 不然, 胡馬久已踐建康之地, 江東爲豺狼之場矣."
綽賦遂初, 陳止足之道.

38-24 孫長樂(孫綽)이 王長史(王濛)의 誄文[36]을 지어 말하였다.

"나와 선생은 권세와 이익으로 사귄 벗이 아니었네. 마음이 맑은 물과 같아 이 현묘한 맛[37]을 함께 〈좋아〉하셨네."

王孝伯(王恭)이 〈그 글을〉 보고 말하였다.

"才士가 겸손하지 못하구나. 돌아가신 할아버지께서 어찌 이 사람과 어울리기까지 하셨을까."

孫長樂作王長史誄云 余與夫子로 **交非勢利**라 **心猶澄水**하여 **同此玄味**①라 **王孝伯見曰 才士不遜**이로다 **亡祖何至與此人周旋**고하니라

① ≪禮記≫ 〈表記〉에 말하였다. "君子의 사귐은 담박하기가 물과 같고, 小人의 사귐은 달콤하기가 단술과 같다."
禮記曰 "君子之交淡若水, 小人之交甘若醴."

---

35) 遂初賦를……뜻 : 孫綽은 젊었을 때 은거하고자 하여 會稽에 십여 년 동안 있으면서 산수를 즐기며 살았다. 이때 〈수초부〉를 지어 은거하고자 하는 자신의 뜻을 드러내었다.

36) 誄文 : 옛날 장례 의식에서 사용하던 문체이다. 보통 죽은 이의 생전 덕행을 기리고 그 죽음을 애도하는 내용이다.

37) 이……맛 : 老莊의 道를 가리킨다.

【頭註】

○ 劉辰翁 : 孫興公(孫綽)은 가는 곳마다 사람들에게 배척받았다.
劉云"興公到處, 爲衆人所擯."

○ 王世懋 : 손흥공은 평생 이런 미움을 받았고, 죽어서도 여전히 사람들을 성가시게 하였다.
王云"興公一生受此苦, 至死猶煩人."

38-25 謝太傅(謝安)가 子姪들에게 말하였다.

"〈동생인〉 中郎(謝萬)이야말로 홀로 천 년에 한 명 있을 훌륭함을 가지고 있다."

〈조카인〉 車騎(謝玄)가 말하였다.

"중랑은 마음속을 아직도 텅 비우지 못했는데 어찌 홀로 〈그런 훌륭함을〉 가질 수 있겠습니까."

謝太傅謂子姪曰 中郎始是獨有千載라하니 **車騎曰 中郎衿抱未虛**어늘 **復那得獨有**①리잇가하니라

① 中郎은 謝萬이다.
中郎, 謝萬.

38-26 庾道季(庾龢)가 謝公(謝安)에게 알려주며 말하였다.

"裴郎(裴啓)이 〈≪語林≫에서〉 '謝安이 裴郎을 두고 「참으로 괜찮은 사람이니, 어찌 다시 술을 마실 필요가 있겠는가.」[38]라고 평했다.'라고 하였습니다. 배랑이 또 '사안이 支道林(支遁)을 두고 「九方皐가 말을 고를 적에 그것이 검은지 누른지는 상관치 않고 그 뛰어남을 취한 것과 같다.」[39]라고 평했다.'라고 하였습니다."

사공이 말하였다.

"전혀 이 두 가지 말을 한 적이 없소. 배랑이 스스로 이런 말을 지어냈을 뿐이오."

38) 어찌……있겠는가 : 裴啓는 원래부터 맑고 깨끗한 사람이기 때문에 새삼 술에 취해 마음 속의 속된 것을 쫓아버릴 필요가 없다는 뜻이다.(≪新釋漢文大系≫)

39) 사안이……같다 : 九方皐는 춘추시대 때 말을 잘 알아보기로 유명했던 사람으로 '九方堙'이라고도 한다. 춘추시대 秦 穆公이 천리마를 구해 오라고 하자, 세 달 뒤에 돌아와서 누런 암말을 구해왔다고 보고하였다. 목공이 확인해 보자 검은 숫말이었으므로 구방고의 능력을 의심하고 그를 추천하였던 伯樂을 책망하니, 백락은 그가 말의 본질적인 능력만을 보고 모양이나 색깔은 보지 않았기 때문이라고 대답하였다.(≪列子≫ 〈說符〉)

유도계는 마음속으로 심히 불만스럽게 여기고 이어 東亭(王珣)의 〈經酒壚下賦〉를 읊었다. 읽기가 끝나자 〈사공은〉 아무런 비평도 없이 다만 말하였다.

"그대도 裴氏의 학문을 하는구려."

이에 ≪어림≫은 마침내 유행하지 않게 되었다. 지금 있는 것은 모두 그 이전에 쓰여졌던 것으로 사안의 말이 더는 없다.

庾道季詫謝公曰 裴郎①云 謝安謂裴郎乃可不惡이니 何得爲復飮酒리오. 裴郎又云 謝安目支道林如九方皐之相馬하여 略其玄黃하고 取其儁(준)逸②이라하니 謝公云 都無此二語요. 裴自爲此辭耳라하니 庾意甚不以爲好하고 因陳東亭經酒壚下賦라 讀畢에 都不下賞裁하고 直云 君乃復作裴氏學이라하니 於此語林遂廢라 今時有者는 皆是先寫니 無復謝語③라

① 〈裴郎은〉 裴啓이다.
   啓也.

② ≪支遁傳≫에 말하였다. "支遁이 매번 사물의 본질을 드러내 보이면서도 언어나 문자로 도리를 형상화하는 데 마음을 두지 않고, 章句를 풀이하면서 더러 빠뜨리는 것이 있기도 하니, 문자에 얽매인 무리들은 〈이런 점에 대해〉 의문을 많이 가졌다. 謝安石(謝安)이 듣고서 칭찬하며 '이는 九方皐가 말을 고른 방식이다. 검은지 누른지는 상관치 않고 그 뛰어남을 취하였다.'라고 하였다."
   支遁傳曰 "遁每標擧會宗, 而不留心象喩, 解釋章句, 或有所漏, 文字之徒, 多以爲疑. 謝安石聞而善之, 曰 '此九方皐之相馬也, 略其玄黃, 而取其儁逸."

③ ≪續晉陽秋≫에 말하였다. "晉나라 隆和 연간(362~363)에 河東의 裴啓가 漢나라·魏나라부터 지금에 이르기까지의 言語와 應對 중에서 일컬을 만한 것들을 찬술하여 ≪語林≫이라고 했다. 당시 사람들이 〈책에 나오는〉 일들을 많이 좋아하여 그 글이 마침내 유행하게 되었다. 뒤에 謝太傅(謝安)에 관한 일이 사실과 달랐고, 어떤 사람이 사태부가 마련한 자리에서 黃公酒壚[40]에 대해 이야기를 늘어놓았으며, 司徒 王珣이 이를 주제로 賦를 짓자, 謝公(사안)이 왕순과 사이가 좋지 않기도 하여 이에 '그대는 급기야 다시 裴郎의 학문을 하는군.'이라고 하였다. 이때부터 사람들이 모두 그 일을 비속하다고 여기게 되었다.

---

40) 黃公酒壚 : 王戎, 阮籍, 嵇康 등의 竹林七賢이 모여서 질탕하게 술을 마시던 곳이다. 왕융이 尙書令이 되어 公服을 입고 수레를 타며 지나가다가 죽은 완적, 혜강을 추억하며 슬퍼한 적이 있는데, 이 뒤로 '황공주로'는 옛 벗과 노닐던 장소에서 죽은 벗을 그리워할 때 자주 사용되는 표현이 되었다.

사안의 고향 사람 중에 中宿縣〈의 관직을〉 그만두고 사안을 찾아온 사람이 있었다. 사안이 그에게 돌아가는 길의 路資를 물어보니, '嶺南 지역은 피폐하여 蒲葵扇[41] 5만 자루만 있습니다. 게다가 〈지금은〉 시기가 아니어서 쓸모없는 물건이 되어 버렸습니다.'라고 답하였다. 사안이 그 중의 하나를 골라잡았다. 이에 京師의 백성들이 앞다퉈 따라서 사용하니 값이 몇 배나 오르고 열흘 남짓 한 달도 되지 않아 팔 물건이 없게 되었다. 그가 좋아하는 것은 날개가 돋은 듯 인기 있고 싫어하는 것은 부스럼 같은 처지가 되었다. 謝宰相의 말 한마디에 〈지금까지〉 훌륭하다고 여기던 것이 천 년 뒤의 후세까지 창피를 당하고, 그가 인정한 것이면 낮아야 할 가격이 百金으로 뛰었으니, 〈아랫사람에 대한〉 윗사람의 愛憎과 與奪에 신중하지 않을 수 있겠는가."

續晉陽秋曰"晉隆和中, 河東裴啓譔漢・魏以來迄于今時言語應對之可稱者, 謂之語林. 時人多好其事, 文遂流行. 後說太傅事不實, 而有人於謝坐敍其黃公酒壚, 司徒王珣爲之賦, 謝公加以與王不平, 乃云'君遂復作裴郎學!' 自是衆咸鄙其事矣. 安鄕人有罷中宿縣詣安者. 安問其歸資, 答曰'嶺南凋弊, 唯有五萬蒲葵扇, 又以非時爲滯貨.' 安乃取其中者捉之. 於是京師士庶競慕而服焉, 價增數倍, 旬月無賣. 夫所好生羽毛, 所惡(오)成瘡痏. 謝相一言, 挫成美於千載, 及其所與, 崇虛價於百金. 上之愛憎與奪, 可不愼哉."

【頭註】

○ 劉辰翁 : 속이고 거짓말하다가 발각되고 말았다.
劉云"誑詑致敗."

38-27 王北中郎(王坦之)이 林公(支遁)의 인정을 받지 못하자 〈沙門은 高士가 될 수 없다는 論〔沙門不得爲高士論〕〉을 지었다. 그 대략은 다음과 같다.

"高士는 반드시 자유롭고 활달한 경계에 있다. 沙門(승려)은 비록 세속 바깥에 있다고는 하지만 도리어 〈그가 믿는〉 가르침〔敎〕에 더욱 속박되어 있으니, 情性〈의 바름〉을 自得했다고 말할 수 있는 〈경우가〉 아닌 것이다."

王北中郎不爲林公所知하여 乃著論沙門不得爲高士論하니 大略云 高士는 必在於縱心調暢이나 沙門은 雖云俗外로되 反更束於教하니 非情性自得之謂也라하니라

38-28 어떤 사람이 顧長康(顧愷之)에게 물었다.

41) 蒲葵扇 : 종려나무의 일종인 蒲葵 잎과 줄기를 말려서 만든 부채이다. 蒲扇, 葵扇, 芭蕉扇이라고도 한다. 형태는 방구 부채, 즉 둥근 모양이다.

"어찌하여 洛生詠[42)]을 하지 않으십니까?"

〈고장강이〉 답하였다.

"어찌 늙은 여종의 소리를 내기까지 하겠습니까."

人問顧長康호되 **何以不作洛生詠**고하니 **答曰 何至作老婢聲**①이리오하니라

① 洛下書生詠은 그 소리가 무겁고 탁하였기 때문에 〈고장강이〉 '늙은 여종의 소리'라고 하였다.

洛下書生詠, 音重濁, 故云'老婢聲'.

38-29 殷顗와 庾恒은 모두 謝鎭西(謝尙)의 외손자이다. 은의는 어려서부터 영민하였는데 유항은 늘 〈은의를〉 높이 평가하지 않았다. 한번은 같이 謝公(謝安)을 찾아간 적이 있었다. 사공이 은의를 눈여겨 보며 말하였다.

"阿巢(은의)는 참으로 鎭西(사상)를 닮았구나."

이에 유항이 목소리를 낮춰 말하였다.

"도대체 어디가 닮았습니까?"

사공이 이어서 다시 말하였다.

"아소의 뺨이 진서를 닮았다."

유항이 다시 말하였다.

"뺨이 닮으면 훌륭하다고 할 수 있는지요?"

殷顗(의)**・庾恒**은 **竝是謝鎭西外孫**①이니 **殷少而率悟**로되 **庾每不推**라 **嘗俱詣謝公**하니 **謝公熟視殷曰 阿巢故似鎭西**②로다 **於是庾下聲語曰 定何似**잇가 **謝公續復云 巢頰似鎭西**로다 **庾復云 頰似**면 **足作健不**(부)③잇가하니라

① ≪謝氏譜≫에 말하였다. "謝尙의 장녀 僧要는 庾龢에게 시집갔고, 차녀 僧韶는 殷歆에게 시집갔다."

謝氏譜曰 "尙長女僧要適庾龢(화), 次女僧韶適殷歆."

② 阿巢는 殷顗의 어릴 적 이름이다.

巢, 殷顗小字也.

42) 洛生詠 : '洛下書生詠'이라고도 한다. 탁한 콧소리로 시문을 읊던 방법이다. 東晉의 名士인 謝安이 이것에 뛰어났다고 한다.

③ ≪庾氏譜≫에 말하였다. "庾恒은 字가 敬則이다. 조부는 庾亮이고, 부친은 庾龢이다. 유항은 벼슬이 尙書僕射에 이르렀다."
庾氏譜曰 "恒, 字敬則(칙). 祖亮, 父龢. 恒仕至尙書僕射."

38-30 예전부터 韓康伯(韓伯)을 품평하기를 '굵은 팔에 골격이 없다.'라고 하였다.

舊目韓康伯하되 **將**[43]**肘無風骨**①이라하다

① ≪說林≫에 말하였다. "范啓가 '韓康伯(韓伯)은 살진 오리 같다.'라고 하였다."
說林曰 "范啓云 '韓康伯似肉鴨.'"

38-31 符宏은 〈後秦으로부터〉 도망쳐 와서 나라(東晉)에 귀순하였다.[44] 謝太傅(謝安)가 접대할 때마다 부굉은 스스로 재주가 있다고 여겨 다른 사람 위에 군림하기를 많이 좋아하였는데, 좌중에는 그를 꺾을 이가 없었다. 마침 王子猷(王徽之)가 왔기에 사태부가 왕자유에게 부굉과 같이 이야기를 나누어 보도록 하였다. 왕자유는 그냥 한참동안 부굉을 눈여겨 보고나더니 사태부를 돌아보며 말하였다.
"역시 다른 사람들과 다르지 않습니다."
부굉은 크게 부끄러워하며 물러갔다.

符宏叛來歸國이어늘 **謝太傅每加接引**에 **宏自以有才**하여 **多好上人**이로되 **坐上無折之者**라 **適王子猷來**하니 **太傅使共語**어늘 **子猷直熟視良久**라가 **回語太傅云 亦復竟不異人**이라하니 **宏大慙而退**①하니라

① ≪續晉陽秋≫에 말하였다. "符宏은 符堅의 太子이다. 부견이 姚萇에게 살해당하자 부굉은 어머니와 아내를 데리고 와서 투항하였고, 〈나라에서는〉 논밭과 집을 내려주었다. 桓玄이 부굉을 장군으로 삼았었는데, 환현이 패하자[45] 〈부굉은〉 湘中 지역을 노

43) 將 : ≪世說新語箋疏≫에서는 '京・奘・將, 大也.'라고 한 ≪方言≫을 인용하여 '將'을 '大'라고 보았는데, 번역은 이에 따랐다. 참고로 ≪海錄碎事≫ 및 다른 판본에는 '捋(랄)'로 된 곳이 있는데 이 경우 의미는 '잡다', '쥐다'가 된다.

44) 符宏은……귀순하였다 : 부굉의 부친은 前秦의 3대 황제 符堅으로, 385년에 後秦의 초대 황제가 되는 姚萇에게 죽임을 당했다.

45) 桓玄이 패하자 : 환현은 東晉의 權臣으로 예술과 문학에 뛰어났다. 주요 관직을 거쳐 권력을 장악한 뒤 403년에는 安帝를 압박해 禪位받고 국호를 '楚'라 하고 황제라 칭하

략질하다가 伏誅되었다.

續晉陽秋曰 "宏, 符堅太子也. 堅爲姚萇所殺, 宏將母妻來投, 詔賜田宅. 桓玄以宏爲將, 玄敗, 寇湘中, 伏誅."

38-32 王中郎(王坦之)이 許玄度(許詢)를 吏部郎으로 천거하자, 郗重熙(郗曇)가 말하였다.

"相王(司馬昱)[46]은 일 벌이기를 좋아하니 阿訥을 〈이부랑의〉 자리에 앉게 해서는 안 됩니다."[47]

王中郎擧許玄度爲吏部郎하니 **郗**(치)**重熙曰 相王好事**하니 **不可使阿訥在坐頭**①라하니라

① 阿訥은 許詢의 어릴 적 이름이다.
訥, 詢小字.

【頭註】

○ 王世懋 : 그를 몹시 싫어하는 말이다.
王云 "甚惡(오)之之辭."

38-33 王興道(王和之)가 謝望蔡(謝琰)를 품평하였다.

"망연자실해 있는 것이 매를 잃어버린 〈매〉 조련사 같다."

王興道謂謝望蔡호되 **霍霍如失鷹師**①라하니라

① ≪永嘉記≫[48]에 말하였다. "王和之는 字가 興道로 瑯琊 사람이다. 조부 王翼은 平南將軍이었고, 부친 王胡之는 司州刺史였다. 왕화지는 永嘉太守・正員常侍[49]를 지냈다."

였다. 이듬해에 劉裕의 공격을 받아 패배하였고 도망치다가 益州督護 馮遷에게 죽임을 당하였다.(≪晉書≫ 〈桓玄傳〉)

46) 相王(司馬昱) : 사마욱은 會稽王으로 丞相을 겸임하고 있었기 때문에 '재상이면서 왕'이라는 의미의 '相王'으로 불린 것이다.

47) 相王(司馬昱)은……됩니다 : ≪世說箋本≫에서는 "허현도와 상왕은 풍류가 비슷하였으니 아마도 〈그들이〉 서로 함께 토론한다면 정사에 해가 될 것이다.〔玄度相王風流相似 恐其相共談議 有害於政事〕"라고 하여 '好事'를 玄談을 좋아하는 것으로 보았다.

48) 永嘉記 : ≪永嘉郡記≫, ≪永嘉志≫, ≪永嘉地記≫라고도 하며 南朝 宋나라의 鄭緝之가 지었다. 현재는 일부만 전해지고 있다. 永嘉郡의 山川, 공공건물인 鄕과 亭에 대한 기록이 자세하며 그밖에 생산품, 전설 등도 실려 있다.

望蔡는 謝琰의 어릴 적 이름이다.

永嘉記曰 "王和之, 字興道, 瑯琊人. 祖翼, 平南將軍. 父胡之, 司州刺史. 和之歷永嘉太守・正員常侍."

望蔡, 謝琰小字也.

38-34 桓南郡(桓玄)은 다른 사람들이 민첩하지 못한 것을 볼 때마다 번번이 화를 내며 말하였다.

"그대는 袁氏 집의 〈맛있는〉 배〔梨〕를 얻더라도 당연히 또 쪄서 먹지 않겠나."

桓南郡每見人不快면 **輒嗔云 君得哀家梨**라도 **當復不蒸食不**(부)①아하니라

①"秣陵에 哀仲이라는 사람이 있었는데 그 집의 배가 아주 맛있었다. 크기는 됫박만하고 입에 넣으면 살살 녹았다."라는 옛이야기가 있다. 〈桓玄이 한 말은〉 어리석은 사람은 맛을 구별할 줄을 몰라 좋은 배를 얻어도 쪄서 먹는다는 뜻이다.

舊語 "秣陵有哀仲, 家梨甚美, 大如升, 入口消釋." 言愚人不別味, 得好梨, 蒸食之也.

---

49) 正員常侍 : 常侍는 中常侍나 散騎常侍의 약칭으로 魏晉 이후는 산기상시만 남았다. 正員은 '定員 외'를 뜻하는 員外의 상대어로 '정원 내'를 뜻한다. 따라서 정원상시는 員外散騎常侍가 아닌 정원 내의 상시, 즉 散騎常侍를 뜻한다.

39. 업신여기고 헐뜯다(下) 輕詆 下

39-1【補】會稽太守 孟顗는 정성을 다해 부처를 섬겨 謝靈運에게 깔보였다. 사영운이 한번은 맹의에게 말하였다.

"得道하려면 응당 지혜의 業을 〈닦은〉 文人이어야 하지요. 卿께서는 天上에 〈다시〉 태어나는 것은 당연히 저보다 앞서겠으나 成佛하는 것은 필시 저보다 뒤일 것입니다."

맹의는 이 말을 몹시 괘씸하게 여겼다.

謝靈運

會稽太守孟顗事佛精懇하여 **而爲謝靈運所輕**①이라 **謝嘗語顗曰 得道應須慧業文人**이니 **卿生天當在靈運前**이로되 **成佛必在靈運後**②라하니 **顗深恨此言**이라

① ≪南史≫에 말하였다. "孟顗는 字가 彦重으로 平昌 安丘 사람이며 衛將軍 孟昶의 동생이다. 맹창과 맹의는 모두 풍격과 태도가 훌륭하여 당시 사람들이 그들을 '雙珠'라고 불렀다. 맹창은 현달하였지만 맹의는 조정의 부름에 나아가지 않다가 맹창이 죽은 뒤에 侍中을 지냈고 會稽太守로 있다가 죽었다."

南史曰 "孟顗, 字彦重, 平昌安丘人, 衛將軍昶(창)弟也. 昶·顗竝美風姿, 時人謂之雙珠. 昶貴盛, 顗不就辟, 昶死後, 歷侍中, 卒於會稽太守."

② 布施에 열심이고 功德을 쌓는 것은 〈죽어서〉 天上에 〈다시〉 태어나고자 함이고, 마음을 밝게 알아 佛性을 깨달아 곧장 나아가 부처가 되는 것은 成佛하고자 함이다. 康樂(謝靈運)은 자신의 지혜를 자부하고 있었기 때문에 맹의를 비꼰 것이다.

勤布施, 積功行, 是欲生天者也. 明心見性, 直下作佛, 是欲成佛者也. 康樂自恃慧解, 故以譏顗.

39-2【補】顏延之는 매번 湯惠休의 詩를 경시하여 사람들에게 말하였다.

"休上人(탕혜휴)이 지은 것은 민간에서 부르는 노래일 뿐이니 後生들을 틀림없이 그르칠 것이다."

顏延之每薄湯惠休詩하여 **謂人曰 休上人制作**은 **委巷間歌謠耳**니 **方當誤後生**①이라하니라

① ≪宋書≫에 말하였다. "沙門 惠休는 글을 잘 지었다. 徐湛之가 그와 사이가 매우 돈독하였다. 〈南朝 宋의〉 世祖(孝武帝 劉駿)가 명을 내려 환속시켰다. 본래의 성은 湯이며 지위가 揚州從事에 이르렀다."

≪詩品≫에 말하였다. "惠休는 〈글이〉 겉만 화려하고 지나치게 고왔으며 감정이 재주보다 과하였다. 세상에서는 마침내 그를 鮑照와 견주었지만, 아무래도 둘은 현격하게 차이가 나는 듯하다. 羊曜璠은 '이는 顏公(顏延之)이 鮑照의 글을 싫어하였기 때문에 혜휴와 포조를 비교하는 논의를 편 것이다.'라고 하였다."

민간에서 부르는 노래야말로 진정한 시이다.

宋書曰 "沙門惠休善屬(촉)文. 徐湛之與之甚厚. 世祖命使還俗. 本姓湯, 位至揚州從事." 詩品曰 "惠休淫靡, 情過其才. 世遂匹之鮑(昭)〔照〕[1], 恐商(略)〔周〕[2]矣. 羊曜璠云 '是顏公忌(昭)〔照〕之文, 故立休鮑之論.'" 委巷歌謠, 乃是眞詩.

39-3【補】謝宣映(謝絢)이 일찍이 공적인 자리에서 외삼촌인 袁湛을 조롱하자, 원담이 도저히 참지 못하고 〈사선영에게〉 말하였다.

"네 아버지가 예전에 〈자기〉 외삼촌을 가볍게 보더니 지금은 네가 또 나에게 〈이렇게 행동〉하니, 대대로 '渭陽의 情'[3]이 없다고 할 수 있구나."

謝宣映① **曾於公坐**에 **戲調其舅袁湛**②하니 **湛甚不堪之**라 **謂曰 汝父昔已輕舅**러니 **今汝**

1) (昭)〔照〕: 저본에는 '昭'로 되어 있으나, ≪詩品≫에 의거하여 '照'로 바로잡았다. 아래도 같다.

2) (略)〔周〕: 저본에는 '略'으로 되어 있으나, ≪詩品≫에 의거하여 '周'로 바로잡았다. '商周'는 상대가 되지 못함을 비유하는 말로, 周나라가 商나라를 이긴 데에서 유래하였다.

3) 渭陽의 情 : 외삼촌과 조카 사이의 정을 말한다. ≪詩經≫ 〈渭陽〉에 "내가 외숙을 전송하려고 위수 북쪽에 이르렀다네.〔我送舅氏 曰至渭陽〕"라고 하였는데, 秦 穆公의 아들 康公이 외삼촌인 晉나라 公子 重耳가 진나라에 망명해 있다가 본국으로 돌아갈 때 이미 세상을 떠난 자신의 모친을 그리워하는 마음에서 외삼촌을 전송하면서 渭水의 북쪽까지 이르러 이 시를 읊었다.

復來加我하니 **可謂世無渭陽情也**③로다하니라

① ≪南史≫에 말하였다. "謝絢은 字가 宣映으로 謝景重의 아들이다."
南史曰 "謝絢(현), 字宣映, 謝景重之子."

② ≪南史≫에 말하였다. "袁湛은 字가 士深으로 陳郡 陽夏 사람이다. 조부 袁耽은 晉나라 歷陽太守였고, 부친 袁質은 瑯琊內史였다. 원담은 어려서부터 동생 袁豹와 함께 從外祖인 謝安의 인정을 받았으며, 사안은 형의 아들인 謝玄의 딸을 원담에게 시집 보냈다. 劉宋의 武帝(劉裕)가 군대를 일으켰을 때 따라서 출정에 참여한 공로로 여러 벼슬을 거쳐 太尉와 司空에 이르렀다."
南史曰 "湛, 字士深, 陳郡陽夏人. 祖耽, 晉歷陽太守, 父質, 瑯琊內史. 湛少與弟豹, 竝爲從外祖謝安所知, 安以兄子玄女妻焉. 宋武帝起兵, 以從征功歷仕至太尉・司空."

③ ≪宋書≫에 말하였다. "謝景重은 王胡之의 외조카인데, 외삼촌과 역시 사이가 좋지 않았다."
宋書曰 "景重是王胡之外甥, 與舅亦不協."

39-4【補】 丘車騎(丘靈鞠)가 한번은 沈深이 마련한 자리에서 王文憲(王儉)의 시를 보았다. 심심이 말하였다.

"王佥(왕검)의 문장이 크게 진보했습니다."

구거기가 말하였다.

"내 〈시가〉 진보하지 못했을 때와 비교해서는 어떻습니까?"

丘車騎①**常**[4]**在沈深坐**②에 **見王文憲**③**詩**러니 **沈曰 王佥文章大進**이로다하니 **丘曰 何如我未進**고하니라

① ≪南史≫에 말하였다. "丘靈鞠은 吳興 烏程 사람이다. 조부 丘系는 秘書監이었고 부친 丘道眞은 護軍長史였다. 구영국은 어려서부터 학문을 좋아하였고 글을 잘 지었다. 州에서 從事〈의 자리〉로 초빙하였으며, 車騎長史로 있다가 죽었다."
南史曰 "丘靈鞠, 吳興烏程人. 祖系, 秘書監, 父道眞, 護軍長史. 靈鞠少好學, 善屬文. 州辟從事, 卒官車騎長史."

② ≪南史≫에 말하였다. "沈懷文은 吳興 武康 사람이다. 세 아들 沈淡・沈深・沈沖 간에는 名譽에 우열이 있어서[5] 세상에서는 〈그들을〉 '腰鼓兄弟'[6]라 불렀다. 심심은 御

---

4) 常 : '嘗'과 통하며, 여기서는 '일찍이'의 뜻이다.

史中丞을 역임했다."

南史曰 "沈懷文, 吳興武康人. 三子淡・深・沖, 名譽有優劣,[7] 世號爲'腰鼓兄弟'. 深歷御史中丞."

③ 王儉의 諡號가 文憲이다.

儉諡, 文憲.

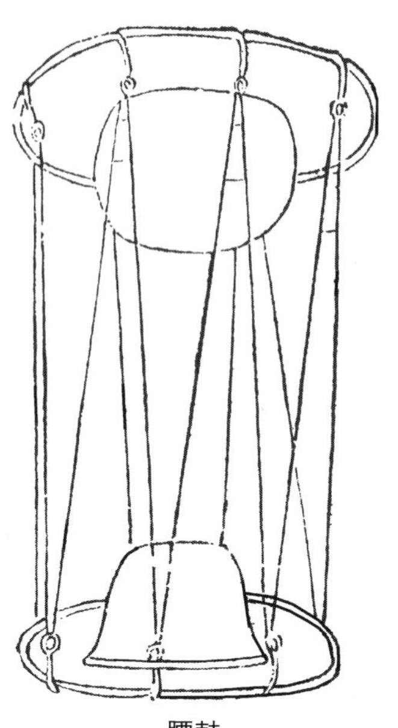
腰鼓

39-5【補】 張敬兒가 車騎將軍에 제수되자 王敬則이 놀리며 '褚彦回(褚淵)'라고 불렀다. 장경아가 말하였다.
"나는 이 지위를 말 위에서 얻었소. 아무래도 〈그대처럼〉 華林閣의 功臣이 되지는 못하겠더이다."

張敬兒拜車騎將軍①에 **王敬則**(칙)**戲之**하여 **呼爲褚彦回**②라하니 **敬兒曰 我馬上得之**하여 **終不得作華林閣勳**③이라하니라

① ≪南史≫에 말하였다. "張敬兒는 南陽 冠軍 사람이다. 부친은 張醜이다. 장경아는 어려서부터 활쏘기와 말타기에 능숙했으며 담력과 용기가 있었다. 山陽王 劉休祐가 壽陽을 다스릴 때 말타기와 활쏘기에 뛰어난 사람을 구했는데 장경아가 지원하여 선발되었고 총애를 받아 長兼行參軍[8]이 되었다. 여러 번 전공을 세워 車騎將軍・開府儀同三司로 승진하였다. 장경아는 처음에는 글을 몰랐는데 方伯이 되고 나서 공부하여 ≪孝經≫과 ≪論語≫를 읽었다. 護軍으로 임명되자 밀실에서 사람들을 물리치고서 응대하고 대답하는 예법을 익히며 공중에 대고 고개를 숙였다가 들었다가 하니 처첩

---

5) 세……있어서 : 沈淡과 沈深은 모두 御史中丞을 거쳤고 세 형제 모두 司直을 지냈는데 晉나라와 劉宋시대에 없던 영광스러운 일이었다. 특히 막내인 沈沖은 南齊의 武帝가 東宮에 있을 때 동궁의 관직인 太子中庶子를 지냈기에 무제 즉위 후에 신임을 받아 형들보다 더 높은 지위에 오르고 유명하였다.(≪南史≫ 〈沈沖列傳〉)

6) 腰鼓兄弟 : 腰鼓는 허리에 차고 양쪽을 두드리는 장구와 비슷한 원통형의 북으로, 양쪽의 두드리는 부분은 크고 중간의 허리 부분은 홀쭉하다. 형제들 간의 성취를 비교했을 때 차이가 드러나는 것을 비유할 때 쓰는 말이다.

7) 三子淡深沖 名譽有優劣 : '三子淡深沖'은 ≪南史≫ 〈沈懷文列傳〉 맨 끝에 나오는 구절이고, '名譽有優劣'은 바로 뒤의 〈沈沖列傳〉에 나오는 구절인데 앞에 '沖與兄淡深'이 있다.

8) 長兼行參軍 : 長兼은 관직명 앞에 붙이던 용어로, 정식으로 임명한 것이 아니라는 표시이다. 參軍은 군사참모의 역할을 하는 관직으로 晉나라 초기에는 중앙에서 제수한 자는 참군, 여러 막부에서 임의로 임명한 자는 行參軍이라고 하였는데, 말기에는 행참군도 참군보다 품계를 낮춰 제수하게 되었다.

들이 엿보면서 웃었다."

南史曰"敬兒，南陽冠軍人．父醜．敬兒年少便弓馬，有膽氣．〔山陽〕[9]王休祐鎭壽陽，求善騎射士，敬兒應選，見寵，爲長兼行參軍．屢立戰功，遷車騎將軍・開府儀同三司．敬兒始不識書，爲方伯，乃學讀孝經・論語．徵護軍，乃於密室屛人，學揖讓答對，空中俯仰，妾侍窺笑焉."

② 당시 모든 사람들이 褚彦回의 風度가 점잖고 우아한 것을 칭송하였는데，王敬則은 장경아가 무신인데다 거칠고 경솔했으므로 褚彦回라 하며 놀린 것이다.

時咸推褚彦回風度詳雅，敬則以敬兒武臣麤(추)率，故以彦回爲戲也．

③ ≪南史≫에 말하였다. "왕경칙은 劉宋 때에 壽寂之와 함께 後廢帝(劉昱)[10]를 華林園에서 살해했다."

南史曰"敬則在宋，與壽寂之殺後廢帝於華林園."

39-6【補】 劉中郞(劉祥)은 성정과 풍격이 오만하고 거리낌이 없어 가볍게 말하고 방자하게 행동하였다. 하루는 司徒인 褚淵이 入朝하는 것을 맞닥뜨리게 되었는데，〈저연이〉 腰扇[11]으로 햇빛을 가리고 있었다. 유중랑이 옆을 지나가며 말하였다.

"이런 행동을 하는 것은 부끄러워서 사람 보기가 두렵기 때문이겠으나 부채로 가린들 무슨 소용이겠습니까."

저연이 말하였다.

"한미한 선비가 불손하구나."

유중랑이 말하였다.

"〈그대처럼〉 袁粲과 劉秉을 죽이지 못했으니[12] 어떻게 한미한 선비 신세를 면

---

9)〔山陽〕: 저본에는 '山陽'이 없으나，≪南史≫ 〈張敬兒列傳〉에 의거하여 보충하였다.

10) 後廢帝(劉昱) : 유욱은 南朝 劉宋의 제8대 황제로 明帝 劉彧의 맏아들인데 사람됨이 난폭하였다. 10세에 즉위하고 나서 몇 번의 반란을 경험한 뒤 더욱 난폭해져 하루라도 직접 사람을 죽이지 않으면 마음이 편하지 않을 정도로 잔인하게 행동하다가 이로 인해 15세에 결국 죽임을 당했다. 죽은 다음날 황태후의 명의로 황제에서 폐위되어 蒼梧郡王이 되었으므로 '後廢帝'로 불리게 되었다.(≪宋書≫ 〈本紀〉，≪南齊書≫ 〈本紀〉)

11) 腰扇 : 허리춤에 차는 둥근 부채이다.

12) 그대처럼……못했으니 : 劉宋의 後廢帝 劉昱이 시해된 뒤에 褚淵은 蕭道成의 주도로 새 황제를 세우는 것을 찬성하고 있었다. 내심 반대하던 袁粲과 劉秉이 소도성을 제거하려고 모의하고 저연에게 지지를 요청하자 저연은 이 사실을 미리 소도성에게 알려주었고 이로 인해 원찬과 유병은 제거되었다. 이로 인해 저연은 절의를 저버린 것으로

할 수 있겠소이까."

劉中郎性韻剛疎하여 輕言肆行①이라 一日遇褚司徒淵入朝에 以腰扇障日이어늘 中朗從側過曰 作如此擧止는 羞面見人이나 扇障何益고하니 褚曰 寒士不遜이로다 中郎曰 不能殺袁劉하니 安得免寒士②리오하니라

① ≪南史≫에 말하였다. "劉祥은 字가 顯徵으로 劉穆之의 증손자이다. 어려서부터 文學을 좋아하였으며 성정과 풍격이 오만하고 거리낌이 없었다. 建元 연간(479~482)에 正員郎이 되었고 뒤에 臨川王(蕭映)의 驃騎從事中朗이 되었다."
南史曰 "劉祥, 字顯徵, 穆之之曾孫. 少好文學, 性韻剛疎. 建元中, 爲正員郎. 後爲臨川王驃騎從事中朗."

② 〈袁·劉는〉 袁粲과 劉秉이다.
≪南史≫를 살펴보건대, 蕭道成은 蒼梧王(後廢帝 劉昱)을 시해하고 나서 太后의 令으로 袁粲, 褚淵, 劉秉을 불러 회의하고 安成王(順帝 劉準)을 맞아들여 황제로 세웠다. 원찬과 유병은 소도성을 주살하려고 몰래 모의했다가, 일이 실패하여 모두 죽었다. 소도성이 劉宋으로부터 황제의 자리를 받자 저연이 백관을 이끌고 옥새를 받든 채 齊王(소도성)의 저택으로 가서 〈황제의 자리에〉 나아갈 것을 권했다.
袁粲·劉秉也.
按南史, 蕭道成旣弑蒼梧王, 以太后令召袁粲·褚淵·劉秉, 會議迎立安成王, 粲·秉密謀誅道成, 事敗皆死. 道成受宋禪, 淵率百官, 奉璽綬, 詣齊宮勸進.

【頭註】

○ 王世懋 : 다른 책에서는 〈본문의 '不能殺袁劉'의〉 '殺'자가 '賣'로 되어 있는데,[13] '살'자보다는 '매'자가 한결 낫다.
王云 "別本殺作賣, 殊勝殺字."

39-7【補】 王奐이 막 僕射에 제수되었을 때, 劉顯徵(劉祥)이 왕환의 아들 王融과 같이 수레를 타고 中堂[14]에 갔는데 행인이 나귀를 몰고 가는 것을 보았다. 유현

비난받게 되어 민간에 "가련타, 石頭城이여! 차라리 원찬이 되어 죽을지언정, 저연이 되어 살지 않으리."라는 내용의 노래가 유행하기도 하였다.(≪南史≫ 〈褚彦回列傳〉, ≪南齊書≫ 〈褚淵列傳〉)

13) 다른……있는데 : ≪南史≫, ≪通志≫ 등에는 '賣'자로 되어 있다.

14) 中堂 : 재상이 정무를 보는 곳이다. 여기서는 王奐이 있는 곳을 가리킨다.

징이 말하였다.

"나귀야, 너는 똑바로 일하거라! 너같은 인재들이 모두 이미 尙書令과 僕射가 되었느니라."

王奐①初拜僕射(야)에 **劉顯徵與奐子融同載**하고 **行至中堂**하여 **見路人驅驢**(려)하니 **劉曰驢**아 **汝好爲之**하라 **如汝人才**가 **皆已令僕矣②**라하니라

① ≪南史≫에 말하였다. "王奐은 字가 道明으로 王景文(王彧)의 兄의 아들이다. 劉宋에서 벼슬하여 侍中·尙書가 되었다. 南齊 武帝(蕭賾)가 왕환이 유송 황실의 외척이라는 점을 들어 다른 뜻을 가지고 있는 것은 아닌지 의심하자 王晏이 머리를 바닥에 조아리면서 〈간청해〉 그를 보호하였다. 永明 연간(483~493)에 여러 벼슬을 거쳐 尙書僕射에 올랐다."

南史曰"奐, 字道明, 景文兄子也. 仕宋爲侍中·尙書. 齊武帝以奐宋室外戚, 疑有異志, 王晏叩頭保之. 永明中, 累遷尙書僕射."

② ≪南史≫에 말하였다. "劉祥이 連珠詩[15] 15首를 지어 자신의 심회를 담았다. 그 중 풍자하고 비판한 내용에 '세상의 희귀한 보물이라도 시대와 어긋나면 반드시 천해지고, 세간의 훌륭한 그릇이라도 성인이 없으면 몰락하고 만다. 이렇기 때문에 좋은 玉도 楚나라 山에서는 배척받고, 章甫도 越나라 사람들에게는 눈길도 받지 못했다.[16]"

南史曰 "祥著連珠十五首以寄懷, 其譏議者云 '希世之寶, 違時必賤, 偉俗之器, 無聖則淪. 是以明玉黜於楚岫(수), 章甫窮於越人."

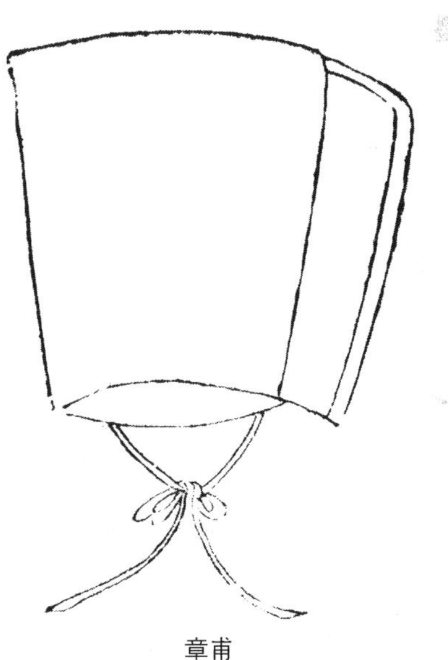
章甫

---

15) 連珠詩 : 聯珠詩라고도 하며, 連珠體로 이루어진 詩를 말한다. 연주체는 上句의 끝 글자와 下句의 첫 글자를 같게 하는 수사법의 하나이다.

16) 좋은……못했다 : 楚나라 荊山은 좋은 옥이 나는 곳으로 유명한데 和氏之璧도 이곳에서 나왔다. 초나라 사람 卞和가 좋은 옥의 원석을 발견하여 왕에게 바쳤다가 인정을 받지 못하고 도리어 다리가 잘리는 처벌을 받은 일이 있었다. 章甫는 殷나라 때 쓰던 검은 색 冠으로 은의 후예인 宋나라에서도 썼다. ≪莊子≫ 〈逍遙遊〉에 "송나라 사람이 장보를 사서 월나라에 팔려고 갔는데, 월나라 사람들은 머리카락을 자르고 文身을 새기므로 쓸모가 없었다.〔宋人資章甫而適諸越 越人斷髮文身 無所用之〕"라고 하였다.

39-8【補】 徐常侍(徐陵)가 北齊에 사신으로 갔을 때 魏收의 文學이 北朝에서는 가장 뛰어났었다. 위수가 자신의 문집을 모아서 기록하여 서상시에게 보여주며 江左[17]에 전해 달라고 하였다. 〈돌아가는 길에〉 서상시는 급히 강을 건너면서 문집을 물에 빠트리고는 말하였다.

"내가 魏公(위수)을 위해 〈그의〉 졸작을 감춰주었다."

徐常侍①聘齊時에 魏收文學은 北朝之秀라 收錄其文集以示徐하여 令傳之江左어늘 徐速濟江沈(침)之曰 吾爲魏公藏拙하노라

① 〈徐常侍는〉 徐陵이다.
陵也.

39-9【補】 庾信이 북쪽에 이르러서는 오직 溫子昇의 〈寒山寺碑〉만을 좋아하였다. 뒤에 남쪽으로 돌아갔을 때 사람들이 북쪽 지방의 문학이 어떠한지 물어보자 유신이 말하였다.

"寒山寺의 한 조각 돌덩이만이 같이 이야기할 만하고, 나머지는 나귀 울음소리나 개 짖는 소리 같을 뿐이더군요."

庾信至北①하여 惟愛溫子昇 寒山寺碑라 後南還에 人問北方何如하니 信曰 唯寒山寺一片石이 堪共語요 餘若驢鳴犬吠(폐)耳②라하니라

① ≪周書≫에 말하였다. "庾信은 字가 子山으로 南陽 新野 사람이다. 조부 庾易은 南齊의 徵士[18]였고 부친 庾肩吾는 梁나라 中書令이었다. 유신은 어려서부터 탁월했으며 많은 책들을 널리 보았다. 南梁에서 벼슬하여 散騎常侍가 되었으며 東魏에 사신으로 갔을 때 그의 文章과 응대하는 言辭가 훌륭하여 〈동위의 수도인〉 鄴下(鄴城)에서 칭송되었다. 남양의 元帝(蕭繹)가 卽位하자 北周에 사신으로 왔다가 그대로 長安에 남아 여러 벼슬을 거쳐 驃騎將軍·開府儀同三司에 이르렀다. 유신은 비록 지위와 명망이 크고 높았지만 늘 고향을 그리는 마음이 있었기에 〈哀江南賦〉를 지어 마음을 표현했다."

---

17) 江左 : '長江 왼쪽'이란 뜻으로 장강 하류의 동쪽 지역을 말한다. 東晉 및 남조시대 각 왕조는 모두 강좌 지역에 도읍을 정했기 때문에 그 당시의 사람들은 그 왕조와 통치하던 지역 전부를 강좌라고 불렀고, 남조 사람들은 東晉만을 강좌로 불렀다.

18) 徵士 : 훌륭한 인품과 재능을 지녀 조정의 부름을 받았으나 벼슬에 나아가지 않고 은둔하는 선비를 가리키는 말이다.

周書曰"庾信, 字子山, 南陽新野人. 祖易, 齊徵士, 父肩吾, 梁中書令. 信幼俊邁, 博覽群書. 仕梁爲散騎常侍, 聘於東魏, 文章辭令, 盛爲鄴下所稱. 元帝卽位, 來聘於周, 遂留長安, 歷仕至驃騎將軍・開府儀同三司. 信雖位望通顯, 常有鄕關之思, 作哀江南賦, 以致意."

② ≪北史≫에 말하였다. "溫子昇은 字가 鵬擧로 太原 사람이다. 대대로 江左에 살았는데, 조부 溫恭之가 난리를 피해 北魏로 귀순하면서 濟陰 冤句에 정착하였다. 부친 溫暉는 兗州左將軍長史였다. 온자승은 百家의 책을 두루 보았으며 문장이 청신하고 아름다웠다. 처음에 廣陽王(元深)의 門客이 되었을 때 〈侯山祠堂碑文〉을 지었는데 常景이 보고서 칭찬하며 말하기를 '溫生은 큰 才士로구나.'라고 하였다. 22세에 射策[19]을 통해 御史에 보임되었으며 中書舍人・散騎常侍를 거쳤다. 陽夏太守 傅標가 吐谷渾에 사신으로 갔을 때 그 나라 군주의 冊床에 책이 여러 권 있는 것을 보았는데 온자승의 글이었다. 濟陰王 元暉業이 한번은 '江左의 文人으로 宋에는 顔延之와 謝靈運이 있고 梁에는 沈約과 任昉이 있는데, 우리 온자승은 안연지・사영운을 깔아뭉개고 임방・심약과 앞서거니 뒤서거니 할 수 있다.'라고 하였다."

北史曰"溫子昇, 字鵬擧, 太原人. 世居江左, 祖恭之避難歸魏, 家於濟陰冤句. 父暉, 兗州左將軍長史. 子昇博覽百家, 文章淸婉. 初爲廣陽王客, 作侯山祠堂碑文, 常景見而善之, 曰'溫生是大才士.' 年二十二, 射策補御史. 歷中書舍人・散騎常侍. 陽夏守傅標使吐谷渾, 見其國主牀頭有書數卷, 乃子昇文也. 濟陰王暉業嘗云'江左文人, 宋有顔延之・謝靈運, 梁有沈約・任昉, 我子昇足以陵顔轢謝, 含任吐沈.'"

39-10【補】 江從簡은 光祿大夫 江革의 아들이다. 소싯적부터 문학적 재능이 있어 〈採荷調〉를 지어 何敬容을 풍자하였다.[20]

"연꽃〔荷〕으로 기둥을 만들려 하였더니 연꽃은 약해 대들보를 못 버티네. 연꽃으로 거울을 만들려 하였더니 연꽃은 어두워 본래 빛이 없구나."

하경용은 〈연꽃으로 자신을 풍자한 것임을〉 알아차리지 못하고 뛰어난 솜씨를 감탄하기만 하였다.

---

19) 射策 : 과거 중국에서 인재를 뽑던 과거 시험의 하나이다. 이것에 대한 역대의 여러 설명은 일치하지 않는데, 대체로 어려운 질문이나 의심스러운 글의 뜻 등을 응시자에게 풀이해 보게 함으로써 그 우열을 가렸던 것으로 보인다.

20) 採荷調를……풍자하였다 : 연꽃을 뜻하는 '荷'와 '何敬容'의 '何'가 발음이 같은 것을 이용한 것이다.

江從簡[①]은 **是光祿革子**[②]라 **少時有文情**하여 **作採荷調**하여 **以刺何敬容 曰 欲持荷作柱**에 **荷弱不勝梁**이요 **欲持荷作鏡**에 **荷暗本無光**이라 **敬容不覺**하고 **唯歎其工**하니라

① ≪南史≫에 말하였다. "江革의 막내아들 江從簡은 젊었을 때부터 문학적 재능이 있었다. 何敬容이 吏部尙書가 되었는데 학식은 보잘것없었고 뇌물이 횡행하도록 하였다. 강종간이 〈採荷調〉를 지어 그를 풍자하였는데, 당시 사람들로부터 높은 평가를 받았다. 벼슬은 司徒從事中郞에 이르렀다. 侯景의 亂[21] 때 任約에게 살해당했다."
南史曰 "革少子從簡, 少有文才. 何敬容爲吏部尙書, 淺於學術, 通賄賂. 從簡作採荷調刺之, 爲時所賞. 官至司徒從事中郞. 侯景亂, 爲任約所害."

② ≪梁書≫에 말하였다. "강혁은 字가 休映으로 濟陽 考城 사람이다. 조부 江齊之는 劉宋의 金部郞[22]이었고, 부친 江柔之는 南齊의 倉部郞[23]이었다. 강혁은 일찍부터 문학적 재능이 있어 6세에 바로 글을 지었다. 벼슬은 光祿大夫에 이르렀다."
梁書曰 "革, 字休映, 濟陽考城人. 祖齊之, 宋金部郞, 父柔之, 齊倉部郞. 革早有才思, 六歲便屬(촉)文. 仕至光祿大夫."

39-11【補】 劉晝가 〈六合賦〉를 짓고는 스스로 비할 데 없이 뛰어나다고 여겨 魏收에게 올리니, 위수가 말하였다.

"賦를 六合[24]이라 이름한 것은 이미 크게 어리석은데, 문장은 〈제목인〉 六合보다 어리석고, 그대의 四肢는 또 문장보다 더 심하군요."

유주는 크게 분해하며 邢子才(邢邵)에게 보여주니, 형자재가 말하였다.

"그대의 이 부는 옴이 오른 낙타와 같아서 엎드려 있어도 예쁜 구석이라고는 없소."

---

21) 侯景의 亂 : 太淸 연간(547~549)에 일어났으므로 '太淸의 難'이라고도 한다. 南北朝 시기 南朝의 梁나라 장군 侯景이 일으킨 반란 사건이다. 후경은 본래 東魏에서 반란을 일으켰던 장수로 梁 武帝 蕭衍이 거두어 주었는데, 양나라와 동위 사이에 우호 관계가 생기자 이에 불만을 품고서 반란을 일으켰다. 수도 建康을 점령하고 무제를 잡아 굶어 죽게 하였다. 정권을 장악한 뒤 3명의 황제를 갈아치웠는데, 湘東王 蕭繹의 토벌에 의해 마침내 난이 평정되었다.(≪梁書≫ 〈武帝本紀〉, ≪南史≫ 〈武帝本紀〉)

22) 金部郞 : 三國時代 魏나라 때 처음 둔 관직으로 尙書省 金部曹의 長官이다. 물품, 금은 보화, 도량형을 담당하였다.

23) 倉部郞 : 삼국시대 魏나라 때 처음 둔 관직으로 尙書省 倉部曹의 長官이다. 자세한 내용은 알 수 없으나 국가의 창고를 담당한 것으로 보인다.

24) 六合 : 천지 사방 또는 인간 세상을 말한다.

劉晝作六合賦하고 自謂絶倫이라하여 以呈魏收하니 收曰 賦名六合은 已是大愚요 文又愚於六合이요 君四體又甚於文이라하니 晝大忿하여 以示邢子才하니 子才曰 君此賦는 正似疥(개)駱駝하여 伏而無嫵媚①라하니라

① ≪後魏書≫에 말하였다. "劉晝는 본래 이름난 학자였다. 秀才로 천거되어 서울로 들어가 과거에 응시하였으나 급제하지 못하였다. 그제야 다시 〈기교를 부린〉 詩賦를 모아서 엮었는데 〈작품의〉 내용이 몹시 속되고 졸렬하였다. 賦 한 수를 지어 六合이라고 이름하고는 스스로 비할 데 없이 뛰어나다고 여겼다."
後魏書曰 "劉晝, 本大儒. 擧秀才, 入京考策不第, 方復緝綴詞藻, 言甚俚拙. 作賦一首, 以六合爲名, 自謂絶倫."

39-12【補】 崔信明이 일찍이 자신의 문장에 자부하여 李百藥[25]보다 낫다고 여겼다. 鄭世翼이 江 가운데서 최신명을 마주치자 그에게 말하였다.

"일찍이 '단풍이 떨어지니 吳江이 차갑네.'라는 〈시구가〉 있다고 들었는데, 그 나머지도 보고 싶습니다."

최신명이 흔쾌히 다른 시편들을 많이 꺼내놓았다. 정세익이 끝까지 보지도 않고 말하였다.

"본 것이 들은 것에 미치지 못하구만."

그러고는 시편들을 강물에 던져버리고는 배를 몰아 휙 가버렸다.

崔信明嘗自矜其文하여 謂過李百藥①이러니 鄭世翼遇之江中하여 謂信明曰 嘗聞有楓落吳江冷하니 願見其餘하노라 信明欣然多出衆篇이어늘 世翼覽未終篇曰 所見不逮所聞이로다하고 投諸水하고 引舟逕去②하니라

① ≪唐書≫에 말하였다. "崔信明은 青州 益都 사람이다. 조부 崔縚는 北海郡守였다. 최신명은 많은 책을 읽고 잘 기억하였으며 붓을 대기만 하면 바로 문장을 완성해 내었다. 高孝基가 사람들에게 '최신명은 재주와 학문이 넉넉하나 다만 그 지위가 〈재주만큼〉 높지 못한 것이 유감입니다.'라고 하였다. 〈隋 煬帝〉 大業 연간(605~617)에 堯城令이 되었는데, 竇建德이 스스로 君王이라고 칭하자[26] 太行山에 은거하였다."

25) 李百藥 : 隋唐시기의 인물이다. 처음 隋나라에서 벼슬하여 太子舍人으로 太子를 보좌하였다. 唐나라에 귀순해서는 中書舍人, 禮部侍郎 등을 거쳐 散騎常侍, 宗正卿까지 올랐고 安平縣公에 봉해졌다. 저서로 ≪封建論≫, ≪北齊書≫ 등이 있다.

唐書曰"信明, 青州益都人. 祖縚, 北海郡守. 信明博聞強記, 下筆成章. 高孝基謂人曰'信明才學富贍, 但恨其位不達耳.' 大業中, 爲堯城令, 竇建德僭號, 隱於太行(항)山."

② ≪唐詩紀事≫에 말하였다. "鄭世翼은 滎陽 사람이다. 〈唐 高祖〉 武德 연간(618~626)에 揚州錄事參軍이 되었다. 말 때문에 사람들의 미움을 사는 바람에 貞觀 연간(627~649)에 〈남을〉 원망하고 비방했다는 죄목에 걸려 巂州에 유배되었다가 죽었다."
唐詩紀事曰"鄭世翼, 滎陽人. 武德時爲揚州錄事參軍. 以言忤物, 貞觀中坐怨謗, 流死巂(수)州."

39-13【補】 狄仁傑이 재상일 때 五寸 姨母인 盧氏가 午橋의 별장에 살고 있었다. 적인걸은 복날과 연말이면 아주 정성스럽게 예를 갖추었다. 한번은 눈이 온 뒤 휴가를 받아 노씨를 〈찾아가〉 문안드리는데, 때마침 이종 동생이 활과 화살을 끼고 꿩과 토끼를 들고서 돌아오는 것이 보였다. 〈이종 동생이〉 맛있는 음식을 堂上에 올리면서 적인걸을 돌아보고 읍을 하되 〈적인걸을 대하는 그의〉 내심은 매우 오만불손하였다. 적인걸이 이에 〈이모에게〉 여쭈었다.

"제가 요행히도 재상이 되었으니 이종 동생이 바라는 바가 있으면 온힘을 다해 그 청을 들어주고 싶습니다."

이모가 말하였다.

"나에게는 아들 하나만 있는데 女主(則天武后)를 섬기게 하고 싶지는 않다네."

적인걸이 〈이 말을 듣고〉 부끄러워하며 떠났다.

狄仁傑

26) 竇建德이……칭하자 : 두건덕은 隋나라 말기 唐나라 초기에 할거하던 群雄 중의 하나이다. 大業 6년(617)에 스스로 長樂王이라 칭하고 연호를 丁丑, 수도를 樂壽로 정하였다. 당나라 武德 원년(618)에는 夏王이라고 칭하고 연호를 五鳳, 국호를 夏라고 하였다.(≪舊唐書≫〈竇建德列傳〉, ≪新唐書≫〈竇建德列傳〉)

狄仁傑爲相에 有盧氏堂姨居午橋別墅하여 仁傑伏臘에 脩禮甚謹이라 嘗雪後休暇에 候盧氏러니 適見表弟挾弧矢携雉兎歸하여 羞味進於堂上하고 顧揖仁傑호되 意甚輕傲라 仁傑因啓曰 某幸爲相하니 表弟有所欲이면 願悉力從其請하노이다 姨曰 吾止有一子하니 不欲令事女主라하니 仁傑慙而去①하니라

① ≪唐書≫에 말하였다. "狄仁傑은 字가 懷英으로 太原 사람이다. 神功 원년(697)에 鸞臺侍郎[27]에 제수되었다. 中宗(李顯)이 房陵에 있을 때 적인걸이 〈則天武后의〉 물음에 대답할 때마다 母子간 혈육의 정을 이야기하니 측천무후가 깨닫고 〈중종을〉 불러서 돌아오도록 하였다.[28] 中宗이 복위하고서 〈적인걸에게〉 司空을 추증하였다."
唐書曰 "仁傑, 字懷英, 太原人. 神功元年, 拜鸞臺侍郎. 中宗在房陵, 仁傑每奏對, 無不以母子恩情爲言, 后省悟召還. 中宗反正, 追贈司空."

39-14【補】 盧藏用은 처음에 終雨山과 少室山 두 곳에 은거하며 때때로 當世에 뜻을 두어 사람들에게 '隨駕隱士'[29]라고 불리더니, 만년에는 드디어 권력과 이익을 추구하였다. 司馬承禎이 산으로 돌아가려는데 노장용이 종남산을 가리키며 말하였다.

"정말로 저곳에는 좋은 곳이 있지요."

사마승정이 느긋하게 말하였다.

"제가 보기에는 벼슬길로 나아가는 지름길일 따름입니다."

盧藏用初隱終南・少室二山에 時有意當世하니 人目爲隨駕隱士러니 晩年에 乃徇權利①라 司馬承禎將還山에 藏用指終南曰 此中大有佳處②라하니 承禎徐曰 以僕視之컨대 仕宦之捷徑耳③라하니라

---

27) 鸞臺侍郎 : 鸞臺는 당나라 때 門下省의 별칭이고, 侍郎은 副長官이다. 따라서 門下侍郎을 의미한다.

28) 中宗(李顯)이……하였다 : 중종은 高宗 李治와 則天武后의 아들로 당나라 제4대 황제이다. 형인 章懷太子가 측천무후에 의해 폐위당한 뒤에 황태자가 되었다가 황제에 즉위하였다. 光宅 원년(684)에 황제에서 폐위되어 廬陵王이 되어 均州, 房州 등을 전전하였다. 聖曆 원년(698)에 洛陽으로 소환되어 다시 황태자가 되었고, 神龍 원년(705)에 황제에 복위하였다.(≪舊唐書≫ 〈中宗本紀〉, ≪新唐書≫ 〈中宗本紀〉)

29) 隨駕隱士 : 隨駕는 황제를 좌우에서 수행한다는 말이다. 노장용이 산중에 은거하면서도 벼슬에 미련을 버리지 못함을 비꼰 것이다.

① ≪唐書≫에 말하였다. "盧藏用은 字가 子潛으로 度支尙書 盧承慶의 從孫이다. 젊어서부터 문장과 학식으로 유명하였다. 終南山에 은거하며 청렴하고 검약한 지조를 지녔는데 조정에 나아가서는 여러 생각에 주저하고 간사하게 아첨하면서 오로지 고관대작을 섬겼으니, 이 때문에 세상 사람들의 비난을 받았다. 벼슬은 工部侍郎·尙書右丞에 이르렀다."

唐書曰 "藏用, 字子潛, 度支尙書承慶之姪孫也. 少以辭學著稱. 隱居終南山, 有貞儉之操. 及登朝, 趦趄詭佞, 專事權貴, 以此獲譏於世. 官至工部侍郎·尙書右丞."

② ≪關中記≫에 말하였다. "終南山의 太乙山[30] 左右 30리 안쪽은 이름난 福地이다."

關中記曰 "終南太乙左右三十里內, 名福地."

③ ≪唐詩紀事≫에 말하였다. "사마승정은 字가 子微이다. 潘師正을 스승으로 섬겼고 辟穀術[31]과 導引術[32]을 전수하였다. 睿宗(李旦)과 明皇(玄宗 李隆基)이 여러 차례 불러 京師에 갔었다. 〈그가〉 죽자 〈조정에서〉 '正一先生'이란 호를 내렸다."

唐詩紀事曰 "承禎, 字子微. 事潘師正, 傳辟穀·導引術. 睿宗·明皇累召, 至京師. 卒贈正一先生."

杜甫

39-15【補】 嚴武는 집안끼리 대대로 교분을 맺어온 사이라고 하여 杜甫를 매우 잘 대해주었다. 두보는 성격이 조급하고 거만하였다. 한번은 술에 취해 엄무의 침상에

---

30) 終南山의 太乙山 : 太乙은 太一과 같다. 태을이 終南山의 별칭이라는 설이 있다. 그러나 ≪五經要義≫에는 '여기에서 終南太一이라고 하였으니 하나의 산이 될 수 없는 것은 분명하다. 아마도 終南은 南山의 總稱이고 太一은 산 하나의 별칭일 것이다.〔此云終南太一不得爲一山明矣 蓋終南 南山之總名 太一 一山之別號耳〕'라고 하였다. 번역은 이것에 따랐다.

31) 辟穀術 : 養生法의 하나로 却穀, 去穀, 絶穀, 絶粒, 却粒, 休糧이라고도 한다. 양생을 위해 오곡을 먹지 않고 藥食 등 다른 것으로 배를 채우거나 일정 기간 동안 단식을 하는 것이다.

32) 導引術 : 양생법의 하나로 經絡과 經穴에 자극을 주는 체조법과 호흡법을 결합하거나 국부의 안마를 통해 氣血의 순환을 활발하게 하고 邪氣의 배설을 촉진시켜 건강을 촉진하는 것이다.

올라가서는 〈엄무를〉 노려보며 말하였다.

"嚴挺之한테 이런 아들이 있었네."

嚴武以世舊待杜甫甚善이로되 **甫性偏躁傲誕**하여 **嘗醉登武牀**하고 **瞪視曰 嚴挺之乃有此兒**①로다하니라

① 元稹이 지은 〈子美誌〉에 말하였다. "晉나라 當陽侯를 지낸 杜氏 집안은 10대가 지나 杜審言이 나왔는데 詩를 잘했으며 관직은 膳部員外郎이었다. 두심언은 杜閑을 낳고, 두한은 杜甫를 낳았는데 〈두보는〉 字가 子美이다. 天寶 연간(742~755)에 〈三大禮賦〉를 바치니 明皇(玄宗 李隆基)이 기특하게 여겼다. 서울(長安)이 어지러워지자[33] 걸어서 行在所로 찾아가 〈황제를〉 배알하고 左拾遺에 제수되었는데, 직언하다가 관직을 잃었다. 劍南節度使 嚴武가 工部員外와 參謀軍事로 발탁하였는데 얼마 되지 않아 또 관직을 버리고 작은 배를 타고 荊楚 지역으로 내려갔다."

宋祁의 ≪唐書≫에 말하였다. "두보가 벼슬을 버리고 秦州에서 객지살이를 할 때 〈직접〉 땔나무를 지고 도토리와 밤을 주워가면서 먹고 살았다. 劍南에 流落할 때는 마침 嚴武가 劍南東川과 劍南西川의 節度使를 하고 있어서 그에게로 가서 의탁하였다. 엄무는 재차 劍南節度使가 되자 표문을 올려 두보를 參謀와 檢校工部員外郎으로 삼았다. 엄무는 집안끼리 대대로 교분을 맺어온 사이라고 두보를 잘 대해 주었고 직접 그의 집으로 찾아가기도 하였는데, 두보는 그를 만날 적에 어떤 때는 두건을 쓰지 않기도 하였다."

范攄의 ≪雲溪友議≫[34]에 말하였다. "엄무는 23세에 給事黃門侍郎이 되었고, 이듬해에는 西蜀 지역에서 군대를 통솔하였다. 몇 번이고 연회에서 손님들을 앞에 두고 거침없이 붓을 내놀려 글을 써내자, 두보가 취기를 빌려 '嚴挺之한테 이런 아들이 있을 줄 생각지도 못했네.'라고 하니, 엄무가 성난 눈으로 한참 보다가 '杜審言의 孫子가 호랑이 수염을 뽑으려고 하는구나.'라고 하였다. 〈이에〉 자리에 있던 사람들이 모두 웃어 〈싸늘한 분위기를〉 임시로 봉합하였다. 엄무의 모친이 재주 있는 사람을 해칠까봐 걱정이 되어 마침내 작은 배에 두보를 태워 三峽 아래쪽으로 보냈다."

元稹作子美誌曰"晉當陽侯杜氏十世而生審言, 善詩, 官膳部員外郎. 審言生閑, 閑生甫, 字子美. 天寶中, 獻三大禮賦, 明皇奇之. 京兆亂, 步謁行在, 授左拾遺, 以直言失

33) 서울(長安)이 어지러워지자 : 安祿山이 난을 일으켜 도성인 長安을 점령한 사건을 말한다.

34) 雲溪友議 : 唐代의 筆記小說集으로 開元 이후의 기이한 이야기, 野史를 싣고 있는데 특히 詩話가 많다. ≪新唐書≫ 〈藝文志〉 등에는 3권이라고 되어 있다. 현재 전하는 것으로 3권본과 12권본이 있는데 글자의 출입이 크다. 전체 65조의 이야기가 있다.

官. 劍南節度使嚴武拔爲工部員外·參謀軍事, 旋又棄官, 扁舟下荊楚間. 宋祁唐書曰“甫棄官, 客秦州, 負薪採橡栗自給. 流落劍南, 會嚴武節度劍南東西川, 往依焉. 武再帥劍南, 表爲參謀·檢校工部員外郞. 武以世舊待甫甚善, 親詣其家, 甫見之, 或時不巾也.” 范攄(터)雲溪友議曰“武年二十三, 爲給事黃門侍郞, 明年擁旄西蜀. 累於飮筵, 對客騁其筆札. 杜甫乘醉言曰‘不謂嚴挺之有此兒也.’ 武恚(에)目久之, 曰‘杜審言孫子擬捋(랄)虎鬚!’ 合坐皆笑, 以彌縫之. 武母恐害賢良, 遂以小舟送甫下峽.”

39-16【補】 韓愈가 한번은 李程에게 말하였다.

“崔丞相(崔群)은 참으로 똑똑함이 다른 사람들보다 뛰어납니다.”

이정이 말하였다.

“어떤 점에서 〈똑똑함이〉 다른 사람들보다 뛰어나다는 것입니까?”

〈한유가〉 답하였다.

“저와 교유한지 20여 년인데 〈저와 함께〉 문장 짓는 것에 대해 이야기를 나눈 적이 없었습니다.”[35)]

韓愈①嘗語李程②曰 崔丞相直是聰明過人이라하니 **李曰 何處是過人者**오 **答曰 共愈往還二十餘年**에 **不曾說著文章**[36)]③이라하니라

韓愈

① ≪唐書≫ 〈韓愈列傳〉에 말하였다. “韓愈는 字가 退之로 昌黎 사람이다. 어려서 각고의 노력으로

35) 저와……없었습니다 : 韓愈가 자신의 문장에 대해 자부하며 崔群을 경시한 말로, 최군이 자신의 문장이 한유에게 미치지 못하다는 것을 알고 아예 한유와 문장에 대해 이야기를 나누지 않은 것 자체가 똑똑한 것이라는 뜻이다.

36) 不曾說著文章 : 이 부분이 ≪類說≫에는 “不曾共說著文章 此豈不是敏慧過人也(같이 문장 짓는 것에 대해 이야기를 나눈 적이 없습니다. 이 어찌 똑똑함이 다른 사람들보다 뛰어난 것이 아니겠습니까.)”로 되어 있고, ≪御定全唐詩錄≫에는 “不曾共愈說著文章 此是過人也(저와 문장 짓는 것에 대해 이야기를 나눈 적이 없습니다. 이것이 다른 사람들보다 뛰어난 것입니다.)”로 되어 있다.

儒學을 공부하였다. 大曆 연간(766~779)과 貞元 연간(785~804)에는 文士들 대다수가 古學을 숭상하여 〈漢나라 시대의〉 揚雄과 董仲舒의 저작을 본받았는데, 〈당시 사람으로는〉 獨孤及과 梁肅이 가장 심오하다고 일컬어졌다. 한유는 그들을 좇아 교유하면서 전일한 마음으로 깊이 연구하였으며 當代에 자신의 〈이름을〉 떨치고자 하였다. 벼슬은 吏部侍郎에 이르렀다."

唐書曰"愈, 字退之, 昌黎人. 幼刻苦學儒. 大曆·貞元間, 文士多尙古學, 效揚雄·董仲舒之述作, 獨孤及·梁肅最稱淵奧. 愈從其徒遊, 銳意鑽仰, 欲自振于一代. 官至吏部侍郎."

② ≪唐書≫ 〈李程列傳〉에 말하였다. "李程은 字가 表臣으로 隴西 사람이다. 貞元 연간에 進士가 되었고, 翰林學士·中書侍郎·僕射를 거쳤다. 經學에 조예가 깊었으나 성격이 방탕하여 예의범절을 지키지 않았기 때문에 여론이 그를 경시하였다."

唐書曰"程, 字表臣, 隴西人. 貞元中進士, 歷翰林學士·中書侍郎·僕射(야). 藝學優深, 然性放蕩, 不修儀(儉)〔檢〕[37], 物議輕之."

③ ≪唐書≫ 〈崔群列傳〉에 말하였다. "崔群은 字가 敦詩로 貝州 武城 사람이다. 弱冠이 되기도 전에 진사에 급제하였다. 陸贄가 과거 시험을 주관하고 있었는데 梁肅이 그에게 재상이 될 度量이 있다고 천거하여 마침내 甲科에 발탁되었다."

唐書曰"崔群, 字敦詩, 貝州武城人. 未冠擧進士, 陸贄知擧, 梁肅薦其有公輔器, 遂擢甲科."

黃庭堅

39-17【補】 杜少陵(杜甫)이 龍門에 묵으면서 지은 시[38]에 "天闕에는 日月星辰이 가깝고"라고 하였다. 王介甫(王安石)가 '闕'을 '閱'로 바꾸자 黃山谷(黃庭堅)이 사람들에게 그것이 옳다고 극력 이야기하였다. 劉貢父(劉攽)가 이를 듣더니 말하였다.

"참으로 그 사람(왕개보)이 겁나는 게로군."

杜少陵宿龍門詩云 天闕象緯逼이러니 王介甫改闕爲

37) (儉)〔檢〕: 저본에는 '儉'으로 되어 있으나, ≪舊唐書≫ 〈李程列傳〉, ≪李卓吾批點世說新語補≫(安永本) 등에 의거하여 '檢'으로 바로잡았다.

38) 杜少陵(杜甫)이……시 : 〈遊龍門奉先寺〉를 말한다.

閱이어늘 **黃山谷對衆極言其是**하니 **劉貢父聞之曰 直是怕他**①로라하니라

① 西郊野叟(陳巖肖)의 ≪庚溪詩話≫에 말하였다. "杜子美(杜甫)의 〈遊龍門奉先寺詩〉에 '天闕에는 日月星辰이 가깝고, 구름 속에 누우니 衣裳이 차가워라.'라고 하였다. 이 절은 洛陽의 龍門에 있다. 韋述의 ≪東都記≫를 살펴보건대 '龍門을 雙闕이라고 부르는 것은 大內(황궁)와 마주하고 있고 마치 天闕처럼 우뚝하기 때문이다.'라고 하였으니, 이 시의 '天闕'은 용문을 가리키는 것이다. 후대 사람들이 시의 대구가 딱 들어맞지 않는다고 생각하여 〈'天闕'을〉 '天關'으로 바꾸었고, 王介甫(王安石)는 '天閱'로 바꾸었다. 蔡興宗은 또 세상에 전하는 古本에는 '天闚'로 되어 있다고 하면서 ≪莊子≫의 '用管闚天'이라는 구절을 가져와 주장을 뒷받침하였다.

그러나 내가 보기로는 모두 억설이다. 또 '天闕에는 日月星辰이 가깝고, 구름 속에 누우니 衣裳이 차가워라.'는 바로 절 안에서 보이는 눈앞의 광경일 따름이다. 저쪽 천궐이 높아 형세가 자연히 일월성신에 가까운 것이고, 이쪽 구름 속에 눕는 자리가 그윽하여 냉기가 의상 속으로 파고드는 것으로, 말이 저절로 원만하게 완성되는데 어찌 굳이 자질구레하게 작은 것을 따지면서 큰 本體를 잃어서야 되겠는가."

西郊野叟庚溪詩話曰"杜子美遊龍門奉先寺詩 曰'天闕象緯逼, 雲臥衣裳冷.' 此寺在洛陽之龍門. 按韋述東都記'龍門號雙闕, 以與大內對, 屹(흘)若天闕然.' 此詩'天闕'指龍門也. 後人謂其屬對不切, 改爲'天關'. 王介甫改爲'天閱'. 蔡興宗又謂世傳古本作'天闚', 用莊子'用管闚天'爲證. 以余觀之, 皆臆說也. 且'天闕象緯逼, 雲臥衣裳冷.' 迺此寺中卽事耳. 以彼天闕之高則勢逼象緯, 以我雲臥之幽則冷侵衣裳, 語自混成, 何必屑屑較瑣碎, 失大體哉."

39-18【補】 郭昱은 속이 좁고 괴팍하여 進士에 급제했을 때에 정기적으로 시행하는 임용을 통해 벼슬에 나아가는 것을 부끄럽게 여기고는 宰相 趙普에게 서신을 올려 자신을 巢父와 許由[39]에 견주었다. 조정의 여론은 그의 억세고 과격한 점을 꺼렸기 때문에 오래도록 등용하지 않았다. 〈곽욱이〉 나중에 다시 조보의 〈행차를〉 엿보다가 〈멀리서 수레가 일으키는〉 먼지를 보고는 〈달려

趙普

39) 본서 37-01 참조.

가〉 자신의 처지를 이야기하였다. 조보가 웃으며 사람들에게 말하였다.

"오늘은 매우 영광스럽소. 소부와 허유가 내 말머리 앞에서 올리는 절을 받았으니 말이요."

郭昱(욱)狹中詭僻하여 登進士에 恥赴常選하여 獻書於宰相趙普호되 自比巢由어늘 朝議惡(오)其矯激이라 故久不調라 後復伺普라가 望塵自陳하니 普笑謂人曰 今日甚榮이로다 得巢由拜於馬首①라하니라

① ≪東都事略≫에 말하였다. "趙普는 字가 則平으로 幽州 薊 사람이다. 성실하고 중후하였으며 큰 지략을 지니고 있었다. 宋 太祖(趙匡胤)가 황제의 자리를 선양받고 나서 창업을 도운 공으로 여러 벼슬을 거쳐 中書令이 되었다."
東都事略曰 "趙普, 字則(칙)平, 幽州薊(계)人. 沈厚有大略. 宋太祖受禪, 以佐命功, 累官中書令."

39-19 【補】 張文潛(張耒)이 한번은 張安道(張方平)에게 물었다.

"司馬君實(司馬光)이 王介甫(王安石)에게 事理에 밝지 못하다고 직언했는데, 〈보시기에〉 어떻습니까?"

장안도가 말하였다.

"그대는 그저 가서 〈왕개보가 지은〉 ≪字說≫을 보시오."

장문잠이 말하였다.

"≪자설≫도 근데 2, 3할은 저의 뜻과 맞지 않더군요."

장안도가 말하였다.

"그렇다면 그대 역시 7, 8할은 사리를 모르는 것이오."[40)]

張文潛嘗問張安道①호되 司馬君實②直言王介甫不曉事하니 是如何오 安道云 賢[41)]只消去看字說하라하니 文潛云 字說也只是二三分不合人意라하니 安道云 若然이면 則足下

40) 그렇다면……것이오 : 張方平은 張耒가 王安石의 ≪字說≫에 대해 2, 3할 정도의 내용에 동의하지 않는다고 하자, 그렇다면 7, 8할은 왕안석에 동의하는 것이니 장뢰도 7, 8할은 사리를 모르는 것이라고 농담한 것이다. 참고로 장방평도 司馬光과 마찬가지로 왕안석의 新法에 반대하는 입장이었다.

41) 賢 : 여기서는 상대방에 대한 존칭으로 '君', '公'의 뜻이다.

亦有七八分不解事矣③42)라하니라

① 〈張文定公墓誌〉에 말하였다. "公은 諱가 方平이고 字가 安道로 揚州 사람이다. 벼슬은 參知政事에 이르렀다. 王安石을 등용해서는 안 된다고 극력 주장하였는데, 공교롭게 왕안석이 정권을 잡게 되자 지방관으로 나가겠다고 강력하게 요구하였다. 元祐 연간(1086~1093) 초에 太子太保로 있다가 致仕하였다."
張文定公墓誌曰"公諱方平, 字安道, 揚州人也. 仕至參知政事. 極言王安石不可用, 會安石執政, 力求補外. 元祐初, 以太子太保致仕."

② 司馬光은 다른 곳에 나온다.
司馬光, 别見.

③ 왕안석의 〈進字說表〉에 말하였다. "듣건대, 사물이 생겨나면 감정이 있게 되고, 그 감정이 발현되면 소리가 됩니다. 소리는 같은 부류끼리 일치하기 때문에 〈같은 부류끼리는〉 모두 서로 이해할 수 있습니다. 사람의 소리가 말이 되고 〈이 말을〉 기술하여 글자를 만들었습니다. 글자는 비록 사람이 만든 것이지만 근본은 참으로 절로 그러함〔自然〕에서 나왔습니다. 그러므로 위・아래・안・밖, 처음・끝・앞・뒤, 중심・바깥・왼쪽・오른쪽은 절로 그러한 위치이고, 가로・세로・굽음・곧음, 짝으로 이루어짐・포개짐・엇갈림・갈라짐, 뒤집어짐・이지러짐・전도됨・기울어짐은 절로 그러한 형태이며, 발산함・거둠・내쉼・들이쉼, 억누름・치켜올림・합침・흩어짐, 비어 있음・가득함・맑음・탁함은 절로 그러한 소리이고, 보아서 알 수 있고 들어서 생각할 수 있는 것은 절로 그러한 이치〔義〕입니다.

이치가 절로 그러하기 때문에 훌륭한 성인이 거처하던 곳이 비록 지역이 달라서 말소리가 차이 나고 글자가 같지 않지만 통역하면 통하게 되니, 〈이는〉 그 이치가 같기 때문인 것입니다. 道에는 盛衰가 있어 文物은 이를 따르게 되니, 때가 변하고 일이 달라지면 문자가 혹 바뀌기도 합니다만, 始作과 歸結을 궁구해보면 역시 둘이 아닌 것입니다. 지식이 따르지 못하는 바와 생각이 미치지 못하는 것 같은 경우에는 비록 이것에 나아가 증명할 수 있는 것은 아니지만 그렇다고 이것을 버리고 능히 배울 수 있는 것도 아닙니다. 대개 오직 천하의 지극히 神明한 사람이라야 능히 이것을 궁구할 수 있을 것입니다.

신이 이전에 황상께서 한가하실 때에 내리신 명을 직접 받들었으나 병이 들고 우환을 당하여 오래도록 이룬 것이 없었습니다. 비록 일찍이 바친 것이 있었지만 〈황상의 눈과 귀를〉 더럽힐까 크게 두려웠습니다. 물러나 다시금 역량을 다하여 병으로 힘든

42) 亦有七八分不解事矣 : ≪何氏語林≫도 동일하게 여기에서 끝나나 ≪說郛≫・≪古今說海≫・≪宋稗類鈔≫・≪道山淸話≫에는 뒤에 "文潛大笑"가 더 있다.

것도 잊은 채 묻고 토론하며 의심스러운 점을 다 해결하였습니다. 혹시라도 사소하고 보잘 것 없는 것이나마 깊고 넓으신 〈황상께〉 도움이 되기를 바라며 삼가 ≪자설≫ 24권을 편찬하여 表文과 함께 올립니다."

王安石進字說表曰"蓋聞物生而有情, 情發而爲聲. 聲以類合, 皆足相知. 人聲爲言, 述以爲字. 字雖人之所制, 本實出于自然. 故上下內外, 初終前後, 中偏左右, 自然之位也. 衡袤(무)曲直, 耦重[43]交拆, 反缺倒(反)〔仄〕[44], 自然之形也. 發斂呼吸, 抑揚合散, 虛實淸濁, 自然之聲也. 可視而知, 可聽而思, 自然之義也. 以義自然, 故仙聖所宅, 雖殊方域, 言音乖離, 點畫不同, 譯而通之, 其義一也. 道有升降, 文物隨之, 時變事異, 書名或改, 原出要歸, 亦無二焉. 乃若知之所不能與, 思之所不能至, 則雖非卽此而可證, 亦非舍此而能學, 盖惟天下之至神, 爲能究此. 臣頃御燕閒, 親承訓敕, 抱病負憂, 久無所成. 雖嘗有獻, 大懼冒浼(매). 退復自力, 用忘疾憊, 咨諏討論, 博盡所疑. 冀或涓塵, 有助深崇, 謹勒成字說二十四卷, 隨表上進."

43) 重 : ≪唐宋八大家文鈔≫, ≪臨川文集≫에도 동일하나 ≪李卓吾批點世說新語補≫(安永本)에는 '單'으로 되어 있다. 이 경우 번역은 '홀로 이루어짐'이 되겠다.

44) (反)〔仄〕: 저본에는 '反'으로 되어 있으나, ≪李卓吾批點世說新語補≫(安永本), ≪唐宋八大家文鈔≫, ≪臨川文集≫에 의거하여 '仄'으로 바로잡았다.

40. 거짓과 사기 假譎

〈假譎〉편은 ≪世說新語≫에서 13항목, ≪何氏語林≫에서 1항목을 뽑아 총 14항목으로 구성하였다. 曹操가 목적을 달성하기 위해 속인 일화(40-2·3·4), 벗의 목숨을 구하기 위하여 도리어 곤경에 빠뜨린 일화(40-1), 노파가 반역자를 싫어하여 사람을 숨겨준 일화(40-6), 자신의 목숨을 구하기 위하여 깊은 잠에 빠진 체 한 일화(40-7), 혼례를 위하여 속인 일화(40-8·12), 아내와 좋은 관계를 맺기 위하여 거짓으로 악몽을 꾼 일화(40-10) 등 거짓으로 한 행실뿐만 아니라 거짓을 일삼지 말라고 충고한 일화(40-11), 死後에 대처할 일을 알려준 일화(40-13)도 싣고 있다.

40-1 魏 武帝(曹操)는 젊은 시절에 항상 袁紹[1)]와 함께 무리한 짓을 하기 좋아하였다. 〈한번은〉 어떤 사람이 결혼하는 것을 보고는 그 주인집의 정원에 몰래 들어가 한밤중에 크게 소리쳤다.

"도둑이야!"

青廬[2)] 안에 있던 사람들이 모두 나와 살펴보았는데, 위나라 무제는 이 틈을 타서 〈청려로〉 들어가 칼을 빼들고는 신부를 겁탈하였다. 원소와 더불어 〈그 집에서〉 도로 나오다가 길을 잘못 들어 가시나무 속으로 떨어졌다. 〈무제는 빠져나왔는데〉 원소가 움직일 수 없자, 〈무제가〉 다시 크

曹操

1) 袁紹 : ?~202. 後漢 때의 무신으로, 靈帝가 죽자 환관들을 일소하려다가 실패한 뒤 董卓을 洛陽에서 몰아내고 강력한 세력을 구축하였으나, 曹操와 결전을 벌였다가 대패하고 병사하였다.

2) 青廬 : 唐나라 段成式의 ≪酉陽雜俎≫에 "푸른 장막을 쳐서 집처럼 만든 것으로, 북방 지역의 사람들은 이곳에서 혼례를 치렀다."라고 하였다.(≪世說音釋≫)

게 소리쳤다.

"도둑이 이곳에 있다."

원소가 허둥대면서 스스로 뛰쳐나와 결국 둘 다 잡히지 않았다.

魏武는 **少時**에 **嘗與袁紹**로 **好爲游俠**이라 **觀人新婚**하고 **因潛入主人園中**하여 **夜叫呼云 有偸兒賊**이라하니 **靑廬中人**이 **皆出觀**할새 **魏武乃入**하여 **抽刃劫新婦**라 **與紹還出**이라가 **失道**하여 **墜枳棘中**한대 **紹不能得動**하니 **復大叫云 偸兒在此**라하니 **紹**가 **遑迫自擲**(척)**出**하여 **遂以俱免**①하다

①〈曹瞞傳〉에 말하였다. "曹操는 어릴 때 이름이 阿瞞이다. 젊은 시절에는 남을 속이기 좋아하고 비할 데 없이 방탕하였다."

孫盛[3]의 ≪雜語≫에 말하였다. "武王(曹操)은 젊을 때 무뢰한 짓을 좋아하여 방탕하고, 행실과 학업을 닦지 않았다. 한번은 常侍 張讓의 집에 몰래 들어갔을 때 장양이 이에 정원에서 창을 들고 있자 담을 넘어 나왔는데, 〈무왕은〉 남보다 월등한 힘을 지녔기 때문에 아무도 그를 해치지 못하였다."

曹瞞傳曰 "操小字阿瞞. 少好譎詐, 遊放無度." 孫盛雜語云 "武王少好俠放蕩, 不修行業. 嘗私入常侍張讓宅中, 讓乃手戟於庭, 踰垣而出, 有絶人力, 故莫之能害也."

【頭註】

○ 劉辰翁 : 창졸간에 이런 꾀를 내는 것은 더욱 어렵다.

劉云 "倉卒出此, 又難."

40-2 魏 武帝(曹操)가 한번은 행군하다가 물을 긷는 곳으로 가는 길을 잃어 군사가 모두 갈증을 느끼니, 〈무제가〉 이에 호령하였다.

"앞에 거대한 매실 숲이 있는데, 달고 신 열매가 많으니 갈증을 해소할 수 있다."

사졸이 이 말을 듣고는 모두 입안에 침이 고였다. 이 기회를 틈타서 앞에 있는 水源에 이를 수 있었다.

魏武가 **嘗行役**에 **失汲道**한대 **軍皆渴**하니 **乃令曰 前有大梅林**에 **饒子甘酸**하니 **可以解渴**이라하니 **士卒聞之**하고 **口皆出水**하니 **乘此**하여 **得及前源**이라

3) 孫盛 : 302~373. 太原 中都 사람으로, 字가 安國이다. 東晉시대 征西大將軍 桓溫 막하에서 參軍이 되었다. 저서로 ≪魏氏春秋≫, ≪魏氏春秋異同≫, ≪晉陽秋≫ 등이 있다.

【頭註】

○ 劉辰翁 : 華池의 갈증을 해소한다는 말은 상상하는 데에 공적이 있다. 살펴보건대, ≪黃庭經≫[4]의 주석에 "입이 화지이고 배가 玉池이다."라고 하였다. 〈이에 대해서는 ≪抱朴子≫ 등에도 보인다[5]〉.

劉云 "華池解渴之言, 存想有功. 按黃庭經注云 '口爲華池, 腹爲玉池.' 又見抱朴子等."

40-3 魏 武帝(曹操)는 한 번은 다음과 같이 말하였다.

"남이 나를 해치려고 하면 나는 즉시 심장이 뛴다."

그러고는 친애하는 시종에게 말하였다.

"네가 칼을 품은 채 몰래 나의 곁에 오면, 내가 틀림없이 '심장이 뛴다.'고 말하고는 너를 체포하여 처형하게 할 것이다. 너는 다만 〈아무런〉 말하지 말라. 다른 피해는 없게 할 것이고 당연히 후하게 보상할 것이다."

체포된 시종은 〈무제의 말을〉 믿고는 두려워하지 않았다. 〈무제가〉 결국 그를 참수했는데도 그 사람은 죽을 때까지 〈속았다는 것을〉 알지 못하였다. 좌우의 시종들은 〈그 일을〉 사실로 여겼고, 역모를 도모하는 자들은 기세가 꺾였다.

魏武嘗言 人欲危己면 **己輒心動**이라하고 **因語所親小人曰 汝懷刃**하여 **密來我側**하면 **我必說心動**하고 **執汝**하여 **使行刑**이라 **汝但勿言**하라 **其使無他**요 **當厚相報**하리라하다 **執者信焉**하고 **不以爲懼**라 **遂斬之**어늘 **此人至死**에도 **不知也**라 **左右以爲實**하고 **謀逆者挫氣矣**라

① 〈曹瞞傳〉에 말하였다. "曹操가 軍中에 있을 때 군량미가 부족하자, 〈군량미〉 담당관에게 개인적으로 '어떻게 해야 하는가?'라고 물었다. 그 담당관이 '작은 됫박으로 〈배급량을〉 채워주면 됩니다.'라고 하니, 조조가 '훌륭하다.'라고 하였다. 훗날 군중에서 조조가 사람들을 속였다는 말이 돌자, 조조는 그 담당관의 등에 〈죄상을〉 적어 조리돌림을 하면서 '작은 됫박을 사용하여 군량미를 훔쳤다.'라고 하였다. 마침내 그를

---

4) 黃庭經 : 신선이 되는 방법 등이 적혀 있는 道家의 경전이다.

5) 抱朴子……보인다 : 어떤 이가 치아를 단단하게 하는 방법을 묻자, 포박자가 "혀 밑의 침으로 양생하고 감주의 진액에 적시며, 이른 아침에 아랫니와 윗니를 마주 치기를 300번 이상 하면 영구히 흔들리지 않는다.'라고 하였다.〔能養以華池 浸以醴液 淸晨建齒三百過者 永不搖動〕"라고 하였다.(≪抱朴子≫ 〈雜應〉) 또, ≪老君尹氏內解≫에 "입이 화지이다.〔口爲華池〕"라고 하였다.

참수하면서 '다만 너의 죽음을 빌려 사람들의 〈성난〉 마음을 진정시키려 했을 뿐이다.'라고 하였다. 그가 교묘히 속이는 것이 모두 이와 같았다."

曹瞞傳曰 "操在軍, 廩穀不足, 私語主者曰 '何如.' 主者云 '可以小斛足之.' 操曰 '善.' 後軍中言操欺衆, 操題其主者背以循曰 '行小斛, 盜軍穀.' 遂斬之, 仍云 '特當借汝死, 以厭衆心.' 其變詐, 皆此類也."

【頭註】

○ 李贄 : 〈해치려고 하면 즉시 심장이 뛴다는 말은〉 반드시 그렇다고 할 수는 없다. 절대로 그렇다고 할 수는 없다.
李云 "不必, 甚不必."

○ 劉辰翁 : 글 가운데 이 내용을 남겨두었으니 귀신도 틀림없이 밤에 통곡할 것이다.
劉云 "文字中留此, 鬼當夜哭."

40-4 魏 武帝(曹操)가 늘 다음과 같이 말하였다.

"내가 잠들어 있을 때는 함부로 〈나의 곁으로〉 접근하면 안 된다. 접근하면 즉시 사람을 베어 죽이는데 〈나도〉 자각하지 못하니, 좌우에 있는 사람들은 마땅히 이를 매우 조심해야 한다."

나중에 〈무제가〉 거짓으로 잠든 체하고 있을 때 총애를 받던 어떤 사람이 몰래 이불을 덮어주었는데, 이에 무제가 즉시 〈그를〉 베어 죽였다. 그 후로는 잠자고 있을 때 좌우의 사람들 가운데 감히 접근하는 자가 없었다.

魏武가 常云 我眠中에는 不可妄近이라 近하면 便斫(작)人하되 亦不自覺이니 左右는 宜深愼此라하다 後에 陽眠할새 所幸一人이 竊以被覆之한대 因便斫殺하니 自爾每眠에 左右莫敢近者라

【頭註】

○ 李贄 : 〈접근하는 사람을 베어 죽이면서 자각하지 못한다는 말은〉 절대로 그렇다고 할 수는 없다.
李云 "甚不必."

40-5 袁紹가 젊은 시절에 한번은 사람을 보내 밤중에 〈魏〉 武帝에게 칼을 던지게 했는데, 〈던진 칼이〉 조금 낮게 날아와서 맞추지 못하였다. 위 무제가 다음에는

틀림없이 높게 날아올 것이라고 헤아리고는 침상 위에 달라붙어 엎드려 있자, 칼이 과연 높게 날아왔다.

袁紹가 年少時에 曾遣人하여 夜以劍擲魏武한대 少下하여 不著(착)이라 魏武揆之하되 其後來必高라하고 因帖臥牀上하니 劍至果高하다

① 살펴보건대, 袁紹와 曹操는 나중에 삼국이 정립했을 때부터 사이가 벌어지기 시작하였다. 그 이전에는 〈서로〉 원한이 있었다는 말을 듣지 못했으니, 어떤 연고가 있길래 〈원소가〉 칼로 〈조조를〉 찌르려 했을까.
按袁・曹後由鼎跱, 迹始攜貳(휴이), 自斯以前, 不聞讐隙(극), 有何意故而剚之以劍也?

【頭註】

○ 劉應登 : 본래 밖에서 자는 것이 아니라면 칼이 날아오면 즉시 멈추어야 하고, 또 〈자리를〉 옮겨 피하는 것만 못하다. 짧은 이야기에 교묘함이 많다.
應登云 "自非露臥, 劍至卽止, 又不如遷以避之. 小說多巧."

40-6 王大將軍(王敦)이 반역한[6] 뒤에 군대를 姑孰[7]에 주둔하고 있었다. 東晉 明帝(司馬紹)는 영민하고 용맹한 자질을 지녔으나 그래도 그를 의심하고 꺼렸기 때문에 군복 차림에 巴賨馬[8]를 타고 황금 채찍 하나를 들고서 은밀히 〈왕돈〉 군대의 형세를 살피러 갔다. 10여 리를 채 못 갔을 때 어떤 떠돌이 노파가 가게에서 음식을 팔고 있었는데, 명제가 그곳에 들러 쉬면서 노파에게 말하였다.

"왕돈이 군대를 일으켜 반역을 도모하면서 충성스럽고 선량한 사람들을 의심하고 죽이기 때문에 조정이 놀라고 두려워하니, 〈나는〉 국가를 근심하고 있네. 그래서 새벽부터 밤중까지 고생하면서 그들을 정찰하는데, 형적이 탄로 나서 혹 일이 잘못되는 지경에 이를까 걱정이니, 〈내가〉 추격당하는 날에는 노파가 숨겨주기 바라네."

그러고는 떠돌이 노파에게 채찍을 주고 떠난 뒤 왕돈의 군영을 한 바퀴 둘러보

---

6) 王大將軍(王敦)이 반역한 : 東晉 明帝 太寧 원년(323) 대장군 왕돈이 군대를 姑熟으로 이동한 뒤에 스스로 楊州牧이 되고, 이듬해 溫嶠를 토벌한다는 구실로 반란을 일으켰다. (≪晉書≫ 〈王敦列傳〉)

7) 姑孰 : 東晉의 군사 요충지로, 그 옛터가 현재 安徽省 當塗縣에 있다.

8) 巴賨馬 : 四川省 동부 일대에 있었던 巴 지역의 賨族이 기르던 준마이다.

고 나왔는데, 병사가 알아차리고는 말하였다.

"이는 평범한 사람이 아니다."

왕돈이 누워 있다가 가슴이 뛰고 마음이 불안하여 말하였다.

"이는 틀림없이 누런 수염을 가진 鮮卑族 놈[9]이 온 것이다."

기병에게 명제를 추격하라고 명하기는 했으나 이미 거리가 많이 차이가 났다. 추격하던 병사가 이에 노파에게 물었다.

"누런 수염을 가진 사람이 말을 타고 이곳을 지나가는 것을 보지 못했소?"

노파가 말하였다.

"〈이곳을〉 떠난 지 이미 오래되었으니 더 이상 따라잡을 수 없을 것이오."

이에 기병은 〈추격하려는〉 생각을 접고 돌아갔다.

王大將軍이 **旣爲逆**에 **頓軍姑孰**하니 **晉明帝**는 **以英武之才**로도 **猶相猜憚**하여 **乃箸戎服**하고 **騎巴賨**(종)**馬**하며 **齎一金馬鞭**하여 **陰察軍形勢**라 **未至十餘里**에 **有一客姥**(모)가 **居店賣食**한대 **帝過愒**(게)**之**에 **謂姥曰 王敦**이 **擧兵圖逆**하고 **猜害忠良**일새 **朝廷駭懼**하니 **社稷是憂**라 **故劬勞晨夕**하여 **用相覘察**이어늘 **恐形迹危露**하여 **或至狼狽**하니 **追迫之日**에 **姥其匿之**어다하고 **便與客姥馬鞭而去**하여 **行敦營帀**(잡)**而出**이라 **軍士覺**하고 **曰 此非常人也**라하니 **敦臥心動曰 此必黃須鮮卑奴來**로다하고 **命騎追之**로되 **已覺**(교)**多許里**라 **追士因問向姥**하되 **不見一黃須人**이 **騎馬度此邪**아하니 **姥曰 去已久矣**니 **不可復及**이니이다하다 **於是**에 **騎人息意而反**하다

① 劉敬叔의 ≪異苑≫[10]에 말하였다. "〈東晉〉 明帝가 몸소 姑孰에 갔는데, 王敦은 그때 낮잠을 자고 있다가 갑자기 놀라 깨면서 '군영 안에 누런 머리칼을 지닌 鮮卑族 놈이 있는데 어찌 체포하지 않느냐.'라고 하였다. 명제의 생모 荀氏가 燕國 사람이었기 때문에 〈명제의〉 용모가 〈선비족과〉 비슷하였다."
異苑曰 "帝躬往姑孰, 敦時晝寢, 卓然驚悟曰 '營中有黃頭鮮卑奴來, 何不縛取.' 帝所生母荀氏, 燕國人, 故貌類焉."

---

9) 누런……놈 : 東晉 明帝 司馬紹를 이른다.

10) 劉敬叔의 異苑 : 유경숙은 宋(南朝)나라 사람으로, 경숙은 字이고 彭城 사람이다. 어릴 때부터 영민하고 재주가 뛰어났고, 南平郡郎中令, 征西長史, 給事黃門郎 등을 역임하였다. ≪이원≫은 10권으로, 대부분 신화와 전설 등 신기하고 괴상한 일에 대해서 기록한 책이다.

【頭註】

○ 王世懋 : '愒'자는 여기에 맞는 뜻이 없으니, 아마 '謁'자의 오류인 듯하다.[11]
王云 "愒(게)字無謂, 恐是謁字誤耳."

○ 劉辰翁 : '愒'자는 '謁'자가 되어야 한다.
劉云 "愒作謁."

40-7 王右軍(王羲之)[12]이 나이 10세가 안 되었을 때 王大將軍(王敦)은 그를 매우 사랑하여 항상 〈자신의〉 군막 안에서 자도록 하였다. 대장군이 한번은 먼저 〈휘장에서〉 나왔는데, 왕우군은 아직 일어나지 않았다. 잠시 뒤에 〈謀主인〉 錢鳳이 들어와 사람들을 물리고 일을 논의했는데, 왕우군이 휘장 안에 있다는 것을 까맣게 잊고는 바로 반역의 계획을 말하였다. 왕우군은 깨어나 〈그들이〉 논의하는 내용을 들은 뒤에 살아날 길이 없다는 것을 알고는 즉시 손가락을 목구멍에 넣어 토하여 얼굴과 이불을 더럽히고 거짓으로 깊이 잠든 척하였다. 왕돈이 일을 논의하던 도중에 비로소 왕우군이 아직 일어나지 않은 것이 떠올라 전봉과 함께 깜짝 놀라며 말하였다.

"제거하지 않을 수 없다."

휘장을 열었을 때 토사물과 침이 어지럽게 흩어진 것을 보고는 왕우군이 정말 깊이 잠들었다고 믿었다. 그래서 〈왕우군이〉 온전할 수 있었으니, 당시에 사람들이 그가 지혜롭다고 칭찬하였다.

王右軍이 **年減十歲時**에 **大將軍**이 **甚愛之**하여 **恒置帳中眠**이라 **大將軍**이 **嘗先出**이어늘 **右軍猶未起**한대 **須臾**에 **錢鳳入**하여 **屛人論事**①할새 **都忘右軍在帳中**하고 **便言逆節之謀**라 **右軍覺**(교)하여 **旣聞所論**에 **知無活理**하고 **乃剔**(척)**吐**하여 **汚頭面被褥**(욕)하여 **詐熟眠**이라 **敦**이 **論事造半**에 **方意右軍未起**하여 **相與大驚曰 不得不除之**라하고 **及開帳**에 **乃見吐唾**

11) 愒자는……듯하다 : ≪說文解字≫에서 愒의 뜻을 息이라고 하였다.(≪世說新語補觹≫) '愒'자는 '憩'자의 正字로 쉰다는 뜻이다.(≪世說講義≫) '謁'자의 오류라고 한 劉辰翁과 王世懋는 완전히 틀렸다.(≪世說箋本≫)

12) 王右軍(王羲之) : 307~365. 東晉시대 瑯邪 臨沂縣 사람으로, 자는 逸少이다. 秘書郞을 시작으로 벼슬하고, 右軍將軍·會稽內史에 임명되어 會稽郡 山陰縣에 부임하였다. 서법에 매우 뛰어나 書聖으로 일컬어진다.

從橫하고 **信其實熟眠**이라 **於是得全**하니 **于時稱其有智**②라

① 孫盛의 ≪晉陽秋≫[13]에 말하였다. "錢鳳은 字가 世儀로, 吳郡 嘉興縣 縣尉(錢某)의 아들이다. 간특하고 이익을 좋아하였다. 王敦의 鎧曹參軍이 되었는데, 왕돈에게 반역의 마음이 있다는 것을 알고는 나아가 〈자신의 의견을〉 설명하였다. 훗날 왕돈이 반란에 실패하자 주살 당하였다.
晉陽秋曰 "鳳字世儀, 吳嘉興尉子也. 姦慝(특)好利, 爲敦鎧(개)曹參軍, 知敦有不臣心, 因進說. 後敦敗見誅."

② 생각하건대, 여러 책에서 모두 王允之[14]의 일이라고 하였으니,[15] 여기에서 王羲之의 일이라고 한 것은 오류인 듯하다.
按諸書皆云王允之事, 而此言羲之, 疑謬.

【頭註】

○ 劉應登 : '孰'자는 '熟'자가 되어야 한다.
應登云 "孰作熟."

40-8 溫公(溫嶠)[16]의 아내가 세상을 떠났다. 劉氏에게 시집간 〈그의〉 종고모가 전란을 만나 가족이 뿔뿔이 흩어지고 오직 딸 하나만 있었는데 미모와 지혜가 매우 뛰어났다. 종고모가 온공에게 〈그녀의〉 혼처를 찾아달라고 부탁하자 온공은 은밀히 자신이 결혼하려는 의도를 가지고 대답하였다.

---

13) 晉陽秋 : 東晉시대 孫盛이 편찬한 책으로 32권이다. 西晉과 동진의 역사를 기술했는데, 원본은 산실되었고 輯本이 남아 있다.

14) 王允之 : 303~342. 東晉시대 琅邪 臨沂 사람으로, 자는 沈猷이다. 그는 부친 王舒가 廷尉에 임명되자, 어린 나이인데도 부친과 함께 도성에 도착한 뒤에 王敦과 錢鳳이 역모를 꾀한 사실을 부친에게 알리고 왕서는 從兄 王導와 함께 그 사실을 明帝(司馬紹)에게 상주하였다. 蘇峻이 반란을 일으켰을 때 揚烈將軍으로서 반란 평정에 공적을 세워 番禺縣侯에 봉해졌고, 建武將軍・宣城內史・江州刺史 등을 역임하였다.

15) 여러……하였으니 : ≪晉書≫ 〈王舒列傳〉과 ≪太平御覽≫ 권432에 인용된 ≪晉中興書≫에 王允之의 일로 기록되어 있다.

16) 溫公(溫嶠) : 288~329. 晉(魏晉)나라 太原 祁縣 사람으로, 字가 泰眞(太眞), 시호는 忠武이다. 처음에 晉나라 司隶校尉의 都官從事가 되었다가 이모부인 幷州刺史 劉琨의 막부에 들어가 司空의 左長史가 되었다. 西晉이 멸망한 뒤에 남쪽으로 내려와 元帝를 옹립하여 散騎常侍가 되었다가 太子中庶子로 승진하여 東宮을 보좌하였다. 태자(明帝)와 布衣之交를 맺었고, 명제가 즉위한 뒤에 侍中에 임명되고 中書令으로 전직되었으며, 王敦의 반란을 평정하는 데에 참여하였다.

"훌륭한 사위는 얻기 어려우니, 단지 저와 같은 정도면 어떻습니까?"

종고모가 말하였다.

"전란으로 가족을 잃은 끝에 그럭저럭 목숨을 부지하려고 하는 처지이네. 나의 여생을 위로할 수 있으면 충분하니 어찌 감히 자네와 같은 사람을 바라겠는가."

며칠 뒤에 온공이 종고모에게 알렸다.

"이미 혼처를 찾아냈습니다. 문벌도 대략 괜찮고 사윗감의 명성과 관직도 모두 저에게 뒤지지 않습니다."

그러고는 玉鏡臺 하나를 내놓으니 종고모가 대단히 기뻐하였다. 얼마 뒤에 혼례를 올릴 때 교배례를 하는데 신부가 손으로 紗扇[17]을 제치더니 손뼉을 치면서 크게 웃으며 말하였다.

"내가 본래 이 영감탱이일 것이라 의심했었는데 과연 예상한 대로군요."

옥경대는 온공이 劉越石(劉琨)[18]의 長史가 되어 북쪽으로 劉聰을 정벌했을 때 얻은 것이다.

溫公喪婦라 從姑劉氏가 家値亂離散하고 唯有一女한대 甚有姿慧라 姑가 以屬公覓(멱)婚하니 公密有自婚意하여 答云 佳壻難得하니 但如嶠比면 云何잇가하니 姑云 喪敗之餘에 乞粗存活하니 便足慰吾餘年이니 何敢希汝比아하다 卻後少日에 公報姑云 已覓得婚處니 門地粗可요 壻身名宦이 盡不減嶠이니이다하고 因下玉鏡臺一枚하니 姑大喜라 旣婚交禮할새 女가 以手披紗扇하고 撫掌大笑曰 我固疑是老奴러니 果如所卜①이니이다하다 玉鏡臺는 是公爲劉越石長史하여 北征劉聰所得②이라

① 살펴보건대, ≪溫氏譜≫에 "溫嶠는 처음에 高平 사람 李暅의 딸에게 장가들고, 중간에 瑯琊 사람 王詡의 딸에게 장가들며, 마지막에 廬江 사람 何邃의 딸에게 장가들었다."라고 하였다. 劉氏에게 장가들었다는 말은 전혀 듣지 못하였으니, 〈본문의 일화는〉 터무니없는 일이다.

谷口가 말하였다. "유씨는 바로 그 종고모를 말한 것일 뿐이니, 그 딸의 성씨가 유

17) 紗扇 : 옛날에 혼례를 거행할 때 시동이 신부의 얼굴을 가리기 위하여 드는 비단 조각으로 만든 얼굴 가리개로, 시동이 없는 경우 신부가 직접 들었다.(≪世說音釋≫)

18) 劉越石(劉琨) : 271~318. 劉琨은 晉(魏晉)나라 中山 魏昌 사람으로, 越石은 그의 字이다. 시호는 愍이며, 幷州刺史・司空・大將軍 등을 역임하였다.

씨임을 가리키는 것은 아니다. 劉孝標의 주석도 정확하지 않다."

按溫氏譜, "嶠初取高平李暅(긍)女, 中取瑯琊王詡女, 後取廬江何邃女." 都不聞取劉氏, 便爲虛謬. 谷口云"劉氏, 政謂其姑爾, 非指其女姓劉也. 孝標之注, 亦未爲得."

② 王隱의 ≪晉書≫[19]에 말하였다. "〈愍帝〉 建興 2년(314)에 溫嶠는 劉琨의 假守左司馬・都督上前鋒諸軍事가 되어 劉聰을 토벌하였다."

孫盛의 ≪晉陽秋≫에 말하였다. "유총은 일명 劉載로, 字가 玄明이고 屠各 사람이다. 부친 劉淵[20]이 난리를 틈타서 거병했다가 죽자 유총이 그 가업을 계승하였다."

王隱晉書曰"建興二年, 嶠爲劉琨假守左司馬・都督上前鋒諸軍事, 討劉聰." 晉陽秋曰"聰一名載, 字玄明, 屠各人. 父淵因亂起兵死, 聰嗣業."

【頭註】

○ 王世懋 : 이 내용을 보면 후인이 주석을 첨가했다는 것을 명확히 알 수 있다.

王云"觀此, 明知後人添註."

40-9 范玄平(范汪)[21]은 사람됨이 모략을 쓰기를 좋아했는데, 때로 많은 모략 때문에 기회를 잃기도 하였다. 한번은 관직을 잃고 東陽에 거처했는데, 桓大司馬(桓溫)[22]가 南州[23]에 있었기 때문에 그에게 가서 의탁하였다. 당시에 환대사마는 한창 불우한 인재를 초빙하여 관직을 줌으로써 조정을 무너뜨리고자 하였는데, 범

19) 王隱의 晉書 : 왕은은 晉(魏晉)나라 陳郡 陳縣 사람으로, 字가 處叔이다. 元帝 때 활동했으며 王敦의 난을 평정하는데 공적을 세워 平陵鄕侯에 봉해졌다. ≪진서≫는 著作郞인 왕은과 그 부친인 王銓이 공동 편찬한 紀傳體 역사서이다. 본래 93권이었으나 隋나라 때는 86권이 남았고, 지금은 湯球가 집록한 輯本 11권이 남아 있다.

20) 劉淵 : ?~310. 新興郡의 흉노로, 字가 元海이다. 永嘉 2년(308)에 永鳳이라는 연호를 정하고 漢(北朝)나라를 건국하고, 309년에 西晉의 도성 洛陽을 침공했다가 패한 뒤 이듬해 사망하였다.

21) 范玄平(范汪) : 308~372. 晉(魏晉)나라 南陽 順陽 사람으로, 字가 玄平이고 시호는 穆이다. 東陽太守를 역임했기 때문에 范東陽이라 불리고, 中領軍・安北將軍・徐兗二州刺史를 역임하였다. 둘째 아들 范寧은 東晉시대 大儒 가운데 한 명이다.

22) 桓大司馬(桓溫) : 312~373. 晉(魏晉)나라 譙國 龍亢 사람으로, 字가 元子・符子이다. 桓彝의 맏아들이고, 南康長公主의 남편이다. 明帝 때 荊州刺史와 征西大將軍을 역임하고, 관직이 大司馬・都督中外諸軍事에 이르고 南郡公에 봉해졌다. 燕을 정벌하여 패배시키고 돌아와서 廢帝 奕을 폐위시키고 簡文帝(司馬昱)를 세우고는 찬탈을 꾀하다가 이루지 못하고 병사하였다.

23) 南州 : 荊州나 姑熟을 지칭한 것으로, 당시 桓溫의 근거지였다.

현평은 도성에 머물 때 평소 또한 명성이 있었다. 환대사마는 〈그가〉 자기에게 의탁하기 위해 멀리서 찾아왔다고 여겨 뛸 듯이 매우 기뻐하였다. 〈그가〉 들어와 뜰에 이를 때까지 〈환대사마는〉 몸을 앞으로 숙인 채 〈그가 오는 것을〉 목을 빼고 멀리 바라보고, 매우 즐겁게 담소하다가 〈司馬인〉 袁虎(袁宏)[24]를 돌아보며 말하였다.

"范公(범현평)은 太常卿이 될 만하오."

범현평이 앉자마자 환대사마는 곧장 그가 멀리서 찾아온 마음에 고마움을 표하였다. 범현평은 실제 환대사마에게 의탁하려 했으나 시세에 영합한다고 하여 명성에 흠이 생길까 걱정하여 이렇게 말하였다.

"비록 京師로 가려는 마음을 품었으나 마침 죽은 아들이 이곳에 묻혀 있기 때문에 살펴보러 온 것입니다."

환대사마는 대단히 실망하여 겸허하게 기다리던 이전의 태도가 일시에 모두 사라졌다.

范玄平은 爲人이 好用智數한대 而有時以多數失會라 嘗失官하고 居東陽할새 桓大司馬가 在南州하니 故往投之라 桓이 時方欲招起屈滯하여 以傾朝廷이러니 且玄平在京에 素亦有譽하니 桓謂遠來投己하여 喜躍非常이라 比入至庭에 傾身引望하고 笑語歡甚에 顧謂袁虎曰 范公은 且可作太常卿이라하다 范이 裁坐에 桓이 便謝其遠來意하니 范이 雖實投桓이나 而恐以趨時損名하여 乃曰 雖懷朝宗이나 會有亡兒瘞(예)在此하니 故來省視라하니 桓은 悵然失望하여 向之虛佇가 一時都盡하다①

① 何法盛의 ≪晉中興書≫[25]에 말하였다. "처음에 桓溫은 范汪에게 征西大將軍의 長史가 되어달라고 요청하고, 다시 표문을 올려 江州刺史로 삼으려 하였으나 〈범왕은〉 모두 나아가지 않았다. 〈범왕이〉 도성으로 돌아간 뒤에 東陽太守가 되겠다고 요청하

---

24) 袁虎(袁宏) : 328~376. 袁宏은 東晉시대 陳郡 陽夏縣 사람으로, 字가 彦伯이다. 虎는 그의 어릴 때 이름이다.

25) 何法盛의 晉中興書 : 하법성은 宋(南朝)나라 孝武帝 때 奉朝請·校書東宮·湘東太守 등을 역임하였다. ≪진중흥서≫는 東晉의 事跡을 기록한 紀傳體 史書로, 78권이다. 劉知幾는 이 책이 東晉의 史書 중에 가장 뛰어나다고 평가했는데, 원본은 산실되고 黃奭의 輯本 등 여러 종류의 집본이 있다. 李延壽의 ≪南史≫에서는 이 책의 편찬자가 하법성이 아니라 郗紹(치소)라고 하였다.

니 환온이 매우 못마땅하게 여겼다. 범왕이 훗날 徐州刺史가 되었을 때, 환온이 북방을 정벌하면서 범왕에게 梁國으로 나아가라고 하였는데, 〈범왕이〉 시기를 놓치자 환온은 유감을 품고 상주하여 범왕을 평민으로 강등시켰다. 범왕이 吳郡에 거처하다가 훗날 姑孰에 가서 환온을 만나니, 환온이 그의 부하에게 '范玄平이 〈나를〉 만나러 왔으니 그를 머물게 하여 護軍으로 기용하겠다.'라고 하였다. 범왕이 며칠 만에 작별의 인사를 하면서 돌아가겠다고 하자, 환온이 '그대는 이제 막 왔는데 어째서 곧장 떠나는가?'라고 물으니, 범왕이 '몇 해 전에 어린 아들이 죽었는데, 종전에는 전란을 겪는 중이라 이곳에 임시로 묻었습니다. 그래서 그 아이의 시신을 거두기 위해 온 것이고, 일이 끝났으니 떠나는 것입니다.'라고 하였다. 환온은 더욱 화가 나서 마침내 그를 달갑게 여기는 마음이 없어졌다."

中興書曰 "初桓溫請范汪爲征西長史, 復表爲江州, 竝不就. 還都, 因求爲東陽太守, 溫甚恨之. 汪後爲徐州, 溫北伐, 令汪出梁國, 失期, 溫挾憾, 奏汪爲庶人. 汪居吳, 後至姑孰, 見溫, 溫語其下曰 玄平乃來見, 留以護軍起之. 汪數日辭歸, 溫曰 卿適來, 何以便去. 汪曰 數歲小兒喪, 往年經亂, 權瘞此境, 故來迎之, 事竟去耳. 溫愈怒之, 竟不屑意."

【頭註】

○ 劉辰翁 : 이처럼 強辯을 하는 자가 정말 있으니, ≪세설신어≫에서 비천하게 여겼지만 종종 〈이런 내용을〉 싣고 있다.

劉云 "眞有如此强口者, 世說雖鄙, 然種種備."

40-10 諸葛令(諸葛恢)[26]의 딸은 庾氏(庾會)[27]의 아내이다. 〈그녀는〉 과부가 된 뒤에 맹세하였다.

"다시 개가하지 않겠다."

그녀는 성품이 매우 바르고 강직하였으므로 〈신부의〉 수레를 탈 리가 없었다. 제갈회가 이미 江思玄(江虨)[28]에게 딸을 재가시킬 것을 약속하고는 강사현의 집

---

26) 諸葛令(諸葛恢) : 284~345. 晉(魏晉)나라 瑯琊 陽都 사람으로, 字가 道明이다. 젊을 때부터 훌륭한 명성을 지녀 名賢이라고 칭송되었다. 江南으로 피난을 온 뒤에 中宗(元帝 司馬睿)이 불러 主簿에 보임하고, 여러 관직을 역임한 뒤에 尙書令에 이르렀다.

27) 庾氏(庾會) : 東晉 成帝 咸和 6년(331)에 19세의 나이로 蘇峻에게 살해당했다.

28) 江思玄(江虨) : 江虨은 晉(魏晉)나라 陳留 圉縣 사람으로, 思玄은 그의 字이다. 江統의 맏아들로 박학다식하고 바둑을 잘 두었다. 秀才로 천거되어 平南將軍 溫嶠, 司空 郗鑒, 車騎將軍 庾冰의 속관이 되었다. 永和 원년(345) 干瓚이 반란을 일으키자 군대를 통솔하여 평정한 뒤에 尙書吏部郎에 제수되었다. 이후 御史中丞·侍中·吏部尙書·會稽內

근처로 이사했는데, 처음에 그녀를 이렇게 속였다.

"〈온 식구가〉 이사하는 것이 마땅하다."

이에 집안 식구들이 일시에 떠나고 딸만 홀로 뒤에 남겨두었는데, 〈그녀가〉 알아차렸을 때는 이미 다시 떠날 수 없었다. 江郎(강사현)이 저녁에 오자 그녀는 더 심하게 울면서 욕을 했는데, 며칠이 지나면서 차츰 수그러들었다. 강반은 해가 지면 들어가 잠을 잤는데 항상 맞은편 침상에 누웠다. 나중에 그녀의 마음이 차츰 안정되는 것을 보고 강반은 거짓으로 악몽을 꾸는 체하였는데 한참 동안 깨어나지 않고 목소리와 호흡이 점점 다급해지니, 그녀가 급히 하녀를 불러 말하였다.

"강랑을 불러 깨우거라."

강사현이 이에 벌떡 일어나 그녀에게 다가가 말하였다.

"나는 본래 천하의 대장부요. 〈나의〉 악몽이 그대의 일과 무슨 상관이 있길래 불러 깨웠소? 이미 이렇게 나에게 관심을 보였으니 나와 얘기하지 않으면 안 되겠소."

그녀는 침묵한 채 부끄러워하였고, 정의가 마침내 돈독해졌다.

諸葛令女는 庾(유)氏婦니 旣寡에 誓云 不復重出이라하니 此女는 性甚正彊하니 無有登車理라 恢가 旣許江思玄婚하고 乃移家近之한대 初誑女云 宜徙라하다 於是에 家人一時去하고 獨留女在後하니 比其覺하여는 已不復得出이라 江郎莫(모)來에 女哭詈(리)彌甚이러니 積日漸歇(헐)이라 江虨은 暝入宿에 恒在對牀上이러니 後觀其意轉帖하고 虨乃詐厭하여 良久不悟하고 聲氣轉急하니 女乃呼婢云 喚江郎覺(교)하라하다 江이 於是에 躍來就之曰 我自是天下男子니 厭何預卿事而見喚邪아 旣爾相關하니 不得不與人語라하니 女默然而慙하고 情義遂篤①이라

① 諸葛令(諸葛恢)은 맑고 영명하며 江君(江虨)은 박학다식했으니, 성인의 바른 법도를 저버리고 오랑캐의 더러운 행실에 젖어 들 리[29] 만무하다. 康王(劉義慶)의 말에는 경솔한 바가 많다.

葛令之淸英, 江君之茂識, 必不背聖人之正典, 習蠻夷之穢行, 康王之言, 所輕多矣.

史・尙書僕射・護軍將軍・領國子祭酒 등을 역임하였다.

29) 성인의……리 : 諸葛恢가 딸을 江虨에게 개가시킨 것을 이른다.

【頭註】

○ 王世貞 : 이는 정히 頭巾氣[30]라고 할 필요는 없다.
王云"此政不必頭巾氣."

40-11 愍度(支愍度)[31] 스님이 처음 장강을 건너 〈江南으로〉 가려고 할 때 비루한 〈북방〉 스님 한 명과 짝이 되었는데, 다음과 같이 도모하였다.

"〈불교의〉 옛 해석을 가지고 江東으로 가면 아마 끼니도 마련하지 못할 것이오."

〈그러고는〉 즉시 함께 〈心無義〉[32]를 만들었다. 얼마 뒤에 이 〈북방〉 스님은 장강을 건너지 못하였으나, 민도 스님은 과연 〈강남에서〉 여러 해 동안 〈심무의〉를 강론하였다. 훗날 비루한 〈북방〉 사람이 〈강남에〉 왔는데, 이전의 북방 스님의 말을 전하였다.

"나를 위해 민도에게 〈나의〉 뜻을 전해주시오. 〈심무의〉가 어떻게 만들어졌는가? 〈처음에〉 그런 계획을 세운 것은 임시방편으로 잠시 배고픔을 피하기 위한 것이었으니, 〈그로 인해〉 끝내 如來佛을 저버리지 마시게."

愍度道人이 始欲過江에 與一傖道人으로 爲侶하고 謀曰 用舊義往江東하면 恐不辦得食이라하고 便共立心無義라 旣而요 此道人은 不成渡어늘 愍度는 果講義積年①이라 後有傖人來한대 先道人寄語云 爲我致意愍度어다 無義가 那可立②가 治此計는 權救饑爾니 無爲遂負如來也어다하다

① 孫綽[33]의 ≪名德沙門題目≫에 말하였다. "支愍度는 재능과 식견이 매우 뛰어났다."

30) 頭巾氣 : 옛 준칙에 집착하여 현시대에 적응하지 못하는 문인층의 習氣를 이른다.

31) 支愍度 : 東晉 成帝 때 康僧淵·康法暢과 함께 강남으로 건너간 승려이다. ≪世說音釋≫에 "≪高僧傳≫에는 敏度라고 되어 있다."라고 하였다.

32) 心無義 : 東晉 般若學의 六家七宗 가운데 하나인 心無宗의 학설로, 支愍度가 만들고 道恒에 의해 확산되었는데, 특히 荊州 지역에서 유행하였다. 僧肇의 ≪肇論≫〈不眞空論〉에 "心無는 만물에 대해 무심한 것, 즉 만물에 대해 집착하는 마음을 일으키지 않는 것이지만, 만물 그 자체는 실재하는 것으로 여긴다."라고 하면서 이 해석의 장점은 만물에 대해 무심함으로써 정신이 고요해지는 것이고, 단점은 만물의 비실재성을 인식하지 못한 것이라고 비평하였다. 竺法汰는 이 학설을 이단이라고 단정하여 曇壹에게 비판하게 하였고, 慧遠도 공격에 가세하여 결국 쇠퇴하게 되었다.

33) 孫綽 : 314~371. 晉(魏晉)나라 太原 中都 사람으로, 字가 興公이다. 長樂侯를 襲封하

孫綽의 〈愍度贊〉에 말하였다. "바탕과 문채가 조화를 이룬 支度는, 훌륭하게 새로운 해석을 만들었네. 타고난 품성 밝게 드러나, 남보다 월등할 수 있었지. 세상 사람들은 빼어남을 중시하여, 모두 다투어 그를 보배로 여겼네. 嶧山 남쪽의 빼어난 오동이요, 泗水 가의 가벼운 경쇠[34]와 같다네."

名德沙門題目曰"支愍度, 才鑒淸出." 孫綽愍度贊曰"支度彬彬, 好是拔新. 俱禀昭見, 而能越人. 世重秀異, 咸競爾珍. 孤桐嶧陽, 浮磬泗濱."

② 옛 해석을 따르는 자는 이렇게 말한다. "一切種智[35]가 여기에 있어 〈만물을〉 두루 비출 수 있으니, 모든 장애가 사라지는 것을 空無[36]라고 하고 영원히 존재하여 변치 않는 것을 妙有[37]라고 한다." 〈心無義〉를 따르는 자는 이렇게 말한다. "일체종지의 본질은 太虛처럼 광활하니, 텅 비었기 때문에 제대로 알 수 있고 아무것도 없기 때문에 제대로 응할 수 있다. 지극한 경지에 도달하는 것은 오직 無일 뿐이다."

舊義者曰"種智有是, 而能圓照. 然則萬累斯盡, 謂之空無, 常住不變, 謂之妙有." 而無義者曰"種智之體, 豁如太虛, 虛而能知, 無而能應. 居宗至極, 其惟無乎."

【頭註】

○ 劉應登 : 〈支愍度와 북방 승려〉 두 사람은 원래 옛 해설이 옳지 않다는 것을 알고 있었기 때문에 장강을 건너갈 것을 함께 계획할 적에 옛 해설을 사용하지 않았다. 지민도가 이후에 결국 옛 해설을 그대로 사용하여 사람들에게 강론하여 먹고 살았기 때문에 〈북방 승려가〉 꾸짖은 것이다.

劉云"二人元知舊義之非, 故共謀過江, 不用此義. 愍度後遂仍用舊義, 爲人講以得食, 故譏之."

○ 王世懋 : 이를 통하여 晉(魏晉)나라 사람들이 淸談에서 의리를 천명하는 것도 굶주림을 해결

고, 太學博士・尙書郎・章安縣令・永嘉太守 등을 역임한 뒤에 哀帝 때에 散騎常侍・領著作郎이 되었다. 洛陽으로 천도하려는 大司馬 桓溫의 계획을 저지하고, 王羲之의 蘭亭 모임에 참여하였다. 그는 詩文을 잘 지었는데, 특히 賦를 잘 지어 〈遂初賦〉・〈遊天台山賦〉 등을 남겼다.

34) 嶧山……경쇠 : 支愍度가 뛰어난 인재라는 것을 비유한 말이다. ≪書經≫ 〈禹貢〉에 "역산 남쪽에서 오동나무가 우뚝 자라고, 사수 가에 경쇠 돌이 지표면에 드러나 있다.〔嶧陽孤桐 泗濱浮磬〕"라고 하였는데, 강소성 嶧山의 남쪽 비탈에서 산출되는 오동나무는 琴瑟을 만드는 좋은 재료이고, 산동성 남서부에 있는 泗水 가에서 산출되는 돌은 석경을 만드는 좋은 재료이다.

35) 一切種智 : 온갖 만물을 아는 지혜로, 부처의 지혜를 이른다.

36) 空無 : 만물은 인연에 따라 생겨나고 마음에 따라 일어나서 自性이 없다는 뜻으로, 모든 사물의 본성은 실재하지 않고 공허하다는 뜻이다.

37) 妙有 : 非有의 有로, 非空의 空인 眞空의 상대적인 말이다. 인연에 의해 생긴 諸法은 空하기 때문에 非有이다.

하기 위한 수단이라는 것을 알 수 있다.

王云“因悟晉人淸談竪義, 亦是救飢.”

○ 王世懋 : 劉應登은 억지로 해석했다. 저들은 옛 해설로는 먹고 살 수 없다고 생각했기 때문에 새로운 해설을 만들어 사람들을 감동시켰을 뿐이다. 굶주림을 해결하기 위하여 해설을 바꾸었기 때문에 “如來佛을 저버린다.”라고 한 것이다. 이른바 ‘어떻게 만들어졌는가’라는 말은 바로 〈심무의〉가 옛 해설이 아니라는 것이다. 〈유응등의 해석을 따르면〉 글의 맥락이 오히려 통하지 않으니 어찌 함부로 비평하고 논박할 수 있겠는가.

又云“劉强解事, 彼謂舊義不得食, 故創新義動人耳. 爲救飢改義, 故曰‘負如來.’ 所謂那可立, 乃無義非舊義也. 文理尙不通, 何妄下雌黃.”

○ 劉辰翁 : ‘無’로써 굶주림을 해결하였다.

劉云“以無救飢.”

40-12 王文度(王坦之)[38]의 아우 阿智(王處之)는 나쁜 점[39]이 한두 가지가 아니었기[40] 때문에 어른이 되었는데도 그와 혼인하려는 사람이 없었다. 孫興公(孫綽)은 딸이 한 명 있었는데 역시 성격이 괴팍하고 삐뚤어져 역시 시집갈 가망이 없었다. 〈손흥공은〉 이에 왕문도를 찾아가 아지를 만나게 해달라고 청하고, 〈아지를〉 만난 뒤에 〈왕문도에게〉 곧장 거짓으로 말하였다.

“이 아이는 정말 괜찮소. 사람들이 전하는 말과 전혀 다르니, 어찌 지금껏 혼처가 없단 말이오. 나에게 딸이 하나 있는데 나쁘지는 않지만 내가 빈한한 선비라서 그대와 〈혼사를〉 논의하기가 마땅치 않소. 그러나 아지가 나의 딸에게 장가들게 하고 싶소.”

왕문도가 기뻐하면서 〈그의 부친〉 王藍田(王述)[41]에게 말하였다.

---

38) 王文度(王坦之) : 330~375. 晉(魏晉)나라 太原 晉陽 사람으로, 字가 文度이며, 尙書令 王述의 아들이다. 부친의 작위 藍田侯를 이어받았고, 謝安 등과 함께 조정에서 桓溫에게 대항하였다. 中書令・領北中郎將・徐兗二州刺史 등을 역임하였다.

39) 나쁜 점 : 어리석고 완고한 것이다.(≪世說音釋≫, ≪世說箋本≫)

40) 한두……아니었기 : ‘不翅’는 심하다는 뜻이다.(≪世說音釋≫) 용모가 추악하다는 뜻이다.(≪世說新語補觿≫) 용모가 추악할 뿐만 아니라 성질도 완악하고 어리석다는 뜻이다.(≪世說新語補考≫) 일반적으로 악하다고 말하는 수준을 넘었다는 뜻이다.(≪世說啓微≫, ≪世說講義≫) 한정이 없다는 뜻이다.(≪世說箋本≫)

41) 王藍田(王述) : 303~368. 晉(魏晉)나라 太原 晉陽 사람으로, 字가 懷祖이다. 東海太守 王承의 아들로, 藍田侯에 봉해졌기 때문에 王藍田으로 불렸다. 揚州刺史・和衛將軍・

"손흥공이 잠시 전에 와서 불쑥 〈자기 딸을〉 아지와 혼인시키고 싶다고 하였습니다."

왕남전은 놀라면서도 기뻐하였다. 혼인한 이후에 그녀의 완고함과 어리석음이 아지보다 더할 듯하니, 그제야 손흥공이 속였다는 것을 알게 되었다.

王文度弟阿智는 惡乃不翅하니 當年長이어늘 而無人與婚이라 孫興公은 有一女한대 亦僻錯하니 又無嫁娶理라 因詣文度하여 求見阿智하고 旣見에 便陽言하되 此定可로다 殊不如人所傳이니 那得至今未有婚處아 我有一女한대 乃不惡이어늘 但吾寒士니 不宜與卿計로되 欲令阿智娶之라하다 文度欣然하여 而啓藍田云 興公向來하여 忽言欲與阿智婚이라하니 藍田驚喜라 旣成婚에 女之頑嚚(은)이 欲過阿智하니 方知興公之詐①하다

① 阿智는 王處之의 어릴 때 이름이다.

왕처지는 字가 文將이고, 州의 別駕로 불렀는데 나아가지 않았다. 太原 사람 孫綽의 딸에게 장가들었는데 그녀는 자가 阿恒이다.

阿智, 王(虔)〔處〕[42]之小字. (虔)〔處〕之字文將. 辟州別駕, 不就. 娶太原孫綽女, 字阿恒.

40-13【補】 姚崇과 張說[43]은 함께 재상이 되었으나 각각 의심을 품고 거리를 두니, 장열은 이를 원망하였다. 요숭은 병이 들자 아들들에게 훈계하였다.

"장 승상(장열)은 나와 불화가 매우 깊다. 그러나 그 사람은 평소 사치를 부리려는 마음이 있고 장신구와 기물을 특히 좋아하니, 내가 죽은 뒤에 〈그가〉 조문하러 오면 너희들은 내가 평소 사용하던 장신구와 기물을 진열하되 寶帶와 귀중한 기물을 장막 앞에 늘어놓아라. 장 승상이 만약 〈그 기물들을〉 돌아보지 않는다면 너희 집안에는 살아남는 자가 없을 것이다. 만약 그 기물들을 돌아본다면 즉시 장신구의 목록을 적어서 바치고 이어서 神道碑文을 써달라고 부탁하여라. 신도비문을 얻은 뒤에는 즉시 기록하여 〈황제께〉 아뢰고, 먼저 비석을 갈아놓고 기다리

尙書令 등을 역임하였다.

42) (虔)〔處〕: 저본에는 '虔'으로 되어 있으나, 宋本 ≪世說新語≫와 ≪世說敍錄≫ 〈人名譜〉에 의거하여 '處'로 바로잡았다. 아래도 같다.

43) 張說 : 663~730. 唐나라 範陽 사람으로, 字가 道濟·說之이다. 中宗·玄宗 때 鳳閣舍人·左丞相 등을 역임하고 燕國公에 봉해졌다. 문장에 뛰어나 許國公 蘇頲과 함께 燕許大手筆이라고 불렸다.

다가 〈비문이〉 오면 즉시 새기거라. 장 승상은 사태를 파악하는 것이 항상 더디니 며칠 뒤에 틀림없이 후회하게 될 것이다. 만약 〈장 승상이〉 신도비문을 달라고 하면서 문장을 고치겠다고 핑계를 대면 〈장 승상이 보낸 심부름꾼을〉 데려가 비문을 새긴 비석을 보여준 뒤에 황제께 아뢰었다고 말하라."

요숭이 세상을 떠나니 장열이 과연 〈조문하러〉 와서 그 장신구를 서너 번 주시하자 요숭의 집에서는 모두 요숭이 훈계한 대로 조처하였다. 며칠 지나지 않아 신도비문이 완성되었는데 서술한 내용이 완전하고 자세하니 당시 사람들이 최고의 명문장이라고 하였다. 며칠 뒤에 〈장열은〉 과연 심부름꾼을 보내 원본을 달라고 하면서 표현이 주밀하지 못하니 수정하고 싶다고 하였다. 요숭의 아들들이 심부름꾼을 데려가서 그 비석을 보여주고는 황제께 상주하여 이미 보셨다고 말해주었다. 심부름꾼이 돌아와 이를 아뢰니 장열은 가슴을 치고 한탄하면서 말하였다.

"죽은 요숭이 살아 있는 장열을 헤아릴 수 있으니 나는 오늘에야 비로소 〈나의〉 재주가 그에게 훨씬 미치지 못한다는 것을 알았다."

姚崇①與張說(열)은 同爲宰輔로되 各懷疑阻러니 張銜之②라 崇病에 戒諸子曰 張丞相은 與吾釁(흔)隙甚深이라 然其人素懷奢侈하고 尤好服玩하니 吾沒後에 來弔어든 汝具陳吾平生服玩하되 寶帶重器를 羅列帳前하라 張若不顧면 汝家族無類矣리라 若顧此면 當錄玩用致之하고 仍以神道碑爲請하라 旣獲其文이어든 登時錄進하고 先礱(농)石以待라가 至便鐫(전)刻하라 張丞相은 見事常遲하니 數日之後에 必當有悔리라 若徵碑文하여 以刊削爲辭하면 當引視鐫石하고 仍告以聞上하라 崇沒에 張果至하여 目其服玩者三四하니 崇家悉如崇戒라 不數日에 文成한대 叙致該詳하니 時謂極筆③이라 數日에 果遣使取本하여 以爲辭未周密하니 欲加刪改라하다 姚氏諸子가 引使者視其碑하고 仍告以奏御라 使者復命하니 張이 悔恨撫膺曰 死姚崇이 能算生張說하니 吾今日에야 方知才之不及이 遠矣④라하다

① ≪舊唐書≫ 〈姚崇列傳〉에 말하였다. "姚崇은 본명이 元崇인데 則天武后가 元之로 바꾸었다. 陜州 硤石 사람이다. 부친 姚善懿는 巂州都督을 역임하였다. 요숭은 측천무후 때 여러 관직을 역임한 뒤에 夏官尙書(兵部尙書)에 이르렀다. 張柬之 등이 張易之 형제를 주살할 때[44] 요숭이 그 모의에 참여하였다. 玄宗 先天 2년(713)에 兵部尙書

同中書門下三品이 되어 홀로 국정을 담당했는데, 관리의 도리에 밝아 차근차근 처리하여 막힘이 없었다. 나이 72세에 세상을 떠나면서 유훈을 남겨 자손에게 훈계하였다."

唐書曰 "崇本名元崇, 則(측)天改爲元之, 陝州硤石人. 父善懿, 巂(수)州都督. 崇, 則天時歷仕, 至夏官尙書. 張柬之等, 誅易(역)之兄弟, 崇預謀. 玄宗先天二年, 兵部尙書·同中書門下三品, 獨當國務. 明於吏道, 剖割不滯. 年七十二卒, 爲遺令, 以戒子孫."

② 李濬의 ≪松窓襍錄≫[45]에 말하였다. "姚崇이 재상이었을 때 문득 하루는 便殿에서 〈玄宗을〉 뵈었는데, 왼발을 드는 것이 그다지 가벼워 보이지 않았다. 현종이 '경은 足疾이 있는가?'라고 하니, 요숭이 '신은 뱃속과 심장에 깊숙이 들어 있는 질병이 있으니 족질이 아닙니다.'라고 하였다. 그러고는 앞으로 나아가 張說의 죄상에 대해 수백 마디를 아뢰자, 현종이 진노하여 '경은 中書省으로 돌아가시오. 당연히 조칙을 내려 御史中丞과 그 일을 함께 조사하도록 할 것이오.'라고 하였다.

장열이 요숭의 모함에 걸려들기 전에 그가 가르치던 어떤 서생이 그가 가장 총애하던 계집종과 사통하다가 마침 현장에서 붙잡혀 장열에게 보고되었는데, 〈장열은〉 장차 京兆尹에게 넘겨 죄를 물으려 하였다. 그 서생이 소리 높여 '미색을 보면 자제할 수 없는 것은 역시 인지상정입니다. 공께서는 재상으로서 존귀하지만, 어찌 위급한 상황에 처했을 때 부릴 사람도 없으면서 계집종 한 명을 아끼십니까?'라고 하였다. 장열은 그의 말을 기특하게 여겨 그 계집종과 함께 돌아가게 하니, 서생도 달아나 자취를 감추었다.

한 달 남짓 아무런 소식이 없다가 어느 날 느닷없이 장열을 곧장 찾아왔는데 근심스러운 기색이 얼굴에 가득한 채 '저는 공의 은혜에 감격하여 사례하려고 생각한 지 오래되었습니다. 지금 듣자니, 공께서는 姚相國에게 모함을 당하여 밖에서 옥사가 갖추어지고 있다는데, 공께서는 위험이 장차 닥치고 있는 줄도 모르십니다. 저는 공께서 평소 보배로 여기는 물건을 가지고 가서 九公主[46]에게 계책을 쓰고 싶습니다. 그렇게 하면 틀림없이 즉시 해결될 것입니다.'라고 하였다. 그래서 장열이 스스로 보

---

44) 張柬之……때 : 桓彦範·敬暉·崔玄暐·張柬之·袁恕已 등이 則天武后에게 총애를 받던 張易之·張昌宗 형제를 주살한 뒤에 측천무후를 압박하여 중종에게 양위하도록 한 일이다.(≪舊唐書≫ 〈中宗本紀〉)

45) 松窓襍錄 : 唐나라 李濬이 玄宗 때의 각종 일화를 모은 필기 소설로, 1권이다. 이후에 杜荀鶴이 ≪송창잡록≫을 바탕으로 ≪松窓雜記≫를 편찬했는데, 두 가지 항목만 다르고 모두 ≪송창잡록≫과 같다.

46) 九公主 : 玄宗에게 29명의 딸이 있었는데, 아홉 번째 딸은 懷思公主이다. 혹자는 "睿宗의 아홉 번째 딸 金仙公主이다."라고 하였다.(≪世說音釋≫)

배로 여기는 물건을 하나하나 꼽자, 서생이 '공의 어려움을 해결하기에 부족합니다.' 라고 하였다. 장열이 한참 동안 골똘히 생각하다가 갑자기 '근자에 어떤 이가 鷄林郡의 夜明簾[47]을 보내왔네.'라고 하자, 서생이 '저의 일이 이루어질 것입니다.'라고 하였다.

그러고는 정이 담긴 말로 간청하는 몇 줄의 서찰을 직접 써달라고 청하여 〈그것을 가지고〉 마침내 급히 달려 나갔다. 밤이 되어서야 비로소 구공주의 저택에 도착하여 장열의 뜻을 자세히 말하고 아울러 야명렴을 선물로 주었다. 이튿날 아침에 구공주가 〈궁중에〉 들어가 〈현종을〉 알현하여 〈장열의 일을〉 자세히 아뢰니, 현종이 감동하여 급히 高力士에게 명하여 御史臺로 가서 이전에 조사하라고 한 일을 모두 그만두라고 조칙을 선포하게 하였다. 서생 역시 장 승상을 다시 만나지 않았다."

李濬松窓褋錄曰"姚崇爲相, 忽一日對便殿, 擧左足, 不甚輕利, 上曰'卿有足疾邪.' 崇曰'臣有腹心之疾, 非足疾也.' 因前奏張說罪狀數百言, 上怒曰'卿歸中書, 宜宣與御史中丞, 共案其事.' 說之未遭崇搆也, 有敎授書生私通於侍婢最寵者, 會擒得姦狀, 以聞於說, 將窮獄於京兆尹. 書生厲聲曰'覩色不能禁, 亦人之常情也. 公貴爲相, 豈無緩急有用人, 而靳(근)於一婢女邪.' 說奇其言, 以侍兒與歸, 書生亦跳跡去. 旬月餘, 無所聞知, 忽一日直訪於說, 憂色滿面, 且言'某感公之恩, 思有謝者久之. 今聞公爲姚相國所搆, 外獄將具, 公不知危之將至矣. 某願得公平生所寶者, 用計於九公主, 必能立釋.' 說因自歷指狀所寶之物, 書生云'未足解公之難.' 公凝思久之, 忽曰'近有鷄林郡夜明簾爲寄信者.' 書生曰'吾事濟矣.' 因請手札數行, 懇以情言, 遂急趨出, 逮夜始及九公主邸第, 具以說旨言之, 兼用簾爲贄. 明旦公主入謁, 具爲奏言, 上感動, 急命高力士, 就御史臺, 宣前所案事, 竝宜罷之. 書生亦不再見張丞相矣."

③ 신도비문의 내용은 대략 다음과 같다. "여덟 기둥이 하늘을 떠받치듯 높은 지위에 오르고, 네 계절이 한 해를 이루듯 만물을 亭育(化育)한 공적이 온전하다."
其略曰"八柱承天, 高明之位列, 四時成歲, 亭毒之功全."

④ ≪舊唐書≫ 〈姚崇列傳〉에 말하였다. "姚崇의 맏아들 姚彝는 光祿少卿을, 둘째 아들 姚异(요이)는 坊州刺史를, 막내아들 姚奕은 禮部侍郎과 尙書右丞을 역임하였다."
唐書曰"崇長子彝(이), 光祿少卿, 次子异, 坊州刺史, 少子奕, 禮部侍郎·尙書右丞."

---

47) 鷄林郡의 夜明簾 : 계림군은 신라를 가리키고, 야명렴은 밤에도 빛을 내는 珠簾이다. ≪採蘭雜志≫에 "張說이 元宵節에 여러 첩들을 불러서 연회를 하는데 달이 없는 것이 싫었다. 그러자 부인이 계림의 야명렴을 가져와서 거니 해나 달보다도 더 밝았다. 한밤중에 달이 떠도 오직 장열의 집만은 달빛이 없었으니, 이는 야명렴이 달빛을 모두 빼앗아서 그런 것이다."라고 하였다.

40-14【補】 秦會之(秦檜)의 부인이 항상 궁중에 들어갔는데, 顯仁太后가 말하였다.
"요즘은 子魚[48] 가운데 큰 것이 너무 적네."
부인이 대답하였다.
"신첩의 집에 큰 것이 있으니 마땅히 100마리를 진상하겠습니다."
〈부인이〉 귀가하여 〈이 일을〉 진회지에게 말하였더니 진회지는 실언했다고 나무라고는 참모와 상의하여 青魚 100마리를 진상하였다. 현인태후가 손뼉을 치고 웃으면서 말하였다.
"내가 이 노파는 촌스럽다[49]고 말했었는데 과연 그렇구나."

【補】秦會之夫人이 **常入禁中**①한대 **顯仁太后**②**言 近日**엔 **子魚大者**가 **絶少**라하니 **夫人對曰 妾家有之**하니 **當以百尾進**하리이다하고 **歸告會之**한대 **會之咎其失言**하고 **與館客謀**하여 **進青魚百尾**하다 **顯仁拊掌笑曰 我道這婆子村**이러니 **果然**③이로다하다

① ≪宋史≫ 〈秦檜列傳〉에 말하였다. "秦檜는 字가 會之로 江寧 사람이다. 〈欽宗〉 靖康 원년(1126)에 금나라 군대가 汴京(開封)을 함락하여 두 황제(徽宗 · 欽宗)가 북쪽으로 잡혀갔을 때[50] 〈진회가〉 御史中丞으로서 수행하였는데, 금나라의 괴수 完顏撻懶와 사이가 좋아 토지를 할양해주자는 논의를 주창하였다. 〈완안달라가〉 그래서 그를 풀어주어 그의 부인 왕씨와 함께 바다를 건너 〈高宗이 있는 應天府〉 행재소로 가게 하였다. 고종이 〈그를〉 불러 접견하여 함께 국사를 논의했는데, 그를 매우 훌륭하다고 여겨 차츰차츰 승진시키고 중요한 정사에 참여하게 하였다. 〈진회는 금나라와의〉 和議를 힘써 주장하고, 자신의 뜻과 다른 廷臣은 모두 축출하였다."

---

48) 子魚 : 鯔魚(치어)의 별칭으로, 숭어이다.

49) 이……촌스럽다 : 진회지의 아내가 青魚를 子魚로 오인했다고 여겼기 때문에 현인태후가 이렇게 말한 것이다.(≪世說音釋≫)

50) 靖康……때 : '정강'은 宋나라 欽宗이 1126~1127년에 사용한 연호로, 金나라가 北宋을 멸망시킨 靖康之變을 이른다. 徽宗에게 선위받은 흠종은 정강 원년 수도를 포위한 금나라와 강화 교섭을 진행하여 금은보화 등 재물을 제공하고, 북방 영토 中山 · 河間 · 太原 · 三鎭을 할양하며, 금나라를 伯父로 섬기는 등의 조건으로 화의가 성립되었다. 그러나 송나라는 약속을 지키지 않고 금나라의 내부 교란을 획책하였기 때문에 1127년 두 번째 공격을 받아 수도 開封은 함락되고, 금나라는 휘종 · 흠종 두 황제를 비롯하여 후비와 황족, 관료와 기술자 수천 명을 납치하고, 각종 금은보화와 禮器 · 藏書 등을 약탈해 갔다. 그 뒤 휘종과 흠종은 五國城에 유배되었다가 죽었다. 흠종의 아우인 康王 趙構(高宗)가 應天府에서 즉위하니, 이때부터 南宋이 시작되었다.

宋史曰"秦檜, 字會之, 江寧人. 靖康元年, 金兵陷汴, 二帝北遷, 以御史中丞從, 與其酋撻懶善, 倡割地之議, 乃縱之, 使與其妻王氏, 航海奔行在. 高宗召見, 與議國事, 大奇之, 驟加褒擢, 參大政, 力主和議, 廷臣異己者, 皆斥逐之."

② ≪宋史≫ 〈韋賢妃列傳〉에 말하였다. "韋賢妃는 高宗의 모친이다. 上皇(徽宗)을 따라 북쪽으로 〈금나라에〉 잡혀갔다가 환국하여 慈寧宮에 거처하였다. 붕어한 뒤에 顯仁이라는 시호를 받았다."

宋史曰"韋賢妃, 高宗母也. 從上皇北遷, 迎還居慈寧宮. 崩, 謚曰顯仁."

③ 田汝成의 ≪西湖遊覽志≫에 말하였다. "憲聖皇后[51]가 秦檜의 부인을 불러 궁중에 들어오게 하여 연회를 베풀면서 淮水에서 나는 靑魚를 차려내었다. 헌성황후가 〈그녀를〉 돌아보며 '부인은 전에 이것을 먹어본 적이 있소?'라고 물으니, 부인이 '먹은 지 이미 오래되었는데, 이것에 비해 훨씬 큽니다. 내일 진상할 수 있습니다.'라고 대답하였다. 이는 진회가 한창 권력을 잡고 있어서 각 지방에서 아첨의 뜻으로 바치는 물품이 조정에 바치는 공물을 넘어섰기 때문이다. 부인이 귀가하여 〈이 일을〉 진회에게 말하니, 진회가 화를 내면서 '부인은 사리를 모르오.'라고 하였다. 이튿날 마침내 좋지 않은 큰 잉어 수십 마리로 바꾸어 진상하니, 헌성황후가 웃으면서 '내가 이렇게 큰 청어는 없다고 분명히 말하였는데 부인이 잘못 알았구려.'라고 하였다."

西湖志曰"憲聖召檜夫人入禁中, 賜宴, 進淮靑魚. 憲聖顧問'夫人曾食此否.' 夫人對曰'食已久. 視此更大, 容翌日供進.' 蓋檜方秉權, 諸道諂奉踰于上貢也. 夫人歸, 以語檜, 檜恚(에)之曰'夫人不曉事.' 翌日遂易糟鯶魚大者數十枚以進, 憲聖笑曰'我固道無此大靑魚, 夫人誤認耳.'"

51) 憲聖皇后 : 宋 高宗의 황후인 憲聖慈烈皇后 吳氏이다.(≪世說音釋≫)

41. 폐출과 면직 黜免

〈黜免〉편은 ≪世說新語≫에서 7항목, ≪何氏語林≫에서 4항목을 뽑아 총 11항목으로 구성되었다. 참소를 받아 유배 갈 때의 억울함을 호소한 諸葛厷(41-2), 어미 원숭이의 斷腸을 보고 부하를 파면한 桓溫(41-3), 폐출당한 뒤에 온종일 허공에 咄咄怪事를 썼던 殷浩(41-4), 고위직에 오르지 못하여 탄식한 殷仲文(41-8), 文才가 너무 뛰어나 등용되지 못한 劉峻(41-9), 시의 구절 때문에 등용되지 못하고 낙향하게 된 孟浩然(41-10), 재상에게 충고했다가 불우한 인생을 살아간 溫庭筠(41-11) 등의 일화를 싣고 있다.

41-1【補】〈三國〉蜀 先主(劉備)가 張裕의 불손함을 마음에 담아두었고 아울러 그가 비밀을 누설한 것에 분노하여 하옥시키고 장차 죽이려고 하였다. 諸葛武侯(諸葛亮)가 표문을 올려 그의 죄가 무엇인지 물으니, 선주가 다음과 같이 傳教를 내려 답하였다.

"향기로운 난초라도 문을 막고 있으면 없애지 않을 수 없다."

蜀先主가 張裕不遜하고 兼忿其漏言[①]하여 下獄將誅之한대 諸葛武侯가 表請其罪하니 先主答教曰 芳蘭이라도 當門커든 不得不鉏(서)[②]라하다

① ≪三國志≫〈蜀書 周群傳〉에 말하였다. "張裕는 字가 南和로, 蜀郡 사람이다. 占候

諸葛亮

術[1]에 밝고 천부적인 재주가 周群[2]보다 뛰어났다. 한번은 사사로이 〈어떤〉 사람에게 '경자년(220)에는 천하가 틀림없이 朝代를 바꾸어 劉氏의 〈漢나라의〉 국운이 다할 것이오. 主公(劉備)께서는 益州를 얻은 지 9년 뒤 임인년(222)과 계묘년(223) 사이에 틀림없이 잃게 될 것이오.'[3]라고 하였는데, 〈이 말을 들은〉 사람이 〈선주에게〉 은밀히 그의 말을 아뢰었다. 이후에 魏氏(위나라)가 등극한 일과 先主(유비)가 薨逝한 일이 모두 장유가 기약한 바와 같았다."

蜀志曰"張裕, 字南和, 蜀郡人. 明曉占候, 而天才過於周群. 嘗私語人曰'歲在庚子, 天下當易代, 劉氏祚盡矣. 主公得益州, 九年之後, 寅卯之間當失.' 人密白其言. 後魏氏之立・先主之薨, 皆如裕所刻."

② ≪三國志≫ 〈蜀書 周群傳〉에 말하였다. "張裕는 관상술에 매우 정통하였다. 거울을 들어 〈자신의〉 얼굴을 볼 때마다 형벌을 받아 죽게 될 것을 스스로 알고는 〈거울을〉 땅에 내던지지 않은 적이 없다."

蜀志曰"裕甚精相術, 每擧鏡視面, 自知刑死, 未嘗不撲之於地也."

41-2 諸葛厷[4]은 西朝(西晉)에서 젊을 때부터 훌륭한 명성이 있어 王夷甫(王衍)[5]에게 중시되었고 당시의 의론도 그를 왕이보에게 견주었다. 나중에 계모의 族黨에

1) 占候術 : 일식이나 월식, 별의 모양, 구름의 변화 등 천문의 기상을 관찰하여 인사의 길흉을 예언하는 술수이다.

2) 周群 : 蜀(三國)나라 巴西 閬中 사람으로, 字가 仲直이다. 젊을 때 부친 周舒에게서 占候術을 배웠다. 劉璋이 그를 초빙하여 從事에 임명하여 師友의 예로 대우했는데, 그의 예언이 대부분 적중하였고, 劉備가 益州에 근거지를 마련한 뒤에 그를 儒林校尉에 임명하였다. 그는 유비에게 한중을 공격하는 것은 이롭지 않다고 충고했는데, 이후에 그의 말대로 되었다.

3) 主公(劉備)께서는……것이오 : 劉備는 建安 19년(214) 益州를 점거하여 익주목이 되고, 건안 24년(219) 漢中을 탈취하여 漢中王이 되었다. 건안 25년(220) 後漢이 망하자, 이듬해 황제의 자리에 올라 成都를 도읍으로 정하여 국호를 漢, 연호를 章武라고 하였다. 이해 7월 친히 대군을 이끌고 吳나라를 공격하다가 夷陵에서 대패하여 白帝城으로 달아나고 장무 3년(223) 병이 들어 諸葛亮에게 자식을 부탁하고 죽었다.

4) 諸葛厷 : 晉(魏晉)나라 琅邪 陽都 사람으로, 字가 茂遠이다. 諸葛宏이라고도 하며, 諸葛緒의 아들이자 諸葛冲의 아우이다. 재능이 출중하여 西晉시대에 司空의 主簿를 역임하였다.

5) 王夷甫(王衍) : 256~311. 晉(魏晉)나라 瑯琊 臨沂 사람으로, 字가 夷甫이며, 平北將軍 王乂의 아들이자 司徒 王戎의 사촌 아우이다. 黃門侍郎・尙書令・司空・司徒 등을 역임하였다. 永嘉 5년(311) 東海王 司馬越이 세상을 떠나자, 그의 靈柩를 호송하여 동해로 돌아오는 도중에 後趙를 세운 石勒에게 붙잡혀 西晉의 舊臣들과 함께 생매장되었다.

의해 참소를 받았는데, 〈그들은〉 제갈굉이 미쳐서 역모를 꾀했다고 무고하였다. 제갈굉이 장차 멀리 유배를 떠날 때 벗인 왕이보 등이 檻車[6]에 다가가 작별하니, 제갈굉이 물었다.

"조정에서는 무엇 때문에 나를 유배 보내는가?"

왕이보가 말하였다.

"그대가 미쳐서 역모를 꾀했다고 하네."

제갈굉이 말하였다.

"역모를 꾀했다면 죽이는 게 마땅하거니와 미쳤다면 어찌 유배를 보내는가."

諸葛厷은 在西朝에 少有清譽하여 爲王夷甫所重하고 時論亦以擬王이라 後에 爲繼母族黨所讒한대 誣之爲狂逆이라 將遠徙에 友人王夷甫之徒가 詣檻車與別하니 厷問 朝廷何以徙我오하니 王曰 言卿狂逆이라 厷曰 逆則應殺이어니와 狂何所徙아하다

41-3 桓公(桓溫)이 蜀으로 공격해 들어가[7] 三峽[8]에 이르렀을 때 部伍(하급 장교) 가운데 원숭이 새끼를 잡은 자가 있었다. 그 어미가 언덕을 따라 슬프게 울부짖으면서 백여 리를 쫓아오고 떠나지 않더니 마침내 뛰어서 배에 올랐는데, 배에 오르자마자 숨이 끊어졌다. 그 배를 갈라보니 창자가 모두 마디마디 끊어져 있었다. 환공이 이 소식을 듣고는 격노하여 원숭이 새끼를 잡은 사람을 파면하라고 명하였다.

桓公이 入蜀에 至三峽中할새 部伍中有得猨子者①한대 其母緣岸哀號하여 行百餘里不去하고 遂跳上船이어늘 至便即絶이라 破視其腹中하니 腸皆寸寸斷이라 公聞之하고 怒하여 命黜其人하다

① 盛弘之의 ≪荊州記≫[9]에 말하였다. "三峽의 길이는 7백 리인데, 양쪽 언덕의 이어진

---

6) 檻車 : 수레의 사면에 판자를 붙여 감옥의 형태로 만든 수레로, 囚車라고도 한다.(≪世說音釋≫)

7) 桓公(桓溫)이……들어가 : 환온은 東晉 穆帝 永和 2년(346) 安西將軍·荊州刺史의 신분으로 蜀漢의 군주 李勢를 토벌하고 이듬해 그곳을 평정하였다.

8) 三峽 : 明月峽·巫山峽·廣澤峽이다.(≪世說箋本≫)

산은 끊어진 곳이 전혀 없고, 중첩된 바위와 산이 하늘과 해를 가린다. 높은 곳에서 길게 우는 원숭이가 항상 있는데, 끊임없이 이어져 맑은 소리가 멀리 퍼진다. 어부가 노래하기를 '巴陵 동쪽의 삼협은 巫峽이 가장 긴데, 끝없는 원숭이 울음 세 마디에 눈물이 옷을 적시누나.'라고 하였다."

荊州記曰 "峽長七百里, 兩岸連山, 略無絶處, 重巖疊障, 隱天蔽日. 常有高猨長嘯, 屬引淸遠. 漁者歌曰 '巴東三峽巫峽長, 猿鳴三聲淚沾裳.'"

【頭註】

○ 劉辰翁 : 〈桓溫이〉 이렇게 격노한 것을 또한 어찌 하찮게 여길 수 있겠는가.
劉云 "此怒亦何可少."

41-4 殷中軍(殷浩)[10]이 〈서인으로〉 폐출당하여 信安縣에 있을 때 온종일 허공에 대고 항상 글자를 썼다. 揚州의 관리와 백성들이 〈그가 베풀었던〉 恩義를 생각하여 그를 따라왔는데, 〈그들이〉 몰래 살펴보니 〈은중군은〉 오직 咄咄怪事[11]라는 네 글자를 쓸 뿐이었다.

殷中軍이 被廢하여 在信安할새 終日恒書空作字라 揚州吏民이 尋義逐之한대 竊視하니 唯作咄咄(돌돌)怪事四字而已①라

① 孫盛의 ≪晉陽秋≫에 말하였다. "처음에 殷浩가 中軍將軍으로서 壽陽을 진무할 때 羌族인 姚襄[12]이 상서하여 귀순했는데, 이후에 〈요양이〉 죄를 짓자 은호는 그를 주살

---

9) 盛弘之의 荊州記 : 성홍지는 宋(南朝)나라의 문학가·사학가로, 臨川王 劉義慶의 侍郎을 역임하였고 鮑照와 사이가 좋았다. ≪형주기≫는 3권으로, 형주 소속 郡縣의 성곽과 산수의 명승지를 기술했는데, 문인들의 창작과 관련된 사적, 신화와 전설 및 민간의 고사 등을 싣고 있다. 원본은 산실되었고 淸나라 曹元忠의 輯本이 남아 있다.

10) 殷中軍(殷浩) : 303?~356. 晉(魏晉)나라 陳郡 長平 사람으로, 字가 深源이다. 젊어서부터 식견과 도량으로 명성이 높았고, 숙부 殷融과 함께 ≪老子≫·≪易經≫에 심취하였으며 담론에 뛰어났다. 建武將軍·揚州刺史를 역임하고, 북벌 전쟁을 수행하다가 실패하여 庶人으로 폐출되었다가 병사하였다.

11) 咄咄怪事 : '咄咄'은 놀라고 괴이하게 여길 때 내는 소리이다.(≪世說音釋≫) 어찌하여 이런 지경에 이르렀는지 스스로 괴이하게 여긴 것이다.(≪世說新語補觿≫)

12) 姚襄 : 331~357. 後秦(北朝) 南安 赤亭 사람으로, 字가 景國이다. 후진의 景元帝 姚弋仲의 다섯째 아들이자 武昭帝 姚萇의 형이다. 부친을 따라 後趙에 투항했다가 부친이 사망하자 진나라에 귀순했는데, 殷浩에게 배척 받아 大將軍大單于라고 자칭하고 許昌을 근거지로 삼아 關右 지역을 도모하였다. 그러나 桓溫에게 격파당하여 關中으로 달

할 계획을 몰래 세웠다[13]. 마침 關中에 변란이 일어나 苻健이 죽자, 은호는 〈先帝의〉 능침을 수복한다고 거짓말을 꾸며 윤허도 받지 않은 채 군대를 통솔하여 〈洛陽으로〉 진격하였는데,[14] 선봉에 서게 한 요양이 결국 모반할까 두려워하였다. 〈은호의〉 군대가 山桑縣에 도착했을 때 요양이 장차 쳐들어올 것이라는 소문을 듣고는 군수품을 버리고 달려가 譙를 지켰다. 요양이 도착하여 산상현을 점거하고 은호의 배에 있던 물품을 불태웠으며, 壽陽에 이르러 流民을 약탈한 뒤에 돌아갔다. 은호의 병졸이 대부분 배반하자, 征西大將軍 桓溫은 마침내 은호를 폐출해야 한다는 표문을 올렸고, 撫軍大將軍(司馬昱)은 은호를 면직시키고 〈士籍에서〉 제명하여 서민이 되게 해야 한다고 상주하였다. 은호는 내달려 돌아가 사죄했으나 얼마 지나지 않아 東陽郡 信安縣으로 좌천되었다."

晉陽秋曰 "初浩以中軍將軍鎭壽陽, 羌姚襄上書歸降, 後有罪, 浩陰圖誅之. 會關中有變, (符)〔苻〕[15]健死, 浩僞率軍而行, 云修復山陵. 襄前驅, 恐遂反. 軍至山桑, 聞襄將至, 棄輜重, 馳保譙. 襄至, 據山桑, 焚其舟實, 至壽陽, 略流民而還. 浩士卒多叛, 征西溫乃上表黜浩, 撫軍大將軍奏免浩, 除名爲民. 浩馳還謝罪, 旣而遷于東陽信安縣."

41-5 殷中軍(殷浩)이 〈서인으로〉 폐출당한 뒤에 簡文帝(司馬昱)를 원망하면서[16] 말하였다.

"사람을 백 척 누대 위에 올려놓고는 사다리를 메고 가버렸구나."

아났는데, 苻生이 苻堅 등을 파견하여 살해하였다.

13) 은호는……세웠다 : 殷浩는 姚襄의 명성이 부담스러웠고 또 魏憬이 그에게 살해당했기 때문에 은밀히 그를 제거하려 하였는데, 이런 낌새를 느낀 요양이 東晉 穆帝 永和 9년(353)에 모반하였다.

14) 關中에……진격하였는데 : 殷浩는 前秦의 군주 苻健의 부하 梁安과 雷弱兒 등에게 부건을 살해하면 關右 지역을 다스리게 해주겠다고 유혹했는데, 부건이 양안을 죽였을 때 부건 형의 아들 苻眉가 洛陽에서 서쪽으로 도망치자, 은호는 양안 등의 거사가 성공했다고 여기고는 북벌을 감행하였다.

15) (符)〔苻〕: 저본에는 '符'로 되어 있으나, ≪晉書≫ 〈載記 苻健列傳〉에 의거하여 '苻'로 바로잡았다.

16) 殷中軍(殷浩)이……원망하면서 : 처음에 은호는 두문불출하고 出仕하지 않았는데, 당시 會稽王이었던 簡文帝(司馬昱)가 相王으로 있으면서 여러 번 그를 초빙하여 결국 建武將軍・楊州刺史가 되었다.(≪世說箋本≫) 사마욱은 그를 통해 桓溫의 권세를 견제했는데, 은호가 北征에서 실패한 뒤 환온이 그를 서인으로 폐출해야 한다고 상주하자 사마욱도 동의했기 때문에 원망한 것이다.

殷中軍이 廢後에 恨簡文曰 上人箸百尺樓上하고 儋梯將去①로다하다

① 檀道鸞의 ≪續晉陽秋≫[17]에 말하였다. "殷浩는 비록 〈서인으로〉 폐출되었으나 정신을 안정시키고 〈자신의 처지를〉 운명에 맡긴 채 고상하게 노래하기를 그치지 않았기 때문에 비록 집안사람들이라도 그에게 먼 곳으로 유배당한 슬픔이 있는 것을 보지 못하였다. 외조카 韓伯[18]이 처음부터 은호를 따라 유배지에 왔다가 1년 만에 도성으로 돌아갔는데, 은호는 평소 그를 사랑했기 때문에 강변까지 이르러 배웅하면서 曹顔遠(曹攄)[19]의 〈感舊詩〉를 읊어 '부귀할 때는 남들까지 모이더니, 빈천해지자 친척도 떠나는구나.'라고 하고는 눈물을 흘렸다. 그가 슬픔을 겉으로 드러낸 경우는 오직 이 한 가지 일뿐이었으니, 허공에 글씨를 썼다느니 사다리를 치웠다느니 하는 말은 반드시 모두 사실이라고 할 수는 없다."

續晉陽秋曰 "浩雖廢黜, 夷神委命, 雅詠不輟, 雖家人, 不見其有流放之戚. 外生韓伯始隨至徙所, 周年還都, 浩素愛之, 送至水側, 乃詠曹顔遠詩曰 '富貴它人合, 貧賤親戚離.' 因泣下. 其悲見(현)于外者, 唯此一事而已, 則'書空''去梯'之言, 未必皆實也."

41-6 鄧竟陵(登遐)이 면직된 뒤 山陵[20]에 〈참석하러〉 갈 때 大司馬인 桓公(桓溫)에게 들러 만나니, 환공이 그에게 물었다.

"그대는 어째서 더 수척해졌는가?"

등경릉이 말하였다.

"孟叔達(孟敏)에게 부끄러우니, 깨진 시루[21]에 아쉬움이 없을 수 없기 때문입니다."

---

17) 檀道鸞의 續晉陽秋 : 단도란은 宋(南朝)나라 高平 金鄕 사람으로, 字가 萬安이고, 國子博士와 永嘉太守를 역임하였다. ≪속진양추≫는 20권으로 東晉의 역사를 기술했는데, ≪新唐書≫ 〈藝文志〉에서는 ≪晉陽秋≫라고 하였다. 원본은 산실되었고, 淸나라 黃奭이 ≪世說新語≫와 ≪文選≫ 등의 주석에서 뽑아 만든 輯本이 있다.

18) 韓伯 : 332~380. 晉(魏晉)나라 潁川 長社 사람으로, 字가 康伯이며, 殷浩의 외조카이다. 사람됨이 청아하고 문예에 뜻을 두었다. 豫章太守·吏部尙書 등을 역임하고, 太常에 임명되었으나 부임하지 못하고 죽었다.

19) 曹顔遠(曹攄) : ?~308. 魏(三國)나라 譙縣 사람으로, 字가 안원이다. 위나라 종실 曹休의 후손으로 어려서부터 효성으로 이름이 났고, 시와 문장에 뛰어났다. 尙書郎·臨淄令·洛陽令 등을 역임하며 많은 선정을 베풀었다.

20) 山陵 : 晉(魏晉)나라 簡文帝(司馬昱)의 장례를 이르니, 咸安 2년(372) 10월 高平陵에 장례를 치렀다.

21) 깨진 시루 : 일고의 가치도 없는 일을 비유하는데, 여기서는 파면당한 관직을 이른다.

鄧竟陵이 免官後에 赴山陵할새 過見大司馬桓公이라 公問之曰 卿은 何以更瘦①오하니 鄧曰 有愧於叔達하니 不能不恨於破甑(증)②이니이다하다

① ≪大司馬寮屬名≫에 말하였다. "鄧遐는 字가 應玄[22]으로, 陳郡 사람이고, 平南將軍 鄧岳의 아들이다. 용기와 힘은 따라올 자가 없고 기개는 세상을 덮으니, 당시 사람들이 그를 樊噲[23]에 견주었다. 桓溫의 參軍이 되어 여러 차례 환온을 따라 정벌에 나섰고 竟陵太守를 역임하였다. 枋頭의 전투에서 환온은 〈패배한 것에〉 치욕과 분노를 품는 한편 등하를 꺼렸기 때문에 등하를 면직시켰다.[24] 병으로 세상을 떠났다."
大司馬寮屬名曰"鄧遐, 字應玄, 陳郡人, 平南將軍岳之子. 勇力絶人, 氣盖當世, 時人方之樊噲(쾌). 爲桓溫參軍, 數從溫征伐, 歷竟陵太守. 枋頭之役, 溫旣懷恥忿, 且憚遐, 因免遐官. 病卒."

② 〈郭林宗別傳〉에 말하였다. "鉅鹿 사람 孟敏은 字가 叔達로, 성품이 돈후하고 질박하며 정직하였다. 太原에서 객지 생활을 하면서 평범한 사람들과 섞여 살았기 때문에 이름이 알려지지 않았다. 한번은 시장에 가서 시루를 사서 어깨에 메고 가다가 땅에 떨어뜨려 깨뜨렸는데, 돌아보지도 않고 바로 갔다. 마침 郭林宗(郭泰)[25]을 만났는데, 〈그가〉 이 광경을 보고 기이하다고 여기고는 '깨진 시루가 아까운데 어찌 돌아보지도 않소?'라고 하니, 맹민이 '시루가 이미 깨졌으니 돌아본들 무슨 도움이 되겠습니까.'라고 하였다. 곽임종은 그의 개결함을 칭찬하고, 이어 이로써 그의 덕성을 알고는 틀림없이 훌륭한 선비가 될 것이라고 생각하여 독서하라고 권하였다. 〈맹민은〉

22) 應玄 : ≪晉書≫ 〈登遐列傳〉에는 '應遠'으로 되어 있다.

23) 樊噲 : 漢나라 沛邑 출신으로 개를 도축하는 일을 하다가 蕭何・曹參 등과 함께 劉邦을 맞아 沛公으로 세우고 秦나라를 공격하여 여러 차례 공적을 세웠다. 패공이 咸陽에 들어가 진나라가 쓰던 궁실 등에 그대로 눌러살려고 하자 極諫하여 灞上으로 돌아가게 하고, 鴻門에서 項羽와 패공이 연회를 베풀 때 范增의 계책으로 패공이 죽을 뻔했으나 용맹한 행동으로 위기를 모면하게 하였다. 패공이 천하를 평정한 후에 관직이 左丞相에 이르고 舞陽侯에 봉해졌다.

24) 枋頭의……면직시켰다 : 東晉 廢帝 太和 4년(369) 大司馬 桓溫은 郗愔・袁眞 등과 함께 북벌에 나서 前燕의 慕容暐와 慕容垂 등을 격파하고 방두까지 진격했으나, 군량미가 바닥나 퇴각하였다. 모용수의 기병 8천 명이 추격해와 襄邑에서 전투를 벌였는데, 환온은 대패하여 병사 3만을 잃었다. 환온은 이를 매우 치욕스럽게 여겼는데, 그 죄를 원진에게 돌려 그를 서인으로 폐출시키고, 선봉에 섰던 冠軍將軍 登遐도 면직시켰다.

25) 郭林宗(郭泰) : 128~169. 漢나라 太原 界休 사람으로, 字가 有道・林宗이다. 典籍에 두루 정통하고 담론을 잘하며, 높은 학문과 덕으로 일세의 추앙을 받았다. 외척과 환관이 전횡하는 세상에서도 절조를 굽히지 않았지만, 언행이 신중하여 黨錮의 화를 면할 수 있었다.

유학한 지 10년 만에 마침내 이름이 알려졌다. 三府[26]에서 모두 초빙했으나 나아가지 않으니, 東夏 지역[27]에서 훌륭한 현자라고 하였다."

郭林宗別傳曰"鉅鹿孟敏, 字叔達, 敦朴質直. 客居太原, 雜處凡俗, 未有所名. 嘗至市貿甑, 荷擔墮地壞之, 徑去不顧. 適遇林宗, 見而異之, 因問曰'壞甑可惜, 何以不顧?' 客曰'甑旣已破, 視之何益?' 林宗賞其介決, 因以知其德性, 謂必爲美士, 勸令讀書. 遊學十年, 遂知名. 三府竝辟, 不就, 東夏以爲美賢."

【頭註】

○ 劉辰翁 : 매우 핍진하다.
劉云"甚眞."

41-7 桓玄이 패배한 뒤[28]에 殷仲文[29]은 〈도성으로〉 돌아가 大司馬(劉裕)[30]의 咨議參軍이 되었는데, 마음이 갈팡질팡하여 더 이상 지난날과 같지 않았다. 대사마 관부의 政廳 앞에 있는 늙은 홰나무 한 그루가 매우 무성했는데, 은중문이 매월 초하루에 여러 사람과 함께 정청에서 홰나무를 오래도록 바라보다가 탄식하면서 말하였다.

---

26) 三府 : 三公으로, 太尉・丞相・大司馬이다.(≪世說新語補觽≫) 태위・司徒・司空이다.(≪世說箋本≫) 唐나라 杜佑의 ≪通典≫ 〈職官〉에 의거하면, ≪世說新語補觽≫는 前漢 때의 관제를, ≪世說箋本≫은 後漢 때의 관제를 말한 것이다.

27) 東夏 지역 : ≪文選≫의 주석에 "동하는 會稽郡이다."라고 하였다.(≪世說音釋≫) 중국을 華夏라고 하기 때문에 동방을 동하라고 한 것이다.(≪世說新語補觽≫)

28) 桓玄이……뒤 : 환현(369~404)은 晉(魏晉)나라 譙國 龍亢 사람으로, 字가 敬道, 어릴 때 이름은 靈寶이다. 大司馬 桓溫의 아들이다. 晉 安帝(司馬德宗) 元興 원년(402)에 거병하여 도성 建康을 공격해 조정을 장악하였고, 이듬해 스스로 제위에 올라 국호를 楚라고 하였다. 그러나 곧 劉裕에게 진압되어 서쪽으로 도망쳤다가 益州의 군사에게 피살되었다.

29) 殷仲文 : ?~407. 晉(魏晉)나라 陳郡 長平 사람으로, 字가 仲文이다. 太常 殷融의 손자이자 吳興太守 殷康의 아들이며, 桓玄의 姊夫이다. 會稽王 司馬道子의 驃騎參軍과 新安太守를 역임하였다. 환현의 심복이었으나, 환현이 제위 찬탈에 실패하자 劉裕에게 귀순하였다.

30) 大司馬(劉裕) : 420~479. 晉(魏晉)나라 彭城郡 彭城縣 사람으로, 어렸을 때 이름은 寄奴이고, 자는 德輿이다. 桓玄이 진나라를 찬탈하자 군사를 일으켜 환현을 토벌한 뒤에 安帝를 옹립하였고, 相國이 되어서는 안제를 죽이고 恭帝를 세웠다가 곧 禪位 받아 宋(南朝)나라를 세웠다. 廟號는 高祖, 시호는 武皇帝이다.

"쾌나무가 축 처져서 더 이상 생기가 없구나."[31)]

桓玄이 敗後에 殷仲文은 還爲大司馬咨議한대 意似二三하여 非復往日이라 大司馬府廳前에 有一老槐가 甚扶疎한대 殷이 因月朔하여 與衆在廳하여 視槐良久하고 歎曰 槐樹婆娑하니 無復生意①라하다

① 王韶之의 ≪晉安帝紀≫[32)]에 말하였다. "桓玄이 패배하자 殷仲文은 도성으로 돌아갔는데, 〈宋(南朝)나라〉 高祖(劉裕)는 그가 두 황후를 호위한 데다가[33)] 매우 미더워 명령하기에 적합하다는 이유로 鎭軍將軍의 長史로 발탁하였다. 〈그는〉 스스로 名流의 선배로서 높은 지위와 융숭한 대우를 받아야 한다고 여겼는데, 후배인 謝混[34)]의 무리는 모두 지난날 〈자신을〉 따르던 자들이거늘 지금은 어깨를 나란히 하고 동렬에 있었기 때문에 항상 우울한 채 공허함을 느꼈다. 이후에 과연 信安縣으로 유배당하였다."
晉安帝紀曰 "桓玄敗, 殷仲文歸京師, 高祖以其衛從二后, 且以大信宜令, 引爲鎭軍長史. 自以名輩先達, 位遇至重, 而後來謝(鯤)〔混〕[35)]之徒, 皆疇昔之所附也, 今比肩同列, 常怏然自失. 後果徙信安."

---

31) 더……없구나 : 축 늘어진 쾌나무로 殷仲文 자신이 권세를 잃은 것을 비유하였다.(≪世說新語補考≫)

32) 王韶之의 晉安帝紀 : 왕소지(380~435)는 晉(魏晉)나라 瑯琊 臨沂 사람으로, 字가 休泰이다. 東晉의 衛將軍 謝琰의 參軍으로 벼슬을 시작하여 著作佐郞·尙書祠部郞·中書侍郞을 역임하고, 安帝(司馬德宗)를 독살하는 데 참여하였으며, 恭帝(司馬德文)가 즉위한 뒤에 黃門侍郞·領著作郞이 되었다. 劉裕가 진나라의 선양을 받아 宋나라를 건국한 뒤에 驍騎將軍·吳興太守를 역임하였다. ≪진안제기≫는 10권으로, ≪晉安帝陽秋≫·≪晉紀≫라고도 하는데, 晉 安帝 때의 역사를 편년체로 기록한 역사서이다. 원본은 일실되고 淸나라 黃奭의 輯本이 남아 있다.

33) 그가……데다가 : '두 황후'는 穆帝의 何皇后와 安帝의 王皇后이다. 안제 元興 3년(404) 劉裕에게 패한 桓玄이 안제를 모시고 서쪽으로 도망가면서 두 황후를 巴陵에 남겨두었는데, 환현을 따르던 殷仲文이 도중에 환현을 배반하고 돌아가 두 황후를 모시고 建康으로 돌아가 유유의 군대에 투항하였다.(≪晉書≫ 〈殷仲文列傳〉)

34) 謝混 : ?~412. 晉(魏晉)나라 陳郡 陽夏 사람으로, 어릴 때 이름은 益壽, 字가 叔源이다. 謝安의 손자이자 謝靈運의 族叔이다. 젊을 때부터 훌륭한 명성이 있고, 문장을 잘 지었다. 中書令·中領軍·尙書左僕射 등을 역임하였다. 安帝 義熙 8년 9월 12일 劉裕에게 피살되었다.

35) (鯤)〔混〕 : 저본에는 '鯤'으로 되어 있으나, ≪晉書≫ 〈謝混列傳〉에 의거하여 '混'으로 바로잡았다.

41-8 殷仲文은 이미 평소에 명망이 있었기에 틀림없이 조정에서 阿衡[36]이 될 것이라고 스스로 생각하고 있었는데, 뜻밖에 東陽太守가 되자 마음에 불만을 품었다. 동양군으로 부임하러 갈 때 富陽(富春)에 이르러 개연히 탄식하면서 말하였다.

"이 산천의 형세를 보건대, 틀림없이 다시 한 명의 孫伯符(孫策)[37]가 나올 것이다.[38]"

殷仲文은 旣素有名望일새 自謂必當阿衡朝政이러니 忽作東陽太守하니 意甚不平①이라 及之郡에 至富陽하여 慨然歎曰 看此山川形勢컨대 當復出一孫伯符②리라하다

孫策

① 王韶之의 ≪晉安帝紀≫에 말하였다. "殷仲文은 나중에 東陽太守가 되자 더욱 분개하고 원망하던 끝에 마침내 桓胤[39]과 더불어 반란을 도모했다가 결국 주살당하였다. 은중문이 한번은 거울에 〈자신을〉 비추었을 때에 머리가 보이지 않았는데, 얼마 뒤에 화란이 닥쳤다."

晉安帝紀曰 "仲文後爲東陽, 愈憤怨, 乃與桓胤謀反, 遂伏誅. 仲文嘗照鏡不見頭, 俄而難及."

---

36) 阿衡 : 商나라 때의 宰相職으로, 湯王이 伊尹에게 이 관직을 맡겼기 때문에 이윤을 가리키는 말로도 쓴다.

37) 孫伯符(孫策) : 175~200. 吳(三國)나라 吳郡 富春 사람으로, 字가 백부, 시호는 長沙桓王이다. 破虜將軍 孫堅의 맏아들이자 吳王 孫權의 형이다.

38) 다시……나오리라 : 殷仲文이 암암리에 孫策에게 자신을 비유한 것이다.(≪世說新語補觽≫) 배반할 마음을 지닌 것이다.(≪世說啓微≫) 자신이 틀림없이 다시 한 지역에서 자립할 것이라는 말이다.(≪世說講義≫)

39) 桓胤 : ?~407. 晉(魏晉)나라 譙國 龍亢 사람으로, 字가 茂遠이다. 車騎將軍 桓沖의 손자이자 豊城縣公 桓嗣의 아들이며, 桓玄에게 아낌을 받았다. 秘書丞으로 관직을 시작하여 여러 관직을 역임하고 中書郎·秘書監이 되었다. 환현이 진나라 제위를 찬탈할 때 생사를 같이하다가 환현이 실패하자 조정에 귀순하였다. 安帝 義熙 3년(407) 劉裕의 부하 駱冰이 모반하였다가 피살되고, 그의 부친 駱球와 殷仲文·殷叔文 등이 모두 모반죄로 주살당할 때, 환윤도 은중문이 환현의 계승자로 옹립하려 했다고 지목되어 피살되었다.

② 孫策은 富春 사람이기 때문에 이곳에 이르러 탄식한 것이다.
孫策, 富春人, 故及此而歎.

41-9【補】〈南朝〉 梁 武帝(蕭衍)는 문사들을 소집할 때마다 경전과 역사서에 나오는 고사에 대하여 글을 쓰라고 하였는데, 당시에 范雲과 沈約[40)]의 무리가 모두 자신의 단점을 부각시키고 무제의 장점을 추켜올리니 무제가 기뻐하여 하사품을 주었다. 한번은 비단 이불〔錦被〕과 관련한 고사에 대하여 글을 쓰라고 하였는데, 모든 사람이 〈각자〉 할 말을 다 하자 무제가 시험 삼아 劉孝標(劉峻)를 불러 하문하였다. 유효표는 당시 매우 가난하고 관직이 없었는데, 갑자기 종이와 붓을 달라고 하여 10여 가지 典故를 써내니 좌중의 빈객들이 모두 놀랐다.[41)] 무제는 저도 모르게 아연실색하고 이로부터 그를 싫어하여 더 이상 引見하지 않았다. 유효표가 ≪類苑≫을 완성하자 무제는 즉시 학사들에게 ≪유원≫을 능가하는 수준으로 ≪華林徧略≫을 찬술하라고 명하였다.[42)] 〈유효표는〉 끝내 등용되지 못하자 〈辯命論〉[43)]을 지어 자신의 회포를 담았다.

梁 武帝

梁武는 每集文士에 策經史事한대 時에 范雲①沈約之徒가 皆引短推長하니 帝悅하여 加其賞賚(뢰)라 曾策錦被事한대 咸言已罄(경)에 帝試呼問劉孝標하니 劉는 時貧悴宂(용)散이러니 忽請紙筆하여 疏十餘事하니 坐客皆驚이라 帝不覺失色하고 自是惡(오)之하여 不復引見이라 及孝標類苑成에 帝卽命諸學士하여 撰華林徧略하여 以高之라 竟不見用하니 劉乃著辯命

40) 沈約 : 441~513. 梁(南朝)나라 吳興 武康 사람으로, 字가 休文이며 시호는 隱이다. 벼슬은 左光祿大夫에 이르렀는데 武帝의 노여움을 산 일로 파직되어 벼슬 없이 죽었다. 謝朓 등과 함께 永明體를 주창하고, 聲韻八病說을 제창했다. 저서로 ≪宋書≫·≪齊記≫·≪梁武記≫ 등이 있었으나 전해지지 않고, 明나라 사람이 輯佚한 ≪沈隱侯集≫이 있다.
41) 좌중의……놀랐다 : 武帝가 싫어한다는 것을 알았기 때문에 놀란 것이다.(≪世說講義≫)
42) 무제는……명하였다 : ≪華林徧略≫은 ≪類苑≫의 수준에 미칠 수 없었다.(≪世說講義≫)
43) 辯命論 : ≪梁書≫ 〈劉峻列傳〉에 전문이 실려 있다.

論하여 **以寄懷**②라

① ≪南史≫ 〈范雲列傳〉에 말하였다. "范雲은 字가 彦龍으로, 南鄕 舞陰 사람이다. 조부 范璩之는 〈南朝〉 宋나라 中書侍郎을, 부친 范抗은 郢府參軍을 지냈다. 범운은 6세 때 ≪毛詩≫를 읽었는데 하루에 아홉 장을 암송하였다. 陳郡의 殷琰은 사람을 잘 알아본다는 명성이 있었는데, 범운을 보고는 '재상의 재목이다.'라고 하였다. 범운은 성품이 슬기롭고 명민하며 식견이 있고, 문장을 잘 지어 붓을 대자마자 즉시 완성하니, 당시 사람들은 그가 미리 내용을 구상했을 것이라고 의심하였다. 〈남조〉 齊나라에서 벼슬하여 中郎이 되었는데, 어명을 받들어 梁나라에 갔을 때[44] 양나라 武帝가 黃門侍郎에 제수하니 沈約과 함께 〈국가 대계의〉 계획에 참여하여 돕고 大業을 보좌하였다. 관직은 散騎常侍와 吏部尙書에 이르렀다."

南史曰 "范雲, 字彦龍, 南鄕舞陰人. 祖璩之, 宋中書侍郎, 父抗, 郢府參軍. 雲六歲讀毛詩, 日誦九紙. 陳郡殷琰, 名知人, 見之曰 '公輔才也.' 性機警有識, 善屬文, 下筆輒成, 時人疑其宿構. 仕齊爲中郎, 銜命至梁, 梁武拜黃門侍郎, 與沈約參讚謨謀, 毗佐大業. 官至散騎常侍・吏部尙書."

② ≪南史≫ 〈劉峻列傳〉에 말하였다. "劉峻은 학문을 좋아하였다. 〈집이 가난하여〉 남의 집 처마 밑에서 빌붙어 살았는데, 스스로 독서량을 정해놓고 항상 삼대로 만든 횃불을 밝힌 채 저녁부터 새벽까지 읽었다. 간혹 깜빡 졸다가 머리카락을 태우기도 하였는데, 깨자마자 다시 읽었다. 당시 〈北朝〉 魏나라 孝文帝(元宏)가 인망이 있는 자들을 샅샅이 선발하여 재주와 학문을 지닌 사람들이 모두 발탁되었으나 유준의 형제는 선발되지 못하였다. 〈南朝 齊나라 武帝〉 永明 연간(483~493)에 강남으로 건너갔는데, 젊은 시절에는 〈제대로〉 깨닫지 못했다고 스스로 여겨 만년에는 더욱 매진하고, 특이한 서적이 있다는 말을 들으면 반드시 찾아가 빌려달라고 간청하니, 淸河의 崔慰祖가 그를 책벌레〔書淫〕라고 불렀다. 이에 여러 典籍을 널리 섭렵하고 문장이 빼어나게 되었다.

당시 竟陵王(蕭子良)이 학사를 초빙하자, 유준이 그 기회에 郡國의 관직을 요청하였으나 吏部尙書인 徐孝嗣가 반대하여 등용되지 못하였다. 〈남조〉 제나라 明帝 때 蕭遙欣이 〈그를〉 발탁하여 府의 刑獄으로 삼고 매우 후하게 예우하였는데, 얼마 뒤에 소요흔이 세상을 떠났다. 梁나라 〈무제〉 天監 연간(502~519) 초반에 〈조정에〉 불려 들어가 秘閣에서의 교감을 담당하였는데, 〈형님을 만나러 가면서〉 금지 물품을 사사로이 가져간 죄에 걸려 면직되었다. 安成王(蕭秀)이 荊州로 전임되었는데, 평소

---

44) 어명을……때 : 梁(南朝) 武帝가 당시 石頭에 있었는데, 東昏侯가 피살되자 侍中인 張稷이 范雲에게 어명을 받들고 석두에 가게 하였다.(≪南史≫ 〈范雲列傳〉)

유준을 중시하던 터라 〈그를〉 발탁하여 戶曹參軍으로 삼고 서적을 주어 ≪類苑≫을 편찬하게 하였으나 완성되기 전에 다시 병 때문에 떠났다. 그러고는 東陽의 紫巖山에 가서 집을 짓고 거주하면서 〈山棲志〉를 지었는데 그 문장이 매우 훌륭하였다.

처음 양 무제가 문학적인 재주가 있는 선비를 초빙할 때 큰 재주를 지닌 자들이 대부분 천거되어 파격적으로 발탁되었다. 유준은 〈자신의〉 성품대로 행동하여 남들을 따라 시류에 편승할 수 없었기 때문에 끝내 등용되지 못하자, 이에 〈辯命論〉을 지어 〈자신의〉 회포를 담았다. 〈변명론〉이 완성되자 中山의 劉沼[45]가 편지를 보내 논박하였다. 모두 두 차례 논박하였는데, 유준이 모두 辨析하였으나 마침 유소가 세상을 떠나 유준이 뒤에 보낸 답장을 보지 못하였다. 유준이 마침내 글을 써서 그 일을 기록하였다."

≪舊唐書≫ 〈經籍志〉에 말하였다. "≪유원≫ 120권은 劉孝標(유준)의 찬술이다."
南史曰"峻好學, 寄人廡下, 自課讀書, 常燎蔴炬, 從夕達旦, 時或昏睡, 爇其頭髮, 及覺(교)復讀. 時魏孝文選盡物望, 才學之徒咸見申擢, 峻兄弟不蒙選授. 齊永明中, 奔江南, 自以少未開悟, 晩更厲精, 聞有異書, 必往祈借, 淸河崔慰祖, 謂之書淫. 於是博極群書, 文藻秀出. 時竟陵王招學士, 峻因求爲國職, 吏部尙書徐孝嗣, 抑而不用. 齊明帝時, 蕭遙欣引爲府刑獄, 禮遇甚厚, 遙欣尋卒. 梁天監初, 召入, 典校秘閣, 坐私載禁物, 免官. 安成王遷荊州, 雅重峻, 引爲戶曹參軍, 給其書籍, 使撰類苑, 未成, 復以疾去. 因遊東陽紫巖山, 築室居焉, 爲山棲志, 其文甚美. 初梁武招文學之士, 有高才者多被引進, 擢以不次, 峻率性而動, 不能隨衆沈浮, 竟不見用, 乃著辯命論, 以寄懷. 論成, 中山劉沼致書難之, 凡再反, 峻竝爲申析, 會沼卒, 不見峻後報者, 峻乃爲書, 以序其事." 唐經籍志曰"類苑一百二十卷, 劉孝標撰."

41-10【補】 孟浩然[46]은 王右丞(王維)[47]에게 크게 인정을 받았다. 왕우승이 金鑾殿(學士院)에서 待詔할 때 맹호연을 불러 시문을 품평하고 있었는데, 황제(唐 玄宗)

45) 劉沼 : 南朝 齊・梁 때의 인물로, 字가 明信이다. 제나라에서 奉朝請과 冠軍行參軍을, 양나라에서 臨川王記室參軍과 秣陵令을 역임하였다.

46) 孟浩然 : 689~740. 唐나라 襄州 襄陽 사람으로, 浩然은 字이고 號는 孟山人이다. 고향 부근의 鹿門山에서 은거하다가 40세에 과거를 보았으나 낙방한 뒤 평생 處士로 지내고, 王維와 함께 陶淵明의 시를 배워 盛唐의 전원시인으로 일컬어진다.

47) 王右丞(王維) : ?~761. 唐나라 河東 蒲州 사람으로, 字가 摩詰이고 號는 摩詰居士이며, 불교 신자였기 때문에 詩佛이라고 일컬어진다. 경치의 묘사 뿐만 아니라 송별시와 궁정시에도 뛰어나고 그림도 잘 그렸다. 관직이 尙書右丞에 이르렀을 때 죽었기 때문에 王右丞이라고도 불린다.

가 갑자기 행차하자 맹호연은 놀라 허둥지둥 책상 아래에 엎드려 숨었다. 왕우승이 감히 숨기지 못하고 아뢰자, 황제가 흔쾌히 말하였다.

"짐은 평소 그 사람에 대해 들어 보았소."

그러고는 〈맹호연을〉 불러 만났다. 황제가 말하였다.

"그대는 시를 가지고 왔소?"

맹호연이 아뢰었다.

"신이 마침 지은 시를 가져오지 못했습니다."

〈황제가〉 예전에 지은 시를 읊어보라고 즉시 명하니, 맹호연이 拜舞[48)]하고 시를 읊다가 '재주가 없으니 명철한 군주도 〈나를〉 버린다'라는 구절에 이르자 황제가 섭섭해하면서 말하였다.

"그대가 스스로 짐을 찾지 않은 것이지, 짐은 일찍이 그대를 버린 적이 없소."

그러고는 南山으로 돌아가게 하였다.

孟浩然은 極爲王右丞所知라 王이 待詔金鑾에 召浩然하여 商較風雅할새 上忽臨幸하니 浩然錯腭(조악)[49)]하여 伏床下라 王不敢隱하고 因奏聞한대 上欣然曰 朕素聞其人이라하고 因得召見이라 上曰 卿은 將得詩來否아하니 浩然奏曰 臣偶不齎所業이니이다하다 卽命吟舊作하니 浩然이 拜舞誦詩라가 至不才明主棄하니 上憮然曰 卿自不求朕이요 朕未嘗棄卿이라하고 因放歸南山[①]하다

① 孟浩然의 〈歲暮南山詩〉에 말하였다. "대궐에서 글 올리는 일 그만두고, 남산의 허름한 집으로 돌아가네. 재주가 없으니 명철한 군주도 〈나를〉 버리고, 병이 많으니 벗들도 〈나를〉 멀리하누나. 백발은 늙음을 재촉하고, 봄날은 세밑으로 다가가네. 긴 회포에 시름겨워 잠들지 못하는데, 소나무 사이로 달빛 비치는 한밤중 창문 고요하여라."
浩然歲莫(모)歸南山詩曰 "北闕休上書, 南山歸敝廬. 不才明主棄, 多病故人疎. 白髮催年老, 青陽逼歲除. 永懷愁不寐, 松月夜窓虛."

48) 拜舞 : 꿇어앉아 절을 하고 춤을 추는 것으로, 옛날에 조정에서 신하가 임금을 뵙는 예절이다.

49) 錯腭(조악) : '腭'은 '愕'이 되어야 한다.(≪世說新語補觿≫)

41-11【補】 令狐綯[50)]가 일찍이 故事에 대해 溫庭筠[51)]에게 묻자, 온정균이 대답하였다.

"그 일은 ≪南華經≫[52)]에 나오는데 ≪남화경≫은 보기 드문 책이 아니니, 相公께서는 정사를 보시는 여가에 때때로 옛 책을 보시기 바랍니다."

영호도가 매우 화가 나서 온정균이 재주는 있으나 품행이 바르지 않으니, 과거 급제를 허락해서는 안 된다고 상주하였다.[53)] 〈온정균은〉 마침내 불우하게 살다가 세상을 떠났다.

令狐綯가 曾以舊事로 訪於溫庭筠하니 庭筠答曰 事出南華經이요 非僻書也니 冀相公燮理之暇에 時宜覽古니이다하다 綯가 怒甚하여 奏庭筠有才無行하니 不許登第라 遂轗軻終身①이라

① 王定保의 ≪唐摭言≫[54)]에 말하였다. "〈唐 文宗〉 開成 연간(836~840)에 溫庭筠은 재주와 명성이 매우 높았으나, 자잘한 행실에 얽매이지 않고 시문으로 돈을 벌었기 때문에 식자들이 비천하게 여겼다."

計有功의 ≪唐詩紀事≫[55)]에 말하였다. "온정균은 溫彦博[56)]의 후손이다. 李商隱과

---

50) 令狐綯 : 795~879. 唐나라 京兆 華原 사람으로, 字가 子直이고, 관직은 吏部尙書와 右僕射를 역임하고 太子太保에 이르렀다.

51) 溫庭筠 : 唐나라 太原 祁縣 사람으로, 원래 이름은 岐이고 字가 飛卿이다. 대문장가인 李商隱과 명성이 대등하였고, 저서로 ≪握蘭集≫·≪金荃集≫·≪漢南眞稿≫ 등이 있다.

52) 南華經 : ≪莊子≫의 별칭으로, ≪南華眞經≫이라고도 한다.

53) 영호도가……상주하였다. : ≪山堂肆考≫에 "唐나라 宣宗이 지은 시에 '金步搖'라는 단어가 있었는데, 아무도 대구를 맞추지 못하였다. 溫庭筠이 '玉條脫'로 대응하자 선종이 甲科에 급제시키라고 명했는데, 令狐綯에 의해 저지되었다."라고 하였다.(≪世說音釋≫)

54) 王定保의 唐摭言 : 왕정보(870~954)는 唐나라 南昌 사람으로, 字가 翊聖이다. 光化 3년(900)에 진사에 급제했는데, 당나라 말기 혼란한 중원을 피하여 호남으로 갔다가 다시 嶺南으로 가서 南漢에서 寧遠郡節度使와 中書侍郎同平章事 등의 관직을 역임하였다. ≪당척언≫은 15권으로, 당나라 때의 시인과 문사의 알려지지 않았던 많은 일화를 자세하게 기록하였는데, 대부분 正史에서 상세히 다루지 않은 내용이다.

55) 計有功의 唐詩紀事 : 계유공은 北宋 衡陽郡 安仁縣 사람으로, 字가 敏夫, 號는 灌園居士이다. 徽宗 宣和 2년(1120)에 進士에 합격하고, 高宗 紹興 5년(1135)에 右承議郎으로서 簡州의 장관이 되었으며, 提擧兩浙西路常平茶鹽公事가 되었다. ≪당시기사≫는 당나라 시인 1,150명에 대해 그들의 世系·고향·시와 사적 및 평론을 수록한 책이다. 南宋 寧宗 嘉定 17년(1224)에 王禧가 판각한 것이 현재 확인되는 최초 판본이고,

더불어 모두 명성이 있었기에 당시 溫李라고 불렀다.”

摭(척)言曰 “開成中, 溫庭筠才名籍甚, 然罕拘細行, 以文爲貨, 識者鄙之.” 唐詩紀事曰 “庭筠, 彦博裔孫, 與李商隱俱有名, 時號溫・李.”

【頭註】

○ 王世懋 : ≪南華眞經≫에는 玉으로 만든 條脫[57]에 관한 내용이 없고 〈陶弘景의〉 ≪華陽隱居眞誥≫ 제1편에 이와 관련한 내용이 있다. 〈溫庭筠의〉 ≪飛卿集≫에 〈題李羽故里詩〉가 있는데, 尾聯에 ‘이 한을 모조리 녹여내기 어렵다는 것을 마침내 알았으니, ≪화양은거진고≫ 제1편을 저버렸네.’[58]라고 하였으니, 이 일을 가리키는 듯하다.[59]

王云 “南華眞經無玉條脫事, 華陽眞誥第一篇乃有之. 飛卿集有題李羽故里詩, 尾句曰 ‘終知此恨銷難盡, 孤負華陽[60]第一篇.’ 蓋指此.”

1989년에 王仲鏞이 ≪唐詩紀事校箋≫을 출판하였다.

56) 溫彦博 : 574~637. 幷州 祁縣 사람으로, 字가 大臨, 시호는 恭이다. 北周에서 태어나고 隋나라가 들어섰을 때 진사에 합격하여 벼슬을 시작하였다. 李世民이 당나라 태종이 되자 吏部郎中・中書令 등을 거치며 名臣이 되었다. 房玄齡・杜如晦・魏徵 등과 함께 태종이 貞觀之治를 이루는 데 큰 공헌을 하였다.

57) 條脫 : 팔찌로, 跳脫이라고 한다.(≪世說音釋≫)

58) 飛卿集에……저버렸네 : 원래 시구는 “≪南華眞經≫ 제1편을 저버렸네.〔辜負南華第一篇〕”로, 일찍이 ≪莊子≫의 제1편 〈逍遙遊〉를 읽었는데도 마음이 항상 근심스러워 달관의 자세를 지닐 수 없다는 뜻이다. 王世懋가 ‘南華’를 ‘華陽’으로 고친 것은 잘못이다.(≪世說音釋≫)

59) 南華眞經에는……듯하다 : 令狐綯가 溫庭筠에게 물어본 일은 玉條脫에 관한 일이 아니니, 王世懋의 설명은 옳지 않다.(≪世說音釋≫)

60) 孤負華陽 : 통행본 ≪溫庭筠詩集≫ 권4 〈李羽處士故里〉에는 ‘辜負南華’로 되어 있다.

42. 검소와 인색 儉嗇

〈儉嗇〉편은 ≪世說新語≫에서 4항목, ≪何氏語林≫에서 1항목을 뽑아 총 5항목으로 구성되었다. 매형인 和嶠의 인색함에 분노하여 오얏나무를 베어버린 王濟(42-1), 재산 관련 장부 정리에 여념이 없었던 王戎(42-2), 찾아온 오랜 벗을 박대한 衛展(42-3), 너무 인색하여 기녀에게 알맞은 옷을 지급하지 않은 夏侯亶의 일화(42-5)뿐만 아니라 조부의 재산 수천만 錢을 하루에 거의 소비한 郗超의 대범한 행실에 대한 일화(42-4)를 싣고 있다.

42-1 和嶠[1]는 성품이 매우 인색하였다. 집에 좋은 오얏나무가 있었는데, 〈처남인〉 王武子(王濟)[2]가 달라고 하니 겨우 수십 개만 주었다. 왕무자는 그가 숙직하러 간 틈을 타서 식성이 좋은 젊은이들을 데리고 도끼를 들고 과수원에 가서 배가 부르도록 실컷 먹은 뒤에 나무를 베어버렸다. 그러고는 수레 한 대 분량의 나뭇가지를 和公(화교)에게 보내주면서 물었다.

"형님의 오얏나무와 비교하면 어떻습니까?"

화교는 〈왕무자의 행위를〉 알고 난 뒤에 웃을 뿐이었다.[3]

和嶠는 性至儉이라 家有好李한대 王武子求之하니 與不過數十이라 王武子는 因其上直하여

---

1) 和嶠 : ?~292. 晉나라 汝南 西平 사람으로, 字가 長輿, 시호는 簡이다. 魏(三國)나라 太常 和洽의 손자이자 吏部尙書 和逌의 아들이다. 부친의 작위 上蔡伯을 이어받고 太子舍人으로 벼슬을 시작하여 여러 관직을 역임한 뒤에 中書令이 되었다.

2) 王武子(王濟) : 晉나라 太原 晉陽 사람으로, 武子는 字이다. 魏(三國)나라 司空 王昶의 손자이자 司徒 王渾의 둘째 아들이며, 晉 文帝(司馬昭)의 딸 常山公主의 남편이다. 여러 관직을 역임하고, 驍騎將軍·侍中이 되었다. ≪周易≫·≪老子≫·≪莊子≫ 등에 해박하고, 시문이 당대에 유명하여 姊夫인 和嶠 및 裴楷와 명성이 나란했다.

3) 화교는……뿐이었다 : 王濟의 무뢰함을 웃을 뿐이고 화내지 않았으니, 이는 인색하면서도 아량이 있는 자이다.(≪世說講義≫)

率將少年能食之者하고 **持斧詣園**하여 **飽共噉**(담)**畢**에 **伐之**하고 **送一車枝**하여 **與和公**하고 **問曰 何如君李**잇가하니 **和**는 **旣得**에 **唯笑而已**①하다

① 傅暢의 ≪晉諸公敍贊≫[4]에 말하였다. "和嶠는 성품이 활달하지 못하고, 家產을 증식하여 王公에 견줄 만큼 부유했으나 너무 인색하여 거의 의리를 어긴다는 평판까지 있었다."

裴啓의 ≪裴子語林≫[5]에 말하였다. "화교의 아우들이 과수원에 가서 오얏을 먹었는데, 〈화교가〉 그 씨앗을 모두 계산하여 돈을 요구하였기 때문에 화교의 처남인 王濟가 그 나무를 베어버렸다."

晉諸公贊曰"嶠性不通, 治家富, 擬王公而至儉, 將有犯義之名." 語林曰 "嶠諸弟往園中食李, 而皆計核責錢, 故嶠婦弟王濟伐之也."

水碓(물레방아)

42-2 司徒 王戎[6]은 신분도 높고 재산도 많아 〈그의〉 저택과 하인, 비옥한 전답과 물레방아 따위가 洛陽에서 비할 자가 없었다. 왕융은 〈재산과 관련한〉 문서를 정리하느라 쉴 틈 없이 바빠 매번 아내와 함께 촛불 아래에서 산가지를 늘어놓고 계산하였다.

---

4) 傅暢의 晉諸公敍贊 : 부창(?~330)은 晉나라 北地 泥陽 사람으로, 字가 世道이며, 조부는 魏(三國)나라의 太常 傅嘏, 부친은 靈州公 傅祗이다. 그는 西晉에서 司徒를 역임한 뒤 秘書丞에 이르고 武鄕亭侯에 봉해졌으며, 後趙의 石勒이 서진을 멸망시킨 뒤에 그를 大將軍右司馬로 삼았다. ≪진제공서찬≫은 진나라 王公과 大臣의 傳記로, 뒤에 論贊하는 말이 있다. 원본은 일실되고, 청나라 黃奭의 輯本과 傅以禮의 집본이 있다.

5) 裴啓의 裴子語林 : 배계는 晉나라 河東 聞喜 사람으로, 또 다른 이름은 榮, 字가 榮期이다. ≪배자어림≫은 漢魏시대부터 東晉시대에 이르기까지 유명 인사들의 일화를 기록하고 있는데, 당시에 사람들 사이에서 裴氏學이 유행할 정도로 널리 傳誦되었으나 隋나라 때 일실되었고, 현재 周楞伽의 輯本이 있다.

6) 王戎 : 234~305. 琅琊 臨沂 사람으로, 字가 濬沖이다. 三國시대로부터 西晉시대에 이르기까지의 名士이자 관원이며, 竹林七賢의 일원이다.

司徒王戎은 旣貴且富하여 區宅僮牧膏田水碓(대)之屬이 洛下無比라 契疏鞅掌하여 每與夫人으로 燭下散籌算計①하다

① 傅暢의 ≪晉諸公敍贊≫에 말하였다. "王戎은 성품이 소략하고 겉모습을 꾸미지 않았으며 스스로 매우 박하게 생활하였으나 家産은 지나치게 풍족하니, 논자들이 재상의 명망도 무겁지 않다고 하였다."

王隱의 ≪晉書≫에 말하였다. "왕융은 재산 증식을 좋아하여 장원과 전답이 천하에 두루 퍼져 있었는데, 노부부 두 사람이 항상 상아로 만든 산가지를 가지고 밤낮으로 가산을 계산하였다.

孫盛의 ≪晉陽秋≫에 말하였다. "왕융은 재산을 많이 증식하였으나 항상 부족한 듯 여겼으니, 혹자는 왕융이 일부러 이렇게 함으로써 자신을 감추었다고 하였다."

戴逵[7]가 논하여 "왕융은 위험하고 혼란한 시절[8]에 〈나서지 않은 채〉 자신을 감추고 침묵하여 우환과 재앙을 면하였으니, 〈≪시경≫ 〈大雅·蒸民〉의〉 '현명한 데다가 사려가 깊어 〈자기 몸을 보전한다.〉'는 의미가 여기에 있는 것이다."라고 하니, 혹자가 "大臣의 마음 씀씀이가 어찌 그와 같은가?"라고 하자, 대규가 말하였다. "운수에는 어려움과 쉬움이 있고 시세에는 어두움과 밝음이 있소. 그대의 말과 같다면 蘧瑗[9]과 季札[10] 같은 사람들도 모두 책임을 져야 하니, 예로부터 살펴보면 어찌 왕융 한 사람뿐이겠소."

晉諸公贊曰 "戎性簡要, 不治儀望, 自遇甚薄, 而産業過豐, 論者以爲台輔之望不重." 王隱晉書曰 "戎好治生, 園田周徧天下, 翁嫗二人, 常以象牙籌晝夜算計家資." 晉陽秋曰 "戎多殖財賄(회), 常若不足, 或謂戎故以此自晦也." 戴逵論之曰 "王戎晦默於危亂之際, 獲免憂禍, 旣明且哲, 於是在矣." 或曰 "大臣用心, 豈其然乎." 逵曰 "運有險易, 時有昏明, 如子之言, 則蘧瑗·季札之徒, 皆負責矣. 自古而觀, 豈一王戎也哉."

---

7) 戴逵 : 326~396. 晉나라 譙郡 銍(질)縣 사람으로, 字가 安道이다. 琴의 명인으로 이름을 떨쳤으나 결코 왕이나 제후를 위해 연주하지 않았으며, 인품이 고상하여 당시 유명인사인 謝安·謝玄·王詢·王徽之 등에게 존경을 받았다. 나라에서 여러 번 불렀으나 벼슬하지 않고 책과 거문고를 즐기면서 유유자적하였다.

8) 위험하고……시절 : 晉 惠帝 元康 원년(291)부터 光熙 원년(306)까지 16년 동안 지속된 八王之亂을 이른다.

9) 蘧瑗 : 春秋시대 衛나라 대부 蘧伯玉으로, 공자가 그를 평하여 "군자로다, 거백옥이여. 나라에 도가 있으면 재주를 드러내 벼슬하고 나라에 도가 없으면 거두어 속에 감추어 두는구나.〔君子哉 蘧伯玉 邦有道則仕 邦無道則可卷而懷之〕"라고 하였다.(≪論語≫ 〈衛靈公〉)

10) 季札 : 春秋시대 吳나라 왕 壽夢의 넷째 아들로, 왕위를 사양하고 여러 나라를 다니면서 당시의 현인들과 교유하였다.(≪史記≫ 〈吳太伯世家〉)

【頭註】

○ 王世懋 : 자신을 감추고 침묵하는 데는 도리가 있으니 어찌 이러한 지경에까지 이르겠는가. 王翦은 전답과 저택을 요구하였으나[11] 이런 지경에는 이르지 않았을 듯하다.
王云 "晦默有道, 何至作此. 王翦請田宅, 恐不至是."

42-3 衛江州(衛展)가 尋陽에 있을 때 어떤 오랜 벗이 찾아와 투숙하였는데 전혀 돌보지 않고 단지 王不留行[12] 한 근만 대접하니,[13] 그 사람은 위강주가 보내준 것을 받고는 즉시 떠날 채비를 하였다. 李弘範(李軌)이 이 소식을 듣고 말하였다.
"외숙부는 각박하더니 결국 다시 초목을 사용해 사람을 쫓아냈구나."[14]

王不留行

衛江州가 在尋陽①한대 有知舊人投之어늘 都不料理하고 唯餉王不留行一斤하니 此人得餉하고 便命駕②라 李弘範이 聞之曰 家舅刻薄이러니 乃復驅使草木③이로다하다

① 衛禹의 ≪永嘉流人名≫[15]에 말하였다. "衛

11) 王翦이……요구하였으나 : 왕전은 戰國시대 秦나라 頻陽 東鄕 사람으로, 始皇을 섬겨 많은 전투에서 큰 공적을 세웠다. 그는 60만 대군을 거느리고 초나라를 공격하러 갈 때 왕이 몸소 전송하여 覇上에 이르렀는데 시황에게 비옥한 전답과 좋은 저택을 많이 달라고 요구하자, 시황이 허락하면서 "장군은 가시오. 어찌 가난을 걱정하시오."라고 하였다.(≪史記≫ 〈王翦列傳〉)

12) 王不留行 : 이 약초의 성질은 달려가기만 하고 멈추지 않으니, 비록 王命이라도 머물게 할 수 없기 때문에 이렇게 명명한 것이다.(≪本草綱目≫ 권16 〈草部 王不留行〉)

13) 단지……대접하니 : 王不留行을 보낸 것은 그가 떠나기를 바란 뜻을 보인 것이다.(≪世說講義≫)

14) 초목을……쫓아냈구나 : 심하게 인색하여 마치 노복을 부리듯이 한 것이다.(≪世說啓微≫ ≪世說講義≫)

15) 永嘉流人名 : ≪晉永嘉流士≫로, ≪舊唐書≫ 〈經籍志〉에는 13권, ≪新唐書≫ 〈藝文志〉

展은 字가 道舒로, 河東 安邑 사람이다. 조부 衛列은 彭城護軍을, 부친 衛韶는 廣平令을 역임하였다. 위전은 〈西晉 惠帝〉 光熙 연간(306) 초반에 鷹揚將軍·江州刺史에 제수되었다."

永嘉流人名曰"衛展, 字道舒, 河東安邑人. 祖列, 彭城護軍, 父韶, 廣平令. 展, 光熙初, 除鷹揚將軍·江州刺史."

② ≪本草≫에 말하였다. "王不留行은 太山이 産地인데, 金瘡을 치료하고 風邪를 제거하며, 오래 복용하면 몸을 가볍게 한다."

本草曰"王不留行, 生太山, 治金瘡, 除風, 久服之, 輕身."

③ 何法盛의 ≪晉中興書≫에 말하였다. "李軌는 字가 弘範으로, 江夏 사람이고, 관직이 尙書郞에 이르렀다."

살펴보건대, 이궤는 劉氏의 생질이니, 이는 틀림없이 李弘度(李充)이고[16] 李弘範이 아니다.

中興書曰"李軌, 字弘範, 江夏人, 仕至尙書郞." 按, 軌, 劉氏之甥, 此應弘度, 非弘範也.

42-4 郗公(郗鑒)[17]은 크게 재물을 모아 수천만 錢이 있었는데, 〈그 손자〉 郗嘉賓(郗超)[18]은 뜻이 〈그와〉 매우 달랐다. 〈치가빈이〉 한번은 아침에 문안하였는데, 치씨 집안의 법도에는 자제가 〈어른과 함께〉 앉지 못하기에 한참 동안 서서 이야기하다가 마침내 재물에 관한 일을 언급하니, 치공이 말하였다.

"너는 정히 나의 돈을 얻고자 하는구나."

그러고는 하루 동안 창고를 열어 마음껏 쓰게 하였다. 치공이 처음에는 다만 수백만 전 남짓 정도 손실이 있을 것이라고 생각하였다. 치가빈은 결국 하루 동

에는 2권이라고 하였고 全書는 일실되었다.

16) 이는……李弘度(李充)이고 : 이충의 모친 衛氏가 衛展의 누이동생이니, 이충은 위전의 외조카이다.(≪太平御覽≫ 권749 引用 ≪晉中興書≫)

17) 郗公(郗鑒) : 晉나라 高平 金鄕 사람으로, 字가 道徽이며 시호는 文成이다. 젊은 시절 가난하여 주경야독하다가 惠帝 때 太子中舍人·中書侍郞이 되고, 이후 여러 관직을 역임한 뒤에 王敦의 반란과 蘇峻의 반란을 평정하고 王導와 함께 고명대신으로서 成帝를 보좌하여 司空·侍中이 되며 南昌縣公에 책봉되고, 338년 太尉에 제수되었다.

18) 郗嘉賓(郗超) : 336~378. 晉나라 高平 金鄕 사람으로, 字가 景興·敬輿이며 嘉賓은 어릴 때 이름이다. 太尉 郗鑒의 손자이자 會稽內史 郗愔의 아들이다. 草書에 뛰어났으며, 佛學에 정통하여 ≪奉法要≫를 저술하였다. 大司馬參軍·散騎侍郞·中書侍郞·司徒左長史 등을 역임하고, 桓溫의 주요한 참모였다.

안 친척들과 벗들에게 〈돈을〉 나누어 주어 잠깐 사이에 거의 바닥나니, 치공이 이 소식을 듣고는 깜짝 놀라 마지않았다.

郗(치)公은 大聚斂하여 有錢數千萬한대 嘉賓은 意甚不同이라 常朝旦問訊한대 郗家法은 子弟不坐일새 因倚語移時라가 遂及財貨事라 郗公曰 汝正當欲得吾錢耳로다하고 迺(내)開庫一日하여 令任意用이라 郗公은 始正謂損數百萬許어늘 嘉賓은 遂一日乞(기)與親友하여 周旋略盡하니 郗公聞之하고 驚怪不能已已①하다

① 何法盛의 ≪晉中興書≫에 말하였다. "郗超는 젊을 때부터 탁월하고 자유분방하여 세상에 보기 드문 도량을 지녔다."
中興書曰 "超少卓犖而不羈, 有曠世之度."

【頭註】.
○ 劉辰翁 : 나는 郗嘉賓(郗超)의 〈일화를〉 보면 그때마다 흐뭇해진다.
劉云 "吾見嘉賓, 每有可喜."

42-5【補】[19] 夏侯豫州(夏侯亶)는 성품이 매우 인색하였다. 만년에 갑자기 음악을 좋아하여 수십 명의 기녀를 두었는데, 〈그들은〉 용모를 단장할 옷이 없었다. 빈객이 오면 항상 주렴을 치고 음악을 연주하니, 당시에 그 주렴을 하후씨 기녀의 의복이라고 불렀다.

夏侯豫州는 性極吝이라 晩忽好音樂하여 有妓妾數十한대 無被服姿容이라 客至면 嘗隔簾奏樂하니 時呼簾爲夏侯妓衣①라하다

① ≪南史≫ 〈夏侯亶列傳〉에 말하였다. "夏侯亶(?~529)은 字가 世龍으로, 譙郡 譙 사람이다. 부친 夏侯詳은 〈南朝 梁 武帝〉 天監 원년(502)에 侍中으로 초빙되었다. 하후단은 관직이 豫州刺史에 이르렀다."
南史曰 "夏侯亶, 字世龍, 譙郡譙人. 父詳, 天監元年, 徵爲侍中. 亶仕至豫州刺史."

19) 【補】: 저본에는 '補'가 없으나, 이 일화는 ≪世說新語≫가 아닌 ≪何氏語林≫에 있으므로 '補'를 보충하였다.

43. 교만과 사치 汰侈

〈汰侈〉편은 ≪世說新語≫에서 5항목, ≪何氏語林≫에서 6항목을 뽑아 총 11항목으로 구성되었다. 石崇이 시녀에게 화려한 복장을 갖추게 하고 각종 사치품을 구비한 일화(43-3), 王濟가 사람의 젖을 새끼 돼지에게 먹이고(43-4), 천만 錢을 걸고 王愷와 활 솜씨를 다툰 일화(43-5), 羊琇가 술을 빨리 숙성하기 위해 술 단지를 껴안고 있게 한 일화(43-7), 음악적 재능이 있었던 羊侃이 歌姬와 舞姬를 사치스럽게 꾸미게 한 일화(43-8), 段文昌이 황금 연꽃 동이에 발을 씻은 일화(43-11) 등이 실려 있다.

43-1【補】[1] 劉威碩(劉琰)은 蜀에 있을 때 수레와 의복 및 음식이 사치스럽고 화려하다고 일컬어졌다. 시첩 수십 명이 노래를 잘하였는데, 〈그들〉 모두에게 〈魯靈光殿賦〉[2]를 가르쳐 송독하게 하였다.

劉威碩은 **在蜀**①에 **車服飮食**이 **號爲侈靡**하고 **侍妾數十**이 **能爲聲樂**한대 **悉教誦讀魯靈光殿賦**②하다

① ≪三國志≫ 〈蜀志 劉琰傳〉에 말하였다. "劉琰(?~234)은 字가 威碩으로, 魯國 사람이다. 풍류가 있고 담론을 잘하였다. 先主(劉備)가 豫州牧으로 있을 때 從事로 초빙하여 후대하고 친애하였다. 〈그는 선주를〉 수행하고 주선하면서 항상 빈객이 되었으나 국정에는 참여하지 않았으며 병사 천여 명을 거느리고 諸葛武侯(諸葛亮)를 수행하면서 풍간하고 의논할 뿐이었다."
蜀志曰 "劉琰, 字威碩, 魯國人. 有風流, 善談論. 先主在豫州, 辟爲從事, 厚親待之. 隨

1) **【補】**: 저본에는 '補'가 없으나, 이 일화는 ≪世說新語≫가 아닌 ≪何氏語林≫에 있으므로 '補'를 보충하였다.

2) 魯靈光殿賦 : '영광전'은 漢 景帝와 程姬 소생의 아들 恭王이 山東 曲阜의 동쪽에 지은 궁전이다. 이 부는 ≪文選≫ 권11에 실려 있다.

從周旋, 常爲賓客, 然不豫國政, 領兵千餘, 隨諸葛武侯, 諷議而已.”

② 張華의 ≪博物志≫[3]에 말하였다. “王子山(王延壽)이 魯國에 도착하여 〈靈光殿賦〉를 짓고, 돌아가는 길에 湘水를 건너다가 물에 빠져 죽었다. 王文考의 또 다른 字가 자산이다.”

≪後漢書≫ 〈王逸列傳〉에 말하였다. “王逸[4]의 아들 왕연수는 字가 文考이다. 젊은 시절에 노국에 가서 〈영광전부〉를 지었다. 蔡邕도 이 부를 지었는데, 왕연수의 작품을 보고는 마침내 붓을 멈추었다.”

博物志曰 “王子山到魯, 賦靈光殿, 歸渡湘水溺死. 文考, 一字子山也.” 後漢王逸傳曰 “逸子延壽, 字文考. 少遊魯國, 作靈光殿賦. 蔡邕亦造此賦, 見延壽所爲, 遂輟翰.”

原憲

43-2 石崇[5]은 매번 王敦과 함께 太學에 들어가 놀았는데, 顔回와 原憲의 초상을 보고는 탄식하였다.

“만약 〈저들과〉 함께 공자의 堂에 올랐다면 〈우리의 수준이〉 저 사람들과 어찌 꼭 차이가 있겠는가.”

왕돈이 말하였다.

“다른 제자는 어떤지 모르겠거니와 子貢은 그대와 조금 가까웠을 것이네.[6]”

---

3) 張華의 博物志 : 장화(232~300)는 晉나라 范陽 方城 사람으로, 字가 茂先이다. 惠帝 때 光祿大夫를 지냈으며 박학다식하기로 유명하였다. ≪박물지≫는 10권으로, 본래 400권으로 편찬하여 武帝에게 바쳤는데 무제가 허황한 말이 많다고 하여 10권으로 수정하였고, 그 내용은 여러 나라의 산천・인민・산물・풍습으로부터 동물・곤충・식물・의복・그릇 및 신기한 이야기 등이다.

4) 王逸 : 漢나라 南郡 宜城 사람으로 字가 叔師이고, 관직은 豫州刺史와 豫章太守에 이르렀다. 저서로 ≪楚辭章句≫가 있다.

5) 石崇 : 249~300. 渤海郡 南皮縣 사람으로 字가 季倫이며 어릴 때 이름은 齊奴이다. 젊을 때 城陽太守・散騎侍郎・黃門郎 등을 역임하고, 吳나라가 멸망한 뒤에 荊州刺史・南蠻校尉・鷹揚將軍 등을 역임했는데, 부임지에서 왕래하는 富商을 약탈하여 巨富가 되었다. 晉 惠帝(司馬衷) 永康 원년(300)에 趙王(司馬倫)이 당시 실권자였던 황후 賈南風을 죽이고 정권을 장악했는데, 조왕의 黨與인 孫秀가 석숭의 寵妾인 綠珠를 달라고 했으나 주지 않자 亂黨이라고 모함하여 三族을 죽였다.

석숭이 정색하면서 말하였다.

"선비는 마땅히 지위와 명예가 모두 안정되어 생활이 편안해야 하니, 어찌 〈매우 가난하여〉 깨진 옹기로 만든 창을 통해 남에게 말하는 지경에 이르겠는가."[7)]

石崇은 **每與王敦**으로 **入學戲**러니 **見顔原象**①하고 **而歎曰 若與同升孔堂**인댄 **去人**이 **何必有間**이리오하니 **王曰 不知餘人云何**어니와 **子貢**은 **去卿差**(치)**近**이라하다 **石**이 **正色云 士當令身名俱泰**니 **何至以甕牖語人**②이리오하다

① 顔回와 原憲이다.
顔回・原憲.

② 原憲은 깨진 옹기로 창을 삼았다.
原憲以甕爲戶牖.

43-3 石崇의 화장실에는 항상 10여 명의 시녀가 시중을 들며 늘어서 있었는데, 모두 화려한 복장에 화장을 하고 甲煎粉[8)]과 沈香水[9)] 따위를 놓아두어 갖추지 않은 물품이 없었다. 또 새 옷을 주어 갈아입고 나오게 하니 빈객들이 대부분 옷을 벗는 것을 부끄러워하여 화장실에 가지 못했다. 그러나 王 大將軍(王敦)은 〈화장실에〉 가서 입고 있던 옷을 벗고 새 옷을 입으면서도 기색이 거만하니, 시녀들이 서로 말하였다.

"이 손님은 틀림없이 반역을 일으킬 수 있을 것이다."

石崇厠에 **常有十餘婢侍列**한대 **皆麗服藻飾**하고 **置甲煎粉**과 **沈香汁之屬**하여 **無不畢備**라 **又與新衣箸**(착)**令出**하니 **客多羞不能如厠**이로되 **王大將軍往**하여 **脫故衣箸新衣**하되 **神色傲然**하니 **群婢相謂曰 此客**은 **必能作賊**①이라하다

---

6) 子貢은……것이네 : 자공은 재물이 많고 신분이 높았기 때문에 石崇의 사치러움과 가깝다는 뜻이다.(≪世說講義≫) 석숭을 풍자한 것이다.(≪世說箋本≫)

7) 선비는……이르겠는가 : 선비는 子貢처럼 지위와 명예가 모두 높아야 하니, 깨진 옹기로 창을 삼을 정도로 가난했던 原憲은 언급할 만하지 않다는 뜻이다.(≪世說講義≫)

8) 甲煎粉 : 화장품의 일종이다. '갑전'은 香料의 명칭으로, 甲香에 沈香과 麝香 등의 약초를 섞어 만든 것으로, 입술연지로 사용하기도 하고 태우기도 하며 약재로 쓰기도 한다.

9) 沈香水 : 沈香木을 우려내 만든 향수이다.

① 裴啓의 ≪裴子語林≫에 말하였다. "劉寔[10]이 石崇을 방문했을 때 화장실에 갔다가 진홍색 깁으로 만든 휘장이 쳐진 큰 침상에 매우 화려한 요가 깔려 있고 두 시녀가 비단 향주머니를 들고 있는 것을 보았다. 유식이 서둘러 물러나 나와 석숭에게 즉시 '조금 전에 그대의 침실에 잘못 들어갔었소.'라고 하니, 석숭이 '그곳은 화장실이오.'라고 하였다."

語林曰 "劉寔詣石崇, 如厠, 見有絳紗帳大床, 茵蓐甚麗, 兩婢持錦香囊, 寔遽反走, 卽謂崇曰 '向誤入卿室內.' 崇曰 '是厠耳.'"

【頭註】

○ 王世懋 : 石崇에게는 게다가 火浣布에 관한 일[11]이 있으니, 이는 더욱 심하다. ≪世說新語≫에서 〈이 내용을〉 싣지 않은 것은 아마 실정에서 더욱 멀기 때문일 것이다.

王云 "石尙有火浣布事, 尤奇. 世說不載, 豈謂更遠情實耶."

43-4 武帝(司馬炎)가 한번은 〈사위인〉 王武子(王濟)의 집에 행차하였는데, 왕무자가 음식을 대접할 때 모두 유리그릇을 사용하고 시녀 백여 명이 모두 비단 치마저고리를 입은 채 손으로 음식을 받들었다. 삶은 새끼 돼지고기가 살지고 맛이 있어 보통의 맛과 다르므로, 무제가 괴이하게 여겨 물었더니 〈왕무자가〉 대답하였다.

"사람의 젖을 새끼 돼지에게 먹였기 때문입니다."

〈이 말을 듣고〉 무제는 매우 불쾌하여 식사가 끝나기 전에 가버렸다. 〈이것은〉 王愷[12]나 石崇도 미처 할 줄 몰랐던 일이다.

武帝가 嘗降王武子家한대 武子供饌에 竝用瑠璃器하고 婢子百餘人이 皆綾羅絝䙰(고라)요 以手擎飮食이라 烝㹠肥美하여 異於常味하니 帝怪而問之라 答曰 以人乳飮(임)㹠이니이다하다 帝甚不平하여 食未畢에 便去하다 王(后)〔石〕[13]所未知作①이라

10) 劉寔 : 220~310. 平原 高唐 사람으로, 字가 子眞이다. 三國시대로부터 西晉시대에 이르기까지의 重臣이자 학자로, 서진이 건립된 뒤에 여러 관직을 역임하고 司空·太傅에 이르렀다.

11) 火浣布에 관한 일 : '화완포'는 불에 타지 않는 직물로, 石綿布를 이른다. ≪晉書≫에 "외국에서 화완포를 헌상했는데, 황제가 이것으로 적삼을 만들어 石崇의 집에 하사하였더니 석숭의 노복 50명은 화완포로 지은 적삼을 입고 있었다. 이에 황제가 크게 부끄러워했다."라고 하였다.(≪太平御覽≫ 권493)

12) 王愷 : 晉나라 東海 郯 사람으로, 字가 君夫이다. 驍騎將軍·散騎常侍 등을 역임하였고, 石崇과 부유함을 다투어 司隷校尉 傅祗의 탄핵을 받기도 하였다.

① 襹는 어떤 판본에는 襬로 되어 있다.
襹, 一作襬(피).

【頭註】

○ 劉應登 : 王石은 바로 王愷와 石崇이다.
應登云“王・石, 卽王愷・石崇.”

43-5 王君夫(王愷)는 八百里駮이라는 이름의 소를 가지고 있었는데 항상 그 발굽과 뿔을 윤이 나도록 닦았다. 王武子(王濟)가 왕군부에게 말하였다.

“나의 활 솜씨가 그대만 못하지만, 지금 그대의 소를 지목하여 내기에 건다면 〈나는〉 천만 錢으로 상대하겠소.”

왕군부는 〈자신의〉 숙련된 솜씨를 믿은 데다가 또 왕무자가 훌륭한 소를 죽일 리가 없다고 생각하여 즉시 그에게 허락하고는 왕무자에게 먼저 쏘라고 하였다. 왕무자가 한 발에 즉시 과녁에 명중시키고는 물러나 胡床[14]에 앉은 채 시종에게 소리쳤다.

“빨리 소의 심장을 가지고 오라.”

잠시 뒤에 〈소의 심장을〉 구운 고기가 이르자 한 점만 먹고 바로 떠났다.

王君夫①는 有牛名八百里駮한대 常瑩其蹄角이라 王武子語君夫하되 我射不如卿이나 今指賭卿牛하면 以千萬對之하리라하다 君夫는 旣恃手快하고 且謂駿物無有殺理라하여 便相然可하고 令武子先射라 武子가 一起便破的하고 却據胡床하여 叱左右하되 速探牛心來하라하다 須臾에 炙至하니 一臠(련)便去②하다

① 傅暢의 ≪晉諸公敍贊≫에 말하였다. “王愷는 字가 君夫로, 東海 사람이고, 王肅의 아들이다. 비록 방정한 행실은 없었으나 젊을 때부터 재능으로 이름이 알려지고 公務를 잘 처리한다는 칭찬을 받았다. 〈그는〉 본래 외척이라는 이유로 晉氏 조정에서 너

13) (后)〔石〕: 저본에는 ‘后’로 되어 있으나, 宋本 ≪世說新語≫에 의거하여 ‘石’으로 바로잡았다.

14) 胡床 : 걸상처럼 된 간단한 접이식 의자로, 긴 네모꼴의 가죽 조각의 양쪽 긴 변에 ‘ㅍ’자 모양의 다리를 대고 두 다리의 허리를 붙여 접었다 폈다 하며 사용한다. 예전에 높은 벼슬아치들이 가지고 다니다가 길에 깔고 앉거나 말 탈 때 디디고 오르는 디딤대로 사용하였다.

그렇게 대해준 데다가 또 성품이 지극히 호사스러웠다. 이전 규례에 따르면, 짐새는 장강을 건너 〈북쪽으로 데리고 올 수〉 없었으니 그 깃털이 스쳤던 술은 반드시 사람을 죽이기 때문이다. 왕개는 太子翊軍校尉로 있을 때 石崇으로부터 짐새를 얻어 길렀는데, 그 크기는 거위만 하고 부리의 길이는 1尺 남짓이며 오로지 독사만 먹었다. 司隸校尉(傅祗)가 왕개와 석숭을 조사해야 한다고 상주했으나, 〈惠帝는〉 조서를 내려 둘 다 용서해 주고 도성 거리에서 〈짐새를〉 즉시 태워 죽이게 하였다. 〈이로부터〉 왕개는 마음대로 행동하여 꺼리는 바가 없게 되었다. 後軍將軍이 되었고 죽은 뒤, 醜라는 시호를 받았다."

晉諸公贊曰"王愷, 字君夫, 東海人, 王肅子也. 雖無檢行, 而少以才力見名, 有在公之稱. 旣自以外戚, 晉氏政寬, 又性至豪. 舊制, 鴆(짐)不得過江, 爲其羽擽酒中, 必殺人. 愷爲翊軍時, 得鴆於石崇而養之, 其大如鵝, 喙長尺餘, 純食蛇虺(훼). 司隸奏按愷・崇, 詔悉原之, 卽燒於都街, 愷肆其意色, 無所忌憚. 爲後軍將軍, 卒, 謚曰醜."

② ≪相牛經≫에 말하였다. "≪牛經≫은 〈春秋시대 齊나라〉 甯戚[15]이 지은 책으로, 百里奚[16]에게 전하였다. 漢나라 때 河西의 薛公[17]이 그 책을 얻어 소를 감별하였는데 백발백중이었다. 〈소는〉 본래 무거운 짐을 실어 먼 곳에 가지, 수레를 끌지는 않는다. 그러므로 그 글이 전해지지 않다가 魏나라 때에 이르러 高堂生(高堂隆)[18]이 또 전하여 晉 宣帝(司馬懿)에게 주고, 이후에 王愷가 그 책을 얻었다."

내(劉孝標)가 살피건대, ≪상우경≫에 "陰虹이 목까지 이어진 소는 천리를 간다."라고 하였는데, 그 주석에 "음홍이라는 것은 두 힘줄이 꼬리뼈에서부터 목까지 이어져 있는 것으로, 영척이 기르던 소이다."라고 하였으니, 왕개의 소에도 아마 음홍이 있었을 것이다.

---

15) 甯戚 : 春秋시대 衛나라 사람으로, 미천했을 때 齊나라에 가서 소를 먹이면서 소의 뿔을 두드리며 노래하기를 "세상에 태어나 요순이 禪讓하던 시절을 만나지 못하여, 짧은 베 홑옷이 겨우 정강이만 가렸네. 저물녘부터 한밤중까지 소를 먹이니, 기나긴 밤은 언제나 아침이 올까.〔生不遭堯與舜禪 短布單衣適至骭 從昏飯牛薄夜半 長夜漫漫何時旦〕"라고 하였는데, 桓公이 그 노래를 듣고는 그를 등용하였다.(≪淮南子≫ 〈道應訓〉)

16) 百里奚 : 春秋시대 虞나라의 대부로 晉나라가 우나라를 격멸할 때 포로가 되었다가 다시 楚나라 宛땅으로 도망갔는데, 초나라 교외에 사는 사람에게 잡혀 소를 기르는 일을 하게 되었다. 秦 穆公이 그가 어질다는 말을 듣고 양가죽 다섯 장으로 그의 몸값을 치르고 데려와서 정승으로 삼았는데, 목공을 도운 지 7년 만에 목공을 覇者로 만들었다.(≪孟子≫ 〈萬章 上〉, ≪史記≫ 〈秦本紀〉)

17) 薛公 : 미상이다.

18) 高堂生(高堂隆) : 三國시대 魏나라 泰山 平陽 사람으로, 字가 升平이다. 曹操의 막하로 들어가 丞相軍議掾이 되었다가 明帝가 즉위한 후 給事中・博士가 되었다.

相牛經曰 "牛經出甯戚, 傳百里奚. 漢世河西薛公得其書以相牛, 千百不失. 本以負重致遠, 未服輜軿. 故文不傳, 至魏世, 高堂生又傳, 以與晉宣帝, 其後王愷得其書焉." 臣按, 其相經云 "陰虹屬頸, 千里." 注曰 "陰虹者, 雙筋(白)〔自〕[19]尾骨屬頸, 甯戚所飯者也." 愷之牛, 其亦有陰虹也.

영척의 ≪상우경≫에 말하였다. "소는 목등뼈가 높아질수록 몸의 모든 부분이 오그라들게 된다. 옆구리가 크고 갈비뼈가 듬성듬성하면 되새김질하기 어렵다. 머리가 용과 같고 눈이 튀어나오면 잘 뛴다. 또 뿔이 가늘수록 몸이 긴장되고 형체가 만 것처럼 동그랗게 변한다."

甯戚經曰 "棰頭欲得高, 百體欲得緊, 大(賺)〔膁〕[20]疎肋(륵)難(齢)〔齝(합)〕[21]齝(치), 龍頭突目好跳. 又角欲得細, 身欲促, 形欲得如卷."

【頭註】

○ 劉辰翁 : 이를 통쾌한 일로 여긴 것[22]은 아까워하는 마음이 전혀 없는 것이니, 요컨대 王君夫(王愷)가 소를 죽인 셈이다.

劉云 "以此爲快, 是略無惜吝意也, 要亦君夫殺之."

43-6 石崇은 빈객을 위해 콩죽을 쑬 때 순식간에 즉시 마련하였고, 겨울에도 항상 韭萍 절임이 있었다. 또 〈그의〉 소는 생긴 모습과 기력이 王愷의 소를 능가하지 못하였는데, 왕개와 함께 나들이를 갔다가 매우 늦은 시각에 돌아올 때 洛陽城에 〈누가 먼저〉 들어가는지 경쟁하였다. 석숭의 소가 수십 보 뒤에 있었는데 나는 새처럼 빨라 왕개의 소가 죽을힘을 다해 달려도 따라잡을 수 없었다. 〈왕개는〉 매번 이 세 가지 일로 속상해 하다가 석숭의 帳下都督과 수레를 모는 자를 은밀히 매수하여 그 이유를 물었더니, 장하도독이 말하였다.

"콩은 삶기가 매우 어려우니 미리 푹 익혀 두었다가 빈객이 오면 흰죽을 끓여 거기에 넣습니다. 구평 절임은 부추 뿌리를 빻고 거기에 보리 싹을 섞은 것[23]입니다."

---

19) (白)〔自〕: 저본에는 '白'으로 되어 있으나, 唐나라 徐堅의 ≪初學記≫ 권29에 인용된 ≪相牛經≫에 의거하여 '自'로 바로잡았다.

20) (賺)〔膁〕: 저본에는 '賺'으로 되어 있으나, 宋本 ≪世說新語≫에 의거하여 '膁'으로 바로잡았다.

21) (齢)〔齝(합)〕: 저본에는 '齢'으로 되어 있으나, ≪世說新語補觿≫에 의거하여 '齝'으로 바로잡았다.

22) 이를……것 : 劉辰翁은 본문을 '君夫旣恃手하며 快하고'로 읽어 이렇게 말한 듯하다.

나중에 수레를 모는 자에게 소가 빨리 달리는 이유를 물었더니, 수레를 모는 자가 말하였다.

"〈나리의〉 소는 본래 느리지 않으니 수레를 모는 자가 〈소가 달려가는 대로〉 따라가지 못하고 제어하기 때문입니다.[24] 급할 때는 한쪽 끌채에만 의지하면 빨리 달리게 됩니다."

왕개는 모두 그들의 말대로 하여 마침내 선두를 다투게 되었다. 석숭은 나중에 〈그 사실을〉 듣고 알려준 자들을 모두 죽였다.

石崇은 爲客作豆粥에 咄(돌)嗟便辦하고 恒冬天得韭(구)萍虀(제)라 又牛는 形狀氣力이 不勝王愷牛한대 而與愷出遊라가 極晩發할새 爭入洛城이라 崇牛數十步後어늘 迅若飛禽하니 愷牛絶走나 不能及이라 每以此三事爲搤腕이러니 乃密貨崇帳下都督과 及御車人하여 問所以하니 都督曰 豆는 至難煮하니 唯豫作熟末하고 客至어든 作白粥以投之하고 韭萍虀는 是搗韭根을 雜以麥苗爾니이다하다 後問馭人牛所以駃(결)하니 馭人云 牛本不遲니 由將車人不及하고 制之爾니이다 急時聽偏轅하면 則駃矣니이다하다 愷가 悉從之하여 遂爭長이라 石崇後聞에 皆殺告者①하다

① 傅暢의 ≪晉諸公敍贊≫에 말하였다. "石崇은 성품이 매우 호방하여, 王愷와 더불어 경쟁적으로 〈부유함을〉 과시하였다."
晉諸公贊曰 "崇性好俠, 與王愷競相誇衒也."

43-7【補】 羊稚舒(羊琇)는 겨울에 술을 담글 때 항상 사람에게 술 단지를 껴안고 있게 하되[25] 잠깐 사이에 사람을 다시 교체하니, 술이 빨리 숙성되었는데도 맛이 좋았다.

羊稚舒는 冬月釀에 常令人抱甕하되 須臾復易人하니 酒速成而味好①라

---

23) 보리……것 : 겨울에는 부평초가 전혀 없기 때문에 보리 싹으로 대신한 것인데, 사람들은 이런 사실을 모르고 부평초라고 여긴 것이다.(≪世說箋本≫)

24) 수레를……때문입니다 : ≪世說啓微≫에서는 '由將車人不及制之爾'라고 읽어 "수레를 모는 자가 〈소를〉 미처 제어하지 못하기 때문이다."라고 하였다.

25) 술……하되 : 술을 따뜻하게 데우기 위한 것이다.(≪世說講義≫)

① 傅暢의 ≪晉諸公敍贊≫에 말하였다. "羊琇(236~282)는 字가 稚舒로, 泰山 사람이다. 〈성격이〉 밝고 활달하며 재주가 있었다. 〈晉나라〉 世祖(司馬炎)와 동갑이고 사이가 좋았는데, 세조에게 '나중에 부귀해지면 나를 등용하여 〈內軍 책임자〉 領軍將軍과 〈外軍 책임자〉 護軍將軍으로 각각 10년씩 임용해주십시오.'라고 하였다. 세조가 즉위한 뒤에 여러 관직을 역임하고 左將軍과 特進[26]이 되었다."
晉諸公贊曰 "羊琇, 字稚舒, 泰山人. 通濟有才幹. 與世祖同年相善, 謂世祖曰 '後富貴時, 見用, 作領・護軍各十年.' 世祖卽位, 累遷左將軍・特進."

43-8【補】 羊祖忻(羊侃)은 천성적으로 음률에 뛰어나 스스로 〈採蓮歌〉[27]와 〈棹歌〉 두 곡을 지었는데 새로운 운치가 매우 풍부하였다. 늘어서서 모시고 있는 시첩들은 사치와 화려함을 극도로 다하였고, 箏을 연주하는 陸太喜는 7촌 길이의 鹿角으로 된 깍지를 꼈으며, 무희 張淨琬은 허리둘레가 1척 6촌이었는데 당시 사람들은 모두 그녀가 掌中舞[28]를 잘 춘다고 추앙하였다. 또 孫荊玉은 허리를 뒤로 젖혀 머리를 땅에 붙이고는 자리 위에 놓인 옥비녀를 입으로 물 수 있었다. 황제의 명으로 歌人 王娥兒에게 상을 내리고 동궁도 가인 屈偶之에게 상을 내렸는데, 〈이들은〉 모두 기이한 곡조를 매우 절묘하게 불러 한 시대에 상대할 자가 없었다.

羊祖忻은 性善音律하여 自造採蓮棹歌兩曲하니 甚有新致①라 姬妾侍列에 窮極奢靡하고 有彈箏人陸太喜는 著鹿角爪長七寸하고 儛人張淨琬은 腰圍一尺六寸한대 時人咸推能掌中舞라 又有孫荊玉은 能反腰帖地하여 銜得席上玉簪이라 勅賚(뢰)歌人王娥兒하고 東宮亦賚歌者屈偶之하니 竝妙盡奇曲하여 一時無對②라

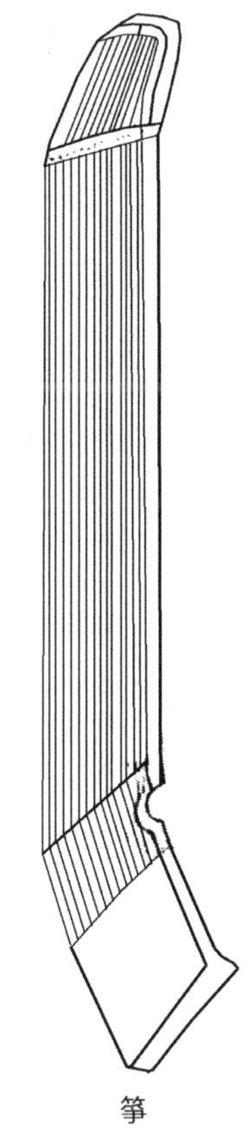
箏

26) 特進 : 前漢 말년에 설치한 官名으로, 제후 가운데 공덕이 크고 높아 조정으로부터 특별히 존경을 받는 사람에게 내렸다.
27) 採蓮歌 : 연밥을 따는 모습을 읊은 노래로, 樂府의 淸商曲 가운데 하나이다. 그 내용은 주로 남녀가 서로 그리워하는 모습을 그리고 있다.
28) 掌中舞 : 漢나라 때 유행한 춤으로, 掌上舞라고도 한다. 춤사위가 유연하고 경쾌한데, 成帝의 황후인 趙飛燕이 잘 추었다고 한다.

① ≪樂府詩集≫ 〈淸商曲辭〉에 말하였다. "羊侃에게 무희 張靜婉이 있었는데, 용모가 절세미인이었다. 양간이 일찍이 스스로 〈採蓮歌〉 두 곡을 지었는데, 樂府에서 〈장정완채련곡〉이라고 하였다."
樂府詩集曰 "侃(간)有舞人張靜婉, 容色絶世. 侃嘗自造採蓮歌兩曲, 樂府謂之張靜婉採蓮曲."

② ≪南史≫ 〈羊侃列傳〉에 말하였다. "羊侃(496~549)은 字가 祖忻으로, 泰山 梁父 사람이다. 부친 羊祉는 北魏에서 벼슬하였다. 양간은 젊을 때부터 매우 훤칠하여 키가 7척 8촌이며 힘이 남달리 세었다. 한번은 兗州의 堯廟에서 벽을 밟고 곧장 올라가 40척 높이에 이르렀고 옆으로 일곱 걸음을 갔다. 泗水의 다리에 석상 몇 개가 있었는데, 키가 8척이고 둘레가 열 아름이었다. 양간이 그것을 잡아 서로 부딪쳐 모두 부숴버렸다.

평소 文史를 좋아하였는데, 〈南朝 梁〉 武帝(蕭衍)가 한번은 〈武宴詩〉 30운을 지어 양간에게 보여주니, 양간이 즉석에서 명을 받들어 화답시를 지었다. 무제가 '내가 듣건대, 어진 자라야 용기가 있다[29]고 하던데, 지금 보니 용기 있는 자도 어진 마음을 지닐 수 있구나. 孔孟의 유풍이라 할 만하니 뛰어난 인물이 끊이지 않는구려.'라고 하였다.

양간은 천성적으로 호사스럽고 사치스러우며 음률에 정통하였다. 처음 衡州에 부임하였을 때 거룻배 두 척 위에 다리로 통하는 세 칸짜리 水齋[30]를 지은 뒤에 주옥으로 장식하고 빛깔이 고운 비단을 더하며 휘장을 풍부하게 두르고 女樂을 줄지어 세워 놓았다. 조수를 타고 배를 띄운 뒤 물결을 보며 술상을 차려 놓은 채 방죽을 따라 물가에서 노닐었는데 구경꾼들이 〈길을〉 가득 메웠다.

〈무제〉 大同 연간(535~545)에 〈양나라에〉 온 북위의 사신 楊斐는 양간과 북쪽에서 함께 공부한 적이 있었는데, 〈무제가〉 양간에게 양비를 인도하여 함께 연회에 참석하라는 어명을 내렸다. 빈객이 300여 명이었고 식기가 모두 금과 옥 및 여러 보석으로 만들어졌으며 三部의 女樂이 풍악을 울렸다. 저녁이 되자 侍婢 100여 명이 모두 金花로 장식한 촛대를 들었다. 양간은 술을 마시지 않았으나 빈객과 어울리는 것을 좋아하여 온종일 술을 주고받으며 빈객들과 함께 취하고 깨어났다.

양간은 성품이 관대하고 돈후하며 도량이 있었다. 한번은 남쪽으로 돌아오다가 漣水 입구에 이르러 술자리를 마련하였는데, 張孺才라는 손님이 술에 취하여 배 안에서 실수로 불을 내었는데, 불이 번져서 70여 척의 배가 타버리고, 금과 비단이 셀 수 없을 정도로 불탔다. 양간은 〈그 소식을〉 듣고도 전혀 개의치 않은 채 끊임없이 술을 가져오라고 하였다. 장유재는 부끄럽고 두려워 도망쳤는데, 양간은 위로하며 돌아오게

29) 어진……있다 : ≪論語≫ 〈憲問〉에 "어진 자는 반드시 용기가 있지만, 용기가 있는 자가 반드시 어진 것은 아니다.〔仁者必有勇 勇者不必有仁〕"라고 하였다.

30) 水齋 : 배 위에 지은 작은 집이다.

하고는 이전처럼 대접하였다."

南史曰 "羊侃, 字祖忻, 泰山梁父(보)人. 父(社)〔祉〕[31], 仕魏. 侃少而瓌瑋, 身長七尺八寸, 膂(려)力絶人. 嘗於兗州堯廟蹋壁, 直上至五尋, 橫行得七跡. 泗橋有數石人, 長八尺, 大十圍, 侃執以相擊, 悉皆破碎. 雅好文史, 帝嘗製武宴詩三十韻示侃, 侃卽席應詔, 帝曰 '吾聞仁者有勇, 今見勇者有仁, 可謂鄒・魯遺風, 英賢不絶.' 性豪侈, 善音律. 初赴衡州, 於兩艖艄起三間通梁水齋, 飾以珠玉, 加之錦繢, 盛設帷屛, 列女樂. 乘潮解纜, 臨波置酒, 緣塘傍水, 觀者塡咽(열). 大同中, 魏使楊斐, 與侃在北嘗同學, 有詔命侃延斐同宴. 賓客三百餘人, 食器皆金玉雜寶, 奏三部女樂, 至夕, 侍婢百餘人, 俱執金花燭. 侃不飮酒而好賓游, 終日獻酬, 同其醉醒. 性寬厚, 有器局. 嘗南還, 至漣口置酒, 有客張孺才者, 醉於舡中失火, 延燒七十餘艘, 所燔金帛, 不可勝數. 侃聞, 了不挂意, 命酒不輟. 孺才慙懼自逃, 侃慰喩使還, 待之如舊."

43-9【補】 韋陟은 그 주방의 음식이 향기롭고 각양각색이라, 사람들이 그 안에 들어가면 대부분 물리도록 실컷 먹고 돌아갔다. 이에 당시 사람들이 이를 두고 말하였다.

"사람이 밥을 먹지 않고자 하면 근골이 이완되지만,[32] 연줄을 타고 벼슬길에 나아가려면 모름지기 郇國公(위척)의 주방에 들어가야 한다."

韋陟은 **廚中飮食**이 **香味錯雜**하니 **人入其中**하면 **多飽飫**(어)**而歸**라 **時人爲之語曰 人欲不飯**이면 **筋骨舒**어니와 **夤緣**인댄 **須入郇公廚**①라하다

① 劉昫의 ≪舊唐書≫에 말하였다. "韋陟(697~761)은 字가 殷卿으로, 韋安石의 아들이다. 어릴 때부터 풍모가 단정하여 위안석이 더욱 사랑하였다. 일찍부터 재상의 명망이 있었고 郇國公에 襲封되었다. 李林甫와 楊國忠에게 배척받는 터에 중원에서 병란이 일어나 울울하게 지내면서 뜻을 펴지 못하게 되자 '나의 길이 여기에서 막히는가? 뜻을 지녔건만 펼치지 못하니 천명이 아니겠는가.'라고 탄식하고는 병에 걸려 虢州에서 세상을 떠났다."

鄭處誨의 ≪明皇雜錄≫[33]에 말하였다. "韋陟은 일찍부터 문학・식견・도량으로 명

31) (社)〔祉〕: 저본에는 '社'로 되어 있으나, ≪梁書≫와 ≪南史≫의 〈羊侃列傳〉에 의거하여 '祉'로 바로잡았다.

32) 사람이……이완되지만 : 벼슬하여 봉록을 얻기 위해 애쓰지 않으면 몸이 편안해진다는 뜻이다.

33) 鄭處誨의 明皇雜錄 : 정처해는 唐나라 사람으로, 字가 延美이다. 문장력이 뛰어나 일찍

성을 날리고 문장을 잘 지었다. 여러 清顯職을 담당하고 존귀한 지위를 역임하였다. 스스로 문벌과 뛰어난 재주를 지녔다고 여겨 다른 사람과 교제할 때 거만하였고, 한 번도 남과 개인적인 속마음을 나눈 적이 없다."

唐書曰"陟字殷卿, 安石子也. 自幼風標峻整, 安石尤愛之. 早有台輔之望, 襲封郇國公. 爲李林甫·楊國忠所擠, 中原兵起, 鬱鬱不得志, 乃歎曰'吾道窮於此乎. 有志不伸, 得非天命.' 因遘疾, 卒於虢(괵)州." 明皇雜錄曰"陟早以文學識度著名, 善屬文. 出入清顯, 踐歷崇貴. 自以門第才華, 接物簡傲, 未嘗與人款曲."

43-10【補】 李昌夔[34]는 荊州에서 사냥할 때 〈행차를〉 대대적으로 꾸몄다. 그 아내 獨孤氏도 여성으로 구성된 부대 2천 명을 출동시켰는데, 모두 홍자색의 수놓은 저고리를 입고 〈타는 말에〉 비단 안장과 언치를 깔았다.

李昌夔(기)는 **在荊州打獵**에 **大修裝飾**하고 **其妻獨孤氏**도 **亦出女隊二千人**한대 **皆著**(착)**紅紫繡襖**(오)**子**와 **及錦鞍韉**(천)하다

43-11【補】 段文昌은 부귀해진 뒤에 황금으로 연꽃을 새겨 넣은 동이를 만들어 〈거기에〉 물을 담아 발을 씻었다. 어떤 이가 충고하니, 〈단문창이〉 대답하였다. "인생살이 얼마나 되오? 예전에 〈가난했을 때〉 부족했던 상황을 보상하려는 것이오."

段文昌①은 **富貴後**에 **打金蓮花盆**하여 **盛水濯足**이라 **或規之**하니 **答曰 人生幾何**오 **要酬平生不足也**②라하다

① 劉昫의 ≪舊唐書≫에 말하였다. "段文昌(773~835)은 字가 墨卿으로, 西河 사람이다. 고조부 段志玄(段雄)[35]은 昭陵[36]에 陪葬되었다. 단문창은 포부가 크고 비범하여

부터 士友들에게 추앙받았다. 文宗 太和 8년(834) 진사가 된 뒤로 여러 관직을 역임하고 汴州刺史로 세상을 떠났다. ≪명황잡록≫은 당나라 玄宗 때의 여러 일을 기록한 책인데, 肅宗과 代宗 때의 史實도 포함하고 있다.

34) 李昌夔 : 唐 德宗 때의 사람으로, 小府監 등을 역임하였다.

35) 段志玄(段雄) : 598~642. 唐나라 淄州 鄒平 사람으로, 字가 志玄이며 시호는 忠壯이다. 당나라 개국에 많은 공적을 세우고, 玄武門의 변란에 참여하여 秦王 李世民의 즉위를 옹위하여 左驍衛大將軍에 제수되며 樊國公에 봉해지고, 西海道行軍總管으로 나가

기개와 의리가 있었다. 韋皐[37]가 蜀에 있을 때 〈조정에〉 표문을 올려 〈그를〉 校書郞에 임명하였다. 〈穆宗〉 長慶 연간(821~824)에 조정에서 단문창이 젊을 때 西蜀에 있었다는 이유로 조칙을 내려 西川節度使에 제수하였다. 敬宗이 즉위한 뒤에 〈조정으로〉 불러 刑部尙書·右僕射에 임명하였다."

唐書曰 "文昌, 字墨卿, 西河人. 高祖志玄, 陪葬昭陵. 文昌倜(척)儻有氣義. 韋皐在蜀, 表授校書. 長慶中, 朝廷以文昌少在西蜀, 詔授西川節度使. 敬宗卽位, 徵拜刑部尙書·右僕射(야)."

② 孔平仲의 ≪續世說≫[38]에 말하였다. "段文昌은 벼슬하지 않았을 때는 가는 곳마다 불우했으나, 현달하게 된 뒤에는 역임한 관직이 높고 중요한 자리였으니 거의 20년 동안 조정을 나가서는 장수가 되고 조정에 들어와서는 재상이 되었다. 복식과 완호물, 歌童과 기녀에 대하여 만일 마음에 들면 아끼는 바가 없었다. 사치가 너무 지나치니 여론은 그를 폄하하였다."

續世說曰 "段文昌, 布素之時, 所向不偶, 及其達也, 揚歷顯重, 出入將相, 垂二十年. 服飾·玩好·歌童·妓女, 苟悅於心, 無所愛惜. 奢侈過度, 物議貶之."

吐谷渾을 정벌하여 右衛大將軍이 되고 褒國公에 봉해졌다.

36) 昭陵 : 唐 太宗 李世民의 능이다.

37) 韋皐 : 745~805. 唐나라 京兆 사람으로 字가 城武이며 시호는 忠武이다. 劍南西天節度使가 되어 滇南을 21년 동안 경영하고 吐蕃의 48만 군사를 격파하여 南康郡王에 봉해졌다.

38) 孔平仲의 續世說 : 공평중은 北宋시대 新喩 사람으로, 字가 義甫·毅父(보)이다. 孔子의 47대손으로, 형인 孔文仲·孔武仲과 함께 文名이 높아 '三孔'으로 병칭되었다. 英宗 治平 2년(1065)에 진사가 되고, 이후 敎授·秘書丞·集賢殿·校理 등을 역임하였다. 저술로 ≪續世說≫·≪孔氏談苑≫·≪珩璜新論≫·≪釋稗≫ 등이 있다. ≪속세설≫은 12권의 筆記小說集으로, 南北朝시대로부터 唐나라와 五代에 이르기까지 朝野의 일화들을 기록하였는데, 體例는 劉義慶의 ≪世說新語≫를 모방하였고, 내용은 주로 李延壽의 ≪南北史≫, 劉昫의 ≪舊唐書≫, 薛居正의 ≪舊五代史≫에서 수집하는 한편 이전 시대의 필기소설에서도 수집하였다.

44. 분노와 조급 忿狷

〈忿狷〉편은 ≪世說新語≫에서 9항목, ≪何氏語林≫에서 8항목을 뽑아 총 17항목으로 구성되었다. 제때 접견을 못 받은 것에 분노하여 인형을 만들어 화살을 쏜 時苗(44-2), 摴蒲 놀이에서 뜻대로 되지 않자 분노를 참지 못하여 주사위를 던져 버린 袁耽(44-6), 남편이 못마땅하여 박대한 謝道韞(44-8), 거위 싸움에 진 것에 분노하여 종형제들의 거위를 모두 죽인 桓玄(44-10), 武官의 지위를 달가워하지 않아 막말을 한 丘靈鞠(44-16) 등의 일화뿐만 아니라 최고의 歌妓를 성질이 악독하다는 이유로 죽인 魏 武帝(44-1), 조급한 성격 탓에 삶은 달걀과 싸운 王述(44-4), 평소 관대했으나 죽기 얼마 전에 성격이 거칠어진 謝密(44-11) 등의 일화를 싣고 있다.

44-1 〈三國시대〉 魏 武帝(曹操)에게 歌妓 한 명이 있었는데, 소리는 최고로 맑고 고상했으나 성질이 매우 흉악하였다. 〈그녀를〉 죽이자니 재주가 아깝고 그냥 두자니 〈그 성질을〉 견딜 수 없었다. 그래서 백 명을 선발하여 동시에 함께 가르쳤다. 얼마 뒤에 과연 어떤 한 사람이 그녀만큼 소리를 내게 되자 즉시 성질이 악독한 가기를 죽여버렸다.

魏武有一妓한대 聲最淸高나 而情性酷惡하니 欲殺而愛才요 欲置則不堪이라 於是에 選百人하여 一時俱教라 少時에 果有一人이 聲及之하니 便殺惡性者하다

44-2 【補】 時苗가 壽春縣令이 되었을 때 蔣濟는 揚州治中으로 있었다. 시묘가 처음 도착하여 장제를 알현하였는데, 장제는 평소 술을 좋아하던 터라 마침 술에 취해 있는 바람에 제때 시묘를 접견하지 못하였다. 시묘는 화를 내고 원망하면서 돌아와 사람 모습으로 나무를 깎아 '술꾼 장제'라고 쓰고는 담장 밑에 세워놓고

아침저녁으로 화살을 쏘았다.

時苗①가 令壽春日에 蔣濟는 作揚州治中이라 苗가 初至에 謁濟한대 濟는 素嗜酒라 適會其醉하여 不時見苗라 苗는 恚(에)恨還하여 刻木爲人하여 署曰酒徒蔣濟라하고 竪之墻下하여 朝夕射(석)之②하다

① 魚豢의 ≪魏略≫[1]에 말하였다. "時苗(150~220)는 字가 德胄로, 鉅鹿 사람이다. 大官令이 되어 그 郡의 中正[2]을 거느렸는데, 인물의 재능을 서술할 때는 관대하지 못하였다. 그러나 인물의 단점을 기억할 때는 비록 매우 오래전의 일이라도 계속 마음에 두었다."

魏略曰 "苗字德胄(주), 鉅鹿人. 爲大官令, 領其郡中正, 至於敍人才, 不能寬大. 然記人之短, 雖在久遠, 銜之不置."

② ≪三國志≫ 〈魏志 蔣濟傳〉에 말하였다. "蔣濟(?~249)는 字가 子通으로, 楚國 平阿 사람이다. 領軍將軍을 역임하고 〈萬機論〉을 저술하였다."

郭頒의 ≪魏晉世語≫[3]에 말하였다. "蔣濟가 司馬宣王(司馬懿)을 수행하여 洛水의 浮橋에서 주둔하고 있었다. 장제는 曹爽에게 편지를 보내 '사마선왕의 뜻은 단지 〈그대를〉 면직시키는 것일 뿐이오.'라고 하였다. 그런데 조상이 주살되니[4] 장제는 자신의 말이 신뢰를 잃었음을 괴로워하다가 병이 나서 세상을 떠났다."

魏志曰 "蔣濟字子通, 楚國平阿人. 官領軍將軍, 著萬機論." 世(說)〔語〕[5]曰 "濟隨司馬宣王, 屯洛水浮橋, 濟書與曹爽言 '宣王旨唯免官而已.' 爽誅滅, 濟病其言之失信, 發病卒."

---

1) 魚豢의 魏略 : 어환은 魏(三國)나라 郎中을 역임한 사학가이며, 京兆 사람이다. ≪위략≫은 삼국시대 위나라의 역사를 기록한 역사서로, 紀·志·列傳의 체제로 되어 있다. 원문은 일실되고, 청나라의 張鵬一이 편찬한 ≪魏略輯本≫이 있다.

2) 中正 : 魏(三國) 文帝 때 州郡에 설치한 관원으로, 인재의 등용과 관리 후보자의 鄕品을 결정하였다. 郡邑에는 小中正, 州에는 大中正을 두고 아홉 종류로 인물을 평가하여 소중정이 대중정에게 올리면 대중정이 검토한 뒤에 司徒에게 올리고, 사도는 또 재심사하여 합격자를 尙書에 회부하여 선발하였다.

3) 郭頒의 魏晉世語 : 곽반은 晉나라 사학가로, 字가 長公이다. 처음에 令史가 되고, 지방으로 나가 襄陽縣令이 되었다. ≪위진세어≫는 위진시대 명사들의 일화를 기록한 책인데, ≪三國志≫의 裴松之 주석에 여러 차례 인용되었고, 全書는 일실되었다.

4) 조상이 주살되니 : 魏(三國)나라 齊王(曹芳) 嘉平 원년(249)에 司馬懿는 曹爽이 반역의 마음을 품었다고 무고하고, 何晏과 鄧颺 등을 함께 체포하여 그들의 삼족을 주살하였다.

5) (說)〔語〕 : 저본에는 '說'로 되어 있으나, ≪世說箋本≫에 의거하여 '語'로 바로잡았다.

44-3【補】[6] 虞仲翔(虞翻)은 남방으로 쫓겨나자 이렇게 말하였다.

"고고한 절조를 지킨답시고 몸뚱이를 굽실거리지 못하고 윗사람을 범하여 죄를 얻은 것이 스스로 한스러우니, 바다 한쪽 구석에서 영원히 생을 마치게 되어 살아서는 더불어 말할 사람이 없고 죽어서는 오직 파리 떼를 조문객으로 삼는 것이 마땅하다. 그러나 만일 천하에 한 사람이라도 나를 알아준다면 한스럽지 않기에 충분할 것이다."

虞仲翔은 **放棄南方**①에 **自恨疏節**하여 **骨體不媚**하여 **犯上獲罪**하니 **當長沒海隅**하여 **生無可與語**하고 **死以青蠅爲弔客**이로되 **使天下一人知己者**면 **足以不恨**이라하다

① ≪三國志≫ 〈吳書 虞翻傳〉에 말하였다. "虞翻(164~233)은 성품이 소탈하고 정직하였는데, 여러 번 술로 인하여 실수를 저질렀다. 孫權이 한번은 직접 일어나 차례차례 술을 따라주었는데, 우번은 땅에 엎드려 취한 척하고 〈술을〉 받지 않다가 손권이 떠나자마자 일어나 앉았다. 손권이 검을 들어 그를 치려고 하니, 大司農 劉基가 손권을 끌어안으며 '대왕이 술 석 잔을 마신 뒤에 손수 훌륭한 선비를 죽이신다면, 비록 우번에게 죄가 있으나 천하 사람들이 그 누가 이것을 알겠습니까. 또한 대왕께서는 현자를 포용하고 중요한 인물을 기르시기 때문에 온 세상이 앙망하는데 어찌 하루아침에 이것을 버리려고 하십니까.'라고 간언하였다. 손권이 '曹孟德(曹操)도 오히려 孔文擧(孔融)를 죽였으니,[7] 내가 우번에 대하여 무슨 어려움이 있겠소.'라고 하니, 유기가 '조맹덕은 경솔히 선비를 해쳤기에 천하 사람들이 그를 비난하였습니다. 대왕께서는 堯舜과 더불어 그 훌륭함을 견주고자 하시니 어찌 스스로 조맹덕에게 견주실 수 있습니까.'라고 하였다. 〈우번은〉 이로써 〈죽임을〉 면할 수 있었다.

손권이 또 張昭와 더불어 신선에 대하여 논의하고 있었는데, 우번이 장소를 질책하면서 '저들은 모두 죽은 사람이거늘 〈그대가〉 신선을 말하니, 세상에 어찌 신선이 있겠소.'라고 하였다. 손권은 쌓인 분노가 한 두 가지가 아니었으므로 마침내 우번을 交州로 유배 보냈다. 〈우번은〉 비록 죄를 지어 쫓겨난 처지였으나 講學을 게을리하지 않아 문하생이 항상 수백 명이었다."

---

6)【補】: 저본에는 '補'가 없으나, 이 일화는 ≪世說新語≫가 아닌 ≪何氏語林≫에 있으므로 '補'를 보충하였다.

7) 曹孟德(曹操)도……죽였으니 : 孔融이 평소 재주와 명망을 믿고 자주 曹操를 놀리니, 조조가 그를 미워하였다. 공융은 御史大夫 郗慮와 원한이 있었는데, 치려는 조조의 뜻에 영합하여 "공융이 北海에 있을 적에 사람들을 불러 모아 반역을 도모하고 孫權의 사자와 대화하면서 조정을 비방했다."라고 무함하자, 조조가 그를 죽이고 滅族하였다.

吳志曰"翻性疏直, 數有酒失. 權嘗自起行酒, 翻伏地陽醉, 不持, 權去, 乃起坐. 權手劍欲擊之, 大司農劉基抱權, 諫曰'大王以三爵之後, 手殺善士, 雖翻有罪, 天下孰知之? 且大王以容賢畜重, 海內望風, 何故一朝棄之?' 權曰'曹孟德尙殺孔文擧, 孤於虞翻何有哉?' 基曰'孟德輕害士人, 天下非之. 大王欲與堯·舜比隆, 何得自喩於彼.' 由是得免. 權又與張昭論神仙, 翻指昭曰'彼皆死人, 而語神仙, 世豈有仙人也.' 權積怒非一, 遂徙翻交州. 雖處罪放, 而講學不倦, 門徒常數百人."

44-4 王藍田(王述)은 성격이 조급하였다. 한번은 〈삶은〉 달걀을 먹을 때 젓가락으로 찔렀는데 깨지지 않자 대뜸 크게 화를 내며 집어서 땅에 던졌다. 달걀이 땅에서 빙글빙글 돌며 멈추지 않으니, 바로 땅으로 내려가 나막신의 굽으로 밟았는데 또 깨지지 않았다. 〈왕남전은〉 너무 화가 나서 땅에서 〈달걀을〉 주워 입 안에 넣고는 깨물어서 부순 뒤 즉시 내뱉었다. 王右軍(王羲之)이 이 소식을 듣고는 웃으며 말하였다.

"설령 〈그의 부친〉 王安期(王承)[8]에게 이런 성격이 있다고 하더라도 오히려 터럭만큼도 논할 것이 없을 텐데, 하물며 왕남전은 말할 것도 없다.[9]"

王藍田은 **性急**이라 **嘗食鷄子**에 **以筯**(저)**刺之**어늘 **不得**하니 **便大怒**하여 **擧以擲**(척)**地**라 **鷄子**가 **於地圓轉未止**하니 **仍下地**하여 **以屐**(극)**齒蹍之**어늘 **又不得**이라 **瞋甚**하여 **復於地取**하여 **內**(납)**口中齧**(설)**破**하니 **卽吐之**라 **王右軍**이 **聞而大笑曰 使安期有此性**이라도 **猶當無一豪可論**이온 **況藍田邪**①아

① 何法盛의 ≪晉中興書≫에 말하였다. "王述은 고상하고 엄정하며 〈남에게〉 굽히는 바가 적었는데, 단지 성격이 급한 것이 흠이었다."
王安期(王承)는 왕술의 부친으로, 명성과 덕망이 있었다.
中興書曰"述淸貴簡正, 少所推屈, 唯以性急爲累." 安期, 述父也, 有名德.

---

8) 王安期(王承) : 273~318. 晉나라 太原 晉陽 사람으로, 安期는 字이다. 驃騎參軍·司空從事中郎이 되고 藍田侯에 책봉되었다. 東海王(司馬越)의 記室參軍이 되어 사마월의 존중을 크게 받았으며, 東海太守가 되었다가 이내 사직하고 강남으로 건너왔다. 허심탄회하고 淸談에 능하여 東晉시대 초반의 제일가는 名士로 추앙되었다.

9) 하물며……없다 : 취할 만한 점이 없다는 뜻으로, 王羲之는 평소 王述과 마음이 맞지 않았다.(≪世說箋本≫)

44-5 王司州(王胡之)[10)]가 한번은 눈이 내리는 날 王螭(王恬)[11)]의 집에 갔다. 왕사주의 말투가 왕리에게 조금 거슬리자 〈왕리는〉 곧바로 안색이 변하며 불쾌해하였다. 왕사주는 〈왕리가〉 기분 나빠하는 것을 알아차리고는 의자를 들어 그에게 다가가 그의 팔을 잡고서 말하였다.

"네가 어찌 또 〈이〉 老兄과 비교하려 하느냐?"

왕리가 그의 손을 뿌리치며 말하였다.

"귀신처럼 차가운 손으로 억지로 다가와 남의 팔을 붙잡는군."[12)]

王司州가 **嘗乘雪往王螭許**①한대 **司州言氣**가 **少有牾逆於螭**하니 **便作色不夷**라 **司州覺惡**하고 **便輿床就之**하여 **持其臂曰 汝詎復足與老兄計**②아하니 **螭**가 **撥其手曰 冷如鬼手馨**(형)이어늘 **彊來捉人臂**로다하다

① 〈王螭는〉 王恬이다.
   恬也.

② ≪王氏譜≫를 살펴보건대, 王胡之는 王恬의 從祖兄[13)]이다.
   按王氏譜, 胡之是恬從祖兄也.

44-6 桓宣武(桓溫)가 袁彦道(袁耽)[14)]와 함께 樗蒲[15)]를 하였는데, 주사위 점수〔齒〕

---

10) 王司州(王胡之) : ?~348. 晉나라 瑯琊 臨沂 사람으로, 字가 修齡이다. 東武侯 王廙의 둘째 아들이다. 젊을 때부터 재능이 탁월하여 명성이 있었고, 평소 風眩病을 앓았다. 吳興太守·侍中·丹陽尹 등을 역임한 뒤에 平北將軍이 되어 洛陽의 수복을 준비하다가 진격할 즈음에 세상을 떠났다.

11) 王螭(王恬) : 314~349. 晉나라 瑯琊 臨沂 사람으로, 字가 敬豫이며, 王導의 둘째 아들이다. 관직은 後將軍에 이르렀으며, 隸書를 잘 썼고 東晉시대 바둑의 최고수였다.

12) 귀신처럼……붙잡는군 : 王胡之가 자신을 지칭한 '老'兄에 근거하여 "이미 陽氣가 없어 귀신처럼 손이 차가우니, 설령 억지로 애써 와서 남의 팔을 잡더라도 역시 비교할 만하지 않다."라고 한 것이다.(≪世說講義≫)

13) 從祖兄 : 같은 증조부를 둔 형제 가운데 연장자이다. 王胡之의 부친은 王廙, 조부는 王正, 증조부는 王覽이고, 王恬의 부친은 王導, 조부는 王裁, 증조부는 왕람이다.

14) 袁彦道(袁耽) : 晉나라 陳郡 陽夏 사람으로, 彦道는 字이다. 젊을 때부터 호방하고 기개가 있어서 관습에 얽매이지 않아 당시 士族들의 인정을 받았다. 蘇峻이 반란을 일으켰을 때 司徒인 王導가 參軍으로 기용하여 함께 石頭城에 갔으며, 반란이 평정된 뒤에 建威將軍·歷陽太守에 제수되었다.

가 뜻대로 나오지 않자 원언도가 마침내 성난 안색으로 五木[16)]을 집어던졌다. 溫太眞(溫嶠)이 〈이 소식을 듣고〉 말하였다.

"袁生(원탐)이 노여움을 옮기는 것을 보니 顔子가 고귀하다는 것을 알겠구나."

桓宣武가 **與袁彦道**로 **樗蒲**(저포)할새 **袁彦道齒不合**하니 **遂厲色擲**(척)**去五木**이라 **溫太眞云 見袁生遷怒**하니 **知顔子爲貴**[①]로다하다

① ≪論語≫ 〈雍也〉에 말하였다. "哀公이 '제자 가운데 누가 학문을 좋아합니까?'라고 물으니, 孔子가 '顔回가 학문을 좋아하여 노여움을 옮기지 않고 잘못을 두 번 다시 저지르지 않았는데, 불행히도 명이 짧아 죽었습니다.'라고 대답하였다."
論語曰 "哀公問 '弟子孰爲好學.' 孔子曰 '有顔回者好學, 不遷怒, 不貳過, 不幸短命死矣.'"

【頭註】

○ 劉辰翁 : 여기에서 袁彦道(袁耽)를 알 수 있다.
劉云 "此識彦道."

44-7 謝無奕(謝奕)[17)]은 성격이 거칠고 사나웠다. 〈어떤〉 일 때문에 〈王藍田(王述)과〉 사이가 나빠진 뒤에 사무혁이 직접 왕남전을 찾아가 질책하면서 거리낌없이 제멋대로 심하게 욕을 해댔으나, 왕남전은 엄숙한 안색으로 벽을 마주한 채 꼼짝하지 않다가 반나절이 지나 사무혁이 떠나고 나서 한참 뒤에야 머리를 돌려 좌우의 시종에게 물었다.

"떠났느냐?"

---

15) 樗蒲 : 樗(가죽나무)와 蒲(부들)의 열매로 양면만 있는 납작한 형태의 주사위 5개를 만들고, 그것을 던져서 말을 움직여 승부를 다투는 놀이이다. 5개의 주사위 중에 앞면에 흑색을 칠한 뒤 犢(송아지)을 그려 넣고 뒷면에 백색을 칠한 뒤 雉(꿩)를 그려 넣은 것이 2개이고, 나머지 3개는 흑색과 백색만 칠하였다. 5개의 주사위를 던져서 생긴 12개의 조합을 부르는 명칭이 '齒名'이며, 각 조합마다 말판에서 말을 움직이는 횟수를 정해 놓은 것이 '采數'이다.

16) 五木 : 樗蒲를 할 때 사용하는 다섯 개의 주사위이다.

17) 謝無奕(謝奕) : 309~358. 晉나라 陳郡 陽夏 사람으로 無奕은 字이다. 太常卿 謝裒의 아들이자 太傅 謝安의 맏형이며, 車騎將軍 謝玄과 재주 있는 여인 謝道韞의 부친이다. 桓溫의 幕府司馬를 역임하고 관직이 安西將軍・豫州刺史에 이르렀다.

〈시종이〉 대답하였다.

"이미 떠났습니다."

그런 뒤에 왕남전은 다시 앉았다. 당시 사람들은 그가 성격은 조급하지만 포용력이 있다는 점에 감탄하였다.

謝無奕은 性麤(추)彊이라 以事不相得하고 自往數王藍田에 肆言極罵어늘 王이 正色面壁하고 不敢動이라 半日謝去하고 良久에 轉頭問左右小吏曰 去未아하다 答云 已去니이다하니 然後復坐라 時人歎其性急이나 而能有所容하다

44-8 王凝之[18]의 아내 謝夫人(謝道韞)은 왕씨 집안으로 시집간 뒤에는 왕응지를 심하게 박대하였고, 사씨 집안으로 돌아온 뒤에는 마음속으로 매우 불쾌해하였다. 〈숙부인〉 謝太傅(謝安)가 그녀를 위로하며 말하였다.

"王郞(왕응지)은 王逸少(王羲之)의 아들이고 인품과 재주도 나쁘지 않은데, 너는 어찌하여 이렇게 못마땅하게 여기느냐?"

〈사부인이〉 대답하였다.

"우리 집안에 숙부님으로는 阿大(謝尙)와 中郞(謝據)이 있고, 여러 종형제로는 封胡(謝韶)와 遏末(謝淵)이 있으니, 천지 사이에 왕랑 같은 사람이 있을 줄은 생각지도 못하였습니다."

王凝之의 謝夫人은 旣往王氏에 大薄凝之하고 旣還謝家에 意大不悅이라 太傅慰釋之曰 王郞은 逸少之子요 人身亦不惡하니 汝何以恨迺爾아하니 答曰 一門에 叔父는 則有阿大中郞하고 群從兄弟는 則有封胡遏末①하니 不意天壤之中에 乃有王郞이니이다하다

① 封胡는 謝韶(344~379)의 어릴 때 이름이고, 遏末은 謝淵의 어릴 때 이름이다. 사소는 字가 穆度로 謝萬의 아들이며 車騎司馬를 역임하였고, 사연은 字가 叔度로 謝奕의 둘째 아들이며 義興太守를 역임하였는데, 당시 사람들은 〈사씨 가문에서〉 이들이

---

18) 王凝之 : 334~399. 晉나라 瑯琊 臨沂 사람으로 字가 叔平이고, 書聖이라 불리는 王羲之의 아들이자 中書令 王獻之의 형이며, 여성 문학가 謝道韞의 남편이다. 草書와 隷書에 뛰어났고, 江州刺史·左將軍·會稽內史 등을 역임하였다. 五斗米道를 깊이 신봉하여 孫恩이 회계를 공격했을 때 방비해야 한다는 부하들의 말을 듣지 않고는 鬼兵이 도와줄 것이라고 하다가 죽임을 당하였다.

특히 빼어난 인물이라고 평가하였다. 혹자는 "봉·호·알·말이니, 봉은 〈謝據의 아들인〉 謝朗(338~361), 알은 〈謝奕의 아들인〉 謝玄(343~388), 말은 〈謝萬의 아들인〉 謝韶, 호는 〈사혁의 아들인〉 謝淵이다.[19] 어떤 본에는 '호는 사연, 알은 사현, 말은 사소를 이른다.'로 되어 있다."라고 하였다.

封胡, 謝韶小字. 遏末, 謝淵小字. 韶字穆度, 萬子, 車騎司馬. 淵字叔度, 奕第二子, 義興太守, 時人稱其尤彦秀者. 或曰 "封·胡·遏[20]·末, 封謂朗, 遏謂玄, 末謂韶, (朗玄)〔胡謂〕[21]淵, 一作胡謂淵, 遏謂玄, 末謂韶也."

【頭註】

○ 劉辰翁 : 원한이 이 지경에 이르렀다면 우리가 말할 수 없는 바이니 다 그르다고만 할 수는 없다.

劉云 "怨恨至此, 我輩所不能道, 不可盡非."

44-9 王令(王獻之)[22]이 謝公(謝安)을 찾아갔는데, 習鑿齒[23]가 이미 자리에 있는 상황이어서 〈그와〉 함께 걸상을 나란히 하고 앉아야만 하였다. 왕령이 머뭇거리면서 앉지 않으니 사공이 그를 끌어 〈습착치와〉 걸상을 마주하게 하였다. 〈두 사람이〉 떠난 뒤에 〈사공이 조카인〉 謝胡兒(謝朗)[24]에게 말하였다.

---

19) 봉은……謝淵이다 : ≪晉書≫ 〈列女傳〉에는 "封은 謝韶를, 胡는 謝朗을 羯은 謝玄을, 末은 謝淵을 이르니, 모두 어릴 때의 이름이다.〔封謂謝韶 胡謂謝朗 羯謂謝玄 末謂謝淵 皆小字也〕"라고 하였다.

20) 遏 : ≪晉書≫ 〈列女傳〉에는 '羯'로 되어 있다.

21) (朗玄)〔胡謂〕 : 저본에는 '朗玄'으로 되어 있으나, ≪世說箋本≫에 의거하여 '胡謂'로 바로잡았다.

22) 王令(王獻之) : 344~386. 晉나라 瑯琊 臨沂 사람으로 字가 子敬이고, 어릴 때 이름은 官奴이며, 王羲之의 7번째 아들이다. 族弟인 王珉과 구분하기 위해 사람들이 王大令이라고 불렀다. 재상인 謝安의 지우를 입고, 秘書郎·司徒左長史·吳興太守·中書令 등을 역임하였다. 여러 가지 서체에 정통했는데, 그중에서도 특히 行書와 草書로 명성을 떨쳤다.

23) 習鑿齒 : 317~384. 晉나라 襄陽 사람으로, 字가 彦威이다. 桓溫의 從事·西曹主簿가 되었는데, 환온의 簒位 계획에 반대하여 戶曹參軍으로 좌천되었고, 이후에 滎陽太守를 역임하였다. 그는 玄學·佛學·史學에 정통하였고, 저서로 ≪漢晉春秋≫·≪襄陽耆舊記≫·≪逸人高士傳≫·≪習鑿齒集≫ 등이 있다.

24) 謝胡兒(謝朗) : 338~361. 晉나라 陳郡 陽夏 사람으로 字가 長度이고, 胡兒는 어릴 때 이름이다. 젊을 때부터 文名이 있고 淸談에 능하며 시문이 아름다웠다. 門蔭으로 出仕하여 관직이 東陽太守에 이르렀다.

"王子敬(왕헌지)은 실로 본래부터 고결하고 특출나지만, 다만 사람됨이 그처럼 자긍심이 많으면 그 자연스러운 성품을 해치기에 매우 충분하다."

王令이 詣謝公한대 値習鑿齒已在坐하여 當與併榻(탑)이라 王徙倚不坐하니 公引之하여 與對榻이라 去後에 語胡兒曰 子敬은 實自淸立이나 但人爲爾多矜咳면 殊足損其自然①이라하다

① 劉謙之의 ≪晉紀≫에 말하였다. "王獻之는 성품이 매우 단정하고 준엄하여 같은 부류가 아닌 자와는 교제하지 않았다."
劉謙之晉紀曰 "王獻之, 性甚整峻, 不交非類."

【頭註】

○ 劉辰翁 : '矜咳'[25]라는 두 글자는 전혀 말이 되지 않으나, 매우 그럴 듯하다.
劉云 "矜咳二字, 極不成語, 然極有似."

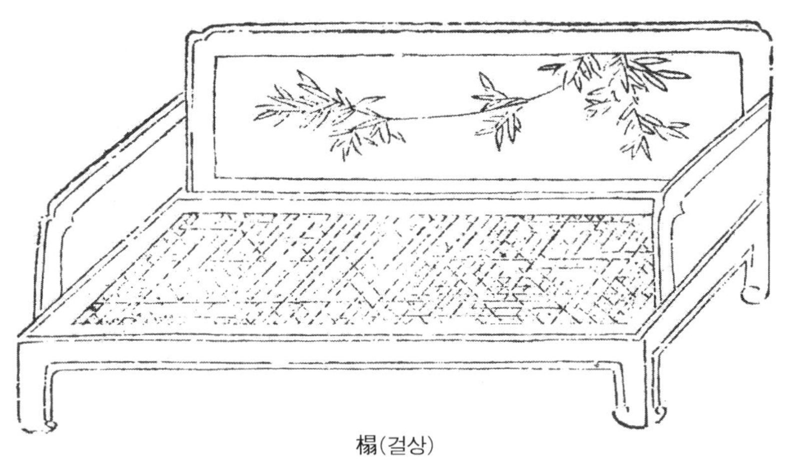

榻(걸상)

44-10 桓南郡(桓玄)은 어린아이였을 때 종형제들과 더불어 각각 거위를 키워 서로 싸움을 시켰다. 환남군의 거위가 매번 〈다른 이들의 거위만〉 못하니 〈환남군이〉 매우 분하게 여겨 밤에 거위 우리 안으로 들어가서 종형제들의 거위를 잡아 모두 죽였다. 날이 밝은 뒤에 집안사람들이 모두 깜짝 놀라 이 일은 변괴라고 하면서 桓車騎(桓沖)[26]에게 아뢰니, 환거기가 말하였다.

25) 矜咳 : 스스로 잘난 척하느라 일부러 기침하는 것이다.(≪世說箋本≫)

26) 桓車騎(桓沖) : 328~384. 晉나라 譙國 龍亢 사람으로 字가 幼子이고 어릴 때 이름은 買德郞이며, 시호는 宣穆이다. 宣城內史 桓彝의 다섯째 아들이자 大司馬 桓溫의 아우이며 桓玄의 숙부이다. 振威將軍・江州刺史・中軍長軍・荊州刺史 등 여러 관직을 역임하

"괴이하게 여길 바가 없으니, 틀림없이 환남군의 장난일 것이다."

〈환남군에게〉 물어보니 과연 그러하였다.

桓南郡은 **小兒時**에 **與諸從兄弟**로 **各養鵝共鬪**한대 **南郡鵝**가 **每不如**하니 **甚以爲忿**하고 **迺夜往鵝欄間**하여 **取諸兄弟鵝**하여 **悉殺之**라 **旣曉**에 **家人咸以驚駭**하여 **云是變怪**라하고 **以白車騎**하니 **車騎曰 無所致怪**니 **當是南郡戲耳**라하다 **問**하니 **果如之**라

【頭註】

○ 劉辰翁 : 거위 싸움이 어떤지는 듣지 못하였다.
劉云"不聞鬪鵝何如."

44-11【補】謝弘微(謝密)[27]는 타고난 성품이 관대하여 한번도 다른 사람과 맞선 적이 없었다. 만년에 한번은 벗과 바둑을 두었는데, 벗의 〈형세가 불리하여〉 바둑판의 서남쪽에 죽을 형세가 있자 어떤 손님이 큰 소리로 말하였다.

"서남풍이 거세니 배가 뒤집히는 지경에 이를 수도 있소."

그 벗이 〈이 말의 뜻을〉 깨닫고는 막자, 사홍미가 크게 화를 내면서 바둑판을 땅에 내던졌다. 식자들은 사홍미에게 이상한 점이 있다고 느꼈는데, 얼마 지나지 않아 과연 〈사홍미가〉 세상을 떠났다.

謝弘微는 **至性寬博**하여 **與人未嘗有忤**라 **末年嘗與友人棋**한대 **友人西南棋有死勢**에 **一客唱言 西南風急**하니 **或至覆**(복)**舟**라하니 **其人悟而救之**한대 **弘微大怒**하여 **投局於地**라 **識者覺其有異**러니 **未幾**에 **果卒**①하다

① ≪南史≫ 〈謝弘微列傳〉에 말하였다. "謝弘微는 어릴 때부터 생각이 치밀하고 신중하여 적절한 때에만 말하였다."
南史曰"弘微自幼精神詳審, 時然後言."

고, 사이가 좋지 않던 謝氏 가문과 협력하여 前秦의 침공을 방비하여 淝水 전투에서 승리하는 데에 일조하였다.

27) 謝弘微(謝密) : 392~433. 晉나라 陳郡 陽夏 사람으로 弘微는 字이다. 堂叔인 謝峻의 建昌縣侯를 습봉하였다. 東晉시대에 門蔭으로 出仕하여 員外散騎侍郎과 大司馬參軍 등을 역임하였다. 송나라가 건국된 뒤에 荊州咨議參軍이 되며 宜都郡王 劉義隆(文帝)을 보좌·지지하여 그가 즉위한 뒤에 黃門侍郎·尙書吏部郎이 되어 기밀 사무에 참여하며 右衛將軍·太子中庶子·侍中이 되었는데, 병이 들어 太子右衛率로 사직하였다.

44-12【補】王彦深(王蘊)은 종형제들에게 예우받지 못하여 항상 부끄러워하고 개탄하는 마음을 품고는 將領이 되어 스스로 떨쳐 일어나고자 하여 매번 칼을 어루만지면서 말하였다.

"龍泉과 泰阿여, 너희들은 나를 알아줄 것이다."

王彦深은 **不爲群從所禮**①라 **常懷恥慨**하여 **欲以將領自奮**하여 **每撫刀曰 龍泉**②**泰阿**③아 **汝知我者**로다하다

① ≪南史≫ 〈王蘊列傳〉에 말하였다. "王蘊은 字가 彦深으로, 王景文의 형의 아들이다. 부친 王楷는 재주가 열등하였기 때문에 왕온이 종형제들에게 예우받지 못하였다." 南史曰"王蘊字彦深, 王景文兄子也. 父楷, 人才凡劣, 故蘊不爲群從所禮."

② 雷次宗의 ≪豫章今古記≫[28]에 말하였다. "〈三國의〉 吳나라가 망하기 전에 자줏빛 기운이 北斗星과 牽牛星 사이에 항상 있었다. 張華는 雷孔章(雷煥)이 星象에 精通하다는 소문을 듣고 애써 〈그를〉 찾아내어 天文에 대하여 물으니, 뇌공장이 '북두성과 견우성 사이에만 이상한 기운이 있으니, 이는 보물에 의한 것으로, 그 정기가 豫章郡 豐城縣에 있습니다.'라고 하자, 장화는 마침내 뇌공장을 풍성 현령으로 삼았다. 〈뇌공장이〉 풍성현에 이르러 2丈 깊이까지 〈땅을〉 파서 길이 8尺짜리 玉匣을 〈두 개〉 얻었다. 옥갑을 열자 검 두 자루가 있었는데, 하나는 龍泉, 하나는 太阿라고 새겨 있었다.

그날 저녁에 북두성과 견우성 사이에 있던 기운이 더 이상 보이지 않았다. 뇌공장은 옥갑 하나를 남겨두고 〈다른 하나를 장화에게〉 바쳤다. 〈장화에게〉 검이 도착하자 광채가 환하게 빛나 마치 번개가 치듯 번쩍였다. 이후에 장화가 죽임을 당하자 이 검은 날아올라 襄城의 물속으로 들어갔다. 뇌공장은 임종할 때 그 아들에게 항상 그 검을 지니고 다니라고 경계하였다. 나중에 그 아들이 建安從事가 되어 얕은 여울을 건너갈 때 검이 느닷없이 허리춤에서 뛰어올랐는데, 따라가서 보니 용 두 마리가 서로 따라가고 있었다."

雷次宗豫章記曰"吳未亡, 恒有紫氣見斗牛之間. 張華聞雷孔章妙達緯象, 乃要索(색)問天文. 孔章曰'惟斗牛之間有異氣, 是寶物也, 精在豫章豐城.' 張華遂以孔章爲豐城令. 至縣, 掘深二丈, 得玉匣, 長八尺, 開之得二劍, 一名龍泉, 一名太阿. 其夕斗牛氣不復

---

28) 雷次宗의 豫章今古記 : 뇌차종(386~448)은 宋(南朝)나라 南昌 사람으로, 字가 仲倫이다. 廬山에 들어가 승려 慧遠에게서 수학하고, 鷄龍山에서 學館을 개설하여 100여 명의 제자에게 학문을 가르쳤다. ≪예장금고기≫는 1권으로, 예장군에 대하여 郡記・寶瑞記・寺觀記・鬼神記・變化記・神廟記・山石記・冢墓記・翹俊記 9부로 나누어 기술한 지리서인데, 원본은 일실되고 ≪說郛≫에 輯本이 있다.

見(현). 孔章乃留其一匣, 而進之. 劍至, 光曜煒曄, 煥若電發. 後張華遇害, 此劍飛入襄城水中. 孔章臨亡, 戒其子, 恒以劍自隨. 後其子爲建安從事, 經淺瀨, 劍忽於腰間躍出, 遂視, 見二龍相隨焉."

③ ≪越絶書≫[29] 〈寶劍〉에 말하였다. "楚王이 風胡子를 불러 '과인은 吳나라의 干將과 越나라의 區冶子에 대하여 들었소. 과인은 이 두 사람을 초청하여 강철 검을 만들고 싶소.'라고 하고는 풍호자를 오나라에 보내 구야자와 간장을 만나 〈그들에게〉 강철 검을 만들게 하고는 〈완성된 검을〉 泰阿라고 명명하였다. 晉나라 鄭王이 그 소식을 듣고는 검을 구하였으나 얻지 못하자 군대를 일으켜 초나라를 포위하였다. 이에 초왕이 태아검을 끌고 성에 올라가 휘두르자, 〈진나라의〉 三軍이 격파되고 군졸들이 정신을 차리지 못하였으며, 피가 천 리나 흘러 강물이 불어나 굽이지며, 진나라 정왕의 머리카락이 모두 하얗게 세었다."

越絶書曰 "楚王召風胡子, 而問之曰 '寡人聞吳干將・越區冶子, 寡人願請此二人作鐵劍.' 乃令風胡子之吳, 見區冶子・干將, 使作爲鐵劍, 曰泰阿. 晉鄭聞而求之, 不得, 興師圍楚. 於是王引泰阿之劍, 登城而麾之, 三軍破敗, 士卒迷惑, 流血千里, 江水揚折, 晉鄭之頭畢白."

44-13【補】 蕭南郡(蕭惠開)[30]은 少府에 제수되자 마음속으로 매우 못마땅해 하였다. 관청 안의 거주하는 방 앞에 옛날에 심은 화초가 매우 아름다웠는데, 모두 베어버리고 〈무덤가에 심는〉 白楊木[31]을 줄지어 심게 하였다. 〈그는〉 매번 사람들에게 말하였다.

"인생살이에 가슴 속 포부를 실현할 수 없다면 비록 100세를 살더라도 요절한 셈이오."

蕭南郡은 **除少府**하니 **意甚不得**이라 **寺**(시)**內所住齋前**에 **有故種花草 甚美**한대 **悉令剗除**하고 **列種白楊樹**라 **每謂人曰 人生不得行胸懷**면 **雖壽百歲**라도 **猶爲夭也**①라하다

29) 越絶書 : 고대 吳越 지역의 政治・經濟・軍事・天文・地理・曆法・言語 등 다방면의 역사를 15권 분량으로 기록한 책으로, ≪越絶記≫라고도 한다. 春秋시대 말기로부터 戰國시대 초반에 이르기까지 오나라와 월나라의 전쟁을 위주로 기록하였는데, 위로는 禹임금에 관련한 사실, 아래로는 兩漢시대의 역사까지 언급하였다.

30) 蕭南郡(蕭惠開) : 423~471. 宋(南朝)나라 南蘭陵 사람으로, 外戚인 蕭思話의 맏아들이다. 文帝 때 秘書郎・尙書水部郎・南徐州治中從事史・中書侍郎 등을 역임하였다.

31) 白楊木 : 무덤 주변에 심는 나무이다.(≪世說啓微≫)

① ≪宋書≫ 〈蕭惠開列傳〉에 말하였다. "蕭惠開는 南蘭陵 사람으로, 蕭思話의 아들이다. 젊을 때부터 풍모와 기개가 있고 문학과 사학을 섭렵하였다. 관직은 少府에 이르고 給事中이 더해졌다."

宋書曰"蕭惠開, 南蘭陵人, 蕭思話子也. 少有風氣, 涉獵文史. 官至少府, 加給事中."

44-14【補】 王融[32]은 자신의 인품과 문벌을 믿고는 30세 전에 公輔가 되기를 바랐다. 〈中書郎일 때〉 밤에 中書省에서 숙직하다가 탄식하였다.

"이렇게 적적하게 지내니 鄧禹가 나를 비웃게 하는구나."[33]

王融은 **自恃人地**하고 **三十內**에 **望爲公輔**러니 **夜直中書省**할새 **歎曰 作此寂寂**하니 **使鄧禹笑人**①이로다하다

① 班固 등의 ≪東觀漢記≫[34]에 말하였다. "鄧禹[35]는 字가 仲華로, 〈後漢의〉 창업공신으로서 太傅에 제수되었다."

≪漢書≫ 〈鄧禹傳〉에 말하였다. "등우는 24세에 酇侯에 봉해졌다."

東觀漢記曰"鄧禹字仲華, 以元功拜太傅." 鄧禹傳曰"禹年二十四, 封酇侯."

【頭註】

○ 王世懋 : 이는 王元長(王融)이 지닌 병통의 근원으로, 결국 天壽를 누리지 못하였으니[36] 어찌 반드시 공명을 취할 수 있겠는가.

王云"此是元長病根, 遂不得良死, 功名何可必取."

---

32) 王融 : 467~493. 齊(南朝)나라 瑯琊 臨沂 사람으로, 字가 元長이다. 어린 나이에 秀才에 천거된 뒤에 中書郎이 되고, 竟陵王 蕭子良의 막부에 들어가 竟陵八友의 일원이 되었는데 郁林王 蕭昭業이 즉위한 뒤에 소자량을 옹립했다는 이유로 賜死되었다. 沈約·謝朓와 함께 永明體를 창시하였다.

33) 이렇게……하는구나 : 功名의 성취가 늦어짐을 한탄하는 말이다. 왕융이 공명에 뜻을 두어 30세 이전에 公卿이 되기를 바랐으나 中書郎에 머물자, 24세에 侯에 봉해진 後漢의 鄧禹를 생각하며 탄식한 것이다.

34) 東觀漢記 : 後漢 光武帝로부터 靈帝에 이르기까지의 역사를 紀傳體로 기록한 역사서이다.

35) 鄧禹 : 2~58. 漢나라 南陽 新野 사람으로, 字가 仲華이다. 13세 때 長安에서 유학할 당시 光武帝를 만나 서로 친하게 지내고, 뒤에 광무제를 도와 천하를 평정하는 데 큰 공을 세워 酇侯에 봉해졌으며 다시 右將軍이 되고 高密侯에 봉해지고, 明帝 때에 太傅가 되었다.

36) 天壽를……못하였으니 : 齊(南朝) 武帝의 병이 심해지자, 王融은 조서를 위조하여 蕭子良을 옹립하고자 하여 郁林王 蕭昭業과 황제의 자리를 다투다가 실패한 뒤에 孔稚圭의 탄핵을 받아 賜死되었다.

44-15【補】〈會稽 사람인〉 虞玩之[37]는 인물에 대하여 품평하기를 좋아하였다. 王仲寶(王儉)[38]가 한번은 員外郞 孔逷을 천거하였는데, 우완지가 강하게 이의를 제기하자 왕중보가 몹시 원망하였다. 이후 우완지가 사망한 뒤에 〈회계 사람인〉 員外郞 孔瑄이 왕중보에게 가서 會稽五官을 내려달라고 요청하니, 한창 세수를 하고 있던 왕중보가 皂莢[39]을 땅에 내던지고는 말하였다.

"그대 고향의 풍속은 몹시 나쁘구나. 우완지가 죽었는데도 사람을 귀찮게 하는구나."

虞玩之는 **好臧否人物**이라 **王仲寶常擧員外郞孔逷**(적)①한대 **玩之頗持異議**하니 **仲寶甚恨之**라 **後**에 **玩之亡後**에 **有員外郞孔瑄**이 **就仲寶**하여 **求會稽五官**하니 **仲寶方**盥(관)에 **投皂莢**(조협)**於地**하고 **曰卿鄕俗殊惡**하니 **虞玩之至死**에도 **煩人**②이로다하다

① ≪南史≫ 〈孔逷列傳〉에 말하였다. "孔逷은 字가 世遠으로, 會稽 山陰 사람이고, 典故[40]에 관련한 학문을 좋아하였다. 王儉과 교분이 지극히 두터웠는데, 왕검이 재상이 되자 공적은 항상 〈왕검의〉 막부에서 〈국사를〉 계획하고 논의하였다. 〈南朝 齊 武帝〉 永明 연간(483~493)에 太子家令이 되었다."
南史曰 "逷字世遠, 會稽山陰人也. 好典故學. 與王儉至交, 儉爲相, 逷常謀議幄帳. 永明中, 爲太子家令."

② ≪南史≫ 〈虞玩之列傳〉에 말하였다. "虞玩之가 동쪽(會稽)으로 돌아갈 때, 원망하는 마음을 품고 있던 王儉은 전송하러 나오지 않고, 조정의 관원 가운데 전별연을 베풀어주는 자도 없었다. 御史中丞 劉休[41]가 친지에게 편지를 보내 말하였다. '虞公(우완

37) 虞玩之 : 宋(南朝)나라 會稽 餘姚 사람으로, 字가 茂瑤이다. 송나라에서 烏程令을 역임하고, 이후에 蕭道成에게 의탁하여 咨議參軍이 되며 제나라 초반에 驍騎將軍과 黃門郞을 역임하였다.

38) 王仲寶(王儉) : 452~489. 宋(南朝)나라 瑯琊 臨沂 사람으로, 仲寶는 字이며 시호는 文憲이다. 東晉시대 승상 王導의 5세손이자 宋나라 侍中 王僧綽의 아들이다. 明帝(劉彧) 때에 陽羨公主에게 장가들어 駙馬都尉가 되고, 秘書郞・秘書丞・義興太守・太尉右長史를 역임하였다. 齊(南朝) 太祖(蕭道成)의 즉위를 보좌하고 제나라가 건국된 뒤에 佐命의 공적으로 南昌縣公에 봉해지고, 尙書左僕射로 승진한 뒤에 領吏部・丹陽尹을 역임하고, 武帝 때에 관직이 太子少傅・中書監에 이르렀다.

39) 皂莢 : 쥐엄나무 열매로, 당시에 세수할 때 사용하였다.

40) 典故 : '典'은 누구나 지켜야 하는 변치 않는 법이고 '故'는 옛날에 있었던 사실이다.(≪世說音釋≫)

지)이 머리카락을 풀어 헤치고[42] 바닷가로 돌아간 것은 옛사람의 훌륭함과 같으나, 東都門에서의 전송은 전혀 성대하지 못하였다.[43]'"

南史曰 "琓之東歸, 儉懷恨不出送, 朝廷無祖餞者. 中丞劉休與親知書曰 '虞公散髮海隅, 同古人之美, 而東都之送, 殊不藹藹.'"

44-16【補】 丘車騎(丘靈鞠)[44]는 처음 驍騎將軍에 제수되었을 때 武官의 직위를 달가워하지 않아 사람들에게 말하였다.

"내가 동쪽으로 돌아가면 顧榮의 무덤을 파헤칠 것이오. 강남 지역 수천 리에 선비들의 훌륭한 풍모가 모두 이곳에서 나왔는데, 고영이 느닷없이 북방 촌놈들을 이끌고 〈長江을〉 건너와 우리의 벼슬길을 방해하였소.[45]"

丘車騎는 初領驍騎將軍에 不樂武位하여 謂人曰 我還東하면 掘顧榮冢하리라 江南地方數千里에 士子風流가 皆出此中이로되 顧가 忽引諸傖渡하여 妨我輩塗轍①이라하다

① 陸廣微의 ≪吳地記≫[46]에 말하였다. "顧榮의 무덤은 吳縣 동남쪽 20리 지점에 있다."

---

41) 劉休 : 429~482. 宋(南朝)나라 沛郡 相縣 사람으로, 字가 弘明이다. 예술적인 재능이 탁월하고 隸書에 뛰어났다. 송 明帝 때 駙馬都尉가 되며 南鄉侯에 봉해지고, 孝宗이 즉위한 뒤에 沈攸之의 반란을 평정한 공적으로 寧朔將軍·黃門郎에 제수되고, 제나라가 건국된 뒤에는 御史中丞·豫章內史·冠軍將軍 등을 역임하였다.

42) 머리카락을……헤치고 : 관직을 버리고 은거하여 유유자적하게 사는 것을 비유한다. 後漢 桓帝 延熹 연간(158~167) 말엽에 黨錮의 화가 일어나려 하자 袁閎은 마침내 깊은 숲으로 들어가고자 하여 산발한 채 세상과 절연하였다.

43) 東都門에서의……못하였다 : 관료들 가운데 虞琓之를 전송하는 자가 없었다는 뜻이다. '동도문'은 長安城 동쪽의 북쪽 끝에 있는 宣平門으로, 都門이라고도 한다. 漢 宣帝 때 疏廣이 太子太傅가 된 지 5년 만에 盛滿을 경계하는 뜻에서 병을 핑계로 상소하여 사직하고 그의 조카인 太子少傅 疏受와 함께 고향으로 돌아갈 때 천자는 그에게 황금 20근을, 태자는 50근을 하사하고, 公卿大夫들은 동도문 밖에서 전별연을 베풀어주었는데, 그들을 배웅하기 위한 수레가 무려 100여 대에 이르고, 도로에서 구경하던 이들은 모두 그들을 어진 대부라고 칭찬하면서 눈물을 흘린 일이 있었다.(≪漢書≫ 〈疏廣傳〉)

44) 丘車騎(丘靈鞠) : 宋(南朝)나라 吳興 烏程 사람이다. 어릴 때부터 학문을 좋아하고 문장을 잘 지었다. 송나라에서 員外郎·烏程令·正員郎·中書郎을 역임하고, 齊(南朝) 武帝 때 通直常侍와 驍騎將軍이 되었다.

45) 고영이……방해하였소 : 顧榮은 吳나라의 世族이었는데, 북방의 洛陽에 가서 높은 관직을 역임한 뒤에 오나라로 돌아왔다.(≪世說新語補觿≫) 晉 元帝가 江東으로 건너올 때 고영을 軍司馬로 삼았다.(≪世說箋本≫)

王鏊의 ≪姑蘇志≫[47]에 말하였다. "그곳은 葑門 동쪽 6리 지점에 있다."
陸廣微吳地記曰 "塋墓在吳縣東南二十里." 姑蘇志曰 "塋在葑門東六里."

44-17【補】梅侍讀(梅詢)은 만년에 봉록을 받는 관직에 조바심을 냈는데, 발에 병이 나자 항상 그 발을 어루만지면서 꾸짖었다.

"이 속에 귀신이 있으니, 나로 하여금 兩府[48]에 가지 못하게 하는 것은 너로구나."

梅侍讀은 **晚年躁於祿位**로되 **而病足**하니 **常撫其足而詈**(리)**之曰 是中有鬼**니 **令我不至兩府者**는 **汝也**①로다하다

① ≪宋史≫ 〈梅詢列傳〉에 말하였다. "梅詢(964~1041)은 字가 昌言으로, 宣城 사람이다. 젊을 때부터 학문을 좋아하고 언변이 뛰어났다. 진사에 급제한 뒤에 龍圖閣直學士·翰林侍讀學士·給事中을 역임하였다. 발에 병이 나서 〈지방관으로〉 나가 許州知事가 되었는데, 선례에 따르면 한림시독학사는 지방으로 나간 자가 없었다. 〈眞宗〉 天禧 연간(1017~1022)에 張知白[49]이 參知政事를 그만두고 한림시독학사에 제수되어 비로소 〈지방관으로〉 나가 大名府를 다스렸다. 兩府를 거치지 않고 〈한림시독학사로서 지방관으로〉 나간 자는 매순으로부터 시작되었다."
宋史曰 "梅詢字昌言, 宣城人. 少好學, 有辭辯. 進士及第, 歷龍圖直學士·侍讀學士·給事中. 病足, 出知許州, 故事, 侍讀學士無出外者. 天禧中, 張知白罷參政, 領此職, 始出知大名府. 非歷二府而出者, 自詢始."

---

46) 陸廣微의 吳地記 : 육광미는 唐나라 蘇州 사람이다. ≪오지기≫는 地方志로, 당나라 때 소주와 그 속현의 沿革·山水·城池·坊巷·橋梁·寺觀·壇廟·廨署 및 物產·風土·戶口·賦稅·徭役 등에 대하여 상세하게 기록하였다.

47) 王鏊의 姑蘇志 : 왕오(1450~1524)는 明나라 蘇州 吳縣 사람으로, 字가 濟之이고, 號가 守溪이며, 만년의 호는 拙叟이다. 학자들은 그를 震澤 선생이라고 불렀다. 侍講學士·充講官·吏部右侍郎·戶部尚書·文淵閣大學士 등을 역임하였다. ≪고소지≫는 소주 지역의 지방지로, 沿革·守令·科第·人物 등에 대하여 기록하였다.

48) 兩府 : 한나라 때에는 丞相과 御史, 송나라 때에는 中書省과 樞密院이다.

49) 張知白 : 956~1028. 宋나라 滄州 清池 사람으로, 字가 用晦이며, 시호는 文節이다. 989년 진사에 급제하고 龍圖閣待制·御史中丞·參知政事 등을 역임한 뒤에 외직으로 나가 劍州·鄧州·青州의 知事, 河陽節度判官이 되고, 1025년 工部尚書·中書門下平章事가 되었다.

45. 비방과 험담 讒險

참험의 '讒'은 남을 나쁘게 말하는 것이고 '險'은 陰險한 것으로, 본편에는 음험하게 남을 비방하고 헐뜯은 일화를 모아놓았다. 성인의 학문을 비방한 袁悅, 殷仲堪을 비방한 王緖, 강직한 張鎰을 비방한 盧杞 등에 관한 일화이다. ≪世說新語≫에서 2항목, ≪何氏語林≫에서 1항목을 가져와 총 3항목으로 구성되었다.

45-1 袁悅은 말재주가 있어 短長說[1]에 능하였고 또한 논리가 정연하였다. 처음에 謝玄의 參軍이 되어 상당히 예우를 받았다. 나중에 부모상을 당하여 喪期를 마치고 도성에 돌아올 때 오로지 ≪戰國策≫[2]만 가지고 왔다. 그가 어떤 이에게 말하였다.

"젊었을 때 ≪論語≫와 ≪老子≫를 읽었고 또 ≪莊子≫와 ≪周易≫을 읽었는데 이것은 모두 병통만 될 뿐이니 일에 무슨 이득이 있겠는가. 천하가 원하는 물건은 바로 ≪전국책≫이지."

長江을 건넌 뒤 孝文王(司馬道子)에게 유세하여 융숭한 대우를 받아 거의 機軸[3]을 어지럽힐 정도였는데, 얼마 뒤 죽임을 당하였다.

袁悅有口才하여 **能短長說**하고 **亦有精理**라 **始作謝玄參軍**에 **頗被禮遇**하고 **後丁艱服除還都**에 **唯齎戰國策而已**라 **語人曰 少年時**에 **讀論語老子**하고 **又看莊易**한대 **此皆是病痛**이니

---

1) 短長說 : 短長術이라고도 한다. 戰國시대에 유행한 合從連橫說을 가리키는데, 여기서는 ≪戰國策≫을 의미한다. ≪世說講義≫에는 "能長能短"으로 되어 있다.(≪世說音釋≫, ≪世說講義≫)

2) 戰國策 : 33편으로 구성되었고 저자는 未詳이다. 전국시대의 辯士들이 여러 나라들에 遊說하였던 策略을 나라별로 모아놓은 책이다.

3) 機軸 : 쇠뇌의 방아쇠와 수레의 굴대라는 뜻으로, 사물의 요긴하고 핵심적인 부분을 말한다. 요직을 차지한 사람이 정권을 마음대로 휘두르는 것을 말한다.(≪世說音釋≫)

事當何所益邪(야)아 **天下要物**은 **正有戰國策**이라 **旣下**[4]에 **說**(세)**司馬孝文王**하여 **大見親待**하여 **幾亂機軸**이러니 **俄而見誅**①하다

① ≪袁氏譜≫에 말하였다. "袁悅은 字가 元禮이고 陳郡 陽夏 사람이다. 부친 袁朗은 給事中이었고 벼슬이 驃騎咨議에 이르렀다. 東晉 孝武帝 太元(376~396) 연간에 원열이 會稽王(司馬道子)에게 총애를 받았는데, 매번 회계왕에게 조정의 권력을 전적으로 장악할 것을 권하니, 회계왕이 그의 말을 자못 수용하였다. 王恭이 그 말을 듣고 효무제(司馬曜)에게 말하니 마침내 다른 죄를 씌워 원열을 저자 거리에서 죽였다. 얼마 있다 朋黨끼리 同異를 다투는 소리가 朝野에 파다하였다."
袁氏譜曰"悅, 字元禮. 陳郡 陽夏人. 父朗, 給事中, 仕至驃騎咨議. 太元中, 悅有寵於會稽王, 每勸專覽朝權. 王頗納其言. 王恭聞其說, 言於孝武, 乃託以他罪, 殺悅於市中. 旣而朋黨同異之聲, 播於朝野矣."

45-2 王緖가 王國寶에게 자주 殷 荊州(殷仲堪)에 대한 讒言을 하였다. 은 형주가 그것을 매우 근심하여 王 東亭(王珣)에게 방법을 구하자, 그가 말하였다.

"경은 단지 자주 왕서를 찾아가되, 갈 때마다 사람을 물리치고 다른 일에 관해 논하시오. 이와 같이 하면 두 왕씨의 우호가 멀어질 것이오."

은 형주가 그 말을 따르자, 왕국보가 왕서를 만나 물었다.

"근래 은중감과 더불어 사람을 물리치고 무슨 말을 하셨소?"

왕서가 본래 일상적인 응대일 뿐 별달리 논의한 것이 없다고 하자, 왕국보는 왕서가 자신에게 숨기는 것이 있다고 여겨 두 왕씨의 과연 우호가 날이 갈수록 소원해졌고 참언이 그쳤다.

王緖數(삭)**讒殷荊州於王國寶**하니 **殷甚患之**하여 **求術於王東亭**하니 **曰卿但數**(삭)**詣王緖**하되 **往輒屛人**하고 **因論他事**하라 **如此則二王之好離矣**리라 **殷從之**하니 **國寶見王緖**하여 **問曰 比與仲堪**으로 **屛人何所道**오 **緖云 故是常往來**요 **無它所論**이라 **國寶謂緖於己有隱**이라하여 **果情好日疎**하여 **讒言以息**①이라

① 살피건대, 王國寶가 會稽王(司馬道子)에게 총애를 받은 것은 王緖로 인하여 얻은 것

4) 旣下 : ≪세설강의≫에 '下江'으로 되어 있다. 여기서 '江'은 '長江'을 가리키며, 장강 남쪽으로 避亂하여 내려간 것을 의미한다.

이었는데, 함께 악을 행하기를 서로 구하는 것이 마치 저자거리의 장사꾼이 이익을 구하듯이 하였다. 나중에 죽임을 당할 때까지 한 번도 멀어지거나 의심한 적이 없었으니, 어찌 은중감이 약간 이간질하였다고 해서 틈이 벌어졌겠는가.

按：國寶得寵於會稽王，由緖獲進，同惡相求，有如市賈(고)．終至誅夷，曾不携(휴)貳，豈有仲堪微間而成離隟(극)．

【頭註】

○ 劉辰翁：소인의 간교한 행태는 특히 쉽게 끊을 수 없으니, 두렵도다!
劉云"小人姦態，殊未易(이)絶，畏哉."

45-3【補】 盧杞가 張鎰의 강직함을 싫어하여 그를 제거하려고 하였다. 당시 朱泚가 盧龍의 군사를 이끌고 鳳翔府에 주둔하고 있었는데, 황제는 다른 사람을 택하여 그를 대신하게 하려 하였다. 그러자 노기가 즉시 거짓으로 말하였다.

"봉상부의 將校는 본래 班秩이 높아 재상이나 신임하는 신하가 아니면 군사를 통솔할 수 없으니, 신이 가야 합니다."

황제가 허락하지 않자, 노기가 다시 말하였다.

"폐하께서는 필시 신이 못생기고 왜소해서 三軍의 신임을 받지 못하여 후에 변란이 생길까 두려워하시는 것이군요. 신은 감히 스스로 도모하지 않겠으니 오직 폐하께서 택하소서."

황제가 마침내 장일을 돌아보며 말하였다.

"文武의 자질을 겸하고 內外의 명망이 두텁기로는 경을 대신할 자가 없으니, 짐을 위하여 노룡의 군사를 통솔하여 주시오."

마침내 中書侍郞 장열을 鳳翔隴右節度使로 삼았다. 장일은 노기의 계략에 빠진 것을 알았으나 말이 궁하여 再拜하고 황제의 조서를 받았다.

盧杞忌張鎰剛直하여 欲去之라 時朱泚(차)以盧龍率戍鳳翔이어늘 帝擇人代之러니 杞卽謬曰 鳳翔將校는 班秩素高라 非宰相信臣이면 不可鎭撫니 臣宜行이니이다 帝不許어늘 杞復曰 陛下必以臣容貌寢陋[5]하여 不爲三軍所信하여 恐後生變이라 臣不敢自謀니 惟陛

5) 寢陋：생김새가 못생기고 키가 작은 것을 말한다. '寢'은 '侵'이라고도 하는데, ≪史記≫ 〈魏其武安侯列傳〉의 注에 "服虔은 '侵'을 ' 短小'라 하였고,……또 孔文祥은 '侵'을 '醜惡'이라 하였다."는 설명이 있다.

下擇之하소서 帝乃顧鎰曰 文武兼資하고 望重內外는 無易卿者니 爲朕撫盧龍士하라하고 乃以中書侍郎으로 爲鳳翔隴右節度라 鎰知爲杞陰中이나 然辭窮하여 因再拜受詔①하다

① ≪新唐書≫ 〈張鎰傳〉에 말하였다. "張鎰은 字가 季權이고, 朔方節度使 張齊丘의 아들이다. 郭子儀가 表文을 올려 元帥의 判官으로 삼았고, 여러 차례 승진하여 殿中侍御史가 되었다. 華原令 盧樅이 죄를 지어 장일이 按驗하니 노종의 죄가 免官에 해당하였는데, 담당관은 權臣의 의도에 영합하여 사형으로 論罪하였다. 장일이 모친에게 고백하기를, '잠자코 있자니 관원의 직분에 어긋나고, 말을 하자니 어머니에게 근심을 끼칠 텐데, 어떻게 하면 마음에 드실지 묻겠습니다.'라고 하니, 모친이 말하였다. '네가 道에 어긋나지 않게 하는 것이 내 마음에 드는 것이다.' 장일이 마침내 노종의 죄를 올바르게 다스렸다. 장일은 撫州司戶參軍으로 좌천되었다가 晉陵令으로 옮겼다. 中書侍郎·同平章政事를 역임하였다. 盧杞가 장일의 강직함을 싫어하여 그를 밀어내 鳳翔節度使가 되게 하였다. 황제가 奉天에 幸行하였을 때[6], 장일이 가산을 다 털어 스스로 行在所에 가져다 바치려고 하였는데, 營將 李楚琳이 반란을 일으켜 결국 목숨을 잃었다. 史臣은 말한다. '장일은 왕실에 전적으로 충성하다가 奸賊에게 해를 입었으니, 몸은 죽었으나 명예는 崇山·岱山과 같이 높다.'"

唐書曰 "張鎰, 字季權, 朔方節度使齊丘之子. 郭子儀表爲元帥判官, 累遷殿中侍御史. 華原令盧樅得罪, 鎰按驗, 樅當免官, 有司承風以死論[7]. 鎰白母曰 '默則負官, 言則爲大夫人憂, 敢問所安?' 母曰 '兒毋累於道, 吾所安.' 遂執正其罪. 鎰貶撫州司戶參軍. 徙晉陵令. 歷中書侍郎·同平章政事. 盧杞忌鎰剛直, 擠之以爲鳳翔節度使. 帝幸奉天, 鎰罄(경)家貲, 將自獻行在, 營將李楚琳作亂, 遂遇害. 史臣曰 '鎰暴忠王室, 爲姦賊所乘, 軀可殞, 而名與嵩岱等矣.'"

---

6) 황제가……때 : 朱泚가 반란을 일으켜 황제가 奉天으로 달아난 때이다.(≪世說箋本≫)

7) 承風以死論 : 權臣의 의도에 영합하여 盧樅을 사형에 처하는 것으로 논하였다는 말이다.(≪世說箋本≫)

46. 책망과 후회 尤悔

尤悔의 '尤'는 '책망하다'의 의미이고, '悔'는 '후회하다'는 뜻으로, 본편에는 자신의 행위나 운명을 탓하고 후회하는 내용의 일화를 모아놓았다. 총 13항목의 일화로 구성되어 있고, ≪世說新語≫에서 9항목, ≪何氏語林≫에서 4항목을 가져왔다. 아들 曹丕에 대한 曹操와 卞太后의 책망(46-1·2), 운명에 대한 陸機의 회한(46-3·4), 周顗에 대한 王導와 王敦의 후회(46-6·8) 등에 관한 일화이다.

46-1【補】 曹公(曹操)이 丁正禮(丁儀)가 재주가 있고 인물이 좋다는 말을 듣고 사랑하는 딸을 그에게 시집보내고 싶어 五官中郞將(曹丕)에게 묻자, 오관중랑장이 대답하였다.

"여인은 인물을 보는 법인데 정정례는 애꾸눈이어서 공주가 필시 좋아하지 않을 듯합니다. 伏波將軍의 아들 夏侯楙에게 주는 것만 못합니다."

태조(조조)가 그 말을 따랐다. 얼마 뒤에 정정례를 초빙하여 掾으로 삼고 그와 더불어 논의해본 뒤 그의 재주가 총명함을 가상하게 여기고 말하였다.

"丁掾(丁儀)은 훌륭한 선비이다. 그의 두 눈이 멀었더라도 오히려 딸을 주었을 것인데, 하물며 한 눈만 멀지 않았는가. 자식 놈이 나를 그르쳤구나."

曹丕

曹公聞丁正禮才美하고 欲以愛女妻之①하여 以問五官將하니 五官將曰 女人觀貌어늘 而正禮目眇(묘)하니 恐愛女未必悅也니 不如與伏波子楙②니이다 太祖從之라 尋辟正禮爲掾하여 及與論議에 嘉其才朗曰 丁掾好士라 卽使其兩目盲이라도 尙當與女어든 何況但眇아 是兒悞我로다

① ≪魏略≫에 말하였다. "丁儀는 字가 正禮이고 沛郡 사람이다. 부친은 丁沖宿인데, 太祖와 친하게 지냈다. 정의는 文才가 있어 태조가 초빙하여 掾으로 삼았다."
魏略曰 "丁儀, 字正禮. 沛郡人. 父冲宿, 與太祖親善. 儀有文才, 太祖辟爲掾."

② ≪三國志≫ 〈魏志〉에 말하였다. "夏侯惇은 字가 元讓이고, 沛國 譙사람이다. 太祖가 河北을 평정하고 伏波將軍으로 삼았다. 그의 아들 夏侯楙에게 태조가 딸을 시집보냈으니, 그 딸이 곧 淸河公主이다."
≪魏略≫에 말하였다. "하후무는 字가 子休이고, 하후돈의 둘째 아들이다. 文帝(조비)가 젊어서부터 그와 친밀하였는데 즉위한 뒤 安西將軍·關中都督에 임명하였다.
魏志曰 "夏侯惇, 字元讓, 沛國譙人. 太祖平河北, 以爲伏波將軍. 子楙, 太祖以女妻之, 卽淸河公主." 魏略曰 "楙, 字子休, 惇仲子也. 文帝少與親善, 及卽位, 以爲安西將軍·都督關中."

46-2 魏 文帝(曹丕)는 아우인 任城王(曹彰)이 용맹스럽고 건장한 것을 꺼렸다. 卞太后[1]의 거처에서 같이 바둑을 두다가 함께 대추를 먹었는데, 문제는 대추 꼭지 속에 독을 넣어두고 자신은 먹어도 되는 것만 골라서 먹었다. 임성왕은 이를 알아채지 못하고 마침내 〈독이 든 것과 안 든 것을〉 뒤섞어 먹었다. 독에 중독된 뒤에 태후가 물을 찾아 그를 구하려 하였는데, 문제가 미리 좌우에게 명하여 물 항아리를 다 깨뜨려 놓게 하였다. 태후가 맨발로 우물에 뛰어갔으나 물을 길을 수가 없어 얼마 뒤 결국 임성왕이 죽었다. 문제가 다시 東阿(曹植)를 해치려 하자 태후가 말하였다.

"너는 이미 나의 任城을 죽였으니, 다시 나의 동아까지 죽여서는 안 된다."

魏文帝忌弟任城王驍壯이라 因在卞太后閤하여 共圍棊幷噉(담)棗러니 文帝以毒置諸棗

1) 卞太后 : 161~230. 開陽敬侯 卞遠의 딸로, 삼국시대 魏 武帝(曹操)의 두 번째 부인이다. 魏 文帝(曹丕), 任城威王(曹彰), 陳思王(曹植), 蕭懷王(曹熊)을 낳았다. 建安 초년에 丁夫人이 폐해지자 曹操의 正室이 되었고, 아들 曹丕가 황제가 되어 皇太后가 되었다. 사후에 武宣皇后에 추존되었다.

蔕(체)中하여 自選可食者而進이라 王弗悟하고 遂褋(잡)進之하여 旣中毒이어늘 太后索水救之로대 帝預敕左右毁缾罐(병관)이라 太后徒跣趨井이나 無以汲하여 須臾遂卒①하다 復欲害東阿어늘 太后曰 汝已殺我任城이니 不得復殺我東阿②라하다

① ≪魏略≫에 말하였다. "任城威王 曹彰은 字가 子文이고, 太祖(曹操)와 卞太后의 둘째 아들이다. 성품이 강직하고 용맹하였으며 수염이 누런색이었다. 북쪽의 代郡을 토벌할 때 홀로 휘하의 100여 인과 함께 적을 돌파하고 도주하였다. 태조가 듣고서 말하기를, '내 자식 누런 수염 놈이 쓸 만하구나.' 하였다."

≪魏氏春秋≫에 말하였다. "黃初 3년(222)에 조창이 조정에 처음 나왔을 때 옥새와 인끈에 대하여 물었으니 장차 다른 뜻을 품은 것이다. 그 때문에 조정에 나와서 즉시 문제를 알현하지 못하였다. 이것을 분하게 여기고 두려워하다가 갑자기 죽었다."

魏略曰"任城威王彰, 字子文, 太祖卞太后第二子. 性剛勇而黃須. 北討代郡, 獨與麾下百餘人, 突虜而走. 太祖聞曰'我黃須兒, 可用也.'" 魏(志)〔氏〕[2]春秋曰"黃初三年, 彰來朝初, 彰問璽綬, 將有異志. 故來朝不卽得見, 有此忿懼而暴薨."

② ≪三國志≫ 〈魏志 方伎傳〉에 말하였다. "文帝(曹丕)가 꿈 해몽가인 周宣에게 물었다. '내가 꿈에서 錢의 무늬를 갈고 있었는데 아무리 무늬를 없애려 해도 갈수록 더 분명해졌네. 무엇을 말하는 것인가?' 주선이 서글퍼하며 대답하지 않았다. 문제가 굳이 묻자, 주선이 말하였다. '폐하의 집안일이니, 아무리 원하셔도 태후께서 허락하지 않으실 것입니다. 이 때문에 무늬를 없애려 하여도 더 분명해진 것입니다.' 문제가 아우인 曹植의 죄를 다스리려 하였으나 태후에게 저지당하여 단지 관작을 낮추기만 하였다."

魏志方伎傳曰"文帝問占夢周宣, '吾夢磨錢文, 欲滅而愈更明, 何謂.' 宣悵然不對. 帝固問之, 宣曰'陛下家事, 雖欲爾, 而太后不聽. 是以欲滅更明耳.' 帝欲治弟植之罪, 逼於太后, 但加貶爵."

【頭註】

○ 劉辰翁 : 曹丕를 어찌 사람이라 할 수 있겠는가. 태후가 그 때문에 〈조비가 죽었을 때〉 哭하지 않은 것이다.

劉云"丕安得爲人. 太后所以不哭也."

46-3 陸平原(陸機)이 河橋에서 패배하고 盧志의 참소를 받아 죽임을 당하게 되었을 때, 刑場에 이르러 한탄하며 말하였다.

2) (志)〔氏〕 : 저본에는 '志'로 되어 있으나, ≪李卓吾批點世說新語補≫(安永本) 등에 의거하여 '氏'로 바로잡았다.

"華亭의 학 울음소리를 듣고 싶어도 다시 들을 수 있겠는가."

陸平原河橋敗에 **爲盧志所讒**하여 **被誅**①라 **臨刑**에 **歎曰 欲聞華亭鶴**唳(려)②인들 **可復得乎**③아하다

① 王隱의 ≪晉書≫에 말하였다. "成都王 司馬穎[3]이 長沙王 司馬乂[4]를 토벌할 때 陸機를 都督前鋒諸軍事로 삼았다."

≪陸機別傳≫에 말하였다. "成都王의 長史 盧志는 육기의 아우 陸雲과 뜻이 맞지 않았고 또 宦官 孟玖가 司馬穎에게 邯鄲令으로 삼아줄 것을 청하자, 사마영이 그를 육운에게 속하게 하였다. 육운이 당시에 左司馬였는데, '宮刑을 받은 사람은 백성을 다스릴 수 없다.'라고 하니, 맹구가 이 말을 듣고 육운을 원망하여 노지와 함께 참소하는 말을 꾸며 〈그러한 말들이〉 나날이 이르렀다. 육기가 七里澗에서 크게 패하자, 맹구가 이는 육기가 모반하여 그렇게 되었다고 誣告하니 사마영이 마침내 牽秀에게 육기의 목을 베게 하였다.

陸機

이보다 전에 육기가 저녁에 꿈을 꾸니 검은 장막이 수레를 둘러쌌는데 손으로 열려고 하여도 열지 못하는 꿈이어서 불길하게 여겼다. 다음날 아침에 견수의 병사들이 갑자기 도착하자, 육기가 戎服을 벗고 평복과 모자를 착용하였으며 견수를 보고도 용모가 태연자약하였다. 마침내 죽임을 당하니 당시 나이 43세였다. 군사들이 눈물을 흘리지 않는 이가 없었다. 이날 천지에 안개가 자욱하고 거센 바람이 나무를 부러뜨렸으며 평지에 한 자나 눈이 쌓였다."

干寶의 ≪晉紀≫에 말하였다. "처음에 陸抗[5]이 步闡을 주벌했을 때 100명의 사람을 다 죽여 識者들이 걱정하였다. 육기와 육운이 죽임을 당했을 때는 三族의 씨가 말랐다."

---

3) 成都王 司馬穎 : 成都王은 益州의 蜀郡(成都國)을 封地로 삼는 왕인데, 司馬穎은 晉 武帝(司馬炎)의 16번째 아들로 太康 10년(289)에 성도왕에 봉해졌다.

4) 長沙王 司馬乂 : 司馬乂는 晉 武帝(司馬炎)의 6번째 아들로 八王의 亂을 일으킨 8왕 중 한 사람이다.

5) 陸抗 : 226~274. 陸機와 陸雲의 부친이다. 字가 幼節이고 孫策의 外孫으로 삼국시대 오나라 최후의 名將이다.

王隱晉書曰"成都王穎討長沙王乂, 使陸爲都督前鋒諸軍事." 機別傳曰"成都王長史盧志, 與機弟雲, 趣舍不同, 又黃門[6]孟玖求爲邯鄲令於穎, 穎敎付雲. 雲時爲左司馬, 曰'刑餘之人, 不可以君民.' 玖聞此怨雲, 與志讒構日至. 及機於七里澗大敗, 玖誣機謀反所致, 穎乃使牽秀斬機. 先是夕夢, 黑幔繞車, 手決不開, 惡之. 明旦秀兵奄至, 機解戎服著衣帢(도), 見秀, 容貌自若, 遂見害. 時年四十三. 軍士莫不流涕. 是日天地霧合, 大風折木, 平地尺雪." 干寶晉紀曰"初陸抗誅步闡(천), 百口皆盡, 有識尤之. 及機雲見害, 三族無遺."

② ≪晉八王故事≫[7]에 말하였다. "華亭은 吳땅 由拳縣의 교외에 있는 別墅이다. 맑은 샘과 무성한 숲이 있어 吳나라가 평정된 뒤 육기 형제가 10여 년간 이곳에서 함께 노닐었다."

≪吳郡圖經續記≫[8]에 말하였다. "화정은 본래 嘉善縣 땅으로, 天寶 10년(744)에 설치하였는데, 華亭谷으로 인하여 명칭을 삼았다."

八王故事曰"華亭, 吳由拳縣郊外墅也. 有淸泉茂林. 吳平後, 陸機兄弟共遊於此十餘年." 吳郡圖經曰"華亭本嘉善縣地. 天寶十年置, 因華亭谷爲名."

③ ≪語林≫에 말하였다. "陸機가 河北都督이 되었을 때, 警角[9] 소리를 듣고는 孫丞에게 '이 소리를 들으니, 華亭의 학이 우는 소리만 못하다.'라고 하였다. 그러므로 刑場에서 이러한 한탄을 한 것이다."

語林曰"機爲河北都督, 聞警角之聲, 謂孫丞曰'聞此, 不如華亭鶴唳, 故臨刑而有此嘆."

【頭註】

○ 劉辰翁 : 〈陸雲의 三族을 멸하였으니〉, 3대째 장수가 된 사람[10]을 싫어한 것이 이와 같았다.
劉云"三世將忌如此."

---

6) 黃門 : 宮門의 작은 문을 누런색으로 칠한 것인데, 宦官은 그 안에서 일하기 때문에 환관을 일컫는 별칭이 되었다.

7) 晉八王故事 : 晉의 盧綝(노침)이 저술한 책으로, ≪晉書≫ 〈八王傳〉을 보완하는 자료이다. 盧綝은 范陽 涿縣 사람으로, 尙書郎・廷尉 등의 관직을 지냈다.

8) 吳郡圖經續記 : 宋의 朱長文이 편찬한 州郡志書로, 상・중・하 3권으로 되어 있다. 상권은 封域・城邑・戶口・坊市・物産・風俗・門名・學校・州宅・南園・倉務・海道・亭館・牧守・人物의 15門, 중권은 橋梁・祠廟・宮觀・寺院・山・水의 6門, 하권은 治水・往迹・園第・冢墓・碑碣・事志・雜錄의 7門으로 나뉘어 있다. 朱長文은 字가 伯原이고, 蘇軾의 추천으로 蘇州教授가 되었으며 太常博士・祕書省正字・樞密院編修를 역임하였다.

9) 警角 : 옛날에 軍中에서 불던 號角을 말한다.

10) 삼대……사람 : 陸機와 陸雲의 조부 陸遜은 吳國(三國)의 大都督・上大將軍을 지냈고, 부친 陸抗은 오국의 名將으로 大司馬를 지냈으며, 陸機는 西晉의 大將軍인 司馬穎의 右司馬였으니, 육기의 집안은 삼대에 걸친 武將 집안이다.

46-4【補】[11] 陸平原(陸機)이 洛陽에 있을 때 여름날에 불현듯 서재 동쪽 머리에 있는 대숲 속에서 〈맑은 바람을〉 마시던 것이 생각나자 劉寶에게 말하였다.

"나는 고향을 그리워하는 마음이 점점 깊어집니다."

陸平原在洛에 **夏月忽思齋東頭竹篠中飮**[12]하여 **語劉寶曰 吾思鄕轉深矣**라하다

司馬懿

46-5 王導와 溫嶠가 같이 晉 明帝(司馬紹)를 알현하였을 때, 명제가 온교에게 先代에 천하를 얻게 된 이유에 대해 질문하였으나 그가 대답하지 못하였다. 얼마 있다 왕도가 말하였다.

"온교는 연소하여 알지 못하니 신이 폐하께 말씀드리겠습니다."

왕도가 이에 宣王(司馬懿)[13]이 나라를 세운 초창기에 名族을 주벌하고 자기와 뜻을 같이 한 이를 총애하여 등용한 일과 文帝(司馬昭) 말년에 高貴鄕公(曹髦)[14]를 죽인 일을 모두 말하였다. 명제가 듣

11) **【補】** : 저본에는 '補'가 없으나, 이 일화는 ≪世說新語≫가 아닌 ≪何氏語林≫에 있으므로 '補'를 보충하였다.

12) 竹篠中飮 : 竹篠를 ≪資治通鑑≫에서는 地名인 "竹篠鎭"으로 보았으나, ≪世說箋本≫에서는 지명이 아니라 일반적인 '대나무숲'으로 보았다. ≪世說講義≫에서는 이 구절에 "竹篠中 淸風之飮'이라 注를 달아 맑은 바람을 들이마신 것으로 보았다. 여기서는 ≪세설전본≫과 ≪세설강의≫의 견해를 따라 번역하였다.

13) 宣王(司馬懿) : 司馬懿(179~251)는 字가 仲達이다. 삼국시기 曹魏의 政治家이자 군사전략가로, 西晉의 기초를 세운 사람이다. 그는 251년에 病死하였으나, 그의 둘째 아들 司馬昭가 晉王에 봉해진 뒤 '宣王'이란 시호를 부여하였고, 손자인 司馬炎이 황제를 칭한 뒤에는 그를 宣皇帝로 추존하였다. 廟號는 高祖이다.

14) 高貴鄕公(曹髦) : 曹髦(241~260)는 魏 文帝(曹丕)의 손자로, 曹魏의 4번째 황제이다. 조모는 文武에 모두 뛰어났으며, 司馬氏가 전횡하는 것에 불만을 품고 260년에 직접 司馬昭를 토벌하던 중 太子舍人 成濟에게 시해되었다.

고서 龍牀에 얼굴을 파묻고 말하였다.

"공이 말한 대로라면 帝位가 어찌 장구하겠는가."

王導・溫嶠俱見明帝에 **帝問溫 前世所以得天下之由**로대 **溫未答**이라 **頃王曰 溫嶠年少未諳**(암)하니 **臣爲陛下陳之**리이다하고 **王迺**(내)**具敍宣王創業之始**에 **誅夷名族**하고 **寵樹同己及文王之末高貴鄕公事**①하니 **明帝聞之**하고 **覆面著**(착)**牀曰 若如公言**이면 **祚安得長**이리오

① 宣王(司馬懿)이 創業할 때 曹爽을 주벌하고 蔣濟를 임명한 것과 같은 일들이 이것이다. 宣王創業, 誅曹爽任蔣濟之流者, 是也.

46-6 王 大將軍(王敦)이 起兵하였을 때 승상(王導) 형제가 대궐에 나아가 사죄하였다. 周侯(周顗)가 왕씨들을 몹시 걱정하여 처음에 들어갈 때 상당히 근심하는 기색이 있었다. 승상이 주후를 불러 말하였다.

"일족의 목숨을 경에게 맡기겠소."

주후가 단지 지나가기만 하고 응대하지 않았으나, 궐에 들어간 뒤에는 왕씨들을 구하려고 애를 많이 썼다. 일이 해결되자 주후가 크게 기뻐하며 술을 마셨다. 주후가 나왔을 때 왕씨들이 여전히 문에 있자, 주후가 말하였다.

"올해에는 賊徒들을 죽이고 한 말〔斗〕정도 되는 큰 金印을 취하여 팔에 걸어야겠소[15)]."

후에 대장군이 石頭에 이르러 승상에게 물었다.

"주후는 三公으로 삼을 만한가?"

승상이 대답하지 않자 또 물었다.

"尙書令으로 삼을 만한가?"

승상이 또 대답하지 않았다. 그러자 대장군이 말하였다.

"이와 같다면 죽여야 할 뿐이로군."

승상이 또 잠자코 있었다. 마침내 주후를 체포하여 죽이게 하였다. 승상이 나중에 주후가 자기를 구해준 것을 알고 탄식하며 말하였다.

---

15) 올해에는……걸어야겠소 : 周顗는 처음에 王導를 위해 은혜를 베풀려 하지 않았기 때문에 죽이려는 마음이 있는 것처럼 보이려고 이런 말을 한 것이다. 왕도는 주의가 술을 마신 것만 보고 자신을 위해 애쓴 것을 알지 못하였다.(≪世說講義≫)

“내가 주후를 죽인 것은 아니나 주후가 나로 인해 죽었으니, 저승에서 이 사람에게 면목이 없겠구나.”

王大將軍起事에 丞相兄弟詣闕謝라 周侯深憂諸王하여 始入에 甚有憂色이라 丞相呼周侯曰 百口委卿이라하니 周直過不應이로대 旣入에 苦相存救하고 旣釋에 周大說飮酒라 及出에 諸王故在門이어늘 周曰 今年에 殺諸賊奴하고 當取金印如斗大하여 繫肘(주)後하리라 大將軍至石頭하여 問丞相曰 周侯可爲三公不(부)아 丞相不答이라 又問可爲尙書令不(부)아 又不應이어늘 因云如此면 唯當殺之耳라하거늘 復默然하니 逮周侯被害하다 丞相後知周侯救己하고 嘆曰 我不殺周侯로대 周侯由我而死니 幽冥中負此人①이로다

① 虞預의 ≪晉書≫[16]에 말하였다. “王敦이 수도를 함락하였을 때 參軍 呂猗가 왕돈에게 유세하기를, ‘周顗와 戴淵은 모두 명망이 있어 대중을 미혹시키기에 충분합니다. 근래 그들이 한 말을 살펴보면 부끄러워하거나 두려워하는 기색이 없으니 그들을 제거하지 않는다면 전란이 장차 그치지 않을 것입니다.’ 하니, 왕돈이 바로 옳다고 여겨 마침내 주의와 대연을 죽였다. 처음에 여의가 尙書郞이 되었을 때 대연은 이미 高官이었다. 대연은 본래 높은 기상이 있어, 여의를 그릇이 작은 사람으로 대하였기 때문에 여의가 왕돈에게 이렇게 유세한 것이다.”
虞預晉書曰 “敦克京邑, 參軍呂猗(의)說(세)敦曰 ‘周顗戴淵, 皆有名望, 足以惑衆. 視近日之言, 無慙懼之色, 若不除之, 役將未歇(헐)也.’ 敦卽然之, 遂害淵顗. 初猗爲臺郞, 淵旣上官, 素有高氣, 以猗小器待之. 故售其說焉.”

【頭註】

○ 劉辰翁 : 덕을 입는 일을 맡지 않는 것이 좋다. 당시에 金印을 취하겠다는 말 때문에 원망하였을 것이니, 불행이 아니다.
劉云 “不任受德, 可也. 爾時當以取金印語爲怨, 非不幸也.”

○ 유진옹 : 茂弘(王導)이 아니었다면, 이런 〈후회하는〉 말은 전해지지 않았을 것이다.
又云 “非茂弘, 不聞此言.”

○ 유진옹 : 주석(①)의 내용은 아마도 〈呂猗가〉 승상(王導)을 위해 분란을 해결하려 한 것인 듯하다.
劉云 “註似爲丞相解紛.”

---

16) 虞預의 晉書 : 虞預(272~340)는 字가 叔寧이며, 東晉의 經學家・史學家이다. ≪會稽典錄≫・≪晉書≫ 등을 저술하였는데, ≪진서≫는 26권으로 구성되었으며 明帝까지 기술하였다. 지금은 輯本이 남아 있다.

46-7 庾公(庾亮)이 周子南(周邵)을 기용하려 하니 자남은 갈수록 더 강경하게 사양하여 유공이 주자남을 찾아갈 때마다 유공이 남쪽 문으로 들어가면 주자남은 後門으로 나갔다. 유공이 한번은 갑자기 찾아가자 주자남이 미처 나가지 못하고 종일토록 상대하였다. 유공이 주자남에게 먹을 것을 달라고 청하자 주자남이 나물밥을 내왔는데 유공은 그래도 억지로 먹으며 매우 즐거워하였다. 아울러 세상사에 대하여 대화하고 주자남을 천거하여 임금을 보좌하여 천하를 다스리는 임무를 함께하기로 약속하였다. 주자남이 관직에 오른 뒤 二千石 장군에 이르렀으나 마음에 들지 않아 한밤중에 탄식하며 말하였다.

"대장부가 결국 庾元規(庾亮)에게 팔렸구나."

크게 탄식하고 마침내 등창이 나서 죽었다.

庾公欲起周子南하니 子南執辭愈固하여 庾每詣周에 庾從南門入이면 周從後門出이어늘 庾嘗一往奄至하니 周不及去하고 相對終日이라 庾從周索食하여 周出蔬食이어늘 庾亦彊飯極歡하고 幷語世故하며 約相推引하여 同佐世之任이라 既仕에 至將軍二千石①이로대 而不稱意하여 中宵慨然曰 大丈夫乃爲庾元規所賣로다하고 一嘆에 遂發背[17]而卒하다

① ≪尋陽記≫에 말하였다. "周邵는 字가 子南이다. 南陽의 翟湯과 함께 潯陽의 廬山에 은거하였다. 庾亮이 江州刺史가 되어 적탕과 주소의 풍모에 대해 듣고 의복을 갖춰 입고 신을 신고서 그들을 찾아갔는데, 그들은 유량이 온다는 소식을 듣고 오히려 몸을 피하였다. 유량이 다시 몰래 찾아가니, 마침 주소가 숲에서 활로 새를 쏘고 있던 참이어서 나아가 함께 대화를 나누었다. 유량이 돌아와서는 곧 '이 사람은 起用할 만하다.'라고 생각하여 그를 발탁하여 鎭蠻護軍・西陽太守로 삼았다. 그의 문집에 주소에게 보낸 편지가 실려 있는데, '西陽郡은 戶口가 실제와 차이가 나니 도를 실천하는 진실한 사람이 아니면 무슨 수로 유랑하며 숨어 사는 이들을 진정시킬 수 있겠는가. 朝野에 물어보니 모두 그대가 적임자라 하기에 지금 表文을 올리고 그대에게 부임하기를 청하니 사양하지 마시오.'라는 내용이었다."
尋陽記曰"周邵, 字子南, 與南陽翟湯, 隱於潯陽廬山. 庾亮臨江州, 聞翟周之風, 束帶躡履而詣焉, 聞庾至, 轉避之. 亮復密往, 値邵彈鳥於林, 因前與語, 還便云'此人可起.' 卽拔爲鎭蠻護軍西陽太守. 其集載與邵書曰 '西陽一郡, 戶口差實, 非履道眞純, 何以

17) 發背 : 發背癰이라고도 하며, 종기〔癰疽〕가 등 쪽에 생기는 것을 말한다. 보통 火毒이 쌓여서 생긴다.(≪醫林撮要≫)

鎭其流遁. 詢之朝野, 僉曰足下. 今具上表, 請足下臨之, 無讓.'"

【頭註】

○ 劉辰翁 : 애초에 자신의 才品과 功業이 二千石의 지위에 걸맞다는 것을 알지 못하고 自足하지 못하여 죽음을 재촉한 것이다.
劉云 "初不自知才品功業所稱二千石, 不自足, 以躁死."

46-8 王 大將軍(王敦)이 여럿이 앉은 자리에서 말하였다.

"예로부터 周氏 중에 三公이 된 자가 없었다."

그러자 어떤 이가 대답하였다.

"周侯(周顗)만이 〈樗蒱로 치면〉 五馬가 목표에 도달하려 하였으나 성공하지 못하였습니다."

왕 대장군이 말하였다.

"내가 주후와 낙양에서 서로 만나 한 번 보자마자 마음이 다 통하였는데, 亂世를 만나 마침내 이 지경에 이르렀구나."

그러면서 눈물을 흘렸다.

王大將軍於衆坐中曰 諸周由來로 未有作三公者로다 有人答曰 唯周侯 邑[18]五馬領頭[19]而不克이니이다 大將軍曰 我與周로 洛下相遇하여 一面頓盡이러니 値世紛紜하여 遂至於此라하고 因爲流涕①하다

① 鄧粲의 ≪晉紀≫에 말하였다. "王敦의 參軍 중에 왕돈의 연회에서 저포 노름을 한 자가 있었는데, 거의 이기려다가 말이 죽게 되었다. 그러자 말하기를, '周家가 대대로 명망이 있었으나 지위가 삼공에 이르지 못하였는데, 伯仁(周顗)이 거의 삼공에 오를 뻔하다가 성공하지 못한 것이 저의 이 말과 같습니다.' 하니, 왕돈이 슬피 눈물을 흘리며 말하였다. '백인이 總角 때 나와 東宮에서 만났는데, 만나자마자 흉금을 터놓았

18) 邑 : 未詳이다. 樗蒱(저포)나 投壺 등의 노름에서 쓰는 용어로, ≪世說講義≫에서는 '邑'을 '都'와 상대적인 것으로 보아 '成邑'하였으나 '成都'에 이르지 못한 것이라 하였고, ≪世說箋本≫에서는 '邑'을 '至'의 誤字로 보았다. 본고에서는 ≪세설전본≫의 의견을 따라 번역하였다.

19) 五馬領頭 : 未詳이다. ≪世說講義≫에서는 '五馬'를 樗蒱 노름에서 사용하는 '五木馬'로 보았다. ≪세설전본≫은 '領頭'를 '博頭' 또는 '馬頭'를 의미하는 것으로 보아 모두 노름판에서 大勝을 거두는 지점을 가리킨다고 하였다.

고 바로 三司[20]에 임용하였다. 불행히도 王法으로 처형당하게 될 줄 어찌 생각이나 했겠는가. 깊은 슬픔을 어찌 이루 다 말할 수 있겠는가.'"

鄧粲晉紀曰"王敦參軍有於敦坐摴蒱(저포), 臨當成都[21], 馬頭被殺. 因謂曰'周家奕世令望, 而位不至三公, 伯仁垂作而不果, 有似下官此馬.' 敦慨然流涕曰'伯仁總角時, 與予東宮相遇, 一面披衿, 便許之三司. 何圖不幸王法所裁. 悽愴之深, 言何能盡.'"

【頭註】

○ 王世懋 : 주석(①)의 내용이 아니면, '馬頭'가 무슨 말인지 거의 알지 못하였을 것이다.
王云"非註, 幾不知馬頭作何語."

○ 劉辰翁 : 비록 유익함이 없으나 인심을 얻을 수 있다.
劉云"雖無有益, 可以得人."

46-9 阮思曠(阮裕)은 佛法을 섬겼는데 공경하고 믿는 마음이 지극하였다. 큰 아이가 弱冠[22]의 나이가 되기 전에 갑자기 병이 들었다. 그 아이를 유독 아끼고 애지중지하였으므로 그를 위하여 三寶[23]에 기원하기를 밤낮으로 게을리 하지 않으면서 지극한 정성을 바치면 감응이 있을 것이니 반드시 부처님 돌보아주실 거라 여겼으나 아이는 결국 죽었다. 이에 釋氏에게 한이 맺혀 宿命을 믿는 마음[24]을 모두 버렸다.

阮思曠奉大法에 敬信甚至라 大兒年未弱冠에 忽被篤疾①하니 兒旣是偏所愛重하여 爲之祈請三寶하여 晝夜不懈하여 謂至誠有感者니 必當蒙祐로대 而兒遂不濟라 於是結恨釋氏하여 宿命都除②하다

① ≪阮氏譜≫에 말하였다. "阮牖는 字가 彦倫이고, 阮裕의 맏아들이다. 벼슬이 州의 主簿에 이르렀다."

---

20) 三司 : 三公을 말한다. 삼공은 大司徒, 大司空, 大司馬이다.(≪世說音釋≫)

21) 成都 : 樗蒲나 投壺 등의 노름에서 사용하는 용어로, '邑'보다 큰 '都'에 이른 것을 말하며 大勝을 의미하는 것으로 보인다.(≪世說講義≫)

22) 弱冠 : 스무 살을 달리 이르는 말이다. ≪禮記≫ 〈曲禮〉에서, 孔子가 스무 살에 冠禮를 한다고 한 데서 나온 말이다.

23) 三寶 : 佛, 法, 僧을 말한다.(≪世說音釋≫)

24) 宿命을……마음 : 숙명은 前世의 生命을 가리킨다. 佛敎에서는 세상 사람은 모두 過去의 생명이 있고 이 생명은 輪回한다고 믿었다.(≪世說音釋≫) 여기서는 佛心을 말한다.

阮氏譜曰 "牖(유), 字彦倫, 裕長子也. 仕至州主簿."

② 阮公(阮牖)은 지혜와 학식이 있었기 때문에 필시 이러한 폐단이 없었을 것이다. 만일 이것이 오류가 아니라면 어쩌면 그리도 미혹되었단 말인가. 周 文王이 수명이 다 되었을 때 성인의 아들들(武王과 周公)도 그 나이를 멈추게 할 수 없었고, 釋氏의 종자를 주륙하였을 때에도[25] 神力이 그들의 생명을 연장해주지 못하였다. 그러므로 業因에는 정해진 기한이 있고 果報는 바꿀 수 없는 것이다. 기도를 하여 그 영험함을 기대하였다가 효력이 없다고 해서 믿었던 道를 소홀히 한다면 고루한 무리일 뿐이다. 어찌 神明한 智者라 할 수 있겠는가.

以阮公智識, 必無此弊. 脫此非謬, 何其惑歟. 夫文王期盡, 聖子不能駐其年, 釋種誅夷, 神力無以延其命. 故業有定限, 報不可移. 若請禱而望其靈, 匪驗而忽其道, 固陋之徒耳. 豈可以言神明之智者哉.

【頭註】

○ 王世懋 : 思曠(阮牖)이 이와 같았다면, 더 무슨 말을 하겠는가.
王云 "思曠如此, 復何足道."

○ 왕세무 : 주석(②)의 이치는 고상하나, 人情은 기필할 수 없다.
又云 "註理高, 但人情未可必."

46-10 桓公(桓溫)이 누워서 말하였다.

"이렇게 적적하니 장차 文帝(司馬昭)와 景帝(司馬師)의 비웃음을 받겠구나.[26]"

이윽고 몸을 일으켜 앉아서 말하였다.

"기왕 좋은 명성을 남기지 못하게 되었지만, 만세 뒤에까지 악명도 남기지 못한다는 말인가."

桓公臥語曰 作此寂寂하니 **將爲文景所笑**라 **既而屈起坐曰 既不能流芳後世**나 **亦不足復遺臭萬載邪**(야)①아

25) 釋氏의……때에도 : 釋氏의 종자는 釋迦牟尼의 후예인 釋迦族 사람을 가리킨다. ≪瑠璃王經≫에 따르면, 琉璃太子가 迦毘羅國의 釋氏인 摩訶男 집에 놀러 갔을 때 모욕을 당하여, 후에 왕위에 오른 뒤 석가족을 정벌하여 12,000명을 잡아 여자들의 코와 귀를 베고 수족을 잘랐으며 구덩이에 밀어 넣었다고 한다.(≪世說音釋≫)

26) 장차……받겠구나 : 文帝(司馬昭)와 景帝(司馬師)는 魏나라 3대 황제 曹芳을 폐위시키고 曹髦를 새 황제로 세웠던 인물들이다. 사마소의 아들 司馬炎이 황제에 올라 晉나라를 세운 뒤에 사마소는 文帝로, 사마사는 景帝로 추존되었다.

① ≪續晉陽秋≫에 말하였다. "桓溫은 이미 큰 武功으로 조정을 마음대로 하였고 將帥와 宰相의 직임을 겸하여 신하 노릇 하지 않으려는 마음이 이미 말과 행동에 드러났다. 한번은 누운 채 친한 臣僚들을 만났는데, 베개를 어루만지며 일어나 '이렇게 적적하니 文帝(司馬昭)와 景帝(司馬師)의 비웃음을 받겠구나.'라 하니, 사람들이 감히 대답하지 못하였다.

續晉陽秋曰 "桓溫旣以雄武專朝, 任兼將相, 其不臣之心形于音迹. 曾臥對親僚, 撫枕而起曰 '爲爾寂寂, 爲文景所笑.' 衆莫敢對."

【頭註】

○ 劉辰翁 : 이 일화는 비교적 심사숙고하였으니, 史筆에 매우 뛰어나다.
劉云 "此等較有俯仰, 大勝史筆."

○ 王世懋 : 奸雄의 어투를 곡진하게 표현하였는데, 비범한 사람의 어감이 있다.
王云 "曲盡奸雄語態, 然有非常人語."

○ 王世懋 : 文帝(司馬昭)와 景帝(司馬師)는 司馬師 형제이다.
又云 "文景, 司馬師兄弟也."

46-11 (補)[27] 桓公(桓玄)이 처음에 殷 荊州(殷仲堪)를 보복 공격하였다. 한번은 ≪論語≫를 강독하다가 "富와 貴는 사람들이 원하는 것이지만 바른 道로 얻지 못한다면 누리지 않는다."라는 구절에 이르자, 환현의 기색이 매우 나빴다.

桓公初報破殷荊州①러니 **曾講論語**라가 **至富與貴是人之所欲**이나 **不以其道得之**어든 **不處**②하여 **玄意色甚惡**이라

① 周祗의 ≪隆安記≫에 말하였다. "殷仲堪은 사람들의 마음이 桓玄에게 쏠리자 조정이 환현을 자기 대신으로 기용할 것이라 의심하여, 道人인 天竺僧 僁에게 보물을 가져가 相王(司馬道子)의 총애를 받던 후궁과 중매쟁이 비구니와 측근들에게 주어 환현을 비난하게 하였다. 환현이 그의 계책을 알고서 공격하여 절멸시켰다."

周祗隆安記曰 "仲堪以人情注於玄, 疑朝廷欲以玄代己, 遣道人竺僧僁(건)齎寶物, 遺相王寵幸媒尼[28]左右, 以罪狀玄. 玄知其謀, 而擊滅之."

② 孔安國이 注를 내기를, "올바른 道로 富貴를 얻지 않으면 仁者가 이를 누리지 않는

---

27) (補) : 저본에는 '補'가 있으나, 이 일화는 ≪何氏語林≫에 실려 있지 않고 ≪世說新語≫에 실려 있으므로 이에 의거하여 '補'를 삭제하였다.

28) 媒尼 : 비구니〔尼〕이면서 중매하는 사람을 말한다.(≪世說箋本≫)

다." 하였다.

孔安國注曰"不以其道得富貴, 則仁者不處."

【頭註】

○ 僣은 어떤 본에는 '潛'으로 되어 있다.

僣一作潛

46-12【補】孔熙先이 范曄과 함께 謀叛하였다가 下獄되어 심문을 받을 적에, 멀리서 진술하는 모습을 바라보니 말하는 기세가 꺾이지 않았다. 황제가 그의 재주를 특별하게 여겨 사람을 보내 위로하여 말하였다.

"경 같은 재주를 지니고 集書省에서 오랫동안 승진이 되지 않았으니 다른 마음을 품은 것이 당연하다."

또 전 이부 상서 何尙之를 힐책하여 말하였다.

"공희선을 나이 30이 되도록 散騎郎[29]으로 있게 하였으니 그가 어찌 역적이 되지 않겠는가."

孔熙先與范曄이 同逆이라가 下獄被責에 望風吐款하니 辭氣不撓어늘 上奇其才하여 遣人慰勞之曰 以卿之才로 而滯於集書省하니 理應有異志라하고 又詰責前吏部尙書何尙之曰 使孔熙先年三十에 作散騎郎하니 那不作賊①이리오

① ≪宋書≫ 〈范曄傳〉에 말하였다. "魯國의 孔熙先은 박학하였고 재주와 뜻이 종횡무진이었으나 員外散騎侍郎이 된 후 오랫동안 調用되지 못하였다. 처음에 공희선의 부친인 孔默之가 廣州刺史가 되었을 때 재화를 횡령하여 廷尉에게 회부되었는데 彭城王 劉義康이 보호하여 지켜주었다. 유의강이 축출되자 공희선이 남몰래 은혜를 갚으려는 생각을 가지고 있었는데, 范曄이 마음에 불만을 가지고 있다는 것을 알고 그를 끌어들이고자 하였다. 그리하여 범엽과 노름을 할 때 일부러 져 주어서 잃은 재물이

29) 散騎郎 : 集書省의 관원인 散騎常侍, 散騎侍郎, 員外散騎常侍, 通直散騎侍郎 등을 말한다. 집서성은 風議와 獻納을 담당하였다. ≪舊唐書≫ 〈職官志〉에 보면 唐 高祖 武德 7年(624)에 官名 稱位에 대한 定令을 하였는데, 그에 의하면 산기상시는 從3品, 散騎侍郎은 正5品, 員外散騎侍郎은 從5品의 官位에 해당한다고 되어 있다. 산기랑은 실제 職權은 없었으나 尊貴한 관직으로 여겨졌으며 將相이나 大臣의 兼職으로 쓰였다. 송대에는 상시적으로 설치하지는 않았고 金·元 이후에 없어졌다.(≪隋書≫ 〈百官志〉, ≪晉書≫ 〈職官志〉, ≪宋書≫ 〈百官志 下〉)

매우 많았다. 범엽은 공희선의 재물과 보화를 탐냈고 또 그의 技藝를 아껴 마침내 막역한 우정을 맺었다. 공희선은 본래 天文에 밝았는데, '文帝는 필시 뜻밖의 변고로 승하할 것이고 혈육끼리 서로 다투게 될 것이다. 江州는 天子가 나올 곳이니 유의강이 천자가 될 것이다.'라 말하고 마침내 범엽과 함께 逆謀를 꾸몄다. 徐湛之가 표문을 올려 고발하자 조서를 내려 체포하니, 둘 다 모두 죄를 자백하였다."

宋書曰 "魯國孔熙先博學, 有縱橫才志. 爲員外散騎侍郎, 久不調. 初熙先父默之爲廣州刺史, 以贓貨下廷尉, 彭城王義康保持之. 義康被黜, 熙先密懷報效, 以曄志意不滿, 欲引之. 與曄戲故爲不敵, 輸物[30]甚多. 曄旣利其財寶, 又愛其技藝, 遂申莫逆之好. 熙先素善天文云 '文帝必以非道晏駕, 當由骨肉相殘. 江州應出天子, 以爲義康當之.' 遂同搆逆謀. 會徐湛之上表告狀, 詔收, 竝皆款服."

46-13【補】 陸鴻漸(陸羽)[31]과 常伯熊(常魯)[32]은 모두 茶에 정통하였다. 어사 李季卿이 江南宣慰使가 되어 臨懷縣 관사에 도착하니, 어떤 사람이 상백웅이 차에 관해 뛰어나다고 말하였다. 이계경이 그를 초청하자 상백웅이 누런 겉적삼을 입고 검은 비단 두건을 쓴 채 손에는 茶器를 들고 입으로는 차의 이름을 줄줄 외면서 구분하고 가리키니, 주변 사람들이 눈을 비비고 다시 보았다. 차가 끓자 이계경이 두 잔을 마셨다. 이계경이 강남에 이른 뒤에 또 육홍점을 초청하니, 육홍점이 시골 사람의 옷을 입고 茶具를 따라 들어와 예전에 상백웅이 했던 것과 같이 하였다. 이계경이 마음속으로 그를 비루하게 여겨 차를 마신 뒤 종에게 돈 30文을 가져오라고 명하여 博士[33]에게 사례비로 주었다. 육홍점이 일찍부터 강남 지방에서 노닐며 뛰어난 인물들과 친하게 지냈는데, 이 일이 있게 되자 수치스럽게 여겨 마침내 ≪毁茶論≫을 저술하였다.

---

30) 輸物 : 노름이나 내기에서 따는 것을 '贏(영)'이라 하고 잃는 것을 '輸(수)'라 한다. 輸物은 내기에 져서 잃은 재물을 말한다.

31) 陸鴻漸(陸羽) : 733~804. 字가 鴻漸 또는 季疵이고, 號가 竟陵子·桑苧翁·東岡子·茶山御史 등이다. 唐代의 저명한 茶學家로, 茶仙·茶聖·茶神이라 불린다. 평생 茶를 좋아하였고 茶道에 정통하여 차에 대한 專門書인 ≪茶經≫을 저술한 것으로 유명하다.

32) 常伯熊(常魯) : ?~?. 中唐시기에 차를 연구한 학자이다. 常魯는 字이다. 茶仙인 陸羽와 함께 차에 정통한 것으로 유명하였고 육우의 茶學을 연구 발전시켰다고 하나, 저술이 전해지지 않는다.

33) 博士 : 茶人을 박사라고 부른다.(≪世說音釋≫) 여기서는 陸羽를 지칭한다.

陸鴻漸與常伯熊이 皆精茶理①라 御史李季卿宣慰江南②하여 至臨懷縣館하니 或言伯熊善茶어늘 季卿請爲之하니 伯熊著(착)黃帔衫烏紗幘(책)하고 手執茶器하고 口通茶名하여 區分指點하니 左右刮目이라 茶熟에 李爲歠(철)兩杯라 既到江外에 復請鴻漸爲之하니 鴻漸身衣野服하고 隨茶具而入하여 如伯熊故事어늘 李公心鄙之하여 茶畢에 命奴取錢三十文酬博士라 鴻漸夙遊江介하여 通狎勝流러니 及此羞愧하여 遂著毁茶論③이라

① 范攄[34]의 ≪雲溪友議≫에 말하였다. "陸鴻漸(陸羽)이 茶論을 지어 차의 효능과 차를 굶이고 달이는 방법에 대하여 말하였다. 茶具 24벌을 만들어 都統籠(다구를 담는 큰 대바구니)에 보관하였는데 원근에서 다투어 흠모하여 好事家들이 집에 한 벌씩 소장하였다."

宋祁의 ≪隱逸傳≫에 말하였다. "陸羽가 〈茶經〉을 저술하였는데, 常伯熊이라는 자가 육우의 茶論을 기반으로 차의 효능에 관하여 더 확장하여 저술하였다."

范攄(터)雲溪友議曰 "鴻漸嘗爲茶論, 說茶之功效, 幷煎茶炙茶之法. 造茶具二十四事[35], 以都統籠貯之. 遠近傾慕, 好事者家藏一副." 宋祁隱逸傳曰 "羽著茶經, 有常伯熊者, 因羽論復廣著茶之功."

② 劉昫의 ≪舊唐書≫에 말하였다. "李季卿은 丞相 李適之의 아들이다. 弱冠에 明經科에 합격하였고 문장에 상당히 뛰어났다. 唐 代宗(李豫) 때 御史大夫에 제수되었다. 使命을 받들고 江淮宣慰使로 나갔을 때 등용되지 못하고 묻혀 있던 인재를 발탁하고 충성스럽고 청렴한 인물을 기용하여 당시 사람들이 칭송하였다."

劉昫唐書曰 "李季卿, 丞相適之子也. 弱冠擧明經, 頗工文詞. 代宗時, 拜御史大夫. 奉使江淮宣慰, 振拔幽滯, 進用忠廉, 時人稱之."

③ 張又新의 ≪煎茶水記≫에 말하였다. "李季卿이 湖州刺史일 때 揚州에 이르러 處士 陸鴻漸(陸羽)을 만났다. 이계경은 평소 육홍점의 명성을 익히 알고 있던 터라 서로 마음이 통해 친하게 지냈다. 揚子驛을 지날 때 이계경이 '陸君(陸羽)이 차에 대해 정통하다는 것은 천하에 이름이 났습니다. 더구나 揚子江의 南零水 또한 특별히 뛰어납니다.'라고 하고서 군사에게 명하여 병을 가져가 南零 깊숙이 가서 〈물을 떠오게 하였다.〉 얼마 후 물이 도착하였는데, 육홍점이 말하기를 '남령의 물이 아닙니다.' 라고 하였다. 병을 기울여 반쯤 따랐을 때 육홍점이 갑자기 말하였다. '여기부터 남령의

34) 范攄 : ?~?. 唐 僖宗 연간의 사람이다. 自號는 五雲溪人이다. 越州 若耶溪에 은거하였는데, 약야계를 '五雲'이라고도 불렀기 때문에 이것으로 호를 삼았다. 저서로 ≪雲溪友議≫ 3권이 있다.

35) 事 : 여러 가지 사물을 세는 데 쓰이는 단위사로, 여기서는 의복이나 茶器 등을 셀 때 쓰는 '벌'의 의미로 쓰였다.

물입니다.' 심부름꾼이 크게 놀라 말하였다. '제가 남령에서 물을 가져올 때 강기슭에 이르러 배가 요동쳐 반을 쏟았기 때문에 강기슭의 물을 길어서 보탰습니다. 처사는 신통한 감식력을 지녔으니 어찌 숨길 수 있겠습니까.' 이계경과 빈객들이 모두 크게 놀랐다. 이계경이 이에 육홍점에게 거쳐온 여러 곳의 물에 대해 묻자, 그가 말하였다. '楚 지방 물이 제일이고, 晉 지방 물이 최하입니다.' 이계경이 그 참에 붓을 가져오게 하여 육점홍이 구술하는 대로 차례를 매겼다."

張又新煎茶水記曰 "李季卿刺湖州, 至維揚[36), 逢陸處士鴻漸. 李素熟陸名, 有傾蓋[37)之懽. 因過揚子驛, 李曰 '陸君善於茶, 蓋天下聞名矣. 況揚子南零水又殊絶.' 命軍士挈(설)甁, 深詣南零. 俄水至, 陸曰 '非南零者', 傾之至半, 陸遽曰 '自此南零者矣.' 使大駭曰 '某自南零齎, 至岸, 舟蕩覆半, 挹岸水增之. 處士神鑑, 其敢隱焉.' 李與賓從, 皆大駭愕. 李因問歷處之水, 陸曰 '楚水第一, 晉水最下.' 李因命筆, 口授而次第之."

36) 維揚 : 揚州의 별칭이다. 이때 '維'는 어조사이다.(≪世說音釋≫)

37) 傾蓋 : 길을 가다가 서로 만나면 수레의 덮개를 기울이고서 잠시 이야기 한다는 뜻으로, 잠깐 동안 이야기해 보고서도 마음이 통한다는 뜻이다.(≪孔子家語≫ 〈致思〉)

47. 잘못된 처신으로 인한 낭패 紕漏

＊紕漏의 '紕'는 '잘못하다'이고 '漏'는 '새다, 빠뜨리다'의 의미로, 본편에는 주의 깊게 처신하지 않아서 낭패 본 일에 대한 일화를 모아놓았다. 재물을 받고 傳을 써 주겠다고 한 陳壽(47-1), 詔書를 政敵에게 잘못 보낸 明帝(47-2), 잘못된 지식으로 죽을 뻔한 蔡模(47-4), 공주에게 장가든 王敦의 촌스러운 처신(47-5), 理財에 집착한 劉胤(47-8), 모르고 부친을 험담한 謝據(47-9) 등 다양한 일화들이 수록되어 있다. 총 19항목의 일화로 구성되었는데, ≪세설신어≫에서 7항목, ≪하씨어림≫에서 12항목을 가져왔다.

47-1【補】 陳壽가 ≪三國志≫를 편찬하려 할 때 丁 梁州[1]에게 말하였다.

"1,000斛의 쌀을 구하여 빌려주면 그대의 부친을 위하여 훌륭한 傳을 써 주겠소."

정 양주가 쌀을 주지 않자 결국 전을 지어주지 않으니, 당시의 공론이 이 일로 진수를 폄하하였다. 정 양주는 丁敬禮(丁廙)의 아들이다.

陳壽將爲國志①에 **謂丁梁州曰 若覓**(멱)**千斛米見借**면 **當爲尊公作佳傳**하리라 **丁不與米**하여 **遂不爲立傳**②하니 **時論以此少之**③라 **梁州是敬禮子**라

① ≪晉書≫ 〈陳壽傳〉에 말하였다. "陳壽는 字가 承祚이고 巴西 安漢 사람이다. 젊어서 譙周[2]를 스승으로 섬겼다. 蜀나라에서 벼슬하여 觀閣令史가 되었다. 부친상을 당하였을 때 병이 나자 여종에게 丸藥을 만들게 하였는데 〈이 일로〉 鄕黨 사람들이 그의 사람됨에 대하여 폄하하는 논평을 하였다. 이로 인하여 여러 해 동안 승진이 되지

1) 丁 梁州 : 丁廙의 아들을 가리키나, 성명은 未詳이다. ≪三國志≫ 〈魏書 任城陳蕭王傳〉에 의하면, 220년에 丁儀 · 丁廙 형제와 丁氏 가문의 남자들이 모두 曹丕에게 죽임을 당했기 때문에 후사가 끊겼다고 하였다.

2) 譙周 : 199~270. 字가 允南이고 巴蜀 사람으로 蜀漢의 大儒이다. 그의 문하에서 陳壽 · 羅憲 · 文立 · 李密 등의 인물이 배출되었다.

않았다. 張華가 그의 재주를 아껴서 '진수가 비록 혐의스러운 일을 멀리하지 않았으나 실정을 따져보면 관직에서 내쫓을 정도는 아니다.'라고 여겨 孝廉에 추천하여 佐著作郎에 제수되었다."

晉書曰"陳壽, 字承祚, 巴西安漢人. 少師事譙周. 仕蜀爲觀閣令史. 父喪有疾, 使婢丸藥, 鄕黨以爲貶議. 坐是沈滯者累年. 張華愛其才, 以爲'壽雖不遠嫌, 原情不至貶廢', 擧孝廉, 除佐著作郎."

② ≪文士傳≫에 말하였다. "丁廙는 字가 敬禮이다. 젊어서부터 재주가 있었고 박학다식하였다. 建安(196~220) 연간에 黃門侍郎이 되었다. 정이가 한번은 조용히 태조(曹操)에게 말하기를, '臨菑侯(曹植)는 仁孝한 천성을 자연적으로 타고났고 총명과 지혜는 거의 성인에 가깝습니다. 박학하고 식견이 심오하며 문장에 뛰어나 오늘날 천하의 賢才들이 모두 그와 교유하고 그를 위해 죽기를 원하니, 참으로 天命이 魏나라에 복을 주신 것이고 길이 무궁한 경사를 주신 것입니다.'라고 권하여 태조의 마음을 움직이려고 하였다.

태조가 대답하여 말하기를, '植을 내가 아끼지만 어찌 경이 말한 것과 같겠는가. 내가 그를 후사로 세우고자 하는데 어떠하겠는가?' 하니, 정이가 말하였다. '이것은 국가의 흥망성쇠가 달린 것이고 천하의 存亡에 관한 것이니, 어리석고 미천한 제가 감히 언급할 수 있는 것이 아닙니다. 신이 듣건대, 신하를 아는 것은 군주만한 이가 없고 자식을 아는 것은 부친만한 이가 없다고 합니다. 군주가 명철하건 우매하건, 아비가 현명하건 어리석건 간에 항상 군주가 신하를, 아비가 자식을 잘 알 수 있는 것은 어째서입니까? 이것은 사람을 아는 것은 한 가지 일이나 한 가지 물건으로 되는 것이 아니고, 할 말을 다하는 것은 하루 아침이나 하루 저녁에 되는 것이 아니기 때문입니다. 더구나 明公께서는 비범한 지혜를 지니신데다가 자식인 임치후를 익숙히 보아 왔습니다. 지금 현명한 명을 내려 영원히 나라를 평안하게 하는 말씀을 하신다면, 위로는 천명에 부응하고 아래로는 인심에 부합하는 결과를 한순간에 얻어 만세토록 전하실 것입니다. 신은 감히 다 말씀드릴 수 없습니다.' 태조가 그 말을 깊이 받아들였다."

文士傳曰"丁廙(이), 字敬禮. 少有才, 博學洽聞. 建安中爲黃門侍郎. 廙嘗從容謂太祖曰'臨菑侯, 天性仁孝, 發於自然, 而聰明智達, 其殆庶幾. 至於博學淵識, 文章絶倫, 當今天下賢才, 皆願從其游而爲之死, 實天命所以鍾福於大魏, 而永授無窮之祚也.' 欲以勸動太祖. 太祖答曰'植, 吾愛之, 安能若卿言. 吾欲立爲嗣, 何如.' 廙曰'此國家所以興衰, 天下所以存亡, 非愚劣瑣賤者所敢與及. 廙聞知臣莫若君, 知子莫若父. 至於君不論明闇, 父不問賢愚, 而能常知其臣子者何. 蓋由相知非一事一物, 相盡非一朝一夕. 況明公加之以聖哲, 習之以人子. 今發明達之命, 吐永安之言, 可謂上應天命, 下合

人心, 得之於須臾, 垂之於萬世也. 廙敢不盡言.' 太祖深納之."

③ ≪晉書≫에 말하였다. "陳壽가 ≪三國志≫를 편찬하니, 세상 사람들이 그가 일을 잘 서술하여 훌륭한 史家의 재주를 지녔다고 칭찬하였다. 처음에 진수의 부친이 〈蜀나라의 장수인〉 馬謖의 參軍이 되었는데, 諸葛亮이 마속을 처형하고 진수의 부친에게 머리카락을 깎는 형벌을 주었다. 제갈량의 아들 諸葛瞻이 또 진수를 무시하였기 때문에 진수가 〈蜀志〉를 편찬할 때 〈諸葛亮傳〉의 史評을 지어 '제갈량이 해마다 군사를 동원하였으나 세운 공이 없었으니, 모두 그가 변화에 대응하는 장수의 지략에 뛰어나지 못한 때문이었다.'라고 하였다."

晉書曰 "壽撰三國志, 時人稱其善敍事, 有良史之才. 初壽父爲馬謖(속)參軍. 諸葛亮誅謖, 髡(곤)其父頭. 亮子瞻又輕壽. 故壽撰蜀志, 作諸葛評曰 '亮連年動衆, 而無成功, 皆應變將略, 非其所長.'"

47-2【補】 晉 明帝(司馬紹)가 밀봉한 詔書를 庾公(庾亮)에게 보냈는데, 使者가 그것을 잘못하여 王 丞相(王導)에게 가져갔다. 왕 승상이 조서를 펴 보니, 말미에 '冶城公(왕도)이 알지 못하게 하라.'라고 되어 있었다. 왕 승상이 보고 나서 답서를 올렸다.

"삼가 성상의 조서를 읽어보니 신에게 보내신 것이 아닌 듯합니다. 신이 열어보고 신이 닫았으니 아무도 본 자가 없습니다."

명제가 매우 민망하여 여러 달 동안 王公(왕도)을 만나지 못하였다.

明帝函封詔與庾公에 **信**[3]**誤致於王丞相**이라 **丞相開詔**하니 **末云 勿使冶城公知**①어늘 **丞相旣視**에 **表答曰 伏讀明詔**하니 **似不在臣**이요 **臣開臣閉**하니 **無有見者**니이다 **明帝甚愧**하여 **數月不敢見王公**이라

① 승상(王導)이 冶城에 살았기 때문에 晉 明帝가 그를 冶城公이라 칭한 것이다.

丞相居冶城. 故帝稱爲冶城公.

47-3 任育長(任瞻)은 연소하였을 때 매우 명성이 자자하였다. 晉 武帝(司馬炎)가 붕어하자 挽郎[4] 120명을 선발하였는데, 모두 당대의 뛰어난 인재들이었고 임육

---

3) 信 : 使者를 말한다.(≪世說音釋≫)

4) 挽郎 : 천자의 棺은 梓木으로 만들기 때문에 '梓宮'이라 하며, 이 재궁을 운반하기 위해

장도 그 안에 포함되었다. 王安豐(王戎)이 사윗감을 택할 때 만랑 중에서 뛰어난 자를 찾아 우선 4인을 뽑았는데 임육장 역시 그 가운데 있었다. 소년 시절에는 총명함이 사랑스러워 당시 사람들이 임육장은 그림자도 예쁘다고 칭찬하였으나, 江南으로 건너간 뒤로는 실의에 빠졌다. 왕 승상(王導)이 강남으로 먼저 건너간 名士들에게 청하여 함께 石頭에 가서 임육장을 맞이할 적에 여전히 예전처럼 대하였으나 한 번 보고는 바로 달라진 것을 알았다. 모두 자리에 앉자 茶가 나왔는데, 〈임육장이〉 대뜸 사람들에게 물었다.

"이것은 일찍 딴 차〔茶〕입니까, 늦게 딴 차〔茗〕입니까?"

임육장은 사람들이 이상하게 여기는 기색이 있음을 깨닫고는 스스로 변명하여 말하였다.

"좀 전에는 마시는 차가 뜨거운지〔熱〕 차가운지〔冷〕 물은 것[5)]일 뿐입니다."

한번은 길을 가다가 棺을 파는 점포를 지나게 되었는데, 눈물을 흘리며 슬퍼하였다. 왕 승상이 그 말을 듣고 말하였다.

"이 사람은 정에 눈이 먼 사람〔情癡〕이로구나."

任育長年少時에 甚有令名이라 武帝崩에 選百二十挽郞하니 一時之秀彦요 育長亦在其中이라 王安豐選女壻에 從挽郞搜其勝者하여 且擇取四人에 任猶在其中이라 童少時에 神明可愛하여 時人謂育長影亦好러니 自過江으로 便失志라 王丞相請先度[6)]時賢하여 共至石頭迎之에 猶作疇日相待로대 一見便覺有異라 坐席竟下飮[7)]에 便問人云 此爲茶오 爲茗[8)]이오 覺有異色하고 乃自申明云 向問飮爲熱爲冷耳라하다 嘗行從棺邸[9)]下度에 流涕悲哀어늘 王丞相聞之曰 此是有情癡①라하다

선발된 사람을 '만랑'이라 한다.(≪世說音釋≫)

5) 차가……것 : 원문은 '爲熱爲冷'인데, '茶'의 音은 '熱'과 유사하고, '茗'의 음은 '冷'과 유사하다.(≪世說音釋≫) 앞서 자신이 한 말을 얼버무린 것이다.

6) 先度 : 여기서 '度'는 '渡'를 말하며, 전란을 피해 長江 이남으로 건너간 것을 의미한다.(≪世說音釋≫)

7) 下飮 : 茶를 내온 것을 말한다.(≪世說新語箋疏≫(余嘉錫))

8) 爲茶爲茗 : ≪通鑑節要≫ 〈唐紀〉 德宗皇帝 下의 "稅茶"의 注에 "일찍 딴 것을 茶라 하고, 늦게 딴 것을 茗이라 한다." 하였다.(〈通鑑要解〉)

9) 棺邸 : 棺을 판매하는 店鋪이다.(≪世說新語箋疏≫(余嘉錫))

① ≪晉百官名≫에 말하였다. "任瞻은 字가 育長이고 樂安 사람이다. 부친 任琨은 少府卿을 지냈다. 임첨은 謁者僕射·都尉·天門太守를 역임하였다.
晉百官名曰 "任瞻, 字育長, 樂安人. 父琨, 少府卿. 瞻歷謁者僕射(야)·都尉·天門太守."

【頭註】

○ 劉辰翁 : '下飮'은 茶를 내놓는 것이다. 인재가 실의에 빠지는 것은 이와 같은 사례가 매우 많다.
劉云 "下飮謂設茶也. 人才失志, 此比甚多."

47-4 蔡司徒(蔡模)가 강남으로 건너와 彭蜞(방게)를 보고 크게 기뻐하여 말하였다.

"게가 다리가 8개이고 집게발 2개가 더 있구나."

그것을 삶게 하여 먹은 뒤에 토하고 설사하며 앓고 나서야 비로소 그것이 게가 아니라는 것을 알았다. 나중에 謝仁祖(謝尙)에게 이 일을 말하자, 사인조가 말하였다.

"경은 ≪爾雅≫를 제대로 익히지 않아서 ≪勸學≫ 때문에 죽을 뻔하였구료.[10)]"

蔡司徒渡江하여 見彭蜞(기)하고 大喜曰 蟹(해)有八足에 加以二螯(오)로다하고 令烹之하여 既食에 吐下委頓하여 方知非蟹라 後向謝仁祖說此事하니 謝曰 卿讀爾雅不熟하여 幾爲勸學死①로다하다

① ≪大戴禮≫ 〈勸學〉편에 "게는 집게발이 2개이고 다리가 8개이다. 뱀이나 장어의 구멍이 아니면 몸을 의탁하여 살지 않는 것은 마음이 조급하기 때문이다."라고 하였다. 그러므로 蔡邕이 ≪勸學≫을 지을 때 거기에서 뜻을 취한 것이다. ≪爾雅≫에 "蝟蠌의 작은 것이 '螃'이니, 즉 彭蜞이다. 게와 유사하나 크기가 작다."라고 하였으니, 지금의 팽기는 게보다 크기가 작고 彭蝟보다 크니, 바로 ≪이아≫에서 말한 蝟蠌이다. 그러나 이 세 가지 생물은 모두 다리가 8개이고 집게발이 2개이며 생김새가 매우 비슷하다. 蔡模가 그 크기를 제대로 알지 못하여 먹고서 탈이 났기에 ≪이아≫를 제대로 익히지 않았다고 말한 것이다.
大戴禮勸學篇曰 "蟹二螯八足, 非蛇蟺(사선)之(究)〔穴〕[11)]無所寄託者, 用心躁也." 故蔡

10) 경은……뻔하였구료 : 蔡模가 蔡邕의 ≪勸學≫에 실린 "蟹有八足 加以二螯"라는 구절은 알고 있었지만 ≪爾雅≫에 나온 "蝟蠌小者螃 即彭蜞也 似蟹而小"는 알지 못하여 彭蜞를 게로 알고 잘못 먹고 탈이 난 것을 비웃은 것이다.

邕爲勸學章, 取義焉. 爾雅曰“蝟蠌(활택)小者勞. 卽彭蜞也. 似蟹(亦)〔而〕[12]小.” 今彭蜞, 小於蟹而大於彭蜎(활), 卽爾雅所謂蝟蠌也. 然此三物, 皆八足二螯, 而狀甚相類. 蔡謨不精其小大, 食而致斃. 故謂讀爾雅不熟也.

【頭註】

○ 王世懋 : 彭蜞를 먹더라도 토하지 않으니, 이것은 곧 실제 기록이 아니다.
王云“彭蜞食之, 乃不吐, 此便非實錄.”

○ 劉應登 : ≪勸學≫ 때문에 잘못하여 죽을 뻔하였음을 말한 것이다.
應登云“言幾爲勸學所誤而死.”

47-5 王敦이 처음에 공주에게 장가들었을 때 측간에 가서 옻칠한 상자에 말린 대추가 가득한 것을 보았다. 그것은 본래 코를 막기 위한 것이었으나 왕돈은 '측간에도 과실을 두었구나.'라고 하고는 남김없이 다 먹었다. 측간에서 돌아온 뒤에 여종이 金 세숫대야에 물을 담고 유리 주발에 가루비누를 담아 받들고 오자, 가루비누를 물에 쏟아 부어 마시고는 “미숫가루구나.”라고 하니, 여종들이 입을 막고 웃지 않는 이가 없었다.

澡盆

王敦初尙主①에 **如厠**하여 **見漆箱盛乾棗**하고 **本以塞**(색)**鼻**어늘 **王謂厠上亦下果**라하고 **食遂至盡**이라 **旣還**에 **婢擎**(경)**金澡盤盛水**하고 **瑠璃椀盛澡豆**[13]어늘 **因倒著水中而飮之**하고 **謂是乾飯**이라하니 **群婢莫不掩口而笑之**라

① 왕돈은 晉 武帝(司馬炎)의 딸 舞陽公主에게 장가들었다. 공주의 字가 脩褘이다.
敦尙武帝女舞陽公主, 字脩褘.

---

11) (究)〔穴〕: 저본에는 '究'로 되어 있으나, ≪大戴禮≫에 의거하여 '穴'로 바로잡았다.

12) (亦)〔而〕: 저본에는 '亦'으로 되어 있으나, ≪爾雅≫에 의거하여 '而'로 바로잡았다.

13) 澡豆 : ≪本草≫에 “豌豆를 澡豆라 한다.” 하였다. 녹두·팥 따위를 갈아서 만든 가루로, 세수할 때 비누로 쓴다.(≪世說音釋≫)

47-6 王大(王忱)[14]가 죽은 뒤, 조정에서는 "王國寶[15]를 荊州刺史로 삼아야 한다."라는 의론이 있었다. 왕국보의 主簿가 밤에 봉함한 문서를 가지고 와서 일을 보고하였다.

"형주에 대한 일이 이미 성사되었습니다."

왕국보가 크게 기뻐하여 밤에 합문을 열어젖히고 綱紀[16]를 불렀는데, 말로 직접 형주 자사가 되었다고 하지는 않았지만 기색이 매우 느긋하였다. 그러나 새벽에 사람을 보내 두루 물으니 전혀 이런 일이 없었다. 즉시 주부를 불러 나무라며 말하였다.

"경은 어찌하여 人事를 그르쳤는가."

王大喪後에 **朝論或云 國寶應作荊州**①라 **國寶主簿夜函白事云 荊州事已行**이라하니 **國寶大喜而夜開閤**하고 **喚綱紀**에 **話勢雖不及作荊州**나 **而意色甚恬**이라 **曉遣參問**에 **都無此事**하니 **卽喚主簿**하여 **數**(수)**之曰 卿何以誤人事邪**(야)아

① ≪晉安帝紀≫에 말하였다. "王忱이 죽자 會稽王(司馬道子)[17]이 王國寶로 그를 대신하고자 하였으나, 孝武帝(司馬曜)가 직접 조서를 내려 殷仲堪을 임용하여 마침내 그만두었다."
晉安帝紀曰 "王忱死, 會稽王欲以國寶代之. 孝武中詔[18]用仲堪, 乃止."

【頭註】

○ 유진옹 : 전해듣는 것도 무시해서는 안 된다.
劉云 "傳聞亦不可無."

---

14) 王大(王忱) : ? ~392. 字가 元達이고 小字가 佛大이다. 東晉의 中書令을 지낸 王坦之의 넷째 아들이다. 명성이 있었고 관직은 荊州刺史에 이르렀다.

15) 王國寶 : 350~397. 國寶는 字이다. 왕침의 형이다. 晉 孝武帝(司馬曜) 및 會稽王 司馬道子의 寵臣이 되어 권력을 휘둘러 당시 사람들의 원한을 샀다.

16) 綱紀 : 관사 내에서 기강을 잡는 임무를 맡은 자를 말하는데, 州의 綱紀는 功曹의 관원이고 郡의 강기는 注簿나 錄事를 가리킨다.(≪世說音釋≫, ≪世說箋本≫)

17) 會稽王(司馬道子) : 사마도자(364~403)는 東晉의 제8대 황제였던 簡文帝(司馬昱) 때 종실의 일원으로 宰相을 지냈다. 그의 형이 바로 간문제 사후 동진의 9대 황제로 즉위한 孝武帝(司馬曜)이다.

18) 中詔 : 궁중에서 직접 내린 帝王의 친필 詔令을 말한다.

47-7 殷仲堪의 부친이 心氣가 허하여 가슴이 두근거리는 병이 있어 침상 아래에서 개미가 움직이는 소리를 듣고 소가 싸우는 것이라 생각하였다. 孝武帝(司馬曜)가 그 사람이 殷公(殷師)이라는 것을 알지 못하고 은중감에게 물었다.

"殷氏 중의 어떤 이가 이와 같은 병이 있다고 하는데, 그러한가?"

은중감이 눈물을 흘리며 일어나 말하였다.

"신은 進退維谷[19)]입니다."

殷仲堪父病虛悸하여 **聞牀下蟻動**하고 **謂是牛鬪**①라 **孝武不知是殷公**하고 **問仲堪 有一殷病如此不**(부)아하니 **仲堪流涕而起曰 臣進退唯谷**②이니이다

① ≪殷氏譜≫에 말하였다. "殷師는 字가 師子이다. 조부는 殷識이고 부친은 殷融인데 모두 명성이 있었다. 은사가 驃騎咨議가 되었을 때 아들 仲堪이 태어났다."

≪續晉陽秋≫에 말하였다. "은중감의 부친은 일찍이 失心病을 앓아 은중감이 허리에서 띠를 풀지 못하였다. 몇 해 뒤 부친이 죽었다."

殷氏譜曰 "殷師, 字師子. 祖識父融, 竝有名. 師至驃騎咨議. 生仲堪." 續晉陽秋曰 "仲堪父曾有失心病, 仲堪腰不解帶. 彌年父卒."

② ≪詩經≫ 〈大雅 桑柔〉에 나오는 詩句이다. 毛公[20)]이 주를 내기를 "谷은 궁하다는 의미이다." 하였다.

大雅詩也. 毛公注曰 "谷, 窮也."

47-8 【補】 劉承胤(劉胤)은 젊었을 때 高雅한 풍모가 있었다. 王公(王導)·庾公(庾亮)·溫公(溫嶠)은 평소 그와 함께 노닐었는데, 유승윤이 왔다는 소식을 듣고 수레를 같이 타고 그를 찾아갔다. 그런데 유승윤은 이불 보따리에 기댄 채 전혀 세 사람과 말을 나누지 않고 아는 척도 하지 않았다. 조금 뒤 빈객이 물러가니 왕공

---

19) 進退維谷 : 孝武帝의 물음에 대답을 하지 않을 수도 없고, 대답을 하자니 家諱를 범하게 되므로 진퇴유곡이라고 한 것이다.

20) 毛公 : 毛亨과 毛萇을 말한다. 毛亨(?~?)은 秦末漢初의 학자로, "毛詩"의 開創者이다. 그는 子夏에게서 詩學을 배워 ≪毛詩古訓傳≫을 저술하였으며 이를 조카인 毛萇에게 전수하였다. 당시 사람들은 毛亨을 大毛公, 毛萇을 小毛公이라 칭하였다. 고대에 ≪詩經≫에 注를 낸 4家(齊詩, 魯詩, 韓詩, 毛詩)가 있었는데 西晉에서 宋에 이르러 앞의 3家는 모두 失傳되어 ≪韓詩外傳≫ 6권만 남았고, 毛亨과 毛萇의 注는 "毛詩"로 전해왔다. 여기에 鄭玄이 箋을 짓고, 孔穎達이 疏를 지어 ≪毛詩正義≫가 완성되었다.

과 유공이 이러한 의도를 매우 이상하게 여겼다. 온공이 말하였다.

"유승윤은 재물을 좋아합니다. 새로 江南으로 내려왔으니 필시 진기한 보물을 가져왔을 것이고 마땅히 값을 흥정하는 일이 있을 것입니다."

사람을 시켜 살펴보게 하니, 과연 아까 본 보따리는 모두 진기한 물건들이었고 바로 胡商들과 값을 흥정한 것이었다.

劉承胤少有淹雅之度러니 **王庾溫諸公**이 **素與周旋**이라 **聞其至**하고 **共載看之**하니 **劉倚被囊**하고 **了不與三人言**이요 **神味亦不相酬**라 **俄頃賓退**에 **王庾甚怪此意**하니 **溫曰承胤好賄**하니 **新下**에 **必有珍寶**하여 **當有市井事**라하고 **令人視之**하니 **果見向囊**이 **皆珍玩**이요 **正與胡父**[21)] **詣賈**[22)]①라

① ≪晉書≫ 〈劉胤傳〉에 말하였다. "劉胤은 字가 承胤이고, 東萊 掖 사람이다. 자태와 용모가 아름다웠고 자기 앞가림을 잘 하였다. 당시의 호걸들과 교유하여 명성이 海岱 사이[23)]에 드러났다. 王敦이 평소 그와 교유하여 조정에 청하여 右司馬로 삼았다. 유윤은 왕돈이 신하 노릇 하지 않으려는 마음을 지닌 것을 알고 병을 핑계하여 政事를 보지 않았고, 왕돈의 뜻을 거슬러 지방으로 나가 豫章太守가 되었다. 咸和(326~334) 초에 散騎常侍가 더해졌고, 平南將軍・江州刺史를 역임하였다. 지위와 직임이 점점 높아지자 나날이 더 뽐내고 거들먹거렸으며, 財貨를 크게 불려 상거래가 백만에 이르렀다. 후에 郭默에게 살해되었다.

晉書曰"劉胤, 字承胤. 東萊掖人. 美姿容, 善自任遇. 交結時豪, 名著海岱間. 王敦素與交, 請爲右司馬. 胤知敦有不臣心, 稱疾不視事, 忤敦意, 出爲豫章太守. 咸和初加散騎常侍, 歷平南將軍江州刺史. 位任轉高, 矜豪日甚, 大殖財貨, 商販百萬. 後爲郭默所害."

【頭註】

○ 〈詣賈의〉 '詣'는 아마도 '謀'자인 듯하다.
詣疑謀字.

---

21) 胡父 : 胡人으로서 물건을 매매하는 자를 말한다.(≪世說音釋≫)

22) 詣賈 : ≪世說音釋≫에서는 '詣'를 '諧'로 보았는데, 諧賈는 장사하는 사람이 물건의 양이나 값을 흥정하는 것을 말한다. ≪世說箋本≫에서는 '詣'를 '講'으로 보고 '賈'를 '價'로 풀었는데, 이 또한 값을 흥정한다는 의미이다.

23) 海岱 사이 : 海는 渤海를 가리키고 岱는 泰山을 가리킨다. 즉 山東省의 발해에서 태산 사이의 지역이다.

47-9 謝虎子(謝據)가 한번은 지붕에 올라가 쥐를 잡으려고 연기를 피웠다. 아들 謝胡兒(謝朗)가 자신의 부친이 이 일을 하였다는 것을 알지 못하여, 사람들이 '어리석은 사람이 이런 일을 한다'는 말을 들었을 때 놀리며 비웃었고, 때때로 이 일을 말한 것이 한 번이 아니었다. 〈숙부인〉 太傅(謝安)가 그가 이러한 사실을 알지 못하고 있다는 것을 알고 난 뒤에 사호아와 이야기 하던 중에 그에게 말하였다.

"세간의 사람들이 이 일로 中郎(謝據)을 비방하고, 또 나도 함께 이 일을 하였다고 하는구나."

사호아가 마음이 괴롭고 편치 않아 한 달 동안 서재 문을 닫고 나오지 않았다. 태부가 거짓으로 자신의 잘못인 것처럼 꾸며 사호아를 깨닫게 하였으니 德教라 이를 만하다.

謝虎子嘗上屋熏鼠①러니 胡兒既無由知父爲此事하여 聞人道癡人有作此者에 戲笑之하고 時道此非復一過라 太傅既了己[24]之不知하고 因其言次에 語胡兒曰 世人以此謗中郎하고 亦言我共作此②라하니 胡兒懊(오)熱하여 一月日閉齋不出이라 太傅虛託引己之過하여 以相開悟하니 可謂德教라

① 虎子는 謝據의 어릴 적 이름이다. 사거는 字가 玄道이고, 尙書 謝裒의 둘째 아들이다. 33세에 죽었다.
虎子, 據小字. 據, 字玄道, 尙書裒第二子. 年三十三亡.

② 中郎은 謝據이다. 〈'中'의 음은〉 章과 仲의 反切이다. 살피건대, 세간에 형제 3인이 있으면 둘째를 '中'이라 한다. 지금 謝氏 형제는 6인인데, 謝據를 中郎이라 한 것은 이해할 수 없다. 형제가 3인이었을 때 중랑이라 칭한 것을 그대로 답습하여 고치지 않아서일 것이다.
中郎, 據也. 章仲反. 按世有兄弟三人, 則謂第二者爲中. 今謝昆弟有六, 而以據爲中郎, 未可解. 當由有三時, 以中爲稱, 因仍不改也.

47-10 虞嘯父가 효무제(司馬曜)의 侍中이 되었을 때, 황제가 조용히 물었다.

"경이 門下省에 있으면서 진헌한 것이 있다는 말을 한 번도 듣지 못하였다."

虞氏 가문은 富春의 바다 가까운 곳에 있었다. 그는 황제가 음식 접대를 바란다

24) 己 : '其'이니, 謝胡兒(謝朗)를 가리킨다.(≪世說箋本≫)

고 생각하고[25] 대답하였다.

"날씨가 여전히 더워서 鱀魚(전어)나 새우젓을 가져올 수 없습니다. 얼마 뒤에는 바칠 것이 있을 것입니다."

황제가 박수를 치며 크게 웃었다.

虞嘯父爲孝武侍中에 **帝從容問曰 卿在門下**에 **初不聞有所獻替**[26]라 **虞家富春近海**러니 **謂帝望其意氣**[27]하고 **對曰天時尙煖**하여 **鱀**(제)**魚蝦鮓**(사)를 **未可致**니 **尋當有所上獻**이니이다 **帝撫掌大笑**①하다

① ≪中興書≫에 말하였다. "虞嘯父는 會稽 사람이다. 光祿大夫 虞潭의 손자이고, 右將軍 虞純의 아들이다[28]. 젊어서 高官을 역임하였다. 王廞과 함께 庶人으로 廢黜되었는데[29], 義兵이 일어난 초기에 會稽內史가 되었다."

中興書曰 "嘯父, 會稽人, 光祿潭之孫, 右將軍純之子. 少歷顯位, 與王廞(흠)同廢爲庶人. 義旗[30]初爲會稽內史."

【頭註】

○ 王世懋 : '意氣' 두 글자가 매우 신선하다.
王云 "意氣二字甚新."

○ 劉辰翁 : 이와 같은 잘못은 자손의 수치이다.
劉云 "如此謬, 子孫之羞也."

47-11 【補】 宋 武帝(劉裕)가 한번은 謝超宗이 특별히 鳳毛가 있다고 칭찬하였

---

25) 음식……생각하고 : 獻替의 '替'의 음과 '進'의 음이 비슷하고, 虞嘯父가 재물에 욕심이 많았기 때문에 황제의 公的 질문을 私的으로 이해한 것이다.(≪世說講義≫)

26) 獻替 : '獻可替否'의 줄임말로, 행할 만한 일을 임금에게 進獻하고 행하지 말아야 할 일을 혁파하는 것이다. 대개 國事에 관한 諫言이나 議論을 의미하는 말로 쓰인다.

27) 謂帝望其意氣 : '意氣'는 음식 접대를 말한다.(≪世說音釋≫) ≪晉書≫에는 단지 '謂帝有所求'라고 하였다.

28) 右將軍……아들이다 : ≪晉書≫ 〈虞潭傳〉에는 虞純이 아니라 虞仡(우흘)로 되어 있고, 관직도 右將軍司馬로 되어 있다.

29) 王廞과……廢黜되었는데 : 虞嘯父가 王廞과 함께 謀反하여 서인으로 폐출되었다.(≪晉書≫ 〈虞潭傳〉)

30) 義旗 : 東晉 安帝 때 帝位를 선양 받은 桓玄을 토벌하기 위하여 劉裕가 擧兵한 일을 가리킨다.(≪世說音釋≫)

다.[31] 右衛將軍 劉道隆이 좌중에 있다가 나와서 사초종을 기다렸다가 말하였다.

"듣자하니 그대가 기이한 물건을 가지고 있다 하는데, 한 번 보고 싶군요."

사초종이 말하였다.

"누추한 집에 무슨 기이한 물건이 있겠습니까."

유도륭은 武人이라 곧바로 그의 부친의 이름을 諱하지 않고 말하였다.

"방금 연석에서 至尊께서 그대가 봉황의 깃털을 가졌다고 말씀하셨습니다."

사초종이 맨발인 채로 大內로 돌아갔다. 유도륭은 그가 봉황의 깃털을 찾아오려 들어갔다고 생각하여 어두워질 때까지 기다리다가 어쩔 수 없이 마침내 갔다.

宋武帝嘗稱謝超宗殊有鳳毛라 **右衛將軍劉道隆在坐**라가 **出候超宗曰 聞君有異物**하니 **欲覓**(멱)**一見**이라 **謝曰 懸罄之室**[32]에 **何得異物耶**아하니 **道隆武人**이라 **正觸其父諱曰 方侍宴**에 **至尊說君有鳳毛**라하니 **謝徒跣還內**어늘 **道隆謂檢覓鳳毛**하고 **至暗待**라가 **不得乃去**①하다

① 謝超宗의 부친 이름이 鳳이다.
超宗父, 鳳也.

47-12【補】 何敬容이 選部(吏部)에 있을 때 한번은 어떤 빈객이 찾아왔는데, 이 사람이 吉씨 姓이었다. 하경용이 그에게 물었다.

"경은 丙吉[33]과 〈世系가〉 어느 정도 가깝습니까?"

그 사람이 대답하였다.

"귀하와 蕭何[34] 정도 입니다[35]."

---

31) 鳳毛가……칭찬하였다 : 鳳毛는 실제 봉황의 깃털을 말하는 것이 아니라, 보기 드문 인재를 비유하는 말로 쓰인다. ≪世說講義≫에서는 謝超宗의 文章이 유려한 것을 가리킨 것이라 하였다.

32) 懸罄之室 : 원문의 '罄'은 '磬'과 같으며, 경쇠를 말한다. 집안이 지극히 가난하여 텅 비어 있음을 비유하는 말이다. ≪國語≫ 〈魯語 上〉에 "집은 경쇠를 걸어놓은 것 같다.〔家如懸磬〕" 하였는데, 韋昭의 注에 "집안이 텅 비어 서까래만 있는 것이 마치 경쇠를 걸어 놓은 것 같다."라고 한 데서 유래하였다.

33) 丙吉 : ? ~B.C. 55. 邴吉이라고도 하며 字가 少卿이다. 前漢 魯國의 獄吏 출신으로, 詩와 禮에 정통하였으며 관직은 丞相에 이르렀다. 麒麟閣 11功臣 중의 한 명이다.

何敬容在選日에 **嘗有一客詣之**하니 **此人姓吉**이라 **敬容問之曰 卿與丙吉遠近**가하니 **答曰如明公之與蕭何**①라하다

① ≪南史≫ 〈何敬容傳〉에 말하였다. "何敬容은 직임은 높고 중하였으나 학술은 부족하였다."
南史曰 "敬容職任隆重而淺於學術."

47-13【補】祖孝徵(祖珽)은 제멋대로 행동하고 禮制에 얽매이지 않았다. 한번은 交州刺史 司馬世雲의 집에 가서 술을 마시다가 마침내 銅器 2개를 숨겼다. 廚人이 빈객들을 수색하기를 청하여 결국 조효징의 품속에서 그것을 찾아냈다.

祖孝徵放縱不羈①러니 **曾至交州刺史司馬世雲家**하여 **飮酒**에 **遂藏銅疊**(첩)[36] **二面**이라 **廚人請搜諸客**하여 **果於孝徵懷中探得**②이라

① ≪北史≫ 〈祖珽傳〉에 말하였다. "祖珽은 字가 孝徵이고 祖瑩의 아들이다. 감정이 예민하고 문장이 강건하고 뛰어났다. 秘書郎으로 관직에 나아갔다. 성품이 거칠고 경솔하여, 청렴하지도 신중하지도 않았다. 한번은 倉曹를 맡았을 때 山東에서 稅로 실어 보낸 大文綾과 連珠 문양의 孔雀羅 등 100疋을 받고, 이것으로 여인들에게 樗蒲를 던지게 하고 新曲을 연주하게 하였으며, 城市의 젊은이들을 불러 노래하고 춤추며 즐기고 娼妓의 집들을 찾아다녔다. 陳元康·穆子容·任胄·元士亮 등 여러 사람들과 음악과 女色을 즐기며 교유하였다."
北史曰 "祖珽, 字孝徵, 瑩之子也. 神情機警, 詞藻遒逸. 起家秘書郎. 性疎率, 不能廉愼. 嘗守倉曹, 受山東課輸大文綾幷連珠孔雀羅等百疋(필), 令諸(嫗)〔姬〕[37] 擲樗蒲(저포), 調新曲, 招城市年少, 歌舞爲娛, 遊諸娼家. 與陳元康·穆子容·任胄·元士亮諸人, 爲聲色之遊"

② ≪邵氏聞見後錄≫[38]에 말하였다. "魏神武(拓拔燾)가 한번은 僚屬들에게 연회를 베풀

---

34) 蕭何 : B.C. 257~B.C. 193. 秦 말기에서 前漢 초기에 걸쳐 활약하였다. 劉邦의 참모로서 그가 천하를 얻도록 도왔으며, 전한의 초대 相國을 지냈다. 韓信, 張良과 함께 漢나라 三傑 중 한 사람이다.

35) 귀하와……입니다 : 관련이 없는 것이 이와 같다는 말이다.(≪世說講義≫)

36) 銅疊(첩) : 고기를 담는 그릇의 이름이다.(≪世說音釋≫)

37) (嫗)〔姬〕: 저본에는 '嫗'로 되어 있으나, ≪李卓吾批點世說新語補≫에 의거하여 '姬'로 바로잡았다.

었는데 좌석에서 금 술잔이 없어졌다. 竇太后가 술 마시던 자들에게 모두 모자를 벗게 하니 孝徵(祖珽)의 상투 속에 술잔이 있었다. 목도한 자들이 매우 수치스럽게 여겼으나, 효징은 느긋하니 개의치 않았다."

聞見錄曰 "魏神武嘗宴僚屬, 於坐失金叵(파)羅[39]. 竇太后令飮者皆脫帽, 果在孝徵髻(계)中. 見者以爲深恥, 孝徵怡然不屑."

47-14【補】 貞觀(627~649) 연간에 尙藥[40]이 황제에게 杜若[41]을 구할 것을 주청하자 度支(戶部)에 칙교를 내렸다. 어떤 省郎[42]이 謝朓가 지은 시에 "물가〔芳洲〕에 두약이 나네."라고 하였다고 해서 마침내 坊州에 맡겨 공물로 바치게 하였다.[43] 그러자 本州의 曹官[44]이 이렇게 결정하였다.

"방주에서는 두약이 나지 않으니, 이는 응당 사조의 시를 잘못 읽고 華省[45]의 이름난 郞官이 이렇게 결정하였기 때문일 것이다. 어찌 28宿의 자리에 있는 관원들의 비웃음을 두려워하지 않는단 말인가."[46]

杜若

38) 邵氏聞見後錄 : 北宋의 邵博이 편찬한 子部 小說家類의 저술이다. 소박의 부친 邵伯溫이 저술한 것을 〈前錄〉이라 하고, 소박이 저술한 것을 〈後錄〉이라 한다. 내용은 대부분 史傳을 보완할 만한 것들로, 經義·史論·詩話 등으로 구성되었다. 소박(?~1158)은 宋 徽宗(趙佶) 때 사람으로 字가 公濟이고 號가 西山이다. 邵伯溫의 次子이다.

39) 金叵(파)羅 : 술 마시는 데 쓰는 酒器의 일종으로, 金爵이다.(≪世說音釋≫)

40) 尙藥 : 관직명으로 尙藥局奉御를 말한다. 梁·陳 이래로는 모두 太醫가 맡았다.(≪世說音釋≫)

41) 杜若 : 香草의 이름으로, 잎은 蔆荷와 같고 줄기 끝에 꽃이 핀다.

42) 省郎 : 尙書郞 즉 尙書省의 郞官을 말한다.(≪世說音釋≫)

43) 芳洲에……하였다 : 芳洲와 坊州의 音이 비슷하기 때문이다.(≪世說講義≫) 芳洲는 물가에 水草가 무성한 곳을 말한다.

44) 本州의 曹官 : 坊州司戶를 말한다.(≪世說音釋≫)

45) 華省 : 尙書省을 가리킨다.(≪世說音釋≫)

46) 28宿의……말인가 : 여기서 '28宿'는 郡國의 官吏들을 의미한다. 황제의 近臣인 郞官이

唐 太宗(李世民)이 듣고서 그를 雍州司法으로 바꾸어 除授하였다.

貞觀中에 **尙藥奏求杜若**①이어늘 **勅下度**(탁)**支**하니 **有省郞 以謝**朓**詩云 芳洲生杜若**②이라하여 **乃委坊州貢之**라 **本州曹官判云 坊州不出杜若**이니 **應由讀謝**朓**詩誤**하고 **華省名郞**이 **作此判事**일새라 **豈不畏二十八宿**(수)**笑人邪**(야)③오하니 **太宗聞之**하고 **改授雍州司法**하다

① ≪爾雅≫에 말하였다. "杜若은 土鹵이다."
≪廣雅≫에 말하였다. "〈두약은〉 楚蘅이다."
≪范子計然≫[47]에 말하였다. "두약은 南郡 漢中에서 난다."
爾雅曰 "杜若(士)〔土〕[48]鹵." 廣雅曰 "楚蘅也." 范子計然 曰 "杜若生南郡漢中."

② 謝朓가 친구를 그리워하며 지은 시에서 말하였다. "물가〔芳洲〕에 杜若 있으니, 기약 맺은 佳人에게 선물하리."
朓懷故人詩曰 "芳洲有杜若, 可以贈佳期[49]."

③ ≪史記≫에 말하였다. "太微宮 뒤 25星이 郞의 자리이다."
史記曰 "太微宮後二十五星, 郞位也."

47-15【補】 褚遂良이 그 부친 褚亮이 아직 살아 있을 때 대문을 따로 내었다. 한번은 詔勅으로 저수량에게 〈물건을〉 하사하여 使者가 正門으로 들어오자 저량이 나와서 말하였다.

"그는 자기 대문이 있습니다."

褚遂良① **其父亮尙在**에 **乃別開門**이라 **勅嘗有賜遂良**하여 **使者由正門入**이어늘 **亮出曰 渠自有門**②이라하다

이런 잘못된 지시를 하여 州縣吏의 비웃음을 받게 되었다는 말이다.(≪世說箋本≫)

47) 范子計然 : 范蠡(B.C. 536~B.C. 448)가 저술한 책으로, 내용은 〈計然傳〉, 〈內徑〉, 〈陰謀〉, 〈富國〉, 〈雜錄〉으로 되어 있다. 범려(B.C. 500~B.C. 448)는 字가 少伯이고, 鴟夷子皮 혹은 陶朱公으로도 불린다. 춘추시대에 상업을 통하여 富를 축적한 것으로 널리 알려져 후대에서는 그를 財神으로 받들었다. 書名에 포함된 '計然'은 蔡丘 濮上 사람으로, 姓은 辛氏이고 이름은 文子이다. 박학 통달한 인물로, ≪史記≫에서는 범려의 제자라 하였으나, 淸朝 이전 다수의 저술에서는 계연을 범려의 스승이라 하였다.(≪世說音釋〉≫)

48) (士)〔土〕: 저본에는 '士'로 되어 있으나, ≪李卓吾批點世說新語補≫(安永本)에 의거하여 '土'로 바로잡았다.

49) 佳期 : 期約을 맺은 佳人이다.(≪世說音釋≫)

① ≪舊唐書≫〈褚遂良傳〉에 말하였다. "褚遂良은 散騎常侍 褚亮의 아들이다. 문학과 역사를 널리 섭렵하였고, 隷書에 특히 정통하였다. 부친의 벗인 歐陽詢이 그를 매우 중히 여겼다. 貞觀(627~649) 연간에 秘書郎・諫議大夫・中書令을 역임하였는데, 전후로 간언을 올린 것이 대부분 채택되었다. 唐 高宗(李治)이 武 昭儀[50]를 冊立할 때 강하게 고집하며 따르지 않아 潭州都督으로 좌천되었다."

唐書曰 "褚遂良, 散騎常侍亮之子. 博涉文史, 尤工隷書. 父友歐陽詢甚重之. 貞觀中, 歷秘書郎・諫議大夫・中書令, 前後諫奏, 多見采納. 高宗冊立武昭儀, 固執不從, 貶潭州都督."

② ≪唐詩紀事≫[51]에 말하였다. "褚亮은 字가 希明이고, 錢唐 사람이다. 영민하였고 시를 잘 지었다. 貞觀(627~649) 연간에 散騎常侍가 되었다. 唐 太宗(李世民)이 天策上將軍이 되었을 때 궁성 서쪽에 弘文館을 열었는데, 〈저량이〉 房玄齡 등과 함께 本官의 學士가 되었다."

唐詩紀事曰 "褚亮, 字希明, 錢唐人. 警敏, 工爲詩. 貞觀中爲散騎常侍. 太宗爲天策上將軍, 宮城西開弘文館, 與房玄齡等, 竝以本官爲學士."

47-16【補】元絳이 福州知事로 있을 때 아전이 와서 일을 아뢰자 공이 물었다.

"어떻게 조처하려느냐?"

아전이 대답하였다.

"元降의 指揮[52]에 따를 것입니다."

공이 말하였다.

"元絳은 指揮한 적이 없다."

아전이 송구해하며 물러갔다.

元絳知福州日에 有吏白事어늘 公問 如何行遣고하니 吏對 合依元(絳)〔降〕[53] 指揮니이다

---

50) 武 昭儀 : 성명은 武曌(무조, 624~705)이고 昭儀는 妃嬪의 封號이다. 武周의 개국군주이고 중국 역사상 유일한 정통 女皇帝이며, 즉위할 때의 나이는 67세이고 82세에 서거하였다. 武則天이라고도 한다.

51) 唐詩紀事 : 南宋의 計有功이 81권으로 편찬한 唐代 詩歌集이다. 唐代의 詩人 1,150인의 詩와 일화를 채록하였다.

52) 元降指揮 : 원래 내렸던 聖旨를 말한다. 元降과 元絳은 音이 비슷하다.(≪世說音釋≫)

53) (絳)〔降〕 : 저본에는 '絳'으로 되어 있으나, ≪李卓吾批點世說新語補≫에 의거하여 '降'으로 바로잡았다.

公曰 元絳未嘗指揮①라하니 吏悚而退②하다

① 공의 이름이 絳이기 때문에 그런 것이다.
公名絳故云.

② ≪東都事略≫[54]에 말하였다. "元絳은 字가 厚之이고, 杭州 錢塘 사람이다. 進士에 급제하여 著作佐郎에 제수되었다. 지방으로 나가 鄆州知事로 있다가 조정에서 불러 翰林學士로 삼았다. 죽은 뒤 諡號는 章簡이다."
東都事略曰 "元絳, 字厚之, 杭州錢塘人. 擧進士, 除著作佐郎. 出知鄆州, 召爲翰林學士. 卒諡章簡."

47-17【補】 韓昶은 韓 吏部(韓愈)의 아들이다. 한 이부가 자식을 가르칠 적에 바른 도리로 가르쳤으나 한창은 성품이 상당히 어리석었다. 한창이 集賢校理가 되었을 때 史書에 '金根車'라는 말이 나왔는데, 한창은 誤字라 여겨 '根'을 모두 '銀'으로 고쳤다.

韓昶(창)은 是吏部子니 雖教有義方이나 而性頗闇劣이라 嘗爲集賢校理에 史傳有金根車①어늘 昶以爲誤하여 悉改爲銀②하다

① 蔡中郎(蔡邕)의 ≪獨斷≫[55]에 말하였다. "永元 7년(95)에 金根車·耕根車 등의 여러 御車를 제작하였는데 모두 끌채 하나에 4마리 또는 6마리의 말이 끌었다. 금근거의 몸체와 바퀴는 모두 금을 썼으며, 양 측면과 앞뒤에는 금으로 용·호랑이·새·거북이의 형상을 새겼다."
蔡中郎獨斷曰 "永(安)〔元〕[56]七年, 建金根·耕根諸御車, 皆一轅或四馬或六馬, 金根箱輪, 皆以金, 兩臂前後, 刻金以作龍虎鳥龜形."

---

54) 東都事略 : 南宋 孝宗(趙眘) 때 眉州 사람 王稱(?~?)이 편찬한 北宋 역사를 다룬 紀傳體 사서이다. 왕칭은 字가 季平이다. 북송이 汴梁에 수도를 두었기 때문에 변량을 뜻하는 '東都'를 넣어 책 이름을 지었다. 帝紀 12권, 世家 5권, 列傳 105권, 부록 8권 등 총 130권으로 구성되어 있다. 太祖 趙匡胤에서 시작하여 欽宗 趙桓에서 끝난다.

55) 獨斷 : 독단은 자기 단독의 단언이라는 뜻으로, 蔡邕이 옛 제도를 고찰하고 遺文을 기록한 책으로 2권으로 되어 있다. ≪白虎通義≫·≪風俗通義≫와 함께 漢代 학문 연구의 중요한 자료이다. 채옹(132~192)은 자가 伯喈이며, 後漢 때의 經學家이다.

56) 永(安)〔元〕: 저본에는 '永安'으로 되어 있으나, 채옹의 생존 시기인 漢나라에는 이 연호가 없고 ≪世說音釋≫에서 이것이 和帝의 연호라고 한 것에 의거하여 '安'을 '元'으로 바로잡았다.

② ≪唐書≫ 〈韓愈傳〉에 말하였다. "韓愈의 아들 韓昶 역시 進士에 급제하였다."
唐書曰"愈子昶亦登進士第."

47-18【補】 紹聖(1094~1098) 연간에 馬從一이 監南京排岸司로 있었는데, 마침 漕使(轉運使)[57]가 도착하여 사람들을 따라 영접하게 되었다. 조사가 마종일을 보자마자 대뜸 화를 내며 그를 질타하여 말하였다.

"네가 직임을 제대로 하지 않는다는 말을 듣고 본래 너를 조사하려고 하였는데, 오히려 감히 나를 만나러 왔단 말이냐?"

마종일이 두려워하며 자신은 湖湘[58] 사람으로 부모님을 모시느라 官祿을 축내고 있다고 진술하며 끊임없이 불쌍히 여겨 달라고 청하였다. 조사가 그의 말투를 살펴보니 남쪽지방 말투였다. 마침내 조금 화를 누그러뜨리고 말하였다.

"湖南에도 司馬氏가 있는가?"

마종일이 대답하였다.

"저는 성이 馬氏이고 監排岸司일 뿐입니다."

조사가 드디어 미소 지으며 말하였다.

"그렇다면 맡은 직임에 힘을 다하도록 하라."

〈조사는〉 처음에 마종일을 溫公(司馬光)의 친척으로 오인하였기 때문에 그를 해치려고 하였던 것이다. 이로부터 마종일은 명함을 올릴 때 단지 '監南京排岸'이라고만 하였다. 이 일을 전하는 자들이 모두 웃음거리로 삼았다.

司馬光

紹聖間에 馬從一監南京排岸司러니 適漕使至에 隨衆迎謁이어늘 漕一見卽怒하여 叱之曰 聞

57) 漕使(轉運使) : 강이나 바다를 이용하여 사람이나 물건을 운반하는 것을 '漕'라 한다. 宋朝에 여러 路에 漕司를 두었고, 후에는 轉運使라 하였다.(≪世說音釋≫)

58) 湖湘 : 湖南省 洞庭湖와 湘江 지역을 말한다. 長江 중류에 위치하며 대부분의 지역이 동정호 남쪽에 있기 때문에 "湖南"이라고 부른다.

汝不職하고 本欲按汝어늘 尙敢來見邪(야)아 從一惶恐하여 自陳湖湘人으로 迎親竊祿이라하여 求哀不已어늘 漕察其語하니 南音也라 乃稍霽威 云 湖南에 亦有司馬氏乎아 從一答曰 某姓馬로 監排岸司耳라하니 漕乃微笑曰 然則勉力職事可也라하다 初蓋誤認爲溫公①族人이라 故欲害之라 自是從一刺謁에 但稱監南京排岸而已이라 傳者皆以爲笑②하다

① ≪東都事略≫에 말하였다. "司馬光은 字가 君實이고 陝州 夏縣 사람이다. 지위가 丞相에 이르렀다. 충성스럽고 미더우며 효성과 우애가 있었고, 공경하고 검소하며 바르고 정직하였는데 모두 천성적으로 타고난 성품이었다. 어려서부터 늙을 때까지 말을 함부로 한 적이 없었다. 학문을 좋아하는 것이 마치 굶주린 이가 먹을 것을 탐하는 것 같았고, 재물과 사치에 대해서는 마치 악취를 싫어하는 것과 같았다. 진실한 마음을 타고 나서 천하가 그를 믿었다. 학문에 대해서는 통달하지 않은 것이 없었다. 죽은 뒤에 溫國公에 추증되었고 諡號는 文正이다."
東都事略曰 "司馬光, 字君實. 陝(섬)州夏縣人. 位至丞相. 忠信孝友恭儉正直, 出於天性. 自少及老, 語未嘗妄. 其好學如飢之嗜食, 於財利紛華如惡惡(오악)臭. 誠心自然, 天下信之. 於學無所不通. 卒贈溫國公, 諡文正."

② ≪宋史≫ 〈司馬光傳〉에 말하였다. "宋 哲宗(趙煦) 초에 太皇太后[59]가 政事를 펼 때 司馬光을 기용하여 門下侍郎으로 삼았다. 이때 천하가 눈을 부비며 새로운 정치를 바라보았으나, 비난하는 자들은 여전히 부친의 법도를 死後 3년간은 고치지 말아야 한다고 하면서 단지 사소하고 자잘한 일을 들추어내어 사람들의 말을 막으려 하였다. 그러자 사마광이 말하였다. '先帝의 법도는 백세가 되어도 바꾸어서는 안 됩니다. 王安石과 呂惠卿이 세운 법도는 천하에 해가 되는 것이니 〈백성을〉 불속에서 구하듯 물속에서 건져내듯이 〈신속하게〉 고쳐야 합니다. 더구나 태황태후께서는 어머니로서 자식의 법도를 고치는 것이지 자식으로서 아버지의 법도를 고치는 것이 아닙니다.' 대중의 의론이 그제야 안정되었다. 마침내 保甲團教法[60]을 혁파하고 保馬[61]를

59) 太皇太后 : 宣仁聖烈皇后(1032~1093)로 姓이 高氏이고, 어릴 적 이름이 滔滔이다. 宋 英宗(趙曙)의 皇后이고 宋 神宗(趙頊)의 生母이다. 영종이 서거하고 아들 신종이 즉위하자, 신종의 祖母인 曹太后와 함께 선대의 제도 대신 新法을 펼쳤던 王安石에 반대하고 保守 舊派의 수장인 司馬光을 신임하였다. 1085년에 아들 신종이 서거하고 손자인 哲宗이 11세의 나이로 즉위하자 어린 황제를 위해 垂簾聽政을 하였다. 연호를 元祐로 고치고 사마광을 재상에 임명하여 1년이라는 짧은 기간에 왕안석이 시행했던 신법을 모두 폐기하고 文字獄을 일으켰다.

60) 保甲團教法 : 保甲法은 宋나라 때 王安石의 新法 중 하나로, 10집을 保, 50집을 大保, 10大保는 都保라 하여 각각 正·副의 長을 두고, 농한기에는 유사시를 대비한 무예 훈련을 시키고 평상시에는 자치적으로 도적을 지키게 한 제도이다. '團教'는 백성을 모아

다시는 설치하지 않았으며, 市易法[62]을 폐기하여 비축해 두었던 물건들을 모두 팔게 하였고, 이자를 취하지 않고 백성이 빚진 돈을 없애주었으며, 京東의 鐵錢 및 茶·鹽에 대한 법을 모두 복구하였다.

어떤 이가 사마광에게 말하기를, '熙寧(1068~1077)과 元豐(1078~1085) 연간의 舊臣들은 대부분 음험하고 교활한 小人들이니, 훗날 父子간의 의리를 가지고 皇上을 이간질한다면 禍가 생길 것입니다.'라고 하니, 사마광이 낯빛을 바로하며 말하였다. '하늘이 종묘사직에 복을 주신다면 필시 이러한 일이 없을 것입니다.' 이리하여 천하 사람들이 마음을 놓았다.

紹聖(1094~1098) 연간 초에 이르러 御史 周秩이 앞장서서 사마광이 先帝(神宗)를 무고하고 비방하였으니 그가 만든 법도를 모두 폐기하여야 한다고 發論하였고, 章惇과 蔡卞이 사마광의 무덤을 열어 棺을 쪼갤 것을 청하였다. 황제가 허락하지 않고 마침내 贈職과 시호를 빼앗고 그를 위해 세웠던 비석을 넘어뜨리고 崖州司戶參軍으로 낮추게 하였다. 蔡京이 정권을 휘두를 때 사마광을 다시 正議大夫로 강등하였다. 채경이 〈姦黨碑〉[63]를 찬술하여 郡國으로 하여금 모두 비석에 새기게 하였다. 石工 安民이 사양하며 말하기를, '저는 어리석은 사람이라 원래 비석을 세우는 뜻을 알지 못합니다. 그러나 司馬相公(司馬光) 같은 분은 온 천하가 그의 正直함을 칭송하고 있는데, 지금 그 분을 간사하다고 하니 저는 차마 비문을 새길 수 없습니다.'라고 하였다. 府官이 노하여 처벌하려 하자 그가 울면서 말하였다. '役을 졌으니 감히 사양할 수 없습니다만 부디 安民이라는 〈제 이름〉 두 글자만은 비석 끝에 새기지 말게 해 주십시오.' 이 말을 들은 자들이 모두 부끄러워하였다."

무예를 익히게 하는 것을 말한다. 이때의 '團'은 '聚'의 의미이다.(≪世說音釋≫)

61) 保馬：保馬法을 말한다. 이 법은 王安石의 新法 중 하나로, 保甲養馬法이라고도 한다. 河北·河東·陝西·京東·京西 및 開封府의 縣들에 1戶에 1匹 또는 2필의 官馬 또는 돈을 지급하여 말을 기르게 하고 말을 기른 戶에는 대부분의 賦稅를 감면해주는 제도이다. 기르던 말이 病死하면 배상하게 하였다.

62) 市易法：宋 神宗 熙寧 5년(1072)에 시행한 제도로, 汴京에 市易司를 설치하여 변경과 주요 城市간의 무역 업무를 관장하게 하고, 소상인이 팔지 못한 물건을 사 주거나 이를 저당으로 하여 자금을 빌려주게 한 제도이다. 大商人의 시장 장악을 제한하고 물가 안정과 상품 교류에 유리하게 하며 정부의 재정 수입을 증가시켰으나 1085년 이후 폐기되었다.

63) 姦黨碑：北宋 徽宗 때 蔡京이 권력을 잡은 뒤 元祐(1086~1094)·元符(1098~1100) 연간에 신법을 폐기하고 구법을 회복하는 데 앞장섰던 司馬光·文彦博·蘇轍·蘇軾·黃庭堅·秦觀 등 309인을 姦黨이라 규정하고, 그들의 성명을 비석에 새겨 천하에 반포하게 하였다. 이를 元祐黨籍碑 또는 元祐姦黨碑라고도 한다.

宋史曰"哲宗初, 太皇太后臨政, 起光爲門下侍郞. 是時天下拭目, 以觀新政, 而議者猶謂三年無改於父之道, 但毛擧細事, 稍塞(색)人言, 光曰'先帝之法, 百世不可變也. 若安石惠卿所建, 爲天下害者, 改之當如救焚拯溺. 況太皇太后, 以母改子, 非子改父.' 衆議甫定, 遂罷保甲團教, 不復置保馬, 廢市易法, 所儲物皆鬻之, 不取息, 除民所欠錢. 京東鐵錢及茶鹽之法, 皆復其舊. 或謂光曰'熙豐[64]舊臣, 多憸巧小人. 他日有以父子義間上, 則禍作矣.' 光正色曰'天若祚宗社, 必無此事.' 於是天下釋然. 至紹聖初, 御史周秩首論光誣謗先帝, 盡廢其法, 章惇(돈)·蔡卞, 請發塚斲(착)棺. 帝不許, 乃令奪贈謚, 仆所立碑, 追貶崖州司戶參軍. 蔡京擅政, 復降正議大夫. 京撰姦黨碑, 令郡國皆刻石. 石工安民辭曰'民愚人, 固不知立碑之意. 但如司馬相公者, 海內稱其正直, 今謂之姦邪, 民不忍刻也.' 府官怒, 欲加罪, 泣曰'被役不敢辭. 乞免鐫(전)安民二字於石末.' 聞者愧之."

47-19【補】 金나라 군주 完顔亮이 남쪽으로 침입하였을 때 葉義問에게 명하여 江가에 가서 군사들을 시찰하게 하였다. 섭의문은 평소에 군대에 관한 일에 익숙하지 않았는데, 마침 劉錡의 승전보가 도착하였다. 그것을 읽다가 '金賊이 또 生兵[65]을 추가하였다.'는 구절에 이르자 아전을 돌아보며 물었다.

"生兵이 무슨 물건인가?"

듣는 자들이 입을 가리고 웃었다.

金主亮南侵①에 **命葉**(섭)**義問視師江上**②하니 **義問素不習軍旅**라 **會劉錡捷書至**하여 **讀之**에 **至金賊又添生兵**하여 **顧問吏曰 生兵是何物**고하니 **聞者掩口**③하다

① ≪金史≫ 〈本紀〉에 말하였다. "廢帝 海陵王은 庶人이 되었으며 이름은 亮이다."
≪宋史≫ 〈劉錡傳〉에 말하였다. "紹興 31년(1131)에 金主 完顔亮이 군사 60만을 동원하여 스스로 거느리고 남쪽으로 오니, 멀리 수십 리에 걸쳐 보였고 끊임없이 이어지는 것이 마치 銀으로 된 壁과 같았다."
金史曰"廢帝海陵, 庶人, 名亮." 劉錡傳曰"紹興三十一年, 金主亮調軍六十萬, 自將南來, 彌望數十里, 不斷如銀壁."

② ≪宋史≫ 〈葉義問傳〉에 말하였다. "葉義問은 字가 審言이고, 嚴州 壽昌 사람이다. 建炎(1127~1130) 초에 進士가 되었고, 관직은 吏部侍郞·同知樞密院事를 지냈다."

64) 熙豐 : 熙寧과 元豐의 줄임말이다. 모두 宋 神宗 때의 연호로, 熙寧은 1068년부터 1077년까지 사용하였고, 元豐은 1078년부터 1085년까지 사용하였다.

65) 生兵 : 여기서 '生'은 '서투르다'의 의미로, '생병'은 '新兵'을 가리킨다.

宋史曰 "義問, 字審言, 嚴州壽昌人. 建炎初進士, 官吏部侍郎・同知樞密院事."

③ ≪宋史≫ 〈劉錡傳〉에 말하였다. "劉錡는 字가 信叔이고, 德順軍 사람이다. 瀘州節度使 劉仲武의 아홉 번째 아들이다. 용모와 행동이 아름다웠고 활을 잘 쏘았으며, 목소리가 마치 우렁찬 종소리 같았다. 張浚이 한 번 보고는 그 재주를 특별하게 여겨 涇原經略使로 삼았다. 江東路副總管・江淮浙西制置使에 발탁되었다. 金나라 군대를 막을 때 여러 번 싸워 승리하였다. 金主 完顔亮이 남하할 때 명을 내려 유기의 성명을 감히 말하는 자는 죄를 주고 용서하지 않겠다고 하였다. 南朝(宋나라)의 여러 장수들을 일일이 거론하며 그의 부하들에게 누가 감당하겠는가고 물었을 때, 다른 사람들은 모두 성명에 따라 대답이 메아리처럼 나왔으나 유기에 이르자 아무도 대답하는 자가 없었다. 이에 금주가 말하기를, '내가 감당하겠다.'라고 하였다. 그러나 유기가 결국 病死하여 공을 이룰 수 없었다."

宋史曰 "劉錡, 字信叔, 德順軍人. 瀘州節度使仲武第九子也. 美儀狀, 善射, 聲如洪鐘. 張浚一見, 奇其才, 以爲涇原經略使. 擢江東路副總管・江淮浙西制置使. 禦金師, 累戰克捷. 金主亮之南也, 下令有'敢言錡姓名者, 罪不赦.' 枚擧南朝諸將, 問其下孰敢當者, 皆隨姓名, 其答如響, 至錡莫有應者, 金主曰 '吾自當之.' 然錡卒以病, 不能成功."

48. 탐닉되다 惑溺

惑溺의 '惑'은 '迷惑되다'이고, '溺'은 '빠지다'는 뜻으로, 사람이나 취미 등에 '정신없이 빠지다'라는 의미이다. 美色에 미혹된 일화가 가장 많아 曹操와 曹丕 부자(48-1)・荀粲(48-2)・韓壽(48-6)・劉寶(48-7)・宋祁(48-14)의 경우가 그러하고, 妬忌에 빠진 賈充의 후처 郭氏(48-4)와 謝安의 처 劉夫人(48-5), 바둑에 빠진 李納(48-13), 매실에 빠진 范汪(48-9), 그림에 빠진 米芾(48-15) 등 특이한 일화들이 실려 있다. 총 15항목의 일화로 구성되어 있고, ≪世說新語≫에서 6항목, ≪何氏語林≫에서 9항목을 가져왔다.

48-1 魏(三國)의 甄后(甄氏)는 총명하고 美色이 있었다. 처음에 袁熙의 妻였는데 매우 총애를 받았다. 曹公(曹操)이 鄴을 함락하였을 때 속히 견씨를 불러오게 하자 측근이 아뢰었다.

"五官中郞(曹丕)이 벌써 데려갔습니다."

조공이 말하였다.

"금년에 적을 공략한 것은 바로 이 녀석을 위한 것이었군."

魏甄后惠而有色이라 **先爲袁熙妻**하여 **甚獲寵**이러니 **曹公之屠鄴也**에 **令疾召甄**이어늘 **左右白 五官中郞已將去**라하니 **公曰 今年破賊**은 **正爲奴**①라하다

① ≪魏略≫에 말하였다. "建安(196~220) 연간에 袁紹가 둘째 아들 袁熙를 위하여 甄會의 딸을 아내로 삼아 주었다. 원소가 죽은 뒤 원희는 幽州에 나가 있었고, 부인 甄氏는 남아서 시어머니를 모셨다. 鄴城을 함락한 뒤 五官中郞將이 원소의 집에 들어갔을 때, 견씨를 보니 견씨가 두려워하며 머리를 시어머니 무릎에 파묻고 엎드려 있었다. 오관중랑장이 원소의 처에게 '袁夫人이 견씨를 부축하여 머리를 들게 하라.' 하여, 그녀의 美色이 범상치 않은 것을 보고 감탄하였다. 太祖(曹操)가 그의 뜻을 듣고

마침내 맞이하여 아내로 삼게 하니, 〈견씨가〉 여러 해 동안 家事를 독단하였다."

≪世語≫에 말하였다. "太祖(조조)가 鄴을 함락했을 때 文帝(조비)가 먼저 袁尙府에 들어가 부인이 머리를 풀어헤치고 얼굴에 재를 묻힌 채 눈물을 흘리며 원소의 처인 유씨 뒤에 서 있는 것을 보았다. 문제는 이 사람이 원희의 처라는 것을 들어서 알고 있었기에 가린 머리카락을 헤치게 하고 소매로 얼굴을 씻게 하니, 자태와 용모가 매우 뛰어났다. 문제가 지나간 뒤, 유씨가 〈며느리〉 견씨에게 '죽지는 않겠다.'라고 하였다. 마침내 문제가 아내로 삼았는데 아들을 낳았다."

魏略曰"建安中, 袁紹爲中子熙娶甄會女. 紹死, 熙出在幽州, 甄留侍姑. 及鄴城破, 五官將從而入紹舍, 見甄怖以頭伏姑膝上. 五官將謂紹妻袁夫人扶甄令擧頭, 見其色非凡, 稱歎之. 太祖聞其意, 遂爲迎娶, 擅室數歲." 世語曰"太祖下鄴, 文帝先入袁尙府, 見婦人被髮垢面垂涕立紹妻劉後. 文帝問知是熙妻, 使令攬髮, 以袖拭面, 姿貌絶倫. 旣過, 劉謂甄曰'不復死矣.'遂納之, 有子."

48-2 荀奉倩(荀粲)은 부인과 사이가 매우 좋았다. 겨울에 부인이 병들어 열이 나자, 마당에 나가 몸을 차갑게 하여 돌아와 자신의 몸을 갖다 대어 식혀 주었고, 부인이 죽자 순봉천도 얼마 뒤 죽었다. 이 때문에 세상 사람들의 조롱을 받았다. 〈전에〉 순봉천이 말하였다.

"부인의 德은 말할 것이 못 되니, 色을 위주로 논해야 한다."

裴令(裴頠)이 그 말을 듣고 말하였다.

"이것은 흥이 도도할 때 말한 일이니, 훌륭한 德을 가진 자의 말이 아니다. 후세 사람들이 이 말에 미혹되지 않기를 바란다."

荀奉倩(천)與婦至篤이라 **冬月婦病熱**에 **乃出中庭**하여 **自取冷**하여 **還以身熨(위)之**하고 **婦亡**에 **奉倩後少時亦卒**이라 **以是獲譏於世**①라 **奉倩曰 婦人德不足稱**하니 **當以色爲主**라 **裴令聞之曰 此乃是興到**[1]**之事**니 **非盛德言**이라 **冀後人未昧**[2]**此語**②라

① ≪荀粲別傳≫에 말하였다. "순찬은 항상 婦人의 재주와 지혜는 논할 것이 못 되니, 자연히 美色 위주로 평가해야 마땅하다고 하였다. 驃騎將軍 曹洪의 딸이 미색이 있어 순찬이 그녀에게 장가들었다. 용모와 복장, 휘장과 장막이 매우 아름다웠고 총애를 독차지하여 琴瑟이 좋았다. 몇 년 뒤 부인이 病死하였다. 殯所를 차리기 전에 傅

1) 興到 : 뜻이 興起하여 주체하지 못하는 것을 말한다.(≪世說音釋≫)

2) 未昧 : 이 말에 미혹되지 말라는 말이다.(≪世說音釋≫)

嘏가 순찬에게 가서 弔問하였는데, 그는 정신이 분명치 않고 넋이 나가 있었다. 부하가 그에게 묻기를, '부인의 재주와 미색이 함께 훌륭하기는 어렵지만, 그대가 장가들 때 재주는 보지 않고 미색만 보았으니 그런 사람을 만나기는 어렵지 않을 것인데, 어찌 그렇게 슬퍼하는 것이오?' 하니, 순찬이 '佳人을 다시 얻기는 어렵습니다. 죽은 그 사람을 생각해보니, 아주 뛰어난 미모를 가지지는 못하였으나 쉽게 만나기는 어려운 사람이었습니다.'라고 하며 애통해 마지않았다.

한 해 남짓만에 그 역시 죽었는데 죽었을 때의 나이가 29세였다. 순찬은 거만하고 고상하여 보통 사람과는 교제하지 않았고 교제한 자들은 당대의 준걸들이었다. 장례를 치르는 날 저녁에 그 자리에 나온 자들이 고작 10여인이었는데, 모두 동년배 중에 서로 알아주던 名士들이었다. 그들이 곡하니, 길 가던 사람들도 슬프고 마음 아프게 하였다. 순찬이 비록 편협하여 금슬 때문에 자신의 몸을 상하게 하였으나 識者들은 여전히 그의 뛰어난 言辯을 추억하며 애석해하였다."

粲別傳曰"粲常以婦人才智不足論, 自宜以色爲主. 驃騎將軍曹洪女有色, 粲於是聘焉. 容服帷帳甚麗, 專房燕婉.[3] 歷年後婦病亡. 未殯, 傅嘏(하)往唁粲, 粲不明而神傷. 嘏問曰'婦人才色竝茂爲難, 子之聘也, 遺才存色, 非難遇也. 何哀之甚?' 粲曰'佳人難再得. 顧逝者不能有傾城之異, 然未可易遇也.' 痛悼不能已已. 歲餘亦亡. 亡時年二十九. 粲簡貴, 不與常人交接. 所交者, 一時俊傑. 至葬夕, 赴期者裁十餘人, 悉同年相知名士也. 哭之, 感慟路人. 粲雖褊隘(애)以燕婉自喪, 然有識猶追惜其能言."

② 何劭[4]가 荀粲에 대하여 논평하였다. "仲尼께서는 '德이 있는 자는 〈훌륭한〉 말이 있다.' 하였으나 荀粲은 이러한 능력이 부족하였다. 생각해보니, 그는 언변은 넉넉했으나 식견은 부족했던 사람이었다."

何劭論粲曰"仲尼稱'有德者有言', 而荀粲減於是力. 顧所言有餘而識不足."

48-3 王安豐의 부인은 왕안풍을 항상 卿이라고 불렀다[5]. 왕안풍이 말하였다.

---

3) 燕婉 : 부부 사이가 좋은 것을 말한다.(≪世說箋本≫)

4) 何劭 : 236~301. 字가 敬祖이고, 西晉의 太傅 何曾의 둘째 아들이다. 晉 武帝(司馬炎)와 친하였고, 진 무제가 즉위한 후 侍中, 尙書에 올랐으며, 晉 惠帝(司馬衷)가 즉위한 후에는 太子太師, 左僕射, 司徒公을 지냈고, 越王 司馬倫이 제위를 찬탈한 뒤에 지방관으로 나가 太宰를 지냈다. 권세를 탐하지 않아 여러 왕들이 세력다툼을 할 때 그들 사이에서 교유하였으나 원망한 자가 없어 해를 입지 않을 수 있었다. 博學多才하였으며 문장에 뛰어났고 掌故를 잘 알았다. ≪荀粲傳≫, ≪王弼傳≫ 등의 저술과 文集이 있다.

5) 卿이라고 불렀다 : 古代에는 卿이 고위 관직자를 지칭하였으나, 晉나라 때에는 卿이 존칭이 아니었다.(≪세설전본≫) 이로부터 '卿卿'이 부부나 연인을 부르는 호칭이 되었다.

“부인이 남편을 경이라고 부르는 것은 예법으로 볼 때 不敬이 되니, 앞으로 더는 그렇게 부르지 마시오.”

부인이 말하였다.

“경과 친하게 지내고 경을 사랑하여 이 때문에 경을 경이라 하는 것이니, 내가 경을 경이라 하지 않는다면 누가 경을 경이라 하겠습니까.”

왕안풍이 마침내 항상 그렇게 부르게 하였다.

王安豐婦常卿安豐이어늘 安豐曰 婦人卿壻는 於禮爲不敬이니 後勿復爾하라 婦曰 親卿愛卿이라 是以卿卿이니 我不卿卿이면 誰當卿卿고하여 遂恒聽之라

48-4 賈公閭(賈充)의 後妻 郭氏는 질투가 심하였다. 黎民이라는 아들이 있었는데, 아이가 두 살 쯤 되었을 무렵에 가충이 밖에서 돌아오니 유모가 아이를 안고 마당에 있었다. 아이가 가충을 보고 기뻐서 뛰자 가충이 유모의 손 안에 있는 아이에게 다가가 입을 맞추었는데, 곽씨가 멀리서 그 광경을 바라보고는 가충이 유모를 사랑한다고 여겨 즉시 유모를 죽였다. 아이가 유모를 그리워하여 울면서 다른 젖을 먹지 않아 마침내 죽었다. 곽씨는 후에 결국 아들이 없었다.

賈公閭①後妻郭氏酷妬라 有男兒名黎民하니 生載周[6]에 充自外還하니 乳母抱兒在中庭이라 兒見充喜踊이어늘 充就乳母手中(鳴)〔嗚〕[7]之하니 郭遙望見하고 謂充愛乳母라하여 卽殺之라 兒悲思啼泣하여 不飮他乳하여 遂死하니 郭後終無子②라

① ≪賈充別傳≫에 말하였다. “가충의 부친 賈逵는 늦게 아들을 두었다. 그 때문에 아들의 이름을 ‘充’이라 하고 字를 ‘公閭’라 하였으니, 후에 반드시 집안을 빛내는 異蹟이 있을 것이라는 뜻이다.”

充別傳曰 “充父逵, 晩有子. 故名曰充, 字公閭, 言後必有充閭[8]之異.”

② ≪晉諸公贊≫에 말하였다. “郭氏는 賈后(賈南風)[9]의 모친이다. 성품이 활달하였다.

---

6) 載周 : ‘載’는 ‘再’와 통하니, 여기서는 아이가 두 살이라는 말이다.(≪世說音釋≫)

7) (鳴)〔嗚〕: 저본에는 ‘鳴’으로 되어 있으나, ≪李卓吾批點世說新語補≫(安永本)에 의거하여 ‘嗚’로 바로잡았다. ≪세설음석≫에는 嗚는 ‘歍(오)’와 통한다고 하였는데, 이때의 歍는 ‘입을 맞추다’라는 의미이다.

8) 充閭 : 집안을 빛낸다는 뜻으로, 전의되어 남의 得男을 축하하는 말로 쓰인다.

가후에게 아들이 없을 것을 알고 愍懷太子[10]를 매우 걱정하고 아껴서 매번 그를 격려하였다. 임종 시에 가후를 타일러 태자에게 마음을 다하도록 하였는데, 말이 매우 절실하고 지극하였다. 趙充華와 賈謐의 모친[11]을 모두 궁중에 출입하지 못하게 하고 또 말하기를 '이들은 모두 너의 일을 어지럽힐 것이다.' 하였다. 그러나 가후가 이 말을 듣지 않아 결국 죽임을 당하였다."

내(劉孝標)가 살피건대, 〈≪晉諸公贊≫의 저자인〉 傅暢의 이 말을 그대로 믿는다면 곽씨는 현명한 부인이다. 가령 가후에게 민회태자를 사랑하라고 하였다면, 자신은 어찌 투기를 부려 자기 아들을 죽게 만들었단 말인가[12]. 그렇다면 타인의 경우와 자신의 경우는 같지 않은 것인가, 아니면 늙었을 때의 감정과 젊었을 때의 감정이 다른 것인가.

晉諸公贊云 "郭氏卽賈后母也. 爲性高朗. 知后無子, 甚憂愛愍懷, 每勸厲之. 臨亡, 誨賈后令盡意於太子, 言甚切至. 趙充華及賈謐母, 竝勿令出入宮中, 又曰 '此皆亂汝事.' 后不能用, 終至誅夷." 臣按傅暢此言, 則郭氏賢明婦人也. 向令賈后撫愛愍懷, 豈當縱其妬悍, 自斃其子. 然則物我不同, 或老壯情異乎.

【頭註】

○ 劉辰翁 : 〈生載周의〉 周는 歲이다.
劉云 "周, 歲也."

○ 王世懋 : 〈주석 ②의 내용은〉 이 또한 〈세설신어의 원 주석자인〉 劉孝標가 낸 주가 아닌 듯하다. 그러나 오히려 옛날에 가깝다.
王云 "此亦非孝標注, 然猶近古."

---

9) 賈后(賈南風) : 賈后(257~300)의 어릴 적 이름은 旹(시)이고 南風은 字이다. 西晉의 개국 원로인 賈充의 셋째 딸로, 모친은 後妻인 郭槐이다. 晉 惠帝의 皇后로, 史書에서는 그녀의 외모가 검고 추하다고 기록하였다. 그녀의 남편인 진 혜제가 유약하고 무능하였으므로, 그녀가 10여 년간 專權을 행사하였고, 政變 중에 피살되었다.

10) 愍懷太子 : 司馬遹(278~300)이다. 晉 惠帝(司馬衷)의 庶子이자 유일한 아들로, 290년에 진 혜제 즉위 후에 皇太子에 책립되었다. 후에 皇后 賈南風의 음모로 廢黜되었고 수개월 후에 피살되었다. 愍懷太子는 후대에 추증된 시호이다.

11) 趙充華와……모친 : 조충화의 이름은 粲이고 充華는 황제의 妃嬪인 9嬪에 속하는 호칭이다. 趙粲은 晉 武帝의 妃嬪이었다.(≪世說音釋≫) 賈謐의 모친은 賈午로, 韓壽의 妻이자 賈后의 여동생이었다. 이들은 가후와 함께 愍懷太子를 모함하여 폐태자 시키고 죽였다.

12) 자신은……말인가 : 앞의 일화(48-4)를 가리킨다. 곽씨가 투기를 부려 유모를 죽이자, 아이가 유모를 찾으며 젖을 먹지 않아 결국 죽었다.

48-5【補】謝太傅(謝安)의 劉夫人은 투기하는 성품을 지녀 公에게 別房[13)]을 두지 못하게 하였다. 公이 聲樂을 대단히 좋아하여 나중에 마침내 妓妾을 두고 싶어 하자, 형의 아들과 외조카들이 이러한 뜻을 넌지시 알아차리고 함께 유부인에게 안부를 물으러 갔을 때 방편 삼아 ≪詩經≫ 〈關雎〉편과 〈螽斯〉편에 투기하지 않는 德이 있다는 것을 말하였다. 유부인이 자기에게 諷諫을 하고 있다는 것을 알아차리고 물었다.

"누가 이 시를 지었느냐?"

"周公입니다."

그러자 유부인이 말하였다.

"주공은 남자이기에 그렇게 지은 것이다. 만약 周公의 夫人 任氏가 시를 지었다면 당연히 이런 말은 없었을 것이다."

謝太傅劉夫人性忌하여 不令公有別房이라 公旣深好聲樂하여 後遂頗欲立妓妾하니 兄子外生[14)]輩가 微達此旨하고 共問訊劉夫人에 因方便稱關雎螽(종)斯有不忌之德이어늘 夫人知以諷己하고 乃問誰撰此詩오 云是周公이라하니 夫人曰 周公是男子라 相爲耳라 若使周姥(모)撰詩면 當無此言①이라하다

① ≪毛詩≫ 〈小序〉에 말하였다. "〈關雎〉는 后妃의 德을 말한 것이다. 〈螽斯〉는 후비의 자손이 많음을 말한 것이다. 메뚜기처럼 투기하지 않는다면 자손이 많아진다는 것을 의미한다."
詩小序[15)]曰"關雎, 后妃之德也. 螽斯, 后妃子孫衆多也. 言若螽斯不妬忌, 則子孫衆多也."

48-6 韓壽는 자태와 용모가 아름다웠는데 賈充이 초빙하여 아전으로 삼았다. 가충이 매번 모여 회의할 때마다 가충의 딸이 푸른 창문 안에서 한수를 바라보고 그를 좋아하여 늘 마음속에 두고 그리워하는 마음을 시로 읊어 드러냈다. 후에 여종이 한수의 집에 가서 이와 같은 사정을 다 이야기하고, 아울러 가충의 딸이

---

13) 別房 : 側室을 말한다.(≪世說音釋≫)

14) 外生 : '生'은 '甥'과 통한다.(≪世說音釋≫)

15) 詩小序 : 여기서 詩는 ≪毛詩≫로, ≪詩經≫ 305首에 毛公이 序文을 붙인 것을 말한다. ≪毛詩≫의 서문에는 〈大序〉와 〈小序〉의 구분이 있는데, 시 전체에 대한 統論을 담고 있는 것을 〈大序〉라 하고, 각 시의 앞머리에 시의 의미를 分論한 것이 〈小序〉이다.

아름답다고 말하였다. 한수가 듣고서 마음이 동하여 마침내 여종에게 부탁하여 몰래 서신을 보내고 약속한 날에 찾아가서 묵었는데, 한수가 남들보다 건장하고 민첩하여 담을 넘어 들어가니 집안에서 아무도 알지 못하였다.

이로부터 가충은 딸이 성대하게 잘 차려 입고 평소와 달리 말투가 쾌활하다는 것을 느꼈다. 후에 여러 관리를 만난 자리에서 한수에게서 기이한 향이 난다는 말을 들었다. 그 향은 외국에서 조공으로 바친 것으로, 한 번 사람에게 향이 입혀지면 여러 달 동안 없어지지 않는 것이었다. 가충은 晉 武帝(司馬炎)가 오로지 자신과 陳騫에게만 하사하였고 나머지 가문에는 이 향이 없다는 것을 생각해내고 한수가 자신의 딸과 私通한다고 의심하였다. 그러나 담장이 여러 겹이고 대문이 견고하니 무슨 수로 들어올 수 있겠냐 생각하여 마침내 도적이 들었다고 핑계대고 사람을 시켜 담장을 고치게 하였다. 심부름꾼이 돌아와 말하였다.

"다른 곳은 이상이 없고 오직 동북쪽 구석에만 사람의 흔적이 있는 것 같습니다. 그러나 담장이 사람이 뛰어넘을 수 있는 높이가 아닙니다."

가충이 마침내 딸을 시중드는 여종을 데려다 따져 물으니 그들이 즉시 사실대로 대답하였다. 가충이 그 일을 비밀로 하고 딸을 한수에게 아내로 주었다.

韓壽美姿容하여 賈充辟以爲掾이라 充每聚會에 賈女於青璅(쇄)[16]中看見壽說(열)之하여 恒懷存想이 發於吟咏이어늘 後婢往壽家하여 具述如此하고 幷言女光麗라 壽聞之心動하여 遂請婢潛修音問하고 及期往宿이로대 壽蹻捷[17]絶人하여 踰牆而入에 家中莫知①라 自是充覺女盛自拂拭하고 說暢有異於常이라 後會諸吏에 聞壽有奇香之氣하고 是外國所貢이니 一著(착)人이면 則歷月不歇(헐)②이라 充計武帝唯賜己及陳騫이요 餘家無此香이라 疑壽與女通이로대 而垣牆重密하고 門閤急峻하니 何由得爾리오하고 乃託言有盜라하고 令人修牆하니 使反曰 其餘無異요 唯東北角에 如有人跡이로대 而牆高非人所踰라하여늘 充乃取女左右婢考問하니 卽以狀對라 充秘之하고 以女妻壽③하다

① ≪晉諸公贊≫에 말하였다. "韓壽는 字가 德眞이고, 南陽 赭陽 사람이다. 증조 韓曁는 魏(三國)의 司徒를 지냈고 품행이 고상하였다. 한수는 家風을 돈독히 하고 충후한 성

16) 青璅(쇄) : '璅'는 '瑣'와 통한다. 청색으로 장식한 窗(창)을 말한다.(≪世說音釋≫)
17) 蹻捷 : '蹻'는 '趫'와 같으며, 긴 장대를 다리에 묶고 달리는 것을 말한다.(≪世說音釋≫)

품을 지녔는데 어찌 이와 같은 일이 있었겠는가. 여러 서적에는 이 일이 실려 있지 않고 오직 ≪世說≫에만 보이니 자연히 믿을 수 없다."

晉諸公贊曰 "壽字德眞, 南陽赭(자)陽人. 曾祖暨, 魏司徒, 有高行. 壽敦家風, 性忠厚, 豈有若斯之事. 諸書無聞, 唯見(현)世說, 自未可信."

② ≪十洲記≫[18]에 "漢 武帝(劉徹)때 西域의 月氏國王이 사신을 보내 향 4냥을 보냈는데, 크기는 참새 알 정도이고 검기로는 오디 같았다. 그것을 태우면 芳香이 석 달 동안 없어지지 않았다."라고 하였으니, 아마도 이 향일 것이다.

十洲記曰 "漢武帝時, 西域月氏(지)國王, 遣使獻香四兩, 大如雀卵, 黑如桑椹(심). 燒之, 芳氣經三月不歇." 蓋此香也.

③ ≪郭子≫[19]에 "韓壽와 사통한 자는 바로 陳騫의 딸이고, 즉시 한수에게 아내로 삼게 하였는데 혼인하기 전에 딸이 죽자 한수가 이에 賈氏를 아내로 삼았기 때문에 세상 사람들이 한수와 사통한 이를 賈充의 딸이라 전한 것이다."라고 하였다.

郭子謂與韓壽通者, 乃是陳騫女, 卽以妻壽, 未婚而女亡, 壽因娶賈氏, 故世因傳是充女.

48-7【補】 劉道眞(劉寶)[20]의 며느리가 처음 시집에 들어갈 때 여종을 시켜 폐백을 보냈다. 유도진이 여종을 심하게 희롱하였으나 여종이 꿋꿋이 따르지 않았다. 유도진이 마침내 땅바닥에 내려가 머리를 조아리자, 여종이 두려워 그의 뜻을 따랐다. 다음날 유도진이 사람들에게 말하였다.

"손으로 밀었을 때는 실로 神物이었는데, 한 번 땅바닥에 내려갔더니 계집종이 몸을 바치더군."

劉道眞子婦始入門에 **遣婢虔**[21]이라 **劉聊之甚苦**로대 **婢固不從**이어늘 **劉乃下地叩頭**하니

---

18) 十洲記 : ≪海內十洲記≫라고도 한다. 중국 고대 志怪小說集으로, 1권이다. 舊本에는 漢나라 때 東方朔이 편찬하였다고 하였으나, ≪漢書≫ 〈東方朔傳〉에 실려 있지 않은 것으로 보아 漢末 이후 道敎가 흥성할 때 동방삭의 이름을 빌어 편찬된 서적으로 보인다. 내용은 漢 武帝가 바다 가운데 祖洲·瀛洲·玄洲·炎洲·長洲·元洲·流洲·生洲·鳳麟洲·聚窟洲 등 10洲가 있다고 한 西王母의 말을 듣고 동방삭을 불러 10주 및 滄海島·方丈山·蓬萊山·昆侖山의 所在와 物産, 神仙 등에 대해 듣는 내용이다.

19) 郭子 : 3권으로 된 東晉 때의 志人小說로, 郭澄之가 편찬하였다. 곽징지는 南朝 宋 武帝(劉裕) 때 相國參軍을 역임하였으며, 撰述에 뛰어났다. 내용은 西晉의 名士들에 관한 일이고, ≪語林≫과 유사하다.

20) 劉道眞(劉寶) : 西晉 때의 官員으로, 中書郞·河內太守·御史中丞·太子中庶子·吏部郞·安北將軍을 지냈다. 詩文을 잘 지었고, 저서로 ≪漢書駁議≫ 2권이 있다.

婢懼而從之라 明日語人曰 手推故是神物이러니 一下而婢子服淫[22]이라하다

48-8 王丞相(王導)에게 雷氏 성의 총애하는 첩이 있었다. 그녀는 정사에 상당히 간여하여 재물을 받으니, 蔡公이 그녀를 雷尙書라 하였다.

王丞相有幸妾姓雷한대 頗預政事納貨하니 蔡公謂之雷尙書①라하다

① ≪語林≫에 말하였다. "雷氏는 총애를 받아 王恬과 王洽을 낳았다."
語林曰 "雷有寵. 生恬·洽."

48-9【補】范汪은 매실을 매우 잘 먹었는데, 어떤 사람이 10말들이 상자에 매실을 바치자 순식간에 다 먹어치웠다.

范汪至能噉(담)梅하니 有人致一斛奩(곡렴)에 須臾噉盡하다

48-10【補】劉邕은 부스럼 딱지를 먹기 좋아하여, 그 맛이 전복 같다고 하였다.

劉邕(옹)①愛食瘡痂하여 以爲味似鰒魚②라하다

① ≪南史≫에 말하였다. "劉邕은 劉穆之의 아들[23]로 南康郡公에 襲封되었다."
南史曰 "邕, 穆之子, 襲封南康郡公."

② ≪南史≫ 〈劉穆之傳〉에 말하였다. "劉邕이 한번은 孟靈休[24]를 찾아갔는데, 맹영휴는 전에 부스럼을 앓아 침상에 부스럼 딱지가 떨어져 있었다. 유옹이 그것을 주워 먹자 맹영휴가 크게 놀라면서 아직 떨어지지 않은 딱지들을 다 벗겨서 유옹에게 주어 먹

---

21) 虔 : '敬'의 의미이다. 여기서는 공경의 의미로 바치는 폐백을 가리킨다. ≪春秋左氏傳≫ 莊公 24년 조에 "여자의 폐백은 밤, 대추, 포에 불과하나, 그것으로 공경을 표하는 것이다.〔女贄 不過榛栗棗脩 以告虔也〕" 하였다.

22) 服淫 : '服'은 '從'이고, '淫'은 '姦通'이다.(≪世說音釋≫)

23) 劉穆之의 아들 : ≪南史≫ 〈劉穆之傳〉에 의하면, "劉穆之의 맏아들 劉慮之가 이어받았다가 죽자 유여지의 아들 劉邕이 이어받았다.〔長子慮之嗣 卒 子邕嗣〕"라 하였으니, 유옹은 유목지의 손자이다.

24) 孟靈休 : 東晉, 宋(南朝) 때의 관원으로, 晉末의 重臣인 孟昶의 아들이다. 太尉長史, 祕書監 등을 역임하였다. 安成公 何勗과 함께 사치스런 생활로 이름났는데, 하욱은 먹는 것으로, 맹영휴는 장식품으로 호사를 누렸다.

게 하였다. 유옹이 떠난 뒤 맹영휴가 何勗에게 편지하기를, '저번에 찾아온 유옹에게 먹혀 마침내 몸 전체에서 피가 흐릅니다.' 하였다."

穆之傳曰 "邕嘗詣孟靈休, 靈休先患灸瘡, 痂落在牀. 邕取食之, 靈休大驚. 痂未落者, 悉褫(치)取飴(사)邕. 邕去, 靈休與何勗(욱)書曰 '劉邕向顧見噉, 遂擧體流血.'"

48-11【補】 何佟之는 청결을 좋아하는 성품을 지녀, 하루 동안에 10여 차례 이상을 씻고도 여전히 부족하다고 한탄하였다. 사람들이 '물 중독'이라 하였다.

何佟之性好潔하여 **一日之中**에 **洗滌**(척)**者十餘過**로대 **猶恨不足**이어늘 **人稱爲水淫**①이라하다

① ≪梁書≫ 〈何佟之傳〉에 말하였다. "何佟之는 字가 士威이고, 廬江 灊 사람이다. 豫州刺史 何惲의 6세손이다. 조부 何劭之는 宋(南朝)의 員外散騎常侍를 지냈고, 부친 何歆은 齊(남조)의 奉朝請을 지냈다. 하동지는 젊어서부터 三禮[25]를 좋아하여 마음을 스승 삼아 獨學하였고 힘을 다해 정밀하고자 전념하여 손에서 책을 놓지 않았으며, 禮論 300篇을 읽어 거의 다 술술 외웠다. 揚州從事로 벼슬을 시작하였고 이어서 總明館學士가 되었다. 梁(남조)에서 벼슬하여 尙書左丞에 이르렀다."

梁書曰 "何佟之, 字士威, 廬江灊(첨)人. 豫州刺史惲(운)六世孫, 祖劭之, 宋員外散騎常侍, 父歆, 齊奉朝請. 佟之少好(二)〔三〕[26]禮, 師心獨學, 彊力專精, 手不輟卷, 讀禮論三百篇, 略皆上口. 起家揚州從事, 仍爲總明館學士. 仕梁, 至尙書左丞."

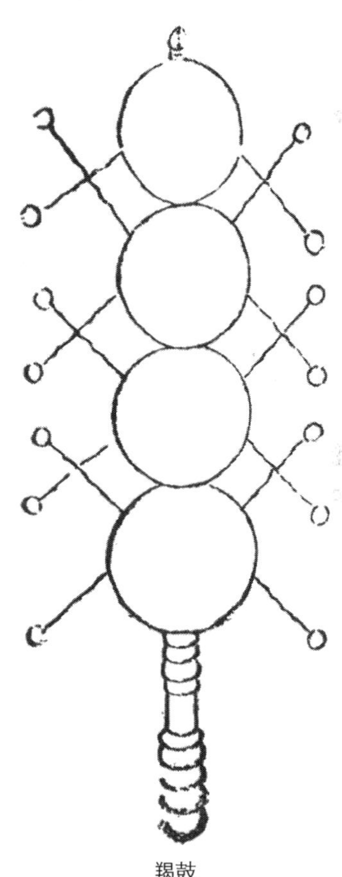
羯鼓

48-12【補】 唐 玄宗(李隆基)은 琴을 좋아하지 않았다. 한번은 금을 연주하는 소리를 듣다가 연주가 끝나기도 전에 연주자를 질책하여 내보내고 內侍에게 말하였다. "빨리 花奴(李璡)[27]에게 羯鼓[28]를 가지고 와서 나를

25) 三禮 : ≪周禮≫, ≪儀禮≫, ≪禮記≫의 合稱이다.

26) (二)〔三〕 : 저본에는 '二'로 되어 있으나, ≪李卓吾批點世說新語補≫(安永本)에 의거하여 '三'으로 바로잡았다.

위해 더러움을 씻어내게 하라."

玄宗不好琴하여 嘗一聽弄未畢에 叱琴者出하고 謂內侍曰 速令花奴將羯鼓來하여 爲我解穢①하라하다

① 段安節의 ≪樂府雜錄≫[29]에 말하였다. "唐 明皇(李隆基)은 羯鼓를 좋아하였다. 汝陽王 花奴(李璡)가 이 기예에 대단히 뛰어났다. 화노가 때때로 광택 나는 비단 모자를 쓰고 그 위에 해바라기꽃을 꽂고 연주하였는데 곡이 끝났을 때에도 꽃이 떨어지지 않았다. 黔帥 南卓의 ≪羯鼓錄≫[30]에 이 일이 다 기록되어 있다."
段安節樂府雜錄曰 "明皇好羯鼓. 有汝陽王花奴, 尤善此伎. 時戴砑絹帽子, 上安葵花, 曲終, 花不落. 黔帥南卓有羯鼓錄, 具述其事."

48-13【補】 李納은 성품이 매우 급하였는데 바둑을 무척 좋아하여 매번 바둑돌을 놓을 때는 평온하고 한없이 관대하고 느긋하였다. 때때로 이납이 조급하게 굴고 화를 내면 집안식구들이 몰래 바둑 도구를 그 앞에 진설해두었으니, 이납이 그것을 보면 바로 기쁜 낯빛으로 바뀌어 바둑돌을 쥐고 둘 자리를 계산하느라 자신이 화냈던 것을 다 잊어버렸다.

李納性辯急이로대 酷尙奕棊하여 每下子安詳하고 極於寬緩이라 有時躁怒면 家人輩則密以棊具陳於前하니 納覩면 便欣然改容하고 取子布算하여 都忘其恚(에)①라

---

27) 花奴(李璡) : 李璡은 唐 玄宗(李隆基)의 형인 讓皇帝 李憲의 아들이다. 汝陽郡의 王에 봉해졌다. 활과 羯鼓에 뛰어나 당 현종의 총애를 받았다. 宗室 최고의 미남이었고, 술을 좋아하여 당 현종이 그를 '花奴'라 불렀다.

28) 羯鼓 : 말가죽으로 메운 葛族이 사용하던 북이다.

29) 段安節의 樂府雜錄 : 단안절은 唐代 宰相 段文昌의 손자이고, 太常少卿을 지낸 段成式의 아들로, 어려서부터 음악을 매우 좋아하고 音律에 정통하였다. 唐代에 朝議大夫·守國子司業을 지냈다. 저서로 ≪盧陵宦下記≫, ≪酉陽雜俎≫, ≪樂府雜錄≫이 있는데, ≪악부잡록≫에는 樂部 9조목, 歌舞俳優 3조목, 樂器 13조목, 樂曲 12조목 등에 대하여 기술하였다.

30) 黔帥……羯鼓錄 : 南卓은 唐 宣宗 大中 연간(847~860)에 黔南觀察使를 지낸 인물로, 字가 昭嗣이다. 黔帥는 검남관찰사의 약칭이다. 저서로 ≪唐書≫ 〈藝文誌·樂類〉에 "≪羯鼓錄≫ 1권이 있다." 하였고, 雜史類에 "≪唐朝綱領圖≫ 1권이 있다." 하였다. ≪갈고록≫에는 羯鼓의 源流와 形狀, 갈고에 뛰어났던 汝南王 李璡, 黃幡綽, 宋璟 등에 관한 故事 그리고 부록으로 갈고의 여러 宮曲名이 실려 있다.

① ≪舊唐書≫ 〈李正己傳〉에 말하였다. "李納은 平盧淄青節度使 李正己의 아들이다. 唐代宗(李豫)때 이정기가 그를 보내 군대를 이끌고 가서 防秋하게 하였다. 대종이 그를 召見하고 가상하게 여겨 등급을 건너뛰어 奉禮郎에서 殿中丞侍御史로 발탁하고, 부친의 군대를 아울러 총괄하게 하였다. 이정기가 죽자 무리를 이끌고 난을 일으켰는데, 劉洽에게 패배하였다. 계책이 궁하여 歸順하니, 황제가 조서를 내려 그를 檢校工部尙書로 삼았다."
唐書曰"李納, 平盧淄青節度使正己之子. 代宗時, 正己遣將兵備秋[31], 召見嘉之, 自奉禮郎超拜殿中丞侍御史, 兼總父兵. 正己卒, 統衆爲亂, 爲劉洽所敗. 計蹙歸順, 詔加檢校工部尙書."

48-14【補】 宋子京(宋祁)[32]은 총애하는 첩이 많아 後庭에 화려한 비단옷을 입은 자들이 매우 많았다. 한번은 錦江에서 연회를 열었는데 날씨가 조금 춥자 褙子를 가져오라고 명하니, 비첩들이 각각 하나씩 가져와 무려 10여 개가 모두 이르렀다. 송자경이 그것을 보고 당황하여 혹시나 편애한다고 여길까 두려워 결국 입지 못하고 추위를 참으며 돌아갔다.

宋子京多內寵하여 後庭에 曳羅綺[33]者甚衆이라 嘗宴於錦江에 微寒이어늘 命取半臂(비)하니 諸婢各送一枚에 凡十餘枚皆至어늘 子京視之茫然하고 恐有厚薄之嫌하여 竟不取服하고 忍凍而歸하다

半臂

31) 備秋 : '防秋'라고도 하며 '防備'의 의미이다. 唐나라 때 가을에 말이 살찌면 吐蕃의 도적들이 침입하였으므로 이를 막기 위하여 關東의 군사를 징발하여 수도를 방어하게 하였는데, 이를 '防秋'라 하였다.(≪世說音釋≫)

32) 宋子京(宋祁) : 998~1061. 宋祁는 北宋의 文學家이자 史學家로, 子京은 그의 字이다. 형인 宋庠과 함께 詩文으로 이름나 당시 사람들이 '小宋', '大宋'이라 불렀으며, 합하여 '二宋'이라 하였다. 저서로 ≪宋景文公集≫이 있다.

33) 羅綺 : '羅'는 광택 나는 비단이고 '綺'는 무늬 있는 비단을 말하니, 즉 화려한 의복을 말한다.

48-15【補】 米元章(米芾)이 眞州에 있을 때 한번은 배에 있던 蔡攸를 방문하였다. 채유가 右軍(王羲之)의 ≪王略帖≫을 꺼내 보여주자, 미원장이 경탄하며 그것을 다른 그림과 바꾸자고 하였다. 채유가 난색을 표하자, 미원장이 말하였다.

"만약 내 뜻을 따라주지 않는다면 나는 즉시 이 강에 빠져 죽겠습니다."

그리고는 크게 소리치며 뱃전에 기대 떨어지려 하니, 채유가 마침내 그에게 주었다.

米元章在眞州에 **嘗謁蔡攸於舟中**하니 **攸出右軍王略帖示之**어늘 **元章驚嘆**하여 **求以他畫易之**로대 **攸有難色**하니 **元章曰 若不見從**이면 **某卽投此江死矣**라하고 **因大呼據船舷欲墮**어늘 **攸遂與之**①하다

① ≪宋史≫ 〈蔡攸傳〉에 말하였다. "蔡攸는 字가 居安이고, 蔡京의 맏아들이다. 秘書郎에 제수되었고, 龍圖閣學士 겸 侍讀이 더해졌다. 史局의 관료 100인은 대부분 三館[34]의 뛰어난 인재들이었는데, 채유는 大臣의 아들로서 그들 사이에서 領袖가 되었지만 어리석어 학문을 알지 못하였기 때문에 士論에서 인정을 받지 못하였다. 靖康 원년(1126)에 永州에 安置되었다."

宋史曰"蔡攸, 字(君)〔居〕[35]安, 京長子也. 除秘書郎, 加龍圖學士, 兼侍讀. 史局官僚百人, 多三館雋(준)遊, 而攸用大臣子, 領袖其間, 懵(몽)不知學, 士論不與. 靖康元年, 安置永州."

【頭註】

○ 李贄 : 〈미불이〉 이와 같이 글씨를 좋아하였으니 〈그의〉 글씨가 어찌 좋지 않겠는가. 모든 일에 있어 모두 이렇게 한다면 이루지 못할 것이 없다.

李云"如此好書, 書安不好. 凡事皆然, 靡不有成."

---

34) 三館 : 史館, 昭文館, 集賢院을 말한다.(≪世說音釋≫)

35) (君)〔居〕: 저본에는 '君'으로 되어 있으나, ≪宋史≫ 〈蔡攸傳〉에 의거하여 '居'로 바로잡았다.

49. 앙숙　仇隟

仇隟의 '仇'는 '원수'이고, '隟'은 '틈'이라는 뜻으로, '서로 사이가 나쁘다', '원수지다'의 의미이다. 본편에는 名士들간에 앙숙으로 유명했던 사람들의 일화를 수록하였으니, 孔融과 郗慮(49-1), 孫秀와 石崇(49-2), 王愷와 劉璵 형제(49-3), 王珣과 王恭(49-4), 桓脩와 桓玄(49-6), 謝朓와 江祏(49-8), 顔眞卿과 盧杞(49-9) 등이다. 총 9항목의 일화가 수록되어 있는데, ≪世說新語≫에서 6항목, ≪何氏語林≫에서 3항목을 가져왔다.

49-1【補】 漢 獻帝(劉協)[1]가 한번은 한가한 때에 孔文擧(孔融)와 郗鴻豫(郗慮)를 불러서 보고, 공문거에게 물었다.

"치홍예는 어떤 점이 뛰어난가?"

공문거가 말하였다.

"그는 함께 道에 나아갈 수는 있지만 함께 權道에 나아갈 수는 없는 사람입니다."

치홍예가 笏을 들며 말하였다.

"공융이 예전에 北海의 재상이 되었을 적에 정사가 산만하고 백성이 유랑하였으니, 권도가 어디에 있단 말입니까."

마침내 공문거와 서로 우열을 따졌다.

孔融

1) 漢 獻帝(劉協) : 181~234. 後漢 제14대 황제이다. 헌제가 재위한 시기는 한나라 皇室이 유명무실한 상태로, 영토의 대부분을 群雄이 割據하고 있었고 天子 역시 權臣의 통제를 받는 극도로 불안정한 시기였다.

獻帝嘗(晏)〔宴〕[2] 見孔文擧與郗(치)鴻豫①하고 問文擧曰 鴻豫何所優長고 文擧言 可與適道요 未可與權이니이다 鴻豫擧笏曰 融昔宰北海에 政散人流하니 其權安在오하여 遂與文擧로 互相短長②하다

① 司馬彪의 ≪續漢書≫에 말하였다. "郗慮는 字가 鴻豫이고, 山陽 高平 사람이다. 젊어서 鄭玄에게 受學하였다."
司馬彪續漢書曰 "郗慮, 字鴻豫, 山陽高平人. 少受學於鄭玄."

② 范曄의 ≪後漢書≫ 〈孔融傳〉에 말하였다. "曹操는 孔融이 건의하는 범위가 점점 넓어져서 자신의 大業을 가로막을까봐 염려하였다. 그러자 郗慮가 조조의 뜻에 영합하여 사소한 법으로 공융의 관직을 파면할 것을 상주하니, 그로 인하여 원한 관계가 분명하게 드러났다. 조조가 서신을 보내 공융을 심하게 나무라기를, '듣자하니, 唐虞의 조정에는 겸양하는 신하가 있었으므로[3] 기린과 봉황이 와서 송축하는 소리가 울려 퍼졌다고[4] 합니다. 후세에는 덕은 부족하였으나 그래도 자기 몸을 희생하여 군주를 위하고 가문을 무너뜨려 국가를 위하였습니다. 그러다가 말세에 이르러서는 눈 한 번 흘긴 원한도 반드시 보복하고 밥 한 끼 먹여 준 은혜도 반드시 갚았습니다.[5]
그러므로 晁錯는 국가를 염려하다가 袁盎에게 禍를 당하였고,[6] 屈平은 楚나라를 애도하다가 子椒와 子蘭에게 참소를 받았습니다.[7] 彭寵이 난을 일으키게 된 것은 朱

---

2) (晏)〔宴〕: 저본에는 '晏'으로 되어 있으나, ≪李卓吾批點世說新語補≫(安永本)에 의거하여 '宴'으로 바로잡았다.

3) 唐虞의……있었으므로 : 舜임금이 伯禹를 司空으로 삼자 백우가 稷과 契 및 皐陶에게 양보하였고, 益을 虞(山澤 관리하는 관원)로 삼자 익이 朱虎와 熊羆에게 양보하였으며, 伯夷를 秩宗으로 삼자 백이가 夔와 龍에게 양보한 것을 말한다.(≪尙書≫ 〈舜典〉)

4) 봉황이……퍼졌다고 : ≪史記≫ 〈夏本紀〉에 禹가 九韶의 음악을 만들고 기이한 물건을 바치자 鳳皇이 왔다고 하였다.

5) 눈……갚았습니다 : ≪史記≫ 〈范雎蔡澤列傳〉에 "밥 한 끼 먹여준 은덕도 반드시 갚고, 눈 한 번 흘긴 원한도 반드시 보복했다.〔一飯之恩必償 睚眦之怨必報〕"라고 하였다.

6) 晁錯는……당하였고 : 晁錯는 漢 景帝(劉啓) 때 御史大夫로 있으면서 제후들의 세력을 약화시키기 위해 그들의 封地를 삭감할 것을 주장하였다. 이에 조조를 주살한다는 명분으로 吳, 楚 등 7國이 난을 일으키자, 袁盎이 조조를 죽여 제후들을 회유하자고 경제를 설득하였다. 마침내 조조는 경제의 명으로 長安의 東市에서 官服을 입은 채 처형되었다.(≪史記≫ 〈晁錯列傳〉)

7) 屈平은……받았습니다 : 屈平은 戰國시대 楚나라의 충신인 屈原을 가리킨다. 굴평은 초나라의 귀족으로서 懷王을 섬겨 벼슬이 左徒에 이르고 큰 신임을 받았으나, 회왕이 張儀의 連橫術에 빠지는 것을 간하여 장의를 죽이려 하다가 실패하였다. 그 뒤 대부인 子椒와 회왕의 동생인 子蘭의 참소를 받아 쫓겨났다.(≪史記≫ 〈屈原列傳〉)

浮에게서 비롯되었고[8], 鄧禹의 위엄이 손상된 것은 宗歆과 馮愔의 잘못 때문이었습니다.[9] 이것으로 말해보면, 기쁨・분노・원한・사랑은 禍福의 원인이니 삼가지 않아서 되겠습니까. 옛날에 廉頗와 藺相如는 작은 나라의 신하였으나 오히려 서로 겸양하였고,[10] 寇恂과 賈復은 위급상황의 武夫였으나 소신을 굽히고 서로 화해하였으며,[11] 漢 光武帝(劉秀)는 伯升(劉縯)에 대한 원한을 묻지 않았고,[12] 齊侯는 자신의 허리띠 장식을 쏘아 맞힌 포로(管仲)를 의심하지 않았습니다.[13] 큰 뜻을 세운 자가 어

8) 彭寵이……비롯되었고 : 彭寵과 朱浮는 後漢 초의 武將이자 大臣으로, 서로 사이가 나빴다. 주부가 漢 光武帝(劉秀)에게 팽총이 뇌물을 받고 兵馬를 양성하며 식량을 비축하고 있어 경계해야 한다고 상주하자, 광무제가 漁陽太守로 있던 팽총을 수도로 소환하였다. 이에 팽총이 크게 분노하여 명령을 따르지 않고 반란을 일으켜 주부를 공격하였다.(≪後漢書≫ 〈彭寵傳〉)

9) 鄧禹의……때문이었습니다 : 鄧禹(2~58)는 後漢의 武將으로 漢 光武帝(劉秀)가 천하를 평정하는데 크게 기여하였다. 등우가 赤眉軍을 정벌할 때 宗歆과 馮愔에게 栒邑을 지키게 하였는데, 두 사람이 세력 다툼을 하여 서로를 공격하다가 풍음이 종흠을 살해하고 도리어 등우를 공격하였다. 그후로 등우의 위엄과 명망이 차츰 떨어지고 또 양식이 부족하여 싸움에서 자주 승리하지 못하니, 歸附했던 자들이 날로 더욱 이산하였다.(≪後漢書≫ 〈鄧禹傳〉)

10) 廉頗와……겸양하였고 : 廉頗는 趙(戰國)나라의 장군이었는데, 藺相如가 재상에 임명된 것에 분노하여 모욕을 주려고 계속 시도하던 중, 국가의 일이 우선이고 私憾은 뒤로 돌린다는 인상여의 말에 감복하여 가시나무 매를 등에 지고 인상여를 찾아가서 정중히 사과하였다.(≪史記≫ 〈廉頗藺相如列傳〉)

11) 寇恂과……화해하였으며 : 寇恂과 賈復은 漢 光武帝(劉秀) 때 관료로, 구순이 潁川太守로 있을 때 執金吾로 있던 賈復의 부장이 영천에서 사람을 죽이자 구순이 그를 체포하여 처형하였다. 당시는 國家가 막 세워진 때라 部隊 안의 사람이 법을 범하면 대부분 용인해주었기 때문에 가복은 이 일을 수치스럽게 여겨 구순에게 원한을 품고 만나게 되면 죽이겠다고 말하였다. 광무제가 두 사람을 불러 나라가 안정되지 않았는데 두 마리 호랑이가 사사로이 다투어서야 되겠느냐고 회유하여 서로 화해하게 하였다.(≪後漢書≫ 〈寇恂列傳〉)

12) 漢……않았고 : 伯升은 漢 光武帝(劉秀)의 형인 劉縯의 字이다. 劉氏 宗室의 사촌인 劉玄이 稱帝(更始帝)한 뒤, 劉縯과 劉秀 형제의 名聲이 날로 높아지자 更始帝(劉玄)의 시기를 받았다. 경시제는 유연의 部將 劉稷이 자신에게 복종하지 않은 일을 빌미로 유연까지도 처형하였다. 劉秀가 이 소식을 듣고 宛城에 달려가 사죄하고, 경시제의 의심을 사지 않기 위해 유연의 장례를 간소하게 치뤘다.(≪後漢書≫ 〈世祖光武帝紀〉)

13) 齊侯는……않았습니다 : 管仲이 齊 桓公의 허리띠 장식을 활로 쏘아 맞춘 일을 가리킨다. 春秋시대에 齊 襄公이 정사를 혼란스럽게 하자 그 아우인 糾는 魯나라로 망명하여 管仲과 召忽에게 배웠고, 小白은 莒로 달아나 鮑叔을 스승으로 삼았다. 제 양공이 죽자 규와 소백은 다투어 제나라로 돌아가 군주가 되려고 하였는데, 관중이 莒에서 오는 길을 막아 소

찌 자잘한 일에 얽매이겠습니까.

지난번에 들으니, 두 사람(공융과 치려)이 法을 공정하게 집행하려다가 사소한 원한이 생겼다고 하니 마땅히 예전의 友誼를 회복해야 하는데 원한이 점점 쌓여 서로를 해칠 뜻을 품게 되었다고 하니, 나는 그 말을 듣고 크게 낙심하여 밤중에 일어나곤 하였습니다. 옛날에 국가가 東遷할 때 공문거는 치홍예를 名實이 相符하고 經學에 정통하며 鄭玄의 문하에서 나왔고 또 司馬法에 밝다고 크게 칭찬하였고, 치홍예 역시 공문거를 특출하고 博識하다고 칭찬하였는데, 참으로 오늘날은 예전과 달라지게 된 것이 괴이합니다.

나는 공문거와 예전부터 우의가 있었던 것도 아니고 또 치홍예에게 은택을 베푼 적도 없지만, 사람들이 서로 칭찬하기를 원하고 사람들이 서로 해치는 것을 좋아하지 않습니다. 이 때문에 나는 두 사람이 협력하고 우호하기를 간절히 바랍니다. 나는 또 두 사람이 소인들에게 걸려든 것이라는 것을 압니다. 나는 신하로서 나아가서는 海內를 교화시킬 수 없었고 물러나서는 덕을 세워 사람을 화합시킬 수 없었지만, 戰士를 위로하고 몸을 바쳐 나라를 위하며, 내실 없이 번지르르하게 교제하는 무리를 타파하는 데는 넉넉했다고 생각합니다.' 하였다.

孔融이 답서를 보내기를, '은혜로이 보내주신 서찰을 받아보니 저의 부족한 점에 대해 고해주셨습니다. 저와 치홍예는 사는 고을이 이웃하여 아주 일찍부터 아는 사이입니다. 예전에 그의 공적의 훌륭한 점을 말씀드렸으나, 그것은 자신을 후하게 여기고 국가에 충실하기를 원해서 그랬던 것이지, 그가 과오를 덮고 악을 감추어 죄가 있어도 처벌 받지 않기를 원했던 것은 아닙니다. 저는 이전에 퇴출된 것을 기쁘게 받아들입니다. 옛날에 趙宣子(趙盾)가 韓厥을 아침에 등용했는데 저녁에 〈조선자의 마부가〉 그에게 죽임을 당하자 기뻐하며 〈대부들에게〉 축하해달라고 하였습니다.[14] 하물며 저는 그 사람과 같은 공적도 없는데 감히 해당 관직의 공정한 법 집행을 그르쳐서야 되겠습니까.

백이 제나라로 돌아가지 못하게 하려고 활을 쏘았는데 소백의 허리띠 장식에 맞았다. 소백이 죽은 척하여 糾의 행보를 늦추게 하고 먼저 제나라로 돌아가 군주가 되었으니, 그가 환공이다. 환공은 즉위한 뒤 예전의 원한을 잊고 포로로 잡은 관중을 재상으로 삼아 霸業을 이루었다.(≪史記≫ 〈管晏列傳〉)

14) 趙宣子(趙盾)가……하였습니다 : 趙宣子는 晉(戰國)나라의 正卿이고 韓厥은 그가 군주에게 추천하여 司馬가 된 사람이다. 河曲의 전투에서 조선자의 수레가 군대의 행렬을 범하자, 한궐이 조선자의 수레를 모는 마부를 잡아서 죽였다. 사람들이 모두 한궐이 필시 제명대로 살지 못할 것이라 여겼으나, 조선자가 한궐을 불러 예우하면서 여러 대부에게 모두 고하기를 "그대들은 나를 축하해 줄 만하다. 내가 한궐을 추천했는데 적중했다."라고 하였다.(≪國語≫ 〈晉語〉)

저는 충성으로는 屈原에 미치지 못하고 지혜로는 晁錯에 미치지 못하는데 관직을 차지한 것이 잘못이니 죄를 면하는 것만도 다행입니다. 그런데 뒷말이 멀리까지 들리게 하였으니 그 때문에 부끄럽고 두렵습니다. 朱浮, 彭寵, 寇恂, 賈復은 당대의 壯士들이라 사랑과 미움 때문에 서로 공격하면서도 국가를 위해 근심할 수 있었으나, 경박하고 나약한 부류에 이르면 곤충들끼리 서로 물어뜯는 것과 같아 다만 자신을 해치기만 할 뿐 참으로 성취하는 것이 없습니다. 晉侯는 자신의 신하가 큰 일을 놓고 다투는 것을 가상하게 여겼으나, 師曠은 지혜로 다투는 것만 못하다고 여겼습니다.[15)]

저는 성품이 굼뜨고 느려서 남과 다투지 못합니다. 아무리 가랑이 사이로 지나가게 하는 수치[16)]나 楡次의 모욕[17)]을 당하더라도 저를 貶毁하는 줄 알지 못하니, 그런 것들은 모기나 등에가 스쳐 지나가는 것과 같습니다. 子産은 사람의 마음은 서로 같지 않다고 하였으니,[18)] 혹 세력을 과시하는 자는 승리를 얻는 것을 영예로 생각하려 하고, 宋人이 四海의 객을 대접할 때 술도가에서 술을 상하게 하려 한 것이 아니라는 것[19)]은 생각하지 않습니다. 屈穀이 말한 단단하여 구멍을 낼 수도 없는 커다란 박은 쓸모없기 때문에 죄주어야 할 뿐입니다.[20)] 다른 것은 해주신 말씀을 받들어 감히 실

15) 晉侯는……여겼습니다 : 여기서 晉侯는 晉 平公을 말한다. 秦 景公이 晉나라에 사신을 보내 우호조약의 체결을 구하자, 이에 대처하는 과정에서 晉의 신하인 叔向과 子員이 서로 다투었다. 그러자 진 평공은 자신의 신하들이 국가의 大事를 가지고 다툰다고 칭찬하였고, 곁에 있던 師曠은 이를 지혜로 다투지 않고 힘으로 다툰다고 비난하였다. (≪國語≫ 〈晉語〉)

16) 가랑이……수치 : 韓信이 빈천하였을 때 淮陰의 소년들이 그를 모욕하고 가랑이 사이로 기어서 지나가게 한 일을 말한다.(≪史記≫ 〈淮陰侯傳〉)

17) 楡次의 모욕 : 전국시대 말기 衛나라의 荊軻가 秦王 政을 암살하려다 실패하고 燕나라로 망명하였다. 형가가 어느 날 楡次 고을을 지나다가 蓋聶(갑섭)과 검술에 대하여 이야기하던 중 갑섭이 형가에게 성을 내며 눈총을 주었다.(≪史記≫ 〈刺客列傳〉)

18) 子産은……하였으니 : ≪春秋左氏傳≫ 襄公 31년에, 鄭나라 재상 子産이 "사람의 마음이 같지 않은 것은 각각 그 얼굴이 다른 것과 같다.〔人心不同 各如其面〕"라고 하였다. 子産(? ~B.C. 522)은 성은 姬, 씨는 國, 이름은 僑이며 '자산'은 字이다. 公孫僑라고도 불렸다. 춘추시대 鄭나라의 재상으로서 40여 년간 국정을 맡아 뛰어난 외교 수완을 펼쳐 강대국인 晉과 楚 사이에서 약소국인 정나라를 잘 이끌었다.

19) 宋人이……것 : ≪韓非子≫ 〈外儲說〉에 나오는 고사로, 宋人 중에 술을 만들어 파는 사람이 있었는데, 술맛이 좋은데도 팔리지 않아 술이 상하게 되자 그 이유를 마을의 長老에게 물으니, 사나운 개가 지키고 있어 사람들이 두려워 술을 사러오지 않는 것이라 하였다. 여기에서는 賢士가 군주에게 가까이 가려 하여도 사나운 개처럼 이를 막는 관원이 있으면 어렵다는 의미이다.

20) 屈穀이……뿐입니다 : ≪韓非子≫ 〈外儲說〉에 나오는 고사로, 宋人 屈穀이 齊나라 居士 田仲을 크기만 하고 돌처럼 단단하며 구멍을 뚫을 수 없는 박에 빗대어 국가에 도움이

추시키지 않겠습니다. 치홍예가 전에 官吏가 된 것은 제가 추천한 것입니다. 趙衰가 郤縠을 발탁한 것[21]은 公叔文子(公叔發)가 자기 家臣과 같이 公朝에 오른 것[22]보다 가볍지 않습니다. 〈曹公이 저와 치려를〉 똑같이 사랑해주셔서 마음으로 가르침을 주신 것을 알고 있으니 비록 懿伯의 忌日[23]이라 해도 오히려 생각하지 않을 것인데, 하물며 예전의 교분을 믿고 스스로 어진 관리[24]를 무시하겠습니까. 바로 속마음을 터놓고 처음처럼 잘 지내겠습니다.'"

范曄漢書曰 "操以孔融論建漸廣, 慮鯁大業. 郗慮承望風旨, 以微法奏免融官, 因顯明讐怨. 操書激厲融曰 '蓋聞唐虞之朝, 有克讓之臣. 故麟鳳來而頌聲作也. 後世德薄, 猶殺身爲君, 破家爲國, 及至其敝, 睚眦(애자)之怨必讎, 一餐之惠必報. 故晁錯(조조)念國, 遘禍於袁盎, 屈平悼楚, 受譖於椒・蘭, 彭寵傾亂, 起自朱浮, 鄧禹威損, 失於宗・馮. 由此言之, 喜怒怨愛, 禍福所因, 可不愼與. 昔廉・藺(린), 小國之臣, 猶能相下, 寇・賈, 倉卒武夫, 屈節崇好. 光武不問伯升之怨, 齊侯不疑射(석)鉤之虜. 夫立大操者, 豈累細故哉. 往聞二君有執法之平[25], 以爲小介[26], 當收舊好, 而怨毒漸積, 志相危害. 聞之憮然, 中夜而起. 昔國家東遷, 文擧盛歎鴻豫名實相副, 綜達經學, 出於鄭玄, 又明司馬法[27], 鴻豫亦稱文擧奇逸博聞, 誠怪今者與始相違. 孤與文擧, 旣非舊好, 又於鴻豫, 亦無恩紀. 然願人之相美, 不樂人之相傷. 是以區區思協歡好. 又知二君群小所搆. 孤爲人臣, 進不能風化海內, 退不能建德和人. 然撫養戰士, 殺身爲國, 破浮華交會之徒,

---

되지 않는 인물로 비난하였다.

21) 趙衰가……것 : 趙衰와 郤縠은 춘추시대 晉나라 관료이다. 晉 文公이 禮樂과 詩書에 조예가 깊은 자를 대장에 천거하도록 하자, 진 문공의 신임을 받던 조최가 극곡을 추천하여 中軍將에 발탁되게 하였다.(≪春秋左氏傳≫ 僖公 27년)

22) 公叔文子(公叔發)가……것 : ≪論語≫ 〈憲問〉에 "公叔文子의 가신인 대부 僎(선)이 문자와 함께 公朝에 올랐다. 공자께서 그 사실을 듣고 '시호를 文이라고 할 만하다.'라고 했다."라고 한 데서 온 말이다.(≪世說音釋≫)

23) 懿伯의 忌日 : ≪春秋左氏傳≫ 昭公 3년에 나오는 일로, 叔弓이 滕 成公의 葬事에 참여하기 위해 滕나라에 갈 때 子服椒가 副使로 갔는데 마침 懿伯의 忌日이었다. 의백을 敬子(叔弓)가 죽였기 때문에 滕나라로 들어가려 하지 않자, 의백의 친척인 惠伯(子服椒)이 "國家의 일에는 國家의 利益만 있고 私家의 忌日은 없으니, 내가 먼저 들어가기를 청합니다."라고 하였다. 여기서는 아무리 원수지간이라 해도 公益을 우선하여 대처하겠다는 의미이다.

24) 어진 관리 : 郗慮를 말한다.(≪世說音釋≫)

25) 執法之平 : 獄訟의 공평하지 못한 것을 공평하게 한다는 의미이다.

26) 小介 : 여기서 '介'는 '芥'와 통한다. 마음에 담은 원한이나 불만을 비유한 말이다.(≪世說音釋≫)

27) 司馬法 : 춘추시대 齊나라 사람 司馬穰苴의 兵法이다.(≪世說音釋≫)

計有餘矣.' 融報曰 '猥惠書敎, 告所不逮. 融與鴻豫, 州里比鄰, 知之最早. 雖嘗陳其功美, 欲以厚於見私, 信於爲國, 不求其覆過掩惡, 有罪望不坐也. 前者黜退, 歡欣受之. 昔趙宣子朝登韓厥, 夕被其戮, 喜而求賀, 況無彼人之功, 而敢枉當官之平哉. 忠非三閭[28], 智非晁錯, 竊位爲過, 免罪爲幸, 乃使餘論遠聞, 所以慙懼也. 朱・彭・寇・賈, 爲世壯士, 愛(護)〔惡〕[29]相攻, 能爲國憂, 至於輕弱薄劣, 猶昆蟲之相嚙(설), 適足還害其身, 誠無所至也. 晉侯嘉其臣所爭者大, 而師曠以爲不如心競. 性旣遲緩, 與人無傷, 雖出跨下之負, 榆次之辱, 不知貶減[30]之於已, 猶蚊虻之過[31]也. 子產謂人心不相似, 或矜勢者, 欲以取勝爲榮, 不念宋人待四海之客, 大鑪不欲令酒酸也. 至於屈穀, 巨瓠堅而無竅, 當以無用罪之耳. 他者奉尊嚴敎, 不敢失墜. 郗爲故吏, 融所推進. 趙衰(최)之拔郤穀(극곡), 不輕公叔之升臣也. 知同其愛, 訓誨發中, 雖懿伯之忌, 猶不得念, 況恃舊交, 而欲自外於賢吏哉. 輒(첩)布腹心, 修好如初."

49-2 孫秀는 石崇이 綠珠를 주지 않은 것을 원망하였고, 또 潘岳이 예전에 자신을 예우하지 않은 것에 감정이 있었다. 후에 손수가 中書令이 되었을 때 반악이 中書省 안에서 그를 보고는 불러서 말하였다.

"孫令, 예전에 같이 어울렸던 일을 기억하시오?"

손수가 말하였다.

"마음속에 간직하고 있으니, 어느 날에 잊겠소이까?"

반악이 이에 비로소 자신이 화를 면하지 못할 것을 알았다.

후에 석숭과 歐陽堅石(歐陽建)이 체포될 때 같은 날 반악도 체포되었는데, 석숭이 먼저 東市(처형장)에 보내졌을 때에도 같이 체포된 것을 서로 알지 못하였다. 반악이 나중에 이르자, 석숭이 반악에게 말하였다.

"安仁(반악), 경 역시도 이렇게 되었단 말인가."

반악이 말하였다.

---

28) 三閭 : 屈原을 말한다.(≪世說音釋≫)

29) (護)〔惡〕: 저본에는 '護'로 되어 있으나, ≪李卓吾批點世說新語補≫(安永本)과 ≪世說箋本≫에 의거하여 '惡'로 바로잡았다.

30) 貶減 : ≪後漢書≫ 〈孔融傳〉에는 "貶毁"로 되어 있다.

31) 蚊虻之過 : ≪後漢書≫ 〈孔融傳〉에서 인용한 말로, 李賢은 이 구절에 대하여 "모기나 등에가 언뜻 지나가는 것처럼 여겨 별로 害가 된다고 여기지 않음을 말한 것이다."라고 註를 냈다.

"'백발 되어 함께 돌아가리라'라고 할 수 있겠군요."

반악이 ≪金谷集≫에 이런 시를 읊었다.

"마음 맞는 石友[32]에 의지하여〔投分寄石友〕 백발 되어 함께 돌아가리라〔白首同所歸〕"

마침내 詩讖[33]이 이루어졌다.

孫秀旣恨石崇不與綠珠①하고 又憾潘岳昔遇不以禮라 後秀爲中書令에 岳省內見之하고 因喚曰 孫令아 憶疇昔周旋不(부)아 秀曰中心藏之어니 何日忘之리오 岳於是始知必不免②이라 後收石崇歐陽堅石에 同日收岳③이로대 石先送市에 亦不相知라 潘後至어늘 石謂潘曰 安仁아 卿亦復爾邪(야)아 潘曰可謂白首同所歸④로라 潘金谷集詩云 投分[34]寄石友하여 白首同所歸라하니 乃成其讖이라

① 干寶의 ≪晉紀≫에 말하였다. "石崇에게는 綠珠라는 妓人이 있었는데, 아름답고 피리를 잘 불었다. 孫秀가 사람을 시켜 녹주를 달라고 하였다. 석숭의 별관이 北邙山[35] 아래에 있었는데, 마침 涼觀樓에 올라 맑은 물을 내려다보고 있었다. 사자가 그 말을 고하자 석숭이 자신의 婢妾 수십 명을 나오게 하여 보여주면서 말하였다. '마음대로 택하시오.' 사자가 말하였다. '본래 명령을 받기로는 녹주를 지목한 것이었습니다. 누가 그 사람입니까?' 석숭이 버럭 화를 내며 말하였다. '녹주는 내가 아끼는 애이니, 데려갈 수 없습니다.' 사자가 말하였다. '君侯께서는 古今의 일을 널리 아시고 遠近에 대하여 다 살피시니 부디 다시 생각해 주십시오.' 석숭이 허락하지 않았다. 사자가 나갔다가 다시 돌아왔으나 석숭은 끝내 허락하지 않았다."

干寶晉紀曰 "石崇有妓人綠珠, 美而工笛. 孫秀使人求之. 崇別館北邙下, 方登涼觀臨淸水, 使者以告, 崇出其婢妾數十人以示之曰 '任所以擇.' 使者曰 '本受命者, 指綠珠也. 未識孰是.' 崇勃然曰'綠珠吾所愛, 不可得也.' 使者曰 '君侯博古知今, 察遠照邇, 願加三思.' 崇不然. 使者已出又反, 崇竟不許."

② 王隱의 ≪晉書≫에 말하였다. "潘岳의 부친 潘文德이 琅琊太守였을 때 孫秀가 小吏인 給使로 있었는데, 반악이 자주 손수를 발로 차면서 사람으로 대우하지 않았다."

王隱晉書曰 "岳父文德爲琅琊太守, 孫秀爲小吏給使. 岳數(삭)蹴蹋(답)秀, 而不以人遇

---

32) 石友 : 金石처럼 변치 않는 친한 벗을 말한다.(≪世說音釋≫)

33) 詩讖 : 무심코 지은 시가 뒷날 생길 일을 예시하는 것을 이른다.

34) 投分 : 여기서 '分'은 '志'와 같다.(≪世說音釋≫)

35) 北邙山 : 즉 邙山이다. 洛陽의 북쪽에 위치하였기 때문에 '북망'이라 하였다. 後漢, 魏, 晉의 王侯公卿 중에 이곳에 장사지낸 인물이 많다.

之也."

③ ≪晉陽秋≫에 말하였다. "歐陽建은 字가 堅石이고 渤海 사람이며 재주가 있었다. 당시 사람들이 그를 '발해에서 혁혁히 빛나는 인물은 구양견석이다.'라 하였다. 처음에 구양건이 馮翊太守로 있을 때 趙王 司馬倫이 征西將軍이 되었는데 孫秀가 그의 심복이 되어 關中을 어지럽혔다. 구양건이 매번 이를 바로잡으니 이 때문에 손수와 틈이 생겼다."

王隱의 ≪晉書≫에 말하였다. "石崇과 潘岳은 賈謐[36]과 친하게 지냈는데, 가밀이 죽임을 당하자 종국에 자신들도 위태로워질까 두려워 淮南王(司馬允)과 함께 司馬倫을 주살하기로 모의하였다. 일이 누설되어 석숭과 朞年服 이상을 입는 그의 친족이 체포되어 모두 斬刑에 처해졌다. 처음에 반악의 모친이 반악에게 분수에 만족할 줄 알라고 훈계하였는데, 체포되었을 때 모친과 이별하며 말하였다. '어머니의 훈계를 저버렸습니다.' 석숭은 河北에 살았는데, 체포하는 자가 이르자 '나는 交州나 廣州로 유배가는 것에 불과할 것이다.' 하였다. 수레에 태워 東市로 가자 그제야 탄식하며 말하기를 '놈들이 내 집 재물을 노리는구나.' 하였다. 석숭이 체포되자, 사람들이 '재물이 害가 될 줄 알았다면 어찌하여 일찌감치 베풀지 않았는가.' 하니, 석숭이 대답하지 못하였다."

晉陽秋曰 "歐陽〔建〕[37], 字堅石, 渤海人, 有才藝. 時人爲之語曰 '渤海赫赫歐陽堅石.' 初建爲馮翊太守, 趙王倫爲征西將軍, 孫秀爲腹心, 撓亂關中. 建每匡正, 由是有隙."
王隱晉書曰 "石崇潘岳, 與賈謐(밀)相友善. 及謐廢, 懼終見危, 與淮南王謀誅倫, 事泄, 收崇及親朞[38]以上皆斬之. 初岳母誡岳以止足之道, 及收, 與母別曰 '負阿母.' 崇家[39]河北, 收者至, 曰 '吾不過流徙交廣耳.' 及車載東市, 始嘆曰 '奴輩利吾家之財.' 收崇, 人曰 '知財爲害, 何不蚤散.' 崇不能答."

④ ≪語林≫에 말하였다. "潘岳과 石崇이 같이 東市에서 처형될 때 석숭이 반악에게 '천하가 영웅을 죽이는데, 경은 또 어찌 된 일인가?' 하니, 반악이 말하였다. '俊士가 죽어 구덩이를 메우니 그 여파가 다른 사람에게까지 미치는군요.'"
語林曰 "潘·石同刑東市, 石謂潘曰 '天下殺英雄, 卿復何爲.' 潘曰 '俊士塡溝壑, 餘波來及人'."

---

36) 賈謐 : 西晉 때의 인물로, 자는 長深이다. 韓壽의 아들이었으나 賈充이 後嗣가 없자 그를 후사로 삼았다. 石崇, 歐陽建 등과 함께 24友로 불렸다. 散騎常侍, 秘書監, 侍中을 지냈고, 賈后와 태자를 모함하려다가 趙王 司馬倫에게 誅殺되었다.

37) 〔建〕: 저본에는 '建'이 없으나, ≪李卓吾批點世說新語補≫(安永本)에 의거하여 보충하였다.

38) 親朞 : 1년 동안 喪服을 입는 親屬으로, 伯父·叔父·兄·弟 등을 가리킨다.

39) 家 : ≪正字通≫에 "그 땅에 사는 것을 '家'라 한다.〔居其地曰家〕"라 하였다.(≪世說音釋≫)

49-3 劉璵 형제가 젊었을 때 王愷의 미움을 받았다. 한번은 왕개가 두 사람을 불러 자기 집에서 자고 가라고 하고는 조용히 그들을 제거하고자 구덩이를 만들게 하고 구덩이가 다 만들어지자 막 죽이려던 참이었다. 석숭은 평소 유여·劉琨과 친하였는데, 그들이 왕개의 집에 가서 묵는다는 말을 듣고 변고가 일어날 것을 알았다. 즉시 밤중에 왕개를 찾아가서 유여 형제가 어디 있는지 물었다. 왕개가 마침내 몰려서 숨기지 못하고 대답하였다.

"뒷방에서 자고 있습니다."

석숭이 곧바로 들어가 직접 그들을 데리고 나와 수레를 같이 타고 떠나면서 말하였다.

"젊은이들이 어찌하여 경솔하게 남의 집에 가서 묵는단 말인가."

劉璵①兄弟少時에 **爲王愷所憎**이라 **嘗召二人宿**하여 **欲默除之**호대 **令作阬**하고 **阬畢**에 **垂加害矣**라 **石崇素與璵琨善**이러니 **聞就愷宿**하고 **知當有變**하여 **便夜往詣愷**하여 **問二劉所在**하니 **愷卒迫不得諱**하고 **答云 在後齋中眠**이라 **石便徑入**하여 **自牽出**하여 **同車而去**에 **語曰少年何以輕就人宿②**고하다

①〈劉璵는〉 곧 劉輿[40]가 되어야 한다.
當卽劉輿.

② 鄧粲의 ≪晉紀≫[41]에 말하였다. "劉琨과 그의 형 劉璵는 모두 이름이 알려졌고, 권세 있고 높은 지위에 있는 사람들과 어울려 당대 사람들이 그들을 호걸로 여겼다."
(劉)〔鄧〕[42]粲晉紀曰 "琨與兄璵, 皆知名, 遊權貴之間, 當世以爲豪傑."

49-4 王東亭(王珣)이 王孝伯(王恭)과 대화할 적에 나중에는 점차 의견이 달라지니,

40) 劉輿 : ≪晉書≫의 本傳에는 '劉輿傳'으로 되어 있다. 그러나 저본과 ≪李卓吾批點世說新語補≫에도 '劉璵'로 되어 있으며, 그의 아우의 이름도 玉字가 들어간 "琨"으로 되어 있어 교감하지 않았다.

41) 鄧粲의 晉紀 : 鄧粲은 東晉의 정치가이자 역사가로, ≪晉紀≫를 저술하였다. ≪진기≫는 西晉의 역사, 특히 元帝(司馬睿)와 明帝(司馬紹) 때의 역사를 기술하여 ≪明紀≫라고도 불린다. 모두 10권인데, 原書는 일찍 산일되었고 淸代에 만들어진 輯佚本이 있다.

42) (劉)〔鄧〕: 저본에는 '劉'로 되어 있으나, ≪李卓吾批點世說新語補≫(安永本)에 의거하여 '鄧'으로 바로잡았다.

왕효백이 왕동정에게 말하였다.

“경을 더는 헤아릴 수 없군요.”

왕효백이 대답하였다.

“王陵은 조정에서 諫爭하며 반대하였고 陳平은 그대로 따랐으니, 다만 끝이 어떠하였는지[43] 물을 뿐이오.”

王東亭與王孝伯語에 **後漸異**어늘 **孝伯謂東亭曰 卿便不可復測**이로라 **答曰 王陵廷爭**에 **陳平從默**하니 **但問克終云何耳**①라하다

① ≪漢書≫에 말하였다. “呂后가 呂氏들을 왕으로 삼고자 하여 右相인 王陵에게 묻자, 왕릉은 不可하다고 하였다. 左丞相인 陳平에게 묻자 진평은 可하다고 하였다. 왕릉이 나와서 진평을 비난하자, 진평이 말하였다. ‘面前에서 비판하고 조정에서 간언을 올리는 것은 신이 그대만 못하나, 사직을 보전하고 劉氏를 안정시키는 것은 그대가 신만 못합니다.’”

≪晉安帝紀≫에 말하였다. “처음에 王恭이 山陵에 나아가 王國寶를 죽이려고 하자[44] 王珣이 극력 간하여 마침내 그만두었다. 얼마 뒤 왕공이 왕순에게 말하기를, ‘근래에 그대를 보니 한결같이 胡廣[45] 같습니다.’ 하니, 왕순이 말하였다. ‘王陵은 조정에서 諫爭하며 반대하였고 陳平은 그대로 따랐으니 다만 끝이 어떠하였는지 물을 뿐이오.’”

漢書曰“呂后欲王諸呂, 問右相王陵, 以爲不可. 問左丞相陳平, 平曰可. 陵出讓平, 平

43) 王陵은……어떠하였는지 : 呂太后(呂雉, 漢 高祖의 皇后)가 呂氏들을 왕으로 봉하는 것에 반대한 王陵을 실제 권한이 없는 직책인 太傅로 승진시켜 그의 권한을 빼앗자, 왕릉은 병을 핑계로 사직하였다. 반면에 여태후의 의견에 속마음을 숨기고 찬성한 陳平은 조정에 남아 있다가 여태후가 죽자 周勃과 힘을 합해 여씨들을 한꺼번에 제거하고 劉恒을 漢 文帝로 세웠다.(≪史記≫ 〈呂太后本紀〉)

44) 王恭이……하자 : 여기서 ‘山陵’은 晉 孝武帝(司馬曜)가 죽은 것을 말한다. 王恭(350~398)과 王國寶(350~397)는 西晉의 관료로, 왕국보는 비굴하게 아첨하여 晉 孝武帝 및 會稽王 司馬道子의 총애를 받아 당대에 권력을 휘둘렀는데 同族인 王恭 등이 이를 무척 미워하였다. 효무제가 죽자, 마침내 왕공이 군사를 일으켜 왕국보를 죽이려 한 것이다.(≪晉書≫ 〈王恭傳〉)

45) 胡廣 : 91~172. 後漢 때 외척과 환관이 번갈아가며 권력을 남용할 때 줄곧 고위직을 거쳐 재상에 있었으며, 安帝(劉祜)부터 靈帝(劉宏)까지 여섯 황제를 무탈하게 섬긴 인물이다. 후세에는 자기 몸만 보전하고 나랏일은 간신이나 權臣들의 눈치만 보며 제대로 바로잡으려 하지 않는 사람을 비유하는 말이 되었다.

曰 '面折廷爭, 臣不如君, 全社稷定劉氏, 君不如臣.'" 晉安帝紀曰 "初王恭赴山陵, 欲斬國寶, 王珣固諫之, 乃止. 旣而恭謂珣曰 '比日視君, 一似胡廣.' 珣曰 '王陵廷爭, 陳平從默, 但問克終如何也.'"

49-5 王孝伯(王恭)이 죽자 그의 머리를 大桁[46]에 걸어두었는데 司馬太傅(司馬道子)가 말에 멍에를 매도록 명하여 머리를 걸어놓은 곳으로 나가 찬찬히 머리를 바라보고 말하였다.

"경은 무엇 때문에 서둘러 나를 죽이려 하였는가."

王孝伯死에 **縣其首於大桁**(항)이어늘 **司馬太傅命駕出至標所**하여 **熟視首曰 卿何故趣**(촉) **欲殺我邪**(야)①아하다

① ≪續晉陽秋≫에 말하였다. "王恭은 화란이 일어날까 몹시 두려워 表文을 올리고 擧兵하였다. 이에 〈황제가〉 左將軍 謝琰을 보내 왕공을 토벌하게 하였다. 왕공이 패하여 曲阿로 달아났다가 湖浦尉에게 사로잡혔다. 처음에 司馬道子가 왕공과 친하였으므로 그를 태워 도성을 나간 다음 대면하여 질책하려고 하였으나, 西軍[47]이 가까이 왔다는 소식을 듣고 마침내 倪塘에서 그를 죽이게 하여 東桁에 머리를 걸어두었다."
續晉陽秋曰 "王恭深懼禍難, 抗表起兵. 於是遣左將軍謝琰討恭. 恭敗走曲阿, 爲湖浦尉所擒. 初, 道子與恭善, (於)〔欲〕[48]載出都, 面相折數(수)[49], 聞西軍之逼, 乃令於(皃)〔倪〕[50]塘斬之, 梟首於東桁也."

49-6 桓玄이 帝位를 찬탈하려 할 적에 桓脩가 환현이 자신의 모친에게 와 있는 기회를 틈타 그를 습격하려 하였다. 그러자 〈환수의 모친인〉 庾夫人이 말하였다.

---

46) 大桁 : 朱雀橋를 말한다.(≪世說音釋≫) 朱雀橋는 南京에 있는 浮橋로, 朱雀桁・大航・大桁・朱雀航으로 불렸다. 도성 정남쪽에 있는 朱雀門과 마주하고 있어서 '주작교'라 하였다. 東晉 때 건설한 24개의 부교 중 제일 큰 부교이다.

47) 西軍 : 桓玄과 楊佺期가 王恭과 함께 반란을 일으켰는데, 이들을 '서군'이라 하였다.(≪世說音釋≫)

48) (於)〔欲〕: 저본에는 '於'로 되어 있으나, ≪李卓吾批點世說新語補≫(安永本)에 의거하여 '欲'으로 바로잡았다.

49) 折數(수) : 직접 남의 잘못을 지적한다는 뜻이다. 이때의 '數'는 '責(나무라다)'의 의미이다.

50) (皃)〔倪〕: 저본에는 '皃'로 되어 있으나, ≪李卓吾批點世說新語補≫(安永本)에 의거하여 '倪'로 바로잡았다.

"너희들은 나의 생애가 얼마 남지 않았음을 생각하라. 내가 너희를 길렀으니 이런 일을 행하는 것을 차마 보지 못하겠다."

桓玄將簒에 **桓脩欲因玄在脩母許襲之**러니 **庾夫人云 汝等近過我餘年**[51)]이라 **我養之**니 **不忍見行此事**①라하다

① ≪桓氏譜≫에 말하였다. "恒沖의 後妻는 潁川 庾蔑의 딸이고, 字가 姚이다."

≪晉安帝紀≫에 말하였다. "恒脩는 젊었을 때 桓玄에게 모욕을 받았다. 말할 때마다 환현이 늘 그를 멸시하였으므로 환수가 이를 매우 원망하여 환현을 해치려는 생각을 몰래 품고 있었다. 환수의 모친이 말하였다. '靈寶(환현)는 나를 어머니처럼 대하는데, 너희들은 어찌 차마 骨肉끼리 서로 해치려고 하느냐.' 환수가 마침내 실행하지 못하였다."

桓氏譜曰 "恒沖後娶潁川庾蔑女, 字姚." 晉安帝紀曰 "脩少爲玄所侮. 言論常鄙之, 脩深憾焉, 密有圖玄之意. 脩母曰 '靈寶[52)]視我如母, 汝等何忍骨肉相圖.' 脩乃止."

49-7 王大將軍(王敦)이 司馬愍王(司馬丞)을 체포하고 밤에 世將(王廙)을 보내 사마민왕을 수레에 태워 죽이게 하였는데, 당시 사람들은 이 사실을 모두 알지 못하였다. 사마민왕의 집안에서도 모두 알지는 못하였고 司馬無忌형제는 모두 어렸다. 〈세장의 아들인〉 王胡之[53)]가 사마무기와 더불어 자랄 때 매우 친하게 지냈다. 왕호지가 한번은 사마무기와 같이 놀 적에 사마무기가 들어가 모친에게 밥을 차려줄 것을 청하니, 모친이 눈물을 흘리며 말하였다.

"왕돈이 예전에 너의 부친을 잔혹하게 죽일 적에 世將의 손을 빌렸다. 그러나 내가 여러 해 동안 그 사실을 너에게 고해주지 않은 것은 왕씨 문중은 강성하고 너희 형제는 아직 어렸으므로 이 말이 드러나지 않게 하려던 것이니, 이는 화를 피하고자 한 것일 뿐이다."

사마무기가 놀라 소리치며 칼을 빼들고 나가니 왕호지는 이미 멀리 가버린 뒤였다.

---

51) 近過我餘年 : 餘生이 얼마 남지 않았다는 말이다.(≪世說新語補觿≫) '近過'는 죽을 날이 가까웠다는 의미이다.(≪世說新語補考≫)

52) 靈寶 : 桓玄의 어릴 적 이름이다.(≪世說箋本≫)

53) 王胡之 : 王廙의 次子이다.

王大將軍執司馬愍王하고 夜遣世將하여 載王於車而殺之하니 當時不盡知也①라 雖愍王家도 亦未之皆悉하고 而無忌兄弟皆穉(치)②라 王胡之與無忌長에 甚相暱(닐)이라 胡之嘗共遊에 無忌入告母하여 請爲饌하니 母流涕曰 王敦昔肆酷汝父할새 假手世將③이로대 〔吾〕[54] 所以積年不告汝者는 王氏門彊하고 汝兄弟尙幼하여 不欲使此聲著니 蓋以避禍耳라하니 無忌驚號하여 抽刃而出이나 胡之已去遠이라

① ≪晉陽秋≫에 말하였다. "司馬丞은 字가 元敬이고 譙王 司馬遜의 아들이다. 사마승이 晉 中宗(司馬睿)의 相州刺史가 되어 武昌을 지나갈 적에, 王敦이 연회에 참여하여 술이 취하자 사마승에게 말하였다. '대왕(사마예)은 독실하고 훌륭한 선비이지만 국가를 통치할 인재가 아닙니다.' 사마승이 대답하기를, '어찌 무딘 칼이 한 번 베지 못할 것이라 장담하시오?' 하였다. 왕돈이 장차 역모를 꾸미려 할 때 사마승을 불러 軍司馬로 삼았다. 사마승이 한탄하며 말하기를, '나는 죽을 것이다. 땅은 황폐하고 백성은 흩어졌으며 세력은 외롭고 지원도 끊겼다. 군주의 어려움에 달려가는 것은 忠이요, 군주의 일에 죽는 것은 義이니, 충과 의를 위해 죽는다면 또 무엇을 바라겠는가.' 라고 하고, 마침내 여러 郡에 급히 檄文을 돌렸다. 사마승이 義를 위해 달려 나가자, 왕돈이 從母弟 魏乂를 보내 사마승을 공격하였다. 王廙가 賊徒들로 하여금 사마승을 맞이하게 하여 수레에서 죽이게 하였다. 왕돈이 그를 주멸한 뒤에 驃騎將軍에 추증하고 '愍王'이라는 시호를 주었다."
晉陽秋曰 "司馬丞, 字元敬, 譙王遜子也. 爲中宗相州刺史, 路過武昌, 王敦與燕會, 酒酣, 謂丞曰 '大王篤實佳士, 非將御之才.' (封)〔對〕[55]曰 '焉知鉛刀不能一割乎.' 敦將謀逆, 召丞爲軍司馬. 丞嘆曰 '吾其死矣. 地荒民解, 勢孤援絶. 赴君難, 忠也. 死主事, 義也. 死忠與義, 又何求焉.' 乃馳檄諸郡. 丞赴義, 敦遣從母弟魏(叉)〔乂〕[56], 攻丞. 王廙(이)使賊迎之, 薨於車. 敦旣滅, 追贈驃騎, 謚曰 愍王."

② ≪司馬無忌別傳≫에 말하였다. "司馬無忌는 字가 公壽이고 司馬丞의 아들이다. 재주와 기량을 겸하여 文才와 武才가 있었다. 譙王에 襲封되었고 衛軍將軍을 지냈다."
無忌別傳曰 "〔無〕[57]忌, 字公壽, 丞子也. 才器兼濟, 有文武〔幹〕[58]. 襲封譙王, 衛軍將軍."

---

54) 〔吾〕: 저본에는 '吾'가 없으나, 국립중앙도서관 대교본(古032-59), ≪李卓吾批點世說新語補≫(安永本)에 의거하여 보충하였다.

55) (封)〔對〕: 저본에는 '封'으로 되어 있으나, ≪李卓吾批點世說新語補≫(安永本)에 의거하여 '對'로 바로잡았다.

56) (叉)〔乂〕: 저본에는 '叉'로 되어 있으나, ≪李卓吾批點世說新語補≫(安永本)에 의거하여 '乂'로 바로잡았다.

③ ≪司馬氏譜≫에 말하였다. "사마승은 南陽趙氏의 딸에게 장가들었다."
司馬氏譜曰 "丞娶南陽趙氏女."

49-8【補】謝玄暉(謝朓)는 江祏을 몹시 경시하였다. 강석이 한번은 사현휘를 찾아갔는데 사현휘가 무슨 말 끝에 마침 시 한 수가 있다고 하면서 측근을 불러 가져오게 하였다가 잠시 후 다시 그만두게 하였다. 강석이 그 이유를 묻자 사현휘가 말하였다.

"딱히 더 이상 급하지 않아서요."

강석은 사현휘가 자신을 경시한다고 여겨, 후에 마침내 그를 모함하여 해쳤다.

謝玄暉頗輕江祏(석)①이라 **祏嘗詣玄暉**에 **玄暉因言有一詩**라하고 **呼左右取**라가 **旣而復停**이어늘 **祏問其故**하니 **云 定復不急**이라하니 **祏以爲輕己**②라하여 **後遂搆害玄暉**③하다

① ≪南史≫에 말하였다. "江祏은 字가 弘業이고, 濟陽 考城 사람이다. 조부 江遵은 寧朔參軍을 지냈고, 부친 江德驎은 司徒右長史를 지냈다. 강석은 벼슬이 侍中・中書令에 이르렀고, 遺詔를 받아 정사를 보좌하다가 東昏侯(蕭寶卷)[59]에게 죽임을 당하였다."
南史曰 "祏, 字弘業, 濟陽考城人. 祖遵, 寧朔參軍, 父德驎, 司徒右長史. 祏仕至侍中中書令. 受遺輔政, 爲東昏所誅."

② ≪南史≫에 말하였다. "江祏이 한번은 아우 江祀와 劉渢, 劉晏과 더불어 謝朓를 방문하였다. 사조가 강석에게 말하기를, '두 강을 두르고 있는 두 물줄기라 하겠군요.'라고 조롱하였다. 강석이 점점 참을 수 없게 되었다."
南史曰 "祏嘗與弟祀・劉渢・劉晏俱候朓, 朓謂祏曰 '可謂帶二江之(風)〔雙〕[60]流[61].' 以

57) 〔無〕: 저본에는 훼손되어 있으나, 국립중앙도서관 대교본(古032-59), ≪李卓吾批點世說新語補≫(安永本)에 의거하여 보충하였다.

58) 〔幹〕: 저본에는 훼손되어 있으나, 국립중앙도서관 대교본(古032-59), ≪李卓吾批點世說新語補≫(安永本)에 의거하여 보충하였다.

59) 東昏侯(蕭寶卷) : 齊(南朝)의 第6대 황제로, 明帝 蕭鸞의 次男이다. 제나라 3인의 廢帝 중 한 사람이며 東昏侯라 불렸다.

60) (風)〔雙〕: 저본에는 '風'으로 되어 있으나, ≪李卓吾批點世說新語補≫ (安永本)등에 의거하여 '雙'으로 바로잡았다.

61) 帶二江之(風)〔雙〕流 : ≪文選≫ 권4에 실린 左思의 〈蜀道賦〉에 나오는 말로, 여기서 '流'는 '劉'와 同音이다. 그러므로 '二江'은 江祏과 江祀를 가리키고, '雙流'는 劉渢과 劉晏을 가리킨다. 두 劉氏가 두 江氏를 데리고 와 자신들을 공고하게 했다는 의미로, 강씨를

(朝)〔嘲〕[62]弄之. 祏轉不堪.",

③ ≪南史≫ 〈謝朓傳〉에 말하였다. "東昏侯(蕭寶卷)가 덕이 없자 江祏이 始安王(蕭遙光)[63]을 세우려고 하여 謝朓에게 뜻을 전하였다. 사조는 자신이 齊 明帝(蕭鸞)에게 은혜를 입었다고 여겨 대답하려 하지 않았다. 또 劉暄에게 말하기를, '시안왕이 하루 아침에 帝位에 오르게 되면 劉渢과 劉晏이 경의 지금 자리에 있게 될 것입니다.' 하였다. 유훤이 겉으로는 놀라는 척하고 달려가 시안왕과 강석에게 고하였다. 〈강석이 사조를〉 모함하여 해치려고 하니, 〈시안왕이〉 謝朓의 과오를 폭로하고 廷尉에게 넘겨주었다.[64]"

南史曰 "東昏失德, 江祏欲立始安王, 致意於朓. 朓自以受明帝恩, 不肯答. 又說劉暄曰 '始安一旦南面, 則劉渢劉晏, 居卿今地.' 暄陽驚馳告始安王及祏. 搆而害之, 暴其過惡, 收付廷尉."

49-9【補】 顏 平原(顏眞卿)이 盧杞에게 받아들여지지 않아 노기가 그를 지방으로 내보내려 하였다. 그러자 안 평원이 하직 인사하며 말하였다.

"돌아가신 中丞(盧奕 노기의 부친)의 머리가 平原에 전해졌을 때 얼굴이 피범벅이었지만 내가 감히 옷자락으로 피를 닦지 않고 직접 혀로 핥았습니다. 그런데도 공은 나를 받아들일 수 없단 말입니까."

노기가 놀라며 땅에 내려가 절하였으나 품은 한이 뼈에 사무쳤다.

顏眞卿

낮춘 것이다.(≪世說音釋≫, ≪世說箋本≫, ≪世說新語補觿≫)

62) (朝)〔嘲〕: 저본에는 '朝'로 되어 있으나, ≪李卓吾批點世說新語補≫ (安永本) 등에 의거하여 '嘲'로 바로잡았다.

63) 始安王(蕭遙光) : 468~499. 齊(南朝)의 宗室로, 始安靖王 蕭鳳의 아들이다. 齊 高帝(蕭道成)의 姪孫이자 齊 明帝(蕭鸞)의 조카인데, 군대를 일으켜 제위를 찬탈하려다가 敗亡하였다.

64) 모함하여……넘겨주었다 : 劉暄이 밀고한 말을 듣고 始安王은 謝朓를 東陽郡으로 내보내려 하였으나, 사조에게 원한을 품고 있던 江祏이 그를 제거할 것을 강경하게 청하였다. 시안왕이 강석의 청을 받아들여 廷尉에게 체포하게 하였고, 이후 사조는 옥중에서 죽었다.(≪南史≫ 〈謝朓傳〉)

顔平原①**不容於盧杞**하여 **杞將出之**어늘 **平原辭曰 先中丞傳首平原**②에 **面被流血**이로대 **吾不敢以衣拭**하고 **親舌舐**(지)**之**어늘 **公不忍見容乎**아 **杞矍**(확)**然下拜**로대 **而銜恨切骨**③이라

① 司馬光의 ≪資治通鑑≫에 말하였다. "顔眞卿이 侍御史가 되었을 때 楊國忠이 그가 자기편에 붙지 않는 것을 미워하여 지방으로 내보내 平原太守로 삼았다."
司馬光通鑑曰 "眞卿爲侍御史, 楊國忠嫉其不附己, 出爲平原太守."

② ≪舊唐書≫ 〈盧奕傳〉에 말하였다. "盧杞의 부친 盧奕은 天寶(742~756) 말에 東臺[65]의 御史中丞이 되었다. 父子가 삼대를 이어서 청렴한 절조를 바꾸지 않았다.[66] 〈천보〉 14년(755)에 安祿山이 東都(낙양)를 침범하여 백성과 관리들이 흩어졌으나 노혁이 어사대에 홀로 남아 있다가 적에게 잡혀 마침내 죽임을 당하였다."
唐書曰 "杞父奕, 天寶末爲東臺御史中丞. 父子三繼, 淸節不易. 十四載, 安祿山犯東都, 人吏分散, 奕在臺獨居, 爲賊所執, 遂見害."

③ 劉昫의 ≪舊唐書≫ 〈盧杞傳〉에 말하였다. "盧杞는 字가 子良이다. 故相 盧懷愼의 손자이고, 부친 盧奕은 御史中丞을 지냈다. 安祿山이 洛陽을 함락시켰을 때 노혁이 죽임을 당하였다. 노기는 門蔭으로 벼슬을 시작하여 率府兵曹參軍[67]에 제수되었고 御史中丞으로 초빙되었다. 당시 尙父[68] 郭子儀가 병들어 百官이 병문안을 갔을 때는 모두 侍妾들을 물리치지 않았으나, 노기가 도착하자 곽자의가 모두 물리쳐 나가게 하고 혼자 안석에 기대어 그를 대하였다. 집안 사람이 이유를 묻자, 곽자의가 말하였다. '노기는 외모가 비루하고 마음이 음험하여 좌우 사람들이 그를 보면 반드시 비웃을 것이고, 이 사람이 권력을 잡게 되면 그 즉시 우리 일족은 살아남지 못할 것이기 때문이오.' 노기가 죄상을 적발하여 탄핵하는 자리에 오른 뒤 상주하는 말이 황제의 마음에 맞아 御史大夫로 승진하였고 열흘 만에 黃門侍郎이 되었다."
劉昫唐書曰 "盧杞, 字子良. 故相懷愼之孫. 父奕御史中丞. 安祿山陷洛陽, 奕遇害. 杞以(明)〔門〕[69]蔭解褐, 率府兵曹, 徵爲御史中丞. 時尙父(보)子儀病, 百官造問, 皆不屛

---

65) 東臺 : 東都의 御史臺를 말한다.(≪世說音釋≫)

66) 父子가……않았다 : 盧懷愼과 그의 두 아들 盧奕, 盧奐이 모두 청렴하였다.(≪世說新語補考≫)

67) 率府兵曹參軍 : 率府는 官署名으로, 秦나라 때 창설되었고 南北朝 및 隋·唐 때도 존속하였다. 晉나라 때는 5率府가 있었는데, 즉 左衛率·右衛率·前衛率·後衛率·中衛率이다. 모두 太子의 屬官으로서 東宮의 兵仗, 儀衛, 門禁, 徼巡, 斥候 등의 일을 맡았다. 官屬으로는 兵曹參軍이 있었다.(≪世說音釋≫)

68) 尙父 : 본래는 周나라 때의 呂望을 가리켰으나, 후대에는 존경하는 大臣을 지칭하는 말로 변하였다. 唐 德宗(李适)이 즉위한 뒤 郭子儀를 높여 "尙父"라 하고 太尉·中書令에 제수하였다.

姬侍, 杞至, 子儀悉屛去, 獨隱几待之. 家人問故, 子儀曰 '杞形陋而心險, 左右見之必笑, 若此人得權, 卽吾族無類矣.' 及居糾彈之地[70], 論奏稱旨, 遷御史大夫, 旬日爲黃門侍郎."

---

69) (明)〔門〕: 저본에는 '明'으로 되어 있으나, ≪李卓吾批點世說新語補≫(安永本) 등에 의거하여 '門'으로 바로잡았다.

70) 糾彈之地 : 御史의 지위를 말한다.(≪世說箋本≫)

附錄

〔附錄 1〕 – 索引

1. 索引凡例 / 259
2. 綜合索引 / 263
   人名索引 / 390

〔附錄 2〕 – 參考資料

1. 《世說新語補 5》 參考書目 / 443
2. 《世說新語補 5》 參考圖版 目錄 / 448
3. 《世說新語補》 總目次(QR) / 450
4. 《世說新語補》 解題(QR) / 450

索 引

1. 索引凡例 …………………………………………… 259
2. 綜合索引 …………………………………………… 263
3. 人名索引 …………………………………………… 390

索 引 凡 例

1. 색인의 대상

본서의 색인은 ≪譯註 世說新語補≫(全5冊)의 原文 중 ≪世說新語補≫ 本文, 原註, 頭註를 대상으로 하였다.

2. 색인의 종류

1) 색인은 〈綜合索引〉을 작성하고, 주제별 색인은 〈人名索引〉으로 구분하여 작성하였다.
2) 〈綜合索引〉에는 ≪世說新語補≫의 本文, 原註, 頭註에서 색인어를 추출하였다. 또 주제별 색인으로 〈人名索引〉을 작성하여 종합적으로 참조할 수 있게 하였다.
3) 〈人名索引〉은 ≪世說新語補≫ 本文, 原註, 頭註에서 人物과 관련된 색인어를 추출하였다. 인물에 관한 색인어는 해당 인물의 발언, 行動, 行跡, 타인과의 問答 및 인물에 대한 타인의 評價 등을 종속항목으로 추출하여 참조할 수 있게 하였다.

3. 색인 작성 방법

1) 索引語

(1) 색인어는 人名, 地名, 國名, 書名, 官職名, 物名 등의 고유명사와 중요하거나 의미 있다고 판단되는 句節 및 頭註와 관련된 句節 등을 중심으로 추출하였다.

(2) 〈綜合索引〉에서는 ≪世說新語補≫의 本文, 原註, 頭註를 구별하기 위해 색인어가 위치한 해당 일련번호 뒤에 ( )를 사용하여 구분하였다. 本文은 일

련번호만 쓰고, 原註는 '(註)', 頭註는 '(頭)'를 일련번호 뒤에 표기하였다.

예) 王戎(西晉) 1-32　　臨汝(地) 4-58(註)　　太虛 5-18(頭)

(3) 해당 색인어의 변별력을 높이고 내용을 전달하기 위해 부가정보를 ( ) 안에 표기하였다. 특히 書名, 官職, 年號, 地名, 建物 등을 밝혔다.

예) 詩經(書)　大理(官名)　貞觀(年號)　贊皇(地)　建章宮(建物)

2) 人名

(1) 人名의 경우 ( ) 안에 時代, 國名 등을 부기하여 인물 구분을 용이하게 하였다. 동일한 國名이 존재할 경우 時代를 부기하여 구분하였다. 활약했던 國名이 둘 이상일 경우 주로 활약했던 국명을 취하고, 불확실한 경우에는 人으로 표시하였다.

예) 桓玄(東晉)　嵇康(三國 魏)　伯夷(孤竹國)　劉裕(南朝 宋)

(2) 人名의 경우 일반적으로 통용되는 名稱을 정하고 異稱, 略稱, 別稱 등을 추출하여 색인어를 상호 참조하게 하였다.

예) 曹操(東漢)←魏武, 太祖, 曹公　桓玄(東晉)← 桓南郡, 桓靈寶

謝安(東晉)←謝太傅, 安石, 謝公　孔子(春秋 魯)←孔丘, 尼父, 夫子

(3) 人名이 2인 이상 合稱으로 쓰인 경우 색인어를 따로 뽑아서 상호 참조하게 하였다.

예) 許父→許由(堯時), 巢父(堯時)　文武→文王(周), 武王(周)

溫庾→溫嶠(東晉), 庾亮(東晉)

3) 書名

(1) 書名 뒤에는 '書'라고 부기하였으며, 異稱은 상호 참조하게 하였다. 다만 ≪詩經≫, ≪書經≫, ≪周易≫ 등이 '詩云'이나 '詩曰' 등 略稱으로 쓰인 경우 完稱으로 색인어를 추출하였다.

예) 孟子(書)　書經(書)←尙書

'詩云', '詩曰'의 경우 : 詩經(書)

4) 중요하거나 의미 있다고 판단되는 句節 및 頭註의 대상이 되는 句節을 표제어로 추출하였다. 인용문인 경우 ( ) 안에 출전을 부기하였다.

예) 看人政見半面 20-5

嘗畜兩鶴 縱之則飛入雲霄 盤旋久之 復入籠中 28-40

鳴鶴在陰 其子和之(周易) 8-59

5) 從屬項目

(1) 종속항목은 표제어에 관련된 사항을 추출하여 작성하였다. 동일한 표제어는 '——'를 사용하여 생략하였다.

예 1) 周易(書)

—— 鳴鶴在陰 其子和之 8-59

예 2) 金蘭

契若—— 29-14

예 3) 山中宰相→陶弘景(南朝 梁)

陶貞白隱茅山……時謂 —— 32-19

(2) ≪世說新語補≫는 人物의 言行, 人物間의 對話, 人物에 대한 品評 등이 중심 내용이다. 이러한 특성을 반영하여 人名을 표제어로 추출하고, 人物과 관련된 言行, 對話, 品評 등을 종속항목으로 추출하였다.

예 1) 殷仲堪(東晉)

—— 云 三日不讀道德經 便覺舌本閒强 9-1

예 2) 陸退(東晉)←退

—— 答曰 故當是丈夫之德 表於事行 婦人之美 非誄不顯 9-6

예 3) 桓玄(東晉)←玄

—— 文翰之美 高於一世 9-8

4. 항목 배열 및 표시

1) 색인어의 배열은 한글 가나다 순서를 따랐으며 두음법칙을 적용하였다.

2) 색인어의 위치는 번역문에서 사용한 일련번호로 표시하였다.

예) 許而不與 37-35 武子→王濟(西晉) 4-7(註), 17-18, 29-19

3) 색인에 사용한 부호는 다음과 같다.

—— : 동일한 표제어 생략 표시

…… : 긴 표제어 줄임 표시

→ : 대표 표제어로 나간 표시

← : 대표 표제어로 모아주는 표시

( ) : 색인어에 대한 부가정보 표시

綜合索引

【ㄱ】

賈客
　汝輩忝預士流 何至還東作——邪 20-13
家戒
　杜恕著家戒 1-27
賈公閭賈充(三國 魏)
　——後妻郭氏酷妬 48-4
假官之長 29-38
嫁女
　那可——與之 11-28
　那可——與兵 11-28(頭)
　因——與焉 12-23
　趙母——女臨去 敕之曰愼勿爲好 29-8
賈寧(東晉)
　瞻望見——在後輪中 15-51
可得同
　——不可得而雜 10-10
嘉陵江(地)
　——山水 一日而就 31-15
玄宗 忽思——山水 31-15
家務
　張士簡……忘懷——13-25
家無儋石之儲 33-21(註)
賈謐(西晉)
　石崇潘岳 與——相友善 49-2(註)
　趙充華及——母 竝勿令出入宮中 48-4(註)
駕不俟旦
　墨子——28-21(註)
賈妃(三國 魏)
　——以問外人 代太子對 19-10(註)
嘉賓→郗超(東晉)
　——入幕 豈得已哉 21-6(頭)
　——何如道季 18-46
　簡文 語——15-104
　盛德日新 郗——15-59(註)
　世子——出行 於道上聞信至 21-6
　郗——問謝太傅 18-36
　桓公 語——15-103
　後來出人 郗——15-59
賈思伯(北魏)←士休
　——至性謙和 5-14
　——……齊郡益都人 5-14(註)
賈生→賈誼(西漢)
　子欲爲進趣也 則當如——之求試 39-4(註)
　千餘年前——過秦 今復爾也 37-51
佳壻
　——難得 但如嶠比 云何 40-8
歌嘯
　劉道眞少時…… 善——33-20
家嫂
　謝公語同坐曰——辭情忼慨 8-48
可兒
　桓溫行經王敦墓邊過 望之云——15-76
家釀
　何次道飮酒 使人欲傾——16-7
佳言
　胡毋彦國 吐——如屑 15-54
可與適道
　——未可與權 49-1
可謂帶二江之雙流 49-8(註)
家有名士
　——三十年而不知 15-21
可人 12-5
　王敦——之目 15-76(註)
假子
　竝寵如子 常謂晏爲——也 22-10(註)
柯亭
　——之觀 以竹爲椽 邕取爲笛 30-3(註)

邕避難江南 宿於——之館 以竹爲椽 38-20(註)
加諸膝
古之君子 進人 若將——11-3
街卒
孔嵩 字仲山 南陽新野人 爲阿里——1-6(註)
范巨卿爲荊州刺史……傭爲新野縣——1-6
家從
——談談之許 15-106
賈充(三國 魏) ← 賈公閭, 公閭 10-12
——前婦……離婚徙邊 29-15
韓壽美姿容——辟以爲掾 48-6
賈充前婦(三國 魏) 29-15
賈彪(東漢)
按後漢時——有此事 6-1(註)
佳謔
聞者以爲——37-51
家禍
及長 感——遂絶婚宦 16-36(註)
歌鬢
仍輟一——質冠洞房者 爲濡筆之贈 35-32
賈詡(三國 魏)
魏略曰——字文和 武威姑臧人也 19-4(註)
曹公 一日 諮於——詡默然不對 19-4
家諱
犯我——何預卿事 34-4
恪 → 諸葛恪(三國 吳)
江表傳曰——字元遜 瑾長子也 36-2(註)
王云——發端 殊未有改 36-2(頭)
連往詣——不與相見 36-2
角巾
吾——徑還烏衣 12-16
脚短三寸
庾玉臺常因人——當復能作賊不 29-24
刻木爲人
——署曰酒徒蔣濟 44-2
刻薄
家舅——乃復驅使草木 42-3
脚病
習鑿齒以——廢居里巷 37-13
各有其美
樝梨橘柚——18-51
脚疾
淵明有——使一門生二兒舉籃輿 13-20
刻畵無鹽
何乃——以唐突西子也 38-6
侃 → 陶侃(東晉)
陶氏敍曰——字士行 其先鄱陽人 4-28(註)
晉陽秋曰——練核庶事 勤務稼穡 6-15(註)
簡文 → 司馬昱(東晉) 4-30, 4-40, 4-48, 8-56(註), 9-4, 13-3, 15-85, 15-87, 15-100, 15-102, 15-104, 16-11, 18-16, 18-34, 32-8, 38-19
——入華林園 顧謂左右曰 會心處 不必在遠 4-40
——目敬豫爲朗豫 15-67
——崩 孝武年十餘歲立 22-22
——曰 所謂無小無大 從公于邁 4-38
——曰 以簡應對之煩 4-22
——欲聽 聞此便還曰……其以一卦爲限耶 8-32
——云 謝安南……居然自勝 18-23
——云……尙不可誣 8-51
——爲相 事動經年然後 6-16
顧悅與——同年而髮蚤白 4-39
謝公在東山 畜妓——曰 安石必出 14-13
殷中軍廢後 恨——曰……儋梯將去 41-5
簡文 → 蕭綱(南朝 梁)
——在殿上行 右軍與孫興公在後 37-18
——初封晉安王 32-18
范玄平在——坐 談欲屈 37-9
王文度范榮期俱爲簡文所要 37-16
梁——爲侯景幽縶 27-28
桓公旣廢海西 立——37-11
簡文謚議
桓公見謝安石作——9-15
簡文帝 → 司馬昱(東晉)
——善言理也 22-23(註)
簡文皇帝 → 司馬昱(東晉)
亡祖長史 與——爲布衣之交 11-31
王諱道子——第五子也 4-72(註)
干寶(東晉)
——晉紀曰 初陸抗誅步闡 46-3(註)
——向劉眞長 敍其搜神記 36-18
看殺衛玠
玠先有羸疾……遂成病而死 時人謂——24-17
簡雍(三國 蜀) 19-5
——從先主遊 見一男子行道 19-5
姦雄
——自相羡 15-76(頭)
與——語正 9-4(頭)
簡子(春秋)
孔子之宋 匡——以甲士圍之 11-7(註)
干將
譬諸寶劒 則世之——15-1
葛彊(晉) 33-13
葛巾漉酒

陶靖節在家 郡將候陶 値其酒熟 取頭上 ——
34-11
葛巾毛扇
獨乘素輿 —— 指麾三軍 12-2
羯鼓
令花奴將 —— 來 爲我解穢 48-12
葛盧(春秋)
王仲祖聞……曰 若使介 —— 來朝 故當不昧此語
4-46
葛旟(西晉)
嵇紹爲侍中……召 —— 董艾等 共論時宜 10-19
葛稚川 → 葛洪(南宋)
—— 目陸平原之文如玄圃積玉 無非夜光 8-22
葛峴山
居剡之 —— 茅茨澗飮 28-24(註)
葛洪(南宋) ← 稚川
晉書曰 —— 字稚川 丹陽句容人 8-22(註)
—— 神仙傳 28-31
鑒 → 王鑒(南朝 宋)
王令明兄 —— 頗好聚斂 廣營田業 2-1
酣叫
顔指謂坐賓曰 此中有人 由此不復 —— 26-12
監南京排岸司
紹聖間 馬從一 —— 47-18
甘棠
謝混曰 召伯之仁 猶惠及 —— 20-8
甘羅(秦)
瞻曰 方於將軍 少爲太蚤 比之 —— 已爲太老 4-27
監令
故事 —— 由來共車 10-16
鑒識
王戎 目阮文業 淸倫有 —— 15-16
酣宴半坐
—— 乃覺未脫衰 33-38
歛衽
黃面瞿曇 亦須 —— 9-36
甘蔗
顧長康噉 —— 先食尾 37-28
監廚請客
文若可借面弔喪 稚長可使 —— 38-3
坩鮭
陶公少時 作魚梁吏 嘗以 —— 餉母 29-22
酣暢 33-21
山季倫爲荊州 時出 —— 33-13
酣暢忘反 16-20
甘草
佶最寢陋 自稱 —— 24-48
甲乙疑論
黃初中 有 —— 8-8
甲煎粉
皆麗服藻飾 置 —— 沈香汁之屬 43-3
降階
使君 —— 爲甚 乃復爲之驅馳邪 38-15
强口
眞有如此 —— 者 世說雖鄙 然種種備 40-9(頭)
剛氣
卞士蔚弱冠時 爲上虞令 甚有 —— 11-35
綱紀(官名)
國寶大喜而夜開閤 喚 —— 47-6
王安期爲東海郡 小吏盜池中魚 —— 推之 6-8
江南棄甲不暇 14-33
江南水味
—— 大異頃歲 30-20
江陵城
桓玄嘗登 —— 南樓云 我今欲爲王孝伯作誄 9-8
江湛(南朝 宋)
—— 擧王景玄 爲吏部郎 28-25
—— 謂何偃曰 王瓚之 今便是朝隱 16-29
南史曰 —— 字徽深 濟陽考城人 16-29(註)
江道群 → 江灌(西晉)
—— 人可應有……已必無 15-81
—— 不能言 而能不言 16-10
江惇(西晉) 15-90(註)
江東(地)
用舊義往 —— 恐不辦得食 40-11
江東步兵
張季鷹縱任不拘 時人號爲 —— 33-23
江郞 → 江斅(南朝 宋)
風流不墜 政在 —— 16-33
降禮
王丞相名位隆重 百僚欲爲 —— 11-14
江盧奴 → 江斅(南朝 宋)
王恭欲請 —— 爲長史 35-12
江陵(地)
釋曇斌姓蘇 南陽人……後住 —— 辛寺 16-37(註)
元帝諱繹 武帝第七子也……乃即位於 —— 20-18(註)
宗少文……欲懷尙平之志 有疾 還 —— 28-23
測字敬微 南陽涅人……不樂人間 居 —— 28-27(註)
桓車騎在荊州 張玄爲侍中 使至江陵 33-36
江陵城
桓征西治 —— 甚麗 4-65
講武
晉武帝 —— 於宣武場 14-9

江虨(東晉)←思玄, 僕射
——字思玄 陳留人 博學知名 兼善奕 11-8(註)
王恬字敬豫……與濟陽——以善奕聞 15-67(註)
人問王長史——兄弟群從 16-4
康伯→韓伯(東晉) 1-47(註), 4-71, 15-86
——來 濟河焚舟 4-55
——淸和有思理 15-86(註)
庾道季云 思理倫和 吾愧——18-10
殷中軍云——未得我牙後慧 8-17
隱之字處默 少有孝行……時與太常——隣居 1-54(註)
韓——時爲丹陽尹 母殷在郡 1-54
姜伯約→姜維(三國 蜀) 14-7
江僕射→江虨(東晉)
——年少 王丞相呼與共棋 11-8
糠秕
簸之揚之——在前 37-16
江思悛→江惇(西晉)
——思懷所通 不翅儒域 15-90
江思玄→江虨(東晉)
恢旣許——婚 乃移家近之 40-10
江祏(南朝 齊)
謝玄暉頗輕——49-8
康成→鄭玄(東漢)
鄭玄字——北海高密人 3-3(註)
江叔文→江斅(南朝 齊)
袁尹見——歎曰 風流不墜 政在江郎 16-33
康僧淵(西晉) 28-14
——目深而鼻高 36-17
降神之曲
孤竹在肆 然後——成 25-2(註)
康樂→謝靈運(南朝 宋)
——凜凜 如霜臺籠日 16-25
江敳(西晉)
盧奴——小字也 35-12(註)
江淹(南朝 梁)←文通
王答曰 謝朏得父膏腴——有意 9-29
江應元→江統(西晉)
王問吏曰 此郡人士爲誰 吏曰 有蔡子尼——17-16
康帝→司馬岳(東晉)
會——崩 兄冰薨 36-20(註)
江從簡(南朝 梁)
——是光祿革子 39-10
江左(地) 11-17, 18-4, 39-8
——地促 4-66
——造創 6-21(註)
王丞相初在——欲結援吳人 請婚陸太尉 11-10
王丞相過——止道聲無哀樂養生言盡意三理而已 8-16
江州(地) 13-22
江表(地) 27-30
昔王輔嗣吐金聲……此子今復玉振於——15-48(註)
江漢(地)
桓公在荊州 全欲以德被——恥以威刑肅物 6-19
糠覈
——數杯 2-20
革(南朝 梁)
江從簡 是光祿——子 39-10
疆豪
王仲回姿性方潔 疾惡——10-4
江淮(地) 25-2
江斅(南朝 齊)
上曰 此由——謝瀹 我不得措意 11-38
愷→王愷(西晉) 43-6
——爲翊軍時 得鴆於石崇而養之 43-5(註)
玠→衛玠(西晉)
——素抱羸疾 24-18(註)
介葛盧(春秋)
——能辨牛語 4-46(頭)
開庫一日
——令任意用 42-4
疥駱駝
似——伏而無媚 39-11
開籠縱鶴 28-40
開美度
袁生——15-62
介甫→王安石(北宋)
王安石字——撫州人 5-20(註)
開成(年號)
——中延英奏對 李石言 6-29
開元(年號) 22-31
開帳拂褥
卞便——羊徑上大牀 入被須枕 32-14
愷之→顧愷之(東晉)
——矜伐過實 9-11(註)
開後閤
——驅諸婢妾數十人出路 23-4
客館
東府——是版屋 37-27
客多羞不能如廁 43-3
客姥
——居店賣食 40-6
客兒

送靈運於杜 治養之 十五方還都 故名 —— 37-32(註)
更思吾論
太常輒云 汝 —— 9-3
巨鑑
趙匡凝 每整衣冠 使人持 —— 前後照 24-49
去去
—— 無可復用相報 33-20
巨卿 → 范式(東漢) 1-6
車騎將軍(官名)
張敬兒拜 —— 王敬則戲之 呼爲褚彦回 39-5
擧刀自刎 29-1(註)
祛練神明
佛經以爲 —— 則聖人可致 8-51
擧樏擲其面 12-12
擧目見日
—— 不見長安 22-15
鋸木屑
陶公……悉錄 —— 6-15
擧博 35-2
巨伯 → 荀巨伯(東漢)
—— 曰 友人有疾 不忍委之 寧以我身 代友人命 1-16
—— 曰 遠來相視……豈荀巨伯所行邪 1-16
擧兵
殷仲堪 —— 20-5(註)
巨富
劫奪殺人 以致 —— 19-13(註)
擧聲哭 32-2
擧手指地
王丞相云……與何次道語 唯 —— 曰正自爾馨 18-13
居然
安石 —— 18-27
居然自勝
謝安南 淸令不如其弟 學義不及孔巖 —— 18-23
巨源 → 山濤(西晉)
山濤字 —— 河內懷人 1-29(註)
擧爾所知
允對曰 —— 臣之鄕人 臣所知也 29-10
渠自有門 47-15
蘧篨
以小船載氷 出錢塘口 —— 覆之 33-33
擧止
庾太尉……不輕 —— 12-21
擧體無常人事 16-13
擧行
每共圍棋 丞相欲 —— 長豫按指不聽 36-15
據胡牀
—— 在中庭矖頭 35-11
虔
劉道眞子婦始入門 遣婢 —— 48-7
騫 → 陳騫(三國 魏) 10-10
乾飯
因倒著水中而飮之 謂是 —— 47-5
褰裳濡足
若秦漢之君 必當 —— 4-50
建業(地)
王渾平吳之日 登 —— 宮 3-16
乾棗
王敦初尙主 如厠 見漆箱盛 —— 47-5
建和(年號) 22-4
虔和 → 李諧(北魏) 5-13(註)
乞裘
謝萬就太傅 —— 19-18
乞物行惠
或譏之曰 何以 —— 裴曰 損有餘 補不足 天之道也 1-31
乞與
一日 —— 親友 周旋略盡 42-4
乞一弟
從公 —— 以養老母 1-51
劍閣要鄧艾章表 31-5(註)
檢校
王丞相主簿 欲 —— 帳下 12-17
黔黎
—— 將同異類矣 30-11(註)
儉府
王僕射高自標位 常自比漢李膺 時人呼 —— 32-16
儉歲之粱稷
—— 寒年之纖纊 16-38
黔敖(春秋) 29-2(註)
臉皮三寸
眞个道學 —— 5-18(頭)
劫賊
陳仲弓爲太丘長 有 —— 殺財主者 6-1
隔簾奏樂
客至 嘗 —— 時呼簾爲夏侯妓衣 42-5
擊破其首 22-30
見機
俄而齊王敗 時人皆謂其 —— 14-18
見半面
殷顗病困 看人政 —— 20-5
甄象(三國 魏) 3-17(註)
堅石 → 謝尙(東晉)

—— 挈脚枕琵琶 有天際想 24-33(註)
鄄城侯 15-7(註)
甄氏(地)
魏明帝爲外祖母 築館於 —— 3-17
見袁生遷怒
—— 知顔子爲貴 44-6
見月而喘
吳牛 —— 4-5
絹衣
謝着故 —— 食熱白粥 宴然無異 13-5
畎川(地) 4-59
甄會(東漢)
袁紹爲中子熙娶 —— 女 48-1(註)
結交
家公欲與君 —— 何爲見拜 10-5
結舌注耳
預坐百餘人 皆 —— 15-99(註)
蒹葭倚玉樹 24-2
謙率通美
劉瓛 —— 不以高名自居 35-25
兼天子 32-18(註)
卿
婦人 —— 於禮爲不敬 48-3
卿可贖我
舫中大喚亮曰 —— 庾卽迭直 33-30
卿可數詣王思遠 20-16
耿介過人 19-6
卿卿
親卿愛卿 是以 —— 48-3
卿故慷慨
太祖呼其字曰 元升 —— 15-4
傾筐倒庋 29-26
京口(地) 26-8
—— 酒可飮 箕可用 兵可使 21-6(註)
時恭嘗行散 至 —— 射堂 16-21
郗太傅 在 —— 遣門生 與王丞相書 求女壻 12-23
耕根
永元七年 建金根 —— 諸御車 47-17(註)
卿今日作此面向人 38-13
卿當念我 38-13
京都大俠
幽州刺史李陽 —— 19-11
傾動人物 37-1
敬禮 → 丁廙(三國 魏)
梁州是 —— 子 47-1
傾路
王平子出爲荊州 王太尉及時賢送者 —— 35-8
驚龍
王右軍 飄若遊雲 矯若 —— 24-31
京陵 → 王渾(西晉)
—— 家內 範鍾夫人之禮 29-20
竟陵王 → 蕭嶷(南朝 齊) 31-14
京陵侯 29-20(註)
經脈
殷中軍妙解 —— 中年都廢 30-15
景茂 → 阮長之(南朝 宋) 2-9(註)
景文 → 王彧(南朝 宋) 5-6(註)
—— 非但風流可悅 餔啜亦復可觀 24-43
輕薄京尹
卿復少時不去 我成 —— 32-6
京房(西漢)
—— 與漢元帝共論 因問帝 19-2
傾城之異
顧逝者不能有 —— 然未可易遇也 48-2(註)
景純 → 郭璞(東晉) 8-27(註)
景升 → 劉表(東漢)
劉表字 —— 山陽高平人 3-10(註)
競心
桓公少與殷侯齊名 常有 —— 18-18
敬言 → 郭訥(晉) 4-12(註)
敬豫 → 王恬(東晉) 15-67
—— 事事似王公 24-26
景王 → 司馬師(三國 魏) 36-6
輕雲之蔽日
但明點童子 飛白拂其上 使如 —— 31-11
景元 → 王微(南朝 宋)
叔父 —— 撫其首曰 兒神明意用 16-28
景游 → 摯瞻(西晉) 4-27(註)
敬仁 → 王脩(東晉) 8-46(註)
—— 文學鏃鏃 無能不新 16-9
傾人棟梁 19-16
卿自君我 我自卿卿
庾曰 —— 我自用我法 卿自用卿法 11-2
卿自不求朕
—— 朕未嘗棄卿 41-10
卿在相位
—— 何子之遠 20-19
輕詆
此章以手指地 意如 —— 18-13(註)
勍敵
文帝謂元常曰……眞君侯之 —— 左右之深憂 8-8
勁卒

諸君皆是 —— 35-16
景重 → 謝重(東晉) 4-72(註)
輕重力偏
論者謂 —— 故也 31-3
景眞 → 趙至(三國 魏)
至字 —— 代郡人 4-2(註)
景眞 → 桓亮(東晉) 29-35
景倩 → 袁粲(南朝 宋)
袁粲字 —— 陳郡陽夏人 2-15(註)
敬冲 → 謝朏(南朝 梁) 9-29(註)
敬和 → 王洽(東晉)
—— 棲託好佳 16-12
景皇帝 → 孫休(三國 吳) 19-6(註)
景興 → 王朗(三國 魏)
朗字 —— 東海剡人 魏司徒 1-20(註)
今 —— 在此 足下與子布在彼 3-14(註)
景興 → 郗超(東晉)
超字 —— 高平人 司空愔之子也 4-51(註)
溪刻自處 23-9
季道 → 王澤(東漢)
王叔優與弟 —— 小時 聞郭林宗有知人之鑒 共往候之 14-5
鷄籠山 23-13
季倫 → 石崇(西晉)
—— 斬妓 17-17(註)
季倫斬妓 17-17(註)
雞肋
—— 食之則無所得 棄之則殊可惜 21-4
護軍不知進止 操出教 唯曰 —— 外曹莫能曉 21-4
鷄鳴不已
風雨如晦 —— 27-28
繼母 41-2
啓墓
後其家來謁 共 —— 出金付之 2-18
季文 → 王份(南朝 梁) 5-7(註)
季方 → 陳諶(東漢) 22-1
使元方將車 —— 持杖後從 長文尙小 載著車中 1-14
繼嗣
亡伯令聞夙彰 而無有 —— 4-48
季思 → 太叔廣(西晉)
太叔廣 字 —— 東平人 8-42(註)
季野 → 褚裒(東晉) 1-44(註)
季野 → 褚裒(東晉)
—— 卿念我 38-12
杜弘治標鮮 —— 穆少 15-73
季胤 → 王詡(戰國) 24-19
鷄子
王藍田性急 嘗食 —— 以筯刺之 44-4
季長 → 馬融(東漢) 7-2(註)
—— 大愧 追請 徑去 19-3
袁隗妻馬倫 是 —— 女 少有才辯 29-5
雞猪魚蒜
—— 逢着則喫 生老病死 時至則行 13-29
季札(春秋)
文姬曰 —— 觀樂……何足不知 30-4
季敞 → 蕭季敞(南朝 齊) 20-16
啓倉出米 以贍貧民
明山賓初臨青州 所部平陸縣歲儉 —— 2-13
繫表
繫辭焉以盡言 此非言乎 —— 者也 8-1
季和 → 李喜(西晉)
喜字 —— 上黨銅鞮人也 4-3(註)
季和 → 荀淑(東漢) 1-13(註)
顧 → 顧愷之(東晉)
—— 日 千巖競秀 萬壑爭流 草木蒙籠其上 若雲興霞蔚 4-63
顧家婦(晉)
—— 淸心玉映 自是閨房之秀 29-33
估客
溫太眞位未高時 屢與揚州淮中 —— 樗蒱 33-30
估客船
聞江渚間 —— 上 有詠詩聲 9-10
高潔
井丹 —— 18-44
高熲(隋) 32-20(註)
顧景怡 → 顧歡(南朝 齊)
顧長孺有隱操 與 —— 俱不就徵 28-26
高曠愛才 32-23
顧君齊 → 顧夷(東晉)
謝後出 以示 —— 9-18
古几
韓康伯母 隱 —— 毀壞 29-27
高貴鄉公 → 曹髦(三國 魏)
—— 之難 王沈王業馳告文王 29-13(註)
—— 薨 內外諠譁 10-12
王酒具敍宣王創業之始 誅夷名族 寵樹同己及文王之末 —— 事 46-5
鼓琴
孔子絃歌 —— 9-16(註)
內兄潘安仁 常令 —— 12-10
務光夏時人也 耳長七寸 好 —— 31-7(註)
武陵王 聞其善 —— 使人召之 11-24

父中郎於夜中——絃絶 30-4
謝聞之 方淸歌——12-15
遂徑上牀——作數曲竟 27-12
趙耶利善——30-17
泰於娛生 好——善屬文 11-24(註)
韓詩外傳曰 伯牙——鍾子期聽之 27-16(註)
古今成敗由人
——存亡繫才 23-8
顧覬之(南朝 宋)
張思光作海賦……以示鎭軍將軍——9-31
叩頭
劉乃下地——婢懼而從之 48-7
叩頭流血 30-15
顧郎→顧協(南朝 梁)
顧常侍……謂人曰 我欲解身上襦 與——2-16
高麗
——國王愛其書 遣使請焉 26-15(註)
——別將高延壽以其衆降 16-46(註)
高力士(唐) 6-28
高靈(東晉) 36-23
高陵(地)
蘇世長從獵於——11-40
苦李 22-11
鼓吏
禰衡被魏武謫爲——3-5
姑妄言之 34-26
顧孟著→顧顯(東晉) 11-9
高妙
尊君作魏公冊——仲宣亦以爲不如 7-10
高文通→高鳳(後漢)
——居鄕時 隣里有爭財 持兵而鬪 文通往解之 1-4
古物
我若不隱此 汝何以得見——29-27
故物
所遇無——焉得不速老 18-49
高密令(官名) 6-5
鼓排
康方大樹下鍛 向子期爲佐——35-5
皐伯通(後漢)
至吳依——1-5(註)
高鳳(後漢)←文通 1-4(註)
顧敷(東晉) 22-17
高士
——必在於縱心調暢 38-27
顧司空→顧和(東晉)
許侍中——俱作丞相從事 12-19
高士傳(書)
王子猷子敬兄弟 共賞——人及贊 18-44
桓公讀——23-9
皇甫謐——曰 荀靖字叔慈 潁川潁陰人 17-3(註)
高士必在於縱心調暢 38-27
孤山(地)
林逋隱居——28-40
高尙 23-4
胡之常遺世務 以——爲情 16-3(註)
高爽 35-20
顧常侍→顧協(南朝 梁)
——淸介持操 2-16
高世遠→高柔(三國 魏)
——時亦隣居 語孫曰 松樹子 非不楚楚可憐 但永無棟梁用耳 4-59
孤松之獨立 15-12
枯樹賦
廼方誦庾信——避談字諱 22-28
姑孰(地)
王大將軍旣爲逆 頓軍——40-6
姑熟(地)
殷仲文還——祖送傾朝 11-33
袴褶 26-10
古詩
——中何句爲最 18-49
楛矢
德之休明 肅愼貢其——37-30
孤楊獨聳
素戲語機云 二柳俱摧 機應聲答曰 不若——37-42
高陽池 33-13
顧彦先→顧榮(西晉)
——八音之琴瑟 五色之龍章 15-25
——平生好琴 及喪 家人常以琴置靈牀上 27-12
——鳳鳴朝陽 15-23
高延壽(高句麗)
高麗別將——以其衆降 16-46(註)
顧悅(東晉)←君叔 4-39(註)
——與簡文 同年而髮蚤白 4-39
顧榮(西晉)←彦先 14-18(註)
——在洛陽……覺行炙人有欲炙之色 因輟己施焉 1-38
高睿(唐) 9-34(註)
顧雍(三國 吳)←元歎
吳志曰——字元歎 吳郡吳人 7-6(註)
高臥東山 36-23
皐繇

景王曰 —— 何如人 對曰 古之懿士 36-6
高墉之功
繁弱登御 然後 —— 顯 25-2(註)
高雲梯
公輸般爲 —— 欲以攻宋 8-29(註)
顧元歎 → 顧雍(三國 吳)
—— 從學琴書 7-6
膏腴
王答曰 謝朏得父 —— 江淹有意 9-29
高柔(三國 魏) ← 世遠 4-59(註)
高義方 → 高彪(東漢)
—— 造馬季長 辭不見 19-3
古人所未道 15-98(頭)
顧長康 → 顧愷之(東晉) 37-22, 38-28
—— 時爲客在坐 目曰 遙望層城 丹樓如霞 4-65
—— 噉甘蔗 先食尾 37-28
—— 從會稽還 人問山川之美 4-63
—— 好寫起人形 31-11
—— 畵裴叔則 頰上益三毛 31-8
—— 畵謝幼輿在巖石裏 31-10
—— 畵人 或數年不點目精 31-9
或問 —— 君箏賦 何如嵇康琴賦 9-11
顧長孺 → 顧黯(南朝 齊) 28-26
姑臧長(官名)
孔君魚爲 —— 淸儉逼下 6-2
高情
或重許 —— 高情則鄙孫穢行 18-7
高定(唐) 22-29
高操
名士之 —— 者 16-8
高祖 → 蕭衍(南朝 梁) 5-7
高足弟子
鄭玄在馬融門下 三年不得相見 —— 傳授而已 7-2
高宗(殷)
昔 —— 放孝子孝己 3-6
高宗 → 李治(唐) 11-40, 20-20
—— 朝有宦官 恃寵放鵅 不避人禾稼 6-26
潘師正居嵩山逍遙谷 —— 召 問所須 5-15
田游巖頻召不出 —— 幸嵩山 親至其門 5-16
高坐 → 尸黎密(東晉) 4-22(頭)
時人欲題目 —— 而未能 15-47
高坐道人 → 尸黎密(東晉) 4-22
—— 於丞相坐 恒偃臥其側 35-9
孤竹
—— 在肆 然後降神之曲成 25-2(註)
苦竹 28-18
高仲舒(唐)
齊澣善知今事 —— 善知古事 9-34
高晉陵自答 35-20
故車脚
坐者未之信 密遣問之 實用 —— 30-8
菰菜羹
吳中 —— 鱸魚膾 14-18
高遷亭 30-3
顧劭(三國 吳) 17-9
—— 嘗與龐士元宿語 17-4
豫章太守 —— 是雍之子 12-4
鼓吹
如數部 —— 林谷傳響 28-6
稚圭曰 以此當兩部 —— 28-29
顧琛(南朝 宋) 21-7
古稱一日千里
—— 蘇生是矣 22-28(註)
高平(地)
獻之娶 —— 郗曇女 1-48(註)
顧協(南朝 梁) ← 顧常侍, 顧郎, 正禮 2-16(註)
顧和(東晉) ← 君孝, 司空
—— 始爲揚州從事 月旦當朝 13-1
—— 字君孝 少知名 12-19(註)
司空 —— 與時賢共淸言 22-16
膏肓之疾
樂歎曰 此兒胸中 當必無 —— 8-13
谷關
崤謂二陵之地 函函 —— 也 8-56(註)
谷那律(唐) 20-20
斛奩
有人致一 —— 須臾噉盡 48-9
曲柄笠
謝靈運好戴 —— 4-76
曲阜(地)
—— 西南三里有闕里 中有孔子宅 21-10(註)
曲室中語 16-14
曲阿(地)
太康地記曰 —— 本名雲陽 4-53(註)
曲阿湖 4-53
曲阿後湖(地)
褚公與孫興公同遊 —— 38-12
鵠氅裘
萬著白綸巾 —— 履板而前 32-8
穀則異室 死則同穴 29-29(註)
髡
潁川太守 —— 陳仲弓 3-6

幝
人寧可使婦無——邪 1-47
崑崙(地)
盈握之璧 不必采於——之山 4-13
昆明池
中宗正月晦日 幸——賦詩 18-57
昆吾夷
武帝作昆明池 欲伐——18-57(註)
骨立
言其——1-25(頭)
骨肉相圖
靈寶視我如母 汝等何忍——49-6(註)
骨肉相殘
盜殺財主 何如——6-1
恭→王恭(東晉)
——作人無長物 1-52
公幹→劉楨(東漢) 3-11(註)
公簡→成公簡(西晉)
——淸靜比揚子雲 默識擬張安世 15-17
孔公→孔顗(南宋)
——一月二十九日醉 勝世人二十九日醒 6-23
孔丘→孔子(春秋 魯)
——何闕而居闕里 21-10
孔群(東晉)
蘇峻時——在橫塘 爲匡術所逼 11-7
鴻臚卿——好飮酒 33-26
孔君魚→孔奮(東漢)
——爲姑臧長 淸儉逼下 6-2
孔君平→孔坦(東晉)
——詣其父 父不在 乃呼兒出爲設果 22-13
——疾篤……爲之流涕 11-15
孔極(唐)
——侍郎……延入廳事 28-35
公豈得獨擅一車 35-10
攻難
桓南郡與殷荊州 共談每相——9-2
恐年少窺人
若仍相造 似非本意——32-17
空洞 36-13(註)
公閭→賈充(三國 魏)
晉諸公贊曰 充字——襄陵人 10-12(註)
公路→袁術(東漢) 3-4(註)
公望
孔愉有公才 而無——17-19
公明→管輅(三國 魏) 3-13(註)
公明→管輅(三國 魏)
——尋聲答言 大善易者不論易 3-13
孔明→諸葛亮(三國 蜀)
蜀志曰 諸葛亮字——瑯琊陽都人 12-2(註)
功名者
——貪夫之鉤餌 27-31
拱木已積 27-17
公門
范宣未嘗入——28-16
孔文擧→孔融(東漢) 6-5, 12-1, 17-6, 22-5, 36-3, 49-1
——聞之……易稱積善餘慶 徒欺人耳 3-4
——在北海時 敎高密令曰……後乏復言 6-5
大兒——小兒楊德祖 38-1
脂元升以哭——尸 魏太祖收欲治罪 15-4
公輔
王融……三十內望爲——44-14
公輔器 13-17
功夫
周曰 鑒方臣 如有——17-20
恐不免耳 37-1
孔北海→孔融(東漢) 17-5
——居家失勢 賓客日滿其門 23-2
——與蔡中郎 素厚 27-4
——被收時 男方九歲 女纔七歲 22-7
孔奮(東漢)←君魚 6-2(註)
孔思遠→孔顗(南宋)
——爲後軍府長史……未嘗有壅 6-23
恐傷盛德
夫人云——29-25
孔西陽→孔巖(東晉) 18-27
公孫度(東漢)
——目邴原 所謂雲中白鶴 15-5
公孫龍(戰國 趙)
趙人——云 白馬非馬……故曰 白馬非馬也 8-21(註)
公叔→朱穆(東漢) 7-8(註)
孔淳之(宋)←孔隱士
——居會稽剡縣 性好山水 28-24
公純嘏→張天錫(前涼) 4-69(註)
龔勝(西漢)
——死 楚父老來吊 哭甚哀 27-1
漢書曰——字君賓 楚人 27-1(註)
公案
平甫答曰……已是一種——5-22
孔巖(東晉)←孔西陽 19-17
簡文云 謝安南淸令不如其弟 學義不及——18-23
公言→丁謂(北宋) 11-41(註)

公淵 → 王廣(三國 魏)
魏氏春秋曰 王廣字 —— 王陵子也 29-12(註)
孔穎達(唐) ← 仲達 9-32
孔愉(東晉)
—— 有公才 而無公望 17-19
孔融(東漢) ← 文擧, 北海 3-4(註)
—— 曰 禰衡罪同胥靡 不能發明王之夢 3-5
—— 被收 中外惶怖 22-6
孔隱士 → 孔淳之(南朝 宋) 4-76
孔顗(南朝 宋) ← 思遠
宋書曰 —— 字思遠 會稽山陰人 2-3(註)
恐人不知
威答曰 臣父……淸常 —— 17-13
恐人知
威答曰 臣父淸常 —— 臣淸常恐人不知 17-13
孔子(春秋 魯) ← 仲尼, 夫子, 聖人 1-6(註), 1-45(註), 4-76(註), 5-11(註)
家語曰 —— 之宋 匡簡子以甲士圍之 11-7(註)
家語曰 原憲字子思 宋人 —— 弟子 3-8(註)
曲阜西南三里有闕里 中有 —— 宅 21-10(註)
孔融字文擧 魯國人 —— 二十四世孫也 3-4(註)
—— 車不停軌 28-21(註)
—— 大聖 不免武叔之毁 29-5
—— 曰 居家理治 可移於官 11-39(註)
—— 曰 董狐 古之良史也 書法不隱 36-18(註)
—— 曰 延陵季子 吳之習於禮者也 12-4(註)
—— 曰 有顔回者好學 不遷怒不貳過 不幸短命死矣 44-6(註)
—— 戮少正卯 以其負才亂群惑衆也 12-7(註)
—— 爲魯司寇七日 而誅亂政大夫少正卯 18-47(註)
群答曰 德非 —— 厄同匡人 11-7
論語曰 —— 式負版者 9-19(註)
論語曰 廐焚 —— 退朝曰 傷人乎 不問馬 35-13(註)
是以獜出而悲 豈唯 —— 27-28(註)
易乾鑿度曰 —— 曰 易者易也 變易也 不易也 8-32(註)
陸通者……嘗遇 —— 而歌曰 4-1(註)
莊子曰 —— 遊乎緇帷之林 休坐乎杏壇之上 9-16(註)
孔雀 22-13
孔璋 → 陳琳(東漢)
魏略曰 陳琳字 —— 廣陵人 7-7(註)
孔長史 → 孔休源(南朝 梁)
別施一榻云 此是 —— 坐 32-18
公才
孔愉有 —— 而無公望 17-19
公田三百畝
陶淵明爲彭澤令 —— 悉令吏種秫稻 34-12
公坐
每至 —— 廣談 仲治不能對 8-42
孔仲山 → 孔嵩(東漢)
范巨卿爲荊州刺史 友人 —— 家貧奉親變姓名 傭爲新野縣街卒 1-6
孔中丞 → 孔覬(南朝 宋)
—— 二弟在官 頗營贓賄 20-13
—— 在都 弟道存爲江夏內史 2-3
公車 10-16
公惭卿
—— 卿惭長 17-8
孔稚圭(南朝 齊)
—— 嘗令草讓表 以示玄暉 2-7
—— 風韻淸踈 28-29
空函
劉云 —— 故智 15-79(頭)
箜篌引 27-20(註)
公休 → 諸葛誕(三國 魏)
新婦……殊不似 —— 29-12
孔休源(南朝 梁) ← 長史 32-18
孔熙先
—— 與范曄……辭氣不撓 46-12
瓜葛 36-15
過江
—— 諸人 每至美日 輒相邀新亭 藉卉飮宴 4-16
過江第二流 18-2
科斗書
有人自嵩高山下 得竹簡一枚 上兩行 —— 13-19(註)
過而能改
—— 乃顔子矣 25-4
過秦
賈誼新書有 —— 37-51(註)
千餘年前 賈生 —— 今復爾也 37-51
郭 → 郭訥(晉)
—— 答曰 譬如見西施 何必識姓名然後 知美 4-12
郭景純 → 郭璞(東晉) 30-11
—— 詩云……川無停流 8-27
郭林宗 → 郭泰(東漢) 15-3, 17-2, 26-2, 27-2
—— 每行宿逆旅 輒躬自灑掃 1-11
—— 與二人 俱到市 14-4
—— 遊京師……送車千許乘 26-1
雖 —— 不及甄之鑒也 15-8(註)
王叔優與弟季道 小時 聞 —— 有知人之鑒 14-5
郭文(東晉) ← 文擧 1-55(註)
郭文擧 → 郭文(東晉)
—— 入吳興餘杭山窮谷中 倚木於樹 苫覆而居 1-55

溫太眞問——饑則思食 壯則思室 自然之性 先生安獨無情乎 4-18
抱朴子曰——入陸渾山學道 4-18(註)
郭璞(東晉)←景純 8-27(註)
王丞相令——試作一卦 卦成 郭意色甚惡云 公有震厄 30-12
晉明帝解占冢宅 聞——爲人葬 帝微服往看 30-10
初——筮 冰子孫必有大禍 29-24(註)
郭配(西晉) 29-15
郭象(西晉)
——者……或定點文句而已 8-19
郭恕先→郭忠恕(北宋)
——時……飲食 35-33
郭洗馬→郭訥(西晉) 4-12
郭氏(西晉) 29-15
霍王→李元軌(唐)
——元軌 臨徐州……爲布衣之交 18-56
郭昱(三國 魏)
——狹中詭僻 39-18
郭元瑜→郭瑀(晉)
——少有拔俗之韻 28-21
郭有道→郭泰(東漢)
此必——昨宿處也 1-11
郭林宗→郭泰(東漢)
王叔優與弟季道 小時 聞——有知人之鑒 14-5
郭子儀(唐)
爲——朔方從事 2-19(註)
郭子玄→郭象(西晉)
王長史問孫興公——定何如 15-77
郭泰(東漢)←林宗, 有道 1-11(註)
郭泰業→郭奕(西晉)
羊叔子 何必減——15-11
郭奕(西晉)←泰業
羊公還洛——爲野王令 15-11
郭淮(三國 魏)
——作關中都督 甚得民情 亦屢有戰庸 10-11
管→管輅(三國 魏)
——曰 其才……不見者濁 14-10
管公明→管輅(三國 魏) 14-10, 15-9, 30-5
——與單子春談……多發天然 8-7
迎——論 3-13
管寧(東漢)←幼安
——華歆……華捉而擲去之 1-18
管輅(三國 魏)←公明 3-13(註), 19-8
東方朔——不如也 26-14(註)
關龍逄(夏) 13-23
冠冕
恬識理明貴 爲後進——也 15-67(註)
當釋——襲私服 10-19
官物見餉
汝爲吏 以——非唯不益 乃增吾憂也 29-22
寬博
謝弘微……與人未嘗有牾 44-11
觀樂
文姬曰 季札——……何足不知 30-4
管幼安→管寧(東漢)
——……過於牛主 1-19
觀者如堵牆 24-17
款雜
孫長樂兄弟……言至——38-18
關雎
——螽斯有不忌之德 48-5
冠幘
——傾脫 13-10
壙
司空表聖……賦詩對酌 13-30
狂奴故態 19-1
曠達
翰任性自適 無求當世 時人貴其——33-23(註)
後咸兄子簡 亦以——自居 33-11(註)
廣陵(地) 10-10
廣陵散
索琴彈之 奏——12-7
匡立
建——之功 4-19
光孟祖→光逸(東晉)
——避難渡江 33-17
光武→劉秀(東漢) 24-1
——即位 變姓名隱身不見 19-1(註)
廣微→東晳(西晉) 13-19(註)
匡世之才
亮有廊廟之器 翼有——15-72(註)
匡術
蘇峻時……爲——所逼 11-7
狂藥
足下飲人——責人正禮 19-13
廣越(地) 13-26
匡人
群答曰 德非孔子 厄同——11-7
狂疾
宗辭曰 少有——尋山採藥 遠來至此 28-27
狂態

—— 發邪 11-40
挂閡
着弊絮……觸地 —— 37-21
壞府舍諸壁障
阮騎驢徑到郡 至則 —— 33-2
槐樹婆娑
—— 無復生意 41-7
傀俄若玉山之將崩
其醉也 —— 24-6
宏 → 符宏(前秦)
—— 符堅太子也 38-31(註)
蛟
義興水中有 —— 山中有邅跡虎 竝皆暴犯百姓 25-1
嶠 → 溫嶠(東晉)
敦將至 -燒朱雀橋以阻其兵 21-5(註)
嶠 → 和嶠(西晉)
—— 性不通 治家富擬王公而至儉 42-1(註)
—— 厚自封植 嶷然不羣 17-22(註)
交非其人 何足稱高士 17-10
交疎吐誠
晏曰 知幾其神乎 古人以爲難 —— 今人以爲難 19-8
交惡
王東亭 與謝公 —— 27-19
蹻捷
—— 絶人 踰牆而入 家中莫知 48-6
韮
庾杲之……生 —— 褋菜 28-28
寇 → 寇準(北宋)
—— 曰 主上以朝廷無事 北門鎖鑰 非準不可 5-19
九江(地) 20-17
丘車騎 → 丘靈鞠(南朝 齊)
—— 初領驍騎將軍 不樂武位 44-16
九經庫
谷那律……淹識群書 褚遂良目爲 —— 20-20(註)
句曲山 24-46(註)
九公主 40-13(註)
救饑
治此計 權 —— 爾 無爲遂負如來也 40-11
口喫
鄧艾 —— 語稱艾艾 4-1
瞿曇
黃面 —— 亦須斂袵 9-36
瞿塘大灘
—— 秋水猶莊 2-14
瞿塘水退
—— 爲庾公 2-14
區宅
—— 僮牧膏田水碓之屬 洛下無比 42-2
寇盜處處蟻合 14-9
狗竇
口中 何爲開 —— 37-3
寇萊公 → 寇準(北宋) 5-19
—— 出入宰相三十年 不營私第 26-19
九命
周公 父兄文武 —— 作相 以尹華夏 19-3
口無二價
詐狂僧牛 —— 28-1(註)
口未嘗言錢字
王夷甫雅尙玄遠 常嫉其婦貪濁 —— 19-12
九方皐(春秋) ← 九方歅
—— 之相馬 38-26
九方歅 → 九方皐(春秋)
—— 之相馬 略其玄黃 取其駿逸 15-71
口辯
盧詢祖甚有 —— 好臧否人物 37-40
口腹
仲叔……歎曰 閔仲叔豈以 —— 累安邑邪 1-1
口不二價
—— 三十餘年 28-5
九嬪 29-9(註)
九事
公明爲剖析玄旨 —— 皆明 3-13
驅使草木
家舅刻薄 乃復 —— 42-3
狗鼠不食汝餘 29-7
九錫 38-9(註)
魏朝封晉文王爲公 備禮 —— 8-2
帝將誅大將軍 詔有司 復進位相國 加 —— 10-12(註)
曹操自爲魏公 加 —— 7-10(註)
舅氏
我見 —— 如母存焉 3-17(註)
歐陽堅石 → 歐陽建(西晉) 49-2
歐陽率更 → 歐陽詢(唐)
—— 行見古碑……索靖所書 26-15
歐陽永叔 → 歐陽脩(北宋)
錢文僖留守西都 謝希深 —— 同在幕下 32-23
九御 29-9(註)
苟悅於心 無所愛惜 43-11(註)
俱往之傷
—— 信非虛說 27-27
九原 15-28(註)
口爲華池

—— 腹爲玉池 40-2(註)
舊義
用 —— 往江東 恐不辦得食 40-11
九日
—— 宴龍山 13-9
苟子 → 王修(東晉) 15-74, 18-30
—— 秀出 阿興淸和 15-63
九州之袯
邊讓爲 —— 則不足 17-5
寇準(北宋) ← 平仲 5-19(註)
求仲(前漢)
蔣元卿舍中三徑 唯羊仲 —— 從之遊 28-2
口中醬破
—— 卽吐之 44-4
九重之泉
大千金之珠 必在 —— 驪龍頷下 9-35(註)
口中何爲開狗竇 37-3
丘之禱久矣
眞長答曰 —— 勿復爲煩 1-45
丘車騎 → 丘靈鞠(南朝 齊) 39-4
疚瘡 48-10(註)
九泉
曹蜍李志……如 —— 下人 18-37
口通茶名
—— 區分指點 46-13
韭萍齏 43-6
口吃
—— 好讀書 2-3(註)
汾病 —— 貢父爲之贊 37-47
爲人 —— 善屬文 18-44(註)
國家可惜人 27-18
國家之意
曹云 此 —— 3-4
國寶 → 裴瓚(西晉)
—— 雖不知綏 綏自知國寶 26-3
國寶 → 王國寶(東晉)
王大喪後 朝論或云 —— 應作荊州 47-6
吏部郞王忱與兄 —— 命駕詣之 37-23(註)
國寶雖不知綏 綏自知國寶 26-3
國史
況 —— 明乎得失之迹 何必博奕而後忘憂哉 20-1
褚季野問孫盛 卿 —— 何當成 36-22
國士 14-2, 35-26
卿以一世勳門 而傲天下 —— 11-35
公之厚意 未足以榮 —— 38-16
闓曰 方問 —— 而及諸兄 3-7
袁王 —— 更爲脣齒 8-8
玄德曰 君有 —— 之名 3-10
國士門風
周顗 比臣有 —— 17-20
國士之風 30-17
國色
宋褘……有 —— 善吹笛 33-22
國書
浩作 —— ……以彰直筆 27-29(註)
麴糵
今年田得七百斛秫米 不了 —— 事 33-26
國子博士(官名) 28-11(註)
國子生
謝幾卿……十二補 —— 34-17(註)
國自有周公 4-35
國子祭酒(官名) 9-26(註)
官至 —— 9-25(註)
—— 孔穎達 心存道黨 9-32
國子助教(官名)
張參軍少有思理 爲 —— 9-25
國志
陳壽將爲 —— 謂丁粱州 47-1
局陳
經綸思尋處 故有 —— 15-102
國破家亡
徐曰 —— 無心至此 29-23
群 → 孔群(東晉) 11-7
羣 → 陳羣(三國 魏) 17-8
羣嫗
於是 —— 齊共亂唾之 24-8
君得哀家梨
—— 當復不蒸食不 38-34
君命
—— 不可以不往 37-37
君未見其父耳
嵇延祖 卓卓如野鶴之在雞羣 答曰 —— 24-13
君房 → 侯霸(東漢)
仲回曰 —— 有是言 丹未之許也 10-5
君叔 → 顧悅(東晉) 4-39(註)
捃拾自資
范史雲遭黨錮 推鹿車載妻子 以 —— 1-7
君臣之好
武帝聞之 勅雄復 —— 雄不得已詣劉 11——3
君魚 → 孔奮(東漢) 6-2(註)
君游 → 張堪(東漢) 1-3(註)
君子

溫曰 小人無以測 —— 11-5
君子之交
—— 淡若水 小人之交甘若醴 38-24(註)
君子疾沒世而名不稱 20-1
郡將
陶靖節在家 —— 候陶 値其酒熟 34-11
君齊 → 顧夷(東晉) 9-18(註)
郡主
—— 兇妬 不卽知之 29-23(註)
君處臣以禮 37-37
君親
擧 —— 以爲難 38-19
群偸
王子敬夜齋中臥 有 —— 入其室 盜物都盡 13-15
君平 → 嚴遵(東漢) 28-25
君賢臣忠
陸曰 —— 國之盛也 父慈子孝 家之盛也 19-7
群狐所托
其根則 —— 下聚溷而已 36-14
朏 → 謝朏(南朝 梁) 37-37
屈起
旣而 —— 坐曰 旣不能流芳後世 亦不足復遺臭萬載邪 46-10
屈偶之(北魏) 43-8
屈節
我所以 —— 爲汝家作妾 門戶計耳 29-17
屈滯
桓時方欲招起 —— 以傾朝廷 40-9
宮商
恐子之金石 非 —— 中聲 9-14
宮聲
嗣眞曰 —— 也 30-19
此曲 —— 往而不返 30-16
權 → 羊權(東晉)
—— 潸然對曰 亡伯令聞夙彰 而無有繼嗣 4-48
權德輿(唐) ← 載之
唐書曰 —— 字載之 天水略陽人 2-21(註)
圈文生(東漢)
衛子許弱冠 與同郡 —— 同稱盛德 14-4
權載之 → 權德輿(唐) 2-21
權軸 35-24
敬容居 —— 賓客輻輳
勸學
卿讀爾雅不熟 幾爲 —— 死 47-4
勸學篇(書)
蔡伯喈 作 —— 20-1
憒憒
人言我 —— 後人當思此憒憒 6-14
詭辯
王謂林公 —— 38-21
几案間事
無爲知人 —— 12-17
跪前請死
知母憾之不已 因 —— 1-23
鬼谷先生 → 王詡(戰國) 31-1
貴無
頠疾世俗尙虛無之理 故著崇有 —— 二論 8-10(註)
鬼兵 29-30(註)
鬼子敢爾
我父祖名播海內 寧有不知 —— 11-1
鬼之董狐
敍其搜神記 劉曰 卿可謂 —— 36-18
貴賤
不問 —— 12-24
閨房之秀
自是 —— 29-33
橘柚
樝梨 —— 各有其美 18-51
橘洲(地) 13-33
屐 2-6
不遑取 —— 13-14
苟求
自可隨流平進 不須 —— 20-15
克己復禮 19-14(註)
劇談
與謝孝 —— 一出來 8-49
棘宛 37-7(註)
克蜀
劉尹云 伊必能 —— 14-26
近過
汝等 —— 我餘年 49-6
謹身
—— 中立 守文奉法 37-44(註)
勤布施
—— 積功行 是欲生天者也 39-1(註)
斤合
至於賜予 不過 —— 4-54(註)
金剛
—— 努目 所以降伏四魔 5-11
衿契
周得之欣然 遂爲 —— 11-9
金鏡(書) 32-22(註)

金谷詩序
以蘭亭集序 方 —— 26-6
金谷集(書) 49-2
嶔崎歷落
周伯仁道桓茂倫 —— 可笑人 24-21
今年破賊
—— 正爲奴 48-1
金壇 32-19(註)
金縢 20-7(註)
金蘭
山公……契若 —— 29-14
金鑾
王待詔 —— 召浩然 商較風雅 41-10
禁臠
卿莫近 —— 37-24
金蓮華炬 32-22
金蓮花盆
段文昌富貴後 打 —— 盛水濯足 43-11
琴賦
或問顧長康 君箏賦 何如嵇康 —— 9-11
許玄度言 —— 所謂非至精者 不能與之析理 15-100
今事
齊辭善知 —— 高仲舒善知古事 9-34
金山泉
—— 揚子江中泠水 各置一壺 30-20
琴書
謝本輕戴 見 但與論 —— 戴旣無吝色12-20
金石錄(書) 35-34(註)
金石聲
卿試擲地 要作 —— 9-14
金城(地) 4-37
錦鞍韉
女隊二千人 皆著紅紫繡襖子及 —— 43-10
金吾
—— 白挺如雨 6-28
金根
永元七年 建 —— 耕根諸御車 47-17(註)
金根車 47-17
今已飽
—— 不復須駐 34-5
今日不得卿
—— 幾爲吳子所屈 21-11
今日甚榮
—— 得巢由拜於馬首 39-18
今日之行
—— 觸目見琳瑯珠玉 24-19
今日之禍
—— 豈得久活 何賴知肉味乎
禽子夏→禽慶(西漢) 28-4
金賊
—— 又添生兵 47-19
金澡盤
婢擎 —— 盛水 瑠璃盌盛澡豆 47-5
金主亮→完顏亮(金)
—— 南侵 命葉義問視師江上 47-19
今之視古
—— 亦猶後之視今也 19-2
金閶亭
先在 —— 聞絃甚清 下船就賀 33-25
金釧 22-33
岳柱年八歲時……指陶母手中 —— 詰之曰 有此可易酒
金叵羅 47-13(註)
衿抱未虛
中郎 —— 復那得獨有 38-25
錦被
曾策 —— 事 咸言已罄 41-9
金華殿(建物)
此未關至極 自是 —— 之語 4-44
襟懷之詠 16-14(註)
汲郡(地)
嵇康遊於 —— 山中 遇道士孫登 19-9
汲道
魏武嘗行役 失 —— 軍皆渴 40-2
急就章(書)
史游 作 —— 20-1
矜伐 9-11(註)
矜咳
子敬實自清立 但人爲爾多 —— 殊足損其自然 44-9
覬→孔覬(南朝 宋)
—— 持身之節 亦曰一時之良 20-13(註)
杞→盧杞(唐)
—— 形陋而心險 49-9(註)
琦→劉琦(東漢) 19-4(註)
機→陸機(西晉)
—— 清厲有風格 爲鄉黨所憚 15-18(註)
覬→殷覬(東晉)
—— 亦卽曉其旨 1-50
紀→陳紀(東漢) 17-8
企脚
仁祖 —— 北窓下 彈琵琶 24-33
幾鑒

俄而元長及禍 時人服其 —— 14-30
箕踞
籍登嶺就之 —— 相對 28-6
機警
鍾毓爲黃門郎 有 —— 36-6
性 —— 有識 善屬文 41-9(註)
神情 —— 詞藻遒逸 47-13(註)
通脫傾蓋 機警無匿 34-22(註)
朞功
—— 之慘 不廢妓樂 16-5(註)
其狂不可及 34-14
期期
臣 —— 不奉詔 37-47(註)
騏驥
吾家 —— 12-19(註)
棄己子全弟子
鄧攸始避難 於道中 —— 1-41
奇童
說因賀帝得 —— 帝大悅曰 是子精神要大於身 22-31
騎驢
阮 —— 徑到郡 33-2
幾萬緡
以珍貨 —— 35-32
器貌才思 18-52(註)
騎兵參軍(官名)
王子猷作桓車騎 —— 35-13
旣不能流芳後世
—— 亦不足復遺臭萬載邪 46-10
奇士
謝奉 故是 —— 13-12
司馬德操 —— 也 3-8(註)
奇思
蒲元性多 —— 30-6
企生 → 羅企生(東晉)
桓素待 —— 厚 1-51
中興書曰 —— 字宗伯 豫章人 1-51(註)
綺石
王摩詰盻蕙蘭 用黃磁斗 養以 —— 累年彌盛 28-36
紀僧眞(南朝 齊)
人生何必計門戶 —— 堂堂 11-38(註) 11-38
忌時 34-4(註)
妓樂 34-23
朞功之慘 不廢 —— 16-5(註)
暨陽(地) 30-11
岐王 → 李範(唐) 30-18
幾爲傖鬼
通夜委頓 民雖吳人 —— 36-9
旣爲忠臣 不得爲孝子
桓公……迺嘆曰 —— 不得爲孝子 如何 4-36
奇人
卿 —— 殆壞我面 13-10
機任
委以 —— 27-23(註)
機杼
曰 如丹此縑 出自 —— 10-4
棋第一品 11-8(註)
嗜酒 28-39, 34-5(註), 34-8(註), 35-7
張士簡 —— 踈脫 忘懷家務 13-25
博學有奇志 而性 —— 33-1(註)
續晉陽秋曰 蘊素 —— 末年尤甚 33-35(註)
妓妾
公旣深好聲樂 後遂頗欲立 —— 37-33
祈請三寶
兒旣是偏所愛重 爲之 —— 晝夜不懈 46-9
奇醜
許允婦 是阮衛尉女 德如妹 —— 29-9
機軸
大見親待 幾亂 —— 俄而見誅 45-1
寄通 15-45(註)
祁奚(春秋 晉)
—— 內學不失其子 外學不失其讎 3-7
奇香之氣
聞壽有 —— 是外國所貢 48-6
吉甫 → 呂惠卿(北宋) 5-21(註)
吉人之辭寡
客曰 何以知之 謝公曰 —— 18-40
金日磾(西漢) 3-9(註)

【ㄴ】

羅可(人)
—— 性度寬宏 2-22
羅君章 → 羅含(東晉) 32-13
—— 曾在人家 11-27
—— 可謂湘中之琳琅 15-66
—— 可謂荊楚之杞梓 15-66(註)
羅綺
宋子京多內寵 後庭曳 —— 者甚衆 48-14
羅企生(東晉) 1-51
那得坐談
我若不爲此 卿輩亦 —— 36-21

羅羅淸疎
　阿大 —— 16-22
落魄 16-2(頭)
羸婦人
　宋明帝嘗於宮內大集 —— 以爲歡笑 29-36
洛陽(地) 22-5
羅友(東晉) 34-5
裸體
　王平子胡毋彦國諸人 皆以任放爲達 或有 —— 者 1-36
裸形
　劉伶恒縱酒放達 或脫衣 —— 在屋中 33-4
酪
　陸太尉詣王丞相 王公食以 —— 36-9
　人餉魏武一桮 —— 21-2
落落穆穆
　太尉答曰 誠不如卿 —— 15-30
洛生詠 13-6, 13-26
　何以不作 —— 38-28
絡秀(西晉) 29-17
洛水(地) 10-13
　共至 —— 戲 4-6
　我與安期千里 共遊 —— 邊 38-9
落雁峯
　李白登華山 —— 23-20
洛陽(地) 4-43(註)
　徑至 —— 求索先君 4-2(註)
　顧榮在 —— 嘗應人請 1-38
　及子楚立 封不韋 —— 十萬戶 3-8(註)
　輅至 —— 果爲何尙書問九事 3-13(註)
　年五十三 終於 —— 4-42(註)
　桓公議移 —— 鍾簴 11-17
洛陽道
　出 —— 婦人遇者 莫不連手共縈之 24-8
洛下無比
　區宅僮牧膏田水碓之屬 —— 42-2
洛下書生詠 38-28(註)
難
　擧君親以爲 —— 38-19
蘭臺石室
　寫取佛經四十二章 在 —— 8-18(註)
蘭闍
　彈指云 —— 6-10
亂倫 11-10
　玩雖不才 義不爲 —— 之始
蘭石 → 傅嘏(三國 魏) 8-4(註)
爛若披錦
　孫興公云 潘文 —— 無處不善 8-28
難爲兄
　法護非不佳 僧彌 —— 18-53
蘭亭集序
　王右軍得人以 —— 方金谷詩序 26-6
蘭摧玉折
　常稱寧爲 —— 不作蕭敷艾榮 4-70
難爲兄
　太丘曰 元方 —— 季方難爲弟 1-15
南康 → 蕭寶融(南朝 齊) 21-10
南康長公主(東晉)
　溫尙明帝女 —— 29-23(註)
南京排岸司(官名) 47-18
覽古
　冀相公燮理之暇 時宜 —— 41-11
籃輿 13-20
　使一門生二兒擧 —— 旣至欣然便共飮酌
男女之別
　—— 禮不親授 29-6
南唐
　韓熙載在 —— 多置女僕 晝夜歌舞 14-33
南塘
　昨夜 復 —— 一出 33-14
南都賦圖 31-6
南樓
　王胡之之徒 登 —— 理詠 24-25
南方
　—— 故多佳人 24-1
南方老人
　—— 用龜支牀足 21-12(註)
南山(地) 41-10
　會稽 —— 2-4(註)
南山若邪(地) 28-19(註)
南音
　漕察其語 —— 也 47-18
南人學問
　—— 淸通簡要 8-20
藍田(地)
　獨徐晦送至 —— 2-21
藍田 → 王述(東晉) 11-28, 18-33, 40-12
　君家 —— 擧體無常人事 16-13
　—— 掇皮皆眞 15-52
藍田生玉 36-2(註)
　孫權見而奇之 謂瑾曰 —— 眞不虛也
南風不競

看諸門生摴蒱 見有勝負 因曰 —— 22-20
攬筆
袁卽於坐 —— 益云 8-43
南華經(書)
庭筠答曰 事出 —— 非僻書也 41-11
臘 17-11(註)
蠟屐 12-18
或有詣阮 見自吹火 —— 因歎
納節 20-25
公卽日 ——
閬 → 袁閬(東漢)
—— 笑曰 士但可因親舊而已乎 3-7
朗朗
夏侯太初 —— 如日月之入懷 24-5
廊廟之器
亮有 —— 翼有匡世之才 15-72(註)
狼噬
—— 梁岐 14-27
瑯琊王 → 王融(南朝 齊) 14-30
朗豫 15-67
簡文目敬豫 爲 ——
內學
—— 不失其子 外學不失其讎 3-7
迺圖作佛
—— 不亦大乎 36-19
來敏(三國 蜀) 12-5
光祿大夫 —— 至文偉許別
內外相望
壞府舍諸壁障 使 —— 然後敎令淸寧 33-2
內寵
宋子京多 —— 後庭曳羅綺者甚衆 48-14
奈何
—— 惜一被而殺一人乎 33-17(註)
—— 以臣伐君 22-29
桓子野每聞淸歌 輒喚 —— 33-37
內兄
—— 潘安仁 常令鼓琴 12-10
內諱
—— 不出於外 11-19
冷如鬼手馨
—— 彊來捉人臂 44-5
冷飮
桓爲設酒 不能 —— 頻語左右 令溫酒來 34-4
奴價倍婢 1-39
老嫗 33-20
盧杞(唐)
—— 忌張鎰剛直 欲去之 45-3
顔平原不容於 —— 49-9
衆人皆言 —— 姦邪……所以爲姦邪也 2-18(註)
老驥伏櫪
—— 志在千里 23-5
老奴
我見汝亦憐 何況 —— 29-23(註)
我固疑是 —— 果如所卜 40-8
衛瓘 —— 幾敗汝家 19-10(註)
路糧 2-3
魯靈光殿賦
劉威碩在蜀……悉敎誦讀 —— 43-1
盧龍(地) 45-3
駑馬
—— 雖精速……所致豈一人哉 17-9
駑馬有逸足之用 17-9
鹵簿 20-12
鳴鼓大叫 —— 中驚擾 13-3
奴婢貴賤 37-23
奴婢皆讀書
鄭玄家 —— 7-4
老婢聲
何至作 —— 38-28
盧思道(北齊) ← 子行 5-10(註)
魏佛助 盛譽 —— 5-10
—— 仕高齊 久不得進 37-40(註)
魯爽(南朝 宋) ← 女生 5-4(註)
盧相 → 盧邁(唐朝)
—— 邁不食鹽醋 37-44
老生之常談 19-8
老成人
雖無 —— 且有典刑 27-4
露首跨牛
醉則 —— 趨府 34-24
盧詢祖(北齊)
李百藥齊書曰 —— 范陽涿人 5-10
—— 甚有口辯 好臧否人物 37-40
勞薪炊
食筍進飯 謂在坐人曰 此是 —— 也 30-8
路十 → 路巖(唐) 14-32
路巖(唐) ← 路十
—— 佐崔鉉於淮南……鉉知其必貴 14-32
鱸魚膾
吳中菰菜羹 —— 14-18
老易 28-4(註), 33-21
充該通 —— 能淸言 25-4(註)

浩能言理 談論精微 長於 —— 15-82(註)
魯豫州 → 魯爽(南朝 宋) 5-4
駑牛
—— 可以負重致遠 17-9
老牛舐犢
愧無日磾先見之明 猶懷 —— 之愛 3-9
盧元明(北齊) 28-32
盧毓(東漢) 11-1
路人
徐曰……敢自同 —— 乎 2-21
老人星 20-25(註)
老人星圖
陳恭公判亳州 遇生日 親族多獻 —— 20-25
老子(書) 45-1
何晏注 —— 未畢 8-6
老子(春秋)
—— 遂與韓非同傳 37-34
—— 申之無已 何邪 8-5
自儒者論以 —— 非聖人 8-6(註)
老莊 → 老子(春秋), 莊周(戰國) 14-12(註), 15-27, 16-43(註)
—— 未免於有 恒訓其所不足 8-5
託懷玄勝 遠詠 —— 18-19
恢廓有度量 自謂是 —— 之徒 8-15(註)
盧藏用(唐)
—— 初隱終南……人目爲隨駕隱士 39-14
老賊
眞長見其裝束單急 問 —— 欲持此何作 36-21
老從事
荊州 —— 耳 9-4
盧志(西晉) 11-1
陸平原河橋敗 爲 —— 所讒被誅 46-3
魯直 → 黃庭堅(北宋) 5-23(註)
路車
齊神武東出 李元忠以 —— 載素箏濁酒奉迎 35-26
露車
王孝孫……貧無居宅 惟畜 —— 有牛一頭 33-16
老术
但食 —— 菖蒲根 飲水 如此便不飢不老耳 38-17(註)
露布文
桓宣武北征 袁虎時從 被責免官 會須 —— 9-20
盧玄(北魏) 16-43
鹿
一獐一 —— 同籠 22-32
籙
丞相末年 略不復省事 正封 —— 諾之 6-14
轆轤
明帝立陵霄觀 誤先釘榜 乃籠盛誕 —— 長絙引上 31-4(註)
碌碌
唯阿奴 —— 當在阿母目下耳 14-20
祿山 → 安祿山(唐)
—— 反 與從父兄杲卿討賊 28-37(註)
綠輿
有 —— 出 2-19
祿位
梅侍讀 晚年躁於 —— 44-17
綠珠
孫秀既恨石崇不與 —— 49-2
宋褘 是石崇妓 —— 弟子 33-22
鹿車 12-3, 29-5(註)
推 —— 載妻子 以捃拾自資 1-7
鹿皮巾
梁武帝與何子晳有舊……賜 —— 召見 35-23
論語(書)
袁悅……少年時 讀 —— 老子 45-1
曾講 —— 至富與貴是人之所欲 46-11
論衡(書)
王充著 —— 成 7-9
弄假官戲 29-38(註)
籠蓋
精明朗然 —— 人上 15-28
弄權要
王緒王……竝 —— 20-6
龐士元 → 龐統(東漢) 17-4
隴西
—— 沈妍 30-18
礨石以待
既獲其文 登時錄進 先 —— 至便鐫刻 40-13
籠盛
乃 —— 誕 轆轤長絙引上 31-4(註)
弄兒
日磾適見之 惡其淫亂 遂殺 —— 3-9(註)
龐仲達 → 龐參(東漢) 6-3
龐參(東漢) ← 仲達 6-3(註)
誄
孫長樂作王長史 —— 38-24
退答曰……非 —— 不顯 9-6
桓玄……云 我今欲爲王孝伯作 —— 9-8
雷孔章 → 雷煥(西晉) 44-12(註)
磊砢
雖 —— 有節目 施之大厦 有棟梁之用 15-19

誄文
孫興公作庾公 —— 11-20
劉云 —— 亦粗遺而已 9-8(頭)
雷尙書 48-8
雷宣徽 → 雷有終(北宋)
—— 頗涉道書 27-31
瀨鄕(地) 4-58
壘塊
王右軍目陳玄伯 —— 有正骨 15-97
累心處都盡 28-19
漏言
蜀先主 張裕不遜 兼忿其 —— 41-1
樓護(漢) 19-11
綾羅絝襬
婢子百餘人 皆 —— 43-4
稜稜露其爽 24-38
能不言
江道群不能言 而 —— 16-10
陵霄觀(建物)
明帝立 —— 誤先釘榜 乃籠盛誕 31-4(註)
能書
韋仲將 —— 31-4
凌雲閣(建物) 11-29(註)
陵雲臺(建物)
帝嘗在 —— 上坐 衛瓘在側 欲申其懷 19-10
—— 樓觀精巧 先稱平衆木輕重 然後造構 31-3
凌雲意
荀中郞……云雖未覩三山 便自使人有 —— 4-50

【ㄷ】

茶具
鴻漸身衣野服 隨 —— 而入 46-13(註)
茶論(書) 46-13(註)
茶理
陸鴻漸與常伯熊 皆精 —— 46-13
短帢
山公大兒著 —— 車中倚 10-18
但見其上 未見其下 10-12
單練衫
冬天晝日 不著複衣 但著 —— 五六重 22-23
端明 → 蘇軾(北宋)
世傳 —— 已歸道山 今尙爾游戲人間邪 37-49
但問克終云何
王陵廷爭 陳平從默 —— 耳 49-4
段文昌(唐)
—— 富貴後 打金蓮花盆 盛水濯足 43-11
斷山
周侯嶷如 —— 15-57
但少一死耳
德艷曰 吾年踰七十 所竊已過 —— 10-14
單衰徒跣
—— 自駕靈輿反葬 2-17
單身奔亡
庾冰時爲吳郡 —— 民吏皆去 33-33
丹陽(地) 14-24
但要與惡郡
—— 豈繫母在 20-23
但欲爾時
—— 不可得耳 26-5
短轅犢車 長柄麈尾 38-9(註)
檀越 20-9
願 —— 安隱使彼 4-74
但有都長
阿奴比丞相 —— 18-25
短衣裳 29-5(註)
單衣襜褕
邊讓爲九州之被不足 爲 —— 則有餘 17-5
單衣草帶
顔色甚黑 —— 稀熟視既久 乃吹火滅 12-6
單子春(三國 魏)
管公明與 —— 談……多發天然 8-7
短長說
袁悅有口才 能 —— 亦有精理 45-1
丹朱(堯時)
答曰 非唯四凶 亦有 —— 於是一坐大笑 36-2
簞瓢陋巷
逑少貧約 —— 15-87(註)
斷搪
河朔後以其名 —— 23-14
妲己(商)
武王伐紂 以 —— 賜周公 36-3
撻懶 → 完顔撻懶 40-14
譚 → 袁譚(東漢) 19-4(註)
噉名客
右軍指簡文語孫曰 此 —— 簡文顧曰 天下自有利齒兒 37-18
曇首 → 王曇首(南朝 宋)
兄弟分財 —— 唯取圖書而已 26-10(註)
湛氏(東晉)
陶公少有大志 家酷貧 與母 —— 同居 29-21

湛若神君
　相王作輔 自然 —— 公亦萬夫之望 24-35
談助
　蔡中郎到江東得之 歎爲高文 恒秘翫 以爲 —— 7-9
談諧放蕩
　各隨其人高下 —— 不復爲畛畦 34-26
黨錮
　玄遇 —— 3-3(註)
　范史雲遭 —— 推鹿車載妻子 以捃拾自資 1-7
堂堂
　人生何必計門戶 紀僧眞 —— 11-38(註)
螳螂
　我見 —— 方向鳴蟬 蟬將去而未飛 30-2
當壚酤酒
　阮公隣家婦有美色 —— 33-6
黨事 15-3(註)
　—— 起 14-2(註)
　李膺杜密等 爲 —— 考逮 27-2(註)
當世
　王長史至性凝簡 不狎 —— 20-15
當世 → 馮京(北宋) 5-22(註)
當須簡要清通
　—— 何必設籬種棘 20-22
當是南郡䖍 44-10
唐堯(堯時) 35-1
　—— 在上 四凶在下 36-2
堂姨
　狄仁傑爲相 有盧氏 —— 居午橋別墅 39-13
黨籍 37-51(註)
臺閣
　文襄言 其常醉 不可委以 —— 34-19
帶絳綿繩
　常自 —— 箸腰中 20-3
對鷄泣 29-1
戴公 → 戴逵(東晉) 12-20
　—— 見林法師墓 27-17
大槐(地)
　衆人皆詣 —— 客舍而別 獨膺與林宗共載 26-1
大金之元精
　蜀江爽烈 是謂 —— 命人於成都取江水 30-6
大奴 → 王劭(東晉)
　—— 固自有鳳毛 24-29
大道 29-30(註)
大道曲
　謝鎭西著紫羅襦……作 —— 33-29
大同殿(建物) 31-15
大理(官名)
　徐 —— 有功 5-17(註)
大明寺
　—— 水天下無比 21-13
大法
　阮思曠奉 —— 敬信甚至 46-9
大司馬(官名)
　齊 —— 門 11-37
大司馬 → 劉裕(南朝 宋) 4-10(註), 8-36(註), 35-3(註)
　—— 溫自廣陵還姑孰, 過京都 37-11(註)
　—— 桓溫 稱爲鳳雛 24-29(註)
　—— 桓溫廢海西公而立帝 4-22(註)
　鄧竟陵免官後 赴山陵 過見 —— 桓公 41-6
　雲字士龍 吳 —— 抗之第五子 8-24(註)
　竣早有文義……官至江夏王 —— 大司馬錄事參軍 34-14(註)
　桓 —— 乘雪欲獵 36-21
　桓 —— 曰 諸君莫輕道 24-33
　桓 —— 在南州 40-9
　桓玄敗後 殷仲文 還爲 —— 咨議 41-7
大司馬門
　齊 —— 11-37
大喪
　王戎和嶠同時遭 —— 俱以孝稱 1-25
臺城
　湘東王繹 入援 —— 20-18
大小品(書) 6-37(註)
大樹下鍛 35-5
戴安道 → 戴逵(東晉) 31-6, 31-7
　—— 旣厲操東山 28-15
　—— 不能爲王侯伶人 11-24
戴若思 → 戴淵(東晉)
　—— 之巖巖 15-55
戴洋(西晉) 38-8(註)
代言 9-34(註)
大業(年號)
　—— 末 煬帝將幸江都 30-16
大如升 38-34(註)
戴淵(東晉) ← 若思
　—— 少時遊俠 不治行檢 25-2
戴顒(南朝 宋) ← 仲若 5-3(註)
大元樓(建物)
　僖宗 御 —— 受之 29-40
大飮酒
　周伯仁……恒 —— 33-32
對子罵父

—— 則是無禮 22-2
大將軍 → 王敦(東晉) 10-11(註), 15-56, 16-43(註), 19-15, 24-19, 46-8
—— 鄧騭 召爲舍人 7-2(註)
—— 命會稽王辟之 稱疾不至 28-12(註)
—— 王鳳薦伯於成帝宜勸學 4-44(註)
撫軍 —— 奏免浩 除名爲民 41-4(註)
靈帝立 拜 —— 27-2(註)
詣 —— 司馬文王 8-19(註)
王右軍年減十歲時 —— 甚愛之 40-7
王 —— 起事 丞相兄弟詣闕謝 46-6
王 —— 旣爲逆 頓軍姑孰 40-6
王 —— 在西朝時 見周侯 17-17
王 —— 往 脫故衣箸新衣 43-3
王 —— 執司馬愍王 夜遣世將 載王於車而殺之 49-7
俁弟詵字曼倩 —— 從事中郎 8-1(註)
有英傑之表 武帝拜爲車騎 —— 37-41(註)
魏氏春秋曰 泰勸 —— 誅賈充 10-12(註)
夏侯尙之子 —— 前妻兄也 10-9(註)
大丈夫
孔慨然曰 —— 將終……迺作兒女子相問 11-15
—— 乃爲庾元規所賣 46-7
—— 當雄飛 安能雌伏 23-1
—— 當爲國家掃天下 1-9(註)
—— 不當如此乎 37-1
—— 處世 當交四海英雄
大才
—— 槃槃謝家安 15-59(註)
劉慶孫長才 潘陽仲 —— 裴景聲清才 15-31
大才槃槃
—— 謝家安 15-59
大齊 29-40(註)
待詔(官名)
王無功 —— 門下省故事官 官給酒日三升 34-21
大宗
—— 雖衰 魏氏已復有人 15-101
隊主將帥
謝公欲深著恩信 自 —— 以下 無不身造 厚相遜謝 35-16
戴仲若 → 戴顒(南朝 宋)
—— ……答曰 往聽黃鸝聲 此俗耳針砭 詩腸鼓吹 5-3
大秦皇帝 → 朱泚(唐) 24-48(註)
大布犢鼻褌 33-10
大寒
時適 —— 帝以妃蜀纈袍覆而去 32-21
大旱
管公明過淸河時 適 —— 太守問 何當有雨 30-5
大餅
許上牀 便咍臺 —— 丞相顧諸客曰 此中亦難得眠處 12-19
大桁 21-5
王孝伯死 縣其首於 —— 49-5
大皇帝 → 孫權(三國 吳) 29-8(註)
宅中送食
崔贍在御史臺 恒於 —— 備盡珍羞 別室獨餐 35-27
德教
太傅虛託引已之過 以相開悟 可謂 —— 47-9
德度 → 楊廣(隋) 1-50(註)
德林 → 李德林(隋) 22-26
博陵豪族崔諶者 休假還鄕 將赴弔 —— 2-17
隋內史令 —— 子也 16-44(註)
德施 → 蕭統(南朝 梁)
昭明太子蕭統 字 —— 高祖長子也 2-11(註)
德信 → 沐竝(三國 魏)
汝欲作沐 —— 那 1-26
德輿 → 權德輿(唐) 2-21(註)
德如 → 阮侃(西晉)
許允婦 是阮衛尉女 —— 妹 29-9
德艶 → 宗預(三國 蜀)
—— 曰 吾年踰七十……而屑屑造門耶 10-14
德操 → 司馬徽(東漢)
—— 曰 子且下車 ……不足貴也 3-8
德祖 → 楊脩(東漢) 3-9(註)
德宗 → 李适(唐)
韋綬在翰林 —— 嘗至其院 32-21
濤 → 山濤(西晉)
—— ……累啓亮可爲左丞相 非選官才 6-7
度 → 盛度(北宋)
—— 肌體豐大……俯伏不能興 37-46(註)
道 → 馮道(後周)
—— 爲宰相……身事十主 11-42
渡江
衛洗馬初欲 —— 形神慘顇 4-17
都講
支道林……許爲 —— 8-39
道季 → 庾龢(東晉) 4-55(註), 18-46
屠沽兒
禰曰 卿欲使我從 —— 輩耶 38-1
陶公 → 陶侃(東晉) 29-21, 29-22
—— 性檢厲 勤於事 6-15
—— 疾篤 都無獻替之言 4-28
袁宏始作東征賦 都不道 —— 8-36

道南(地) 33-10
都堂
曾子固爲中書舍 嘗白事 —— 35-34
道德(書) 18-58(註)
道德經(書)
三日不讀 —— 便覺舌本間强 9-1
道德論
何意多所短……因作 —— 8-6
陶練之功
—— 尙不可誣 8-51
道林 → 支遁(東晉) 4-42(頭)
道明 → 蔡謨(東晉) 11-12(註)
陶母剪髮圖
觀畵師何澄 畵 —— 22-33
都無壁障
苫覆而居 —— 1-55
道邊酒爐 34-17
道北(地) 33-10
道山(地)
世傳端明已歸 —— 今尙爾游戲人間邪 37-49
道書
雷宣徽頗涉 —— 因讀史 廢書流涕 27-31
徒跣
玉臺子婦 宣武弟桓豁女也 —— 求進 閤禁不內 29-24
謝 —— 還內 道隆謂檢覓鳳毛 至暗待 47-11
徒跣下地 21-5
都兒(唐)
有奴 —— 化其德 2-20
道安 → 釋道安(東晉) 13-11
—— 因自通曰 彌天釋道安 4-29
陶冶世俗
—— 與時浮沈 17-4
到彦之(南朝 宋) 21-7
道輿 → 羊權(東晉) 4-48(註)
道硏(北周)
—— 曰 每見府君……無由得論地上事 6-25
陶淵明 → 陶潛(南朝 宋)
—— 爲彭澤令……種秫稻 34-12
王江州欲識 —— 不能致 13-20
道蘊 → 謝道蘊(東晉) 4-73(註)
陶鎔之地
公居 —— 宜以造化爲心 20-24
道猷(南朝 宋)
生公弟子 —— 9-22
陶隱居 → 陶弘景(南朝 宋) 24-46
道人語
此 —— 屢設疑難 8-33
劉云 是 —— 13-11(頭)
道壹(東晉) ← 壹公 4-68
道壹道人(東晉)
—— 好整飾音辭 4-68
道子 → 鄭鮮之(南朝 宋) 13-21(註)
道長 → 虞存(東晉)
存字 —— 會稽山陰人也 6-18(註)
陶貞白 → 陶弘景(南朝 宋)
—— 幼有異操 28-31
—— 隱茅山……常有數信 32-19
陶靖節 → 陶潛(南朝 宋) 34-11
道祭
祖 —— 也 臘 歲終之大祭也 10-1(註)
道存 → 孔道存(南朝 宋) 2-3
陶朱 → 范蠡(春秋 楚)
賢哉 —— 覇越平吳 20-25
洮之汰之
—— 沙礫在後 37-16
道眞 → 劉寶(西晉) 15-69
陶徵士 → 陶潛(南朝 宋)
—— 嘗言……自謂是羲皇上人 28-22
陶徵士 → 陶潛(南朝 宋) 35-17
倒着白接䍦
復能乘駿馬 —— 擧手問葛彊 何如幷州兒 33-13
盜跖(春秋 魯) 18-47
—— 欲以餘財汚良家邪 38-4
盜泉之水
志士不飮 —— 廉者不受嗟來之食 29-2
塗轍
顧忽引諸倫渡 妨我輩 —— 44-16
道則 → 陶範(東晉) 11-23(註)
都統籠 46-13(註)
逃避竹中
王右軍聞而造之 張 —— 不與相見 28-18
道學之宗祖
巧於屬託 —— 也 1-30(頭)
陶胡奴 → 陶範(東晉)
—— 爲烏程令 11-23
道徽 → 郗鑒(東晉) 4-20(註)
篤論 18-16(頭)
獨拜 10-8
馬伏波嘗有疾 梁松來候之 —— 床下不答 10-3
劉王喬若過江 我不 —— 公 15-65
獨步
敬元尤長於隸書……可以 —— 31-13(註)

讀書 1-18(註), 2-3(註), 5-5(註), 8-19(註), 29-32(註), 37-46(註), 41-6(註)
　徑坐達道書室 明燭 —— 23-21
　孔隱几安坐 —— 論義自若 12-1
　范 —— 亦 —— 范抄書亦抄書 31-6
　王恭……而 —— 少 16-23
　年七歲時 —— 至牧誓 22-29
　劉參軍宜停 —— 周參軍且勤學問 37-25
　殷仲文天才宏贍 而 —— 不甚廣 9-21
　鄭玄家奴婢皆 —— 7-4
　峻好學 寄人廡下 自課 —— 41-9(註)
獨有千載 38-25
獨榻
　既見 坐之 —— 上與語 劉爾日殊不稱 37-20
獨絃琴
　熙載弊衣芒屨 作瞽者 持 —— ……隨房乞食以爲笑樂 34-23
黷貨
　太尉劉子眞淸潔有志操……竝 —— 致罪 1-46(註)
頓忘宦情
　孔公不覺 —— 28-35
頓悟
　宋文帝嘗問慧觀 —— 之義誰復習之 9-22
燉煌五龍 14-15(註)
咄咄怪事
　殷中軍被廢……唯作 —— 四字而已 41-4
咄咄郎君
　別駕喚恪 —— 恪因嘲之 36-2
東皐子 → 王績(唐) 28-33
彤管箴規之任 29-39
同光
　一人堂堂 二曜 —— 泉深尺一 點去氷傍 21-14
東宮
　語嶠曰 —— 頃似更成進 卿試往看 10-15
東南之遺寶
　—— 朝廷之貴璞 25-2(註)
同年
　顧悅與簡文 —— 而髮蚤白 4-39
棟梁 11-9
　但永無 —— 用耳 4-59
棟樑折矣 27-11(註)
棟梁之用
　森森如千丈松……有 —— 15-19
氃氋
　—— 而不肯舞 37-20
洞房
　仍馺一歌鬟 質冠 —— 者 35-32
東方朔(西漢)
　—— 管輅不如也 26-14(註)
　—— 傳日 孝武皇帝時 8-59(註)
冬服單薄
　顧常侍…… —— 2-16
東府 16-34
　—— 客館是版屋 37-27
董祀(三國 魏) 29-6(註)
銅山
　殷日 —— 西崩 靈鍾東應 便是易邪 8-59
東山(地) 28-8, 36-23, 37-1
　謝公在 —— ……安石必出 14-13
　謝太傅盤桓 —— 時……汎海戲 13-8
　王脩齡嘗在 —— 甚貧乏 11-23
　太傅在 —— 二十餘年 4-73
　許日 若保全此處 殊勝 —— 4-47
東山志立 15-75
東山之志
　謝公始有 —— 37-7
東廂
　君往 —— 任意選之 12-23
東市 10-9, 12-7
同室
　生縱不得與郗郎 —— 死寧不同穴 29-29
東阿 → 曹植(三國 魏) 46-2
東安寺
　支道林初從東出 住 —— 中 8-50
董艾(西晉) 10-19
東冶 38-8(註)
東野之言
　豈正史亦 —— 乎 3-6(頭)
東陽(地) 4-55(註), 10-10(註)
　—— 長山 4-62
　殷中軍被廢 —— 始看佛經 8-55
東陽 → 謝朗(東晉)
　林道人詣謝公 —— 時始總角 8-48
東陽 → 王臨之(東晉) 15-105
東陽人 29-3
　陳嬰者 —— 少修德行 著稱鄉黨
東陽太守(官名) 41-8
東吳(地) 35-7
同異
　秘書早亡 談者亦互有 —— 20-10
東人
何次道嘗送 —— 瞻望見賈寧在後輪中 15-51

瞳子
卿 —— 白黑分明 有白起之風 4-2
童子科 11-41(註)
童子郞 38-1(註)
銅者山之子
朔曰 臣聞 —— 8-59(註)
銅雀臺(建物) 4-61
同傳
老子遂與韓非 —— 37-34
洞庭 21-14
東亭 → 王珣(東晉)
—— 轉臥向壁歎 18-50
東亭 → 王獻之(東晉) 6-22
東征賦
袁宏始作 —— 都不道陶公 8-36
洞庭至狹
—— 若車駕南巡 止可飮馬 21-14
董仲道 → 董養(西晉) 15-41
董仲舒(西漢)
—— 放孝子符起 3-6
冬至
周伯仁母 —— 擧酒賜三子 14-20
充先 —— 一日 出家西獵 11-1(註)
銅疊
祖孝徵放縱不羈……飮酒 遂藏 —— 二面 47-13
銅駝
洛陽宮門 —— 14-15
東土
王右軍旣去官 與 —— 人士 營山水弋釣之娛 28-13
東坡 → 蘇軾(北宋) 28-41(註)
—— 見南昌太守葉祖洽 37-49
—— 云 日者王寧王寔見訪 9-36(註)
東平太守
願得爲 —— 33-2
東海 → 王承(東晉) 29-18
—— 家內……範鍾夫人之禮 29-20
東海三何
—— 子朗最多 9-30
東海王 → 司馬越(西晉) 14-11(註), 15-31(註)
—— 越字元超 高密王泰長子 12-14(註)
謝幼輿初至 —— 越太傅府 12-15
太傅 —— ……雅相知重 15-34
董狐(春秋 晉) ← 太史 36-18
吾懼 —— 將執簡而進矣 11-13
東昏侯 → 蕭寶卷(南朝 齊) 20-17(註)
董休昭 → 董允(三國 蜀)
許司徒喪子 —— 與費文偉 欲共會其葬所 12-3
頭巾氣 40-10(頭)
杜祁公 → 杜衍(北宋) 23-22
杜亮(唐)
穎士常使一傭僕 名 —— 26-17(註)
竇武(東漢)
—— 劉淑陳蕃少有高操 17-1(註)
陳蕃 —— 爲中官所害 27-2
杜密(東漢) ← 杜周甫
李膺 —— 等 爲黨事考逮 27-2(註)
杜方叔 → 杜育(西晉)
—— 拙於用長 17-15
杜甫(唐) ← 杜少陵
嚴武以世舊待 —— 甚善 39-15
頭鬢皓然
魏明帝起殿……使仲將登梯題之 旣下 —— 31-4
豆三斛
孔文擧在北海時 敎高密令曰……與 —— 後乏復言 6-5
杜恕(三國 魏) ← 務伯 1-27(註)
—— 著家戒道 張子臺……患禍當何從而來 1-27
杜少陵 → 杜甫(唐) 39-17
杜審言(唐)
—— 孫子擬捋虎鬚 39-15(註)
—— 將死 語宋之問武平一 35-31
杜若
貞觀中 尙藥奏求 —— 勅下度支 47-14
杜郵之賜
謝曰……竊爲陛下 —— 5-4
竇益州 → 竇軌(唐) 28-34
杜周甫 → 杜密(東漢) 14-2
斗酒學士
王無功待詔……日給一斗 時號 —— 34-21
豆粥
石崇爲客作 —— 咄嗟便辦 43-6
頭責秦子羽 37-4
竇太后(北魏)
—— 令飮者皆脫帽 47-13(註)
杜鴻漸(唐)
—— 深器重之 2-19(註)
杜弘治 → 杜乂(東晉) 18-24
—— ……季野穆少 15-73
王右軍見 —— 歎 24-27
蔡公曰 恨諸人不見 —— 耳 24-27
杜黃裳(唐) ← 遵素 2-19(註)
李師古跋扈 憚 —— 爲相 2-19

遁 → 支遁(東晉)
—— 神心警悟 淸識玄遠 15-93(註)
—— 神悟機發……自然超邁也 18-36(羊侃註)
得士一人半
今破漢南 —— 37-13
得遺金一餠 29-2
得一
天 —— 以淸 4-4
得鍾
掘之 —— 30-19
得天下之由
帝問溫 前世所以 —— 溫未答 46-5
登 → 孫登(三國 吳)
—— 曰 君才則高矣 保身之道不足 19-9
鄧竟陵 → 鄧遐(東晉)
—— 免官後 赴山陵 41-6
滕達道 → 滕元發(北宋) 23-21
登龍門
後進之士 有升其堂者 皆以爲 —— 1-12
鄧伯道 → 鄧攸(西晉)
周伯仁之正 —— 之淸 卞望之之節 18-4
登峰造極
不知便可 —— 不 8-51
鄧士載 → 鄧艾(三國 魏)
世目 —— 爲伏鸞 15-22
登山臨下
見山巨源 如 —— 幽然深遠 15-10
鄧尙書 → 鄧颺(三國 魏) 15-9
登躡
謝康樂……巖嶂千重　莫不遍歷 —— 常着木屐 34-15
鄧艾(三國 魏) ← 士載 4-1(註)
—— …… 對曰 鳳兮鳳兮 故是一鳳 4-1
—— 口喫 語稱艾艾 4-1
鄧颺(三國 魏) ← 玄茂, 尙書 3-13(註)
何晏 —— 令管輅作卦云 不知位至三公不 19-8
何晏 —— 夏侯玄 竝求傅嘏交 14-8
鄧禹(東漢)
作此寂寂 使 —— 笑人 44-14
鄧攸(西晉) ← 伯道
—— 始避難 於道中棄己子全弟子 1-41
鄧子然(東漢)
志士 —— 告困 6-5
登阼
晉武帝始 —— 探策得一 4-4
鄧芝(三國 蜀) 36-4
登枝而捐其本
貧者士之常 焉得 —— 1-49
登車
此女性甚正彊 無有 —— 理 40-10
登陟
許掾……體便 —— 28-17
鄧玄茂 → 鄧颺(三國 魏)
—— ……言 見謂善易 而語不及易中辭義 何也 3-13

【ㅁ】

磨鏡具
孺子往會葬 無資以自致 齎 —— 自隨 1-10
馬季長 → 馬融(東漢)
高義方造 —— 辭不見 19-3
出呈 —— 王子師輩 31-1
馬頭
臨當成都 —— 被殺 46-8(註)
馬頭(東晉)
超娶汝南周閔女 名 —— 29-29(註)
馬倫(東漢)
袁隗妻 —— ……少有才辯 29-5
馬癖
王武子有 —— 和長輿有錢癖 30-9(註)
馬伏波 → 馬援(東漢)
—— 嘗有疾……不答 10-3
馬上臨風
—— 輒快作數弄 34-25
磨石
曹公不得不問 —— 甚奇 3-11(頭)
馬性
王武子善解 —— 30-9
馬援(東漢) ← 文淵 10-3(註)
劉琨……曰 班彪識劉氏之復興 —— 知漢光之可輔 4-19
馬融(東漢) ← 季長 7-2(註)
鄭玄在 —— 門下 三年不得相見 7-2
從樊英 —— 受經 1-7(註)
馬日磾(東漢) ← 翁叔 3-14
馬蹄
乃自注秋水至樂二篇 又易 —— 一篇 8-19
馬從一(北宋) 47-18
馬策叩扉 27-20
馬草
剉諸薦 以爲 —— 29-21

馬希範(後唐) 21-14
萬→謝萬(東晉)
　——器量不及安石 18-32(註)
　——才器儁秀……故致有時譽 15-89(註)
　——著白綸巾……履板而前 32-8
挽歌
　張驎酒後——甚悽苦 34-6
萬頃之陂
　叔度汪汪如——17-2
萬頃陂
　王郎如——16-26
萬幾
　太宗曰 一日——那得速 6-16
萬機
　薄廢——不滿十旬 11-40
萬年(地)
　楊德幹爲——令 6-26
萬年→孟嘉(東晉) 4-25(註), 28-12
萬年可死
　少孤如此——28-12
挽郎
　武帝崩 選百二十——47-3
萬里之勢
　居然有——4-58
蠻府
　千里投公 始得——參軍 那得不作蠻語也 37-10
萬夫之望
　相王作輔 自然湛若神君 公亦——24-35
滿奮(西晉)←武秋
　——畏風 在晉武帝坐……奮有難色 4-5
萬石
　年未三十 已爲——4-27
萬石→謝萬(東晉) 4-53(註)
慢世
　長卿——18-44
萬歲登封 35-31(註)
萬歲天子
　自古何時有——13-18
蠻語 37-10
　桓公曰 作詩 何以作——4-46
蠻夷
　葛令之淸英……習——之穢行 40-10(註)
萬子→王綏(西晉)
　王戎喪兒——山簡往省之 27-9
彎彈
　桓——彈劉枕 丸迸碎牀褥間 11-16
萬形
　眼往屬——8-53
芒蹻
　嶄崒斗甚 則——以進 32-23(註)
亡國之君
　——各賢其臣 19-2
忘情故不泣
　——不能忘情故泣 22-17
望蔡→謝混(東晉)
　——肅肅 如寒風振松 16-25
望蔡侯→謝混(東晉) 16-25(註)
望風吐款
　下獄被責——辭氣不撓 46-12
媒尼 46-11(註)
買山而隱
　未聞巢由——37-2
每夕讀書
　——以一斗爲率 23-22
梅侍讀→梅詢(北宋)
　——晚年躁於祿位 44-17
買臣之妻(西漢)
　愚以爲卓氏寡女猶賢於——36-4
每與夫人
　——燭下散籌算計 42-2
埋玉樹
　——箸土中27-14
買王得羊
　——不失所望 31-13(註)
買印山 37-2
梅蟲兒(南朝 齊)
　紆意於——11-36
麥苗 43-6
孟→孟嘉(東晉)
　——答曰 公但未知酒中趣耳 4-25
　——答曰 漸近自然 4-26
　武昌——嘉作庾太尉州從事 14-22
孟嘉(東晉)←萬年 4-25(註)
　——爲桓宣武征西參軍 13-9
孟堅→班固(東漢)
　續漢書曰 固字——右扶風人 9-21(註)
孟公→陳遵(西漢) 10-4(註)
孟光(東漢)
　君若欲慕……少君——之事矣 29-5
孟玖(西晉) 46-3(註)
孟靈休(南朝 宋)
　邕嘗詣——靈休先患灸瘡 48-10(註)

孟萬年→孟嘉(東晉) 28-12
——好飮 喜酣暢 4-25
桓宣武嘗問——聽伎……何也 4-26
孟敏(東漢)←叔達
——……至市貿甑 荷擔墮地壞之 徑去不顧 41-6(註)
孟少孤→孟陋(東晉) 28-12
孟顗(南朝 梁) 11-35
會稽太守——……謝靈運所輕 39-1
孟宗→孟仁(三國 吳) 29-22(註)
孟從事→孟嘉(東晉)
聞——佳 今在此不 14-22
孟津(地)
夜光之珠 不必出於——之河 4-13
孟昶(後蜀) 26-8
孟浩然(唐) 34-22
——極爲王右丞所知 41-10
勉→徐勉(南朝 梁)
——正色答云 今夕……不宜及公事 11-39
免官
鄧竟陵——後 赴山陵 過見大司馬桓公 41-6
緬想人外 28-24
麵杖
太祖姊方在廚 引——擊太祖逐之 29-41
面折
劉子翼峭直有行 常——僚友之短 16-44
崔公孺……性亮直 喜——面折人 20-24(註)
面狹長
宗如周——蕭詧戲之 37-43
滅性之譏
裴令往弔之曰 若使一慟果能傷人 濬沖必不免——1-33
滅竈更燃
伯鸞曰 童子鴻 不因人熱者也——之 1-5
滅族
何以葬龍角 此法當——30-10
命駕
此人得餉 便——李弘範聞之 42-3
明鏡
陸慧曉心如——遇形觸物 無不朗然 16-36
何嘗見——疲於屢照 淸流憚於惠風 4-60
名高望促
王郎——難可輕衣裾 14-30
明恭王皇后(南朝 宋) 29-36(註)
明恭后(南朝 宋)
——獨以扇障面 29-36
明光錦 9-19
名教
樂廣笑曰——中自有樂地 何爲乃爾也 1-36
李元禮風格秀整……欲以天下——是非爲己任 1-12
銘記
以——請者什八九 2-21(註)
明德君子
——何以病瘧 4-11
明德惟馨 19-8
名理
當時所謂——乃爾 9-13(頭)
博聞好古之士 爲講論——之游 32-21(註)
裴僕射善談——4-6
有俊才 而飭以——29-9(註)
支公乃爾邪——何在 27-16(頭)
名利之心
見紫芝眉宇 使人——都盡 16-49
明穆皇后(東晉) 15-58(註)
名士
家有——三十年而不知 15-21
——無多人 15-32
——不必須奇才 34-9
蘇長公在維揚 一日設客 皆一時 37-50
時汝南和嶠亦——也 1-25(註)
王太尉問眉子 汝叔——何以不相推重 38-5
人謂庾元規——38-7
諸——共至洛水戲還 4-6
名士風流
居然有——殷不及韓 18-45
明山賓(南朝 梁)←孝若, 山賓, 明祭酒
——……籍其宅入官 2-13
鳴蟬
我見螳螂方向——蟬將去而未飛……唯恐螳螂之
失蟬也 30-2
明秀
修——有美稱 16-18(註)
明肅后→劉后(北宋)
眞宗將立——11-41
名勝
宣武集諸——講易 日說一卦 8-32
明心見性 直下作佛
——是欲成佛者也 39-1(註)
明月
入吾室者……唯當——35-19
明月珠
銜——以報其德 4-13(註)
命酌酒 34-1
茗艼 33-13
劉尹——有實理 16-1

明帝→司馬紹(東晉) 17-20, 18-1, 46-5
——問 何以致泣 22-15
——函封……於王丞相 47-2
王敦……欲有廢——意 11-5
王敦引軍 垂至大桁——自出中堂 21-5
明帝→曹叡(三國 魏) 24-2(註)
——得吳降人 問江東聞中國名上爲誰 24-5(註)
晏養宮中 時尙未有——24-3(頭)
明祭酒→明山賓(南朝 梁)
——……而恒事屢空 2-13(註)
名筆
直取錯綜 便成——8-23
名下
——固無虛士 9-32
——定無虛士 26-16
明惠若神
何晏七歲——魏武奇愛之 22-10
明皇→李隆基(唐)
——好羯鼓 48-12
矛戟
流矢雨集——內接 12-1
母誄
何以作——而不作父誄 9-6
毛伯成→毛玄(東晉)
——旣負其才氣 4-70
茅山(地) 32119(註), 34-10
陶貞白隱——武帝每有征討大事 輒先以咨訪 32-19
毛扇
以——上武帝 4-33
母儀冠族 29-18(註)
旄仗下形
此人有——24-24
毛曾(三國 魏)
魏明帝使后弟——與夏侯玄共坐 24-2
毛玄(東晉)←伯成 4-70(註)
木屐
登躡 常着——34-15
沐德信→沐竝(三國 魏)
——少以淸介名 1-26
目瞳子正方
李密——黑白明澈 24-47
沐頭散髮 35-11
目眇眇
——而愁予 37-39
沐竝(三國 魏)←德信 1-26(註)
牧豬
高定……年七歲時 讀書至——問奈何以臣伐君 22-29
木犀香 9-37
目送飛鴻
嵇康——語 16-51
牧豕
學畢——上林苑中 1-5(註)
目深
康僧淵——而鼻高 36-17
穆如之頌 34-22
沐浴 16-15(註)
——此言 15-96
目下
唯阿奴碌碌 當在阿母——耳 14-20
木華(西晉)←玄虛 9-31(註)
蒙祐
至誠有感者 必當——46-9
艨衝舟
十月朝 黃祖在——上會 35-2
眇 37-39
墓去水不盈百步 30-11
廟堂
端委——使百僚準 18-1
況長轡——吳蜀兩定 天下之功也 9-4(註)
眇目
仲堪——故也 37-26
妙處不傳 18-48
武→嚴武(唐) 22-30
懋→夏候懋(三國 魏)46-1
武岡侯 18-50(註)
武庫 15-10
武庫五兵縱橫 15-40
無骨幹
蔡叔子云 韓康伯……然亦膚立 18-35
務光(夏) 31-7
無口瓠
外議以兄爲——6-30(註)
撫軍→司馬昱(東晉) 18-17, 18-19, 18-22, 32-11
王長史求東陽——不用 38-22
無君輩客
夷甫——37-5
無忌→司馬無忌(東晉) 49-7
無年
人固不可以——18-50
無禮
君與家君期……則是——22-2
無累之神

以 —— ……不可得已 16-32
武陵 → 蕭曄 20-14
武陵王 → 司馬晞(東晉) 13-3(註), 11-24
武穆 → 馬殷(後唐) 21-14(註)
務伯 → 杜恕(三國 魏) 1-27(註)
茂伯 → 向雄(西晉) 11-3(註)
武三思(唐) 20-21(註)
茂先 → 張華(西晉) 4-6(註)
武宣卞皇后(三國 魏) 29-7(註)
武城(地)
湘東王繹……淹留不進 20-18
無所名 9-18
無小無大 從公于邁 22-19
簡文曰 所謂 —— 4-38
茂松清泉
—— 山中不乏 5-15
武叔 → 叔孫武叔(春秋 魯)
孔子大聖 不免 —— 之毁 29-5
無信
君與家君期日中 日中不至 則是 —— 22-2
武臣 → 韋皐(唐) 6-29(註)
撫心長叫
子輿 —— 2-14
武安君 → 白起(戰國 秦)
—— 必將 誰能當之者乎4-2(註)
舞陽公主(東漢) 47-5(註)
武宴詩
帝嘗製 —— 三十韻示侃 43-8(註)
無豫諸兒事 29-11
武王(周)
—— 軍於牧野 臨戰誓衆之言 22-29(註)
—— 伐紂 以妲己賜周公 36-3
—— 式商容之閭 席不暇煖 1-9
昔 —— 克商 通道于九夷百蠻 37-30(註)
昔 —— 伐紂 遷頑民於洛邑 4-13(註)
周公戒之曰 我文王之子 —— 之弟 19-3(註)
陳曰 —— 式商容之閭……有何不可 1-9(註)
武王 → 曹操(東漢)
—— 姿貌短小 而神明英發 14-6(註)
—— 少好俠放蕩 40-1(註)
武王伐紂 36-3
茂瑤 → 虞玩之(南朝 齊)
南史曰 虞玩之字 —— 會稽餘姚人 2-6(註)
茂遠 → 傅昭(南朝 梁) 2-15(註)
茂遠 → 諸葛厷(西晉) 8-12(註)
武位
丘車騎 初領驍騎將軍 不樂 —— 44-16
無以延其命
釋種誅夷 神力 —— 46-9(註)
武子 → 王濟(西晉) 4-7(註), 27-8(註)
—— 喪時 名士無不至者 27-8
—— 爲妹 求簡美對 29-19
出王眉子平子 —— 之右 17-18
武子 → 車胤(東晉) 4-60(註)
撫掌大笑 47-10
無情
溫太眞問郭文擧……先生安獨 —— 乎 4-18
武帝 → 司馬炎(西晉) 4-33, 10-13, 15-14(註), 15-21, 22-14, 29-15, 43-4, 48-6,
—— 崩 選百二十挽郎 47-3
—— 語和嶠曰 我欲先痛罵王武子 10-17
山公大兒著短帢…… —— 欲見之 10-18
晉 —— 每餉山濤 恒少 4-54
和嶠爲 —— 所親重 10-15
武帝 → 蕭賾(南朝 齊) 16-30
武帝 → 蕭衍(南朝 梁) 2-16(註)
梁時有沙門訟田 —— 大署曰貞 21-8
武帝 → 元修(北魏) 18-55(註)
武帝 → 劉裕(南朝 宋) 24-41
殷仲文勸宋 —— 畜伎 5-1
武帝 → 劉徹(西漢) 36-22(註)
—— 作昆明池 欲伐昆吾夷 18-57(註)
武帝宮人自侍 29-7
武帝以棘投之
—— 彥瑜取栗擲上 正中面 21-9
茂曾 → 李重
李廞是 —— 第五子 28-7
武昌公主(東晉) 37-30(註)
武秋 → 滿奮(西晉) 4-5(註)
無取其體
不知者不負其才 知之者 —— 18-34
武平一(唐)
杜審言將死 語宋之問 —— 35-31
無被服姿容
有妓妾數十 —— 42-5
武陔(西晉)
無奕 → 謝奕(東晉) 1-43(註)
公大兄 —— 女 左將軍王凝之妻 29-30
茂弘 → 王導(東晉) 4-16(註)
—— 乃復以一爵假人 28-7
武侯 → 諸葛亮(三國 蜀) 12-3(註), 36-4(註)
—— 遣鄧芝使吳 令言次從權請裔 36-4

宣王戎服涖事 使人視——12-2
後兩語 正自推尊——17-7(頭)
墨守
不能當己之——8-29(頭)
默識 15-17
墨子(戰國)
輸九攻之 而——九卻之 不能入 8-29(註)
——駕不俟旦 28-21(註)
文康→庾亮
庾子嵩作意賦成 從子——見 8-47
文擧→孔融(東漢) 3-4(註)
——曰 假使成王殺召公 周公可得言不知耶 3-4
文擧→郭文(東晉) 1-55(註)
餘杭令顧颺贈以韋袴褶一具——不納 1-55
——答曰 思由憶生 不憶 故無情 4-18
文景→文帝, 景帝 46-10
聞經隨喜
——面不狹長 37-43
文季→裴徽(三國 魏) 8-5(註)
文季→朱暉(東漢) 1-3(註)
——曰 堪嘗有知己之言 吾以信於心也 1-3
文君→卓文君(西漢) 18-44(註), 29-17(註)
聞琴
——曰 此秦聲 良久又曰 此楚聲 30-18
門堂
畵鍾——作太傅形象 31-5
文度→王坦之(東晉)
見——雖蕭灑相遇 其復愔愔竟夕 16-19
志力彊正 吾愧——18-10
庾曰 若——來 我以偏師待之 4-55
文禮→邊讓(東漢) 3-2(註)
文武→文王(周), 武王(周)
昔周公父兄——19-3
頌——者 親親之義也 3-7
願追思——之阼 10-15(註)
文無遺誤 29-6
門無雜賓 35-19
文生→圈文生(東漢)
後——以穢貨 見損 14-4
文生於情
王曰 未知——情生於文 8-11
聞所聞而來
——見所見而去 35-5
文殊
王曰 旣無——誰能見賞 8-44
文殊師利
——問維摩詰 8-44(註)
文案
王敬弘爲尙書僕射 關署——初不省讀 34-13
文若→荀彧(三國 魏)
——可借面弔喪 稚長可使監廚請客 38-3
文襄→高澄(北齊) 34-19
文淵→馬援(東漢)
馬援字——扶風茂陵人 10-3(註)
文王(周)
——期盡……無以延其命 46-9(註)
文王之囿
王曰——與衆共之 池魚復何足惜 6-8
文元先生→蕭穎士(唐) 26-17(註)
聞者掩口 47-19
問鼎
苻堅將——鼎 14-27
文靖→謝安(東晉)
——之德 更不保五畝之宅 20-8
文帝→楊堅(隋) 24-47(註)
文帝→曹丕(三國 魏) 10-8, 27-5, 29-7, 31-2, 48-1(註)
——問曰 卿何以不謹於文憲 3-11
——謂元常曰……左右之深憂 8-8
文種(春秋 越)20-25(註)
文中子→王通(隋) 18-58(註)
門中活
——闊字 王正嫌門大也 21-1
文通→江淹(南朝 梁) 9-29(註)
文通→高鳳(人)
——往解之 不已 1-4
門風
王修載樂託之性 出自——16-2
文憲
文帝問曰 卿何以不謹於——3-11
文惠太子→蕭長懋(南朝 齊) 9-23
文虎(東晉) 27-13(註)
門戶計
我所以屈節……——耳 29-17
文和→鄭冲(西晉) 8-2(註)
聞火烈聲
——知其良木 30-2(註)
文姬→蔡文姬(東漢)
——曰 季札觀樂……何足不知 30-4
微→王微(南朝 宋)
澄第四子— 15-49
未能免俗 33-10

米老辯顚帖
世逡傳 —— 37-50(註)
未明 37-40
眉目分明
—— 鬢髮如墨 24-41
未聞孔雀
—— 是夫子家禽 22-13
亹亹論辯 18-36
米三千斛
遣家僮 載 —— 還吳 13-25
未嘗有牾
謝弘微……與人 —— 44-11
未若柳絮因風起 29-30
未若諸庾之翼翼
又答曰 —— 37-8
微言 15-26
眞長答云……便足參 —— 9-13
眉宇
見紫芝 —— 使人名利之心都盡 16-49
米元章 → 米芾(北宋) 35-35, 37-50, 48-15
未有君拜於前
—— 臣立於後 37-11
未有如此賓客
亡兄門 —— 38-18
眉子 → 王玄(西晉) 14-19(註)
—— 曰 何有名士終日妄語 38-5
逢萌梅福以上人 豈 —— 輩可擬 15-41(頭)
王平子素不知 —— 14-19
未知生 焉知死 35-13
彌天
道安因自通曰 —— 釋道安 4-29
緡
以五百 —— 買一宅 2-23
閔貢(東漢) ← 仲叔 1-1(註)
愍度道人 → 支愍度(東晉)
—— 始欲過江 與一傖道人爲侶 40-11
愍孫 → 袁粲(南朝 宋) 2-15(註)
愍王 49-7(註)
雖 —— 家 亦未之皆悉 49-7
閔仲叔 → 閔貢(東漢)
—— 含菽飮水 世稱節士 老病家貧 不能得肉 日買猪肝一片 1-1
愍懷太子 → 司馬遹(西晉) 22-14
密置餘金棺下
公許之託葬 —— 2-18

【ㅂ】

璞 → 郭璞(東晉)
—— 消災轉福 扶厄擇勝 30-12(註)
薄德二千石 32-6(註)
博物 → 張九齡(唐)
張九齡字子壽 一名 —— 16-47(註)
薄笨車 26-1
薄言
—— 往愬 逢彼之怒 7-4
璞玉
如 —— 渾金 15-13
餺飥 13-32
博奕 20-1
圍碁堯舜以教愚子 —— 紂所造 6-15(註)
何必 —— 而後忘憂哉 20-1
潘文 → 潘岳(西晉)
孫興公云 —— ……往往見寶 8-28
班固(東漢) ← 孟堅
比 —— 典引如何35-34
若使殷仲文 讀書半袁豹 才不減 —— 9-21
反哭 33-38
攀龍附鳳 37-4
飯粒
—— 脫落盤席間 輒拾以噉之 1-49
班蒙(唐) 21-13
半臂
嘗宴於錦江 微寒 命取 —— 48-14
潘師正(唐) 5-15
磐石淸泉
登鍾山北嶺 中道有 —— 32-15
叛臣 14-8(註)
潘岳(西晉) ← 安仁
—— 妙有姿容 好神情 24-8
又憾 —— 昔遇不以禮 49-2
請 —— 爲表 8-23
潘安仁 → 潘岳(西晉)
內兄 —— 常令鼓琴 12-10
—— 夏侯湛 竝有美容 喜同行 24-10
攀安提萬 18-6
般若波羅蜜
初視維摩詰 疑 —— 太多 8-55
潘陽仲 → 潘滔(西晉) 14-11
潘陽仲 —— 15-31
潘勖(東漢) ← 元茂 7-10(註)

潘元茂→潘勖(東漢)
——作魏公冊命 人謂與訓誥同風 7-10
反猬皮
桓公 鬚如——24-28
半千→員半千(唐) 22-31
半天朱霞
劉訏 超然越俗 如——16-38
班婕妤(西漢)
讒——呪詛 29-4
班彪(東漢)←叔皮
——識劉氏之復興 馬援知漢光之可輔 4-19
勃→周勃(西漢)
——旣出歎曰……安知獄吏之爲貴 20-6(註)
發口鄙穢
溫——33-31
發背
——而卒 46-7
髮白齒落
——屬乎形骸 29-34
拔山力 37-9
拔俗之韻
郭元瑜 少有——28-21
鉢釪
——後王何人 15-99
發火 13-14
房→京房(西漢)
——稽首曰……亦猶後之視今也 19-2
謗經 37-43
放曠
——不拘小節 28-38
芳氣
——經三月不歇 48-6(註)
枋頭(地) 23-14
芳蘭
——當門 不得不鉏 41-1
龐士元→龐統(三國 蜀) 3-8, 17-9
方山(地) 11-25
放生
至——處 5-13
傍若無人 35-8
方外之人
阮——故不崇禮制 33-5
方圓動靜
說請賦——泌逡巡日 願聞其略 22-31
放縱不羈
祖孝徵——47-13
方寸
——湛然 15-78
放蕩不拘
澄——35-8(註)
房太尉→房琯(唐) 16-48, 16-49
龐統(三國 蜀)←士元
——字士元 襄陽人 3-8(註)
龐通之→龐遵(東晉) 13-20
方平→王弘之(南朝 宋)
王弘之字——瑯琊人 28-30(註)
方幅齒遇
李氏在世 得——29-17
方幅會戲 31-12(註)
裴→裴楷(西晉)
——曰 損有餘 補不足 天之道也 1-31
裴景聲→裴邈(西晉)
——淸才 15-31
王夷甫與——志好不同 12-13
拜公
劉王喬若過江 我不獨——15-65
裴寬(唐) 23-19
裴國寶→裴瓚(西晉)
——是裴叔則子 26-3
裴冀州→裴徽(三國 魏)
——釋二家之義 8-4
裴佶(唐)
——與衣冠數人 佯爲奴 求出城 24-48
裴郎→裴啓(東晉)
——作語林 9-17
裵談(唐) 22-28
裵遁(西晉) 27-9(註)
背洛水而坐
以與晉室有讎 常——10-13
裴郎→裴啓(東晉) 38-26
裴令公→裵楷(西晉) 15-10, 15-28, 24-7, 24-11
——有儁容儀 24-12
——歲請二國租錢數百萬 以恤中表之貧者 1-31
阮步兵喪母——往弔之 33-5
培塿
——無松柏 薰蕕不同器 11-10
裴僕射→裴頠(西晉)
——善談名理 混混有雅致 4-6
裴使君→裴徽(三國 魏) 14-10, 15-9
裴成公→裴頠(西晉) 26-5
——作崇有論……惟王夷甫來 如小屈 8-10
裴昭明(南朝 齊)←裴始安

世祖曰 —— 罷郡歸 遂無宅 2-10
裴叔道 → 裴遐(西晉) 15-24
裴叔則 → 裴楷(西晉) 19-13
—— 如玉山上行 光映照人 24-12
—— 營新宅……便推使兄住 1-35
裴始安 → 裴昭明(南朝 齊)
—— 在郡還甚貧罄 2-10
裴榮(東晉) ← 榮期 9-17(註)
裴頠(西晉) ← 逸民, 僕射, 成公 4-6(註), 17-14
北人學問
—— 淵綜廣博 8-20
裴逸民 → 裴頠(西晉) 15-40, 18-17
北征賦
桓宣武命袁彦伯 作 —— 8-43
裴晉公 → 裵度(唐)
—— 不信術數 13-29
裴遐(西晉) 12-8 ← 叔道
河東 —— 共齋羊酒 32-10
俳諧
侯白好 —— 37-41
裴楷(西晉) ← 叔則, 裴令, 令公 1-31(註)
侍中 —— 進曰……侯王得一以爲天下貞 4-4
白 → 白居易(唐)
—— 覽之曰 四人探驪龍……何用邪9-35
伯喈 → 蔡邕(東漢) 7-6(註)
白居易(唐) ← 樂天 9-35(註)
白帢
著 —— 憑兩人 13-1(註)
百斛酒 33-33
百口委卿 46-6
丞相呼周侯曰 —— 周直過不應
百揆
儀刑 —— 15-103
伯禽(周)
—— 之貴 尙不免撻 37-25
白起(戰國) ← 武安君
有 —— 之風 恨量小狹 4-2
伯奇(周)
尹吉甫放孝子 —— 3-6
伯起 → 魏收(北齊) 5-10(註)
百年 → 朱百年(南宋)
—— 自此已 不衣綿帛 2-4
百年丘墟
遂使神州陸沈 —— 38-14
白團扇
上有 —— 甚佳 27-25
伯道 → 鄧攸(西晉) 1-41(註)
伯道 → 殷覬(東晉) 1-50(註)
白頭母
試使恪復求 —— 36-5
白頭翁
諸葛元遜對云 此名 —— 36-5
白頭鳥
曾有 —— 集吳殿前 孫權問群臣 36-5
伯鸞 → 梁鴻(東漢) 1-5(註)
—— 曰 童子鴻 不因人熱者也 滅竈更燃之 1-5
栢梁
—— 雲構 4-33
伯寮 → 公伯寮
孔子大聖……猶有 —— 之愬 29-5
伯倫 ← 山該(西晉)10-18(註)
白綸巾
萬著 —— ……履板而前 32-8
百里奚(春秋)
祖云 —— 亦何必輕於五羖之皮邪 1-39
白馬論
謝安年少時 請阮光祿道 —— 8-21
白馬非馬
—— 馬者所以命形 白者所以命色 8-21(註)
白馬寺 8-34
白傅 → 白居易(唐)
元微之與劉夢得韋楚老在 —— 9-35
伯符 → 孫策(東漢)3-14(註)
白事
作 —— 成 以見存 6-18
白石祠 27-14(註)
白石山(地)
孫興公爲庾公參軍 共遊 —— 15-96
白雪紛紛
—— 何所似 29-30
伯成 → 毛玄(東晉) 4-70(註)
伯成 → 伯成子高(堯舜)
昔 —— 耦耕 不慕諸侯之榮 3-8
白鬚 38-10(註)
伯樂(春秋)
—— 曰 若皐之所觀 天機也 15-71(註)
白眼兒 12-13
伯也執殳
—— 爲王前驅 4-38
白楊 34-16
伯陽 → 老子(春秋)
先君仲尼與君先人 —— 有師資之親 22-5

白楊樹
蕭南郡 除少府……列種——44-13
白羊肉美
——一生未曾得喫 34-5
白玉柄麈尾 24-9
白屋之士
猶握沐吐食 以接——19-3
白衣
趙孝……常——步擔 1-2
伯仁→周顗(西晉) 12-25, 29-17, 36-13
——曰 吾無所憂 直是淸虛日來 滓穢日去耳 4-15
——總角時……一面披衿 46-8(註)
王歎曰 不知我進——退 17-17
百人高會 32-7
白日欲寢 15-9
百錢掛杖頭
阮宣子……以——33-21
白旃檀
林公曰——非不馥 焉能逆風 8-33
白挺
金吾——如雨 6-28
白帝山城
——水門之西 2-14(註)
白粥
謝着故絹衣 食熱——宴然無異 13-5
百行
士有——君有幾 29-9
百行
——以德爲首 29-9
百許函書
殷洪喬作豫章郡……附——33-34
翻→虞翻
——性疏直 數有酒失 44-3(註)
繁弱
——登御 然後高墉之功顯 25-2(註)
樊子昭(東漢) 17-9
翻調安公子曲 30-16
伐國
——不問仁人 11-14
伐荻
今正——不宜久廢 33-36
罰酒
——三升 37-10
伐樵採若
——爲業 2-4(註)
范巨卿→范式(東漢) 27-3
——爲荊州刺史……傭爲新野縣街卒 1-6
范啓(東晉)←榮期 9-14(註)
范逵(西晉)
同郡——素知名 29-21
范丹(東漢)←史雲 1-7(註)
泛宅
浮家——往來苕霅間 28-37
范蠡(春秋 越)←陶朱 20-25(註)
范蠡遊五湖圖 20-25
范孟博→范滂(東漢) 15-3
伐惡退不肖——之風 15-8
范文正→范仲淹(北宋)
滕達道微時爲——館客 23-21
范史雲→范丹(東漢)
——遭黨錮 推鹿車載妻子 以捃拾自資 1-7
犯上
陳仲擧彊於——17-1
抗旌——殺戮忠良 14-21(註)
范宣(東晉)←子宣 31-6
——年八歲……是以啼耳 1-47
——未嘗入公門 28-16
凡所遊履
——皆圖之於室 28-23
范式(東漢)←巨卿 1-6(註)
犯夜
王安期作東海郡 吏錄一——人來 6-11
范曄(南朝 宋)←范蔚宗 27-3(註), 30-2(註), 31-1(註)
孔熙先與——同逆 46-12
——善彈琵琶 能爲新聲 35-21
范榮期→范啓(東晉) 37-16
孫興公……以示——9-14
范汪(東晉)←范玄平 14-23
——至能噉梅 48-9
范雲(南朝 梁)
——沈約之徒 皆引短推長 41-9
范蔚宗→范曄(南朝 宋) 27-25
——臨刑時 妓妾來別 37-33
氾毓(西晉)←稚春
——家世敦睦……衣無常主 1-57
范蜀公→范鎭(北宋)
——素不飮酒 又詆佛敎 9-36
范忠宣→范純仁(北宋) 13-32
——謫永州……輒罵章惇 13-33
范玄平→范汪(東晉) 37-9
——爲人……多數失會 40-9
法虔(東晉)

支道林喪 —— 之後 精神實喪 27-16
法師
支爲 —— 許爲都講 8-39
法崇(唐) 28-24
法暢 → 康法暢(晉)
—— 曰 廉者不求 貪者不與 故得在耳 4-32
法護 → 王珣(東晉)
—— 非不佳 僧彌難爲兄 18-53
法華(書) 6-37(註)
法華經(書) 28-24(註), 37-43
霹靂
時大雨 —— 破所倚柱 12-11
壁立千仞
巖巖淸峙 —— 15-37
僻書
事出南華經 非 —— 也 41-11
躄疾 28-7(註)
僻錯
孫興公有一女 亦 —— 40-12
變怪 44-10
卞鞠 → 卞範之(東晉) 29-27, 29-35
辯給
太叔廣甚 —— 8-42
卞令 → 卞壼(東晉) 35-9
—— 禮法自居 33-31
卞望之 → 卞壼(東晉) 35-9(註)
周伯仁之正 鄧伯道之淸 —— 之節 18-4
—— 之峯距 15-55
—— 云 郗公體中有三反 18-12
辯命論(書) 41-9
邊文禮 → 邊讓(東漢) 17-5
—— 見袁奉高 失次序 3-2
卞範之(東晉) ← 卞鞠 32-14
卞士蔚 → 卞彬(南朝 梁)
—— 弱冠時 爲上虞令 11-35
邊讓(東漢) ← 文禮 3-2(註)
—— 爲九州之被則不足 17-5
辯者
—— 之囿 18-48(註)
卞太后(三國 魏) 46-2(註)
別駕從事(官名) 36-2
別開門
褚遂良 其父亮尙在 乃 —— 47-15
別鵠之曲 16-32
別房
謝太傅劉夫人性忌 不令公有 —— 48-5
別施一榻
—— 云 此是孔長史坐 32-18
別酒 30-14
別穿一梁山泊
—— 一梁山泊 則足以貯此水矣 37-48
鶴操
別 —— 商陵牧子所作 16-32(註)
邴 → 邴原(東漢)
—— 答曰 吾聞 國危不事冢宰 君老不奉世子 10-7
病口吃
汾 —— 貢父爲之贊 37-47
邴根矩 → 邴原(東漢) 10-7
丙吉(前漢) 37-46(註), 47-12
—— 問牛喘 6-13(註)
弁門(地)
—— 歌舞妙麗 閉目不窺 5-22
兵厮
謝公時 兵厮逋亡 多近竄南塘下諸舫中 6-21
邴原(東漢) ← 邴根矩
—— 所謂雲中白鶴 15-5
屛人 45-2
餠一甌
遺之 —— 辭不受 1-58
病酒
劉伶 —— 渴甚 從婦求酒 33-3
秉志彌固 28-11
倂榻
王令詣謝公 値習鑿齒已在坐 當與 —— 44-9
屛風
王光祿如 —— 屈曲從俗 能蔽風露 16-27
寶劍 31-5
譬諸 —— 則世之干將 15-1
步廣里(地) 15-41(註)
寶器
此盌腹殊空 謂之 —— 何耶 36-13
步兵 → 阮籍(三國 魏) 33-10, 33-11, 36-7
輔嗣 → 王弼(三國 魏)
林公 尋微之功不減 —— 15-93
知所遇者 —— 也 8-25
輔嗣 → 何晏(三國 魏) 8-3(註)
菩薩
—— 低眉 所以慈悲六道 5-11
菩薩乘
三乘者……三曰 —— 8-45(註)
保身之道
登曰 君才則高矣 —— 不足 19-9

保全門戶
及此引決 猶可 —— 14-29
報罷
務更張喜激昻者 一切 —— 6-30
襆
日小欲晚 便使左右取 —— 6-20
—— 如今人包袱之類 6-20(頭)
卜居
蘇長公 —— 陽羨 2-23
服虔(東漢) ← 子愼 7-3(註)
—— 旣善春秋 將爲注 7-5
伏臘 39-13
伏滔(東晉) 30-3(註)
袁虎 —— 同在桓公府 38-16
—— 何在 在此不 32-7
伏鸞
世目鄧士載 —— 15-22
伏龍
此間自有 —— 鳳雛 3-8(註)
伏理 30-12
伏魄
正 —— 時過 29-7
僕射(官名) 39-7, 33-32
服散
王大後已小醉 34-4
覆巢 22-6
覆巢之下
—— 復有完卵乎 22-6
服食 28-26
服食
與道士許邁 共修 —— 28-13
服食養性 28-33
鰒魚
劉邕愛食瘡痂 以爲味似 —— 48-10
服淫
手推故是神物 一下而婢子 —— 48-7
服子愼 → 服虔(東漢)
鄭玄欲注春秋傳……時行與 —— 遇宿客舍 7-3
覆刺爲書 19-3
輻輳
敬容居權軸 賓客 —— 35-24
福州(地) 47-16
覆舟山(地)
王劉與桓公 共至 —— 看 11-26
覆酒甕
士衡撫掌大笑……以 —— 耳 8-24
伏波(官名) 46-1
本初 ← 袁紹(東漢) 3-3(註)
峯距
卞望之之 —— 15-55
封溪令(官名) 13-26
奉高 → 袁閬(東漢) 3-2
袁閬字 —— 愼陽人 3-2(註)
鳳德之衰
周侯末年 可謂 —— 也 33-32(註)
俸祿之餘 17-13(註)
鳳鳴朝陽
顧彦先 —— 15-23
鳳毛
大奴固自有 —— 24-29
上大嗟賞日 超宗殊有 —— 9-28
宋武帝嘗稱謝超宗殊有 —— 47-11
蜂目 14-11
鳳翔(地) 45-3
蓬星
泰元二十年九月 出 —— 如粉絮13-18(註)
逢掖
二千石 不如一 —— 32-1
逢人逐牛
—— 牛喘吐舌 37-46(註)
奉任天眞 18-23(註)
鳳莊門 37-37
奉朝請
僕射爲求 —— 2-2
奉天(地) 45-3(註)
奉倩 → 荀粲(三國 魏)
—— 答曰……固蘊而不出矣 8-1, 8-1(註)
鳳雛 24-29(註)
此間自有伏龍 —— 3-8(註)
蓬戶
竺法深……答曰 君自見其朱門 貧道如遊 —— 4-30
封胡 → 謝韶(東晉) 44-8
蓬蒿滿宅
張仲蔚隱居平陵 —— 唯開一行徑 28-3
蓬蒿沒人
所居 —— 沒人 28-3(註)
裒 → 褚裒(東晉)
—— 簡穆有器識 15-70(註)
浮家
—— 泛宅 往來苕霅間 28-37
不可無一
—— 不可有二 18-54

不可復測 49-4
不可不與飮
　勝公榮者……又 —— 33-8
不改其樂
　下官不堪其憂 家弟 —— 28-15
赴客 27-5
苻堅(前秦) 13-13(註), 28-10
　宏 —— 太子也 38-31(註)
　旣爲 —— 所禽 用爲侍中 4-69
　—— 滅樊鄧 素聞鑿齒名 37-13
　—— 將問晉鼎 14-27
不競之地
　吾欲使汝處 —— 2-2
符宏(前秦)
　—— 叛來……每加接引 38-31
不交非類
　王獻之性甚整峻 —— 44-9
不求聞達
　述少貧約 簞瓢陋巷 —— 15-87(註)
不拘細行 33-30(註), 33-38(註)
不拘小節 35-27
　許謹選放曠 —— 28-38
富貴它人合
　—— 貧賤親戚離 41-5(註)
符起(西漢)
　董仲舒放孝子 —— 3-6
不忌之德 48-5
負羈之妻
　—— 亦親觀狐趙 29-14
不能已已 16-15
不能駐其年
　文王期盡 聖子 —— 46-9(註)
傅蘭碩 → 傅嘏(三國 魏) 15-10
符朗
　—— 初過江 王咨議大好事 37-23
傅亮(南朝 宋) 14-14
膚立
　蔡叔子云 韓康伯……然亦 —— 18-35
傅茂遠 → 傅昭(南朝 梁)
　—— 泊然靜處 不妄交遊 2-15
不問馬
　—— 何由知其數35-13
傅密 15-42(註)
俯伏不能興
　有拜之者 —— 37-46(註)
富不如貧
　—— 貴不如賤 28-4
傅粉 24-3
父尙如此
　—— 復何所辟 22-6(註)
副書 16-45
傅說(殷商)
　見築者胥靡 衣褐於傅巖之野 是謂 —— 3-5(註)
傅昭(南朝 梁) ← 茂遠 2-15(註)
傅巖
　見築者胥靡 衣褐於 —— 之野 是謂傅說 3-5(註)
富與貴
　—— 是人之所欲 46-11
府奧
　己之 —— 蚤已傾寫而見 15-80
婦翁氷淸
　—— 女壻璧潤 15-24
芙蓉池 32-16
傅瑗(南朝 宋) 14-14
釜庾
　焉得愛 —— 之間 6-5
富擬王公
　嶠性不通 治家 —— 而至儉 42-1(註)
婦人德
　—— 不足稱 當以色爲主 48-2
夫人王氏(北宋) 13-33(註)
夫人王氏 → 王韞秀(唐)
　—— 韞秀 少有識量節槪 29-39
夫人有短
　—— 所以見長 18-56
婦人才色
　—— 竝茂爲難 48-2(註)
婦人之言
　—— 愼不可聽 33-3
婦人之諱
　—— 不出門 11-19(註)
剖人充膳 18-47
符子(書) 37-23(註)
父慈子孝
　—— 家之盛也 19-7
父子之間
　—— 肅如也 36-1(註)
不才明主棄 41-10
不節 23-12
不點目精
　顧長康畵人 或數年 —— 31-9
負重致遠

—— 曾不若一羸犉 38-14
不知我進
—— 伯仁退 17-17
不持節檢 34-5(註)
仆地蛻形
中道 —— 仙去 35-33(註)
不知何署 35-13
傅暢(西晉)
北地 —— 中山劉輿 32-10
膚淸
弘治 —— 衛虎奕奕神令 18-24
否泰不窮 20-1
負版絝
才如白地明光錦 裁爲 —— 9-19
傅嘏(三國 魏) ← 蘭石
—— 善言虛勝 荀粲談尙玄遠 8-4
何晏鄧颺夏侯玄 竝求 —— 交 14-8
腐刑 36-22(註)
傅翽(唐)
後 —— 代爲山陰 6-24
北京(地) 33-25
北固(地)
荀中郎在京口 登 —— 4-50
北面稱弟子
故泰山太守應仲遠 —— 3-3
北門
衛詩 —— 4-56(註)
北門之歎
李答曰 —— 久已上聞 窮猿奔林 豈暇擇木 4-56
北伐 21-7
北府
郗司空在 —— 桓宣武惡其居兵權 21-6
北使
時 —— 至 內宴 26-19
北山(地) 28-33
北人 27-30
—— 忿毒 構造於帝 27-29(註)
北渚(地)
仲長子光隱居 —— 26-14
北齊徐之才之風 34-23(註)
北夏門拉攞
元裒如 —— 33-18
北海(地) 49-1
北海 → 孔融(東漢) 3-4(頭)
—— 何如人乎 3-5(頭)
奮 → 滿奮(西晉)
—— 答曰 臣猶吳牛見月而喘 4-5
焚裘
企生母胡……卽日 —— 1-51
焚其券
無由得論地上事 遂 —— 6-25
粉帛
動靜 —— 不去手 24-3(註)
粉本
臣無 —— 竝記在心 31-15
盆盎之水
管曰 其才若 —— 14-10
分義
與同 —— 14-1
墳籍 37-43
墳典 15-90(註)
—— 自娛 15-23(註)
佛家無諍 9-32
佛經
—— 以爲……則聖人可致 8-51
殷中軍見 —— 云理亦應阿堵上 8-18
殷中軍被廢東陽 始看 —— 8-55
佛敎
范蜀公素不飮酒 又詆 —— 9-36
佛大 → 王忱(東晉) 1-52(註)
佛圖澄(西晉) 4-43
佛法
何子季與周彦倫……精信 —— 9-23
不復使人思
出戶去 —— 16-5
不負其才
不知者 —— 知之者無取其體 18-34
不使人厭
安北見之 乃 —— 16-5
佛性
一切衆生 皆有 —— 8-51(註)
不須衣幘
但前 —— 32-8
不食而死 29-2(註)
王莽徵之 —— 27-1(註)
不臣之心
敦有 —— 15-56(註)
—— 形于音迹 46-10(註)
不如一經 32-17(註)
不如卽時
—— 一桮酒 33-23
不欲苦物

長史 自 —— 15-88
不虞
可潛稍嚴 以備 —— 12-16
不違子道
朝夕孜孜 —— 19-4(註)
不疑 → 羊不疑(東晉) 31-13
不意衰宗
—— 復生此寶 22-16
不衣自煖
太祖謂四座曰……使人 —— 16-34
不意天壤之中
—— 乃有王郎 44-8
不宜親近火光
—— 令照見人主 22-14
不出三年
—— 當致天子 30-10
不取
—— 自當得賜 22-25
不托 13-32(註)
不必得則不爲
觀其蒱博 —— 14-26
不恒相似
—— 時似耳 37-14
不好琴
玄宗 —— ……叱琴者出 48-12
不諱
捷卿有 —— 可謂無復有神理 16-48
非 → 韓非(戰國 韓)
恐是昌家 又疑 —— 類 37-47
—— 爲人口吃 37-47(註)
比干(殷商) 13-23
比肩
與伏滔 —— 亦何辱如之 38-16
非獨公愛
—— 我亦愛也 35-35
肥遁 28-8(註)
毘陵(地)
遂還 —— 不復買地 2-23
鄙吝之心
周子居常云……則 —— 已復生矣 1-8
費文偉 → 費禕(三國 魏) 12-5
董休昭與 —— 欲共會其葬所 12-3
鄙朴
張子臺 視之似 —— 人 1-27
非拔山力
—— 所能助 37-9
飛白 30-16(註)
秘府
其家聚書 侔於 —— 32-23(註)
賁辭 16-1(頭)
秘書 → 謝瑍(南朝 宋)
—— 早亡 談者亦互有同異
非所望於蕭傅 20-21
碑頌
唯爲郭有道 —— 1-11(註)
匕首 13-31
非是 35-22
鄙言
太眞終日無 —— 33-31
非汝莫能 20-1
非吾徒也
龔生 竟夭天年 —— 27-1
鼻者面之山
—— 目者面之淵 36-17
悲田乞兒
上可陪諸佛菩薩 下陪 —— 34-26(註)
比蹤英傑
令婦人 —— 29-12
琵琶
范曄善彈 —— 35-21
在大市中佛圖門樓上彈 —— 33-29
悲彭城 21-11
悲平城
尙書令王肅曾於省中 詠 —— 詩 21-11
誹諧雜說 37-41(註)
邠國公 → 杜黃裳(唐)
杜黃裳……封 —— 2-19(註)
貧道
支曰 —— 重其神駿 4-42
斌亮 → 曇斌, 慧亮
安汰吐珠玉於前 —— 振金聲於後 16-37
鬢髮如墨
眉目分明 —— 24-41
嬪王尙主
諸女子姪皆 —— 20-15(註)
貧者士之常
—— 焉得登枝而捐其本 1-49
貧者士之宜
—— 豈爲鄙哉 1-6
氷 → 庾氷(西晉)
會康帝崩 兄 —— 薨 36-20(註)
冰衿 20-2

【ㅅ】

汜→范式(東漢) 1-6(註)
謝→謝靈運(南朝 宋)
——答曰 將不畏影者 未能忘懷 4-76
謝→謝萬(東晉)
——曰 故當淵注渟著 納而不流 4-53
謝→謝尙(東晉)
——注神傾意 不覺流汗交面 8-30
謝→謝石(東晉)
——知其貧潔 遣女必當率薄 1-56
謝→謝安(東晉)
——曰 身不蕭灑……身正自調暢 16-17
——曰 阿敬近撮王劉之標 18-43
——着故絹衣……宴然無異 13-5
支謂——曰 君一往奔詣 故復自佳耳 9-16
謝→謝莊(南朝 宋)
——曰……竊爲陛下杜郵之賜 5-4
思→左思(西晉)
——乃詢求於皇甫謐……遂爲作敍 8-41
——貌醜頳 不持儀飾 24-8(註)
士簡→張率(南朝 梁)
——笑曰 壯哉雀鼠 13-25
謝康樂→謝靈運(南朝 宋) 37-32
——因父祖……甚厚 34-15
顔延之嘗問鮑明遠已詩與——優劣 9-28
使客臥下牀
自上大牀臥——3-10
謝車騎→謝玄(東晉)
——在安西艱中 8-49
謝居士→謝敷(東晉) 28-19
寺卿(官名)
——蔡子度 2-16
謝慶緖→謝敷(東晉) 28-19
謝景重→謝重(東晉) 39-3(註)
——在坐答曰 意謂乃不如微雲點綴 4-72
——詣太傅 時賓客滿中 37-27
謝景滌→謝覽(南朝 梁) 24-45
士季→鍾會(三國 魏)
魏志曰 會字——繇少子也 7-11(註)
師古→李師古(唐) 2-19(註)
斜谷口
於——爲諸葛武侯鑄刀三千口 30-6
謝鯤(西晉)←幼輿, 豫章 18-1, 19-15, 27-11, 33-17
晉陽秋曰——字幼輿 陳郡人 12-15(註)
于時——爲長史 15-48
司空(官名) 19-16
謝公→謝安(東晉) 4-51, 4-60, 11-18, 11-29, 14-12, 15-52, 15-92, 16-6, 16-12, 16-13, 16-15, 16-16, 16-17, 18-9, 18-28, 18-41, 18-46, 22-23, 23-12, 23-15, 24-35, 24-37, 24-38, 33-37, 35-11, 35-16, 36-23, 37-11, 37-7, 38-26, 38-29
——……答曰 小兒輩大破賊 13-13
——……於田曹中郎趙悅子 32-12
——……歎曰 若郗超聞此語 必不至河漢 4-51
——濃至 18-8
——不許云 若不容置此輩 何以爲京都 6-21
——時……多近竄南塘下諸舫中 6-21
——與人圍棋 俄而謝玄淮上信至 13-13
——曰 吉人之辭寡 18-40
——云 先輩初不臧貶七賢 18-38
——云 賢聖去人 其間亦邇 4-51
——在東山……安石必出 14-13
林道人詣——……體未堪勞 8-48
孫長樂兄弟……言至款雜 38-18
王東亭與——交惡 27-19
王令詣——……當與併榻 44-9
長史虛 劉尹秀 謝公融 18-8
郗嘉賓 嘗三伏之月詣——13-5
謝公→謝靈運(南北朝) 26-10
司空→王昶(西晉)
——以其癡會無婚處 29-18
司空→褚淵(南朝 齊) 11-37
司空→郗愔(東晉) 29-26
四公→周弘直(南朝 陳)
——不得有助 9-25
謝公夫人(東晉) 29-25
司空表聖→司空圖(唐)
——預爲壙 13-30
四科
仲尼之門 考以——3-3
思曠→阮裕(東晉) 1-42(註)
思光→張融(南朝 齊) 2-12(註)
師曠吹律
——識南風之不競 30-4
使君 13-16(註)
使君輩
——從此中出入 37-3
謝朏(南朝 梁)←敬冲
王答曰——得父膏腴 江淹有意 9-29

謝幾卿(南朝)
　—— 靈運之曾孫 超宗子也 34-17(註)
辭氣不撓
　下獄被責 望風吐款 —— 46-12
謝郎 → 謝尙(東晉)
　殷徐語左右 取手巾與 —— 拭面 8-30
死寧不同穴
　生縱不得與郗郎同室 —— 29-29
射堂 16-21
士大夫
　乞作 —— 11-38
四德
　婦有 —— 29-9
邪德 11-14
司徒長史(官名) 34-10(註)
　宋太祖嘗面許張思光爲 —— 37-35
謝朗(東晉) ← 長度, 胡兒, 東陽 4-55(註)
思慮通長
　殷中軍 雖 —— 然於才性偏精 8-38
沙礫 37-16
謝靈運(南朝 宋) ← 康樂 11-30(註), 39-9(註)
　—— 好戴曲柄笠 4-76
　王令明素不與 —— 相識 16-26
　會稽太守孟顗佛精懇 而爲 —— 所輕 39-1
司隷校尉(官名) 22-5
士龍 → 陸雲(西晉) 11-1, 15-18
思理
　張參軍少有 —— 爲國子助教 9-25
樝梨
　—— 橘柚 各有其美 18-51
司馬(官名) 36-23, 37-7
司馬建公 → 司馬防(東漢)
　—— 嘗擧曹公爲北部尉 36-1
司馬景王 → 司馬師(三國 魏)
　—— 東征……以爲從事中郎 4-3
司馬公 → 司馬懿(三國 魏) 14-7
司馬君實 → 司馬光(北宋)
　—— 直言王介甫不曉事 39-19
司馬德操 → 司馬徽(東漢) 3-8
司馬梁王 → 司馬珍之(東晉)
　外白 —— 奔叛 23-16
司馬文王 → 司馬昭(三國 魏) 10-12
司馬愍王 → 司馬丞(東晉)
　王大將軍執 —— 49-7
司馬伯達 → 司馬朗(東漢)
　何不從陳長文 —— 乎 38-1
司馬師(三國 魏) ← 子元, 司馬景王, 晉景王 4-3(註)
司馬相如(西漢) ← 長卿 8-7(註)
　阮籍何如 —— 34-7
司馬宣王 → 司馬懿(三國 魏) 10-11(註)
　諸葛武侯與 —— 治軍渭濱 12-2
　自是孫仲謀 —— 一流人 24-28
司馬世雲(南北朝) 47-13
司馬承禎(唐) ← 正一先生
　—— 將還山 39-14
司馬子如(北齊) 35-29
司馬長卿 → 司馬相如(西漢)
　子春語衆人曰……正似 —— 游獵賦 8-7
司馬遷(西漢) 36-22(註)
司馬太傅 → 司馬道子(東晉) 16-22, 18-48, 49-5
　—— 齋中夜坐 4-72
　王爽與 —— 飮酒 11-31
謝萬(東晉) ← 萬石, 阿萬, 中郎 4-53(註), 15-89,
　32-8, 35-11, 35-16, 37-15
　—— 作八賢論……小有利鈍 9-18
　—— 就太傅 乞裘 19-18
思曼 → 張緖(南朝) 2-12, 25-4
謝萬石 → 謝萬(東晉) 13-10
　—— 在林澤中 爲自遒上 15-84
謝望蔡 → 謝琰(東晉)
　王興道謂 —— 霍霍如失鷹師 38-33
寫貌
　玄宗忽思……令往 —— 31-15
謝無奕 → 謝奕(東晉)
　—— 性麤彊 44-7
沙門不得爲高士論 38-27
沙門訟田
　梁時有 —— 21-8
思伯 → 賈思伯(北魏)
　—— 曰 衰至便驕 何常之有 5-14
絲百斤
　鬲令袁毅在政貪濁……嘗遺山巨源 —— 1-29
四本 8-38
　—— 者 言才性同 才性異 才性合 才性離也 7-11(註)
　殷乃歎曰 使我解 —— 談不翅爾 8-58
四本論(書)
　鍾會撰 —— 7-11
謝奉(東晉) ← 弘道, 安南 15-101
謝夫人(東晉) 44-8
　—— 嫠居會稽 29-32
　桓南郡問 —— 4-73
射殺牛 13-27

射殺後妻
吉甫乃求伯奇於野 而 —— 3-6(註)
謝尙(東晉)←仁祖, 堅石, 鎭西 4-28(註), 15-95
死生有命
—— 富貴在天 29-4
死生異路
—— 永從此辭 27-3
謝石(東晉)←石奴 1-56(註)
謝石奴→謝石(東晉)
—— 請吳隱之 爲衛將軍主薄 1-56
謝宣明→謝晦(南朝 宋) 11-32
謝宣映→謝絢(南朝 宋)
—— 曾於公坐 戲調其舅袁湛 39-3
社樹 36-14
寫水著地
譬如 —— 正自縱橫流漫 略無正方圓者 8-52
謝叔源→謝混(東晉) 16-25, 26-11
景文方 —— 則爲野父矣 24-43
謝侍中→謝瀹
齊高宗……報 —— 13-24
四時之氣
謝太傅絶重褚公 常稱……而 —— 亦備 1-44
四十强仕
北方高凉 —— 2-16(註)
事十主
道爲宰相……身 —— 11-42
謝安(東晉)←安石, 太傅, 謝公, 文靖, 僕射, 侍中 8-53(註), 13-6, 13-7, 37-1
文字志曰 —— 字安石 奕弟也 1-44(註)
—— 年少時 請阮光祿道白馬論 8-21
太傅 —— 賞宏機捷辯速 4-58(註)
士安→皇甫謐(西晉)
—— 曰 柳爲布衣時……非心所安 1-28
謝安南→謝奉(東晉) 4-58, 13-12
—— 淸令不如其弟 18-23
謝安石→謝安(東晉) 9-15, 18-31
桓公見 —— 作簡文謚議 9-15
謝遏→謝玄(東晉) 18-38
—— 絶重其姊 張玄常稱其妹 29-33
王江州夫人 語 —— 29-31
謝瀹(南朝 齊)←謝侍中 11-38
士言→祖納(西晉) 1-39(註)
肆言極罵 44-7
乃故詣王 —— 12-13
謝琰(東晉)←瑗度, 末婢, 望蔡 49-5(註)
死塢壁間
志大其量 終當 —— 14-19
士瑤→陸玩(東晉) 6-12(註)
死姚崇
—— 能算生張說 40-13
死友 27-3
死于几下 19-11(註)
史雲→范丹(東漢) 1-7(註)
—— ……言麥已雜 誓不肯受 1-7
思遠→孔覬(南宋) 2-3(註)
—— 以臥具覆之 2-4
士元→龐統(三國 蜀) 3-8(註)
—— 從車中謂曰 吾聞丈夫處世……而執絲婦之事 3-8
思遠→王思遠(南朝 齊)
—— 立身簡約 20-16(註)
謝元正→謝貞 22-27
思緯淹通
殷中軍 —— 比羊叔子 18-11
史游(西漢)
—— 作急就章 20-1
謝幼輿→謝鯤(西晉) 15-41, 32-4, 36-14
顧長康畫 —— 在巖石裏 31-10
—— ……除名 12-15
謝孺子(南朝 宋)
—— 特善聲律 5-6
辭義鋒起
靈運 辯博 —— 16-26
死以靑蠅
—— 爲弔客 44-3
謝益壽→謝混(東晉) 24-42
恨不得 —— 奉壓紱 26-11
使人忘寒暑
庇其宇下 —— 15-36
使人思安豐 33-28
謝仁祖→謝尙(東晉) 14-24, 15-85, 18-19, 24-33, 33-28, 47-4
若饑 自當就 —— 索食 11-23
見 —— 恒令人得上 18-13
王長史 —— 同爲王公掾 33-28
袁彦道有二妹……一適 —— 26-9
社日
王叔治七歲喪母 母以 —— 亡 1-22
蜡日 17-11
謝子微→謝甄 15-8
師資之親
先君仲尼與君先人伯陽 有 —— 22-5
謝莊(南朝 宋)←希逸 5-4(註), 11-38(註), 16-33(註),

20-11(註)
宋孝武選侍中四人 竝以風貌 王彧——爲一雙 24-43(註)
王彧——竝在坐 16-32
舍長立少
——旣於理非倫 11-4(註)
謝長史←謝幾卿(南朝)
——性通脫 會意便行 34-17
史才
習鑿齒——不常 宣武甚器之 9-4
士載→鄧艾(三國 魏) 4-1(註)
瀉箸梁柱間地 19-16
師正→潘師正(唐)
——對曰 臣所須者 茂松淸泉 山中不乏 5-15
謝眺驚人詩 23-20
士卒聞之
——口皆出水 40-2
謝綜(南朝 宋) 37-33
嗣宗→阮籍(三國 魏) 1-24(註)
司州→王胡之(東晉) 18-6
——可與林澤遊 16-3
——造勝遍決 16-6
林公在——前 亦貴徹 18-9
謝重(東晉)←景重 4-72(註)
謝中郎→謝萬(東晉) 4-53, 16-2
舍中三徑
蔣元卿——28-2
謝中書→謝莊(南朝 宋) 5-4
仕至二千石
——此可以止乎 29-13
謝鎭西→謝尙(東晉) 9-10, 15-66, 16-9, 32-13, 33-38
——……爲眞長求會稽 38-15
——少時……故往造之 8-30
——著紫羅襦……作大道曲 33-29
殷顗庾恒 竝是——外孫 38-29
謝車騎→謝玄(東晉) 13-13(註), 16-15, 16-19, 18-48, 24-37
——出曲阿祖之 37-18
王僧彌——共王小奴許集 13-16
謝參軍→謝超宗(南朝 齊) 16-34
四體妍蚩 31-9
謝超宗(南朝 宋)←謝參軍
——好學……爲新安王子鸞常侍 9-28
宋武帝嘗稱——殊有鳳毛 47-11
似醉不醉 36-23(頭)
奢侈過度
——物議貶之 43-11(註)
四殆
說王以——38-6
謝太傅→謝安(東晉) 4-49, 4-54, 4-67, 12-20, 13-12, 15-60, 15-71, 15-74, 16-3, 16-5, 16-8, 18-36, 18-39, 18-42, 18-43, 18-51, 28-15, 29-30, 38-25
符宏叛來歸國——每加接引 38-31
——盤桓東山時……汎海戲 13-8
——問主簿陸退 9-6
——劉夫人性忌 不令公有別房 48-5
——語王右軍曰…… 輒作數日惡 4-41
——曰 當爾時 覺形神俱往 4-23
——爲桓公司馬 15-94
——絶重褚公 常稱……而四時之氣亦備 1-44
羊曇 少爲——所知 27-20
王國寶搆——……太傅患之 20-7
桓玄欲以——宅爲營 20-8
賜酺
玄宗嘗——三日 6-28
四海所知
季舒酒狂——19-13
士行→陶侃(東晉) 4-28(註)
謝奕(東晉)←無奕, 安西 1-43(註), 8-49(註)
——作剡令……謝以醇酒罰之 1-43
謝玄(東晉)←幼度, 車騎 4-54(註), 45-1
謝公與人圍棋 俄而——淮上信至 13-13
郗超與——不善 14-27
思玄→江彪(東晉) 11-8(註)
謝玄暉→謝朓(南朝 齊) 2-7
——頗輕江祏 49-8
士衡→陸機(西晉) 4-10(註), 15-18
——撫掌大笑……以覆酒甕耳 8-24
謝譓(南朝 梁)
——不妄交接 35-19
謝胡兒→謝朗(東晉) 4-55
謝虎子→謝據(東晉)
——嘗上屋熏鼠 47-9
司戶參軍(官名)
宰相只作彼州——他州何可及 37-45
肆酷 49-7
謝混(東晉)←叔源, 益壽, 望蔡 24-43, 37-24
——曰 召伯之仁……更不保五畝之宅 20-8
——風鑑爲江左第一 24-41
謝弘微→謝密(南朝 宋)
——……與人未嘗有牾 44-11
仕宦之捷徑 39-14

社會
王叔治七歲喪母……隣里修——1-22
謝晦(南朝 宋)←謝宣明 13-21, 26-11
——美風姿……鬢髮如墨 24-41
死孝
臣以和嶠生孝 王戎——1-25
士休→賈思伯(北魏) 5-14(註)
四凶
唐堯在上——在下 36-2
謝希深→謝絳(北宋)
錢文僖留守西都——歐陽永叔同在幕下 32-23
朔方從事
爲郭子儀——2-19(註)
山簡(西晉)←山季倫
王戎喪兒……——往省之 27-9
山巨源→山濤(西晉) 15-10, 15-13, 15-27
鬲令袁毅在政貪濁……嘗遺——絲百斤 1-29
山季倫→山簡(西晉)
——爲荊州 時出酣暢 33-13
山谷→黃庭堅(北宋) 9-37
山公→山濤(西晉) 4-54(註), 6-9, 14-9, 15-12, 15-14, 24-6
——擧康子紹爲秘書丞 6-9
——……契若金蘭 29-14
——大兒著短帢……武帝欲見之 10-18
嵇阮以識推——1-29(頭)
散騎→何子朗(南朝 梁)
何參軍與族弟水部——俱擅文名 9-30
散騎郎(官名)
使孔熙先年三十 作——那不作賊 46-12
散騎之省 4-75
山濤(西晉)←巨源, 司徒, 山公 1-29(註), 4-54, 14-16
——……乃歎曰 生兒不當如王夷甫邪 14-16
——以下 魏舒以上 15-21
山濤以下
——魏舒以上 15-21
散動
每病輒云——以爲佳 3-12(頭)
山陵 11-25, 41-4(註)
鄧竟陵免官後 赴——41-6
至——亦竟不臨 29-7
孝武——夕 王孝伯入臨 27-23
散髮裸袒
——閉室酣飮 33-17
散髮坐牀
——箕踞不哭 33-5
山不高則不靈
——淵不深則不淸 36-17
山賓→明山賓(南朝 梁)
——七歲能言玄理……居喪盡禮 2-13(註)
山司徒→山濤(西晉)
——前後選 殆周遍百官 擧無失才 6-7
山少傅→山濤(西晉) 14-9
山水弋釣之娛
東土人士營——28-13
山水第一 31-15(註)
山水之美
——使人應接不暇 4-64(註)
山陽王家
此東數十里無村落 止有——墓耳 8-25
潸然
權——對曰 亡伯令聞夙彰……然胤絶聖世 4-48
山陰(地) 33-33
山陰令
劉玄明甚有吏能 歷建康——政常爲天下第一 6-24
山者銅之母
銅者山之子——8-59(註)
山賊 34-15
山鳥集其掌
每旦出戶——取食 28-26
山中不乏
茂松淸泉——5-15
山中宰相
時謂——32-19
山該(西晉) 10-18(註)
殺賈充
司馬文王問侍中陳泰曰 何以靜之 泰云 惟——以謝天下 10-12
撒鹽空中
兄子胡兒曰——差可擬 29-30
撒鹽之俗
有女子風致 愈覺——29-30(頭)
殺吳兒
賀太傅……曰 不可啼——6-6
三見而三笞
伯禽與康叔見周公——37-25(註)
三公 37-34
——典調和陰陽 37-46(註)
以我爲——是天下無人矣 19-16(註)
——典調和陰陽 37-46(註)
三光 27-28
三君 17-1(註)

三軍
葛巾毛扇 指麾 —— 12-2
參軍椿 29-38(註)
三君之下
仲擧遂在 —— 17-1
三年少
王家有 —— 右軍安期長豫 15-53
三年炭
寧食 —— 不逢楊德幹 6-26(註)
三代 28-6
三塗
—— 八難 共所未免 9-23
三都 9-5
三都賦
陸士衡入洛 擬作 —— 8-24
左太冲作 —— 初成時人互有譏訾 8-41
三明
汰法師云 六通 —— 同歸 正異名耳 8-40
三反
卞望之云 郗公體中有 —— 18-12
三百餘栝
玄歆 —— 3-3(註)
三百五十九日齋
一歲三百六十日 —— 一日不齋醉如泥 10-6
三輔(地) 10-2
三伏
胡毋彦國至湘州 爾時 —— 中 33-19
郗嘉賓 嘗 —— 之月詣謝公 13-5
三石頭(地) 28-30
三乘 8-40(註)
—— 佛家滯義 支道林分判 使三乘炳然 8-45
三十年孤居一室
妻亡不再娶 —— 28-36(註)
三十而立 25-4
三十便衰
南方卑濕 —— 2-16(註)
三陽
唯固 —— 可以有後 29-24(註)
森然與槐柳齊列 37-40
三月三日
—— 會作詩 37-10
芟夷朝臣
桓宣武……議 —— 13-7
三日僕射
時人謂之 —— 33-32
三日不讀書
—— 則理義不交於胸中 5-23
三日不死 29-4(註)
三日不醒
恒大飮酒 嘗經 —— 33-32
三日不飮酒 34-8
三才
太傅府有 —— 15-31
三祖壽樂器
—— 虺瓦弔孫家兒打折 38-20
三騶 34-17
三峽(地) 14-26
桓公入蜀至 —— 中 41-3
三横 25-1
揷齒牙
—— 樹頰頦 吐脣吻 17-9(註)
尙 → 謝尙(東晉)
—— 率易挺達 超悟令上也 15-95(註)
—— 自然令上 15-95
祥 → 王祥(西晉)
方盛寒冰凍 母欲生魚 —— 解衣 1-23(註)
尙 → 袁尙(東漢) 19-4(註)
上客
終爲諸侯 —— 15-51
相公問否 37-46
上官昭容(唐)
命 —— 選一首 爲新翻御製曲 18-57
商丘子
孫綽作列仙 —— 贊 38-17
相國門
楊德祖爲魏武主簿時 作 —— 21-1
想君小時
—— 必當了了 22-5
爽氣 35-14
常奴
若不如方回 故是 —— 耳 18-14
上黨
司馬景王東征 取 —— 李喜 以爲從事中郎 4-3
霜臺籠日
康樂凜凜 如 —— 16-25
上頓
自號 —— 34-8(註)
湘東王 → 蕭繹(南朝 梁) 20-18(註), 37-39
—— 繹入捘臺城 20-18
昭明與 —— 繹書 27-27
牀頭捉刀人
—— 此乃英雄也 14-6

商陵牧子
　別鶴操 —— 所作 16-32(註)
上理不減先帝 22-23
上林苑
　牧豕 —— 中 1-5(註)
相馬
　九方歎之 —— 略其玄黃 取其駿逸 15-71
上馬舞矟 23-11
上明(地) 28-10
喪明之責
　已無延陵之高 豈可有 —— 12-4
賞募 33-33
常伯熊 → 常魯(唐)
　陸鴻漸與 —— 皆精茶理 46-13
相士 14-12
爽爽
　人中 —— 何子朗 16-35
上牀鼓琴 27-12
尙書 → 何晏(三國 魏)
　—— 含笑贊之曰 可謂要言不煩 3-13
尙書僕射(官名) 4-15(註), 9-24(註), 11-3(註), 24-29(註), 32-17(註), 35-29(註), 37-41(註)
　王敬弘爲 —— 34-13
向秀(魏晉) ← 向子期
　—— 於舊注外 爲解義 8-19
相術
　裕甚精 —— ……未嘗不撲之於地也 41-1(註)
常侍(官名) 9-28
相識已多
　—— 不煩復爾 11-27
象牙籌
　常以 —— 晝夜算計家貲 42-2(註)
商鞅(戰國)
　謝答曰 秦任 —— 二世而亡 豈淸言致患邪 4-49
尙藥(官名) 47-14
相與似有瓜葛
　丞相笑曰 詎得爾 —— 36-15
相王 24-35
相王 → 司馬昱(東晉) 8-56
　—— 好事 不可使阿訥在坐頭 38-32
象外
　—— 之意繫表之言 固蘊而不出矣 8-1
商容
　陳曰 武王式 —— 之閭……有何不可 1-9(註)
上虞(地)
　孝女曹娥者 —— 人 21-3(註)
上虞江(地) 28-30
上虞令(官名)
　卞士蔚弱冠時爲 —— 11-35
向雄(西晉) ← 茂伯 11-3
相爲脣齒
　王緖王國寶 —— 竝弄權要 20-6
桑榆
　年在 —— 4-41
常遺世務
　胡之 —— 以高尙爲情 16-3(註)
桑榆之光
　—— 理無遠照 20-4
上人箸百尺樓上
　—— 儋梯將去 41-5
向子期 → 向秀(魏晉) 18-26, 35-5
向子平 → 向長(東漢) 28-4
向長(東漢) ← 向子平
　後漢書曰 —— 河內朝歌人 28-4(註)
桑田
　去墓數十里皆爲 —— 30-11
尙主
　王敦初 —— 如厠 見漆箱盛乾棗 47-5
湘州(地) 29-35(註)
　胡母彦國至 —— 爾時三伏中 33-19
上柱國 29-3
湘中(地)
　羅君章可謂 —— 之琳琅 15-66
尙之 → 何尙之(南朝 宋) 35-18
喪妻
　王孝孫早歲 —— 有一子 33-16
桑樞 3-8(註)
　原憲 —— 不易有官之宅 3-8
常醉 34-19
桑椹
　—— 甘香 鵙鶚革響 4-69
尙平之志
　宗少文好山水…… 欲懷 —— 28-23
霜下之松竹
　隆公……若 —— 16-39
翔鴻 28-21
璽紱 11-37
　恨不得謝益壽奉 —— 26-11
塞鼻
　王敦初尙主……本以 —— 47-5
璽綬
　趙王簒逆 樂令親授 —— 18-28

賽車下牛 27-14(註)
索食
若饑 自當就謝仁祖 —— 11-23
索靖(西晉) 26-15
—— 有先識遠量 14-15
生公 → 竺道生(南朝 宋)
—— 弟子道猷 9-22
生老病死 13-29
生母狗馨
顧看兩王掾 輒翣如 —— 8-31
生芳蘭竟體 24-45
生兵
至金賊又添 —— 47-19
生不得行胸懷
—— 雖壽百歲 猶爲夭也 44-13
生不相識
—— 徑往哭之 33-6(註)
生我名者
—— 殺我身 28-25
生兒
—— 不當如王夷甫邪 14-16
生魚
母欲 —— 祥解衣 將剖冰求之 1-23(註)
生業
謝康樂因父祖之資 —— 甚厚 34-15
生友 27-3
生日 20-25
生天
卿 —— 當在……在靈運後 39-1
生孝
臣以和嶠 —— 王戎死孝 1-25
諝 → 荀爽(東漢)
荀爽一名 —— 3-7(註)
舒 → 王舒(東晉)
—— 果沈含父子于江 14-21
棲丘飲谷
—— 三十餘年 28-23(註)
西軍 49-5(註)
書裙數幅
獻之 —— 而去 31-13
西南風急
—— 或至覆舟 44-11
徐寧(東晉) 15-68
書簏
卿讀書雖多 而無所解 可謂 —— 矣 29-32(註)
徐陵(南北朝) ← 孝穆, 徐常侍 5-9(註), 22-26
黍離之哀
雖榱桷惟新 便自有 —— 27-23
徐勉(南朝 梁) 11-39, 14-30, 24-45
嘗以書于僕射 —— 勉大賞異 37-43(註)
西門 13-28
胥靡
見築者 —— 衣褐於傅巖之野 是謂傅說 3-5(註)
犀柄麈尾
以 —— 箸柩中 因慟絶 27-15
徐傅 → 徐羨之(南朝 宋), 傅亮(南朝 宋) 13-21
徐悱(南朝 梁)
嫁瑯琊王叔英 吳郡張嵊 東海 —— 29-37
徐師川 → 徐俯(南宋) 28-41
書四千許卷
亡父賜書 —— 29-6
徐常侍 → 徐陵(南朝 陳) 5-9
—— 聘齊 39-8
徐羨之(南朝 宋) ← 徐傅 13-21
西施(春秋) 38-6
郭答曰 譬如見 —— 何必識姓名然後 知美 4-12
徐野民 → 徐廣(東晉)
桓玄篡立 —— 獨哀感 涕泗交流 11-32
書五車
惠子其 —— 何以無一言入玄 18-48
西苑 23-6(註)
徐有功(唐)
天后嘗召 —— 責之 5-17
徐孺子 → 徐穉(東漢) 22-3
—— 嘗事江夏黃公 1-10
陳仲擧……至便問 —— 所在 欲先看之 1-9
西戎其屋 37-27
書淫
清河崔慰祖謂之 —— 41-9(註)
西子 → 西施(春秋)
何乃刻畫無鹽 以唐突 —— 也 38-6
西朝 41-2
西州(地)
太傅亡後……行不由 —— 路 27-20
棲遲蓬蓽之下
—— 絶人間之事 28-12(註)
西楚 14-25
棲託好佳
—— 敬和棲託好佳 16-12
西夏
桓玄初并 —— 領荊江二州二府一國 9-9
西河之風

—— 王倩玉嘗稱之曰 尙之西河之風不墜 9-24
西湖(地)
泛小艇 —— 諸寺 28-40
黍曜 35-2
徐晦(唐)
獨 —— 送至藍田 2-21
徐孝穆→徐陵(南北朝) 5-9
徐孝嗣(南朝 齊) 37-34
沈昭略與 —— 諸人同賜死華林省 13-23
吏部尙書 —— 抑而不用 41-9(註)
石季倫→石崇(西晉) 4-12, 19-13
石奴→謝石(東晉) 1-56(註)
釋道安(東晉) 37-13
—— 俊辯 有高才 4-29
石頭(地) 4-35, 11-13, 14-21(註), 16-51(註), 19-15, 23-10, 23-16, 33-34, 46-6
丞相嘗夏月 至 —— 看庾公 6-13
王大將軍旣反 至 —— 周伯仁往見之 11-6
王敦旣下 住船 —— 欲有廢明帝意 11-5
庾在 —— 王在冶城坐 38-8
石頭城 30-20
石勒(後趙) 15-20(註), 38-14(註)
—— 不知書 使人讀漢書 14-17
析理
非至精者 不能與之 —— 15-100
石上彈琴
上使於 —— 因賜以酒 32-15
石城山 27-17(註)
石崇(西晉)←季倫 26-6, 43-3(註), 43-6, 49-3
—— 每與王敦 入學戲 43-2
—— 厠 常有十餘婢侍列 43-3
孫秀旣恨 —— 不與綠珠 49-2
宋褘 是 —— 妓綠珠弟子 33-22
釋氏 36-19, 28-19(註)
於是結恨 —— 宿命都除 46-9
石氏亂 4-29(註)
碩儒
羅可沙陽之 —— 也 2-22(註)
惜障泥 30-9
釋種
—— 誅夷 神力無以延其命 46-9(註)
石學士→石中立(北宋)
—— 中立 37-46
石顯(西漢) 19-2(註)
釋慧淨(唐)
—— 嘗與道士蔡晃談義 9-32
石虎(後趙) 15-43(註)
林公曰 澄以 —— 爲海鷗鳥 4-43
宣→范宣(東晉)
—— 潔行廉約……旣終不受 1-47
先覺 14-27
先見之明
愧無日磾 —— 猶懷老牛舐犢之愛 3-9
善鼓琴 11-24
選官
汝若爲 —— 當好料理此人 1-54
禪機
王云 此乃 —— 轉語 8-14(頭)
先達
—— 知其不常 37-3
蟬連 14-28
宣武→桓溫(東晉) 4-66, 23-14, 32-12, 36-21(註)
—— 不得已而先之 因曰 伯也執殳 爲王前驅 4-38
—— 集諸名勝講易 日說一卦 8-32
習鑿齒史才不常 —— 甚器 之9-4
宣武場 14-9
先輩 18-43
選百人
—— 一時俱教 44-1
選部 47-12
鮮卑婢
阮仲容 先幸姑家 —— 33-12
扇上圖山水 31-14
先識
索靖有 —— 遠量 14-15
善業→阮長之(南朝 宋) 2-9(註)
船屋 25-2
善雲梯
卿不欲作將 —— 仰攻 8-29
宣遠→謝瞻(南朝 宋)
善爲之
—— 無令後人笑汝拙也 20-12
善誘 20-9
善人少
殷中軍問 —— 惡人多 8-52
善自衒耀
萬 才器儁秀 —— 15-89(註)
扇障面
王大將軍……輒 —— 不得住 17-17
宣帝→司馬懿(三國 魏) 10-11
宣帝→陳頊(南朝 陳) 5-8
先中丞→盧奕(唐)

——傳首平原……親舌舐之 49-9
船舷
據——欲墮 48-15
挈脚
堅石——枕琵琶 有天際想 24-33(註)
說鬼
有不能談者 則彊之使——34-26
薛道衡(隋)←玄卿 5-11(註), 32-20(註)
——……曰金剛何爲努目 5-11
——聘陳 作人日詩 9-32
媟瀆
顥好——36-14(註)
薛蘿
量腹……而衣——28-27
薛滿
楊州——30-18
舌本間强
殷仲堪云……便覺——9-1
屑榆爲粥
——講論不輟 2-20
雪贊
羊孚作——9-12
蟾蜍
外有八龍……——承之 30-1
月中有兎——者何 22-3
纖兒
好家居——欲撞壞之邪 11-21
聶季寶(漢) 14-2
燮理
冀相公——之暇 時宜覽古 41-11
攝生之道
君飮太過 非——33-3
葉義問(南宋) 47-19
葉祖洽(北宋)
東坡見南昌太守——37-49
攝下
李元禮嚴於——17-1
成公簡(西晉) 15-17
性急 44-7
王藍田——44-4
盛德
右軍歎曰 癲何預——事耶
盛德日新
——郗嘉賓 15-59
盛德之事 19-15
盛度
——體豐肥 37-46
成都王→司馬穎(西晉) 4-8
省讀
王敬弘爲尙書……初不——34-13
聲無哀樂
王丞相過江左 止道——8-16
聲聞乘
三乘者 一曰——二曰緣覺乘 三曰菩薩乘 8-45(註)
性辯急
李納——48-13
性不拘檢
柳季雲——……飮酒 35-28
成佛
卿生天當在靈運前——必在靈運後 39-1
城西公府 15-39
盛暑之月
時——丞相以腹熨彈棋局 36-12
省率治除 15-85
誠是才者
——其地可遺 29-19
成實論
——曰 眼識不待到而知虛塵 8-53(註)
性韻剛疎
——輕言肆行 39-6
成人
長和哀容擧止 宛若——15-15
聖人
弼曰——體無……恒訓其所不足 8-5
聖人可致
祛練神明 則——8-51
聖人忘情
——最下不及情 27-9
聖人生知
——故難企慕 22-18
聖人之糠粃
六籍雖存 固——也 8-1
聖人之正典
必不背——習蠻夷之穢行 40-10(註)
成濟(三國 魏) 10-12(註)
盛饌
雖晩至 亦獲——12-24
性好山水 28-24
世舊
嚴武以——待杜甫甚善 39-15
世豈有仙人也 44-3(註)
歲莫歸南山詩 41-10(註)

世無渭陽情
今汝復來加我 可謂 —— 也 39-3
世修 → 陳世修(北宋) 20-25
洗心 → 齊澣(唐) 9-34(註)
世英 → 黃瓊(東漢)
黃瓊字 —— 江夏安陸人 1-10(註)
世遠 → 高柔(三國 魏) 4-59(註)
世儒 → 王彬(東晉)
王應欲投 —— 14-21
世遊 → 庾乘(東漢) 26-2(註)
世子 21-6
君老不奉 —— 10-7
世將 → 王廙(東晉)
王大將軍執司馬愍王 夜遣 —— 載王於車而殺之 49-7
世將爲復識事 23-10
世情
語悉 —— 可以有省 29-26(頭)
世祖 → 蕭賾(南朝 齊) 2-10(註)
—— 曰 裴昭明罷郡歸 遂無宅 2-10
—— 曰 士大夫는 故非天子所命 11-38
張思光給暇東出 —— 問 卿住在何處 2-12
世祖 → 劉秀(東漢) 35-1
世祖 → 劉駿(南朝 宋) 5-4
世表意
使人 飄飄有 —— 16-51
細形長耳
朗目踈眉 —— 24-46
嘯 28-6
素車白馬
見有 —— 號哭而來 27-3
所見不逮所聞 39-12
所見者淸
—— 不見者濁 14-10
蘇瓊(北齊) ← 珍之 6-25(註)
—— 爲淸河太守 淸愼無私 6-25
小斛
—— 足之 40-3(註)
簫管有遺音
—— 梁王安在哉 23-16
少君(西漢)
君若欲慕…… —— 孟光之事矣 29-5
蕭南郡 → 蕭惠開(南朝 宋)
—— 除少府……列種白楊樹 44-13
少女微風
樹中 已有 —— 陰鳥和鳴 30-5
少女反風
若 —— 陰鳥亂翔 其應至矣 30-5
少年何以輕就人宿 49-3
蕭道生(南朝 齊) 13-24(註)
梳頭
値謝 —— 遽取衣幘 15-94
所得月俸
—— 散與諸姬 34-23
小令 → 王珉(東晉)
—— ……答曰 不知治化何如 惟與張祖希情好日隆耳 6-22
小吏 17-16
少明 → 王悅之(南朝 宋) 1-58(註)
昭明太子 → 蕭統(南朝 梁) 27-27
—— 與諸賢 汎舟玄圃池 2-11
少文 → 宗炳(南朝 宋) 23-17
蘇門山(地)
—— 中 忽有眞人 28-6
蘇門先生(人) 28-6(註)
疏放
袁尹 —— 好酒 34-16
召伯 → 召公(周)
謝混曰 —— 之仁……更不保五畝之宅 20-8
少府
蕭南郡除 —— ……列種白楊樹 44-13
蕭敷
毛伯成……常稱寧爲蘭摧玉折 不作 —— 艾榮 4-70
蕭傅 → 蕭至忠(唐) 20-21
巢父洗耳
昔唐堯著德 —— 35-1
所不耻者
—— 識元紫芝 26-18
蕭賁(南朝 梁) 20-18
—— 是竟陵王子良之孫 31-14
蘇司業 → 蘇源明(唐) 26-18
蕭思話(南朝 宋) 32-15
蕭索寡會
兄伯 —— 16-20
消釋 38-34(註)
小船 34-1
唯郡卒獨以 —— 載冰 33-33
逋必棹 —— 而歸 28-40
小說書袋子
亦似 —— 35-13(頭)
紹聖(年號) 47-18
蘇世長(唐)
—— ……陳禽於旌門 11-40

蕭蕭肅肅
　—— 爽朗淸擧 24-6
蕭灑
　身不 —— 君道身最得 16-17
蕭灑相遇
　見文度 雖 —— 其復愔愔竟夕 16-19
搔首 23-20
小時了了
　—— 大未必佳 22-5
少室(地)
　盧藏用初隱終南 —— 二山 時有意當世 39-14
小心 → 劉子翼(隋) 16-44(註)
小兒輩
　謝公……答曰 —— 大破賊 13-13
昭陽(建物)
　長信 —— 之事 29-39
蘇養直 → 蘇庠(南宋) 28-41
蕭彦瑜 → 蕭琛(南朝 梁)
　—— 嘗與御宴 醉伏筵中 21-9
素輿 12-2
蕭穎士(唐) ← 文元先生
　—— 有一僕……輒百餘 26-17
嘯詠自高 35-16
逍遙篇
　莊子 —— 舊是難處 8-34
巢由 → 巢父(唐堯), 許由(唐堯)
　未聞 —— 買山而隱 37-2
　自比 —— 39-18
小庾 → 庾翼(東晉)
　—— 臨終……爲代 14-25
韶音令辭
　長史曰 ——……勝我 18-30
所以遲留者
　—— 特愛慕其博奧耳 26-17
小人 18-14
　有相識 —— 貽其餐 11-22
　溫曰 —— 無以測君子 11-5
蕭引(南朝 陳) ← 叔休 5-8(註)
　—— 書法遒逸 5-8
小子 11-31
蘇子美 → 蘇舜欽(北宋)
　—— 豪放不羈 好飮酒 23-22
蘇子瞻 → 蘇軾(北宋) 34-26
蘇長公 → 蘇軾(北宋) 37-49, 37-50
　——……以五百緡買一宅 2-23
消災轉福
　璞 —— 扶厄擇勝 30-12(註)
小艇
　泛 —— 西湖諸寺 28-40
蘇頲(唐) 22-28
少正卯(春秋 魯) 18-47
素族
　吾家門戶 所謂 —— 20-15
蘇峻(東晉) 11-13, 12-21, 13-2, 15-51(註), 27-13, 33-33
　—— 時……爲匡術所逼 11-7
蕭至忠(唐) ← 蕭傅
　—— 依太平公主 20-21
蕭詧(西梁)
　宗如周面…… —— 戲之 37-43
小草 37-7
小品
　與林公相遇於瓦官寺 講 —— 8-33
　後見 —— 恨此語少 8-55
蕭何(前漢) 47-12
笑謔之具 29-38
所恨
　—— 古人不見我 34-20
巢許 → 巢父(唐堯), 許由(唐堯) 4-47
銷魂
　黯然 —— 4-58(頭)
蘇桓公 → 蘇純(西漢)
　—— 性彊切而持毁譽 10-2
紹興(年號) 28-41
屬鏤之劍
　王賜種以 —— 20-25(註)
俗物
　—— 已復來敗人意 36-7
束皙(西晉) ← 廣微
　—— 慢戲之流 13-19
速營糟邱
　—— 吾將老焉 34-18
俗中人
　我輩 —— 故以儀軌自居 33-5
孫 → 孫綽(東晉)
　—— 曰 楓柳雖合抱 亦何所施 4-59
　或重許高情則鄙 —— 穢行 18-7
孫 → 孫楚(西晉)
　—— 曰 所以枕流 欲洗其耳 所以漱石 欲礪其齒 4-9
孫家兒
　近見 —— 作文 道何物眞猪也 38-17
孫監 → 孫盛(東晉) 37-8

孫季舒(西晉) 19-13
孫權(三國 吳)←大皇帝, 仲謀 7-6(註), 10-14(註), 17-10, 36-2(註), 38-8(註), 44-3(註)
張君嗣在益州 爲雍闓縛送 —— 36-4
問群臣 此何鳥也 36-5
—— 與論攻戰 辭對稱意 22-9(註)
融對 —— 使 有訕謗之言 22-6(註)
孫騰(東魏) 35-29
孫登(三國 吳) 23-6(註)
嵇康……遇道士 —— 19-9
孫武(春秋 吳) 14-9(註)
損米
—— 愈覺有待之爲煩 13-11
孫伯符→孫策(東漢)
看此山川形勢 當復出一 —— 41-8
—— 志業不遂 23-13
劉荊州嘗自作書 欲與 —— 以示禰正平 38-2
孫盛(東晉)←安國, 孫監 8-20(註), 13-9, 22-19, 36-22
孫秀(西晉) 29-16
—— 旣恨石崇……昔遇不以禮 49-2
孫叔敖(春秋 楚)
昔 —— 殺兩頭蛇 1-40
—— 爲兒時……對曰 恐後人見 殺而埋之矣 1-40(註)
孫安國→孫盛(東晉) 37-8
褚季野語 —— 云……淸通簡要 8-20
孫吳→孫武(春秋 吳), 吳起(戰國 楚)
—— 用兵本意 14-9
孫王→孫綽(東晉), 王羲之(東晉) 13-8
孫恩(東晉) 27-19(註), 29-30(註)
王江州爲 —— 所害 29-32
孫子荊→孫楚(西晉) 4-9, 27-8, 35-3
—— 除婦服 作詩以示王武子 8-11
王武子 —— 各言其土地人物之美 4-7
孫綽(東晉)←興公, 長樂 4-59, 4-59(註)
—— 作列仙商丘子贊 38-17
孫長樂→孫綽(東晉) 38-13, 38-23
—— 作王長史誄 38-24
—— 兄弟……言至款雜 38-18
孫齊由→孫潛(東晉) 22-18
孫齊莊→孫放(東晉) 22-18
孫仲謀→孫權(三國 吳)
自是 —— 司馬宣王一流人 24-28
孫策(東漢)←伯符, 討逆 3-14(註), 22-8
欲使 —— 帳下兒讀之耶 38-2
孫楚(西晉)←孫子荊, 子荊 4-7(註), 35-3
孫討逆→孫策(東漢)
—— ……謂虞仲翔曰……恐子綱不能結兒輩舌也 3-14
孫荊玉(南朝 梁) 43-8
孫皓(三國 吳) 19-7, 36-8
孫休(三國 吳)←景皇帝
—— 好射雉 19-6
孫興公→孫綽(東晉) 8-33, 15-77, 15-78, 18-19, 18-34, 24-38, 37-12, 37-18, 37-21
謝太傅盤桓東山時 與 —— 諸人汎海戲 13-8
謝萬作八賢論 與 —— 往反 9-18
—— 作庾公誄文 多託寄之辭 11-20
—— 作天台賦成 以示范榮期 9-14
—— 道 曹輔佐才如白地明光錦 裁爲負版絝 9-19
—— 云 潘文爛若披錦 無處不善 8-28
—— 云 三都二京 五經鼓吹 9-5
—— 爲庾公參軍 共遊白石山 15-96
—— 聽妓 振且擺折 38-20
—— 許玄度 皆一時名流 18-7
褚公與 —— 同遊……舫欲傾覆 38-12
此舫人皆無可以招天譴者 唯 —— 多塵滓 38-12
率爾
兒神明意用 當不作 —— 人 16-28
宋璟(唐)←宋廣平 20-21
宋景文→宋祁(北宋) 16-51
送故
乘估客船 —— 吏數人 12-22
宋廣平→宋璟(唐)
—— 愛民惜物 6-27
宋明帝→劉彧(南朝 宋) 37-37
—— ……以爲歡笑 29-36
—— 賜王景文死 13-22
送母
許玄度 —— 始出都 15-91
宋武→劉裕(南朝 宋) 26-11
宋武帝→劉裕(南朝 宋) 35-21
—— 嘗稱謝超宗殊有鳳毛 47-11
宋文帝→劉義隆(南朝 宋) 21-7, 34-14
—— 嘗問慧觀……誰復習之 9-22
松柏
培塿無 —— 薰蕕不同器 11-10
—— 之志猶存 10-8
松石間意
相賞有 —— 32-15
宋世祖→劉駿(南朝 宋)
—— 至……謂劉德願 37-36
送市 49-2
宋褘(西晉)

——……有國色善吹笛 33-22
宋子京 → 宋祁(北宋)
—— 多內寵 後庭曳羅綺者甚衆 48-14
送葬
—— 車三千兩 19-11(註)
宋朝佐命 11-32
宋宗(晉) ← 宋處宗 8-26(註)
宋之問(唐) 18-57(註)
杜審言將死 語 —— 武平一 35-31
送車千許乘
郭林宗遊京師 當還鄕里 —— 26-1
宋處宗 → 宋宗(晉)
—— 甚有思理 8-26
松朮
量腹而進 —— 度形而衣薜蘿 28-27
宋太祖 → 劉義隆(南朝 宋)
—— 嘗面許張思光爲司徒長史 37-35
宋太祖 → 趙匡胤(北宋) 39-18(註)
—— 將北征 京師諠言 29-41
松下風 15-2
宋孝武 → 劉駿(南朝 宋)
—— 選侍中四人 24-43(註)
曬書 37-6
鎖鑰
寇曰 主上以朝廷無事 北門 —— 非準不可 5-19
曬衣 33-10
衰至便驕
—— 何常之有 5-14
殳
宣武不得已而先之 因曰 伯也執 —— 爲王前驅 4-38
修 → 王修(東晉)
—— 明秀有美稱 16-18(註)
綏 → 王綏(西晉)
國寶雖不知綏 —— 自知國寶 26-3
脩 → 桓脩(東晉)
—— 少爲玄所侮 49-6(註)
誰家璧人 24-17(註)
隨駕隱士
盧藏用初隱終南……人目爲 —— 39-14
手巾插腰 33-9
隋高祖 → 楊堅(隋) 32-20
讐校
邢子才有書甚多 不甚 —— 9-26
讐隙 40-5(註)
誰能作此溪刻自處 23-9
手談
支公 以圍棊爲 —— 31-12
水碓
區宅僮牧膏田 —— 之屬 洛下無比 42-2
誰得卿狂 34-14
手捋
—— 帝鬚 35-23
脩齡 → 王胡之(東晉) 4-57(註)
隨流平進
吾家門戶所謂素族 自可 —— 須苟求 20-15
水利
王介甫爲相 大講天下 —— 37-48
羞面見人
—— 扇障何益 39-6
守文
時爲 —— 者所陋 15-71
隋文帝 → 楊堅(隋) 37-42
鬚髮
—— 竝全 37-15
隨房乞食 34-23
修復園陵 21-6
水部 → 何遜(南朝 梁)
何參軍與族弟 —— 散騎 俱擅文名 9-30
手不能堪芒 20-3
手不釋書
性篤學 —— 博覽墳典 15-90(註)
羞死 35-31(註)
水上據屐
玄…… 乃坐橋下 在 —— 7-2
漱石枕流
語王武子 當枕石漱流 誤曰 —— 4-9
受禪
隋文帝 —— 竝爲外職 37-42
嫂叔不通問 33-7(註)
搜神記(書) 36-18
雖云俗外
—— 反更束於教 38-27
水淫
人稱爲 —— 48-11
脩仁 → 徐勉(南朝 梁) 11-39(註)
水一盂
但以薤一大本 —— 置戶屛前 6-3
受炙
某省中 —— 臣也 1-38(註)
垂長衣談淸言
—— 竟是誰功 36-21(註)

樹在道邊而多子
　── 此必苦李 22-11
壽寂之(南朝 宋)
　敬則在宋 與 ── 殺後廢帝於華林園 39-5(註)
豎刁(春秋)
　仁祖聞之曰 時無 ── 故 不貽陶公話言 4-28
水中自見其影
　── 便大笑不已 24-15
讐直
　子許買物 隨價 ── 14-4
雖榱桷惟新
　── 便自有黍離之哀 27-23
壽春(地) 23-7
水退安流
　── 固爲子輿 2-14(頭)
手板繞場畫地
　安之至 以 ── 曰 犯此者死 6-28
酬平生不足
　人生幾何 要 ── 也 43-11
手筆
　樂令善於淸言 而不長於 ── 8-238-23
繡虎 15-7
水忽減退
　── 安流而下 2-14
淑 → 荀淑(東漢)
　── 有八子……時人號曰八龍 1-14(註)
叔開 → 蔡洪(西晉) 4-13(註)
叔達 → 孟敏(東漢)
　有愧於 ── 不能不恨於破甑 41-6
叔道 → 裴遐(西晉) 12-8(註)
叔道 → 桓歆(東晉)
　桓氏譜曰 歆字 ── 溫第三子 6-19(註)
叔度 → 司馬穎(西晉) 4-8(註)
叔度 → 黃憲(東漢) 1-8(註)
宿龍門詩
　杜少陵 ── 云 天闕象緯逼 39-17
熟眠
　乃剔吐汚頭面被褥 詐 ── 40-7
宿命
　於是結恨釋氏 ── 都除 46-9
叔明 → 陸慧曉(南朝 齊) 2-8(註)
肅物
　桓公在荊州 全欲以德被江漢 恥以威刑 ── 6-19
叔寶 → 衛玠(西晉) 4-17(註)
淑性令才
　李氏有 ── 29-15(註)
肅肅如松下風
　── 高而徐引 24-6
孰是無地起樓臺相公 26-19
肅愼
　── 貢其楛矢 37-30
叔夜 → 嵇康(三國 魏) 4-2(註)
叔元 → 王乂(西晉) 1-39(註)
叔慈 → 荀靖(東漢)
　慈明外朗 ── 內潤 17-3
叔慈 → 荀靖(東漢)
　荀使 ── 應門 慈明行酒1-14
叔子 → 羊祜(西晉) 4-61(註)
肅宗 → 李亨(唐)
　── 宴于宮中 29-38
夙彰
　亡伯令聞 ── 4-48
叔治 → 王修(東晉) 1-22(註)
叔則 → 裴楷(西晉) 1-31(註)
叔皮 → 班彪(東漢) 4-19(註)
叔和 → 庾羲(三國 吳) 11-20(註)
叔休 → 蕭引(南朝 陳) 5-8(註)
詢 → 許詢(東晉)
　── 出都迎姊 15-91(註)
蓴羹
　有千里 ── 但未下鹽豉耳 4-10
荀巨伯(東漢)
　── 遠看友人疾 値胡賊攻郡 1-16
郇公廚
　寅緣 須入 ── 43-9
淳酪
　── 養性 人無嫉心 4-69
荀朗陵 ← 荀淑(東漢)
　陳太丘詣 ── 貧儉無僕役 1-14
荀令君
　── 至人家 坐處常三日香 24-4
荀令君 → 荀彧(三國 魏) 24-4
　── 趙溫寇皆足蓋當世乎 38-3
荀令則 → 荀羨(東晉)
　王仲祖病 劉眞長爲稱藥 ── 爲量水 32-9
荀伯玉(南朝 齊) 25-3
荀奉倩 → 荀粲(三國 魏) 22-20
　── 與婦至篤 48-2
　── 諸兄 竝以儒術論議 奉倩 獨好言道 8-1
　時人以濛比袁曜卿 悛比 ── 15-98(註)
荀羨(東晉) ← 令則, 中郎 4-50(註)
荀邃(東晉)

潁川 —— 河東裴遐共齋羊酒 32-10
荀淑(東漢) ← 季和, 朗陵 1-13(註)
李元禮嘗歎 —— 鍾皓曰……鍾君至德可師 1-13
狗身首
如 —— 之急 10-11
荀寓(西晉) 37-4
荀勖(西晉) ← 濟北 30-8
—— 善解音聲 30-7
晉武帝時 —— 爲中書監 10-16
旬日忘歸
每有所遊 必窮其幽峻 或 —— 28-24
荀慈明 → 荀爽(東漢) 3-7
荀濟北 → 荀勖(西晉) 31-5
詢祖 → 盧詢祖(北齊)
—— 曰 見未能高飛者……剪其翅翮 5-10
醇酒
謝奕作剡令……謝以 —— 罰之 1-43
荀中郎 → 荀羨(東晉) 4-50
荀仲茂 → 荀闓
黃初中有甲乙疑論 —— 鍾元常王景興袁曜卿議各不同 8-8
荀粲(三國 魏) ← 奉倩 8-1(註), 14-8, 14-23
傅嘏善言虛勝 —— 談尙玄遠 8-4
述 → 王述(東晉)
—— 少貧約……不求聞達 15-87(註)
術數
裴晉公不信 —— 13-29
述而不作
古人 —— 36-22
崇禮門
徐孝嗣於 —— 候儉 因嘲之 37-34
崇讓論 15-9(註)
崇業里(地) 30-19
崇有論
裴成公作 —— 時人攻難之 8-10(註)
淬刀 30-6
蝨
和覓 —— 夷然不動 13-1
習 → 習鑿齒(東晉)
—— 答曰 四海習鑿齒 4-29
拾遺 29-2
習鑿齒(東晉) ← 彦威 4-29, 37-12
—— ……猶作漢晉春秋 品評卓逸 9-4
—— 史才不常 宣武甚器之9-4
—— 以脚病廢居里巷 37-13
王令詣謝公 値 —— 已在坐 當與併榻 44-9
僧虔 → 王僧虔(南朝 齊) 20-11
僧彌 → 王珉(東晉)
法護非不佳 —— 難爲兄 18-53
乘白羊車 24-17(註)
丞相 → 王導(東晉) 6-14, 12-19, 15-38, 17-22, 24-19, 35-9, 37-46(註), 38-9(註), 46-6
—— 乃歎曰 向來語……正當爾耳 8-31
—— 末年 略不復省事 正封籙諾之 6-14
—— 嘗夏月 至石頭 看庾公 6-13
—— 以麈尾指坐 15-58
阿奴比 —— 但有都長 18-25
王右軍在南 —— 與書 每歎子姪不令 38-10
王長豫幼便和令 —— 愛恣甚篤 36-15
乘雪
王司州嘗 —— 往王螭許 44-5
乘輿 32-22
僧意(東晉)
—— 在瓦官寺中……與共語 8-57
勝地 34-2
乘興而行
—— 興盡而返 34-1
柴棘深公
—— 云 人謂……柴棘三斗許 38-7
時流
語林始出 大爲遠近所傳 —— 年少 無不傳寫 11-25
時苗(三國 魏) 44-2
謚法 9-15(註)
時溥(唐)
中和間 —— 旣平黃巢 獻俘於朝 29-40
市肆
郭恕先時與役夫小民入 —— 飮食 35-33
豺聲 14-11
豕甚肥
—— 何不殺以享士 22-14(註)
時彦 32-11
時然後言
令明 —— 16-26
矢穢
將得財而夢 —— 8-54
謚曰醜 43-5(註)
時宜 10-19
時人欽其才
—— 穢其行 28-20(註)
視日不眩
王戎 形狀短小 而目甚淸炤 —— 24-7(註)
是子精神

——要大於身 22-31
侍中→李式(東晉) 28-7
侍中→王份(南朝 梁)
——答曰 陛下應萬物 爲有 體至理 爲無 5-7
柴車幅巾 28-5(註)
猜憚
晉明帝以英武之才 猶相——40-6
尸鄉(地)
——澤野 負原夾郭 8-25(註)
尸鄉亭 34-6(註)
軾→蘇軾(北宋)
紹聖初御史論——譏斥先朝 惠州安置 37-49(註)
識鑒
毋有——14-23
識具 31-8
食豚
道眞——盡了不謝 33-20
式商容之閭
陳曰 武王——……有何不可 1-9(註)
拭面
殷徐語左右 取手巾與謝郎——8-30
食尾
顧長康噉甘蔗 先——37-28
識事 23-10
食常五盌
——盤外無餘肴 1-49
食粟不少
——何瘦如此 37-35
食鴈美乎
卿前在郡——32-1
式遏之功 28-15
食有他肉
居貧使——29-1
食子未郎下
嘗與繹雙陸——責斂手言 20-18
食瘡痂
劉邕愛——以爲味似鰒魚 48-10
食鮭
——常有二十七種 28-28
臣開臣閉
——無有見者 47-2
神口 21-11
神氣融散
——差如得上 15-44
神刀 30-6
神道碑 35-32
神童 16-40(註)
顯幼聰敏 當世號曰——21-8
神理
捷卿有不諱 可謂無復有——16-48
神明 18-55
神明太俗
——由卿世情未盡 31-7
神武帝→高歡(北齊) 35-26
晨門
——肆志於抱關 1-6
神物
手推故是——一下而婢子服淫 48-7
愼勿爲好 29-8
神鋒
——太儁 15-30
新婦所乏
——惟容爾 29-9
神仙傳(書)
葛洪——28-31
神仙中人 14-33(註), 26-8
面如凝脂 眼如點漆 此——24-27
新聲
范曄善彈琵琶 能爲——35-21
瞻有愛妾 能爲——33-27(註)
信宿 17-2
神心警悟
——淸識玄遠 15-93
信安(地) 41-4
新安→張鏡(南朝 宋)
——靜翳無言聲 26-12
新安王→劉子鸞(南朝 宋)
謝超宗好學……爲——子鸞常侍 9-28
神悟機發
遁——風期所得 自然超邁 18-36(註)
神堯→李淵(唐) 26-15(註)
神宇
定二王——13-14
新意
孝伯 常有——不覺爲煩 16-23
神儀 24-46
新亭 4-16, 33-38(註), 36-23
愼終之好
及逝沒之後 無——19-17
神州
遂使——陸沈……不得不任其責 38-14
神駿

支曰 貧道重其 —— 4-42
訊牒
何故不以 —— 副僕射 34-13
身體髮膚
—— 不敢毁傷 1-47
神超形越
阮孚云……輒覺 —— 8-27
迅風飛驅 23-10
神筆
時人以爲 —— 8-2
身後名
卿乃可縱適一時 獨不爲 —— 邪 33-23
悉焚經方 30-15
失心病 47-7(註)
失鷹師
王興道……如 —— 38-33
悉擲水中 33-34
失出
有功答曰 —— 臣小過 好生 陛下大德 5-17
失會
范玄平爲人……多數 —— 40-9
深公 → 竺法深(東晉)
孫問 —— 上人常是逆風家 8-33
—— 云 人謂……柴棘三斗許 38-7
心動
人欲危己 己輒 —— 40-3
心無義 40-11
尋味
皆是諸名賢 —— 之所不得 8-34
尋山採藥 28-27
尋遂
君何不 —— 初賦 而彊知人家國事 38-23
沈昭略(南朝 齊)
—— 與徐孝嗣諸人 同賜死華林省 13-23
沈宋 → 沈佺期(唐), 宋之問(唐) 18-57
沈深(南朝) 39-4
沈約(南朝 梁) 37-38
范雲 —— 之徒 皆引短推長 41-9
尋陽(地)
衛江州在 —— ……唯餉王不留行一斤 42-3
尋陽公主(東晉)
禕之字文劭 述次子 少知名 尙 —— 18-33(註)
沈佺期(唐) 18-57(註)
沈充(東晉)
爾時 吳人 —— 爲縣令 12-22
沈懷文(南朝 宋) 39-4(註)
十萬一擲
遂共戲 —— 直上百萬數 投馬絶叫 33-15
十圍
柳皆已 —— 4-37
十地(書) 6-37(註)
雙陸
嘗與繹 —— 食子未卽下 賁斂手言 20-18
雙眸閃閃
—— 若巖下電 24-11
雙石闕 21-10(註)
雙珠
昶顗竝美風姿 時人謂之 —— 39-1(註)

【ㅇ】

我家舊物
青氈 —— 可特置之 13-15
阿敬 → 王獻之(東晉) 18-43
阿恭 → 庾會(東晉) 12-21
兒女子相問
不問安國寧家之術 迺作 —— 11-15
阿奴 → 周謨(西晉)
唯 —— 碌碌 當在阿母目下耳 14-20
我當何處生活 38-11
阿大 → 謝尙(東晉) 44-8
阿大 → 王忱(東晉)
—— 羅羅淸疎 16-22
阿堵
殷中軍見佛經 云理亦應 —— 上 8-18
傳神寫照 正在 —— 中 31-9
阿堵物
擧卻 —— 19-12
我道這婆子村
—— 果然 40-14
鵝欄 44-10
阿齡 → 王胡之(東晉) 16-8
阿龍 → 王導(東晉)
人言阿龍超 —— 故自超 26-4
雅流弘器
—— 何可得遺 15-42
阿螭 → 王恬(東晉) 35-11
阿臨 → 王臨之(東晉)
我家 —— 章淸太出 15-105
我馬上得之
—— 終不得作華林閣勳 39-5

阿萬 → 謝萬(東晉)
　—— 當裂眼爭邪 18-32
兒無常父
　—— 衣無常主 1-57
我伯父門
　—— 不聽我前 29-24
我不卿卿
　—— 誰當卿卿 48-3
我不殺周侯
　—— 周侯由我而死 46-6
我不如鄭公
　—— 業有田四百頃 而食常不周 20-15(註)
我不患此兒無名
　—— 政恐名太盛 20-11
雅士
　賀公 —— 恐不當爾 6-6(頭)
雅尙玄遠
　王夷甫 —— 常嫉其婦貪濁 19-12
牙生 → 伯牙(春秋 晉)
　—— 輟弦於鍾子 27-16
我曬書 37-6
我是李府君親 22-5
我欲歌
　—— 卿可彈 35-21
阿源 → 殷浩(東晉)
　—— 有德有言 15-103
阿戎 → 王思遠(南朝 齊) 14-29
我已上人
　入理泓然 —— 15-38
鵞炙 35-27
我自是天下男子
　—— 厭何預卿事而見喚邪 40-10
我自用我法
　—— 卿自用卿法 11-2
我將三千兵
　—— 翹脚令上 23-7
我才不及卿
　—— 乃覺三十里 21-3
我卒當以樂死 28-13
阿智 → 王處之(東晉)
　王文度弟 —— 惡乃不翅 40-12
牙槎 17-22(註)
阿瞻 → 謝瞻(南朝 宋)
　我家 —— 24-42
我醉欲眠
　—— 卿可去 35-17
阿平 → 王澄(西晉)
　—— 若在 當復絶倒 15-48
阿布思(唐) 29-38
阿衡(官名) 41-8
牙後慧
　殷中軍云 康伯未得我 —— 8-17
阿黑 → 王敦(東晉) 23-7
阿興 → 王蘊(東晉)
　苟子秀出 —— 淸和 15-63
樂工 29-38
樂廣(西晉) ← 彦輔, 樂令 4-8(註), 15-26, 17-14
　—— 善以約言厭人心 15-29(註)
　—— 笑曰 名敎中自有樂地 何爲乃爾也 1-36
樂令 → 樂廣(西晉) 4-6, 15-29, 15-32, 18-28, 38-6
　—— 民望……又不足殺 29-16
　—— 神色自若 徐答曰 豈以五男易一女 4-8
握沐吐食 19-3
握牙籌
　晩節乃 —— 鑽李核 1-34(頭)
樂 → 樂廣(西晉)
　—— 歎曰 此兒胸中 當必無膏肓之疾 8-13
樂令 → 樂廣(西晉)
　客問 —— 指不至者 8-14
　—— 善於淸言 而不長於手筆 8-23
　衛玠總角時 問 —— 夢 8-13
樂羊子(東漢) 29-2
　—— 遊學七年 妻常躬勤養母 29-1
樂彦輔 → 樂廣(西晉) 15-24
　—— 我所敬 17-15
樂毅(戰國) 38-6
岳柱(元)
　—— 年八歲時 觀畫師何澄畫陶母剪髮圖 22-33
樂天 → 白居易(唐) 9-35(註)
樂推 13-7(註)
樂託之性
　王修載 —— 出自門風 16-2
安 → 謝安(東晉)
　—— 弘雅有氣 風神調暢也 16-17(註)
顔 → 顔延之(南朝 宋)
　—— 談議飮酒 喧呼不絶 26-12
晏 → 王晏(南朝 齊) 14-29
晏 → 何晏(三國 魏)
　—— 性自喜……行步顧影 24-3(註)
顔帢
　著膩 —— 槨布單衣 38-21
眼光

看我 —— 酒出牛背上 12-12
顔光祿 → 顔延之(南朝 宋) 26-12
顔光祿 → 顔含(東晉) 11-14, 18-47
—— 曰 周伯仁之正……餘則吾不知 18-4
安國 → 孫盛(東晉) 8-20(註)
安期 → 王承(東晉) 4-23(註), 44-4
我與 —— 千里……聞有蔡充兒 38-9
王家有三年少 右軍 —— 長豫 15-53
眼多白
今鄞令王安石者 —— 甚似王敦 14-34
安東(官名)
周浚作 —— 時 行獵値暴雨 29-17
安同異 33-5(註)
安祿山(唐)
—— 陷洛陽 奕遇害 49-9(註)
鴈門太守 32-1
安北 → 王坦之(東晉)
—— 見之 不復使人思 16-5
安貧樂道 28-4(註)
安西 → 謝奕(東晉)
謝車騎在 —— 艱中 8-49
安石 → 謝安(東晉) 1-44(註), 9-15, 11-25, 15-75, 18-32, 37-11
簡文曰 —— 必出 14-13
—— 不肯出 將如蒼生何 36-23
—— 居然 18-27
安石碎金 9-15
安石渚(地) 11-25
眼識
成實論曰 —— 不待到而知處塵 8-53(註)
安樂寺 26-16(註)
顔延之(南朝 宋) ← 延年 5-5, 5-5(註), 16-37, 34-14
—— 每薄湯惠休詩 39-2
—— 嘗問鮑明遠己詩與謝康樂優劣 9-28
—— 兒竣……延之一無所受 20-12
顔原 → 顔回, 原憲
石崇……見 —— 象而歎 43-2
安仁 → 潘岳(西晉) 8-23(註)
—— 至美……老嫗以果擲之滿車 24-8(註)
顔子 → 顔回(春秋) 15-11, 25-4, 44-6
安之 → 嚴安之(唐)
—— 至 以手板繞場畫地曰 犯此者死 6-28
顔眞卿(唐) ← 顔平原 28-37
安汰 → 道安(東晉), 竺法汰(東晉)
—— 吐珠玉於前 16-37
顔平原 → 顔眞卿(唐)
—— 不容於盧杞 49-9
安豐 → 王戎(西晉) 24-19, 26-3
使人思 —— 33-28
遏末 → 謝淵(三國 吳) 44-8
闇當
直是 —— 故耳 12-8
闇劣
韓昶……而性頗 —— 47-17
巖石裏
顧長康畫謝幼輿在 —— 31-10
闇室
長之固遣送曰 長之一生不侮 —— 2-9
巖巖
戴若思之 —— 15-55
黯黯明黑 24-38
巖巖若孤松之獨立
嵇叔夜之爲人也 —— 24-6
巖巖淸峙
王公目太尉 —— 壁立千仞 15-37
暗中摹索 35-30
泙渫
其水 —— 而揚波 4-7
仰藥
恥處亂朝 遂至 —— 18-28
仰藥而死
昶慮事不濟 —— 26-8(註)
怏然自失 41-7(註)
仰青雲
—— 覩白日 28-31
艾 → 鄧艾(三國 魏)
恐是昌家……只有 —— 氣 37-47
敳 → 庾敳(西晉)
—— 不爲辨析之談 而擧其旨要 15-106(註)
哀家梨 38-34
哀樂過人 34-4(註)
艾艾
鄧艾口喫 語稱 —— 4-1
艾榮
常稱寧爲蘭摧玉折 不作蕭敷 —— 4-70
愛才樂士
—— 常若不足 23-2
哀帝 → 劉欣(西漢)
漢 —— 問尙書鄭崇 卿門何以如市 3-1
崖州
唯 —— 地望最重 37-45
哀仲(人)

秣陵有 —— 家梨甚美 38-34(註)
愛憎匿善
重其不以 —— 14-27
哀至則哭
—— 何常之有 22-22
哀號
緣岸 —— 行百餘里不去 41-3
愛好
終乖 —— 14-28
掖庭 29-38
元相得罪……頗聞 —— 29-39
鸚母
鳥名 —— 未必有對 36-5
鸚父 36-5
夜光
葛稚川目陸平原之文如玄圃積玉 無非 —— 8-22
夜光之珠
—— 不必出於孟津之河 4-13
夜對
令狐綯在翰林日 —— 禁中 32-22
夜大雪 34-1
夜明簾 40-13(註)
野服 46-13
野父
景文方謝叔源 則爲 —— 矣 24-43
冶城
庾在石頭 王在 —— 坐 38-8
冶城(地) 47-2
冶城公 → 王導(東晉)
勿使 —— 知 47-2
野王令
羊公還洛 郭奕爲 —— 15-11
夜以劒擲魏武 40-5
夜集
袁尹在郡 嘗於後堂 —— 16-31
夜行
劉尹……答曰 刺史嚴 不敢 —— 6-20
弱冠 46-9
若令月中無物
—— 當極明邪 22-3
若明珠之在側 24-16(註)
若排沙簡金
—— 往往見寶 8-28
約法三章
與卿 —— 談者死 文筆者刑 商略抵罪 37-17
若不堪羅綺 24-18
若不見從
—— 某卽投此江死矣 48-15
若不稱職
—— 臣受其罪 29-10
若死而有知
—— 得見父母 豈非至願
略少醒日 33-35(註)
蘊素嗜酒 末年尤甚 及在會稽 ——
若使周姥撰詩
—— 當無此言 48-5
藥石
右軍之言 眞當時之 —— 4-49(頭)
約言
樂廣善以 —— 厭人心 15-29(註)
若如公言
—— 祚安得長 46-5
藥酒
鍾毓兄弟小時……共偸服 —— 22-12
藥草 37-7
楊 → 楊大年(北宋)
—— 答曰 如此富貴 亦不願得 11-41
亮 → 庾亮(東晉)
端委廟堂 使百僚準則 臣不如 —— 18-1
—— 廊廟之器 翼有匡世之才 15-72(註)
羊敬元 → 羊欣(南朝 宋) 31-13
梁簡文 → 蕭綱(南朝 梁)
—— 爲侯景幽縶 題壁自敍 27-28
兩髻
廷尉作 —— 葛裙策杖 26-4
羊固(東晉) 12-24
羊公 → 羊祜(西晉) 37-20
—— 還洛 郭奕爲野王令 15-11
羊公鶴
遂名之爲 —— 37-20
楊廣(隋) ← 德度
桓南郡 —— 共說殷荊州 1-50
羊權(東晉) ← 道輿 4-48, 4-48(註)
陽岐(地) 28-10
梁岐(地) → 梁山, 岐山
狼噬 —— 14-27
陽岐村(地) 33-36
羊曇(東晉)
—— 少爲謝太傅所知 27-20
楊大年(北宋)
令丁謂諭旨於 —— 令作冊文 11-41
楊德幹(唐)

—— 爲萬年令 6-26
寧食三年炭 不逢 —— 6-26(註)
楊德祖 → 楊修(東漢) 21-4
大兒孔文擧 小兒 —— 38-1
—— 爲魏武主簿時 作相國門 21-1
曹公旣殺 —— 後與太尉遇於朝堂 3-9
揚都賦 9-7
兩頭蛇
昔孫叔敖殺 —— 以爲後人古之美談 1-40
羊酪 4-10
梁柳(西晉)
皇甫謐有從姑子 —— 爲城陽太守 1-28
楊臨賀 → 楊憑(唐) 2-21
良馬
—— 可以形容筋骨相也 15-71(註)
羊曼(東晉) 12-24, 26-5
楊梅
乃呼兒出爲設果 果有 —— 22-13
羊麨 13-32
梁武 → 蕭衍(南朝 梁) 5-13, 24-45
—— 每集文士 策經史事 41-9
梁武帝 → 蕭衍(南朝 梁) 35-23
良璞不剖
—— 必有泣血以相明者 32-2
兩潘 → 潘岳(西晉), 潘尼(西晉) 37-40
梁伯鸞 → 梁鴻(東漢)
—— 少孤常獨止 不與人同食 1-5
楊蟠無齒 37-48(註)
羊秉(東晉) ← 長達 4-48(註)
—— 爲撫軍叅軍 少亡 4-48
量腹
—— 而進松朮 度形而衣薜蘿 28-27
兩府 44-17
撫其足而詈之曰 是中有鬼 令我不至 —— 者 汝也
羊孚(東晉) 27-21, 32-14
—— 作雪贊 9-12
楊憑(唐) ← 楊臨賀
—— 得罪……獨徐晦送至藍田 2-21
兩娑千萬 12-14
徐答云 下官家 故可有 —— 隨公所取
梁山濼 37-48(註)
梁山泊
—— 決而涸之 可得良田萬頃 37-48
攘殺其雞
有 —— 者 2-22
養生
於是 —— 送死 苟竊非禮 1-26(註)
止道聲無哀樂 —— 言盡意三理而已 8-16
養生之志 28-31
陽城(唐) ← 亢宗 2-20(註)
—— 歲饑屛迹 2-20
楊素(隋) ← 越公 37-41
—— 方用事 37-42
梁松
馬伏波嘗有疾 —— 來候之 10-3
梁宋(地)
李汧公少貧 客游 —— 2-18
量水
王仲祖病……茍令則爲 —— 32-9
羊綏(東晉)
王子敬與 —— 善 27-18
楊修(東漢) ← 德祖 3-9(註), 21-2, 21-3
羊叔子 → 羊祜(西晉) 4-61, 15-11
殷中軍思緯淹通 比 —— 18-11
—— 有鶴善舞 37-20
襄陽(地) 36-20
良醞可戀
或問 待詔何樂耶 無功答曰 —— 耳 34-21
揚雄(西漢) ← 子雲 7-1(註)
楊愔(北齊) ← 遵彦 5-12(註)
陽羨(地)
卜居 —— 2-23
揚子江
金山泉 —— 中泠水 各置一壺 30-20
揚子雲 → 揚雄(西漢)
—— 以爲一出一入 字直百金 7-1
淸靜比 —— 默識擬張安世 15-17
良箴
戢卿 —— 19-16
羊長和 → 羊忱(東晉) 15-15
楊再思(唐) 13-28
良田萬頃
梁山泊決而涸之 可得 —— 37-48
煬帝 → 楊廣(隋) 24-47, 30-16
羊祖忻 → 羊侃(南朝 梁)
—— 性善音律 43-8
楊州
—— 薛滿 30-18
羊酒
共齎 —— 詣門邀孝孫 32-10
揚州(地) 21-13(註)
—— 吏民 尋義逐之 41-4

溫太眞位未高時 屢與 —— 准中估客樗蒱 33-30
王藍田拜 —— 主簿請諱 11-19
揚州 → 殷浩(東晉)
—— 口談至劇 9-3
揚州獨步
—— 王文度 後來出人郗嘉賓 15-59
凉州三明 32-1(註)
與太常張奐然明……稱爲 ——
楊遵彦 → 楊愔(北齊) 5-12
羊仲(西漢)
蔣元卿舍中三徑 唯 —— 求仲從之遊 28-2
羊志(南朝 宋) 37-36
楊次公 → 楊傑(北宋)
—— 爲察使 因往廉焉 35-35
羊陟(東漢) 32-2
陽秋
—— 之意 1-44(頭)
褚季野 皮裏 —— 15-70
羊稚舒 → 羊琇(西晉)
—— 冬月釀 常令人抱甕 43-7
羊太傅 → 羊祜(西晉)
—— 好山水 每風景 必造峴山 27-7
楊太尉 → 楊彪(東漢)
曹公 以 —— 與袁公路婚 將誣以同逆 3-4
揚槌 35-5
凉風
遇 —— 暫至 自謂是羲皇上人 28-22
楊玄感(隋) 24-47(註)
羊祜(西晉) ← 叔子, 太傅, 羊公 4-61(註), 14-16
—— 曰 亂天下者 必此子也 14-16
梁鴻(東漢) ← 伯鸞
此眞 —— 妻也 1-5(註)
君若欲慕鮑宣 —— 之高 妾亦請從少君孟光之事矣 29-5
楊弘禮(唐) 16-46
楊准(東漢) 17-14
羊欣(南朝 宋) ← 羊敬元 27-21
於內走馬
公 —— 直出突之 13-17
魚梁吏
陶公少時作 —— 29-22
於陵仲子 → 陳定(人) 23-9
語林(書) 9-17, 38-26
魚復侯 → 蕭子(南朝 齊)
—— 爲江州 厚餉遺宗敬微 28-27
御史賈 → 賈易(北宋)
秦太虛爲 —— 所彈 37-51
御牀
元帝正會 引王丞相登 —— 32-3
漁陽摻檛
衡揚枹爲 —— 淵淵有金石聲 3-5
語言無味
理義不交於胸中 便覺面貌可憎 —— 5-23
彦德 → 何尙之(南朝 宋) 9-24(註)
彦伯 → 袁宏(東晉) 4-58(註)
彦輔 → 樂廣(西晉) 4-8(註)
偃師(地)
陸士衡入洛 次河南 —— 8-25
彦先 → 顧榮(西晉) 1-38(註)
偃臥
高坐道人於丞相坐 恒 —— 其側 35-9
彦雲 → 王陵(西漢)
大丈夫不能彷彿 —— 29-12
彦威 → 習鑿齒(東晉) 4-29(註)
焉有大朝人士
—— 厚其侍妾 困辱兒之母乎 22-30
彦祖 → 劉劭(東晉) 4-33(註)
彦胄 → 鍾雅(西晉) 11-13(註)
言盡意
止道聲無哀樂養生 —— 三理而已 8-16
彦回 → 褚淵(南朝 齊) 16-32
褚彦宣 常非從兄 —— 身事二姓 11-37
嚴駕
—— 已訖 12-5
淹留
頓軍武城 —— 不進 20-18
嚴武(唐)
—— 以世舊待杜甫甚善 39-15
嚴續(南唐) ← 興宗 35-32
淹雅之度
劉承胤少有 —— 47-8
嚴安之(唐)
河南丞 —— 爲理嚴 爲人所畏 6-28
嚴子陵 → 嚴光(西漢) 19-1, 35-1
嚴挺之(唐)
—— 乃有此兒 39-15
—— 薄妻 而愛其子武 22-30
嚴仲弼 → 嚴隱(人) 15-25
業已飮矣 身行樂耳 34-22
汝竟識袁彦道不 33-15
藜藿 35-29
李元忠……徐謂二人曰 不意今日披 —— 也
女伎

王丞相……不說而去 11-12
女妓 14-13(註)
呂吉甫 → 呂惠卿(北宋)
—— 曰……其用無差別 5-21
汝南(地)
—— 俗有月旦評焉 14-3(註)
驢寧勝馬耶
譬言驢馬 不言馬驢 —— 36-11
女隊二千人
其妻獨孤氏 亦出 —— 43-10
如來 40-11
驪龍
白覽之曰 四人探 —— 9-35
廬陵 → 李顯(唐) 20-19
—— 是陛下愛子 今尙在遠
廬陵王 20-19(註)
驢馬 36-11
驢鳴犬吠 39-9
黎民 → 陸退(東晉) 9-6(註)
汝輩忝預士流
—— 何至還東作賈客邪 20-13
廬山(地) 4-74, 13-20, 20-4
厲色擲去五木
桓宣武與袁彦道樗蒲……擲去五木 44-6
女生 → 魯爽(南朝 宋) 5-4(註)
女壻 12-23
孝武屬王珣求 —— 37-24
女壻璧潤
婦翁氷淸 —— 15-24
如水
鄭崇……對曰臣門如市 臣心 —— 3-1
汝叔名士
—— 何以不相推重 38-5
如市
漢哀帝問尙書鄭崇 卿門何以 —— 3-1
與我周旋
—— 寧作我18-18
呂安(三國 魏) 12-7(註), 35-5(註)
嵇康與 —— 善……千里命駕 35-6
呂安事 19-9(註), 35-5(註)
如巖下電
王安豐 眼爛爛 —— 24-7
餘若驢鳴犬吠 39-9
汝陽王 → 李璡(唐)
明皇好羯鼓 有 —— 花奴 尤善此伎 48-12
餘姚公主(南朝 梁)
獻之……詔尙 —— 1-48(註)
汝有佳兒 37-19
如意 23-5, 23-13, 35-16, 36-20
如意 但以如意帖之 13-19
汝已殺我任城
—— 不得復殺我東阿 46-2
女人觀貌
五官將曰 —— 而正禮目眇 恐愛女未必悅也 46-1
與人同樂
旣 —— 亦不得不與人同憂 14-13
與人同憂
旣與人同樂 亦不得不 —— 14-13
餘訾
劉子翼……退無 —— 16-44
女正 → 袁女正(東晉) 26-9(註)
厲操 23-22
衍苦志 —— 尤篤於學
女主 39-13
如杜
聖人 —— 邪 8-57
如此 但糜自可 何必飯也 22-1
如此石
—— 安得不愛 35-35
如此人
—— 曾不得四十 27-15
礪其齒
所以漱石 欲 —— 4-9
呂太乙(人) 20-22
—— 爲戶部員外郎 戶部與吏部鄰司
餘杭山
郭文擧……都無壁障 1-55
如馨 11-16
王文開 那生 —— 兒 24-30
呂惠卿(北宋) ← 吉甫 5-21(註)
女皇 → 袁女皇(東晉) 26-9(註)
易(書) 19-9(註)
殷荊州曾問遠公 —— 以何爲體 8-59
逆旅
郭林宗每行宿 —— 輒躬自灑掃 1-11
亦復竟不異人 38-31
役夫小民
郭恕先時……飮食 35-33
易四姓
道爲宰相……身事十主 11-42
曆算 30-1(註)
酈生 → 酈食其(西漢) 35-26(註)

酈食其(西漢)←酈生 14-17
逆節之謀 40-7
力主和議
　秦檜……——廷臣異己者 皆斥逐之 40-14
逆則應殺
　——狂何所徙 41-2
逆風家
　孫問深公 上人常是——8-33
掾
　韓壽美姿容 賈充辟以爲——48-6
緣覺乘
　三乘者……三曰菩薩乘 8-45(註)
捐金於野 29-2
延年→顔延之(南朝 宋) 5-5(註)
年大而位小 37-16
延陵季子(周) 6-4
延陵之高
　已無——豈可有喪明之責 12-4
烟霧
　吳道玄……卽生——31-16
連璧 24-10
　今日可謂——37-34
連手共縈之
　婦人遇者 莫不——24-8
年小而位大 37-16
年少何乃不廉 37-38
硏尋
　小加——一無所愧 8-12
延安(地) 13-31
延英(建物)
　開成中——奏對 李石言 6-29
淵源→殷浩(東晉) 6-20(註), 14-24, 15-102, 26-7
　少時與——共騎竹馬……故當出我下 18-21
　——始至 猶貪與少日周旋 26-7
　阮思曠……而兼有諸人之美 18-15
連日不醒
　一飮或至——遂以此死 34-8(註)
淵靜
　非——者 不能與之閑止 15-100
延祖→嵇紹(西晉) 6-9(註)
連錢障泥
　王武子善解馬性 嘗乘一馬箸——30-9
連珠 27-28(註)
延之→顔延之(南朝 宋)
　——曰 竣尙不顧有老父 何緣復有陛下 5-5
　——曰 竣筆體 臣不容不識 5-5
烟霞痼疾
　游巖對曰 臣所謂泉石膏肓——5-16
蓮花池 32-16(註)
列女傳解 29-8(註)
烈士暮年
　——壯心不已 23-5
列仙(書)
　孫綽作——商丘子贊 38-17
裂眼爭
　阿萬當——邪 18-32
熱湯麩 24-3
厭 40-10
斂衿飾容 35-9(註)
捻鼻顧睞 24-37
閻立本(唐)
　——善畫 26-16
斂膝容之
　太傅猶——16-16
鹽豉
　有千里蓴羹 但未下——耳 4-10
廉者 29-2
廉者不求
　——貪者不與 4-32
閻鼎(西晉) 15-65(註)
拈一子笑視 28-41
廉察使(官名) 35-35
鹽醋
　不食——何堪 37-44
廉頗(戰國 趙)
　——藺相如……恒如有生氣 18-37
　此藺相如所以下——也 14-8
榮→顧榮(西晉)
　——乃悟而歎曰 一餐之惠……古人豈虛言哉 1-38(註)
　——曰 豈有終日執之而不知其味者乎 1-38
寧→管寧(東漢)
　——割席分坐曰 子非吾友也 1-18(註)
穎→司馬穎(西晉) 4-8
永嘉(年號) 11-17
　不意——之中 復聞正始之音 15-48
永嘉之中
　——復聞正始之音 15-48
令公→韋皐(唐)
　方稅重——輪年全放 恩深於蜀 6-29
靈光殿(建物)
　王子山到魯……湘水溺死 43-1(註)
領軍→王洽(東晉) 18-50

榮期→裴榮(東晉) 9-17(註)
榮期→范啓(東晉) 9-14(註)
寧南山(地) 34-15
令明→王惠(南朝 宋) 2-1(註)
　——時然後言 16-26
　——曰 亦復何須得食 2-1
令伯→李密(隋唐)
　——答曰 爲兄 供養之日長 3-15
　——曰 願爲人兄 3-15
靈壁(地) 35-35
靈寶→桓玄(東晉) 34-4
　——成人 當以此坐還之 22-24
　——視我如母……骨肉相圖 49-6(註)
靈寶成人
　——當以此坐還之 22-24
令僕 15-103, 18-55
　劉曰 驢……皆已——矣 39-7
永福省 27-28(註)
令僕才
　州吏中 有一——13-1
靈輿
　李德林……自駕——反葬 2-17
影亦好
　育長——47-3
英英
　此盌——誠爲淸徹 所以爲寶耳 36-13
嶺外(地) 34-26
靈運→謝靈運(南朝 宋) 16-25
　——辯博辭義鋒起 16-26
英雄
　牀頭捉刀人 此乃——也 14-6
英雄忌人
　袁曰劉豫州何若 答曰——22-8
英雄相識
　——故不以成敗論 15-76(頭)
甯越(戰國) 6-11
　——曰 請以十五歲……吾不敢臥 6-11(註)
令音
　長史語甚不多 可謂有——
伶人
　戴安道不能爲王侯——11-24
令人得上
　王丞相云……正自爾馨 18-13
靈鍾
　殷曰 銅山西崩——東應 便是易邪 8-59
永州(地) 13-32, 13-33
永州(地)
潁川(地) 3-8
　許子將……多長者之游 14-3
潁川太守(官名)
　——髡陳仲弓 3-6
映徹九泉
　仲文曰……足以——16-24
令則→荀羨(東晉) 4-50(註)
穎脫
　王安豐——不持儀形 33-9
令狐綯(唐) 32-22
　——嘗以舊事 訪於溫庭筠 41-11
令狐相→令孤綯(唐) 21-13
乂→王乂(西晉) 14-16
詣買
　正與胡父——47-8
禮豈爲我輩設 33-7
倪塘 49-5(註)
刈瑯琊之稻 22-26
穢里(地)
　郡人有姓賴居——21-10
禮拜
　何次道……——甚勤 36-19
隸書
　敬元尤長於——31-13(註)
禮樂器 15-10
禮樂皆東之歎
　融有——7-2
預爲壙
　司空表聖……賦詩對酌 13-30
豫章(地) 29-35
豫章→謝鯤(西晉) 15-92
豫章太守
　陳仲擧爲——至便問徐孺子所在 欲先看之 1-9
預政事納貨
　王丞相有幸妾姓雷 頗——48-8
禰正平→禰衡(東漢) 38-3
　劉荊州嘗自作書……以示——38-2
　——自荊州…… 漫滅而無所遇 38-1
豫州亂矣 36-2
穢行
　或重許高……而無取於許 18-7
禰衡(東漢)←正平 35-2(註)
　——被魏武謫爲鼓吏 3-5
吾家養直 28-41(註)
吾角巾徑還烏衣 12-16

吾皆百之
庾道季云 思理倫和…… ——18-10
五羖之皮
祖云 百里奚 亦何必輕於 ——邪 1-39
忤觀 29-18
五官將 → 曹丕(三國 魏) 36-3
五官中郎(官名) 48-1
五官中郎將(官名)
魏文帝爲 ——10-7
午橋(地) 39-13
吳舊姓 15-25
吳郡(地) 35-11
吳起(戰國 楚) 14-9(註)
吳道助 → 吳坦之(東晉) 1-54
吳道玄(唐) ← 吳生
——……卽生烟霧 31-16
五斗米道 29-30(註)
吾等若不祖尙浮虛
——不至於此 38-14(註)
五龍
吳道玄……卽生烟霧 31-16
五六月北窓下臥
陶徵士嘗言……自謂是羲皇上人 28-22
烏帽紗巾 28-35
五木
桓宣武與袁彦道樗蒲……擲去 ——44-6
吾無隱乎爾
晦堂曰 ——9-37
五畝之宅
謝混曰 召伯之仁……更不保 ——20-8
五伯(官名) 35-2(註)
五百斛米
道存慮中丞貧乏 遣吏載 ——餉之 2-3
五百年一賢 足下當之 22-31(註)
五兵
武庫 ——縱横 15-40
五兵尙書(官名) 16-29
五鳳樓 6-28
吳府君 → 吳展(人) 15-25
吳附子 → 吳隱之(東晉) 1-54
烏紗幘 46-13
吾思鄕轉深矣 46-4
吳生 → 吳道玄(唐)
玄宗忽思……令往寫貌 31-15
誤書
邢子才有書甚多……更是一適 9-26
五石散 18-49(註)
何平叔云 服 ——非唯治病 亦覺神明開朗 3-12
誤先釘榜
明帝立陵霄觀,……去地二十五丈 31-4(註)
吳聲淸宛 30-17
吾所與游
——皆子類也 35-33
五嶽 28-4
吳語 36-12
吳語細唾 36-12(註)
吾亦有事北京 33-25
懊熱 47-9
吳王 → 李元軌(唐) 18-56(註)
吳牛
——見月而喘 4-5
吳隱之(東晉) ← 吳附子 1-56
烏衣(地) 12-16
塢人
爲 ——所害 14-19(註)
吳子 → 王肅(東漢) 21-11
吾從衆 37-50
吳中(地) 35-15
吾止有一子
——不欲令事女主 39-13
誤着屐
阮長之爲中書郎……依事自列 2-9
汙貂 20-14
吳蜀之憂 14-7
誤通
張思光嘗詣……尙書劉澄 35-22
五版
——竝入 9-9
吾平生不喜見要人
——今不幸見汝 20-12
吳興(地) 13-16
五噫歌
東出關過京 作 ——1-5(註)
玉鏡臺 40-8
屋券
蘇長公……卽取 ——焚之 不索其値 遂還毘陵 不復買地 2-23
屋漏
如從 ——中來 37-29
獄吏之爲貴 20-6
玉柄麈尾 16-42
玉山上行

——光映照人 24-12
屋椽竹 30-3
玉人 24-12
玉振
昔王輔嗣吐金聲……此子今復 —— 於江表 15-48(註)
溫→溫嶠(東晉) 47-8
——發口鄙穢 33-31
——曰 嶠雖不敏 才非昔人 明公以桓文之姿 建匡立之功 豈敢辭命 4-19
——曰 小人無以測君子 11-5
溫→桓溫(東晉)
——有豪邁風氣 11-26(註)
溫公→司馬光(北宋) 47-18
溫公→溫嶠(東晉) 40-8
——慢語 33-31
溫嶠(東晉)←太眞 9-7(註), 13-2(註), 21-5, 46-5
劉琨……曰 班彪識劉氏之復興 馬援知漢光之可輔 4-19
溫李→溫庭筠(唐), 李商隱(唐) 41-11(註)
溫顒(西晉) 37-4
溫庾→溫嶠(東晉), 庾亮(東晉) 9-7
溫子昇(東魏)
庾信至北……寒山寺碑 39-9
溫庭筠(唐)
令狐綯曾以舊事 訪於——41-11
溫酒 34-4
溫太眞→溫嶠(東晉) 11-5, 12-21
——……估客樗蒱 33-30
——問郭文擧……先生安獨無情乎 4-18
——是過江第二流之高者 18-2
雍→顧雍(三國 吳) 12-4
邕→蔡(東漢)
——聞火烈聲 知其良木 30-2(註)
雍闓 36-4
翁嫗
——二人……算計家資 42-2
擁旄推轂
——攝金拖紫 2-13(註)
翁叔→馬日磾(東漢) 3-14(註)
擁被對壺 35-29
雍熙之軌
兩不失——焉 1-17
瓦官寺 18-24
僧意在——中……與共語 8-57
與林公相遇於——講小品 8-33
何次道……禮拜甚勤 36-19
臥龍
此君——不可動也 28-11(註)
蛙鳴 28-29
臥佛 4-24
阮→阮裕(東晉)
——乃歎曰 非但能言人……亦不得 8-21
阮公→阮裕(東晉) 11-18
阮公→阮籍(三國 魏) 33-6
阮光祿→阮裕(東晉) 11-25, 15-53, 28-8, 38-11
謝安年少時 請——道白馬論 8-21
——在剡 曾有好車 借者無不皆給 1-42
阮德如→阮侃(西晉)
——嘗於厠見鬼 12-9
阮韜(南朝 宋)
宋孝武選侍中四人……阮韜何偃爲一雙 24-43(註)
王延之——俱是劉湛外甥 37-31
完卵 22-6
宛陵→王述(東晉) 18-29
阮文業→阮武(三國 魏) 15-16
阮步兵→阮籍(三國 魏)
——喪母 裴令公往弔之 33-5
——嘯 聞數百步 28-6
阮孚(西晉)←阮遙集
——云……輒覺神超形越 8-27
阮思曠→阮裕(東晉) 11-18(註), 18-19, 36-19
——……而兼有諸人之美 18-15
——奉大法 敬信甚至 46-9
阮嗣宗→阮籍(三國 魏) 27-6
晉文王稱——……未嘗臧否人物 1-24
晉文帝大親愛……不迫以職事 33-2
阮宣子→阮修(西晉)
——……以百錢掛杖頭 33-21
阮遙集→阮孚(西晉) 15-95
——……對曰 願以賜臣 33-22
祖士少好財——好屐 12-18
阮衛尉→阮共(西晉)
許允婦……奇醜 29-9
頑嚚 40-12
阮長之(南朝 宋)←景茂
——爲中書郞……依事自列 2-9
阮籍(三國 魏)←嗣宗, 步兵 1-24(註), 34-7, 35-4
司空鄭冲馳遣信 就——求文 8-2
——嫂……籍見與別 33-7
阮主簿→阮裕(東晉) 15-56
阮仲容→阮咸(西晉)

——……居道北 33-10
——先幸姑家鮮卑婢 33-12
玩之 → 虞玩之(南朝 齊)
——……復不可遺 2-6
——曰 初釋褐時買之 著已三十年 2-6
阮千里 → 阮瞻(西晉) 26-5
——善彈琴 12-10
阮咸(西晉) ← 阮仲容 15-14
阮渾(西晉) 33-11
王 → 王儉(南朝 齊)
——答曰 謝朏得父膏腴 江淹有意 9-29
王 → 王導(東晉) 47-8
王 → 王敦(東晉)
王歎曰 不知我進 伯仁退 17-17
王 → 王濛(東晉)
——曰 國自有周公 4-35
——謂何曰 我今故與林公……那得方低頭看此邪 6-17
支道林……共集王家 9-16
王 → 王韶之(晉)
——徐答曰 我常自耕耳 5-2
王 → 王承(東晉)
——曰 文王之囿與衆共之 池魚復何足惜 6-8
王 → 王安期(南朝 宋)
——曰 鞭撻寗越 以立威名 恐非致理之本 6-11
王 → 王衍(西晉)
——曰 裴僕射善談名理……亦超超玄箸 4-6
——歎曰 卿天才卓出……一無所愧 8-12
王 → 王戎(西晉)
——曰 聖人忘情……正在我輩 27-9
王 → 王濟(西晉)
——未知文生於情……增伉儷之重 8-11
王 → 王坦之(東晉)
——曰 旣無文殊 誰能見賞 8-44
王 → 王獻之(東晉)
——徐曰 傖兒……可特置之 13-15
——外人那得知 18-41
——謂謝曰 夏禹勤王……恐非當今所宜 4-49
王 ← 王獻之(東晉)
——曰 魏祚所以不長 11-29
王家十三娘 29-39
王江州 → 王凝之(東晉)
——……僑居會稽 29-32
——夫人 語謝遏 29-31
王江州 → 王弘(東晉)
——……不能致 13-20
王愷(西晉) ← 王君夫
劉輿兄弟少時 爲——所憎 49-3
王介甫 → 王安石(北宋) 39-17
司馬君實直言——不曉事 39-19
——嘗見擧燭 5-21
——雅愛馮道 11-42
——爲相 大講天下水利37-48
王建武 → 王忱(東晉)
王恭……遂致疑隟 16-21
王儉(南朝 齊) ← 仲寶, 僕射, 文憲 37-34
王經(三國 魏) 29-13
王敬倫 → 王劭(東晉) 24-29
王景文 → 王彧(南朝 宋) 24-43
宋明帝賜——死 13-22
——……謂客曰 此酒不可相勸 13-22
王敬豫 → 王恬(東晉)
——有美形 24-26
王敬仁 → 王修(東晉) 19-17
——年十三 作賢人論 9-13
——是超悟人 15-64
王敬則(南朝 齊) 37-34
張敬兒拜……呼爲褚彦回 39-5
王景玄 → 王微(南朝 宋) 28-25
王敬弘 → 王裕(隋) 35-18
——爲尙書……初不省讀 34-13
王敬和 → 王洽(東晉) 24-34
王景興 → 王朗(三國 魏)
黃初中有甲乙疑論……議各不同 8-8
王季琰 → 王珉(東晉) 18-53
往古來今
天地四方曰宇——曰宙 36-19
王恭(東晉) ← 王丞, 王孝伯 13-19, 14-28, 24-40, 45-1(註)
——……而讀書少 16-23
——……遂致疑隟 16-21
——乘高輿 被鶴氅裘 26-8
——欲……爲長史 35-12
——將唱義 使喩三吳 34-10(註)
——從會稽還 王大看之 1-52
王公 → 王導(東晉) 12-16, 24-26, 27-11, 36-13, 38-8
敬豫 事事似——24-26
——目太尉……壁立千仞 15-37
——曰 卿欲希嵇阮邪 4-21
——曰 使太陽……何以瞻仰 32-3
王公淵 → 王廣(三國 魏)
——娶諸葛誕女 29-12
王廣(三國 魏) ← 公淵 29-12((註)

王光祿→王蘊(東晉) 37-18
——云 酒正使人人自遠 33-35
王光祿→王遠(南朝 宋)
——……能蔽風露 16-27
王苟子→王脩(東晉)
僧意在瓦官寺中……與共語 8-57
許掾年少時……許大不平 8-46
王國寶(東晉) 11-30(註)
——搆謝太傅……太傅患之 20-7
王緒王……竝弄權要 20-6
王緒數讒殷荊州於——45-2
王君公(東漢)
王君公……儈牛自隱 28-1
王君夫→王愷(西晉)
——有牛……常瑩其蹄角 43-5
王筠(南朝 梁) 22-27
王苟子→王修(東晉) 16-18
王恬(東晉)←敬豫, 王螭, 阿螭 29-28(註), 35-11
王尼(東晉)←王孝孫 24-20
王丹陽→王混(東晉) 37-14
王曇首(南朝 宋)
——年十四五 便歌 26-10
王大→王忱(東晉) 14-28, 20-6, 34-4, 34-7
王恭從會稽還——看之 1-52
——故自濯濯 16-21
——喪後……應作荊州 47-6
王大將軍→王敦(東晉) 14-21, 17-21, 23-7, 30-13, 32-4, 46-6, 46-8
——……此客必能作賊 43-3
——……輒扇障面不得住 17-17
——旣反……周伯仁往見之 11-6
——旣爲逆 頓軍姑孰 40-6
——年少時……語音亦楚 23-3
——執司馬愍王……於車而殺之 49-7
王導(東晉)←茂弘, 阿龍, 丞相, 王公, 冶城公 21-5, 33-28(註), 38-8(註), 46-5
——接誘應會 少有牾者 6-10(註)
王睹→王爽 18-49
王敦(東晉)←處仲, 阿黑, 大將軍 4-27, 12-15(註), 14-11, 18-1(註)
石崇……見顔原象而歎 43-2
少爲——所歎 15-43
——……欲有廢明帝意 11-5
——爲大將軍……從洛投敦 15-48
——引軍 垂至大桁 明帝自出中堂 21-5
——初尙主……本以塞鼻 47-5
王敦墓
桓溫行經——邊過……可兒 15-76
王東亭→王珣(東晉) 4-66, 9-17, 13-17 16-16, 27-22, 45-2, 49-4
——與謝公交惡 27-19
——與張冠軍善 6-22
王藍田→王述(東晉) 18-5, 38-17, 44-7
——拜楊州 主簿請諱 11-19
——性急 44-4
王朗(三國 魏)←景興 1-20(註), 17-11
華歆——俱乘船避亂 有一人欲依附 1-20
王郎→王融(南朝 齊)
——名高望促 難可輕衣裾 14-30
王郎→王惠(南朝 宋)
——如萬頃陂 16-26
王郎歌 26-10
王略帖 48-15
王亮(南朝) 11-36
王令→王儉(南朝 齊)
——文章大進 39-4
王令→王獻之(東晉)
——詣謝公……當與倂榻 44-9
王令明→王惠(南朝 宋) 16-26
——兄鑒 頗好聚斂 廣營田業 2-1
王令言(隋)
樂人——妙解音律 30-16
王劉→王濛(東晉), 劉惔(東晉) 18-43, 33-38, 37-5, 36-21
——與桓公 共至覆舟山看 11-26
王淩(三國 魏) 10-11
王陵(西漢)←彦雲 29-12(註)
——廷爭 陳平……克終云何耳 49-4
王螭→王恬(東晉) 44-5
王摩詰→王維(唐) 28-36
王萬子→王綏(西晉)
裴國寶……特爲王萬子所重 26-3
王莽(西漢)
王通孔門之——18-58
陳尙書見——誅何武鮑宣 10-1
王濛(東晉)←仲祖, 長史, 阿奴 4-35(註), 6-17, 15-99
王武岡→王謐(東晉) 18-50
王無功→王績(唐) 28-33, 34-21
仲長子光……徙與相近 26-14
王武子→王濟(西晉) 4-9, 4-10, 24-16, 27-8, 42-1, 43-4, 43-5
武帝語和嶠曰 我欲先痛罵——10-17
孫子荊除婦服 作詩以示——8-11

—— 善解馬性 30-9
—— 孫子荊 各言其土地人物之美 4-7
王茂弘 → 王導(東晉) 19-14
王文開 → 王訥(東晉)
—— 那生如馨兒 24-30
王文度 → 王坦之(東晉) 11-28, 16-19, 37-16, 37-21, 38-21(註)
揚州獨步 —— 後來出人郗嘉賓 15-59
—— 弟阿智……而無人與婚 40-12
王文憲 → 王儉(南朝 齊) 39-4
王微(南朝 宋) ← 幼仁, 莉產 4-45(註)
王眉子 → 王玄(西晉) 15-41, 17-18
王謐(東晉) ← 雅遠, 武岡, 司徒 20-9
王方慶(唐)
—— 在政府 20-19
王伯輿 → 王廞(東晉) 34-10
王輔嗣 → 王弼(三國 魏)
昔 —— 吐金聲……此子今復玉振於江表 15-48(註)
—— 弱冠詣裴徽 8-5
王僕射 → 王儉(南朝 齊) 9-29, 32-16, 32-17
王僕射 → 王裕之
—— 子恢之 被召爲秘書郎 2-2
王裒 ← 偉元 1-30(註)
王不留行
衛江州在尋陽……唯餉 —— 一斤 42-3
王北中郎 → 王坦之(東晉) 18-50
—— ……乃著論沙門不得爲高士論 38-27
王汾
劉貢父 —— 同在館中 37-47
王佛大 → 王忱(東晉)
—— 歎……形神不復相親 34-8
王份(南朝 梁) ← 季文 5-7(註)
王謝 → 王坦之(東晉), 謝安(東晉)
—— 舊齊名 於此始判優劣 13-6
王謝家
麈尾蠅拂……汝不須捉此 20-17
王司徒 → 王渾(西晉)
—— 婦鍾氏女 29-20
王沙彌 → 王晞(北齊) 28-32
王思遠(南朝 齊) ← 阿戎 14-29, 20-16
—— ……暑月亦有霜氣 16-36
王司州 → 王胡之(東晉) 4-57, 23-15, 26-7
—— 嘗乘雪往王螭許 44-5
—— 與殷中軍語 歎 15-80
王爽(東晉) ← 王睹 11-30
—— ……忠孝亦何可以假人 11-30
—— ……呼王爲小子 11-31
王祥(西晉) ← 休徵, 太保 1-23(註)
—— 事後母朱夫人甚謹 1-23
王尙書 → 王惠(晉)
—— 惠……問 眼耳未覺惡不 29-34
王生 → 王允(東漢)
—— 一日千里 31-1(註)
王緖
卿但數詣 —— ……二王之好離矣 45-2
—— ……竝弄權要 20-6
—— 數讒殷荊州於王國寶 45-2
忱與恭爲 —— 所間 終成怨隙 14-28(頭)
王舒(東晉)
王含欲投 —— 14-21
王石 → 王愷(西晉), 石崇(西晉)
—— 所未知作 43-4
王先生 → 王通(隋) 18-58(註)
王世將 → 王廙(東晉) 23-10
王小奴 → 王薈
王僧彌……共 —— 許集 13-16
王韶之(晉) ← 休泰 5-2(註)
—— ……嘗三日絶糧 執卷不輟 5-2
王修(東晉) ← 叔治, 敬仁, 苟子 1-22(註)
王脩齡 → 王胡之(東晉) 11-23, 16-3, 18-29
王修載 → 王耆之
—— 樂託之性 出自門風 16-2
王肅(東漢) ← 吳子 5-9, 21-11
王叔英(南朝 梁)
劉孝綽三妹……東海徐悱 29-37
王叔優 → 王柔
—— ……共往候之 14-5
王叔治 → 王修(東晉)
—— 七歲喪母…… 隣里爲之罷社 1-22
王珣(東晉) ← 元琳, 法護, 東亭 4-66(註), 18-50, 24-35
孝武屬 —— 求女壻 37-24
王承(東晉) ← 安期, 參軍, 東海 4-23(註)
王丞 → 王恭(東晉)
—— 齒似不鈍 37-18
王僧朗(南朝 宋) 29-36(註)
王僧彌 → 王珉(東晉)
—— ……共王小奴許集 13-16
王丞相 → 王導(東晉) 11-7, 12-12, 12-23, 15-42, 15-55, 17-19, 18-5, 20-2, 23-10, 24-18, 26-4, 26-5, 28-7, 30-12, 32-3, 32-5, 33-26, 36-12, 36-17
江僕射年少 —— 呼與共棋 11-8

明帝函封……於 —— 47-2
—— 拜司徒而歎 15-65
—— ……不說而去 11-12
—— ……欲爲降禮 11-14
—— ……云君出臨海 便無復人 6-10
—— ……請婚陸太尉 11-10
—— 輕蔡公 38-9
—— 過江左……無所不入 8-16
—— 云……正自爾馨 18-13
—— 有幸妾姓雷 頗預政事納貨 48-8
—— 主簿 欲檢校帳下 12-17
—— 愀然變色曰 當共戮力王室 克復神州 何至作楚囚相對 4-16
—— 枕……指其腹 36-16
陸太尉詣……食以酪 36-9
諸葛令……爭姓族先後 36-11
會見 —— 便覺清風來拂人 15-60
王僧祐(南朝 宋) 16-28
王僧恩 → 王禕之(東晉)
—— 輕林公 18-33
王侍中 → 王份(南朝 梁) 5-7
王氏臘
我先祖豈知 —— 乎 10-1
王娥兒(南朝 梁) 43-8
王安國(北宋) ← 平甫 5-22(註)
王安期 → 王承(東晉) 15-34
—— ……歎曰 人言愁 我始欲愁 4-23
—— 爲東海郡 小吏盜池中魚 綱紀推之 6-8
—— 作東海郡 吏錄一犯夜人來 6-11
王安石(北宋) ← 介甫 5-20(註)
今鄞令 —— 者……甚似王敦14-34
王安豐 → 王戎(西晉) 15-6, 33-6
我與 —— 說延陵子房 亦超超玄箸 4-6
—— 婦常卿安豐 48-3
—— 選女壻 從挽郎搜其勝者 47-3
—— 眼爛爛 如巖下電 24-7
—— 穎脫 不持儀形 33-9
—— 遭艱 至性過人 1-33
王養 → 王泰 22-25
王彥深 → 王蘊(東晉)
—— 不爲群從所禮 常懷恥慨 44-12
王汝南 → 王湛(西晉) 15-21
—— ……自求郝普女 29-18
王衍(西晉) ← 夷甫, 太尉 4-6(註)
王延之
—— 阮韶 俱是劉湛外甥 37-31
王悅之(南朝 宋) ← 少明
—— ……曰所貴誠復小小 然少來不欲當人之惠 1-58
—— 少厲淸操 1-58
王蘊(東晉) ← 叔仁, 阿興, 光祿 11-31(註)
王右軍 → 王羲之(東晉) 4-49, 11-18, 15-105, 15-75, 15-84, 15-88, 15-97, 16-12, 18-14, 18-32, 23-12, 26-6, 28-8, 28-18, 29-26, 37-18, 38-20, 40-7
謝太傅語 —— 曰…… 輒作數日惡 4-41
—— ……竝善 19-17
—— ……營山水弋釣之娛 28-13
—— 見杜弘治歎 24-27
—— 少重患
—— 在南……每歎子姪不令 38-10
—— 飄若遊雲 矯若驚龍 24-31
王右軍夫人(晉)
王尙書惠……問 眼耳未覺惡不 29-34
王右丞 → 王維(唐)
孟浩然 極爲 —— 所知 41-10
王彧(南朝 宋) ← 景文 5-6(註), 16-32
宋孝武選侍中四人……阮韶何偃爲一雙 24-43(註)
王元澤 → 王雱(北宋) 22-32
王衛軍 → 王薈(東晉)
—— 云 酒正自引人著勝地 34-2
王威明 → 王規(南朝 齊·梁)27-27
王偉元 → 王裒(魏晉)
—— 門生爲本縣所役 求屬令爲脫 1-30
王庾 → 王導(東晉), 庾亮 33-14
王允之(晉) 40-7(註)
王融(南朝 齊) ← 瑯琊王, 王郎, 王中書, 元長 35-4
—— ……三十內望爲公輔 44-14
王戎(西晉) ← 濬沖, 安豐 15-13, 15-16, 15-20, 24-13, 36-7
司徒 —— ……洛下無比 42-2
—— 年七歲時……李樹有子扳折 22-11
—— 父渾有令名 1-34
—— 喪兒……山簡往省之 27-9
—— 云……將無以德掩其言 1-32
—— 形狀短小……視日不眩 24-7
—— 和嶠同時遭大喪 俱以孝稱 1-25
王應(東晉) 30-13
—— 欲投世儒 14-21
王凝之(東晉) ← 叔平, 江州 44-8
公大兒無奕女 左將軍 —— 妻 29-30
王夷甫 → 王衍(西晉) 4-6, 12-8, 12-12, 14-16, 15-27, 15-29, 15-32, 24-11, 24-9, 29-16, 41-2
裴成公作崇有論……惟 —— 來 如小屈 8-10
遂使神州陸沈……不得不任其責 38-14

諸葛厷 年少不肯學問……便已超詣 8-12
——……乃謂客曰……君可往問 8-9
——……口未嘗言錢字 19-12
——……志好不同 12-13
——婦……干豫人事 19-11
——太解明 17-15
王逸少→王羲之(東晉) 24-25
——在坐曰 令巢許遇稷契 當無此言 4-47
王子敬→王獻之(東晉) 4-61, 11-29, 16-17, 16-20, 18-41, 18-46, 22-20
——……盜物都盡 13-15
——見之曰 山水之美 使人應接不暇 4-64(註)
——病篤道家上章應首過 1-48
——語王孝伯曰……不如銅雀臺上妓 4-61
——與羊綏善 27-18
——云 從山陰道上行……尤難爲懷 4-64
此——畫蠅也 4-9(頭)
王子師→王允(東漢) 31-1
王子山→王延壽(東漢)
王子山到魯……湘水溺死 43-1(註)
王子猷→王徽之(東晉) 18-44, 34-1, 35-13, 35-10, 35-15, 37-15, 38-31
——……上忽發火 13-14
——……便令種竹 28-20
——子敬……而子敬先亡 27-24
——作桓車騎參軍 35-14
——出都……於岸上過 34-3
王咨議→王肅之(東晉) 37-23
汪旛 15-10
王長史→王騫(南朝 梁)
——至性凝簡 不狎當世 20-15
王長史→王濛(東晉) 4-35, 11-26, 15-38, 15-74, 15-83, 15-90, 15-93, 16-1, 16-4, 18-24, 18-26, 18-29, 18-30, 24-27, 24-32, 24-34, 33-28, 37-9
孫長樂作——誄 38-24
——……轉麈尾視之 27-15
——……何其軒軒韶擧 24-30
——求東陽 撫軍不用 38-22
——道江道群 15-81
——登茅山 大慟哭 34-10
——云……勝我自知 15-98
劉尹撫——背曰……但有都長 18-25
支道林……不大當對 8-50
王長豫→王悅(東晉)
——幼便和令 丞相愛恣甚篤 36-15
王章妻 王經母 29-13(頭)
王節信→王符(東漢) 32-1
王濟(西晉)←武子 4-7(註)
王尊(西漢)
——…… 叱其馭曰 驅之 王陽爲孝子 王尊爲忠臣 4-36(註)
王濬沖→王戎(西晉)27-6
王中郎→王坦之(東晉) 4-71, 8-44
——擧許玄度爲吏部郎 38-32
——與林公絶不相得 38-21
——以圍棊是坐隱 31-12
王仲寶→王儉(南朝 齊) 20-11, 44-15
王中書→王融(南朝 齊) 16-40
王仲宣→王粲(東漢) 7-10(註)
——好驢鳴 27-5
王仲祖→王濛(東晉) 18-19
——……省殷揚州 14-24
——……造殷中軍談 15-82
——病……苟令則爲量水 32-9
——聞……曰 若使介葛盧來朝 故當不昧此語 4-46
——祖稱殷淵源……處長亦勝人 15-79
劉眞長……肴案甚盛 11-22
王仲回→王丹(東漢)
——……疾惡彊豪 10-4
侯司徒欲與——交友 10-5
王澄(西晉)←平子, 阿平 1-36(註)
時泰山胡母彦國……邀孝孫 32-10
王車騎→王彧(南朝 宋)
——……歎曰 眞使人飄飖有伊洛間意 5-6
王車騎→王洽(東晉) 34-5
王瓚之(南朝 宋)
——今便是朝隱 16-29
王參軍→王承(東晉)
——人倫之表 汝其師之 15-34
王參軍→王弘之(南朝 宋) 11-33
王處叔→王隱(東晉) 20-1
王處仲→王敦(東晉) 23-4, 23-5
王倩玉→王球(南朝 宋)
——嘗稱之曰 尙之西河之風不墜 9-24
往輒破的
長史曰 韶音令辭……勝我 18-30
王充(東漢)←仲任 7-9(註)
——著論衡成 7-9
王忠嗣(唐) 29-39(註)
王忱(東晉)←佛大, 王大, 阿大, 建武 1-52(註)
王坦之(東晉)←文度, 中郎, 安北, 北中郎 4-55(註), 13-6, 13-7, 18-31

王太尉→王衍(西晉) 15-28, 24-19, 38-5
——不與庾子嵩交 11-2
王平子……送者傾路 35-8
王通(隋)←文中子
——孔門之王莽 18-58
王平甫→王安國(北宋)
馮當世知幷州 以書寄——5-22
王平北→王乂(西晉) 1-39
王平子→王澄(西晉) 14-19, 15-30, 15-46, 15-49, 17-16, 32-4
——……送者傾路 35-8
——胡毋彦國諸人 皆以任放爲達 或有裸體者 1-36
王弼(三國 魏)←輔嗣
何晏爲吏部尙書……——未弱冠 往見之 8-3
王何人
鉢釪後——15-99
王含(三國 蜀)
——欲投王舒 14-21
王獻之(東晉)←子敬, 阿敬, 王令 31-13
——性甚整峻 不交非類 44-9
王荊公→王安石(北宋) 5-20
王荊産→王微(南朝 宋) 4-45
王惠(南朝 宋)←令明 2-1(註)
王胡之(東晉)←脩齡, 阿齡, 司州 4-57(註), 49-7
景重是——外甥 與舅亦不協 39-3(註)
佐吏殷浩……登南樓理詠 24-25
王渾(西晉)←玄沖, 司徒, 京陵 3-16(註)
——妻鍾氏……令淑 29-19
——平吳之日 登建業宮3-16
王弘之(南朝 宋)←方平 28-30
往還
——二十餘年 不曾說著文章 39-16
王奐(南朝 齊) 39-7
王黃門→王徽之(東晉) 18-40
王懷祖→王述(東晉) 15-87
王孝伯→王恭(東晉) 4-61, 16-13, 18-39, 18-42, 18-8, 18-9, 34-7, 34-9, 37-18, 38-24, 49-4
——死 縣其首於大桁 49-5
——在京行散 18-49
桓玄……云 我今欲爲——作誄 9-8
孝武山陵夕——入臨27-23
王孝孫→王尼(東晉)
——早歲喪妻 有一子 33-16
——初爲護軍府兵士 32-10
王興道→王和之
——……如失鷹師 38-33
王羲之(東晉)←逸少, 右軍, 臨川 4-41(註)
外學
內學不失其子——不失其讎 3-7
外甥
王延之阮韜 俱是劉湛——37-31
外孫 29-27(註)
畏影
謝答曰 將不——者 未能忘懷 4-76
畏影惡跡
人有——而去之走者 4-76(註)
外人那得知 18-41
畏風
滿奮——4-5
繇→羊繇(魏晉) 15-15
騕褭
——以迅驟爲功 鷹隼以輕疾爲妙 22-9
腰帶十圍
庾子嵩……頹然自放 24-22
潦倒
自家——憂及兒輩 4-41(頭)
遼東(地) 30-16(註)
鷂頭
德幹……拔去鷂頭 6-26
腰領絶
君房足下……——19-1
了了 22-5
——解人意 15-6
瑤林瓊樹
太尉……自然是風塵外物 15-20
要物
天下——正有戰國策 45-1
腰扇 39-6
搖扇視事 33-19
姚崇(唐) 9-34
——與張說 同爲宰輔 各懷疑阻 40-13
了語 37-26
要言不煩
尙書含笑贊之曰 可謂——3-13
腰輿 32-23(註)
廖元儉→廖化(三國 蜀) 10-14
了一生
畢茂世云……便足——33-24
要任 37-42
饒子
前有大梅林——甘酸 可以解渴 40-2
獠賊 13-26

遙集 →阮孚(西晉) 33-12
欲聞其言
—— 惡見其面 24-32(註)
欲聞華亭鶴唳
—— 可復得乎 46-3
欲臣老子 35-23
龍角
何以葬 —— 此法當滅族 30-10
容卿輩數百人 36-16
龍光
冀一見 —— 敍腹心之願 19-3
龍頭
靈帝時……原爲龍尾 1-17(註)
用命
—— 賞於祖 不用命 戮於社 豈是順人 22-29
龍門
李元禮一世 —— 14-2
龍門(地)
—— 一名河津 1-12
龍門香山 32-23
龍尾
靈帝時……原爲 —— 1-17(註)
用牛 32-12
龍腹
靈帝時……原爲龍尾 1-17(註)
龍飛
中宗 —— 實賴萬里長江 38-23(註)
龍山(地)
九日宴 —— 13-9
龍躍雲津
張華……鳳鳴朝陽 15-23
龍耳 30-10
龍泉 44-12(註)
龍泉泰阿
—— 汝知我者 44-12
龍攄
所牧何物……爲我 —— 38-17
友(官名)
會稽王- 18-29(註)
禹 →鄧禹(東漢)
—— 年二十四封鄭侯 44-14(註)
羽檄
—— 交馳 12-5
牛經(書) 43-5(註)
愚谷集(書) 37-46(註)
右軍 →王羲之(東晉) 15-56, 48-15
阮思曠……而兼有諸人之美 18-15
王家有三年少 —— 安期長豫 15-53
—— 勝林公……亦貴徹 18-9
—— 淸鑒貴要 15-50
—— 歎曰 癲何預盛德事耶
優劣
我二兒之 —— 乃裴樂之優劣 17-14
羽林監(官名) 24-2(註)
宇文述(隋) 24-47
宇文化及(隋) 24-47(註)
牛背
看我眼光 迺出 —— 上 12-12
虞翻(三國 吳) ← 仲翔 3-14(註)
禹步
世傳禹病偏枯 足不相過 今稱 —— 是也 4-49(註)
虞殯 34-6(註)
虞世南(唐)
—— 在此 行秘書 16-45
虞嘯父(東晉) 47-10
牛羊下來 37-41
牛語
介葛盧能辨 —— 4-46(頭)
紆餘委曲
東亭曰 此丞相乃所以爲巧 —— 若不可測 4-66
牛屋 12-22
虞玩之(南朝 齊) ← 茂瑤 2-6, 2-6(註)
—— 好臧否人物 44-15
友于之愛 27-15(註)
虞騠(人) 29-8(註)
牛衣
坐置砌下 —— 上 14-2
紆意
—— 於梅蟲兒 11-36
牛鞞 14-31
友仁 →米友仁(北宋) 35-35(註)
郿人穛稻 22-26
牛渚(地) 23-13
郵亭
從長安還 欲止 —— 1-2
虞存(東晉) ← 道長 6-18(註), 37-17
—— ……題白事後云 若得門亭長如郭林宗者 當如所白 汝何處得此人 6-18
虞仲翔 →虞翻(三國 吳) 38-4
孫討逆……謂 —— 曰……恐子綱不能結兒輩舌也 3-14
—— 放棄南方 自恨疏節 44-3

牛鬪
　殷仲堪父病……謂是 —— 47-7
牛弘(隋) 13-27, 37-41
虞駿(東晉) 17-19
昱 → 侯昱(東漢) 10-5
雲根
　桓式年少從外來云……下拂地足 6-19
雲陽(地)
　曲阿本名 —— 4-53(註)
雲臥衣裳冷 39-17(註)
運自有廢興
　—— 豈必諸人之過 38-14
運租
　袁虎少貧……嘗爲人傭載 —— 9-10
雲中白鶴 15-5
　劉歆 矯矯出塵 如 —— 16-38
雲和殿(建物) 16-30
鬱林 → 蕭昭業(南朝 齊)
　齊高宗……報謝侍中 13-24
雄 → 揚雄(西漢)
　恐是昌家……只有艾氣 37-47
　—— 口吃 37-47(註)
雄 → 向雄(西晉)
　—— 曰 古之君子……退人若將墜諸淵 11-3
袁 → 袁羊(東晉)
　—— 曰 何嘗見明鏡疲於屢照 清流憚於惠風 4-60
遠 → 慧遠(東晉)
　—— 曰 願檀越安隱使彼 亦復無他 4-74
元絳(北宋) 47-16
　—— 未嘗指揮 47-16
元降指揮 47-16
園客 → 庾爰之(東晉) 14-25
袁公 → 袁粲(南朝 宋) 32-16
遠公 → 慧遠(東晉) 4-74, 20-4, 20-9
　—— 曰 桑榆之光……與時竝明耳 20-4
　殷荊州曾問 —— 易以何爲體 8-59
袁公路 → 袁術(東漢)
　曹公 以楊太尉與 —— 婚 將誣以同逆 3-4
袁宏(東晉) ← 彦伯, 袁虎 4-58(註)
　—— 始作東征賦……臨以白刃 8-36
袁喬 → 袁羊(東晉) 4-60(註)
遠饋
　樂羊子……又 —— 羊子 29-1
元規 → 庾亮(東晉) 1-40(註), 12-16, 12-21
　—— 爾時 風範不得不小頹 24-25
　—— 塵汚人 38-8
遠近 47-12
袁冀州 → 袁紹(東漢) 3-3
袁湛(東晉)
　謝宣映曾於公坐 戲調其舅 —— 39-3
袁譚(東漢) 12-1
袁德章 → 袁憲(隋) 16-41
袁閬(東漢) ← 奉高 3-2(註)
　—— 笑曰 士但可因親舊而已乎 3-7
遠量
　索靖有先識 —— 14-15
元亮 → 陶潛(南朝 宋) 13-20(註)
元禮 → 李膺(東漢) 1-12
元龍 → 陳登(東漢) 3-10
袁劉 → 袁粲(南朝 宋), 劉秉
　中郎曰 不能殺 —— 安得免寒士 39-6
園陵 11-17
元琳 → 王珣(東晉) 4-66(註), 18-53, 27-22
元茂 → 潘勖(東漢) 7-10, 7-10(註)
元微之 → 元稹(唐)
　—— ……各賦金陵懷古詩 9-35
元方 → 陳紀(東漢) 22-1, 22-2
　使 —— 將車 季方持杖後從 長文尙小 載著車中 1-14
　—— 曰 昔高宗放孝子孝己……忠臣孝子 3-6
袁本初 → 袁紹(東漢)
　—— 劉景升父子 19-4
袁奉高 → 袁閬(東漢)
　邊文禮見 —— 失次序 3-2
　造 —— ……鸞不輟軛 17-2
元裒 → 任愷(西晉) 33-18
袁司徒 → 袁粲(南朝 宋)
　—— ……豈得非名賢 2-15
袁山松(東晉) ← 府君 37-24
元相 → 元載(唐)
　—— 得罪……頗聞掖庭 29-39
袁生 → 袁耽(東晉) 44-6
園蔬
　竊刈其 —— 2-22
袁紹(東漢) ← 本初 3-3(註)
　—— 年少時……少下不著 40-5
　—— 爲中子熙娶甄會女 48-1(註)
　魏武少時 嘗與 —— 好爲游俠 40-1
員俶(唐) 22-31
袁術(東漢) ← 公路 3-4(註), 22-8
元升 → 脂習(東漢)
　太祖呼其字曰 —— 卿故慷慨 15-4
願乘長風

——破萬里浪 23-17
怨詩 20-7
袁侍中→袁恪之(東晉) 18-45
遠神
會稽王 有遠體而無—— 18-3
袁羊→袁喬(東晉) 4-60, 14-23, 18-19, 18-34
袁彦道→袁耽(東晉) 33-15
——有二妹……一適謝仁祖 26-9
桓宣武與——樗蒲……擲去五木 44-6
袁彦伯→袁宏(東晉) 4-58
——……歎曰 江山遼落 居然有萬里之勢 4-58
桓宣武命——作北征賦 8-43
袁悅(東晉)
王恭……遂致疑隙 16-21
——有口才……亦有精理 45-1
袁隗(東漢)
——妻馬倫……少有才辯 29-5
袁曜卿→袁渙(東漢)
黃初中有甲乙疑論……議各不同 8-8
遠遊→許邁(東晉) 28-13(註)
袁尹→袁粲(南朝 宋) 16-33
——疏放好酒 34-16
——在郡 嘗於後堂夜集 16-31
袁毅(西晉)
鬲令——在政貪濁……嘗遺山巨源絲百斤 1-29
元子→桓溫(東晉) 4-25(註)
元紫芝→元德秀(唐)
不幸生於衰俗……識——26-18
元章→米芾(北宋)
——忽起立……願質之子瞻 37-50
元長→王融(南朝 齊) 14-30
元帝→司馬睿(東晉) 22-15, 36-10
——過江 猶好酒 19-14
——正會引王丞相登御牀 王公固辭 32-3
晉明帝欲起池臺——不許 23-6
元仲→曹叡(三國 魏) 3-17(註)
遠志 37-7
袁粲(南朝 宋)←粲, 景倩, 愍孫, 袁尹, 司徒 2-15(註), 16-32, 24-43
遠慚荀奉倩
——近愧劉眞長 22-20
遠體
會稽王有——而無遠神 18-3
元歎→顧雍(三國 吳) 7-6(註)
袁耽(東晉)←袁生 33-15
袁豹(東晉)
傅亮歎曰 若使殷仲文……才不減班固 9-21
元夏→武陔(西晉) 36-6
原憲(春秋)
德操曰 子且下車……不足貴也 3-8
原憲以甕爲戶牖 43-2
袁虎→袁宏(東晉) 15-62, 38-14, 40-9
——伏滔同在桓公府 38-16
——少貧……嘗爲人傭載運租 9-10
——云 當令齒舌間得利 9-20
桓宣武北征……倚馬前令作 9-20
袁虎所以耻爲伍 32-7(頭)
袁孝尼→袁準(西晉) 12-7
元凶 5-5
袁熙(東漢)
魏甄后惠而有色……甚獲寵 48-1
袁熙妻(東漢) 36-3
越公→楊素(隋)
——兒郎 故有家風 16-46
越國公→楊素(隋) 14-31
月旦評 37-31
汝南俗有——焉 14-3(註)
越石→劉琨(西晉) 4-19(註)
月氏
西域——國王 遣使獻香四兩 48-6(註)
越布
自是常敕會稽郡獻——24-1
渭(地)
諸葛武侯……治軍渭濱 12-2
頠→裴頠(西晉)
——疾世俗尙虛無之理 故著崇有貴無二論 8-10(註)
威→胡威(西晉)
——答曰 臣父……淸常恐人不知 17-13
衛江州→衛展(東晉)
——在尋陽……唯餉王不留行一斤 42-3
衛玠(西晉)←叔寶, 虎, 洗馬
王敦爲大將軍……從洛投敦 15-48
衛玠(西晉)←叔寶 4-17, 15-46, 24-16, 24-17
——總角時 問樂令夢 8-13
魏甄后(三國 魏)
——惠而有色……甚獲寵 48-1
魏季景(北齊) 28-32
韋皐(唐)
故劍南節度使——圖形 百姓至者先拜而後謁佛 6-29
威考→崔烈(東漢) 7-5(註)
魏公→曹操(東漢)
潘元茂作——冊命 人謂與訓誥同風 7-10

魏公 → 韓琦(北宋)
—— 復就枕曰 取我首去 13-31
衛瓘(西晉) 19-10
魏國長公主(北宋) 29-41(註)
衛君 → 衛玠(西晉)
—— 談道, 平子三倒 15-46(註)
衛君長 → 衛永(東晉) 15-96, 24-24
圍棋 11-8, 12-8, 36-15
謝公與人 —— 俄而謝玄淮上信至 13-13
王中郎 以 —— 是坐隱 31-12
圍碁
侃……曰樗蒲 老子入胡所作……何以爲此 6-15(註)
委棄蕩盡
—— 武庫一空 21-7
熨斗 22-21
魏明帝 → 曹叡(三國 魏) 24-2, 31-3, 31-4
魏明帝 → 曹叡(三國 魏)
—— 爲外祖母 築館於甄氏 3-17
威武 → 曹操(東漢)
人餉 —— 一桮酪……題合字以示衆 21-2
魏武 → 曹操(東漢) 21-3, 40-3, 40-5
南陽宗世林……不與之交 10-8
楊德祖爲 —— 主簿時 作相國門 21-1
禰衡被 —— 謫爲鼓吏 3-5
—— 乃入 抽刃劫新婦 40-1
—— 常云 我眠中……亦不自覺 40-4
—— 嘗行役 失汲道 軍皆渴 40-2
—— 少時 嘗與袁紹好爲游俠 40-1
—— 遺令曰 以吾妾與妓人皆着銅雀臺上 4-61(註)
—— 有一妓……而情性酷惡 44-1
—— 將見匈奴使……使崔季珪代 14-6
何晏七歲……——奇愛之 22-10
魏武帝 → 曹操(東漢)
—— 崩……自侍 29-7
魏文 → 曹丕(三國 魏) 19-4
魏文帝 → 曹丕(三國 魏)
—— 忌弟任城王驍壯 46-2
—— 爲五官中郎將 10-7
衛伯玉(唐) 15-26
魏佛助 → 魏收(北齊) 5-10
韋妃(唐) 32-21
緯象 44-12(註)
魏舒(春秋 晉)
山濤以下 —— 以上 15-21
衛洗馬 → 衛玠(西晉) 24-18, 27-11
—— ……故終身不見喜慍之色 1-37
—— ……語左右云 見此芒芒 不覺百端交集 4-17
—— 天韻標令 17-18
衛率(官名) 11-5
韋綬(唐)
—— 在翰林 德宗嘗至其院 32-21
魏收(北齊) ← 伯起 5-10(註), 5-9, 39-8
劉晝作六合賦……以呈 —— 39-11
衛叔寶 → 衛玠(西晉) 15-24
魏神武 → 拓拔燾(北魏) 47-13(註)
爲樂之事 其方自多
后曰 —— 29-36
魏野(北宋) 26-19
渭陽
此館之興 情鍾舅氏 宜以 —— 爲名 3-17
渭陽情 39-3
危語 37-26
偉元 → 王裒(西晉) 1-30(註)
偉元 → 王裒(西晉)
—— 乃下道至土牛傍 磬折立 1-30
魏隱(人) 15-101
衛子許 → 衛玆(東漢) 14-4
魏長齊 → 魏顗(晉)
—— 雅有……非所經 37-17
爲情死 34-10
委罪於樹木 30-12
韋仲將 → 韋誕(三國 魏)
—— 能書 31-4
爲之驅馳 38-15
韋陟(唐)
—— 廚中飮食……多飽飫而歸 43-9
韋楚老
元微之……各賦金陵懷古詩 9-35
韋誕(三國 魏) 11-29
魏太祖 → 曹操(東漢)
脂元升……收欲治罪15-4
委巷間歌謠
休上人制作 —— 耳 39-2
韋賢妃(南宋) 40-14
韋賢妃(唐) 32-21(註),
衛虎 → 衛玠(西晉)
弘治膚淸 —— 奕奕神令 18-24
韋后(唐) 18-57(註)
楡
屑-爲粥 2-20
襦
韓康伯數歲……至大寒止得 —— 22-21

攸→鄧攸(西晉)
——……卒 弟子綏服攸齊衰三年 1-41(註)
——素有德業……終身遂不復畜妾 1-41
劉→劉惔(東晉)
——…… 乃云 田舍兒强學人 作爾馨語 8-35
——曰 卿若知吉凶由人 吾安得不保此 4-47
庾→庾亮(東晉) 47-8
——云 賣之必有買者……效之不亦達乎 1-40
劉→劉祥(南朝 齊)
——曰 驢……皆已令僕矣 39-7
庾→庾敳(西晉)
——曰 卿自君我……卿自用卿法 11-2
庾→庾龢(東晉)
——曰 若文度來……濟河焚舟 4-55
遺→陳遺(東晉)
——獨以焦飯得活 1-53
有脚陽春
宋廣平愛民惜物……人咸謂——6-27
劉慶孫→劉輿(西晉) 12-14
太傅府……淸才 15-31
劉景升→劉表(東漢) 38-14
袁本初劉景升父子 19-4
柳季雲→柳遠(北魏)
——性不拘檢……飮酒 35-28
劉季和→劉洪(東漢) 24-4
庾杲之(南朝 齊) 32-16
——……生韮䕩菜 28-28
劉琨(西晉)←越石 15-43
——……曰 班彪識劉氏之復興 馬援知漢光之可輔 4-19
有功→徐有功(唐)
——答曰 失出 臣小過 好生 陛下大德 5-17
庾公→庾亮(東晉) 4-15, 4-24, 12-16, 17-21, 18-5, 22-18, 22-19, 26-7, 28-14, 37-20, 38-8, 46-7
明帝函封……於王丞相 47-2
孫興公……多託寄之辭 11-20
孫興公爲——參軍 共遊白石山 15-96
——……覔一佳吏 15-68
——乘馬有的盧 1-40
庾公→庾氷(西晉)
丞相嘗夏月 至石頭 看——6-13
——曰 公之遺事 天下亦未以爲允 6-13
庾公→庾子輿(南北朝)
瞿塘水退 爲——2-14
庾公→庾琮(西晉) 15-69, 24-20
劉公幹→劉楨(東漢)
——以失敬罹罪 3-11
劉貢父→劉攽(北宋) 39-17
——王汾 同在館中 37-47
劉公榮→劉昶(南朝 宋) 33-8, 35-4
唯公榮
——可不與飮酒 35-4
有官居鼎鼐
——無地起樓臺 26-19
有舊 35-23
唯丘壑獨存 24-25
猶近代佳手
閻立本善畫……明日又往 曰——明日又往 曰名下定無虛士 26-16
劉錡(北宋) 47-19
柳機(隋) 37-42
柳潭(唐) 29-38(註)
劉丹陽→劉惔(東晉) 18-24, 24-42
柳惔(南朝 梁) 32-17
劉湛(南朝 宋)
王延之阮韜 俱是——外甥 37-31
劉惔(東晉)←眞長, 劉尹, 丹陽 15-99
劉惔之妹 38-18(註)
劉德願(南朝 宋)
宋世祖至……謂——37-36
儒道 15-90(註)
幼度→謝玄(東晉) 4-54(註)
庾道季→庾龢(東晉) 4-55, 18-37, 31-7, 38-26
庾道季→庾龢(東晉)
——云 思理倫和……吾皆百之 18-10
有道君子
以——徵 1-11(註)
劉道隆(南朝 宋) 47-11
庾道恩→庾羲(三國 吳) 11-20
有道之器
以無累之神……不可得已 16-32
劉道眞→劉寶(西晉) 35-7
——少時……善歌嘯 33-20
——子婦始入門 遣婢虔 48-7
庾亮(東晉)←元規, 庾公, 文康 1-40(註), 9-7(註), 18-1, 33-30
劉諒(南朝 梁) 37-39
庾亮兒→庾會(東晉) 27-13
幽厲→幽王(周), 厲王(周) 19-2
游獵賦
子春語衆人曰……正似司馬長卿——8-7
劉伶(西晉)

——病酒……求酒 33-3
——身長六尺……土木形骸24-14
——恒縱酒……裸形在屋中 33-4
劉令言→劉納(東晉) 17-15
劉柳(東晉)
謝夫人嫠居會稽 太守——聞其名 請與談義 29-32
瑠璃器 43-4
琉璃屛
滿奮畏風……北窓作——實密似疎 4-5
琉璃盌 36-13, 47-5
劉麟之(東晉)←長史 28-10
維摩詰 8-55
維摩詰經(書)
道林時講——8-39(註)
劉萬安→劉綏(西晉) 15-69
流麥
文通…… 持竿誦經, 不覺潦水——1-4
幽冥 46-6
喩明仲→喩陟(人) 34-25
乳母
充就——手中嗚之 48-4
劉夢得→劉禹錫(唐)
元微之……各賦金陵懷古詩 9-35
庾文康→庾亮(東晉) 15-72
——亡 何揚州臨葬 27-14
流放之戚 41-5(註)
庾伯鸞→庾鴻(晉) 37-25
庾法暢→康法暢(東晉) 4-32
劉寶(西晉) 46-4
劉夫人(東晉) 38-18
謝太傅——性忌 不令公有別房 48-5
庾夫人(東晉) 49-6
劉備(三國 蜀)←玄德, 豫州, 先主 30-6(註)
庾氷(西晉)←季堅, 司空 33-33
劉四→劉子翼(隋) 16-44
庾司空→庾冰(西晉)
孔君平疾篤……爲之流涕 11-15
劉士章→劉繪(南朝 齊) 21-10
有殺心
以樂召我 而——何也 30-2
唯三日醒
周伯仁渡江——34-18(註)
柳世隆(南朝 齊) 32-17
劉劭(東晉)←彦祖
——曰 栢梁雲構……以好不以新 4-33
有所悲彭城
——王公自未見耳 21-11
儒術
荀奉倩諸兄 竝以——論議 奉倩 獨好言道 8-1
劉承胤→劉胤(東晉)
——少有淹雅之度 47-8
流矢
——雨集 矛戟內接 12-1
有是言 丹未之許也
庾信(北周)
頲方誦——枯樹賦 避談字諱 22-28
——至北……寒山寺碑 39-9
庾氏→庾會(東晉)
諸葛令女庾氏婦……不復重出40-10
幼安→管寧(東漢) 1-18(註)
——爲牽牛着凉處 自與飮食1-19
游巖→田游巖(唐)
——對曰 臣所謂泉石膏肓 烟霞痼疾 5-16
柳昂(隋) 37-42
庾敳(西晉)←子嵩, 中郞 8-15(註)
劉璵(西晉)
——兄弟少時 爲王愷所憎 49-3
劉輿(西晉)←慶孫 12-14(註)
時泰山胡母彦國……邀孝孫 32-10
有如此下物
——一斗不足多也 23-22
儒域
江思悛 思懷所通 不翅——15-90
庾域(南朝 梁)
——……無有離心 2-14(註)
庾悅(東晉) 35-27(註)
劉豫州→劉備(三國 蜀) 22-8
庾玉臺→庾友(東晉) 29-24
劉邕(南朝 宋)
——愛食瘡痂 以爲味似鰒魚 48-10
劉王喬→劉疇(西晉) 13-4
——若過江 我不獨拜公 15-65
劉訏(南朝 梁)
——超然越俗 如半天朱霞 16-38
劉禹錫(唐)
憲宗初徵柳宗元……俄皆貶謫 20-23
遊雲
王右軍 飄若——矯若驚龍 24-31
類苑(書)
及孝標——成……以高之 41-9
庾園客→庾爰之(東晉) 37-8
庾元規→庾亮(東晉)深公云 人謂……柴棘三斗許 38-7

庾元規→庾亮(東晉) 38-6
劉越石→劉琨(西晉) 40-8
——爲胡騎所圍 13-4
劉威碩→劉琰(三國 蜀)
——……號爲侈靡 43-1
劉遺民→劉驎之(東晉) 33-36
劉尹→劉惔(東晉) 14-35, 4-45, 5-104, 18-26, 18-39, 32-11, 14-25, 15-75, 15-91, 15-100, 16-1, 16-7, 16-10, 16-31, 18-14, 18-30, 24-28, 27-15, 36-21(註)
王長史云……勝我自知 15-98
——……正色曰 莫得淫祀 1-45
——……答曰 刺史嚴 不敢夜行 6-20
——答曰……略無正方圓者 8-52
——每稱王長史 15-83
——茗艼 有實理 16-11
——撫王長史背曰……但有都長 18-25
——問 道人 何以游朱門 4-30
——云 伊必能克蜀……則不爲 14-26
——云 人想王荊產佳 此想長松下當有清風耳 4-45
——云 清風朗月 輒思玄度 4-34
殷中軍嘗至劉尹所 8-35
長史虛——秀 謝公融 18-8
許玄度停都……無日不往 32-6
桓大司馬……彈劉枕 11-16
桓云 時有入心處 便覺咫尺玄門 4-44
劉尹知我 勝我自知 15-98
劉凝之(南朝 宋)←志安 2-5(註)
——隱居荊州 適歲儉 2-5
有意
王答曰 謝胐得父膏腴 江淹——9-29
油衣 28-35
劉毅(東晉) 29-35(註), 35-27
有意無意之間
答曰 正在——8-47(註)
有義之國
我輩無義之人 而入——1-16
幼仁→王微(南朝 宋) 4-45
孺子→徐穉(東漢)
——往會葬 無資以自致 齎磨鏡具自隨 所在取直然後 得前 1-10
劉子→劉冉(南朝 梁) 27-27
庾子躬→庾琮(西晉) 15-38, 15-39
庾子嵩→庾敳(西晉) 12-14, 15-19
王太尉不與——交 11-2
——……從子文康見 8-47
——……頹然自放 24-22
——讀莊子……曰了不異人意 8-15
劉子翼(隋)
——……退無餘訾 16-44
庾子輿(南北朝)←孝卿,子輿,庾公
——……水忽減退 安流而下 2-14
劉子眞→劉寔(西晉)
太尉——清潔有志操……竝黷貨致罪 1-46(註)
劉子初→劉巴(三國 蜀)
——褊阨 不當拒張飛太甚 17-10
劉長史→劉麟之(東晉)
唯有——當埋我耳 28-10(註)
劉長史→劉孝綽(南朝 梁) 16-40
庾長仁→庾統(東晉) 15-72
——與諸弟……欲住亭中宿 24-39
有才無行
奏庭筠——不許登第 41-11
庾赤玉→庾統(東晉)
——省率治除 15-85
——胸中無宿物 15-85
柳瑱 35-28(註)
有情
聖人——不 8-57
庾征西→庾翼(東晉) 36-20
庾從南門入
——周從後門出 46-7
牖中窺日
支道林聞之曰……如——8-20
庾中郎→庾敳(西晉) 15-106
——善於託大 長於自藏 15-45
劉祭酒→劉瓛(南朝 宋) 16-31
柳宗元(唐)
憲宗初徵——……俄皆貶謫 20-23
劉晝(北齊)
——作六合賦……以呈魏收 39-11
劉遵祖→劉爰之(東晉) 37-20
劉中郎→劉祥(唐)
——性韻剛疎 輕言肆行 39-6
劉眞長→劉惔(東晉) 4-35, 4-47, 14-23, 14-24, 18-19, 22-20, 36-12, 36-18, 38-13
王仲祖……造殷中軍談 15-82
王仲祖病……苟令則爲量水 32-9
——……肴案甚盛 11-22
——笑曰 玄度爲弟婚 施十重鐵步障 4-31
——與殷淵源談……卿不欲作將善雲梯仰攻 8-29
——標雲柯而不扶疎 15-84
幽縶

梁簡文爲侯景 —— 題壁自敍 27-28
劉澄(南朝 齊)
張思光嘗詣……尙書劉澄 35-22
庾徵君 → 庾乘(東漢) 26-2
有此可易酒
—— 何用剪髮爲 22-33
劉蒨(南朝) 35-20
庾闡(東漢)
—— 始作揚都賦 道溫庾 9-7
劉捷卿 → 劉迅(唐) 16-48
流涕
孔君平疾篤……爲之 —— 11-15
流涕嗚咽 34-4
遊矚
王戎年七歲時……李樹有子扳折 22-11
庾稚恭 → 庾翼(東晉) 37-8
—— 爲荊州 以毛扇上武帝 4-33
劉太常 → 劉瑾(東晉) 18-51
劉太常 → 劉寔(西晉) 15-9
庾太尉 → 庾亮(東晉) 4-32, 13-2, 15-36, 15-78, 15-106, 23-10, 24-25, 28-11
武昌孟嘉作 —— 州從事 14-22
—— ……不輕擧止 12-21
庾太尉 → 庾琮(西晉) 15-44
濡筆之贈 35-32
遊學七年
樂羊子……又遠饋羊子 29-1
庾恒(東晉)
殷覬 —— 竝是謝鎭西外孫 38-29
劉許(東漢) 37-4
流奕淸擧 16-18
劉玄德 → 劉備(三國 蜀) 3-10, 17-6
劉玄明(唐)
—— ……政常爲天下第一 6-24
劉顯徵 → 劉祥(南朝 齊) 39-7
劉玄平(唐)
霍王元軌 臨徐州……爲布衣之交 18-56
劉荊州 → 劉表(東漢) 3-10
—— 嘗自作書……以示禰正平 38-2
劉繪(南朝 齊)
—— 謙率通美……自居 35-25
庾龢(東晉) ← 道季 4-55(註)
有孝有忠
爲子則孝 —— 何負吾邪 29-13
劉淮(西晉) 11-3
劉歊(南朝 梁)
—— 矯矯出塵 如雲中白鶴 16-38
劉孝綽(南朝 梁) ← 孝綽, 阿士, 長史
—— 三妹……東海徐悱 29-37
劉孝標 → 劉峻(南朝 梁) 16-38, 41-9
留侯 → 張良(西漢) 14-17
庾羲(三國 吳) ← 叔和 11-20(註)
陸 → 陸凱(三國 吳) 19-7
—— 曰 君賢臣忠……臣何敢言盛 19-7
陸 → 陸機(西晉)
孫興公云 潘文……往往見寶 8-28
—— 云 有千里蓴羹 但未下鹽豉耳 4-10
陸 → 陸玩(東晉)
—— 曰 公長民短 臨時不知所言 旣後覺其不可耳 6-12
陸 → 陸慧曉(南朝 齊)
—— 曰 我性惡人無禮 不容不以禮處人 2-8
—— 曰 六十之年……吏部郎也 11-34
六國後 14-17
六軍 11-6
陸機(西晉) ← 士衡, 平原 4-10, 15-18, 25-2
肉杵 20-14
六道
菩薩低眉 所以慈悲 —— 5-11
陸東海 → 陸慧曉(南朝 齊) 11-34
陸亮(西晉) ← 長興 6-7(註)
山司徒……爭之不從 6-7
六龍
荀使叔慈應門……餘 —— 下食 1-14
六夢
周禮有 —— ……謂恐懼而夢也 8-13(註)
陸士龍 → 陸雲(西晉) 15-25
世目鄧士載……爲隱鵠 15-22
—— 好笑 24-15
陸士衡 → 陸機(西晉) 11-1, 15-25, 35-7
—— 入洛……投宿民居 8-25
—— 入洛……聞左太冲作之 8-24
陸遜(三國 吳) 11-1
六十而仕
—— 不害爲太保 1-23(頭)
肉鴨
韓康伯似 —— 38-30(註)
陸玩(東晉) ← 士瑤, 太尉 6-12(註), 19-16
陸羽(唐) ← 鴻漸 5-18(註)
—— 問張志和 孰與往來 5-18
—— 次第二十水 揚州大明寺第十二 21-13(註)
—— 品題天下二十水 30-20(註)
陸乂(北齊) 22-26

陸子春 → 陸閎(漢)
　—— 姿容如玉 威儀秀異 24-1
六籍
　荀奉倩……然則 —— 雖存 固聖人之糠粃也 8-1
陸績(三國 吳) 17-9
陸祖言 → 陸納(東晉)
　—— 望闕 歎曰 好家居 纖兒欲撞壞之邪 11-21
陸贄(唐) 37-44(註)
六尺簟 1-52
陸太尉 → 陸玩(東晉) 6-12
　王丞相……請婚 —— 11-10
　—— 詣……食以酪 36-9
陸太喜(南朝 梁) 43-8
六通
　—— 三明同歸 正異名耳 8-40
陸退(東晉)
　謝太傅……而不作父誄 9-6
陸平原 → 陸機(西晉) 46-4
　葛稚川曰 —— 之文 如玄圃積玉 無非夜光 8-22
　—— 河橋敗……被誅 46-3
　張華……鳳鳴朝陽 15-23
六合 39-11
六合賦
　劉晝作 —— ……以呈魏收 39-11
陸抗(三國 吳) 11-1
陸慧曉(南朝 齊) ← 叔明, 東海 2-8(註)
　—— ……無不朗然 16-36
　—— 爲晉熙王長史……必起送之 2-8
陸鴻漸 → 陸羽(唐)
　—— 與常伯熊 皆精茶理 46-13
尹吉甫(周)
　—— 放孝子伯奇 3-6
融 → 王融(南朝 齊) 39-7
融 → 張融(南朝 齊)
　—— 風止詭越……見者驚異 18-54(註)
戎首 11-3
戎車 11-6
隆公 → 慧隆道人(南朝 齊)
　—— ……若霜下之松竹 16-39
殷 → 殷仲堪(東晉)
　—— 乃歎曰 使我解四本 談不翅爾 8-58
　—— 曰 銅山西崩 靈鍾東應 便是易邪 8-59
　—— 云 此乃是君轉解 9-2
　作誄云……閑庭晏然 18-45
殷 → 殷浩(東晉) 18-36
　—— 理小屈 遊辭不已 8-35
　—— 曰 官本是臭腐……而夢穢汙 8-54
　—— 云 我與我周旋久 寧作我 18-18
隱居頤志 28-18
隱鵠
　世目鄧士載……爲 —— 15-22
殷公 → 殷師(西晉) 47-7
殷貴妃(南朝 宋)
　宋世祖至……謂劉德願 37-36
殷覬(東晉) ← 伯道
　桓南郡楊廣共說殷荊州……以自樹 1-50
鄞令
　今 —— 王安石者……甚似王敦14-34
殷劉 → 殷浩(東晉), 劉惔(東晉) 11-25, 23-11
隱伏之姦
　—— 非聖不誅 18-47
殷謝 → 殷浩(東晉), 謝安(東晉)
　—— 諸人共集……萬形來入眼不 8-53
殷淑妃(南朝 宋) 9-28
殷淑儀(南朝 宋) 13-26(註)
殷揚州 → 殷浩(東晉) 4-56, 14-24
　謝鎭西……爲眞長求會稽 38-15
殷淵源 → 殷浩(東晉) 8-56, 15-79
　袁彦道有二妹……一適謝仁祖 26-9
　劉眞長與 —— 談……卿不欲作將善雲梯仰攻 8-29
殷豫章 → 殷羨(東晉)
　—— 與書……以調之 36-20
殷允(東晉) 15-62
殷顗(東晉) 20-5
　—— 庾恒 竝是謝鎭西外孫 38-29
殷子徵(東漢) 27-3
殷仲堪(東晉) ← 荊州 16-24, 18-45
　—— …… 輒拾以噉之 1-49
　—— 擧兵 20-5(註)
　—— 云……便覺舌本閒强 9-1
　—— 精覈玄論 8-58
殷中軍 → 殷浩(東晉) 15-50, 15-86, 15-89, 32-5, 37-20
　王司州與 —— 語 歎 15-80
　王仲祖……造 —— 談 15-82
　—— ……比羊叔子 18-11
　—— 見佛經 云理亦應阿堵上 8-18
　—— 妙解經脈 中年都廢 30-15
　—— 問……惡人多 8-52
　—— 嘗至劉尹所 8-35
　—— 雖思慮通長 然於才性偏精 8-38
　—— 云 康伯未得我牙後慧 8-17
　—— 廢後……儋梯將去 41-5

—— 被廢東陽 始看佛經 8-55
—— 被廢在信安……終日恒書空作字 41-4
人有問 —— ……而夢矢穢 8-54
殷仲文(東晉) ← 仲文 5-1(註), 18-52, 37-30
—— ……意甚不平 41-8
—— ……而讀書不甚廣 9-21
—— 勸宋武帝畜伎 5-1
—— 還姑熟 祖送傾朝 11-33
桓玄敗後……非復往日 41-7
殷太常 → 殷融(東晉)
江左 —— 父子……亦有辯訥之異 9-3
殷荊州 → 殷仲堪(東晉) 13-19, 31-11, 37-22, 37-26, 46-11
王緒數譏 —— 於王國寶 45-2
—— 曾問遠公 易以何爲體 8-59
—— 興晉陽之甲 20-5
桓南郡楊廣共說 —— ……以自樹 1-50
桓南郡與 —— 共談每相攻難 9-2
殷浩(東晉) ← 淵源, 阿源, 揚州, 中軍 6-20, 6-20(註), 8-53(註), 18-17, 18-22, 26-7
謝鎭西少時……故往造之 8-30
佐吏 —— ……登南樓理詠 24-25
殷洪喬 → 殷羨(東晉) 36-10
—— 作豫章郡……附百許函書 33-34
殷洪遠 → 殷融(東晉) 18-19
殷侯 → 殷浩(東晉) 18-21
桓公少與 —— 齊名 常有競心 18-18
淫具
雍曰 彼有 —— 與欲釀同 19-5
音律 30-16
羊祖忻 性善 —— 43-8
淫祀
劉尹……正色曰 莫得 —— 1-45
音聲
荀勖善解 —— 30-7
陰陽 28-26(註), 30-1(註)
陰陽推筭之術 30-19(註)
蔭映
隱字非 —— 也 4-21(頭)
淫預石
庾子輿……水忽減退 安流而下 2-14
愔愔竟夕
見文度……其復愔愔竟夕 16-19
陰鳥亂翔
樹中……其應至矣 30-5
陰鳥和鳴
樹中……其應至矣 30-5
飮酒 34-7(註)
柳季雲性不拘檢…… —— 35-28
何次道 —— 使人欲傾家釀 16-7
飮酒無偶
—— 聊相邀爾 34-16
飮酒樂
作僕射 不勝 —— 34-19
飮酒廢職 33-24(註)
瘖疾
辭以 —— 未嘗交語 26-14(註)
邑五馬領頭 46-8
凝簡
王長史至性 —— 不狎當世 20-15
應萬物爲有 體至理爲無
侍中答曰 陛下 —— 5-7
應製 18-57
鷹隼 22-9
應仲遠 → 應邵(東漢)
汝南應劭亦歸於袁……何如 3-3
—— 作風俗通 20-1
凝之 → 劉凝之(南朝 宋)
—— ……見有飢色者 悉分與之 2-5
應天順人耳 22-29
應劭(東漢) ← 仲遠 應劭……博覽多聞 3-3(註)
鷹化爲鳩
群答曰 德非孔子……猶憎其眼 11-7
顗 → 周顗(西晉)
—— 正情嶷然 15-57(註)
義故
渾薨……相率致賻數百萬 戎悉不受1-34
義故門生 34-15
衣冠
朱泚之亂……佯爲奴 求出城 24-48
儀軌
我輩俗中人 故以 —— 自居 33-5
疑障
王恭……遂致 —— 16-21
意氣 47-10
義旗之勳 26-8(註)
擬捋虎鬚
杜審言孫子 —— 39-15(註)
意滿口重
—— 辭殊不流 20-2
衣無常主
氾毓家世敦睦…… —— 1-57
意賦

庾子嵩……從子文康見 8-47
衣不經新
——何由而故 29-28
衣不及帶
——屣履出迎 32-1
懿士 36-6
意似二三 41-7
意色 46-11
醫術人 37-36(註)
義言
支徐徐謂曰……了不長進 8-50
倚柱作書
夏侯太初……破所倚柱 12-11
儀秦→張儀(戰國), 蘇秦(戰國)
莊周爲道家之——18-58
衣幘 15-94
義學 28-14(註)
義學
精於——2-11(註)
儀刑
——百揆 15-103
儀形
王安豐穎脫 不持——33-9
義興(地) 25-1
李→李充(東晉)
——答曰 北門之歎 久已上聞 窮猿奔林 豈暇擇木 4-56
夷簡→李夷簡(唐)
——曰 聞君送楊臨賀 不顧犯難 肯負國乎 2-21(註)
——甚通 2-21(頭)
李汧公→李勉(唐)
——……出白金 2-18
二京 9-5
二京可三
後示張公……宜以經高名之士 8-41
李季卿(唐) 46-13
梔工 13-2
以君方樂 38-6
李寬(隋) 24-47
李龜年(唐) 30-18
利口覆國之人 14-8
理窟 32-11
以今度之
——想當然耳 36-3
泥金雙帶
臨登車 止寫一闋於——而去 35-32
屣履
雖——之間 亦得其任 14-27
李納(唐)
——性辯急……極於寬緩 48-13
李待制→李師中(北宋)
——誡之……因邸吏報包希仁參政 14-34
李德林(隋) 32-20
李德林(隋)←德林, 李生
——……自駕靈輿反葬 2-17
利鈍
謝萬作八賢論……小有——9-18
李令伯→李密(隋唐)
——常聘吳……寧願爲人兄 3-15
李陵
——降匈奴 武帝甚怒 36-22(註)
二陵
峭謂——之地 函函谷關也 8-56(註)
以毒置諸棗蔕中 46-2
異同得失
由來有何——1-48
伊洛
王車騎……歎曰 眞使人飄飆有——間意 5-6
以蘭亭集序 方金谷詩序 26-6
以禮見待
——故得以禮進退 4-3
二龍 15-8
異類
黔黎將同——矣 30-11(註)
二柳俱摧 37-42
二陸→陸機(西晉), 陸雲(西晉) 37-40
魑魅 12-6
已覓得婚處 40-8
李勉(唐)←玄卿, 李汧公
——字玄卿 2-18(註)
異舞 33-28
以無救飢 40-11(頭)
以文爲貨 41-11(註)
李文靖→李沆(北宋)
——爲相……用此報國 6-30
異物
懸罄之室 何得——耶 47-11
李密(隋唐)←令伯 3-15(註)
——目瞳子正方 黑白明澈 24-47
——……翻漢書 14-31
二反
方於事上……憎人學問 18-12

李白(唐)
—— 登華山落雁峯 23-20
李百藥(隋唐) 16-44, 22-26
崔信明……謂過 —— 39-12
以法見繩
—— 喜畏法而至耳 4-3
籬壁間物 37-30
夷甫 → 王衍(西晉) 4-6(註), 11-2(註)
—— 無君輩客 37-5
以腹熨彈棋局 36-12
吏部 → 韓愈(唐)
韓昶……而性頗闇劣 47-17
吏部都令史(官名) 11-34
吏部郎(官名) 15-68(註)
許允爲 —— 多用其鄕里 29-10
吏部尙書(官名) 11-39
以不能拒賊
—— 責一女子 29-40
二謝 → 謝安(東晉), 謝萬(東晉) 29-26
李師古(唐) ← 師古
—— 跋扈 憚杜黃裳爲相 2-19
李嗣眞(唐) 30-19
二三分不合人意 39-19
李生 → 李德林(隋)
不得令 —— 怪人熏灼 2-17(註)
李石(唐)
開成中延英奏對 —— 言 6-29
以扇障面
明恭后 獨 —— 29-36
二姓
褚彦宣 常非從兄彦回身事 —— 11-37
履聲
上曰 我識鄭尙書 —— 3-1(註)
李勢(成漢) 14-26, 23-8, 29-23
二世作賊
我不死 見此豎 —— 29-35
離騷 34-9
以小人之慮 度君子之心 12-14
伊水 32-23
李樹
王戎年七歲時…… —— 有子扳折 22-11
以手版拄頰 35-14
耳順 20-9
履順而遊性
—— 乘佛理以御心 20-9
以神道碑爲請 40-13
以身熨之
冬月婦病熱……還 —— 48-2
李神儁(北齊) 26-13
二十水 21-13(註)
二十八宿 47-14
爾雅
卿讀 —— 不熟 幾爲勸學死 47-4
以我爲牛
別去十餘步……奴乃 —— 37-46
李安國 → 李豐(三國 魏)
—— 頹唐如玉山之將崩 24-5
李約(唐)
—— 是汧公子……可謂世有盛德 2-18(頭)
李陽(西晉)
幽州刺史 —— 京都大俠 19-11
爾汝歌 36-8
以如意打唾壺
—— 壺口盡缺 23-5
以餘財汚良家
盜跖 欲 —— 邪 38-4
怡然而笑
—— 無忤於色 37-17
李永和 → 李諡(北魏) 23-18
二螯 47-4
二吳 → 吳坦之(東晉), 吳隱之(東晉)
本爲 —— 孝行 而韓母在焉 1-54(頭)
以五男易一女
樂令神色自若 徐答曰 豈 —— 4-8
以瓦爲之
—— 必不漏 20-20
利用(南唐)
—— 書袋 4-68(頭)
利用書袋 4-68(頭)
以宇宙爲狹 24-14
羸牛敝車 20-12
李元禮 → 李膺(東漢) 22-5
世目 —— 謖謖如勁松下風 15-2
—— 嘗歎荀淑鍾皓曰……鍾君至德可師 1-13
—— 一世龍門 14-2
—— 風格秀整……欲以天下名教是非爲己任 1-12
仲擧……攝下易 17-1
李元忠(北齊) 34-19, 35-26, 35-29
伊尹(殷商) 11-42
李膺(東漢) ← 元禮 1-12, 26-1, 32-16
—— 杜密等 爲黨事考逮 27-2(註)
李夷簡(唐)

御史中丞 —— 請爲監察 2-21(註)
以人乳飮豘 43-4
羸牸
有大牛重千斤……不若一 —— 38-14
以子戲父 37-19
李將軍 →李思訓(唐) 31-15
耳長七寸 31-7(註)
以錢遶牀
令婢 —— 不得行 夷甫晨起 見錢閡行 呼婢 19-12
李程(唐) 39-16
以第一理期卿 32-14
以爪搯掌
—— 血流沾衊 12-4
二族遂成仇讐 27-19(註)
二俊
晉氏平吳 利在 —— 37-13
泥中
曳箸 —— 7-4
泥中(地)
—— 衛邑名也 7-4(註)
理中之談
支從容曰……豈是求 —— 哉 8-46
李志(東晉)
曹蜍 —— ……如九泉下人 18-37
異志
理應有 —— 46-12
羸疾 24-17
玠素抱 —— 24-18(註)
李贊皇 →李德裕(唐) 30-20
李昌夔(唐)
—— 在荊州打獵 大修裝飾 43-10
二千里候之
南郡龐士元 聞司馬德操在潁川 故 —— 3-8
以千萬起一宅
後鍾兄弟……未得移住 31-5
二千石 29-13
如此 不堪 —— 4-27(註)
—— 不如一逢掖 32-1
二千石才 14-5
以天地爲棟宇
—— 屋室爲幝衣 33-4
李楚琳(唐) 45-3(註)
珥貂挿筆 32-18(註)
李充(東晉)←弘度 4-56(註)
利齒兒 37-18
李特(西晉) 14-26(註)
履板
萬著白綸巾……—— 而前 32-8
李平陽 →李重(西晉) 29-16
李豐(三國 魏)
賈充前婦……離婚徙邊 29-15
李泌(唐) 22-31
李沆(北宋)←太初, 文靖 6-30(註)
以鶴飛爲客至之驗 28-40
利害
客問淮上 —— 答曰小兒輩大破賊 13-13
李諧(北魏)←虔和 5-13, 5-13(註)
以玄對山水 15-78
離婚 29-15
子敬云 不覺有餘事 唯憶與郗家 —— 1-48
李弘度 →李充(東晉) 4-56, 18-28
李弘範 →李軌(東晉) 42-3
李廞(魏晉)
—— 是茂曾第五子 28-7
李喜(魏晉)←季和 4-3(註)
司馬景王東征 取上黨 —— 以爲從事中郎 4-3
翼 →庾翼(東晉)
亮有廊廟之器 —— 有匡世之才 15-72(註)
翼德 →張飛(三國 蜀) 17-10
益三毛
顧長康畵……—— 31-8
益壽 →謝混(東晉) 24-42(註)
引 →蕭引(南朝 陳)
—— 答曰 此乃陛下假其羽毛 5-8
人可應無
江道群 人可應有……—— 已必無 15-81
鱗甲飛動
吳道玄……卽生烟霧 31-16
引決
及此 —— 猶可保全門戶 14-29
人琴俱亡 27-24
忍凍 48-14
人倫
崔浩欲整 —— 分明姓族 16-43(註)
印山
支道林因人就深公買 —— 37-2
藺相如(戰國 趙)
廉頗 —— ……恒如有生氣 18-37
此 —— 所以下廉頗也 14-8
人生幾何
—— 要酬平生不足也 43-11
人生行樂耳 34-22(註)

人所應無 己必無
人所應有……眞海岱淸士 15-68
人眼中有瞳子
—— 無此必不明 22-3
人言阿龍超
—— 阿龍故自超 26-4
寅緣
—— 須入郇公廚 43-9
茵褥 22-23
人欲危己
—— 己輒心動 40-3
人爲爾多矜咳
—— 殊足損其自然 44-9
仁義遜讓
文通……請曰 —— 奈何棄之 1-4
人日時
—— 薛道衡聘陳 作人日詩 9-32
人情開滌
王司州…… 歎曰 非唯使 —— 亦覺日月淸朗 4-57
鱗爪
白覽之曰 四人探驪龍……何用邪9-35
仁祖 → 謝尙(東晉)
—— 企脚……天際眞人想 24-33
—— 聞之曰 時無豎刁 故 不貽陶公話言 4-28
—— 是勝我許人 32-13
仁宗 → 趙禎(北宋)
李待制誠之……因邸吏報包希仁參政 14-34
人種不可失 33-12
人之杞梓
張燕公……曰 韋趙兄弟 —— 16-50
人之水鏡 15-26
人之云亡
—— 邦國殄瘁 27-2, 38-13
因醉伏地
—— 以貂抄肉杵 20-14
人形
顧長康好寫起 —— 31-11
一甲
楊遵彦典選時 以六十人爲 —— 5-12
壹公 → 道壹(東晉)
—— 曰 風霜固所不論……林岫便已皓然 4-68
一丘一壑 31-10
端委廟堂……自謂過之 18-1
一旦富貴不祥 29-3
一覽至千言 22-28(註)
一流人
桓公 鬢如反猬皮…… —— 24-28
日亡日去 19-15
一面頓盡 46-8
一面披衿
伯仁總角時…… —— 46-8(註)
一無所問 32-13
逸民 → 裴頠(西晉) 4-6(註)
一反
方於事上……愶人學問18-12
一鳳
鄧艾…… 對曰 鳳兮鳳兮 故是 —— 4-1
一士坐樹下 甚貧 23-19
逸少 → 王羲之(東晉) 4-41(註), 12-23, 44-8
—— 不節 23-12
一時頓有兩玉人 24-41
一時無對 43-8
一時俊決 30-17
日食 22-4
日食一升飯
唯 —— 飯而不飮酒 此第一策也 6-24
日食之餘
—— 如月之初 22-4
一身兩役
—— 無乃勞乎 25-4
一往有深情 33-37
日遠
—— 不聞人從日邊來 22-15
日月燈光明佛 5-21
一月二十九日醉
孔公 —— 勝世人二十九日醒 6-23
日月淸朗
非唯使人情開滌 亦覺 —— 4-57
一飮一斛 五斗解酲
天生劉伶……愼不可聽 33-3
一異人在門
—— 不敢不啓 24-32
一日三百盃
鄭康成 —— 34-18(註)
一日之長 17-4
一日千里
王生 —— 31-1(註)
一爵假人
茂弘乃復以 —— 28-7
日磾 → 金日磾(西漢) 3-9(註)
日之夕矣 37-41
一餐之惠

榮乃悟而嘆曰 ——……古人豈虛言哉 1-38(註)
一尺布尙可縫
—— 一斗粟尙可春 兄弟二人不能相容 10-17(註)
一出一入
揚子雲以爲 —— 字直百金 7-1
一行徑
張仲蔚……唯開 —— 28-3
一絃琴 19-9(註)
林 → 支遁(東晉)
—— 曰 旣有凌霄之姿 何肯爲人作耳目近玩 4-52
臨江王 → 劉榮(漢) 4-65(註)
任愷(西晉) ← 元裒
—— 旣失權勢 不復自檢括 33-18
林公 → 支遁(東晉) 4-43, 15-88, 15-99, 18-36, 24-30, 24-38, 37-15, 38-27
與 —— 相遇於瓦官寺 講小品 8-33
王僧恩輕 —— 18-33
王中郎與 —— 絶不相得 38-21
右軍勝 ——……亦貴徹 18-9
—— 見東陽長山 曰何其坦迤 4-62
—— 器朗神儁 15-84
—— 尋微之功不減輔嗣 15-93
—— 曰 故當攀安提萬 18-6
—— 曰 澄以石虎爲海鷗鳥 4-43
此必 —— 24-32
林公雙眼
—— 黯黯明黑 24-38
任其所欲
晉文帝大親愛……不迫以職事 33-2
任棠(東漢)
——……伏於戶下 6-3
林道人 → 支遁(東晉)
謝車騎……將夕乃退 8-49
—— 詣謝公……體未堪勞 8-48
任放
王平子胡毋彦國諸人 皆以 —— 爲達 或有裸體者 1-36
琳琅
羅君章可謂湘中之 —— 15-66
琳瑯珠玉
今日之行 觸目見 —— 24-19
林無靜樹
—— 川無停流 8-27
林法師 → 支遁(東晉) 37-21
戴公見 —— 墓 27-17
任性放達 34-1(註)
任城王 → 曹彰(三國 魏)
魏文帝忌弟 —— 驍壯 46-2
任城威王 46-2(註)
任率
類秀之 —— 也 18-26(註)
任彦升 → 任昉(南朝 梁) 11-36
任延(東漢) ← 長孫 6-4(註)
——……唯先遣饋 禮祠延陵季子 6-4
—— 爲會稽都尉 時年十九 6-4
任育長 → 任瞻(西晉)
—— 年少時 甚有令名 47-3
臨葬
庾文康亡 何揚州 —— 27-14
林宗 → 郭泰(東漢) 1-11(註), 41-6(註)
臨川 → 王羲之(東晉) 18-29
臨淄侯 → 曹植(三國 魏) 19-4
林澤遊
司州可與 —— 16-3
林逋(北宋)
—— 隱居……嘗畜兩鶴 28-40
林下諸賢
—— 各有儁才子 15-33
林下風氣
王夫人……自是閨房之秀 29-33
臨海(地) 34-15
君出 —— 便無復人 6-10
入幕賓 13-7
入不言兮出不辭
—— 乘回風兮載雲旗 23-15
立象
奉倩答曰……固蘊而不出矣 8-1
入心處
桓云 時有 —— 便覺咫尺玄門 4-44
入酒店
—— 裸袒挽歌 34-14
入被須枕 32-14

【ㅈ】

刺
禰正平自荊州…… 漫滅而無所遇 38-1
訿呵
子許買物……減價乃取 14-4
自決胸懷
丈夫臨大事 可否當 —— 29-41
子敬 → 王獻之(東晉) 16-15, 18-40, 18-43, 18-44, 18-51

王子猷……上忽發火 13-14
王子猷子敬……而 —— 先亡 27-24
—— 云 不覺有餘事 唯憶與郗家離婚 1-48
子固 → 曾鞏(北宋) 35-34
自哭亡妾 37-36
子貢(春秋 衛) 18-47(註)
子貢去卿差近 43-2
子光 → 胡毋謙之(晉) 33-19
子期 → 向秀(魏晉) 8-19(註)
子南 → 周邵(三國 吳) 28-11, 46-7
自達 34-2(註)
子臺 → 張閣(三國 魏) 1-27(註)
子道 ← 羊孚(東晉) 9-12(註)
紫羅襦
謝鎭西著 —— ……作大道曲 33-29
子鸞 → 劉子鸞(南朝 宋)
謝超宗好學……爲新安王 —— 常侍 9-28
自量固爲難 35-12
自列
阮長之爲中書郎……依事 —— 2-9
子路 → 仲由(春秋 魯) 11-7(註)
孔子大聖……猶有伯寮之愬 29-5
自覓
卿但 —— 14-22(註)
慈明 → 荀爽(東漢)
荀使叔慈應門 —— 行酒 餘六龍下食 1-14
—— 曰昔者祁奚內擧不失其子 3-7
—— 外朗 叔慈內潤 17-3
自沒
僕射何得 —— 24-35
子思 → 殷允(東晉) 15-62
子上 → 司馬昭(三國 魏) 1-24(註)
紫石稜
桓公 鬢如反猬皮……一流人 24-28
子宣 → 范宣(東晉) 1-47(註)
字說(書) 39-19
刺世疾邪賦 32-2(註)
子嵩 → 庾敳(西晉) 8-15
子愼 → 服虔(東漢) 7-3(註)
呼 —— 子愼 7-5
自若
讀書論義 —— 12-1
炙羊飮酒 32-10
子魚 40-14
子魚 → 華歆(東漢) 1-17(註),
子輿 → 庾子輿(南北朝) 2-14(註)
—— ……水忽減退 安流而下 2-14
自然
殷中軍問……惡人多 8-52
自然令上
尙 —— 15-95
自然有節 15-83
自然之性
溫太眞問郭文學……先生安獨無情乎 4-18
自汚
—— 與官婢通 免歸 28-1(註)
子雲 → 揚雄(西漢) 7-1(註)
子元 → 司馬師(三國 魏) 4-3(註)
自爲客主
弼 —— 數番 8-3
子猷 → 王徽之(東晉) 16-20, 18-40
子游 → 鄭崇(西漢) 3-1(註)
自潤
奮身處脂膏 不能 —— 6-2
子隱 → 周處(西晉) 3-16(註)
自飮一盌
—— 又不與 35-12
咨議(官名)
桓玄敗後……非復往日 41-7
自爾每眠
—— 左右莫敢近者 40-4
自貽伊戚 33-19
自藏
庾中郎善於託大 長於 —— 15-45
子才 → 邢劭(北齊) 9-26(註)
子周 → 張志和(唐) 5-18(註)
子重 → 王操之(東晉) 18-40
自知 15-98
炙至
—— 一臠便去 43-5
紫芝 → 元德秀(唐)
見 —— 眉宇 使人名利之心都盡 16-49
自知刑死
裕甚精相術……撲之於地也 41-1(註)
字直百金
揚子雲以爲一出一入 —— 7-1
子眞 → 盧玄(北魏)
對 —— 使我懷古之情更深 16-43
子姪之敬 15-21
子瞻 → 蘇軾(北宋) 37-50
蘇軾……母程氏授以書 2-23(註)
子春 → 單子春(三國 魏)

　—— 語衆人曰……正似司馬長卿游獵賦 8-7
自致
　孺子往會葬 無資以 —— 1-10
子行 → 盧思道(北齊) 5-10(註)
自餉晉陵令 35-20
子許 → 衛兹(東漢)
　—— 買物……減價乃取 14-4
子荊 → 孫楚(西晉) 4-7(註)
子桓 → 曹丕(三國 魏) 3-11(註)
自喜
　晏性 —— ……行步顧影 24-3(註)
作佳傳
　若覓千斛米見借 當爲尊公 —— 47-1
作計
　我本不爲卿面 —— 13-10
作伎 29-25
作難
　弼便 —— 8-3
作達 33-11
作驢鳴 27-8
　赴客皆一 —— 27-5
作誄
　殷 —— 云……閑庭晏然 18-45
作部 25-3
作部
　減死輸 —— 3-11(註)
斫殺 40-4
雀鼠
　士簡笑曰 壯哉 —— 13-25
鵲巢 35-8
作粟粥待 29-10
灼然玉擧 15-69
斫人亦不自覺 40-4
鵲子 35-8
作賊
　使孔熙先年三十 作散騎郎 那不 —— 46-12
斫諸屋柱
　—— 悉割半爲薪 29-21
酌酒擘脯 35-26
作釆 33-15(註)
作脯 13-27
作膾 33-36
殘客
　吾不能對何敬容 —— 35-24
潛夫論(書) 32-1(註)
蠶室 36-22
雜藝 37-38(註)
褋桊
　庾杲之……生韭 —— 28-28
獐
　一 —— 一鹿同籠 22-32
張 → 張天錫(前凉)
　—— 曰……人無嫉心 4-69
張閣(三國 魏) ← 子臺 1-27(註)
張堪(東漢) ← 君游 1-3(註)
　朱文季與 —— 同縣 張於太學中 見文季 甚重之
　　1-3
長江(地)
　中宗龍飛 實賴萬里 —— 38-23(註)
腸皆寸寸斷
　破視其腹中 —— 41-3
長卿 → 司馬相如(西漢) 8-7(註)
　—— 慢世 18-44
張敬兒(南朝 齊)
　—— 拜……呼爲褚彦回 39-5
張季鷹 → 張翰(西晉) 14-18, 27-12, 33-25
　—— ……江東步兵 33-23
張公 → 張華(西晉) 35-7
　後示 —— ……宜以經高名之士 8-41
張冠軍 → 張玄之(東晉)
　王東亭與 —— 善 6-22
章句
　支道林談……或有所遺 15-71
張九齡(唐) ← 博物
　每見 —— 精神頓生 16-47
張君嗣 → 張裔(東漢) 36-4
將軍二千石 46-7
張譏(南朝 陳) ← 16-42
莊老
　善通 —— 15-46(註)
　弼……十餘歲 便好 —— 8-3(註)
長達 → 羊秉(東晉) 4-48(註)
長度 → 謝朗(東晉) 4-55(註)
章惇(北宋) ← 章丞相
　范忠宣謫永州……輒罵章惇 13-33
張吏部 → 張讚(南朝 梁)
　—— ……意趣不協 35-24
張驎 → 張湛(東晉) 34-6
張孟陽 → 張載(西晉)
　—— 至醜……以瓦石投之 24-8(註)
長鳴雞
　宋處宗甚有思理……雞遂作人語 8-26

長命洲(地)
潤州 —— 梁武帝放生處 5-13(註)
張茂先 → 張華(西晉) 15-17
—— 論史漢 靡靡可聽 4-6
—— 我所不解 17-15
長文 → 陳群(三國 魏)
使元方將車 季方持杖後從 —— 尙小 載著車中 1-14
陳元方子 —— 有英才 1-15
張文潛 → 張耒(北宋) 37-51, 39-19
長物
恭……對曰 丈人不悉恭 恭作人無 —— 1-52
獐邊者是鹿
—— 鹿邊者是獐 22-32
長柄壺盧 35-7
章甫
明玉黜於楚岫 —— 窮於越人 39-7(註)
張輔吳 → 張昭(三國 吳) 17-10, 36-2, 36-5
臧否
盧詢祖……好 —— 人物 37-40
丈夫擁書萬卷
—— 何假南面百城 23-18
臧否人物
晉文王稱阮嗣宗……未嘗 —— 1-24
張飛(三國 蜀) ← 翼德 17-10
張憑(東晉) 32-11, 37-19
謝太傅……而不作父誄 9-6
長史
王恭欲……爲 —— 35-12
長史 → 王濛(東晉) 11-31, 15-77, 18-39, 24-23
—— 韶興 18-42
—— 語甚不多 可謂有令音
—— 曰 韶音令辭……勝我 18-30
—— 自不欲苦物 15-88
—— 作數百語……如恨不苦 15-88
張士簡 → 張率(南朝 梁)
—— ……忘懷家務 13-25
張思光 → 張融(南朝 齊) 34-20
宋太祖嘗面許 —— ……勑竟不下 37-35
—— ……答曰 臣陸處無屋 舟居非水 2-12
—— 嘗詣……尙書劉澄 35-22
—— 作海賦……以示鎭軍將軍顧覬之 9-31
齊太祖奇愛 —— 18-54
張思曼 → 張緖(南朝 齊) 27-26
長史父 → 王訥(東晉)
—— 形貌旣偉 雅懷有槩 24-23
長沙王 → 司馬乂(西晉) 4-8
長山
東陽 —— 4-62
張相公 → 張元(西夏) 13-31
張緖(南朝 齊) ← 思曼 2-12(註), 16-37
楊柳風流可愛 似 —— 當年 16-30
張徐州 → 張建封(唐) 23-19
匠石
昔 —— ……輟弦於鍾子 27-16
張說(唐) ← 張燕公 22-31
姚崇與 —— 同爲宰輔 各懷疑阻 40-13
—— 女嫁盧氏 21-12
長星 13-18
長嘯 28-6
裝束
—— 單急 36-21
長孫 → 任延(東漢) 6-4(註)
長松
—— 下當有淸風 4-45
長松下當有淸風
人想王荊產佳 此想 —— 耳 4-45
張純(三國 吳) 22-9
張嵊(南朝 梁)
劉孝綽三妹……東海徐悱 29-37
章丞相 → 章惇(北宋) 37-49
張僧繇(南朝 梁) 26-16
長信(建物)
—— 昭陽之事 29-39
張新安 → 張鏡(南朝 宋) 26-12
葬我陶家之側
鄭泉臨卒時……陶家之側 33-1
將我入青雲間
—— 無由得論地上事 6-25
張安道 → 張方平(北宋) 39-19
長安城 14-32
張安世(西漢)
淸靜比揚子雲 默識擬 —— 15-17
長安市
韓伯休……口不二價 28-5
張儼(三國 吳) 22-9
長輿 → 和嶠(西晉) 1-25(註), 10-16(頭)
—— 嵯櫱 17-22
莊易 45-1
張燕公 → 張說(唐)
—— ……曰 韋趙兄弟 人之杞梓 16-50
張延符 → 張充(南朝) 25-4
長豫 → 王悅(東晉)

王家有三年少 右軍安期 —— 15-53
張吳興 → 張玄之(東晉)
—— ……知其不常 37-3
牆宇悉樹棘 20-22
長源 → 王渾(西晉) 1-34(註)
蔣元卿 → 蔣詡(西漢)
—— 舍中三徑 28-2
張元伯 → 張劭(東漢) 27-3
張威伯 → 張暢(南朝 宋) 15-25
張裕(三國 蜀)
蜀先主……下獄將誅之 41-1
張融(南朝 齊) ← 思光, 黃門 2-12(註), 27-26
長人格價 18-21(頭)
張鎰(唐)
盧杞忌 —— 剛直 欲去之 45-3
長者
許子將……多 —— 之游 14-3
莊子(書) 8-34, 9-16
庾子嵩讀 —— ……曰了不異人意
張子臺 → 張閣(三國 魏)
杜恕著家戒道 —— ……患禍當何從而來 1-27
張子布 → 張昭(三國 吳)
欲使孫策帳下兒讀之耶 將使 —— 見乎 38-2
章子厚 → 章惇(北宋) 35-34
途中見 —— 乃回反耳 37-49
長才
太傅府……淸才 15-31
長笛 34-25
張淨琬(南朝 梁) 43-8
蔣濟(三國 魏) 44-2
張祖希 → 張玄之(東晉) 6-22
藏拙
吾爲魏公 —— 39-8
莊宗 → 李存勖(後唐) 21-14
莊周(戰國 宋) 22-18
—— 爲道家之儀秦18-58
將肘無風骨
韓康伯 —— 38-30
張仲蔚(晉)
—— ……唯開一行徑 28-3
長之 → 阮長之(南朝 宋)
—— 固遣送曰 長之一生不侮闇室 2-9
張志和(唐) ← 子周 5-18(註), 28-37
陸羽問 —— 孰與往來 5-18
張參軍 → 張譏(南朝 陳)
—— 少有思理 爲國子助教 9-25
張蒼梧 → 張鎭(西晉) 37-19
張天錫(前涼) ← 公純嘏 28-21
—— 爲涼州刺史 稱制西隅 4-69
章淸
我家阿臨 —— 太出 15-105
張廌(東晉) 28-18
臧貶
謝公云 先輩初不 —— 七賢 18-38
長平 → 趙孝(東漢) 1-2(註)
張平子 → 張衡(漢)
—— 作地動儀 30-1
帳下都督 43-6
帳下兒
欲使孫策 —— 讀之耶 將使張子布見乎 38-2
章獻 → 章獻皇后(宋) 16-51(註)
莊憲皇后(唐) 20-23(註)
張玄(東晉) 33-36
謝遏絶重其姊 —— 常稱其妹 29-33
張玄之(東晉) ← 祖希, 冠軍, 吳興 6-22(註), 22-16, 22-17, 37-3
張泓(西晉) 19-10(註)
張華(西晉) ← 茂先 4-6(註), 17-11, 37-4, 44-12(註)
—— ……鳳鳴朝陽 15-23
長和 → 羊忱(東晉)
—— 哀容擧止 宛若成人 15-15
張黃門 → 張融(南朝 齊) 13-26
贓賄
孔中丞二弟在官 頗營 —— 20-13
杖訖
—— 復召與飮 34-24
長輿 → 陸亮(西晉) 6-7(註)
齋宮
周太常……嘗臥病 —— 10-6
齋禁
周以爲干犯 —— 大怒 收送詔獄 10-6
載米上水
自古無有 —— 者 2-3
才辯
袁隗妻馬倫……少有 —— 29-5
宰府 12-15
再思 → 楊再思(唐)
—— 徐謂之曰 爾牛亦自 13-28
—— 曰 世路艱難……何以全身 13-28(註)
宰相不親小事 37-46(註)
宰相三十年
—— 不營私第 26-19

才性
　殷中軍 雖思慮通長 然於 —— 偏精 8-38
　—— 殆是淵源崤函之固 8-56
滓穢太淸
　太傅因戲謝曰 卿居心不淨 乃復彊欲 —— 邪 4-72
才情
　—— 過於所聞 15-91
裁製 9-19
才藻
　或重許高……而無取於許 18-7
載之 → 權德輿(唐) 2-21(註)
在草
　道聞民有 —— 不起子者 6-1
才學
　魏長齊雅有……非所經 37-17
齋後 29-23
爭劫 13-22
爭府 32-17(註)
箏賦
　或問顧長康……何如嵇康琴- 9-11
猪肝一片
　閔仲叔含菽飮水……日買 —— 1-1
褚季野 → 褚裒(東晉) 12-22, 36-22
　謝太傅絶重褚公 常稱 —— 雖不言 而四時之氣亦備 1-44
　—— 語孫安國云……淸通簡要 8-20
　—— 皮裏陽秋 15-70
褚公 → 褚裒(東晉) 4-35, 12-22
　謝太傅絶重 —— 常稱……而四時之氣亦備 1-44
　—— 與孫興公同遊……觔欲傾覆 38-12
褚期生 → 褚爽(東晉) 14-12
褚陶(西晉)
　張華……鳳鳴朝陽 15-23
褚裒(東晉) ← 季野, 褚公, 太傅 1-44(註)
褚司徒 → 褚淵(南朝 齊) 16-32, 39-6
褚炤(南朝 宋) 11-37(註)
褚遂良(唐)
　—— 其父亮尚在 乃別開門 47-15
褚彦宣 → 褚炤(南朝 宋)
　—— 常非從兄彦回身事二姓 11-37
褚彦回 → 褚淵(南朝 齊)
　張敬兒拜……呼爲褚彦回 39-5
氐賊 14-27(註)
褚太傅 → 褚裒(東晉) 14-22, 38-13
樗蒲 33-15(註)
樗蒲
　—— 老子入胡所作……何以爲此 6-15(註)
　桓宣武與袁彦道 —— ……擲去五木 44-6
樗蒱 22-20
　溫太眞……估客 —— 33-30
渚下 34-3
笛
　見屋椽竹東間第十六 可以爲 —— 取用 果有異聲 30-3
荻
　今正伐 —— 不宜久廢 33-36
籍 → 阮籍(三國 魏)
　—— ……書札爲之 無所點定 8-2
敵家 33-15(註)
適可作尉 36-1
摘句
　丹陽尹王混 —— 4-60(註)
籍其宅入官
　明山賓…… —— 2-13
翟道淵 → 翟湯(東晉) 28-11
的盧
　庾公乘馬有 —— 1-40
積善
　—— 餘慶 3-4
赤心 21-9
適意
　人生貴得 —— 14-18
狄仁傑(唐) 39-13
荻渚(地) 34-4
寂寂
　作此 —— 將爲文景所笑 46-10
癲
　右軍歎曰 —— 何預盛德事耶
顚
　元章忽起立……願質之子瞻 37-50
傳教 32-11
戰國策(書) 45-1
錢塘亭 12-22
前途尙可 25-1
顚倒衣裳
　文禮答曰……賤民 —— 耳 3-2
傳亮(南朝 宋) 13-21
戰栗 21-9
錢文僖 → 錢維演(北宋)
　—— 留守西都……同在幕下 32-23
傳鉢 15-58(頭)
專房燕婉 48-2(註)
錢癖

王武子有馬癖 和長輿有 —— 30-9(註)
錢鳳(晉) 40-7
田舍名
王大將軍年少時……語音亦楚 23-3
田舍兒
劉…… 乃云 —— 强學人 作爾馨語 8-35
典選
楊遵彦 —— 時 以六十人爲一甲 5-12
田狩
桓南郡好獵……騎甚盛 20-3
轉語
王云 此乃禪機 —— 8-14(頭)
轉臥向壁
東亭 —— 歎 18-50
戰庸
郭淮……亦屢有 —— 10-11
專愚
其父以爲 —— 幾不知馬之幾足 7-8
田游巖(唐)
—— 頻召 不出 5-16
錢維演(北宋) ← 希聖 32-23(註)
典引(書) 35-34
邅跡虎 25-1
前殿 37-46
全琮(三國 吳) 17-9
牋紙 23-12
氈車
命一幹吏寄錢數千繩幷 —— 子一乘 2-19
銓總之司 20-22
殿下都無下意 20-18
典刑 27-4
田禾將軍
趙孝……常白衣步擔 1-2
田橫(戰國 秦)34-6
傳後
晉武帝……亦多獻直言 19-10
折角如意 36-20
浙江(地) 12-22
絶倒
阿平若在 當復 —— 15-48
絶不相得
王中郎與林公 —— 38-21
折節
請至來歲 終身 —— 25-4
絶婚 27-19(註)
點檢(官名) 29-41
苫覆
郭文擧……都無壁障 1-55
漸修 9-22(註)
點定
籍……書札爲之 無所 —— 8-2
漸至佳境 37-28
接誘應會
—— 少有牾者 6-10(註)
楨 → 劉楨(東漢)
—— 答曰 臣誠庸短 亦由陛下網目不疏 3-11
鄭康成 → 鄭玄(東漢) 3-3
林公道王云……何物塵垢囊 38-21
正骨
陳玄伯……有 —— 15-97
貞公 → 高郢(唐) 22-29
鄭公業 → 鄭泰(東漢) 20-15(註)
貞觀(年號) 47-14
井丹(東漢)
—— 高潔 18-44
丁潭
孔愉……而無公才 17-19
丁梁州(三國 魏)
陳壽將爲國志 謂 —— 47-1
正亮沈烈 16-22(註)
正禮 → 顧協(南朝 梁) 2-16(註)
征虜亭(建物) 13-10
政論(書)
崔子眞作 —— 20-1
精理
袁悅有口才……亦有 —— 45-1
鼎立
漢末分崩 三國 —— 魏滅於前 吳亡於後 3-16
旌命 33-28(註)
情貌 13-17
旌門
蘇世長……陳禽於 —— 11-40
政府
王方慶在 —— 20-19
政散人流
—— 其權安在 49-1
鄭尙書 → 鄭崇(西漢)
上曰 我識 —— 履聲 3-1(註)
井上取水
—— ……不失常 29-18
鄭鮮之(南朝 宋) 13-21
鄭世翼(唐) 39-12

鄭崇(西漢)
漢哀帝問尙書 —— 卿門何以如市 3-1
正始(年號)
不意永嘉之中 復聞 —— 之音 15-48
王戎云……將無以德掩其言1-32
正始之音
丞相乃歎曰 向來語……正當爾耳 8-31
精神頓生
每見張九齡 —— 16-47
精神淵箸 15-47
程氏(北宋)(蘇軾 母)
蘇軾……母 —— 授以書 2-23(註)
鄭餘慶(唐) 24-48(註)
正熱不堪相見 35-18
靜翳無言聲
新安 —— 26-12
正熊 → 崔豹(西晉) 4-14
廷尉(官名)
夏侯玄……鍾毓爲 —— 10-9
丁謂(北宋)
眞宗……令作冊文 11-41
廷尉正(官名)
顧常侍……爲 —— 2-16
貞義 29-1(註)
鄭絪(唐) 32-21
正一先生 → 司馬承禎(唐) 39-14(註)
正自爾馨
王丞相云…… —— 18-13
廷爭
王陵 —— 陳平……克終云何耳 49-4
定點
郭象者……或 —— 文句而已 8-19
丁正禮 → 丁儀(三國 魏)
曹公聞……欲以愛女妻之 46-1
亭亭直上
孝伯……羅羅淸疎 16-22
鼎足
君房足下……腰領絶 19-1
庭中柳樹 16-31
情之所鍾
王曰 聖人忘情……正在我輩 27-9
丁晉公 → 丁謂(北宋)
—— 自崖州還……何地最雄盛 37-45
鄭泉(三國 吳)
—— 臨卒時……陶家之側 33-1
鄭沖(西晉)
司空 —— 馳遣信 就阮籍求文 8-2
情癡 47-3
情致 15-86
貞風 → 明恭后(南朝 宋) 29-36(註)
定虛得名耳 26-16
鄭玄(東漢) ← 康成 3-3(註)
—— 在馬融門下……高足弟子傳授而已 7-2
—— 家 奴婢皆讀書 7-4
—— 欲注春秋傳 尙未成 時行與服子愼 遇宿客舍 7-3
政和公主(唐) 29-38
正會 32-3
每至 —— 殿庭作樂 30-7
鄭詡(晉) 37-4
濟 → 王濟(西晉) 15-21
帝 → 劉裕(南朝 宋)
—— 日 畏解 故不畜 5-1
帝 → 李治(唐)
—— 日 情知此漢獰 何須犯他百姓 6-26
蹄角
王君夫有牛……常瑩其 —— 43-5
諸葛厷(西晉) ← 茂遠
—— ……時論亦以擬王 41-2
—— 年少不肯學問……便已超詣 8-12
諸葛瑾(三國 吳) 36-2
諸葛道明 → 諸葛恢(東晉) 27-13
諸葛令 → 諸葛恢(東晉)
—— ……爭姓族先後 36-11
—— 女庾氏婦……不復重出40-10
諸葛武侯 → 諸葛亮(三國 蜀) 41-1
—— ……治軍渭濱 12-2
蒲元……鑄刀三千口 30-6
諸葛妃(西晉) 10-13
諸葛思遠 → 諸葛瞻(三國 蜀) 10-14
諸葛元遜 → 諸葛恪(三國 吳) 36-5
諸葛靚(三國 吳)
—— ……常背洛水而坐 10-13
諸葛誕(三國 魏) ← 公休
王公淵娶 —— 女 29-12
諸江
—— 皆復足自生活 16-4
淛江(地) 33-33
諸客望其神姿
—— 一時退匿 24-39
齊高帝 → 蕭道成(南朝 齊) 2-6, 25-3
齊高宗 → 蕭鸞(南朝 齊)

—— ……報謝侍中 13-24
—— 從弟季敞 性頗豪縱 20-16
齊奴 19-13(註)
濟尼(東晉) 29-33
除名
謝幼輿…… —— 12-15
齊明帝 → 蕭鸞(南朝 齊) 14-29
帝撫其腹 35-1
齊武帝 → 蕭賾(南朝 齊) 20-14, 35-24(註)
諸無學人
—— 但念諸法一切無常 22-17(註)
題門上作鳳字 35-6
題門作活字 21-1
題壁自敍
梁簡文爲侯景幽縶 —— 27-28
諸佛菩薩
上可陪……悲田乞兒 34-26(註)
齊世祖 → 蕭賾(南朝 齊) 9-29, 11-38
諸孫大盛 37-8
齊衰三年
攸……卒 弟子綏服攸 —— 1-41(註)
濟勝之具 28-17
齊神武 → 高歡(北齊) 18-55, 34-19
鯽魚蝦鮭
天時尙熯……未可致 47-10
齊王 → 司馬冏(西晉) 10-19, 14-18
啼泣 11-11
第二流中人 18-20
第二者爲中
世有兄弟三人 則謂 —— 47-9(註)
第一 18-2
第一流 18-20
第一策
作縣令 唯日食一升飯而不飮酒 此 —— 也 6-24
齊莊 → 孫放(東晉) 22-19, 37-8
帝坐 23-20
諸周由來
—— 未有作三公者 46-8
濟卽前刺髦
—— 刃出於背 10-12(註)
齊太祖 → 蕭道成(南朝 齊)
—— 奇愛張思光 18-54
濟河焚舟
庾曰 若文度來…… —— 4-55
齊澣(唐) ← 洗心
—— 善知今事 高仲舒善知古事 9-34
祧
親盡亦 —— 5-20
祖 → 祖納(西晉)
—— 云 百里奚 亦何必輕於五羖之皮邪 1-39
曹 → 曹操(東漢)
—— 云 此國家之意 3-4
趙 → 趙至(三國 魏)
—— 云 尺表能審璣衡之度……但問識如何耳 4-2
釣碣
溪中 —— 13-16
照鏡不見頭 俄而難及 41-8(註)
趙景眞 → 趙至(三國 魏)
嵇中散語 —— ……恨量小狹 4-2
曹公 → 曹操(東漢) 10-7, 17-5, 19-4, 29-6, 36-1, 36-3, 38-4
—— ……翕然而起曰 此愈我疾 7-7
—— 旣殺楊德祖 後與太尉遇於朝堂 3-9
—— 聞……欲以愛女妻之 46-1
—— 以楊太尉與袁公路婚 將誣以同逆 3-4
曹官 47-14
祖廣(東晉) ← 祖參軍 37-29
祖光錄 → 祖納(西晉)
—— 少孤貧 性至孝 常自爲母炊爨作食 1-39
趙匡凝(唐)
—— 每整衣冠 使人持巨鑑 前後照 24-49
糟邱 34-18
雕績
鮑曰 謝五言……亦 —— 滿眼 9-28
祖納(西晉) ← 士言, 光祿 1-39(註)
躁怒
有時 —— ……以棊具陳於前 48-13
皀單衣 12-9
釣臺 30-13
澡豆 47-5
祖臘 10-1
棗栗 22-25
調律呂 正雅樂 30-7
趙母 → 趙姬(三國 吳)
—— 嫁女……敕之 29-8
趙母注 29-8(註)
朝聞夕死
古人貴 —— 25-1
趙普(北宋) 39-18
曹輔佐 → 曹毗(東晉) 9-19
趙飛燕(西漢)
漢成帝……譏班婕妤呪詛 29-4

漕使 47-18
操絲比竹
　── 蓋樂官之事 10-19
祖士少 → 祖約(東晉) 24-24
　── 風領毛骨……不復見如此人 15-84
　── 好財 阮遙集好屐 12-18
詔賜新衣 29-10
祖士言 → 祖納(西晉)
　── 深好奕棋 20-1
祖尙浮虛 38-14(註)
曹蜍(東晉)
　── 李志……如九泉下人 18-37
祖送
　殷仲文還姑熟 ── 傾朝 11-33
造膝 16-14
造勝遍決
　司州 ── 16-6
躁勝寒
　── 靜勝熱 22-23(註)
曹娥(東漢) 21-3
　孝女 ── 者 上虞人 21-3(註)
趙耶利 → 趙師(唐) 30-17
刁約(東晉) 27-19
朝陽之暉
　遠公曰 桑楡之光……與時竝明耳 20-4
釣魚 28-30
儵魚
　── 出游從容 4-40(註)
釣亦不得
　── 得復不賣 28-30
趙悅子 → 趙悅(東晉) 32-12
詔獄
　周以爲干犯齋禁 大怒 收送 ── 10-6
趙溫(東漢) 23-1
趙王 → 司馬倫(西晉) 19-13(註), 29-16(註)
　── 簒逆 樂令親授璽綬 18-28
趙元達 → 趙達(三國 吳) 17-6
趙元叔 → 趙壹(東漢) 32-2
祖元珍 → 祖瑩(北魏) 21-11
朝隱
　王瓚之 今便是 ── 16-29
曹子建 → 曹植(三國 魏) 15-7
曹子建怨詩 20-7
曹操(東漢) ← 孟德, 曹公, 魏 武帝, 魏公, 魏 太祖 3-4(註)
　── 自爲魏公 加九錫 7-10(註)
朝宗 40-9
趙至(三國 魏) ← 景眞 4-2(註)
趙知禮(南朝 陳) 16-41
蚤知爾耳 29-11
祖車騎 → 祖逖(東晉) 15-43, 23-7, 33-14
祖參軍 → 祖廣(東晉) 37-29
條暢 18-8(註)
　阡陌 ── 則一覽而盡 4-66
調暢
　謝曰 身不蕭灑……身正自 ── 16-17
條牒 13-7
棗蓆 46-2
趙瀊寇 → 趙稚長(三國 魏)
　荀令君 ── 皆足蓋當世乎 38-3
朝霞 24-36
刁玄亮 → 刁協(東晉) 11-4
　── 之察察 15-55
皀莢 44-15
曹洪(三國 魏) 48-2(註)
調和陰陽
　三公典 ── 37-46(註)
趙皇后 → 趙飛燕(西漢) 29-4(註)
趙孝(東漢) ← 長平 1-2(註)
　── ……常白衣步擔 1-2
祖孝徵 → 祖珽(北齊)
　── 放縱不羈 47-13
趙姬(三國 吳) 29-8(註)
祖希 → 張玄之(東晉) 6-22(註)
足蓋當世
　荀令君趙瀊寇 ── 乎 38-3
足不踰閾 28-25
足自生活
　諸江皆復 ── 16-4
鏃鏃
　敬仁 文學 ── 無能不新 16-9
鏃鏃銳意 16-9(頭)
存亡
　晉祚 ── 在此一行 13-6
琮 → 劉琮(東漢) 19-4(註)
種秔
　二頃五十畝…… ── 34-12
鍾簴
　桓公議移洛陽 ── 11-17
宗敬微 → 宗測(南朝 齊)
　魚復侯……遺 ── 28-27
鍾季明 → 鍾皓(東漢) 14-1

從姑
　—— 劉氏 40-8
　皇甫謐有 —— 子梁柳 爲城陽太守 1-28
從舅 22-27
鍾夔 → 鍾子期(春秋 楚), 夔(虞舜) 4-33
終南(地)
　盧藏用初隱 —— ……人目爲隨駕隱士 39-14
宗德艶 → 宗預(三國 蜀) 10-14
鐘律之器 30-7(註)
鍾離春(戰國 齊) 38-6
宗廟 15-10
從默
　王陵廷爭 陳平……克終云何耳 49-4
縱聞 亦不解 35-28
宗文 → 徐羡之(南朝 宋) 13-21(註)
鍾夫人(魏晉) 29-19(註)
　東海家內……範 —— 之禮 29-20
螽斯
　關雎 —— 有不忌之德 48-5
鍾士季 → 鍾會(三國 魏) 14-7, 15-6, 15-10
　—— 精有才理 35-5
鍾山 32-15
　薛道衡嘗遊 —— 開善寺 5-11
鐘聲 15-18
宗世林 → 宗承(東漢)
　南陽 —— ……不與之交 10-8
宗少文 → 宗炳(南朝 宋)
　—— 好山水…… 欲懷尙平之志 28-23
縱心事外
　—— 無跡可間 12-14
鍾氏(魏晉)
　王渾妻 —— ……令淑 29-19
鍾雅(西晉) 11-13
終焉之志 28-32
宗如周(南北朝 西梁)
　—— 面……蕭詧戲之 37-43
宗元幹 → 宗慤(南朝 宋) 23-17
鍾元常 → 鍾繇(三國 魏)
　黃初中有甲乙疑論……議各不同 8-8
鍾毓(三國 魏)
　—— ……有機警 36-6
　—— 兄弟小時……共偸服藥酒 22-12
　夏侯玄…… —— 爲廷尉 10-9
縱意丘壑 18-1(註)
終日共飮 33-8
終日弄石
　米元章……那得 —— 都不省錄郡事 35-35
終日食鹽醋
　—— 復又何堪 37-44
縱任不拘
　張季鷹……江東步兵 33-23
鍾子 → 鍾子期(春秋 楚)
　昔匠石……輟弦於 —— 27-16
從賊
　汝等……何爲 —— 29-40
縱適一時 33-23
宗祧 29-40
縱酒放達
　劉伶恒 —— ……裸形在屋中 33-4
種竹
　王子猷……便令 —— 28-20
種菖蒲之祖 28-36(頭)
種秫
　二頃五十畝……種秔 34-12
種秫自釀 28-39
從兄不亡
　—— 矣 15-15
鍾皓(東漢) ← 鍾季明
　李元禮嘗歎荀淑 —— 曰……鍾君至德可師 1-13
鍾會(三國 魏) ← 士季 7-11(註), 10-9
　—— 撰四本論……於戶外遙擲 7-11
　—— ……情好不協 31-5
挫氣 40-3
佐吏
　—— 殷浩……登南樓理詠 24-25
左思招隱詩 34-1
坐上客常滿
　—— 尊中酒不空 吾無憂矣 23-2
佐世之任
　約相推引 同 —— 46-7
坐視元裒敗 33-18
坐臥觀之
　—— 留宿其下 26-16
座右銘
　崔子玉 —— 20-11
左右夫人 29-15
左右躡公 17-21
坐隱
　王中郎 以圍棊是 —— 31-12
左傳(書)
　林公道王云……何物塵垢囊 38-21
坐處常三日香 24-4

左太沖 → 左思(西晉) 16-51
陸士衡入洛……聞 —— 作之 8-24
—— 作三都賦 初成時人互有譏訾 8-41
—— 絶醜 24-8
—— 招隱詩曰 何必絲與竹 山水有淸音 2-11
周 → 周顗(西晉)
—— 曰 吾若萬里長江 何能不千里一曲 33-27
酒家覆瓿布 33-26
周家奕世令望 46-8(註)
主客
—— 魏收嘲孝穆曰 今日之熱當由徐常侍來 5-9
酒客 35-26
朱據(三國 吳) 22-9
朱居士𡾊 28-34
周公(周) 19-3
朱公叔 → 朱穆(東漢)
—— ……不自知亡失衣冠 顚墜阬岸 7-8
—— 耽學專精 銳意講誦 7-8
晝過冷
—— 夜過熱 恐非攝養之術 22-23
酒狂
季舒 —— 四海所知 19-13
周旦 → 周公(周) 20-7(註)
酒德訟 34-18(頭)
酒徒 34-18(註)
鑄刀三千口
蒲元…… —— 30-6
酒徒蔣濟
刻木爲人 署曰 —— 44-2
朱桃椎(唐)
—— ……浮沉人間 28-34
晝動夜靜 22-23
州吏
—— 中 有一令僕才 13-1
朱買臣(西漢) 36-4(註)
周姥(周公夫人 任氏) 48-5
朱穆(東漢) ← 公叔 7-8(註)
朱門 24-46
劉尹問 道人何以游 —— 4-30
朱文季 → 朱暉(東漢)
—— 與張堪同縣 張於太學中 見文季 甚重之 1-3
麈尾 24-9
丞相以 —— 指坐 15-58
握 —— 至佳 4-32
王長史……轉 —— 視之 27-15
直以 —— 柄确几 8-14
麈尾蠅拂
—— ……汝不須捉此 20-17
周閔(東晉) 29-29(註)
朱博翰音
—— 實愧於懷 4-20
酒杯
畢茂世云……便足了一生 33-24
朱百年(南宋)
—— ……伐樵採若爲業 2-4(註)
—— 家貧……不衣綿帛 2-4
周伯仁 → 周顗(西晉) 4-15, 11-4, 11-9, 17-20, 24-21, 38-6
顔光祿曰 —— 之正……餘則吾不知 18-4
王大將軍旣反…… —— 往見之 11-6
王丞相枕……指其腹 36-16
—— ……恒大飮酒 33-32
—— 母……賜三子 14-20
酒病
—— 日酲 33-3(註)
周馥(西晉) 12-8, 23-8
周僕射 → 周顗(西晉) 33-27
周僕射 → 周顗(西晉)
—— ……答曰 何敢近舍明公 遠希嵇阮 4-21
主簿(官名)
謝石奴請吳隱之 爲衛將軍 —— 1-56
王丞相 —— 欲檢校帳下 12-17
籌筭 8-57
疇昔周旋
孫令 憶 —— 不 49-2
柱石之用 19-16
周旋
才士不遜 亡祖何至與此人 —— 38-24
酒速成而味好 43-7
酒熟 34-11
周叔治 → 周謨(西晉)
—— ……周侯仲智往別 11-11
周嵩(東晉) ← 仲智 14-20
非 —— 比 11-15(頭)
周時玉尺 30-7
酒失
翻性疏直 數有 —— 44-3(註)
晝夜歌舞 14-33
周彥倫 → 周顒(南朝 齊) 16-39
何子季與 —— ……精信佛法 9-23
朱永長 → 朱誕(晉) 15-25
珠玉在側 覺我形穢 24-16

周瑜(東漢) 17-9(註)
朱衣
以 —— 自拭 色轉皎然 24-3
周顗(西晉) ←伯仁, 僕射, 周侯
—— 比臣有國士門風 17-20
朱異(三國 吳) 22-9
—— 遍治五經……皆其所長 37-38
周而不比
—— 群而不黨 36-6
酒以成禮
—— 不敢不拜 22-12
廚人 47-13
舟人 13-8
主人未通
—— 便坐問答 35-25
朱泚(唐) 45-3
—— 之亂……佯爲奴 求出城 24-48
周子居 → 周乘(東漢)
—— 常云……則鄙吝之心已復生矣 1-8
陳仲擧嘗歎曰 若 —— 者 眞治國之器 15-1
周子隱 → 周處(西晉)
—— 答曰 漢末分崩……豈唯一人 3-16
朱雀橋
敦將至 嶠燒 —— 以阻其兵 21-5(註)
廚傳歌妓 32-23
周浚(西晉)
—— 作安東時 行獵値暴雨 29-17
周仲智 → 周嵩(東漢) 12-25
酒中趣
孟答曰 公但未知 —— 耳 4-25
酒池
畢茂世云……便足了一生 33-24
周處(西晉) ← 子隱 3-16(註)
—— 年少時……爲鄕里所患 25-1
周妻何肉 9-23
周太常 → 周澤(東漢)
—— ……嘗臥病齋宮 10-6
周澤(東漢) ← 稺都 10-6(註)
周弼(西晉) 15-40
駐蹕山(地) 16-46
酒壺
取爲 —— 實獲我心 33-1
周弘武 → 周恢(西晉)
—— 巧於用短 17-15
周弘正(南朝 梁·陳)9-25
周侯 → 周顗(西晉) 13-1, 15-42, 15-47, 17-17, 17-22, 24-23, 36-14, 46-6, 46-8
周叔治…… —— 仲智往別 11-11
—— 嶷如斷山 15-57
—— 中坐而歎曰 風景不殊 正自有山河之異 4-16
朱暉(東漢) ← 文季 1-3(註)
竹溪六逸 23-20(註)
竹林 18-38
竹林之遊 27-6
竹林七賢論(書) 15-33
竹馬
少時與淵源共騎 —— ……故當出我下 18-21
竹馬之好
帝曰 卿故復憶 —— 不 　覲曰 　臣不能呑炭漆身 10-13
竹篠中飮 46-4
竹洲花塢 28-36(註)
竹中爲屋 28-18
竣 → 顔竣(南朝 宋)
顔延之兒 —— ……延之一無所受 20-12
駿馬 33-13
遵素 → 杜黃裳(唐) 2-19(註)
遵彦 → 楊愔(北齊)
—— 曰 盧郞朗潤 所以加玉 5-12
蠢爾
—— 荊蠻 敢與大邦爲讎37-12
駿逸
九方歅之相馬……取其 —— 15-71
俊才女德 29-20
濬沖 → 王戎(西晉) 1-25(註)
裴令往弔之曰 　若使一慟果能傷人 —— 必不免滅性之譏 1-33
準則
端委廟堂……自謂過之 18-1
仲堪 → 殷仲堪(東晉)
—— ……遂眇一目 37-26(註)
仲堪眇目 31-11(註)
仲擧 → 陳蕃(東漢) 1-9(註)
中官
陳蕃……爲 —— 所害 27-2
中軍 → 桓謙(東晉) 18-52
仲弓 → 陳寔(東漢)
—— 曰 盜殺財主 何如骨肉相殘 6-1
中年
謝太傅語王右軍曰…… 輒作數日惡 4-41
仲尼 → 孔子(春秋 魯) 22-18
先君 —— 與君先人伯陽 有師資之親 22-5

—— 不漱 29-2(註)
仲達 → 孔穎達(唐) 9-32(註)
仲達 → 龐參(東漢) 6-3(註)
—— 思其微意 良久曰 ……欲吾開門恤孤也 6-3
中堂 21-5, 39-7
中郎 → 劉祥(唐)
—— 曰 不能殺袁劉 安得免寒士 39-6
中郎 → 謝據(東晉) 44-8
中郎 → 謝萬(東晉)
—— 始是獨有千載 38-25
中郎 → 庾敳(西晉) 15-44
中郎 → 蔡邕(東漢)
—— 歎異之曰 卿必成致 今以吾名與卿 7-6
中郎 → 郗曇(東晉) 29-26
中泠水
金山泉……各置一壺 30-20
仲文 → 殷仲文(東晉) 5-1(註), 18-27
—— 曰……足以映徹九泉 16-24
—— 有器貌才思 18-52(註)
仲山 → 孔嵩(東漢)
—— 曰……豈爲鄙哉 1-6
仲翔 → 虞翻(三國 吳) 3-14(註)
仲宣 → 王粲(東漢) 7-10(註)
晉王爲太傅……—— 亦以爲不如 7-10
仲叔 → 閔貢(東漢) 1-1(註)
—— ……歎曰 閔仲叔豈以口腹累安邑邪 1-1
中丞 → 孔顗(南宋)
—— 呼吏語曰……可載還 2-3
中心藏之
—— 何日忘之 49-2
仲若 → 戴顒(南朝 宋) 5-3(註)
中玉 → 李石(唐) 6-29(註)
仲容 → 阮咸(西晉) 33-11
—— 借客驢……追之 33-12
中原
—— 常虎視於此 14-33
仲遠 → 應劭(東漢) 3-3(註)
仲任 → 王充(東漢) 7-9(註)
仲長子光(唐) 28-33
—— ……徙與相近 26-14
仲祖 → 王濛(東晉) 4-35(註)
吾將負 —— 38-22
阮思曠……而兼有諸人之美 18-15
中宗 → 司馬睿(東晉)
—— 龍飛 實賴萬里長江 38-23(註)
中宗 → 李顯(唐)
—— ……幸昆明池賦詩 18-57
仲智 → 周嵩(東晉) 11-4
周叔治……周侯 —— 往別 11-11
重車 13-28
重出
諸葛令女庾氏婦……不復 —— 40-10
中表親戚 22-5
中和(年號)
—— 間……竝巢姬妾百數 29-40
重患
王右軍少 ——
重喚奴父名 37-8
仲回 → 王丹(東漢)
—— 曰 如丹此縑 出自機杼 10-4
中興之業 19-14(註)
卽色論 8-44
曾鞏(北宋) ← 子固 35-34
甑旣已破
—— 視之何益 41-6(註)
曾閔 → 曾參(春秋 魯), 閔子騫(春秋 魯)
罔極過於 —— 3-17
曾子固 → 曾鞏(北宋) 35-34
支 → 支遁(東晉) 18-36
—— 徐徐謂曰……了不長進 8-50
—— 曰 貧道重其神駿 4-42
—— 謂謝曰 君一往奔詣 故復自佳耳 9-16
—— 從容曰……豈是求理中之談哉 8-46
—— 卓然標新理於二家之表……皆是諸名賢尋味之所不得 8-34
持竿誦經
文通……—— 不覺潦水流麥1-4
脂膏
奮身處 —— 不能自潤 6-2
支公 → 支遁(東晉)
—— 以圍棊爲手談 31-12
—— 好鶴 4-52
知幾其神 19-8
至樂
向秀……然猶有別本 8-19
池臺
晉明帝欲起 —— 元帝不許 23-6
志大宇宙 勇邁終古 36-19
支道林 → 支遁(東晉) 4-42, 8-34, 13-10, 18-3, 37-2, 38-26
三乘 佛家滯義 —— 分判 使三乘炳然 8-45
—— ……共集王家 9-16

——……不大當對 8-50
——……風味轉墜 27-16
——……許爲都講 8-39
——談……或有所遣 15-71
——聞之曰……如牖中窺日 8-20
——殷淵源 俱在相王許 8-56
——造卽色論 8-44
地動
地或動 30-1
地動儀
張平子作——30-1
支遁(東晉)←道林, 支公, 支道林, 支法師, 支氏, 林公
高逸沙門傳曰——道林 河內林慮人 4-42(註)
芝蘭玉樹
車騎答曰 譬如——欲使其生於階庭耳 4-67
支法師→支遁(東晉) 8-46
指不至
客問樂令——者 8-14
志士
——……嗟來之食 29-2
支使 14-32
支師(官名) 21-13
至死煩人
虞玩之——44-15
揹牀龜 21-12
至誠有感
——者 必當蒙祐 46-9
智數
范玄平爲人……多數失會 40-9
支氏→支遁(東晉)
——逍遙論曰 夫逍遙者 明至人之心也 8-34(註)
志安→劉凝之(南朝 宋) 2-5(註)
池魚
文王之囿與衆共之——復何足惜 6-8
知遇 34-16
脂元升→脂習(東漢)
——……收欲治罪15-4
知人 17-4
知人鑒
褚太傅有——14-22
知人之鑒
王叔優……共往候之 14-5
持節(官名) 34-25
至精
非——者 不能與之析理 15-100
地足
桓式年少從外來云……下拂——6-19
止足之分 4-59
摯仲治→摯虞(西晉)
太叔廣……俱爲列卿 8-42
摯瞻(西晉)←景游 4-27, 4-27(註)
志好
王夷甫……——不同 12-13
志和→張志和(唐)
——曰……何有往來 5-18
知興亡
文姬曰 季札觀樂……何足不知 30-4
稷契→后稷, 契 4-47
織芒屩
——置路傍 28-34
直舍
行百餘步 乃得——隱於其中 37-46
直是怕他 39-17
直言
晉武帝……亦多獻——19-10
直筆
浩作國書……以彰——27-29(註)
陳→陳蕃(東漢)
——曰 武王式商容之閭……有何不可 1-9(註)
陳江州→陳顯達(南朝 宋) 20-17
眞个道學
——臉皮三寸 5-18(頭)
晉景王→司馬師(三國 魏)
許允爲——所誅 29-11
陳季弼→陳矯(三國 魏) 17-6
陳恭公→陳執中(北宋) 20-25
陳孔璋→陳琳(東漢)
——草檄文成 以呈曹公 7-7
塵垢囊
林公道王云……何物——38-21
鎭國
太平公主以誅二張功 加號——20-21(註)
秦國大長公主(北宋) 29-41(註)
陳群(三國 魏)←長文, 司空
——歎曰……淸而不介矣 1-21(註)
鎭軍將軍(官名)
張思光作海賦……以示——顧覬之 9-31
陳禽
蘇世長……——於旌門 11-40
振金聲
安汰……將絶復興 16-37
晉德靈長

—— 功豈在爾 36-21(註)
陳登(東漢)←元龍 3-10(註)
津梁
庾公……曰 此子疲於 —— 4-24
陳留(地) 17-16, 30-2
晉陵(地) 35-20
晉陵公主(東晉) 37-24(註)
陳琳(東漢)←孔璋 7-7(註)
陳林道→陳逵(東晉) 23-13
唇亡齒寒 37-15
晉明帝→司馬紹(東晉) 22-15, 30-10, 33-22
晉明帝→司馬紹(東晉)
—— ……陰察軍形勢 40-6
—— 欲起池臺 元帝不許 23-6
晉武→司馬炎(西晉) 17-13
塵務經心 29-31
晉武帝→司馬炎(西晉) 14-9, 30-8, 36-8
—— ……亦多獻直言 19-10
—— 時……和嶠爲令 10-16
—— 始登阼 探策得一 4-4
晉文王→司馬昭(三國 魏)
魏朝封 —— 爲公……固讓不受 8-2
—— 大親愛……不迫以職事 33-2
—— 稱阮嗣宗……未嘗臧否人物 1-24
—— 戲之曰 卿云艾艾 定是幾艾 4-1
震柏粉碎 30-12
陳蕃(東漢)←仲擧 1-9(註)
—— ……爲中官所害 27-2
陳本(三國 魏) 10-10
陳尙書→陳咸(西漢)
—— 見王莽誅何武鮑宣 10-1
秦聲
聞琴曰……此楚聲 30-18
眞率
固之豊華 不如曼之 —— 12-24
珍羞 35-27
陳壽(西晉)
—— 將爲國志 謂丁梁州 47-1
陳叔達(唐) 34-21
眞識之士 28-31(註)
晉室遺老 11-32
晉安王→蕭綱(南朝 梁) 32-18
震厄 30-12
晉陽之甲
殷荊州興 —— 往與顗別 20-5
晉陽之事 20-5(註)
眞嚴挺之兒 22-30
陳汝之風 16-41
陳嬰(秦楚) 29-3
晉王→司馬昭(三國 魏)
—— 爲太傅……仲宣亦以爲不如 7-10
陳元龍→陳登(東漢) 17-6
許曰 —— 淮海之士 豪氣不除 3-10
陳元方→陳紀(東漢) 17-6
—— 兄弟 恣柔愛之道 1-17
陳韙 22-5
陳遺(東晉)
吳郡 —— 家至孝 母好食鐺底焦飯 1-53
眞人東行
太史奏 —— 1-14
秦子羽 37-4
眞長→劉惔(東晉) 16-8, 18-20, 36-21
阮思曠……而兼有諸人之美 18-15
—— 答曰 丘之禱久矣 勿復爲煩 1-45
—— 答云……便足參微言 9-13
—— 性至峭 何足乃重 16-15
—— 曰 小人都不可與作緣 11-22
陳長文→陳群(三國 魏)
何不從 —— 司馬伯達乎 38-1
塵滓
此舫人皆無……孫興公多 —— 38-12
眞猪
所牧何物……爲我龍攄 38-17
晉祚存亡 在此一行 13-6
眞宗→趙恒(北宋)
—— ……令作冊文 11-41
—— 幸澶淵 27-31(註)
秦州→李秉(西晉) 29-16
陳遵(西漢)←孟公 10-4
陳仲擧→陳蕃(東漢) 14-3, 15-8
—— ……攝下易 17-1
—— 嘗歎曰 若周子居者 眞治國之器 15-1
—— 爲豫章太守 至便問徐孺子所在 欲先看之 1-9
陳仲弓→陳寔(東漢) 14-3
潁川太守髡 —— 3-6
—— 爲太丘長 有劫賊殺財主者 6-1
陳仲子(戰國 齊) 23-9(註)
珍之→蘇瓊(北齊) 6-25(註)
眞草
—— 唯命 29-6
唇齒
文帝謂元常曰……左右之深憂 8-8

眞癡
人言會稽王癡——38-22
脣齒相須 37-15
陳泰(三國 魏)←陳玄伯 10-12
陳太丘→陳寔(東漢) 14-1, 17-8, 22-1
——……太丘舍去 22-2
——詣荀朗陵 貧儉無僕役 1-14
秦太虛→秦觀(北宋)
——爲御史賈所彈 37-51
進退唯谷 47-7
陳平(西漢)
王陵廷爭——……克終云何耳 49-4
陳咸(西漢)←陳尙書 10-1(頭)
陳恒(春秋)
如明府之去——4-14
陳玄伯→陳泰(三國 魏) 17-12
——……有正骨 15-97
秦會之→秦檜(南宋)
——夫人常入禁中 40-14
晉孝武→司馬曜(東晉) 22-23
陳後主→陳叔寶(南朝 陳) 16-42
陳暄(南朝)
——文才……沈湎過度 34-18
畛畦 34-26
晉熙王→蕭銶(南朝 齊)
陸慧曉爲——長史……必起送之 2-8
郅君章→郅惲(東漢) 27-3
質酒 35-29
鴆 13-22
王景文……擧賜——謂客曰 此酒不可相勸
鴆不得過江 43-5(註)
執辭 46-7
集書省 46-12
集賢院
陽城……竊院書讀之晝夜 2-20(註)
澄→王澄(西晉)
——放蕩不拘 35-8(註)
徵士 35-17
澄懷觀道
——臥以遊之 28-23

【ㅊ】

此皆是病痛
讀論語老子 又看莊易——45-1
借客驢
——著重服 33-12
此客必能作賊
王大將軍……——43-3
車騎→謝玄(東晉) 37-32, 38-25
——答曰……忘少 4-54
——答曰 譬如芝蘭玉樹 欲使其生於階庭耳 4-67
車騎→桓沖(東晉) 44-10
次道→何充(東晉) 6-17(註)
嗟來之食 29-2
借面弔喪
文若可——稚長可使監廚請客 38-3
車武子→車胤(東晉) 4-60
此不復似世中人 24-34
車不停軌
孔子——28-21(註)
車不停軌
——鸞不輟軛 17-2
此事 豈可使卿有勳邪 36-10
次序
邊文禮見袁奉高 失——3-2
叉手 16-14
此手那可使著賊 13-2
此是君家果 22-13
此兒當興我家 22-14(註)
嵯櫱 17-22
車胤(東晉)←武子 4-60(註)
此鳥安可籠哉 28-21
此坐可惜
以手撫牀曰——19-10
此中有人
顔指謂坐賓曰——由此不復酣叫 26-12
此必林公 24-32
車後趨下 28-16
捉鼻 37-1
鑿山浚河 34-15
捉擲
——未害其眞 1-18(頭)
粲→袁粲(南朝 宋)
——以身受顧託 不欲事二姓 2-15(註)
鑽李核
晩節乃握牙籌——1-34(頭)
簒立 11-32
察人 14-1
察察
刁玄亮之——15-55

參軍(官名)
王子猷作桓車騎 —— 35-14
慙恧 37-2(註)
慚筆
謂爲 —— 固非 謂爲神語亦謬 8-2(頭)
傖 44-16
昶→孟昶(後蜀)
—— 顥竝美風姿 時人謂之雙珠 39-1(註)
昌→周昌(西漢)
恐是-家……只有艾氣 37-47
瘡痂
劉邕愛食 —— 以爲味似鰒魚 48-10
傖鬼 36-9
傖奴 18-14
傖道人
愍度道人……爲侶 40-11
閶門(地) 33-25
傖父 12-22
傖父
士衡撫掌大笑……以覆酒甕耳 8-24
蒼生 14-24
蒼生將如卿何 36-23
唱義 34-10(註)
傖人 40-11
菖蒲根 38-17(註)
滄海横流
—— 處處不安 33-16
蔡→蔡系(東晉)
—— 還……自復坐 13-10
蔡→蔡洪(西晉)
—— 答曰 夜光之珠 不必出於孟津之河……得無諸君 是其苗裔乎 4-13
蔡公→蔡謨(東晉) 37-5
—— 曰 恨諸人不見杜弘治耳 24-27
王丞相……不說而去 11-12
王丞相輕 —— 38-9
蔡大寶(南北朝) 37-43
蔡文姬(東漢) 29-6, 30-4
採訪使(官名) 34-22
蔡伯喈→蔡邕(東漢) 17-1, 29-6(註), 38-20
—— 作勸學篇 20-1
蔡司徒→蔡謨(東晉) 15-18
—— 渡江 見彭蜞 大喜 47-4
蔡叔子→蔡系(東晉)
—— 云 韓康伯……然亦膚立 18-35
采藥
韓伯休……口不二價 28-5
蔡邕(東漢)←伯喈, 中郎 7-6(註), 27-5(註)
蔡攸(北宋) 48-15
蔡子尼→蔡充(晉) 17-16
蔡子度→蔡廓
寺卿 —— 2-16
蔡子叔→蔡系(東晉) 13-10
債主 33-15
蔡中郎→蔡邕(東漢) 17-5(註), 27-4, 30-2, 30-3, 31-1
—— 到江東得之 歎爲高文 恒秘翫 以爲談助 7-9
—— 從朔方還……顧元歎從學琴書 7-6
蔡充兒→蔡謨(東晉)
我與安期千里……聞有 —— 38-9
採荷調 39-10
蔡洪(西晉)←叔開, 秀才 4-13, 4-13(註)
蔡晃(唐)
釋慧淨 嘗與道士 —— 談義 9-32
幘 11-35
策馬於數萬衆中 莫有抗者 23-14
冊命
潘元茂作魏公 —— 人謂與訓誥同風 7-10
冊文
眞宗……令作 —— 11-41
妻亡不再娶
王維…… —— 三十年孤居一室 28-36(註)
處長亦勝人 15-79
處靖→吳坦之(東晉) 1-54(註)
處宗→宋宗(晉) 8-26(註)
處仲→王敦(東晉) 4-27(註)
尺璧
古人不愛 —— 而重寸陰 20-9
拓定之業
桓公欲遷都 以張 —— 38-23
擲地
蔡還……自復坐 13-10
剔吐
—— 汚頭面被褥 40-7
尺布斗栗之謠 10-17
尺表
—— 能審璣衡之度 寸管能測往復之氣 4-2
千古談者
—— 總一母生 33-14(註)
千古笑端 14-33
千斛米
若覓 —— 見借 當爲尊公作佳傳 47-1

天闕象緯逼 39-17
千金之珠
夫 —— 必在九重之泉驪龍頷下 9-35(註)
遷都
桓公欲 —— 以張拓定之業 38-23
天籟
—— 者 吹萬不同 8-52(註)
天陵山 28-32
千里 → 阮瞻(西晉) 12-10(註)
我與安期 —— ……聞有蔡充兒 38-9
千里結言 27-3(註)
千里駒 37-23(註)
千里命駕
嵇康與呂安善…… —— 35-6
千里蓴羹
有 —— 但未下鹽豉耳 4-10
千里一曲 33-27
千里投公
—— 始得蠻府參軍 37-10
天文 30-1(註)
舛駁 18-48(註)
天府 37-4
天分有限 29-31
泉石膏肓
游巖對曰 臣所謂 —— 烟霞痼疾 5-16
天然
管公明與單子春談……多發 —— 8-7
天韻標令
衛洗馬 —— 17-18
天威在顔
—— 遂使溫嶠不容得謝 21-5
天人 34-4(註)
千人亦見
—— 百人亦見 15-69
天子命我參卿軍事 35-3
天子不得臣
—— 諸侯不得友 15-3
天爵
—— 猶滅名 28-25
千丈松
森森如 —— ……有棟梁之用 15-19
千丈松崩
峩峩若 —— 27-10
天才宏贍
殷仲文……而讀書不甚廣 9-21
天際想
堅石挈脚枕琵琶 有 —— 24-33(註)
天際眞人
仁祖企脚…… —— 想 24-33
踐祚 35-23
天中 36-17(註)
天中之山 36-17(註)
天地四方
—— 曰宇 往古來今曰宙 36-19
天地四時
—— 猶有消息 而況人乎 6-9
天台賦
孫興公……以示范榮期 9-14
天台山(地) 28-26(註)
天下文章 16-40
天下聲教
天下二十水
陸羽品題 —— 30-20(註)
天下正尺 30-7
天后 → 則天武后(唐) 5-17
鐵步障
劉眞長笑曰 玄度爲弟婿 施十重 —— 4-31
掇拾
鈔撮猶 —— 18-46(頭)
輟樂彌年
太傅亡後……行不由西州路 27-20
掇皮皆眞
藍田 —— 15-52
瞻 → 摯瞻(西晉)
—— 曰 方於將軍 少爲太蚤 比之甘羅 已爲太老 4-27
詹事(官名) 21-12
瞻視異常
—— 無令入衛 24-47
捷卿 → 劉迅(唐)
—— 有不諱 可謂無復有神理 16-48
淸歌
桓子野每聞 —— 輒喚奈何 33-37
淸鑒貴要
右軍 —— 15-50
淸介
沐德信 少以 —— 名 1-26
淸儉
孔君魚爲姑臧長 —— 逼下 6-2
淸溪(地) 31-1
聽妓
孫興公 —— 振且擺折 38-20
淸談 32-4

清德 16-31
青廬 40-1
清倫
　——有鑒識 15-16
清吏 29-10(註)
清辯 16-23(註)
青成藍
　——藍謝青 師何常 在明經 23-18
清嘯 13-4
清素
　庾杲之……生韮䅶菜 28-28
青璅 48-6
青魚 40-14
清言 15-74, 18-30, 22-16
　浩——妙辯玄致 15-80(註)
　樂令善於——而不長於手筆 8-23
　謝答曰 秦任商鞅 二世而亡 豈——致患邪 4-49
清言析理 18-13(註)
清言始祖
　此——8-3(頭)
清才
　太傅府……——15-31
青氈
　王徐曰 偷兒……可特置之 13-15
清靜 15-17
青州(地)
　明山賓……籍其宅入官 2-13
青州從事
　有酒……謂平原督郵 30-14
清眞寡欲 15-14
清徹 36-13
青楚(地)
　論——人物 4-71
請出宋禕 33-22
清通簡暢 15-41
清風
　入吾室者……唯當明月 35-19
　長松下當有——4-45
清風來拂人
　會見王丞相 便覺——15-60
清河 30-5
清河→陸雲(西晉) 25-1
清河公主(三國 魏) 46-1(註)
請諱
　王藍田拜楊州 主簿——11-19
體量
　魏長齊雅有……非所經 37-17
涕泗
　——不止 11-11
替人 35-31
劭→劉劭(南朝 宋) 5-5
楚江清曉圖 35-35(註)
軺車
焦壞
　冠冕——12-11(註)
草萊不剪 28-29
焦飯
　吳郡陳遺家至孝 母好食鐺底——1-53
初發芙蓉
　鮑曰 謝五言……亦雕繢滿眼 9-28
楚父老
　龔勝死……哭甚哀 27-1
苕霅
　浮家泛宅 往來——間 28-37
貂蟬
　——亦可賜下乎 4-27(註)
楚聲
　聞琴曰……此——30-18
超俗 36-7(註)
楚囚
　作——相對 4-16
超詣簡至 15-102
超悟人
　王敬仁是——15-64
招隱詩
　——曰 何必絲與竹 山水有淸音 2-11
超宗→謝超宗(南朝 宋) 37-37
初至不拜
　——但長揖 35-3
招天譴
　此舫人皆無……孫興公多塵滓 38-12
鈔撮淸悟 18-46
髫齔 24-17(註)
楚衡 47-14(註)
蜀江爽烈 30-6
蜀柳 16-30
觸事長易 16-1
蜀先主→劉備(三國 蜀) 19-5
　——……下獄將誅之 41-1
蜀聲躁急 30-17
蜀莊沉冥 28-8(註)
觸地

着弊絮……——挂閡 37-21
蜀纈袍 32-21
寸管
尺表能審璣衡之度——能測往復之氣 4-2
寸陰 20-1
古人不愛尺璧而重——20-9
總角 14-16, 15-101
林道人詣謝公……體未堪勞 8-48
伯仁——時……一面披衿 46-8(註)
冢宅 30-10
聰明過人 39-16
總髮(南朝 宋) 14-14
寵辱 28-8
冢宰
邴答曰 吾聞……君老不奉世子 10-7
寵幸 46-11(註)
榱桷惟新 27-23
崔季珪→崔琰(東漢)
魏武將見匈奴使……使——代 14-6
崔公孺(北宋) 20-24
崔烈(東漢)←威考 7-5(註)
服虔旣善春秋……聞——集門生講傳 7-5
崔㥄(北朝) 26-13
——應作令僕 恨其神明太遒 18-55
崔司徒→崔浩(北魏) 16-43
崔丞相→崔群(唐)
——直是聰明過人 39-16
崔信明(唐)
——……謂過李百藥 39-12
崔謀(北周)
博陵豪族——2-17(註)
崔瑗(東漢)←崔子玉 20-11(註)
崔子玉→崔瑗(東漢)
——座右銘 20-11
崔子眞→崔寔(東漢)
——作政論 20-1
崔杼(春秋)
去——幾世 4-14
崔正熊→崔豹(西晉)
——……答曰 民去崔杼 如明府之去陳恒 4-14
縩幘 24-15
崔瞻(北齊) 35-27
——才學風流爲後來之秀 26-13
崔豹(西晉)←正熊 4-14(註)
崔鉉(唐) 14-32
崔浩(北魏)←崔司徒 27-29
麤彊
謝無奕 性——44-7
鄒湛(西晉) 37-4
芻豆
有大牛重千斤……不若一羸牸 38-14
追步
至如風定花猶落 乃——惠連矣 22-27
麤服亂頭
裴令公……——皆好 24-12
秋水
向秀……然猶有別本 8-19
趨時損名 40-9
娵隅 37-10
推人
——正自難 11-18
推引
約相——同佐世之任 46-7
抽刃劫新婦
魏武乃入——40-1
推人正自難 11-18
墜諸淵
雄曰 古之君子……退人若將——11-3
墜地
司馬恙……復戲如故 12-8
箠楚
蕭穎士有一僕……輒百餘 26-17
秋興賦 4-75
竺景秀(南朝 齊) 25-3
蹴蹹 31-2(註)
畜馬
道人——不韻 4-42
竺法深→竺潛(東晉) 4-30, 8-33
蓄石 35-35
竺僧 46-11(註)
祝予
子曰 噫天——27-21(註)
祝予之歎 27-21
畜妾
攸素有德業……終身遂不復——1-41
畜鶴
林逋隱居……嘗畜兩鶴 28-40
春秋(書)
服虔旣善——……聞崔烈集門生講傳 7-5
春秋傳(書)
鄭玄欲注——尙未成 7-3
春秋之義

—— 內其國而外諸夏……不爲悖德乎 3-7
出境
遂以 —— 免官 15-11
出其轅下
布置須眉……皆 —— 24-20
出都
許玄度送母 始 —— 15-91
秫稻
陶淵明爲彭澤令……種 —— 34-12
出西 35-11
出入將相 43-11(註)
充 → 王充(東漢)
—— 之天才……不能過也 7-9(註)
充 → 張充(南朝)
—— 通老易 能淸言 25-4(註)
充閭 48-4
种明逸 → 种放(北宋)
—— ……曰空 山淸寂 聊以養和 28-39
充宗 → 五鹿充宗(西漢) 19-2(註)
充虛
聊以 —— 何苦辭 11-22
忠孝
王爽…… —— 亦何可以假人 11-30
聚落花
—— 鋪坐下 28-38
炊忘箸箄
—— 飯今成糜 22-1
取我首去
魏公復就枕曰 —— 13-31
醉如泥
一歲三百六十日……一日不齋 —— 10-6
趣人
韓 —— 也 1-47(頭)
取子布算
—— 都忘其恚 48-13
吹笛 34-3
取錢三十文酬博士 46-13
聚溷 36-14
厠
石崇 —— ……無不畢備 43-3
側席 19-15(註)
齒
桓宣武與袁彦道樗蒲……擲去五木 44-6
郗嘉賓 → 郗超(東晉) 13-11, 18-36, 29-29
揚州獨步王文度 後來出人 —— 15-59
—— 嘗三伏之月詣謝公 13-5
郗公大聚斂……意甚不同 42-4
郗鑒(東晉) ← 道徽, 太尉, 太傅, 司空 4-20(註), 17-20
恥慨
王彦深 不爲群從所禮 常懷 —— 44-12
稺恭 → 庾翼(東晉) 4-33(註), 15-72
郗公 → 郗鑒(東晉)
—— 大聚斂……意甚不同 42-4
郗公 → 郗愔(東晉)
卞望之云 —— 體中有三反 18-12
治國之器
陳仲擧嘗歎曰 若周子居者 眞 —— 15-1
郗曇(東晉) ← 重熙, 中郎
獻之娶高平 —— 女 1-48(註)
稺都 → 周澤(東漢) 10-6(註)
侈靡
劉威碩……號爲 —— 43-1
郗方回 → 郗愔(東晉) 18-14
郗夫人(東晉)
王右軍 —— 29-26
郗司空 → 郗愔(東晉) 18-14
—— 在北府 桓宣武惡其居兵權 21-6
齒似不鈍 37-18
王丞 —— 37-18
置蛇於藪澤
—— 置虎於山林 20-24
郗尙書 → 郗恢(東晉) 28-19
致書郵
殷洪喬不能作 —— 33-34
齒舌間得利
袁虎云 當令 —— 9-20
錙銖 31-3
治身淸約
胡之 —— 以風操自居 16-8(註)
齒牙餘論
玄暉嗟歎良久……無惜 —— 2-7
耻與魑魅爭光 12-6
癡人 47-9
稚長 → 趙稚長(三國 魏)
文若可借面弔喪 —— 可使監廚請客 38-3
治中(官名)
用爲荊州 —— 9-4
一歲至 —— 4-60(註)
郗重熙 → 郗曇(東晉) 38-32
稚川 → 葛洪(南宋) 8-22(註)
致天子問 30-10

郗超(東晉)←景興 4-51(註), 14-14, 15-62
——與謝玄不善 14-27
桓宣武……議芟夷朝臣 13-7
稚春→汜毓(西晉) 1-57(註)
郗太尉→郗鑑(東晉) 20-2
——……曰 平生意不在多 值世故紛紜 遂至台鼎 4-20
郗太傅→郗鑒(東晉)
——……求女壻 12-23
郗鴻豫→郗慮(東漢) 49-1
鴟鴞
張曰……人無嫉心 4-69
則天→則天武后(唐) 13-28, 40-13(註)
親舌舐之
先中丞傳首平原……——49-9
親盡
荊公厲聲曰 祖宗——亦祧 何況賢輩 5-20
七百斛秫米
——不了麴糵事 33-26
七寶
——莊嚴公 32-20
七步成章
曹子建——15-7
漆箱
王敦初尙主……本以塞鼻 47-5
七月七日 33-10, 37-6
七尺之軀 37-15
七八分不解事 39-19
七賢 15-92
謝公云 先輩初不臧貶——18-38
沈湎過度 34-18
沉冥 28-8
枕石漱流 4-9
沈姸
隴西——30-18
沈者自沈
——浮者自浮 33-34
沈著
玄箸 猶——4-6(頭)
寢處山澤閒儀 24-37
沈沈
——猶談談 15-106(註)
針砭
往聽黃鸝聲 此俗耳——詩腸鼓吹 5-3
沈香汁
石崇厠……無不畢備 43-3
稱藥
王仲祖病……荀令則爲量水 32-9

【ㅋ】

儈牛自隱
王君公……——28-1
快飮酒
恒患不得——使其酒足餘年畢矣 無所復須 33-33

【ㅌ】

打鼓 23-3
墮其雲霧中 15-82
打獵
李昌夔在荊州——大修裝飾 43-10
墮淚碑
杜預名其碑爲——27-7(註)
他人決不能爾 33-17
打破琴 11-24
唾壺 23-5
王敦擊——意 4-37(頭)
託大
庾中郎善於——長於自藏 15-45
卓犖有致度 15-41
卓朗 15-47
鐸聲 30-19
卓氏寡女亡奔相如 36-4
濯足
段文昌富貴後……盛水——43-11
度支 47-14
濯濯 16-21
卓卓
——如野鶴之在雞羣 24-13
濯濯如春月柳 24-40
度形
量腹而進松朮——而衣薜蘿 28-27
誕→王誕(東晉)
——曰 惠後來秀令 鄙宗之美也 2-1(註)
彈琴 12-6, 30-2
阮千里善——12-10
柳季雲性不拘檢……飮酒 35-28
彈棊 31-2
彈棋局 36-12

吞刀刮腸
　—— 飮灰洗胃 25-3(註)
坦腹臥
　惟有一郎……如不聞 12-23
彈琵琶
　謝鎭西著紫羅襦……作大道曲 33-29
歎息絶倒 15-46
坦迤
　林公見東陽長山 曰何其 —— 4-62
歎子姪不令
　王右軍在南……每 —— 38-10
彈指
　—— 云 蘭闍蘭闍 6-10
吞炭漆身 10-13
脫帽
　竇太后令飮者皆 —— 47-13(註)
奪牛翁 28-5(註)
脫衣巾徑上樹
　平子 —— 取鵲子 35-8
脫衣露頭
　孟祖便於戶外 —— 於狗竇中 窺之而大叫 33-17
脫幘投地 11-35
探策
　晉武帝始登阼 —— 得一 4-4
榻布
　林公道王云……何物塵垢囊 38-21
湯武革命
　—— 應乎天而順乎人 22-29(註)
湯池鐵城 8-38
湯惠休(南朝 宋)←休上人
　顏延之每薄 —— 詩 39-2
太丘→陳寔(東漢) 14-3
　—— 曰 元方難爲兄 季方難爲弟 1-15
太丘長(官名)
　陳仲弓爲 —— 有劫賊殺財主者 6-1
太極殿(建物) 11-29
汰法師→竺法汰(東晉)
　—— 云 六通三明同歸 正異名耳 8-40
太保
　王戎云……將無以德掩其言 1-32
太傅→司馬道子(東晉) 37-27
　—— 因戲謝曰……乃復彊欲滓穢太清邪 4-72
太傅→司馬越(西晉) 12-14
　—— 府……淸才 15-31
太傅→謝安(東晉) 32-8, 44-8
　謝萬就 —— 乞裘 19-18
　—— ……答曰 我常自敎兒 1-46
　—— 時年七八歲……諫曰 阿兄 老翁可念 何可作此 1-43
　—— 猶斂膝容之 16-16
　—— 在東山二十餘年 4-73
太傅→鍾繇(三國 魏) 31-5
太史→董狐(春秋 晉) 36-18(註)
泰山太守(官名) 3-3
太常
　—— 缺黃鐘 鑄不能成 30-19
太常→殷融(東晉)
　—— 輒云 汝更思吾論 9-3
太常卿(官名) 34-19(註), 40-9
太常博士妙選 32-11
太叔廣(西晉)←季思
　—— ……俱爲列卿 8-42
太阿 44-12(註)
太陽與萬物同輝
　王公曰 使太陽……何以瞻仰 32-3
太原
　薄伐玁狁 至于 —— 37-12
太元(年號) 13-18
太尉→楊彪(東漢)
　曹公旣殺楊德祖 後與 —— 遇於朝堂 3-9
　—— 答曰……猶懷老牛舐犢之愛 3-9
太尉→王衍(西晉) 15-30
　王公目太尉……壁立千仞 15-37
　—— ……自然是風塵外物 15-20
太尉→庾亮(東晉) 12-22
太子→司馬衷(西晉)
　晉武帝……亦多獻直言 19-10
太子牽上衣裾
　—— 使入閤中 22-14
太子西池 23-6
太子洗馬(官名) 34-4
太宰→司馬晞(東晉) 13-3
台鼎
　遂至 —— 4-20
太祖→劉義隆(南朝 宋) 32-15
太祖→蕭道成(南朝 齊)
　—— 謂四座曰……使人不衣自煖 16-34
太祖→曹操(東漢)
　—— 呼其字曰 元升 卿故慷慨 15-4
太祖姊
　—— ……擊太祖逐之 29-41
太宗→李世民(唐) 16-45, 16-46

太宗→司馬昱(東晉)
　——曰 一日萬幾 那得速 6-16
太眞→溫嶠(東晉) 4-19(註)
　——終日無鄙言 33-31
太清
　滓穢——4-72
太初→李沆(北宋) 6-30(註)
泰初→夏侯玄(三國 魏)
　——因起曰 可得同 不可得而雜 10-10
苔草沒堦 28-25
太冲→左思(西晉) 8-24(註)
太平公主(唐) 20-21
太平山 28-19(註)
太學
　朱文季與張堪同縣 張於——中 見文季 甚重之 1-3
太學生
　——三千人上書 請以爲師 12-7
太虛
　志和曰……何有往來 5-18
擇木
　窮猿奔林 豈暇——4-56
兎
　月中有——蟾蜍者何 22-3
吐金聲
　昔王輔嗣——……此子今復玉振於江表 15-48(註)
吐納 28-14
土鹵 47-14(註)
土木形骸
　劉伶 身長六尺……——24-14
土牛
　偉元乃下道至——傍 磬折立 1-30
吐珠玉
　安汰……將絶復興 16-37
吐唾從橫 40-7
吐哺輟洗 35-26
土下水上
　在——而據木 7-2
慟哭 34-10
通衢
　何乃置之——20-24
通朗誕放 16-22(註)
通夜委頓 36-9
通隱 11-24(註)
痛飮 34-9
通脫 34-17
退→陸退(東晉)
　——答曰……非誄不顯 9-6
頹唐如玉山之將崩
　李安國——24-5
頹然自放
　庾子嵩……——24-22
投局於地 44-11
投馬絶叫
　共戱 十萬一擲 直上百萬數——傍若無人 33-15
偸本非禮
　——所以不拜 22-12
投分寄石友
　——白首同所歸 49-2
鬪生之無慍
　覬……意色蕭然 遠同——1-50
鬪鵝 44-10(頭)
投皀莢於地 44-15
投火怒蠅 16-13(註)
破悶 13-12

【ㅍ】

巴東三峽巫峽長
　——猿鳴三聲淚沾裳 41-3(註)
巴東王→蕭子(南朝 齊) 28-27(註)
灞陵 28-5
把臂入林 15-92
把臂便下 33-38
罷社
　王叔治七歲喪母…… 隣里爲之——1-22
巴滇馬 33-9
巴賨馬
　晉明帝……陰察軍形勢 40-6
破甑
　有愧於叔達 不能不恨於——41-6
簸之揚之
　——糠秕在前 37-16
巴蜀(地) 29-40
破冢(地) 37-22
破冢而出 37-22
破綻
　二君故復有此——耶 4-47(頭)
罷絃 35-21
板輿
　自負——與母詣長安 16-49(註)
版屋

東府客館是 —— 37-27
販鐵
—— 於鄴市 35-3(註)
八難
三塗 —— 共所未免 9-23
八道 30-1
八龍
淑有八子……時人號曰 —— 1-14(註)
八龍首銜銅丸
外有八龍……蟾蜍承之 30-1
八百里駮
王君夫有牛……常瑩其蹄角 43-5
八歲虧齒
張吳興……知其不常 37-3
八俊 17-1(註)
八俊之上 17-1
八賢論
謝萬作 —— ……小有利鈍 9-18
沛公→劉邦(西漢) 35-26(註), 37-17(註)
悖德
昔者祁奚內擧不失其子……不爲 —— 乎 3-7
敗物
雖是 —— 猶欲理而用之 36-20
烹雞以待
不能 —— 2-22
彭蜞
蔡司徒渡江 見 —— 大喜 47-4
彭城王→元勰(北魏) 21-11
彭城之隱人 27-1(註)
彭澤令
陶淵明爲 —— ……種秫稻 34-12
片金
管寧華歆 共園中鋤菜……華捉而擲去之 1-18
褊戾 37-46(註)
偏師
庾曰 若文度來……濟河焚舟 4-55
便殺惡性者 44-1
褊阨 17-10
偏躁傲誕
甫性 —— 39-15
扁舟五湖 20-25
貶謫
憲宗初徵柳宗元……俄皆 —— 20-23
平等 9-32
平陵(地)
張仲蔚……唯開一行徑 28-3
平甫→王安國(北宋) 5-22(註)
—— 答曰……已是一種公案 5-22
平上幘 12-9
平叔→何晏(三國 魏) 3-12(註)
平乘樓 38-14
平陽→李重(西晉) 18-28
平輿(地)
—— 之淵 有二龍焉 15-8
平原(地) 49-9
平原→陸機(西晉) 25-1
平原督郵
有酒……謂 —— 30-14
平子→王澄(西晉) 1-36(註), 15-32, 17-18, 24-19
衛君談道 —— 三倒 15-46(註)
平仲→寇準(北宋) 5-19(註)
平平爾
—— 汝可無煩復往 29-26
閉門不聽出 35-15
弊絮
着 —— ……觸地挂閡 37-21
閉影 24-46
廢帝→司馬奕(東晉)
—— 子業疑畏諸父 14-29(註)
廢疾 15-39
陛下投臣以赤心
—— 臣敢不報以戰栗 21-9
陛下何愛其羽毛
—— 而疎其骨 20-14
鮑→鮑照(南朝 宋)
—— 曰 謝五言……亦雕繢滿眼 9-28
包公→包拯(北宋) 14-34
蒲葵扇 38-26(註)
布毯坐觀 三日乃去 26-15
包待制 14-34(註)
蒲柳
—— 之姿 望秋而落 4-39
鮑明遠→鮑照(南朝 宋)
顔延之嘗問 —— 己詩與謝康樂優劣 9-28
蒱博
劉尹云 伊必能克蜀……則不爲 14-26
布颿 37-22
包袱
襆如今人 —— 之類 6-20(頭)
鮑宣(西漢)
君若欲慕……少君孟光之事矣 29-5
陳尙書見王莽誅何武 —— 10-1

抱樹而泣
家有一李樹……祥 —— 1-23
飽飫
韋陟廚中飮食……多 —— 而歸 43-9
蒲元(三國 蜀)
—— ……鑄刀三千口 30-6
布衣 37-1
布衣蔬食 28-12(註)
布衣之交 11-31
霍王元軌 臨徐州……爲 —— 18-56
抱著膝上 11-28
蒲韉 14-31
布置須眉
—— ……皆出其轅下 24-20
包希仁 → 包拯(北宋)
李待制誠之……因邸吏報 —— 參政 14-34
標同伐異
殷答曰 眞長 —— 俠之大者 38-15
豹林谷(地) 28-39(註)
飄飖
王車騎……歎曰 眞使人 —— 有伊洛間意 5-6
品狀
鄕里 —— 4-7(註)
風鑑
謝混 —— 爲江左第一 24-41
馮京(北宋) ← 當世 5-22(註)
風骨淸擧
羲之 —— 15-50(註)
風氣韻度 33-11
豐年玉 15-72
馮當世 → 馮京(北宋)
—— ……曰幷門 歌舞妙麗 閉目不窺 5-22
—— 知幷州 以書寄王平甫 5-22
馮道(五代十國)
王介甫雅愛 —— 11-42
風領毛骨
祖士少 —— ……不復見如此人 15-84
楓柳 4-59
風流 18-19(註)
使後生不得見其 —— 26-11
王混不爲 —— 所與 37-14(頭)
—— 不墜 政在江郎 16-33
風流頓盡 27-26
風流名士
—— 海內所瞻 27-11
風流相悼 27-22
風流之冠 18-43(註)
風馬
—— 不接 11-33
豐肥
盛度體 —— 37-46
豐城(地) 44-12(註)
風俗 17-16
風俗通(書)
應仲遠 作 —— 20-1
風神調暢
安弘雅有氣 —— 也 16-17(註)
風雲
所牧何物……爲我龍攄 38-17
風韻 15-96
風月
勉正色答云 今夕……不宜及公事 11-39
風儀
庾太尉……不輕擧止 12-21
風定花猶落
至如 —— 乃追步惠連矣 22-27
馮祖思 → 馮懷(東晉) 11-14
風操自居
胡之治身淸約 以 —— 16-8(註)
諷旨 23-7
風塵外物
太尉……自然是 —— 15-20
風致 12-23(註)
馮太常 → 馮懷(東晉) 11-14
豐華
固之 —— 不如曼之眞率 12-24
披裘帶索
朱桃椎……浮沉人間 28-34
被囊
劉倚 —— 了不與三人言 47-8
皮裏晉書 37-39(註)
皮毛
如此看人 尙在 —— 14-4(頭)
被髮垢面垂涕 48-1(註)
避世墻東王君公 28-1
彼是禮法人 35-9
被親故泣
—— 不被親故不泣 22-17
弼 → 王弼(三國 魏)
—— ……十餘歲 便好莊老 8-3(註)
—— 曰 聖人體無……恒訓其所不足 8-5
弼 → 牛弼(隋) 13-27

筆耕
　此所謂 —— 5-2(頭)
必起送之
　陸慧曉爲晉熙王長史…… —— 2-8
必能食人
　—— 亦當爲人所食 14-11
畢茂世 → 畢卓(東晉)
　—— 云……便足了一生 33-24
逼人 37-26

【ㅎ】

何 → 何晏(三國 魏)
　—— 意多所短……因作道德論 8-6
何 → 何充(東晉)
　—— 曰 我不看此 卿等何以得存 6-17
何可一日無此君 28-20
何堪
　不食鹽醋 —— 37-44
何敬容(南朝 梁) 39-10, 47-12
　張吏部……意趣不協 35-24
河橋(地)
　陸平原 —— 敗……被誅 46-3
河南丞(官名)
　—— 嚴安之 爲理嚴 爲人所畏 6-28
何乃刻畵無鹽
　—— 以唐突西子也 38-6
何劉沈謝 → 何遜(南朝 梁), 劉孝綽(南朝 梁), 沈約(南朝 梁), 謝朓(南朝 齊)
　若遇何劉……亦可識 35-30
賀明堂禮成表 35-34
何武(西漢)
　陳尙書見王莽誅 —— 鮑宣 10-1
下物 23-22
下方侍太后
　—— 不合發此言 20-23
何不慕仲尼
　—— 而慕莊周 22-18
下邳(地) 4-23
賀司空 → 賀循(東晉) 33-25
河朔(地) 23-14
河朔後以其名斷𢊍 23-14
何散騎 → 何子朗(南朝 齊) 16-35
何尙書 → 何晏(三國 魏) 14-10, 15-9
　—— 自言 易義精了 所不解者九事 3-13
何尙之(南朝 宋) 46-12
　—— ……更置玄學於南郭外 9-24
何惜一女 29-17
賀邵(三國 吳) ← 興伯 6-6(註)
何所聞而來
　—— 何所見而去 35-5
何承裕(北宋) 34-24
何氏之廬也 22-10
何晏(三國 魏) ← 平叔, 尙書 19-8
　—— 鄧颺夏侯玄 竝求傅嘏交 14-8
　—— 爲吏部尙書……王弼未弱冠 往見之 8-3
　—— 注老子未畢 8-6
　—— 七歲……魏武奇愛之 22-10
何揚州 → 何充(東晉)
　庾文康亡 —— 臨葬 27-14
何偃(南朝 宋) 16-29
　宋孝武選侍中四人……阮韜 —— 爲一雙 24-43(註)
何園寺 16-37
下爲二髮
　—— 賣得數斛米 29-21
何有名士終日妄語 38-5
何意悲平城
　—— 爲悲彭城也 21-11
何以車爲
　—— 遂焚之 1-42
何一物而有二稱 37-7
何子季 → 何胤(南朝 梁)
　—— 與周彦倫……精信佛法 9-23
何子晳 → 何點(南朝 梁) 35-23
何點(南朝 梁) ← 何子晳 16-36
何足自稱 36-14
何準(東晉) 28-9(註)
何戢(南朝 宋)
　張思光嘗詣……尙書劉澄 35-22
何澄(東晉) 22-33
何次道 → 何充(東晉) 15-58, 38-11
　王丞相云……正自爾馨 18-13
　—— ……禮拜甚勤 36-19
　—— ……賈寧在後輪中 15-51
　—— 飮酒 使人欲傾家釀 16-7
何參軍 → 何思澄(南朝 齊·梁)
　—— 與族弟水部散騎 俱擅文名 9-30
何處得此人
　虔存……汝 —— 6-18
何充(東晉) ← 次道, 驃騎, 揚州 6-17(註)
夏則裸形

—— 冬則樹皮自覆 28-34
賀太傅 → 賀邵(三國 吳)
—— 作吳郡 初不出門 6-6
何佟之(南朝 齊)
—— 性好潔……洗滌者十餘過 48-11
何平叔 → 何晏(三國 魏)
—— ……傷傷其道 18-16
—— 美姿儀 面至白 24-3
—— 云 服五石散……亦覺神明開朗 3-12
何驃騎 → 何充(東晉) 4-35, 6-17, 28-9
—— 作會稽 虞存弟謇作郡主簿 6-18
何必男兒 29-17(註)
何必在蠶室中 36-22
夏侯 → 夏侯玄(三國 魏) 37-33
夏侯妓衣
客至……呼簾爲 —— 42-5
夏侯湛(西晉) ← 孝若 4-48(註)
潘安仁 —— 竝有美容 喜同行 24-10
帝問曰 —— 作羊秉敍 絶可想 4-48
夏侯色
舅殊不同 —— 37-33
夏侯豫州 → 夏侯亶(南朝 梁)
—— ……無被服姿容 42-5
夏侯仲權 → 夏侯霸(三國 魏) 14-7
夏侯太初 → 夏侯玄(三國 魏) 13-23, 15-10
—— ……破所倚柱 12-11
—— 朗朗如日月之入懷 24-5
夏侯泰初 → 夏侯玄(三國 魏) 14-8
—— 與廣陵陳本善 10-10
夏侯玄(三國 魏) ← 泰初 15-19(註), 24-2
何晏鄧颺 —— 竝求傅嘏交 14-8
—— ……鍾毓爲廷尉 10-9
夏侯孝若 → 夏侯湛(西晉) 4-48
鶴
羊叔子有 —— 善舞 37-20
瘧
來病君子 所以爲 —— 耳 4-11
郝隆(東晉) 37-7, 37-10
—— 七月七日 出日中仰臥 37-6
學無師友
—— 卓然自悟 16-39(註)
鶴門 29-22(註)
郝普(三國 蜀·吳)
王汝南……自求 —— 女 29-18
郝夫人(西晉)
東海家內……範鍾夫人之禮 29-20
學士歸院 32-22
确然之志 14-24
學義 15-101
學中以下坐爲貴 26-2
鶴氅裘
王恭乘高輿 被 —— 26-8
韓 → 韓伯(東晉)
—— 曰 無可無不可 4-71
漢江
荊州城臨 —— 4-65(註)
韓康伯 → 韓伯(東晉) 4-71, 18-45, 28-16
蔡叔子云 —— ……然亦膚立 18-35
—— 母……毀壞 29-27
—— 母殷……之衡陽 29-35
—— 似肉鴨 38-30(註)
—— 數歲……至大寒止得襦 22-21
—— 將肘無風骨 38-30
韓康伯母(東晉) 29-27
恨卿輩不見王大將軍 23-8
漢高帝何如人 23-21
漢光 → 劉秀(東漢)
班彪識劉氏之復興 馬援知 —— 之可輔 4-19
漢南(地)
今破 —— 得士一人半 37-13
翰林 14-32, 32-22
韋綬在 —— 德宗嘗至其院 32-21
韓母(東晉)
本爲二吳孝行 而 —— 在焉 1-54(頭)
翰墨
太叔廣……俱爲列卿 8-42
韓伯(東晉) ← 康伯, 豫章, 太常 1-47(註), 41-5(註)
韓伯休 → 韓康(東漢)
—— ……口不二價 28-5
韓范 → 韓琦(北宋), 范仲淹(北宋) 13-31(註)
恨不見替人 35-31
恨不更有一人 配卿 26-9
寒不出
—— 熱不出 風不出 雨不出 28-35
韓非(戰國 韓)
老子遂與 —— 同傳 37-34
寒士
中郎曰 不能殺袁劉 安得免 —— 39-6
寒山寺碑
庾信至北…… —— 39-9
漢三公 27-5(註)
漢書(書) 14-31

石勒不知書 使人讀 —— 14-17
漢成帝 → 劉驁(西漢)
—— ……讒班婕妤呪詛 29-4
韓壽(西晉)
—— 美姿容 賈充辟以爲掾 48-6
漢水鈍弱 30-6
寒食散
—— 之方 雖出漢代而用之者寡 3-12(註)
韓氏(西晉)
山妻 —— 29-14
韓豫章 → 韓伯(東晉) 1-47
漢元 15-16
漢元帝 → 劉奭(西漢) 19-2
韓魏公 → 韓琦(北宋) 13-31
—— 執政 監司有非其人者 20-24
韓愈(唐) ← 吏部, 韓持國 39-16
恨才不稱 24-26
閑庭晏然
殷作誄云…… —— 18-45
韓朝宗 → 韓會(唐) 34-22
漢中(地) 21-4, 47-14(註)
閑止
非淵靜者 不能與之 —— 15-100
韓持國 → 韓維(北宋) 9-36
漢晉春秋(書)
習鑿齒……猶作 —— 品評卓逸 9-4
韓昶(唐)
—— ……而性頗闇劣 47-17
韓太常 → 韓伯(東晉) 15-86
寒風振松
望蔡肅肅 如 —— 16-25
韓熙載(南唐) 35-32
—— 肆情坦率 不持名檢 34-23
—— 在南唐……晝夜歌舞 14-33
割席分坐
寧 —— 曰 子非吾友也 1-18(註)
割地之議 40-14
含菽飲水
閔仲叔 —— 世稱節士 1-1
咸陽王 → 元禧(北魏)
—— 窮極驕奢 27-30
檻車 41-2
銜恨切骨 49-9
闔閭 15-1(註)
闔廬洲(地) 29-35
杭南(地) 33-38
伉儷 11-31
伉儷之重
王曰 未知文生於情……增 —— 8-11
項羽(秦) 4-17(註), 37-9(註)
亢宗 → 陽城(唐) 2-20(註)
抗衡 8-12
諧 → 李諧(北魏)
—— 答曰 不取 亦不放 5-13
解渴
前有大梅林 饒子甘酸 可以 —— 40-2
海鷗鳥
林公曰 澄以石虎爲 —— 4-43
海岱淸士
人所應有……眞 —— 15-68
楷法
戒子孫絶此 —— 31-4(註)
海賦
張思光作 —— ……以示鎭軍將軍顧覬之 9-31
海西公 → 司馬奕(東晉) 24-36, 37-11
解聲 5-1
解穢 48-12
蟹螯
畢茂世云……便足了一生 33-24
蟹有八足
—— 加以二螯 47-4
解義
向秀……然猶有別本 8-19
薤一大本
任棠……伏於戶下 6-3
孩抱中物 27-9
行步顧影
晏性自喜…… —— 24-3(註)
行秘書
虞世南在此 —— 16-45
行散
王孝伯 在京 —— 18-49
行像 31-7
行小斛
—— 盜軍穀 40-3(註)
行藥 18-49(註)
行淫
彼人欲 —— 19-5
行炙人
顧榮在洛陽……覺 —— 有欲炙之色 因輟己施焉 1-38
幸妾
王丞相有 —— 姓雷 頗預政事納貨 48-8

鄕黨
　淸厲有風格 爲——所憚 15-18(註)
香味
　韋陟廚中飮食……多飽飫而歸 43-9
鄕選 32-12
鄕正(官名) 28-34
許→許汜(東漢)
　——曰 昔遭……使客臥下牀 3-10
　——曰 陳元龍 淮海之士 豪氣不除 3-10
許→許詢(東晉)
　支道林……共集王家 9-16
　——曰 若保全此處 殊勝東山 4-47
　或重——高……而無取於許 18-7
許敬宗(唐)
　——見人 多忘之 35-30
虛悸
　殷仲堪父病……謂是牛鬪 47-7
許謹選(人)
　——……不拘小節 28-38
許邁(東晉)←遠遊
　與道士——共修服食 28-13
許汜(東漢)
　——與劉玄德 竝在劉荊州坐 共論人物 3-10
許司徒→許靖
　——喪子……欲共會其葬所 12-3
虛說
　俱往之傷 信非——27-27
虛受→楊憑(唐) 2-21(註)
許詢(東晉)←玄度, 阿訥, 許掾 4-31(註)
虛勝
　傅嘏善言——荀粲談尙玄遠 8-4
許侍中→許璪(東晉) 12-19
許愼選(人) 28-38(註)
許掾→許詢(東晉) 16-14
　支道林……許爲都講 8-39
　——……體便登陟 28-17
　——年少時……許大不平 8-46
許由(堯時) 22-18
許允(三國 魏)
　——爲吏部郎 多用其鄕里 29-10
　——爲晉景王所誅 29-11
許允婦(三國 魏)
　——……奇醜 29-9
許而不與 37-35
許子將→許劭(東漢) 15-8
　——……多長者之游 14-3
許章(人) 17-3
許昌(地) 17-6
許玄度→許詢(東晉) 4-31, 4-47, 15-100, 18-7, 18-32, 19-17, 38-19
　王中郎擧——爲吏部郎 38-32
　——送母 始出都 15-91
　——停都……無日不往 32-6
憲聖→憲聖皇后(南宋) 40-14
獻酬 18-22
獻帝→劉協(東漢)
　——嘗宴見孔文擧與郗鴻豫問 49-1
憲宗→李純(唐)
　——初徵柳宗元……俄皆貶謫 20-23
獻策 37-48
獻替之言
　陶公疾篤 都無——4-28
軒軒韶擧
　王長史……何其——24-30
軒軒如朝霞擧
　唯會稽王來——24-36
獫狁
　薄伐——至于太原 37-12
奕→盧奕(唐)
　安祿山陷洛陽——遇害 49-9(註)
奕棋
　祖士言深好——20-1
奕棊 13-21
　李納性辯急……極於寬緩 48-13
革履
　鄭崇……每見曳——3-1(註)
奕世
　——爲通好 22-5
奕奕神令
　弘治膚淸 衛虎——18-24
顯→劉顯(南朝 梁)
　——幼聰敏 當世號曰神童 21-8
玄→鄭玄(東漢)
　——……在水上據屐 7-2
　——就車與語曰……今當盡以所注與君 7-3
玄→桓玄(東晉)
　——文翰之美 高於一世 9-8(註)
懸罄
　——之室 何得異物耶 47-11
玄卿→李勉(唐)
　李勉字——2-18(註)
玄卿→薛道衡(隋) 5-11(註)

玄論
殷仲堪精覈 —— 8-58
玄德 → 劉備(三國 蜀) 3-10(註)
玄度 → 許詢(東晉) 4-31(註)
淸風朗月 輒思 —— 4-34
玄度無忠國事 38-19(頭)
玄明 → 劉玄明(南朝)
—— ……旣而言 作縣令 唯日食一升飯而不飮酒 此第一策也 6-24
玄茂 → 鄧颺(三國 魏) 3-13(註)
玄門
桓云 時有入心處 便覺咫尺 —— 4-44
玄伯 → 陳泰(三國 魏) 36-6
峴山(地)
羊太傅……終日不倦 27-7
賢聖
謝公云 —— 去人 其間亦邇 4-51
玄勝
託懷 —— 遠詠老莊 18-19
玄英(唐) 22-30
玄遠
傅嘏善言虛勝 荀粲談尙 —— 8-4
賢人論
王敬仁年十三 作 —— 9-13
顯仁太后(南宋) 40-14
懸一麈尾 32-5
玄箸
—— 猶沈著 4-6(頭)
玄宗 → 李隆基(唐) 16-47
—— 不好琴……叱琴者出 48-12
—— 嘗賜酺三日 6-28
—— 忽思……令往寫貌 31-15
玄旨
公明爲剖析 —— 九事皆明 3-13
顯處視月
支道林聞之曰……如牖中窺日 8-20
玄冲 → 王渾(西晉) 3-16(註)
玄平 → 劉玄平(唐)
—— 曰 夫人有短 所以見長 18-56
玄圃積玉
葛稚川日陸平原之文如 —— 無非夜光 8-22
玄圃池(地)
昭明太子與諸賢 汎舟 —— 2-11
玄學(建物)
何尙之……更置 —— 於南郭外 9-24
玄虛 → 木華(西晉) 9-31(註)
玄黃
九方歅之相馬……取其駿逸 15-71
玄暉 → 謝朓(南朝 齊) 2-7(註)
—— 嗟歎良久……無惜齒牙餘論 2-7
俠邪
常私就 —— 飮23-21
頰似足作健不 38-29
狹中詭僻 39-18
協贊中興 33-28(註)
衡 → 禰衡(東漢)
—— 先自飽食 都不顧衆賓 35-2
—— 揚枹爲漁陽摻檛 淵淵有金石聲 3-5
荊江(地)
桓玄……領 —— 二州二府一國 9-9
荊公 → 王安石(北宋)
—— 厲聲曰 祖宗親盡亦祧 何況賢輩
荊棘
着弊絮……觸地挂閡 37-21
兄女 → 謝道韞(東晉) 29-30
荊蠻
蠢爾 —— 敢與大邦爲讎37-12
形貌旣偉
—— 雅懷有槩 24-23
荊巫 → 荊山, 巫山
宗少文好山水……欲懷尙平之志 28-23
荊門晝掩
殷作誄云……閑庭晏然 18-45
形似其舅 37-14
形神 34-8
衡嶽
宗少文好山水…… 欲懷尙平之志 28-23
衡陽(地)
韓康伯母殷……之 —— 29-35
衡陽王 → 劉義季(南朝 宋)
—— 餉錢十萬 2-5
刑餘之人
—— 不可以君民 46-3
邢子才 → 邢劭(北齊)
—— ……嘗謂 誤書思之 更是一適 9-26
—— 有書甚多……更是一適 9-26
荊州(地) 47-6
李昌夔在 —— 打獵 大修裝飾 43-10
荊州城
—— 臨漢江 4-65(註)
邢劭(北齊) ← 子才 26-13
荊楚之杞梓

羅君章可謂 —— 15-66(註)
形骸之外
王之學華 皆是 —— 17-11
荊棘
會見汝在 —— 中 14-15
嵇康(三國 魏)←叔夜, 中散, 嵇公 4-2(註), 6-9, 35-5
——……遇道士孫登 19-9
—— 目送飛鴻語 16-51
—— 身長七尺八寸 風姿特秀 24-6
—— 與呂安善……千里命駕 35-6
或問顧 ——……何如嵇康琴賦 9-11
嵇公→嵇康(三國 魏) 18-36
慧觀(南朝 宋)
宋文帝嘗問 ——……誰復習之 9-22
蕙蘭 28-36
慧亮(南朝) 16-37
惠連→謝惠連(南朝 宋)
至如風定花猶落 乃追步 —— 矣 22-27
慧隆道人(南朝 齊)←隆公 16-39
嵇紹(西晉)←延祖 6-9(註), 10-19
嵇叔夜→嵇康(三國 魏) 15-12, 27-6, 15-100(註)
何平叔……儁傷其道 18-16
—— 之爲人……若玉山之將崩 24-6
惠施(戰國)
—— 多方 其書五車 18-48(註)
慧業
得道應須 —— 文人 39-1
嵇延祖→嵇紹(西晉) 15-41
—— 卓卓如野鶴之在雞羣 24-13
嵇阮→嵇康(三國 魏), 阮籍(三國 魏) 4-21
山公……契若金蘭 29-14
嵇阮山劉→嵇康(三國 魏), 阮籍(三國 魏), 山濤(三國 魏), 劉伶(三國 魏) 36-7
惠子(戰國 宋)
——……何以無一言入玄 18-48
惠帝→司馬衷(西晉) 24-11
嵇中散→嵇康(三國 魏) 12-6
——……曰 耻與魑魅爭光 12-6
——……奏廣陵散 12-7
—— 語趙景眞……恨量小狹 4-2
嵇喜(西晉) 35-6(註)
祜→羊祜(西晉) 15-15
浩→殷浩(東晉)
—— 能言理……長於老易 15-82(註)
—— 善以通和接物也 15-79
—— 淸言妙辯玄致 15-80(註)
浩→崔浩(北魏)
—— 作國書……以彰直筆 27-29(註)
胡笳
中夜吹奏 —— 賊皆流涕 13-4
好家居 11-21
胡笳五弄譜 30-17(註)
豪彊之心 14-11(註)
好潔
何佟之性 ——……洗滌者十餘過 48-11
豪具 19-18
護軍(官名) 21-4
庾公……覓一佳吏 15-68
護軍府兵士 32-10
好屐
祖士少好財 阮遙集 —— 12-18
好琴 27-12
胡騎
劉越石爲 —— 所圍 13-4
胡奴→陶範(東晉)
袁宏始作東征賦……臨以白刃 8-36
好桃 37-30
虎犢→王彪之(東晉)
虎㹠 —— 還其所如 38-10
虎㹠→王彭之
—— 虎犢 還其所如 38-10
虎頭→顧愷之(東晉) 4-65(頭)
好獵
桓南郡 ——……騎甚盛 20-3
豪邁風氣
溫有 —— 11-26(註)
胡毋彦國→胡毋輔之(西晉) 33-17
時泰山 ——……邀孝孫 32-10
王平子 —— 諸人 皆以任放爲達 或有裸體者 1-36
——……三伏中 33-19
——……後進領袖 15-54
胡毋輔之(西晉) 33-24(註)
胡父
正與 —— 詣賈 47-8
虎賁(官名) 27-4, 29-10
—— 中郎省 4-75
—— 中郎將(官名) 4-75
胡婢遂生胡兒
——……可字曰遙集也 33-12(註)
好事 38-32
胡牀 34-3, 35-25
好尙不可爲

—— 其況惡乎 29-8
好色不好德
婦曰 夫百行……何謂皆備 29-9
胡說
王弼 —— 8-5(頭)
虎視
中原常 —— 於此 14-33
—— 淮陰 14-27
胡兒 → 謝朗(東晉) 18-28, 29-30, 47-9
胡威(西晉) 17-13
好遊山水
許掾……體便登陟 28-17
好飮酒
鴻臚卿孔群 —— 33-26
胡人遙集於上楹 33-12(註)
好財
祖士少 —— 阮遙集好屐 12-18
好酒 19-14, 34-16, 34-8(註)
牛弘弟弼 —— 而酗 13-27
好竹 35-15
胡之 → 王胡之(東晉)
—— 常遺世務 以高尙爲情 16-3(註)
—— 治身淸約 以風操自居 16-8(註)
豪侈 20-17
好學
性 —— 家居讀書 未嘗釋手 37-46(註)
好畵 31-6
酷惡
魏武有一妓……而情性 —— 44-1
酷妬
賈公閭後妻郭氏 —— 48-4
渾 → 王渾(西晉)
—— 薨……相率致賻數百萬 戎悉不受1-34
渾金
如璞玉 —— 15-13
昏不假寐
使人神思淸發 —— 15-9
渾天
筭 —— 7-2
渾天儀 30-1(註)
忽然 32-2
弘度 → 李充(東晉) 4-56(註)
鴻臚卿(官名)
—— 孔群好飮酒 33-26
鴻烈(書)
淮南王著 —— 二十篇 號淮南子 7-1
弘微 → 謝密(南朝 宋)
—— 自幼精神詳審 時然後言 44-11(註)
紅拂 24-49
弘雅有氣
安 —— 風神調暢也 16-17(註)
弘雅劭長 15-41
洪遠 → 殷融(東晉) 9-3(註)
紅紫繡襖子 43-10
鴻漸 → 陸羽(唐) 5-18(註)
弘治 → 杜乂(東晉)
—— 膚淸 衛虎奕奕神令 18-24
和 → 顧和(東晉) 22-17
—— 覓蝨 夷然不動 13-1
禾稼
宦官……不避人禾稼 6-26
火攻
阿奴 —— 固出下策耳 12-25
華公 → 華歆(東漢)
陳群歎曰……淸而不介矣 1-21(註)
火攻有五
—— ……五曰火隊 12-25(註)
和嶠(西晉) ← 長輿 15-19, 17-22, 33-18
武帝語 —— 曰 我欲先痛罵王武子 10-17
王戎 —— 同時遭大喪 俱以孝稱 1-25
晉武帝時…… —— 爲令 10-16
—— 性至儉……與不過數十 42-1
—— 爲武帝所親重 10-15
花奴 → 李璡(唐) 48-12
華林閣 39-5
華林省
沈昭略……同賜死 —— 13-23
華林園 4-40, 13-18
華林徧略(書)
及孝標類苑成……以高之 41-9
和睦
王子猷子敬兄弟 特相 —— 27-24(註)
畫四龍
—— 不點目睛 26-16(註)
華山
李白登 —— 落雁峯 23-20
華省 47-14
畵蠅
此王子敬 —— 也 4-9(頭)
和氏 → 和士開(北齊) 37-40
華陽 32-19(註)
華陽隱居 24-46(註)

華容縣(地) 37-22(註)
化而成土 33-1
花裀
　吾自有 —— 28-38
華軼(西晉) 15-91(註)
華子魚 → 華歆(東漢) 17-6
　—— 從會稽還都……密各題識 1-21
和長輿 → 和嶠(西晉) 11-4, 27-10
　王武子有馬癖 —— 有錢癖 30-9(註)
火在熨斗中而柄熱
　—— 今旣著襦 下亦當煖 22-21
華亭 46-3
華池解渴 40-2(註)
華歆(東漢) ← 子魚 1-17(註), 17-11
　管寧 —— ……華捉而擲去之 1-18
　—— 王朗 俱乘船避亂 有一人欲依附 1-20
　—— 遇子弟甚整 雖閒室之內 嚴若朝典 1-17
矍然 49-9
桓 → 桓溫(東晉)
　—— 云 時有入心處 便覺咫尺玄門 4-44
桓 → 桓伊(東晉)
　—— 神色無忤 即吹爲一弄 20-7
桓 → 桓玄(東晉)
　—— 出山 語左右曰 實乃生所未見 4-74
桓謙(東晉) ← 敬祖, 中軍
　舊以 —— 比殷仲文 18-52
桓敬祖 → 桓謙(東晉) 11-33
丸砮 26-10
桓公 → 桓溫(東晉) 11-28, 13-6, 14-26, 15-103, 15-94, 18-21, 18-27, 18-31, 23-9, 24-29, 37-10, 37-11, 37-12, 38-14, 46-10
　鄧竟陵……過見大司馬 —— 41-6
　王劉與 —— 共至覆舟山看 11-26
　袁虎伏滔同在 —— 府 38-16
　—— ……慨然曰 木猶如此 人何以堪 4-37
　—— ……洒嘆曰 旣爲忠臣 不得爲孝子 如何 4-36
　—— 見謝安石作簡文謚議 9-15
　—— 鬢如反猬皮……一流人 24-28
　—— 少與殷侯齊名 常有競心 18-18
　—— 欲遷都 以張拓定之業 38-23
　—— 云 我猶患其重 6-19
　—— 有主簿 善別酒 30-14
　—— 議移洛陽鍾簴 11-17
　—— 入蜀……有得猨子者 41-3
　—— 入峽 絶壁天懸 騰波迅急 4-36
　—— 在荊州 全欲以德被江漢 恥以威刑肅物 6-19
桓公 → 桓玄(東晉)
　企生答曰……我何顏謝 —— 1-51
　—— 初報破殷荊州 46-11
桓南郡 → 桓玄(東晉) 1-51, 4-73, 29-35, 34-4, 37-26, 37-29
　—— 每見人不快 輒嗔 38-34
　—— 小兒時……各養鵝共鬪 44-10
　—— 楊廣共說殷荊州……以自樹 1-50
　—— 與殷荊州 共談每相攻難 9-2
　—— 好獵……騎甚盛 20-3
　桓宣武薨 —— 年五歲 22-24
桓大司馬 → 桓溫(東晉) 18-20, 24-33, 36-21, 40-9
　—— ……彈劉枕 11-16
桓道恭(東晉) 20-3
環堵之室 28-25
桓靈寶 → 桓玄(東晉) 4-74
桓武 → 桓溫(東晉) 29-24
桓茂倫 → 桓彝(東晉) 15-70
　—— ……可笑人 24-21
桓石虔(東晉) 23-14
桓宣武 → 桓溫(東晉) 4-25, 4-38, 4-44, 13-3, 13-9, 13-17, 17-19, 23-11, 23-12, 23-8, 24-35, 26-9, 32-13, 34-5, 36-23
　—— ……議芟夷朝臣 13-7
　—— ……以李勢妹爲妾 29-23
　—— ……戲大輪 33-15
　—— 命袁彦伯 作北征賦 8-43
　—— 北征……倚馬前令作 9-20
　—— 嘗問孟萬年 聽伎……何也 4-26
　—— 與袁彦道樗蒲……擲去五木 44-6
　—— 薨 桓南郡年五歲 22-24
　郗司空在北府 —— 惡其居兵權 21-6
桓脩(東晉) ← 桓崖 37-30(註)
　桓玄將簒 —— 欲因玄在脩母許襲之 49-6
桓式 → 桓歆(東晉)
　—— 年少從外來云……下拂地足 6-19
桓崖 → 桓脩(東晉) 37-30
桓溫(東晉) ← 元子, 桓公, 征西, 大司馬 宣武 4-25(註), 14-25, 18-19
　—— 行經王敦墓邊過……可兒 15-76
桓胤(東晉) 41-8(註)
桓子野 → 桓伊(東晉) 20-7, 33-38, 34-3
　—— 每聞清歌 輒喚奈何 33-37
桓征西 → 桓溫(東晉)
　—— 治江陵城甚麗 4-65
桓廷尉 → 桓彝(東晉) 15-47
　庾公……覓一佳吏 15-68
桓車騎 → 桓溫(東晉) 33-36

桓車騎 → 桓沖(東晉) 22-24, 35-13
——不好着新衣 29-28
王子猷作——參軍 35-14
桓沖(東晉) ← 玄叔, 車騎 35-10
桓豹奴 → 桓嗣(東晉) 37-14
桓玄(東晉) ← 敬道, 靈寶, 南郡 16-24, 18-51, 18-52, 23-16, 27-21, 37-25, 37-30
——……云 我今欲爲王孝伯作誄 9-8
——……領荊江二州二府一國 9-9
——旣簒位 將改置直館 4-75
——欲以謝太傅宅爲營 20-8
——將簒 桓脩欲因玄在脩母許襲之 49-6
——簒立……涕泗交流 11-32
——敗後……非復往日 41-7
桓護軍 → 桓伊(東晉) 18-24
桓豁(東晉) 29-24
桓歆(東晉) ← 叔道 6-19(註)
滑稽 37-41(註)
黃絹幼婦外孫齏臼 21-3
黃瓊(東漢) ← 世英 1-10(註)
黃公 → 黃瓊(東漢)
徐孺子嘗事江夏——1-10
黃公酒壚 38-26(註)
黃公酒壚下 27-6
黃公酒壚下賦 9-17
荒年穀 15-72
黃農 28-6
黃頭鮮卑奴 40-6(註)
黃老 28-26(註)
黃龍寺
——晦堂老子……以吾無隱乎爾之義 9-37
黃鸝聲
戴仲若……答曰 往聽——此俗耳針砭 詩腸鼓吹 5-3
黃面
——瞿曇 亦須斂衽 9-36
黃武(年號) 9-37(註)
皇甫度遼 → 皇甫規(東漢) 32-1
皇甫謐(西晉)
思乃詢求於——……遂爲作敍 8-41
——有從姑子梁柳 爲城陽太守 1-28
黃山谷 → 黃庭堅(北宋) 39-17
黃巢(唐)
中和間……竝巢姬妾百數 29-40
黃須鮮卑奴 40-6
黃須兒
我——可用也 46-2(註)
黃須人 40-6
黃叔度 → 黃憲(東漢)
詣——乃彌日信宿 17-2
周子居常云……則鄙吝之心已復生矣 1-8
荒樂 34-23
荒外降人 21-7
黃牛 14-31
黃鉞 18-20(註)
皇子 36-10
黃磁斗 28-36
黃子琰 → 黃琬(東漢) 22-4
黃庭堅(北宋) ← 魯直 5-23(註)
黃祖(東漢) 35-2
黃鐘
太常缺——鑄不能成 30-19
黃州(地) 34-26
黃泉 27-3
黃初(年號)
——中有甲乙疑論……議各不同 8-8
黃太史 → 黃庭堅(北宋)
——云 士大夫三日不讀書……語言無味 5-23
皇太后 → 崇德太后 37-11(註)
黃皮袴褶 23-11
黃帔衫 46-13
黃憲(東漢) ← 叔度 1-8(註)
淮(地)
謝公與人圍棋 俄而謝玄-上信至 13-13
會 → 庾會(東晉) 12-21
會 → 鍾會(三國 魏)
——善書……作書與母取劍 31-5
會稽(地) 4-63, 13-8(註), 30-3
王江州……棲居——29-32
——南山 2-4(註)
會稽雞
——不能啼 6-6
會稽郡(地)
自是常敕——獻越布 24-1
會稽都尉 6-4
會稽王 → 司馬道子(東晉) 11-21, 16-21(註), 27-22, 45-1(註)
會稽王 → 司馬昱(東晉)
唯——來 軒軒如朝霞擧 24-36
人言——癡 眞癡 38-22
支道林……許爲都講 8-39
——有遠體而無遠神 18-3
懷古之情

對子眞 使我 —— 更深 16-43
膾具 33-36
淮南(地) 14-32
淮南厲王 → 劉長(西漢)
—— ……不食而死 10-17(註)
淮南王 → 劉安(西漢)
—— 著鴻烈二十篇 號淮南子 7-1
淮南子(書)
淮南王著鴻烈二十篇 號 —— 7-1
晦堂(北宋)
—— 曰 吾無隱乎爾 9-37
晦堂老子(北宋)
黃龍寺 —— ……以吾無隱乎爾之義 9-37
懷璧
左傳曰 庶人無罪 —— 其罪 1-21(註)
華子魚……將無以 —— 爲罪 1-21
回復其言
—— 亦乃無過 15-104
懷不敢出
—— 於戶外遙擲 7-11
懷氷
王思遠……暑月亦有霜氣 16-36
淮泗(地) 38-14
會心處
—— 不必在遠 4-40
淮陰(地)
虎視 —— 14-27
懷刃密來
汝 —— ……汝但勿言 40-3
懷仁輔義
君房足下……腰領絶 19-1
懷祖 → 王述(東晉)
—— 狷隘 18-5(註)
回坐傾睞
—— 移晨達莫 32-14
淮中(地)
溫太眞……估客樗蒱 33-30
恢之 → 王恢之(南朝 宋) 2-2
繪之 → 韓繪之(東晉)
韓康伯母……之衡陽 29-35
淮海(地) 21-13
淮海之士
許曰 陳元龍 —— 豪氣不除 3-10
獲寵
魏甄后惠而有色……甚 —— 48-1
橫塘(地)
蘇峻時……爲匡術所逼 11-7
斆 → 江斆(南朝 齊)
—— 顧命左右曰 移吾牀遠客 11-38
孝經(書)
—— 曰 毁不滅性 聖人之敎也 1-33(註)
孝卿 → 庾子輿(南北朝) 2-14(註)
孝己(殷)
昔高宗放孝子 —— 3-6
驍騎將軍(官名)
丘車騎初領 —— 不樂武位 44-16
孝女
—— 曹娥者 上虞人 21-3(註)
孝廉 32-11
孝穆 → 徐陵(南朝 陳) 5-9(註)
—— 從容答曰 前王肅至此……使卿復知寒暑 5-9
孝武 → 司馬曜(東晉) 4-60, 4-69, 11-30, 13-18, 32-7, 45-1(註), 47-7, 47-10
—— 山陵夕 王孝伯入臨27-23
簡文崩 —— 年十餘歲立 22-22
孝武 → 劉駿(南朝 宋) 16-33(註)
孝武 → 司馬曜(東晉)
王國寶搆謝太傅……太傅患之 20-7
—— 屬王珣求女壻 37-24
孝文王 → 司馬道子(東晉) 45-1
孝伯 → 王恭(東晉) 1-52(註)
—— ……濯濯淸疎 16-22
—— 常有新意 不覺爲煩 16-23
孝先 → 陳忠(東漢)
長文有英才 與季方子 —— 各論其父功德 1-15
梟首 49-5(註)
孝若 → 明山賓(南朝 梁) 2-13(註)
孝若 → 夏侯湛(西晉) 4-48(註)
孝懿皇后(南朝 宋) 32-15(註)
崤函之固
才性殆是淵源 —— 8-56
后 → 明恭后(南朝 宋)
—— 曰 爲樂之事 其方自多 29-36
侯景(南朝 梁)
梁簡文爲 —— 幽縶 題壁自敘 27-28
後軍府
孔思遠爲 —— 長史……未嘗有壅 6-23
後堂
袁尹在郡 嘗於 —— 夜集 16-31
厚頭
陶公……皆令錄 —— 6-15
後來

崔瞻 才學風流爲 —— 之秀 26-13
後母
王祥事 —— 朱夫人甚謹 1-23
厚薄之嫌
恐有 —— 竟不取服 48-14
侯白(隋)
—— 好俳諧 37-41
侯司徒 → 侯霸(東漢) 19-1
—— 欲與王仲回交友 10-5
侯山祠堂碑文 39-9(註)
侯嬴(戰國)
仲山曰……豈爲鄙哉 1-6
厚自封植 17-22(註)
後之視今
房稽首曰……亦猶 —— 也 19-2
後進領袖
胡毋彦國…… —— 15-54
後廢帝 → 劉昱(南朝 宋)
敬則在宋……殺後廢帝於華林園 39-5(註)
候風地動儀 30-1(註)
後閤 23-4
勳貴子女
汝等……何爲從賊 29-40
熏鼠 47-9
薰蕕
培塿無松柏 —— 不同器 11-10
薰以香自燒
—— 膏以明自煎 27-1
熏灼
不得令李生怪人 —— 2-17(註)
葷血 28-36(註)
毁茶論 46-13
毁缾罐 46-2
毁譽
蘇桓公……士友咸憚之 10-2
虺瓦弔
三祖壽樂器 —— 孫家兒打折 38-20
徽 → 裴徽(三國 魏)
—— 問曰 夫無者……何邪 8-5
諱愼
宋人 —— 每以謹代 28-38(頭)
休 → 孫休(三國 吳)
—— 曰 雖爲小物……朕所以好之 19-6
眭夸(北魏) 27-29
休明一世
仲文曰……足以映徹九泉 16-24
休上人 → 湯惠休(南朝 宋)
—— 制作 委巷間歌謠耳 39-2
休遠 → 劉劭(南朝 宋) 5-5(註)
休徵 → 王祥(西晉) 1-23(註)
齕齒
張吳興……知其不常 37-3
休泰 → 王韶之(東晉) 5-2(註)
匈奴使
魏武將見 —— ……使崔季珪代 14-6
凶物
向高坐者 故是 —— 15-99
胸中壘塊
阮籍……故須酒澆之 34-7
胸中無宿物
庾赤玉 —— 15-85
胸中柴棘三斗
深公云 人謂…… —— 許 38-7
黑頭公 3-17(註)
齕草供食
庾域……無有離心 2-14(註)
歆 → 華歆(東漢)
—— 曰 本所以疑……寧可以急相棄邪 1-20
興公 → 孫綽(東晉) 4-59(註)
—— 到處 爲衆人所擯 38-24(頭)
興到之事 48-2
興伯 → 賀邵(三國 吳) 6-6(註)
興宗 → 嚴續(南唐) 35-32(註)
興平(地) 12-5
喜 → 李喜(魏晉)
—— 對曰 先公以禮見待……喜畏法而至耳 4-3
希 → 庾希(東晉) 29-24
喜 → 嵇喜(魏晉) 35-6
戲大輸
桓宣武…… —— 33-15
喜面折人 20-24(註)
希聖 → 錢維演(北宋) 32-23(註)
希逸 → 謝莊(南朝 宋) 5-4(註)
僖宗 → 李儇(唐) 29-40
憙平(年號) 31-1
欷歔
身是晉室遺老 憂喜之事 固自不同 乃更 —— 11-32
羲皇上人
陶徵士嘗言……自謂是 —— 28-22
岬山(地) 4-52
矙牖語人
士當令身名俱泰 何至以 —— 43-2

人名索引

【ㄱ】

賈公閭→賈充(三國 魏)
　——後妻郭氏酷妬 48-4
賈寧(東晉)
　何次道……——在後輪中 15-51
賈謐(西晉) 49-2(註)
賈妃(三國 魏) 19-10(註)
嘉賓→郗超(東晉) 15-103, 15-104, 21-6
　道季……——故自上 18-46
賈思伯(北魏)←士休 5-14, 5-14(註)
賈生→賈誼(西漢)
　千餘年前——過秦 今復爾也 37-51
賈御史→賈易(北宋)
　秦太虛爲——所彈 37-51
賈充(三國 魏)←賈公閭, 公閭 10-12
　——前婦……離婚徙邊 29-15
　韓壽美姿容——辟以爲掾 48-6
賈充前婦(三國 魏) 29-15
賈彪(東漢) 6-1(註)
賈詡(三國 魏) 19-4
恪→諸葛恪(三國 吳) 36-2
侃→陶侃(東晉)
　——……曰樗蒲 老子入胡所作……何以爲此 6-15(註)
簡文→司馬昱(東晉) 4-30, 4-40, 4-48, 8-56(註), 9-4, 13-3, 15-85, 15-87, 15-100, 15-102, 15-104, 16-11, 18-16, 18-34, 32-8, 38-19
　——……曰 會心處不必在遠……自來親人 4-40
　——目敬豫爲朗豫 15-67
　——崩 孝武年十餘歲立 22-22
　——曰 所謂無小無大 從公于邁 4-38
　——曰 以簡應對之煩 4-22
　——欲聽 聞此便還曰……其以一卦爲限耶 8-32
　——云 謝安南……居然自勝 18-23
　——云……尙不可誣 8-51
　——爲相 事動經年然後 6-16
　顧悅與——同年而髮蚤白 4-39
　謝公在東山……安石必出 14-13
　殷中軍廢後……儋梯將去 41-5
簡文→蕭綱(南朝 梁) 37-9, 37-11, 37-16, 37-18
簡文帝→司馬昱(東晉) 16-14, 24-35
簡文皇帝→司馬昱(東晉) 11-31
干寶(東晉) 36-18
簡雍(三國 蜀) 19-5
簡子(春秋) 11-7(註)
葛盧(春秋)
　王仲祖聞……曰 若使介——來朝 故當不昧此語 4-46
葛旟(西晉) 10-19
葛稚川→葛洪(南宋)
　——目陸平原之文如玄圃積玉 無非夜光 8-22
葛洪(南宋)←稚川 8-22(註)
　——神仙傳 28-31
鑒→王鑒(南朝 宋)
　王令明兄——頗好聚斂 廣營田業 2-1
甘羅(秦)
　瞻曰 方於將軍 少爲太蚤 比之——已爲太老 4-27
江湛(南朝 宋) 16-29, 28-25
江道群→江灌(西晉)
　——不能言 而能不言 16-10
　——人可應有……已必無 15-81
江惇(西晉) 15-90(註)
江郎→江斆(南朝 宋)
　風流不墜 政在——16-33
江盧奴→江斅(南朝 宋)
　王恭欲……爲長史 35-12
江虨(東晉)←思玄, 僕射 11-8(註), 16-4
康伯→韓伯(東晉) 1-47(註), 4-71, 15-86
　——淸和有思理 15-86(註)

庾道季云 思理倫和……吾皆百之 18-10
庾曰 若文度來……濟河焚舟 4-55
殷中軍云 —— 未得我牙後慧 8-17
姜伯約 → 姜維(三國 蜀) 14-7
江僕射 → 江虨(東晉)
—— 年少 王丞相呼與共棋 11-8
江思悛 → 江惇(西晉)
—— 思懷所通 不翅儒域 15-90
江思玄 → 江虨(東晉) 40-10
江祏(南朝 齊)
謝玄暉頗輕 —— 49-8
康成 → 鄭玄(東漢) 3-3(註)
江叔文 → 江斅(南朝 齊) 16-33
康僧淵(西晉) 28-14
—— 目深而鼻高 36-17
康樂 → 謝靈運(南朝 宋)
—— 凜凜 如霜臺籠日 16-25
江敳(西晉) 35-12(註)
江淹(南朝 梁) ← 文通
王答曰 謝朓得父膏腴 —— 有意 9-29
江應元 → 江統(西晉) 17-16
康帝 → 司馬岳(東晉)
會 —— 崩 兄冰薨 36-20(註)
江從簡(南朝 梁)
—— 是光祿革子 39-10
江革(南朝 梁) 39-10
江斅(南朝 齊) 11-38
愷 → 王愷(西晉) 43-6
玠 → 衛玠(西晉)
—— 素抱羸疾 24-18(註)
介葛盧(春秋)
—— 能辨牛語 4-46(頭)
介甫 → 王安石(北宋) 5-20(註)
愷之 → 顧愷之(東晉)
—— 矜伐過實 9-11(註)
巨卿 → 范式(東漢) 1-6
巨伯 → 荀巨伯(東漢)
—— 曰 友人有疾 不忍委之 寧以我身 代友人命 1-16
—— 曰 遠來相視……豈荀巨伯所行邪 1-16
巨源 → 山濤(西晉) 1-29(註)
騫 → 陳騫(三國 魏) 10-10
虔和 → 李諧(北魏) 5-13(註)
黔敖(春秋) 29-2(註)
甄象(三國 魏) 3-17(註)
堅石 → 謝尙(東晉)
—— 挈脚枕琵琶 有天際想 24-33(註)
甄會(東漢)
袁紹爲中子熙娶 —— 女 48-1(註)
敬禮 → 丁廙(三國 魏) 47-1
京陵 → 王渾(西晉)
東海家內……範鍾夫人之禮 29-20
竟陵王 → 蕭賾(南朝 齊) 31-14
景茂 → 阮長之(南朝 宋) 2-9(註)
景文 → 王彧(南朝 宋) 5-6(註)
—— 非但風流可悅 餔啜亦復可觀 24-43
京房(西漢) 19-2
景純 → 郭璞(東晉) 8-27(註)
景升 → 劉表(東漢) 3-10(註)
敬言 → 郭訥(晉) 4-12(註)
敬豫 → 王恬(東晉) 15-67
—— 事事似王公 24-26
景王 → 司馬師(三國 魏) 36-6
景元 → 王微(南朝 宋) 16-28
景游 → 摯瞻(西晉) 4-27(註)
敬仁 → 王脩(東晉) 8-46(註)
—— 文學鏃鏃 無能不新 16-9
景重 → 謝重(東晉) 4-72(註)
景眞 → 趙至(三國 魏) 4-2(註)
景眞 → 桓亮(東晉) 29-35
景倩 → 袁粲(南朝 宋) 2-15(註)
敬冲 → 謝朓(南朝 梁) 9-29(註)
敬和 → 王洽(東晉)
—— 棲託好佳 16-12
景皇帝 → 孫休(三國 吳) 19-6(註)
景興 → 王朗(三國 魏) 1-20(註)
景興 → 郗超(東晉) 4-51(註)
季道 → 王澤(東漢) 王叔優……共往候之 14-5
季倫 → 石崇(西晉)
—— 斬妓 17-17(註)
季文 → 王份(南朝 梁) 5-7(註)
季方 → 陳諶(東漢) 22-1
使元方將車 —— 持杖後從 長文尙小 載著車中 1-14
季思 → 太叔廣(西晉) 8-42(註)
季野 → 褚裒(東晉) 1-44(註)
季野 → 褚裒(東晉)
—— 卿念我 38-12
杜弘治…… —— 穆少 15-73
季胤 → 王詡(戰國) 24-19
季長 → 馬融(東漢) 7-2(註)
袁隗妻馬倫……少有才辯 29-5
季札(春秋)
文姬曰 —— 觀樂……何足不知 30-4

季敞 → 蕭季敞(南朝 齊) 20-16
季和 → 李喜(西晉) 4-3(註)
季和 → 荀淑(東漢) 1-13(註)
顧 → 顧愷之(東晉)
　—— 曰 千巖競秀 萬壑爭流 草木蒙籠其上 若雲興霞蔚 4-63
顧家婦(晉)
　王夫人……自是閨房之秀 29-33
高熲(隋) 32-20(註)
顧景怡 → 顧歡(南朝 齊) 28-26
顧君齊 → 顧夷(東晉) 9-18
高貴鄉公 → 曹髦(三國 魏) 29-13(註), 46-5
　—— 薨 內外諠譁 10-12
顧覬之(南朝 宋)
　張思光作海賦……以示鎭軍將軍顧覬之 9-31
顧郎 → 顧協(南朝 梁)
　顧常侍……竟不敢遺之 2-16
高力士(唐) 6-28
高靈(東晉) 36-23
顧孟著 → 顧顯(東晉) 11-9
高文通 → 高鳳(後漢)
　—— 居鄕時 隣里有爭財 持兵而鬪 文通往解之 1-4
皐伯通(後漢)
　至吳依 —— 1-5(註)
高鳳(後漢) ← 文通 1-4(註)
顧敷(東晉) 22-17
顧司空 → 顧和(東晉) 12-19
顧常侍 → 顧協(南朝 梁)
　—— 淸介持操 2-16
高世遠 → 高柔(三國 魏)
　—— ……語孫曰 松樹子 非不楚楚可憐 但永無棟梁用耳 4-59
顧彦先 → 顧榮(西晉) 15-25
　張華……鳳鳴朝陽 15-23
　—— ……常以琴置靈牀上 27-12
高延壽(高句麗)
　高麗別將 —— 以其衆降 16-46(註)
顧悅(東晉) ← 君叔 4-39(註)
　—— ……對曰 蒲柳之姿 望秋而落 松柏之質 經霜彌茂 4-39
　—— 與簡文 同年而髮蚤白 4-39
顧榮(西晉) ← 彦先 14-18(註)
　—— 在洛陽……覺行炙人有欲炙之色 因輟已施焉 1-38
高睿(唐) 9-34(註)
顧雍(三國 吳) ← 元歎 7-6(註)
顧元歎 → 顧雍(三國 吳)
　蔡中郎從朔方還…… —— 從學琴書 7-6
高柔(三國 魏) ← 世遠 4-59(註)
高義方 → 高彪(東漢) 19-3
古人所未道 15-98(頭)
顧長康 → 顧愷之(東晉) 37-22, 38-28
　—— ……目曰 遙望層城 丹樓如霞 4-65
　—— 噉甘蔗 先食尾 37-28
　—— 從會稽還 人問山川之美 4-63
　—— 好寫起人形 31-11
　—— 畵……益三毛 31-8
　—— 畵謝幼輿在巖石裏 31-10
　—— 畵人……不點目精 31-9
　或問 —— ……何如嵆康琴賦 9-11
顧長孺 → 顧黯(南朝 齊) 28-26
高定(唐) 22-29
高祖 → 蕭衍(南朝 梁) 5-7
高宗(殷)
　昔 —— 放孝子孝己 3-6
高宗 → 李治(唐) 5-15, 5-16, 11-40, 20-20
高坐 → 尸黎密(東晉) 4-22(頭)
　時人欲題目 —— 而未能 15-47
高坐道人 → 尸黎密(東晉) 4-22
高仲舒(唐)
　齊澣善知今事 —— 善知古事 9-34
顧劭(三國 吳) 12-4, 17-4 , 17-9
顧琛(南朝 宋) 21-7
顧協(南朝 梁) ← 顧常侍, 顧郎, 正禮 2-16(註)
顧和(東晉) ← 君孝, 司空 13-1, 22-16
谷那律(唐) 20-20
恭 → 王恭(東晉)
　—— ……對曰 丈人不悉恭 恭作人無長物 1-52
公幹 → 劉楨(東漢) 3-11(註)
公簡 → 成公簡(西晉)
　—— 淸靜比揚子雲 默識擬張安世 15-17
孔公 → 孔顗(南宋)
　—— 一月二十九日醉 勝世人二十九日醒 6-23
孔丘 → 孔子(春秋 魯)
　—— 何闕而居闕里 21-10
孔群(東晉)
　蘇峻時……爲匡術所逼 11-7
　鴻臚卿 —— 好飮酒 33-26
孔君魚 → 孔奮(東漢)
　—— ……答曰 奮身處脂膏 不能自潤 6-2
　—— 爲姑臧長 淸儉逼下 6-2
孔君平 → 孔坦(東晉) 22-13

—— 疾篤……爲之流涕 11-15
孔極(唐)
—— 侍郎……延入廳事 28-35
公閭 → 賈充(三國 魏) 10-12(註)
公路 → 袁術(東漢) 3-4(註)
公明 → 管輅(三國 魏) 3-13(註)
公明 → 管輅(三國 魏)
—— 尋聲答言 夫善易者不論易 3-13
孔明 → 諸葛亮(三國 蜀) 12-2(註)
孔文擧 → 孔融(東漢) 6-5, 12-1, 17-6, 22-5, 36-3, 49-1
—— 聞之……易稱積善餘慶 徒欺人耳 3-4
—— 在北海時 敎高密令曰……後乏復言 6-5
大兒 —— 小兒楊德祖 38-1
脂元升……收欲治罪15-4
孔北海 → 孔融(東漢) 17-5, 23-2, 27-4
孔奮(東漢) ← 君魚 6-2(註)
孔思遠 → 孔顗(南宋)
—— 爲後軍府長史……未嘗有壅 6-23
孔西陽 → 孔巖(東晉) 18-27
公孫度(東漢) 15-5
公孫龍(戰國 趙)
趙人 —— 云 白馬非馬……故曰 白馬非馬也 8-21(註)
公叔 → 朱穆(東漢) 7-8(註)
孔淳之(宋) ← 孔隱士 28-24
公純嘏 → 張天錫(前凉) 4-69(註)
龔勝(西漢)
—— ……王莽徵之 不食而死 27-1(註)
—— 死……哭甚哀 27-1
孔巖(東晉) ← 孔西陽 19-17
簡文云 謝安南……居然自勝 18-23
公言 → 丁謂(北宋) 11-41(註)
公淵 → 王廣(三國 魏) 29-12(註)
孔穎達(唐) ← 仲達 9-32
孔愉(東晉)
—— ……而無公才 17-19
孔融(東漢) ← 文擧, 北海 3-4(註), 22-6
—— 曰 禰衡罪同胥靡 不能發明王之夢 3-5
孔融(東漢)
孔隱士 → 孔淳之(南朝 宋) 4-76
孔顗(南朝 宋) ← 思遠 2-3(註)
孔子(春秋 魯) 18-47(註)
曲阜西南三里有闕里 中有 —— 宅 21-10(註)
—— 大聖……猶有伯寮之愬 29-5
—— 車不停軌 28-21(註)
群答曰 德非 —— ……猶憎其眼 11-7
孔璋 → 陳琳(東漢) 7-7
孔長史 → 孔休源(南朝 梁)
別施一榻云 此是 —— 坐 32-18
孔仲山 → 孔嵩(東漢)
范巨卿爲荊州刺史……傭爲新野縣街卒 1-6
孔中丞 → 孔覬(南朝 宋)
—— 二弟在官 頗營贓賄 20-13
—— 在都 弟道存爲江夏內史 2-3
孔稚圭(南朝 齊) 2-7, 28-29
公休 → 諸葛誕(三國 魏)
新婦……殊不似 —— 29-12
孔休源(南朝 梁) ← 長史 32-18
孔熙先 孔熙先與范曄……辭氣不撓 46-12
郭 → 郭訥(晉)
—— 答曰 譬如見西施 何必識姓名然後 知美 4-12
郭景純 → 郭璞(東晉) 30-11
郭景純 → 郭璞(東晉)
—— 詩云……川無停流 8-27
郭林宗 → 郭泰(東漢) 14-4, 15-3, 15-8(註), 17-2, 26-2, 27-2
—— 每行宿逆旅 輒躬自灑掃 1-11
—— 遊京師……送車千許乘 26-1
郭文(東晉) ← 文擧 1-55(註)
郭文擧 → 郭文(東晉)
—— ……都無壁障 1-55
溫太眞問 —— ……先生安獨無情乎 4-18
郭璞(東晉) ← 景純 8-27(註), 30-10, 30-12
郭配(西晉) 29-15
郭象(西晉)
—— 者……或定點文句而已 8-19
郭恕先 → 郭忠恕(北宋)
—— 時……飮食 35-33
郭洗馬 → 郭訥(西晉) 4-12
郭氏(西晉) 29-15
霍王 → 李元軌(唐)
—— 元軌 臨徐州……爲布衣之交 18-56
郭昱(三國 魏)
—— 狹中詭僻 39-18
郭元瑜 → 郭瑀(晉)
—— 少有拔俗之韻 28-21
郭有道 → 郭泰(東漢)
此必 —— 昨宿處也 1-11
郭林宗 → 郭泰(東漢)
王叔優……共往候之 14-5
郭子儀(唐)
爲 —— 朔方從事 2-19(註)

郭子玄→郭象(西晉) 15-77
郭泰(東漢)←林宗, 有道 1-11(註)
郭泰業→郭奕(西晉) 15-11
郭奕(西晉)←泰業
　羊公還洛——爲野王令 15-11
郭淮(三國 魏)
　——……亦屢有戰庸 10-11
管→管輅(三國 魏)
　——曰 其才……不見者濁 14-10
管公明→管輅(三國 魏) 14-10, 15-9, 30-5
　——與單子春談……多發天然 8-7
　迎——論 3-13
管寧(東漢)←幼安
　——華歆……華捉而擲去之 1-18
管輅(三國 魏)←公明 3-13(註), 19-8
　東方朔——不如也 26-14(註)
關龍逄(夏) 13-23
管幼安→管寧(東漢)
　——……過於牛主 1-19
光孟祖→光逸(東晉)
　——避難渡江 33-17
光武→劉秀(東漢) 24-1
　——卽位 變姓名隱身不見 19-1(註)
廣微→束晳(西晉) 13-19(註)
宏→符宏(前秦)
　——符堅太子也 38-31(註)
嶠→溫嶠(東晉)
　敦將至——燒朱雀橋以阻其兵 21-5(註)
嶠→和嶠(西晉)
　——性不通 治家富擬王公而至儉 42-1(註)
　——厚自封植 嶷然不羣 17-22(註)
寇→寇準(北宋)
　——曰 主上以朝廷無事 北門鎖鑰 非準不可 5-19
丘車騎→丘靈鞠(南朝 齊)
　——初領驍騎將軍 不樂武位 44-16
寇萊公→寇準(北宋) 5-19
　——出入宰相三十年 不營私第 26-19
九方皐(春秋)←九方歅
　——之相馬 38-26
九方歅→九方皐(春秋)
　——之相馬……取其駿逸 15-71
歐陽堅石→歐陽建(西晉) 49-2
歐陽率更→歐陽詢(唐)
　——行見古碑……索靖所書 26-15
歐陽永叔→歐陽脩(北宋)
　錢文僖留守西都……同在幕下 32-23
苟子→王修(東晉) 15-74, 18-30
　——秀出 阿興清和 15-63
寇準(北宋)←平仲 5-19(註)
求仲(前漢) 28-2
丘車騎→丘靈鞠(南朝 齊) 39-4
國寶→裴瓚(西晉)
　——雖不知綏 綏自知國寶 26-3
國寶→王國寶(東晉)
　王大喪後……應作荊州 47-6
群→孔群(東晉) 11-7
羣→陳羣(三國 魏) 17-8
君房→侯霸(東漢) 10-5
君叔→顧悅(東晉) 4-39(註)
君魚→孔奮(東漢) 6-2(註)
君游→張堪(東漢) 1-3(註)
君齊→顧夷(東晉) 9-18(註)
君平→嚴遵(東漢) 28-25
朏→謝朏(南朝 梁) 37-37
屈偶之(北魏) 43-8
權→羊權(東晉)
　——濟然對曰 亡伯令聞夙彰 而無有繼嗣 雖名播天聽 然胤絶聖世 4-48
權德輿(唐)←載之
　——……四歲能屬詩 2-21(註)
圈文生(東漢) 14-4
權載之→權德輿(唐) 2-21
鬼谷先生→王詡(戰國) 31-1
禽子夏→禽慶(西漢) 28-4
覬→孔覬(南朝 宋)
　——持身之節……晚致覆沒 20-13(註)
杞→盧杞(唐)
　——形陋而心險 49-9(註)
琦→劉琦(東漢) 19-4(註)
機→陸機(西晉)
　——淸厲有風格 爲鄉黨所憚 15-18(註)
覬→殷覬(東晉)
　——……因行散 率爾去下舍 1-50
紀→陳紀(東漢) 17-8
企生→羅企生(東晉)
　——……乞一弟 以養老母 1-51
　——答曰……我何顏謝桓公 1-51
紀僧眞(南朝 齊) 11-38
　人生何必計門戶——堂堂 11-38(註)
岐王→李範(唐) 30-18
祁奚(春秋 晉)
　——內學不失其子 外學不失其讎 3-7

吉甫 → 呂惠卿(北宋) 5-21(註)
金日磾(西漢) 3-9(註)
金主亮 → 完顔亮(金)
　—— 南侵 命葉義問視師江上 47-19

【ㄴ】

羅可(人)
　—— 性度寬宏……以俟其去 2-22
羅君章 → 羅含(東晉) 32-13
　—— ……答曰 相識已多 不煩復爾 11-27
　—— 可謂湘中之琳琅 15-66
　—— 可謂荊楚之杞梓 15-66(註)
羅企生(東晉) 1-51
羸婦人
　宋明帝……以爲歡笑 29-36
羅友(東晉) 34-5
絡秀(西晉) 29-17
蘭石 → 傅嘏(三國 魏) 8-4(註)
南康 → 蕭寶融(南朝 齊) 21-10
南康長公主(東晉) 29-23(註)
藍田 → 王述(東晉) 11-28, 18-33, 40-12
　君家 —— 擧體無常人事 16-13
　—— 掇皮皆眞 15-52
閬 → 袁閬(東漢)
　—— 笑曰 士但可因親舊而已乎 3-7
瑯琊王 → 王融(南朝 齊) 14-30
來敏(三國 蜀) 12-5
盧杞(唐)
　—— 忌張鎰剛直 欲去之 45-3
　顔平原不容於 —— 49-9
　衆人皆言 —— 姦邪……所以爲姦邪也 2-18(註)
盧思道(北齊) ← 子行 5-10, 5-10(註), 37-40
魯爽(南朝 宋) ← 女生 5-4(註)
盧相 → 盧邁(唐朝)
　—— 邁不食鹽醋 37-44
盧詢祖(北齊) 5-10
　—— ……好臧否人物 37-40
路十 → 路巖(唐) 14-32
路巖(唐) ← 路十
　路巖佐崔鉉於淮南……鉉知其必貴 14-32
魯豫州 → 魯爽(南朝 宋) 5-4
盧元明(北齊) 28-32
盧毓(東漢) 11-1
老子(春秋)
　—— 遂與韓非同傳 37-34
　徽問曰 夫無者……何邪 8-5
老莊 → 老子(春秋), 莊周(戰國) 15-27
盧藏用(唐)
　—— 初隱終南……人目爲隨駕隱士 39-14
盧志(西晉) 11-1
　陸平原河橋敗……被誅 46-3
魯直 → 黃庭堅(北宋) 5-23(註)
盧玄(北魏) 16-43
祿山 → 安祿山(唐) 28-37(註)
雷孔章 → 雷煥(西晉) 44-12(註)
雷宣徽 → 雷有終(北宋) 27-31

【ㄷ】

端明 → 蘇軾(北宋)
　世傳 —— 已歸道山 今尙爾游戲人間邪 37-49
段文昌(唐)
　—— 富貴後……盛水濯足 43-11
單子春(三國 魏)
　管公明與 —— 談……多發天然 8-7
丹朱(堯時)
　答曰 非唯四凶 亦有 —— 於是一坐大笑 36-2
妲己(商) 36-3
譚 → 袁譚(東漢) 19-4(註)
曇首 → 王曇首(南朝 宋)
　兄弟分財 —— 唯取圖書而已 26-10(註)
湛氏(東晉)
　陶公少有大志 家酷貧 與母 —— 同居 29-21
當世 → 馮京(北宋) 5-22(註)
唐堯(堯時) 35-1
　—— 在上 四凶在下 36-2
戴公 → 戴逵(東晉) 12-20
　—— 見林法師墓 27-17
大奴 → 王劭(東晉) 24-29
大司馬 → 劉裕(南朝 宋)
　桓玄敗後……非復往日 41-7
戴安道 → 戴逵(東晉) 31-6, 31-7
　—— ……欲建式遏之功 28-15
　—— 不能爲王侯伶人 11-24
戴若思 → 戴淵(東晉)
　—— 之巖巖 15-55
戴洋(西晉) 38-8(註)
戴淵(東晉) ← 若思
　—— 少時遊俠 不治行檢 25-2

戴顒(南朝 宋)←仲若 5-3(註)
大將軍→王敦(東晉) 15-56, 19-15, 24-19, 40-7
戴仲若→戴顒(南朝 宋)
——……答曰 往聽黃鸝聲 此俗耳針砭 詩腸鼓吹 5-3
大秦皇帝→朱泚(唐) 24-48(註)
大皇帝→孫權(三國 吳) 29-8(註)
德度→楊廣(隋) 1-50(註)
德林→李德林(隋) 2-17(註), 22-26
德施→蕭統(南朝 梁) 2-11(註)
德信→沐竝(三國 魏) 1-26(註)
德輿→權德輿(唐) 2-21(註)
德如→阮侃(西晉)
許允婦……奇醜 29-9
德艶→宗預(三國 蜀)
——曰 吾年踰七十……而屑屑造門耶 10-14
德操→司馬徽(東漢)
——曰 子且下車 ……不足貴也 3-8
德祖→楊脩(東漢) 3-9(註)
德宗→李适(唐)
韋綬在翰林——嘗至其院 32-21
濤→山濤(西晉)
——……累啓亮可爲左丞相 非選官才 6-7
度→盛度(北宋)
——肌體豐大……俛伏不能興 37-46(註)
道→馮道(後周)
——爲宰相……身事十主 11-42
道季→庾龢(東晉) 4-55(註), 18-46
陶公→陶侃(東晉) 29-21, 29-22
——性檢厲 勤於事 6-15
——疾篤 都無獻替之言 4-28
袁宏始作東征賦……臨以白刃 8-36
道林→支遁(東晉) 4-42(頭)
道明→蔡謨(東晉) 11-12(註)
都兒(唐)
有奴——化其德 2-20
道安→釋道安(東晉) 13-11
——因自通曰 彌天釋道安 4-29
到彦之(南朝 宋) 21-7
道輿→羊權(東晉) 4-48(註)
道研(北周)
——曰 每見府君……無由得論地上事 6-25
陶淵明→陶潛(南朝 宋)
王江州……不能致 13-20
——爲彭澤令……種秫稻 34-12
道蘊→謝道蘊(東晉) 4-73(註)
道猷(南朝 宋)
生公弟子——9-22
陶隱居→陶弘景(南朝 宋) 24-46
道壹(東晉)←壹公 4-68
道壹道人(東晉)
——好整飾音辭 4-68
道子→鄭鮮之(南朝 宋) 13-21(註)
道長→虞存(東晉) 6-18(註)
陶貞白→陶弘景(南朝 宋) 28-31
——隱茅山……常有數信 32-19
陶靖節→陶潛(南朝 宋) 34-11
道存→孔道存(南朝 宋) 2-3
陶朱→范蠡(春秋 楚) 20-25
道眞→劉寶(西晉) 15-69
陶徵士→陶潛(南朝 宋)
——嘗言……自謂是羲皇上人 28-22
陶徵士→陶潛(南朝 宋) 35-17
盜跖(春秋 魯) 18-47
——欲以餘財汚良家邪 38-4
道則→陶範(東晉) 11-23(註)
陶胡奴→陶範(東晉) 11-23
道徽→郗鑒(東晉) 4-20(註)
東皐子→王績(唐) 28-33
東方朔(西漢)
——管輅不如也 26-14(註)
朔曰 臣聞銅者山之子……故鍾先鳴 8-59(註)
董祀(三國 魏) 29-6(註)
東阿→曹植(三國 魏) 46-2
董艾(西晉) 10-19
東陽→謝朗(東晉)
林道人詣謝公……體未堪勞 8-48
東陽→王臨之(東晉) 15-105
東亭→王珣(東晉)
——轉臥向壁歎 18-50
東亭→王獻之(東晉) 6-22
董仲道→董養(西晉) 15-41
董仲舒(西漢)
——放孝子符起 3-6
東坡→蘇軾(北宋) 28-41(註)
——見南昌太守葉祖洽 37-49
東海→王承(東晉) 29-18
——家內……範鍾夫人之禮 29-20
東海王→司馬越(西晉) 15-31(註)
謝幼輿……除名 12-15
太傅——……雅相知重 15-34
董狐(春秋 晉)←太史 36-18

吾懼 —— 將執簡而進矣 11-13
東昏侯 → 蕭寶卷(南朝 齊) 20-17(註)
董休昭 → 董允(三國 蜀)
許司徒喪子……欲共會其葬所 12-3
杜祁公 → 杜衍(北宋) 23-22
杜亮(唐)
穎士常使一傭僕 名 —— 26-17(註)
竇武(東漢)
陳蕃……爲中官所害 27-2
杜密(東漢) ← 杜周甫
李膺 —— 等 爲黨事考逮 27-2(註)
杜方叔 → 杜育(西晉)
—— 拙於用長 17-15
杜甫(唐) ← 杜少陵
嚴武以世舊待 —— 甚善 39-15
杜恕(三國 魏) ← 務伯 1-27(註)
—— 著家戒道 張子臺……患禍當何從而來 1-27
杜少陵 → 杜甫(唐) 39-17
杜審言(唐)
—— 孫子擬拧虎鬚 39-15(註)
—— 將死 語宋之問武平一 35-31
竇益州 → 竇軌(唐) 28-34
杜周甫 → 杜密(東漢) 14-2
竇太后(北魏)
—— 令飲者皆脫帽 47-13(註)
杜鴻漸(唐)
—— 深器重之 2-19(註)
杜弘治 → 杜乂(東晉) 18-24
—— ……季野穆少 15-73
王右軍見 —— 歎 24-27
蔡公曰 恨諸人不見 —— 耳 24-27
杜黃裳(唐) ← 遵素 2-19(註)
李師古跋扈 憚 —— 爲相 2-19
遁 → 支遁(東晉)
—— 神心警悟 淸識玄遠 15-93(註)
—— 神悟機發……自然超邁也 18-36(羊侃註)
登 → 孫登(三國 吳)
—— 曰 君才則高矣 保身之道不足 19-9
鄧竟陵 → 鄧遐(東晉)
—— ……過見大司馬桓公 41-6
滕達道 → 滕元發(北宋) 23-21
鄧伯道 → 鄧攸(西晉)
顔光祿曰 周伯仁之正……餘則吾不知 18-4
鄧士載 → 鄧艾(三國 魏)
世目 —— ……爲隱鵠 15-22
鄧尙書 → 鄧颺(三國 魏) 15-9
鄧艾(三國 魏) ← 士載 4-1(註)
—— …… 對曰 鳳兮鳳兮 故是一鳳 4-1
—— 口喫 語稱艾艾 4-1
鄧颺(三國 魏) ← 玄茂, 尙書 3-13(註), 19-8
何晏 —— 夏侯玄 竝求傅嘏交 14-8
鄧禹(東漢)
作此寂寂 使 —— 笑人 44-14
鄧攸(西晉) ← 伯道
—— 始避難 於道中棄己子全弟子 1-41
鄧子然(東漢)
孔文擧在北海時 敎高密令曰……後乏復言 6-5
鄧芝(三國 蜀) 36-4
鄧玄茂 → 鄧颺(三國 魏)
—— ……言 見謂善易 而語不及易中辭義 何也 3-13

【ㅁ】

馬季長 → 馬融(東漢) 19-3, 31-1
馬頭(東晉) 29-29(註)
馬倫(東漢)
袁隗妻 —— ……少有才辯 29-5
馬伏波 → 馬援(東漢)
—— 嘗有疾……不答 10-3
馬援(東漢) ← 文淵 10-3(註)
劉琨……曰 班彪識劉氏之復興 —— 知漢光之可輔 4-19
馬融(東漢) ← 季長 7-2(註)
鄭玄在馬融門下……高足弟子傳授而已 7-2
馬日磾(東漢) ← 翁叔 3-14
馬從一(北宋) 47-18
馬希範(後唐) 21-14
萬 → 謝萬(東晉)
—— 器量不及安石 18-32(註)
—— 才器儁秀……故致有時譽 15-89(註)
—— 著白綸巾……履板而前 32-8
萬年 → 孟嘉(東晉) 4-25(註), 28-12
滿奮(西晉) ← 武秋 滿奮畏風 4-5
萬石 → 謝萬(東晉) 4-53(註)
萬子 → 王綏(西晉)
王戎喪兒……山簡往省之 27-9
望蔡 → 謝混(東晉)
—— 肅肅 如寒風振松 16-25
望蔡侯 → 謝混(東晉) 16-25(註)
梅侍讀 → 梅詢(北宋)
—— 晩年躁於祿位 44-17

買臣之妻(西漢)
愚以爲卓氏寡女猶賢於 —— 36-4
梅蟲兒(南朝 齊)
紆意於梅蟲兒 11-36
孟 → 孟嘉(東晉)
—— 答曰 公但未知酒中趣耳 4-25
—— 答曰 漸近自然 4-26
武昌-嘉作庾太尉州從事 14-22
孟嘉(東晉) ← 萬年 4-25(註), 13-9
孟堅 → 班固(東漢) 9-21(註)
孟公 → 陳遵(西漢) 10-4(註)
孟光(東漢)
君若欲慕……少君 —— 之事矣 29-5
孟玖(西晉) 46-3(註)
孟靈休(南朝 宋) 48-10(註)
孟萬年 → 孟嘉(東晉) 28-12
—— 好飮 喜酣暢 4-25
桓宣武嘗問 —— 聽伎……何也 4-26
孟敏(東漢) ← 叔達
—— ……至市貿甑 荷擔墮地壞之 徑去不顧 41-6(註)
孟少孤 → 孟陋(東晉) 28-12
孟顗(南朝 梁) 11-35
會稽太守 —— ……謝靈運所輕 39-1
孟宗 → 孟仁(三國 吳) 29-22(註)
孟從事 → 孟嘉(東晉) 14-22
孟昶(後蜀) 26-8
孟浩然(唐) 34-22
—— 極爲王右丞所知 41-10
勉 → 徐勉(南朝 梁)
—— 正色答云 今夕……不宜及公事 11-39
明恭王皇后(南朝 宋) 29-36(註)
明恭后(南朝 宋)
—— 獨以扇障面 29-36
明穆皇后(東晉) 15-58(註)
明山賓(南朝 梁) ← 孝若, 山賓, 明祭酒
—— ……籍其宅入官 2-13
明肅后 → 劉后(北宋)
眞宗……令作冊文 11-41
明帝 → 司馬紹(東晉) 17-20, 18-1, 21-5, 46-5
—— 函封……於王丞相 47-2
王敦……欲有廢 —— 意 11-5
明帝 → 曹叡(三國 魏) 24-3, 29-10
明祭酒 → 明山賓(南朝 梁)
—— ……而恒事屢空 2-13(註)
明皇 → 李隆基(唐)
—— 好羯鼓 48-12
毛伯成 → 毛玄(東晉)
—— ……常稱寧爲蘭摧玉折 不作蕭敷艾榮 4-70
毛曾(三國 魏) 24-2
毛玄(東晉) ← 伯成 4-70(註)
沐德信 → 沐竝(三國 魏)
—— 少以淸介名 1-26
沐竝(三國 魏) ← 德信 1-26(註)
木華(西晉) ← 玄虛 9-31(註)
武 → 嚴武(唐) 22-30
懋 → 夏候懋(三國 魏)46-1
務光(夏) 31-7
撫軍 → 司馬昱(東晉) 18-17, 18-19, 18-22, 32-11
王長史求東陽 —— 不用 38-22
無忌 → 司馬無忌(東晉) 49-7
武陵王 → 司馬晞(東晉) 13-3(註), 11-24
武穆 → 馬殷(後唐) 21-14(註)
務伯 → 杜恕(三國 魏) 1-27(註)
茂伯 → 向雄(西晉) 11-3(註)
武三思(唐) 20-21(註)
茂先 → 張華(西晉) 4-6(註)
武宣卞皇后(三國 魏) 29-7(註)
武叔 → 叔孫武叔(春秋 魯)
孔子大聖……猶有伯寮之愬 29-5
武臣 → 韋皐(唐) 6-29(註)
武安君 → 白起(戰國)
臣察 —— ……瞳子白黑分明 4-2(註)
舞陽公主(東漢) 47-5(註)
武王(周)
陳曰 —— 式商容之閭……有何不可 1-9(註)
武王 → 曹操(東漢)
—— 姿貌短小 而神明英發 14-6(註)
—— 少好俠放蕩 40-1(註)
茂瑤 → 虞玩之(南朝 齊) 2-6(註)
茂遠 → 傅昭(南朝 梁) 2-15(註)
茂遠 → 諸葛玄(西晉) 8-12(註)
武子 → 王濟(西晉) 4-7(註), 17-18, 29-19
武子 → 車胤(東晉) 4-60(註)
武帝 → 司馬炎(西晉) 4-33, 10-13, 15-14(註), 15-21, 22-14, 29-15, 43-4, 48-6,
—— 崩 選百二十挽郎 47-3
—— 語和嶠曰 我欲先痛罵王武子 10-17
山公大兒著短帢…… —— 欲見之 10-18
晉 —— 每餉山濤 恒少 4-54
和嶠爲 —— 所親重 10-15
武帝 → 蕭賾(南朝 齊) 16-30
武帝 → 蕭衍(南朝 梁) 2-16(註)

梁時有沙門訟田 —— 大署曰貞 21-8
武帝 → 元修(北魏) 18-55(註)
武帝 → 劉裕(南朝 宋) 24-41
殷仲文勸宋 —— 畜伎 5-1
武帝 → 劉徹(西漢) 36-22(註)
—— 作昆明池 欲伐昆吾夷 18-57(註)
茂曾 → 李重
李廞是 —— 第五子 28-7
武昌公主(東晉) 37-30(註)
武秋 → 滿奮(西晉) 4-5(註)
武平一(唐)
杜審言將死 語宋之問 —— 35-31
武陔(西晉)
無奕 → 謝奕(東晉) 1-43(註)
公大兄 —— 女 左將軍王凝之妻 29-30
茂弘 → 王導(東晉) 4-16(註)
—— 乃復以一爵假人 28-7
武侯 → 諸葛亮(三國 蜀) 36-4
墨子(春秋戰國)
—— 駕不俟旦 28-21(註)
文康 → 庾亮 庾子嵩……從子文康見 8-47
文擧 → 孔融(東漢) 3-4(註)
—— 曰 假使成王殺召公 周公可得言不知耶 3-4
文擧 → 郭文(東晉) 1-55(註)
—— ……衣爛竟不服用 1-55
—— 答曰 思由憶生 不憶 故無情 4-18
文景 → 文帝, 景帝 46-10
文季 → 裴徽(三國 魏) 8-5(註)
文季 → 朱暉(東漢) 1-3(註)
—— 曰 堪嘗有知己之言 吾以信於心也 1-3
文君 → 卓文君(西漢) 18-44(註), 29-17(註)
文度 → 王坦之(東晉)
見 —— ……其復愔愔竟夕 16-19
庾道季云 思理倫和……吾皆百之 18-10
庾曰 若 —— 來……濟河焚舟 4-55
文禮 → 邊讓(東漢) 3-2(註)
文武 → 文王(周), 武王(周) 19-3
文生 → 圈文生(東漢)
子許買物……減價乃取 14-4
文若 → 荀彧(三國 魏)
—— 可借面弔喪 稚長可使監廚請客 38-3
文襄 → 高澄(北齊) 34-19
文淵 → 馬援(東漢) 10-3(註)
文王(周)
—— 期盡……無以延其命 46-9(註)
文元先生 → 蕭穎士(唐) 26-17(註)
文靖 → 謝安(東晉)
謝混曰 召伯之仁……更不保五畝之宅 20-8
文帝 → 楊堅(隋) 24-47(註)
文帝 → 曹丕(三國 魏) 10-8, 27-5, 29-7, 31-2, 48-1(註)
—— 問曰 卿何以不謹於文憲 3-11
—— 謂元常曰……左右之深憂 8-8
文種(春秋 越) 20-25(註)
文中子 → 王通(隋) 18-58(註)
文通 → 江淹(南朝 梁) 9-29(註)
文通 → 高鳳(人)
—— ……請曰 仁義遜讓 奈何棄之 1-4
文惠太子 → 蕭長懋(南朝 齊) 9-23
文虎(東晉) 27-13(註)
文和 → 鄭沖(西晉) 8-2(註)
文姬 → 蔡文姬(東漢)
—— 曰 季札觀樂……何足不知 30-4
微 → 王微(南朝 宋)
澄第四子 —— 15-49
米元章 → 米芾(北宋) 35-35, 37-50, 48-15
眉子 → 王玄(西晉) 14-19, 15-36, 38-5
閔貢(東漢) ← 仲叔 1-1(註)
愍度道人 → 支愍度(東晉)
—— ……爲侶 40-11
愍孫 → 袁粲(南朝 宋) 2-15(註)
閔仲叔 → 閔貢(東漢)
—— 含菽飮水 世稱節士 老病家貧 不能得肉 日買猪肝一片 1-1
愍懷太子 → 司馬遹(西晉) 22-14

【ㅂ】

璞 → 郭璞(東晉)
—— 消災轉禍 扶厄擇勝 30-12(註)
博物 → 張九齡(唐) 16-47(註)
潘文 → 潘岳(西晉)
孫興公云 —— ……往往見寶 8-28
班固(東漢) ← 孟堅 35-34
傅亮歎曰 若使殷仲文……才不減班固 9-21
班蒙(唐) 21-13
潘師正(唐) 5-15
潘岳(西晉) ← 安仁
—— 妙有姿容 好神情 24-8
孫秀旣恨石崇……昔遇不以禮 49-2
請 —— 爲表 8-23
潘安仁 → 潘岳(西晉)

內兄 —— 常令鼓琴 12-10
—— 夏侯湛 竝有美容 喜同行 24-10
潘陽仲 → 潘滔(西晉) 14-11
太傅府……清才 15-31
潘勖(東漢) ← 元茂 7-10(註)
潘元茂 → 潘勖(東漢)
—— 作魏公冊命 人謂與訓誥同風 7-10
半千 → 員半千(唐) 22-31
班婕妤(西漢)
漢成帝……讒 —— 呪詛 29-4
班彪(東漢) ← 叔皮
劉琨……曰 —— 識劉氏之復興 馬援知漢光之可輔 4-19
勃 → 周勃(西漢)
—— 旣出歎曰……安知獄吏之爲貴 20-6(註)
房 → 京房(西漢)
—— 稽首曰……亦猶後之視今也 19-2
龐士元 → 龐統(三國 蜀) 3-8, 17-4, 17-9
龐仲達 → 龐參(東漢) 6-3
龐參(東漢) ← 仲達 6-3(註)
房太尉 → 房琯(唐) 16-48, 16-49
龐統(三國 蜀) ← 士元 3-8
龐通之 → 龐遵(東晉) 13-20
方平 → 王弘之(南朝 宋)28-30(註)
裴 → 裴楷(西晉)
—— 曰 損有餘 補不足 天之道也 1-31
裴景聲 → 裴邈(西晉)
太傅府……清才 15-31
王夷甫……志好不同 12-13
裴寬(唐) 23-19
裴國寶 → 裴瓚(西晉)
—— ……特爲王萬子所重 26-3
裴冀州 → 裴徽(三國 魏)
—— ……彼此俱暢 8-4
裴佶(唐)
朱泚之亂……佯爲奴 求出城 24-48
裴郎 → 裴啓(東晉)
—— 作語林 9-17
裵談(唐) 22-28
裵遁(西晉) 27-9(註)
裴郎 → 裴啓(東晉) 38-26
裴令公 → 裵楷(西晉) 15-10, 15-28, 24-7, 24-11
—— ……麤服亂頭 皆好 24-12
—— 歲請二國租錢數百萬 以恤中表之貧者 1-31
阮步兵喪母 —— 往弔之 33-5
裴僕射 → 裴頠(西晉)
—— 善談名理 混混有雅致 4-6
裴使君 → 裴徽(三國 魏) 14-10, 15-9
裴成公 → 裴頠(西晉) 26-5
—— 作崇有論……惟王夷甫來 如小屈 8-10
裴昭明(南朝 齊) ← 裴始安
世祖曰 —— 罷郡歸 遂無宅 2-10
裴叔道 → 裴遐(西晉) 15-24
裴叔則 → 裴楷(西晉) 19-13
—— 如玉山上行 光映照人 24-12
—— 營新宅……便推使兄住 1-35
裴始安 → 裴昭明(南朝 齊)
—— 在郡還甚貧罄 2-10
裴榮(東晉) ← 榮期 9-17(註)
裴頠(西晉) ← 逸民, 僕射, 成公 4-6(註), 17-14
裴逸民 → 裴頠(西晉) 15-40, 18-17
裴晉公 → 裵度(唐)
—— 不信術數 13-29
裴遐(西晉) 12-8 ← 叔道
時泰山胡毋彦國……邀孝孫 32-10
裴楷(西晉) ← 叔則, 裴令, 令公 1-31(註)
侍中 —— 進曰……侯王得一以爲天下貞 4-4
白 → 白居易(唐)
—— 覽之曰 四人探驪龍……何用邪 9-35
伯喈 → 蔡邕(東漢) 7-6(註)
白居易(唐) ← 樂天 9-35(註)
伯禽(周)
—— 之貴 尙不免撻 37-25
白起(戰國) ← 武安君
有 —— 之風 恨量小狹 4-2
伯奇(周)
尹吉甫放孝子 —— 3-6
伯起 → 魏收(北齊) 5-10(註)
百年 → 朱百年(南宋)
—— ……謂思遠曰 綿定奇溫 2-4
伯道 → 鄧攸(西晉) 1-41(註)
伯道 → 殷覬(東晉) 1-50(註)
伯鸞 → 梁鴻(東漢) 1-5(註)
—— 曰 童子鴻 不因人熱者也 滅竈更燃之 1-5
伯寮 → 公伯寮
孔子大聖……猶有 —— 之愬 29-5
伯倫 ← 山該(西晉) 10-18(註)
百里奚(春秋)
祖云 —— 亦何必輕於五羖之皮邪 1-39
白傅 → 白居易(唐)
元微之……各賦金陵懷古詩 9-35
伯符 → 孫策(東漢)3-14(註)
伯成 → 毛玄(東晉) 4-70(註)

伯成 → 伯成子高(堯舜)
　德操曰 子且下車……不足貴也 3-8
伯樂(春秋) 15-71(註)
伯陽 → 老子(春秋)
　先君仲尼與君先人 —— 有師資之親 22-5
伯仁 → 周顗(西晉) 12-25, 29-17, 36-13
　—— 曰 吾無所憂 直是淸虛日來 滓穢日去耳 4-15
　—— 總角時……一面披衿 46-8(註)
　王歎曰 不知我進 —— 退 17-17
樊子昭(東漢) 17-9
范巨卿 → 范式(東漢) 27-3
　—— 爲荊州刺史……傭爲新野縣街卒 1-6
范啓(東晉) ← 榮期 9-14(註)
范逵(西晉) 29-21
范丹(東漢) ← 史雲 1-7(註)
范蠡(春秋 越) ← 陶朱 20-25
范孟博 → 范滂(東漢) 15-3, 15-8
范文正 → 范仲淹(北宋) 23-21
范史雲 → 范丹(東漢)
　—— 遭黨錮 推鹿車載妻子 以捃拾自資 1-7
范宣(東晉) ← 子宣 31-6
　—— 年八歲……是以啼耳 1-47
　—— 未嘗入公門 28-16
范式(東漢) ← 巨卿 1-6(註)
范曄(南朝 宋) ← 范蔚宗
　孔熙先與 —— ……辭氣不撓 46-12
　—— 善彈……新聲 35-21
范榮期 → 范啓(東晉) 37-16
　孫興公……以示 —— 9-14
范汪(東晉) ← 范玄平 14-23
　—— 至能噉梅 48-9
范雲(南朝 梁)
　—— 沈約之徒 皆引短推長 41-9
范蔚宗 → 范曄(南朝 宋) 27-25
　—— 臨刑時 妓妾來別 37-33
氾毓(西晉) ← 稚春
　—— 家世敦睦……衣無常主 1-57
范蜀公 → 范鎭(北宋)
　—— 素不飮酒 又詆佛敎 9-36
范忠宣 → 范純仁(北宋) 13-32
　—— 謫永州……輒罵章惇 13-33
范玄平 → 范汪(東晉) 37-9
　—— 爲人……多數失會 40-9
法崇(唐) 28-24
法暢 → 康法暢(晉)
　—— 曰 廉者不求 貪者不與 故得在耳 4-32
法護 → 王珣(東晉)
　—— 非不佳 僧彌難爲兄 18-53
卞鞠 → 卞範之(東晉) 29-27, 29-35
卞令 → 卞壼(東晉) 35-9
　—— 禮法自居 33-31
卞望之 → 卞壼(東晉) 35-9(註)
　—— 云 郗公體中有三反 18-12
　—— 之峯距 15-55
　顔光祿曰 周伯仁之正……餘則吾不知 18-4
邊文禮 → 邊讓(東漢) 17-5
　—— 見袁奉高 失次序 3-2
卞範之(東晉) ← 卞鞠 32-14
卞士蔚 → 卞彬(南朝 梁)
　—— ……甚有剛氣 11-35
邊讓(東漢) ← 文禮 3-2(註)
　—— 爲九州之被……則有餘 17-5
卞太后(三國 魏) 46-2(註)
邴 → 邴原(東漢)
　—— 答曰 吾聞……君老不奉世子 10-7
邴根矩 → 邴原(東漢) 10-7
丙吉(前漢) 37-46(註), 47-12
　—— 問牛喘 6-13(註)
邴原(東漢) ← 邴根矩
　—— 所謂雲中白鶴……所能羅也 15-5
步兵 → 阮籍(三國 魏) 33-10, 33-11, 36-7
輔嗣 → 王弼(三國 魏)
　林公 尋微之功不減 —— 15-93
　知所遇者 —— 也 8-25
輔嗣 → 何晏(三國 魏) 8-3(註)
服虔(東漢) ← 子愼 7-3(註)
　—— 旣善春秋……聞崔烈集門生講傳 7-5
伏滔(東晉) 32-7
　袁虎 —— 同在桓公府 38-16
服子愼 → 服虔(東漢)
　鄭玄欲注春秋傳……遇宿客舍 7-3
本初 ← 袁紹(東漢) 3-3(註)
奉高 → 袁閬(東漢) 3-2(註)
奉倩 → 荀粲(三國 魏) 8-1(註)
奉倩 → 荀粲(三國 魏)
　—— 答曰……固蘊而不出矣 8-1
封胡 → 謝韶(東晉) 44-8
裒 → 褚裒(東晉)
　—— 簡穆有器識 15-70(註)
苻堅(前秦) 4-69, 13-13(註), 14-27, 28-10, 37-13
　宏 —— 太子也 38-31(註)
符宏(前秦)

—— 叛來……每加接引 38-31
符起(西漢)
董仲舒放孝子 —— 3-6
傅蘭碩 → 傅嘏(三國 魏) 15-10
傅亮(南朝 宋) 14-14
傅茂遠 → 傅昭(南朝 梁)
—— ……經其戶寂若無人 2-15
傅昭(南朝 梁) ← 茂遠 2-15(註)
傅說(殷商)
見築者胥靡 衣褐於傅巖之野 是謂 —— 3-5(註)
傅瑗(南朝 宋) 14-14
夫人王氏(北宋) 13-33(註)
夫人王氏 → 王韞秀(唐)
元相得罪……頗聞掖庭 29-39
傅暢(西晉)
時泰山胡毋彥國……邀孝孫 32-10
傅嘏(三國 魏) ← 蘭石
—— 善言虛勝 荀粲談尙玄遠 8-4
何晏鄧颺夏侯玄 竝求 —— 交 14-8
傅翺(唐) 6-24
北海 → 孔融(東漢) 3-4(頭)
—— 何如人乎 3-5(頭)
奮 → 滿奮(西晉)
—— 答曰 臣猶吳牛見月而喘 4-5
佛大 → 王忱(東晉) 1-52(註)
佛圖澄(西晉) 4-43
不疑 → 羊不疑(東晉) 31-13
非 → 韓非(戰國 韓)
恐是昌家……只有艾氣 37-47
—— 爲人口吃 37-47(註)
比干(殷商) 13-23
費文偉 → 費禕(三國 魏) 12-5
許司徒喪子……欲共會其葬所 12-3
秘書 → 謝瑍(南朝 宋)
—— 早亡 談者亦互有同異
邠國公 → 杜黃裳(唐)
杜黃裳……封邠國公 2-19(註)
斌亮 → 曇斌, 慧亮
安汰……將絶復興 16-37
氷 → 庾氷(西晉)
會康帝崩 兄 —— 薨 36-20(註)

【ㅅ】

汜 → 范式(東漢) 1-6(註)
謝 → 謝靈運(南朝 宋)
—— 答曰 將不畏影者 未能忘懷 4-76
謝 → 謝萬(東晉)
—— 曰 故當淵注渟著 納而不流 4-53
謝 → 謝尙(東晉)
—— 注神傾意 不覺流汗交面 8-30
謝 → 謝石(東晉)
—— 知其貧潔 遣女必當率薄 1-56
謝 → 謝安(東晉)
—— 曰 身不蕭灑……身正自調暢 16-17
—— 曰 阿敬近撮王劉之標 18-43
—— 着故絹衣……宴然無異 13-5
支謂 —— 曰 君一往奔詣 故復自佳耳 9-16
謝 → 謝莊(南朝 宋)
—— 曰……竊爲陛下杜郵之賜 5-4
思 → 左思(西晉)
—— 乃詢求於皇甫謐……遂爲作敍 8-41
—— 貌醜頓 不持儀飾 24-8(註)
士簡 → 張率(南朝 梁)
—— 笑曰 壯哉雀鼠 13-25
謝康樂 → 謝靈運(南朝 宋) 37-32
—— 因父祖……甚厚 34-15
顔延之嘗問鮑明遠己詩與 —— 優劣 9-28
謝車騎 → 謝玄(東晉)
—— ……將夕乃退 8-49
謝居士 → 謝敷(東晉) 28-19
謝慶緒 → 謝敷(東晉) 28-19
謝景重 → 謝重(東晉) 4-72, 37-27, 39-3(註)
—— ……答曰 意謂乃不如微雲點綴 4-72
謝景滌 → 謝覽(南朝 梁) 24-45
士季 → 鍾會(三國 魏) 7-11(註)
師古 → 李師古(唐) 2-19(註)
謝鯤(西晉) ← 幼輿, 豫章 15-48, 18-1, 19-15, 27-11, 33-17
謝公 → 謝安(東晉) 4-51, 4-60, 11-18, 11-29, 14-12, 15-52, 15-92, 16-6, 16-12, 16-13, 16-15, 16-16, 16-17, 18-9, 18-28, 18-41, 18-46, 22-23, 23-12, 23-15, 24-35, 24-37, 24-38, 33-37, 35-11, 35-16, 36-23, 37-11, 37-7, 38-26, 38-29
林道人詣 —— ……體未堪勞 8-48
—— ……於田曹中郎趙悅子 32-12
—— ……歎曰 若郗超聞此語 必不至河漢 4-51
—— ……答曰 小兒輩大破賊 13-13
—— 濃至 18-8
—— 不許云 若不容置此輩 何以爲京都 6-21
—— 時……多近竄南塘下諸舫中 6-21

—— 與人圍棋 俄而謝玄淮上信至 13-13
—— 曰 吉人之辭寡 18-40
—— 云 先輩初不臧貶七賢 18-38
—— 云 賢聖去人 其間亦邇 4-51
—— 在東山……安石必出 14-13
孫長樂兄弟……言至款雜 38-18
王東亭與 —— 交惡 27-19
王令詣 —— ……當與併榻 44-9
長史虛 劉尹秀 謝公融 18-8
郗嘉賓 嘗三伏之月詣 —— 13-5
謝公 → 謝靈運(南北朝) 26-10
司空 → 王昶(西晉) 29-18
司空 → 褚淵(南朝 齊) 11-37
四公 → 周弘直(南朝 陳) 9-25
司空 → 郗愔(東晉) 29-26
謝公夫人(東晉) 29-25
司空表聖 → 司空圖(唐)
司空表聖……賦詩對酌 13-30
思曠 → 阮裕(東晉) 1-42(註)
思光 → 張融(南朝 齊) 2-12(註)
謝朏(南朝 梁) ← 敬冲
王答曰 —— 得父膏腴 江淹有意 9-29
謝幾卿(南朝)
—— ……十二補國子生 34-17(註)
謝郎 → 謝尙(東晉)
殷徐語左右 取手巾與 —— 拭面 8-30
謝朗(東晉) ← 長度, 胡兒, 東陽 4-55(註)
謝靈運(南朝 宋) ← 康樂 16-26
會稽太守孟顗…… —— 所輕 39-1
—— 好戴曲柄笠 4-76
士龍 → 陸雲(西晉) 11-1, 15-18
司馬建公 → 司馬防(東漢) 36-1
司馬景王 → 司馬師(三國 魏)
—— 東征……以爲從事中郎 4-3
司馬公 → 司馬懿(三國 魏) 14-7
司馬君實 → 司馬光(北宋)
—— 直言王介甫不曉事 39-19
司馬德操 → 司馬徽(東漢) 3-8
司馬梁王 → 司馬珍之(東晉) 23-16
司馬文王 → 司馬昭(三國 魏) 10-12
司馬愍王 → 司馬丞(東晉)
王大將軍執 —— ……於車而殺之 49-7
司馬伯達 → 司馬朗(東漢)
何不從陳長文 —— 乎 38-1
司馬師(三國 魏) ← 子元, 司馬景王, 晉景王 4-3(註)
司馬相如(西漢) ← 長卿 8-7(註), 34-7
司馬宣王 → 司馬懿(三國 魏)
諸葛武侯……治軍渭濱 12-2
桓公 鬢如反猬皮……一流人 24-28
司馬世雲(南北朝) 47-13
司馬承禎(唐) ← 正一先生 39-14
司馬子如(北齊) 35-29
司馬長卿 → 司馬相如(西漢)
子春語衆人曰……正似 —— 游獵賦 8-7
司馬遷(西漢) 36-22(註)
司馬太傅 → 司馬道子(東晉) 4-72, 16-22, 18-48, 49-5
王爽……呼王爲小子 11-31
謝萬(東晉) ← 萬石, 阿萬, 中郎 4-53(註), 15-89, 32-8, 35-11, 35-16, 37-15
—— 作八賢論……小有利鈍 9-18
—— 就太傅 乞裘 19-18
思曼 → 張緒(南朝) 2-12, 25-4
謝萬石 → 謝萬(東晉) 13-10
—— 在林澤中 爲自遒上 15-84
謝望蔡 → 謝琰(東晉)
王興道……如失鷹師 38-33
謝無奕 → 謝奕(東晉)
—— 性麤彊 44-7
思伯 → 賈思伯(北魏)
—— 曰 衰至便驕 何常之有 5-14
謝奉(東晉) ← 弘道, 安南 15-101
謝夫人(東晉) 44-8
夫人答曰……始末正當動靜之異耳 4-73
王江州……婺居會稽 29-32
謝尙(東晉) ← 仁祖, 堅石, 鎭西 4-28(註), 15-95
謝石(東晉) ← 石奴 1-56(註)
謝石奴 → 謝石(東晉)
—— 請吳隱之 爲衛將軍主薄 1-56
謝宣明 → 謝晦(南朝 宋) 11-32
謝宣映 → 謝絢(南朝 宋)
—— 曾於公坐 戲調其舅袁湛 39-3
謝叔源 → 謝混(東晉) 16-25, 26-11
景文方 —— 則爲野父矣 24-43
謝侍中 → 謝淪
齊高宗……報 —— 13-24
謝安(東晉) ← 安石, 太傅, 謝公, 文靖, 僕射, 侍中 1-44(註), 8-53(註), 13-6, 13-7, 37-1
—— 與王語次 因及魏時起淩雲閣 11-29(註)
—— 年少時 請阮光祿道白馬論 8-21
士安 → 皇甫謐(西晉)
—— 曰 柳爲布衣時……非心所安 1-28
謝安南 → 謝奉(東晉) 4-58, 13-12

簡文云——……居然自勝 18-23
謝安石→謝安(東晉) 9-15, 18-31
桓公見——作簡文謚議 9-15
謝遏→謝玄(東晉) 18-38
——絶重其姊 張玄常稱其妹 29-33
王江州夫人 語——29-31
謝瀹(南朝 齊)←謝侍中 11-38
士言→祖納(西晉) 1-39(註)
謝琰(東晉)←瑗度, 末婢, 望蔡 49-5(註)
士瑤→陸玩(東晉) 6-12(註)
史雲→范丹(東漢) 1-7(註)
——……言麥已雜 誓不肯受 1-7
思遠→孔顗(南宋) 2-3(註)
——以臥具覆之 2-4
士元→龐統(三國 蜀) 3-8(註)
——從車中謂曰 吾聞丈夫處世……而執絲婦之事 3-8
思遠→王思遠(南朝 齊)
——立身簡約 20-16(註)
謝元正→謝貞 22-27
謝幼輿→謝鯤(西晉) 15-41, 32-4, 36-14
顧長康畵——在巖石裏 31-10
——……除名 12-15
謝孺子(南朝 宋)
——特善聲律 5-6
謝益壽→謝混(東晉) 24-42
恨不得——奉壓紱 26-11
謝仁祖→謝尙(東晉) 14-24, 15-85, 18-19, 24-33, 33-28, 47-4
若饑 自當就——索食 11-23
王丞相云……正自爾馨 18-13
袁彦道有二妹……一適——26-9
謝子微→謝甄 15-8
謝莊(南朝 宋)←希逸 5-4(註), 16-32
宋孝武選侍中四人……阮韜何偃爲一雙 24-43(註)
謝長史←謝幾卿(南朝)
——性通脫 會意便行 34-17
士載→鄧艾(三國 魏) 4-1(註)
師正→潘師正(唐)
——對曰 臣所須者 茂松淸泉 山中不乏 5-15
謝綜(南朝 宋) 37-33
嗣宗→阮籍(三國 魏) 1-24(註)
司州→王胡之(東晉) 18-6
——可與林澤遊 16-3
——造勝遍決 16-6
右軍勝林公……亦貴徹 18-9
謝重(東晉)←景重 4-72(註)
謝中郎→謝萬(東晉) 4-53, 16-2
謝中書→謝莊(南朝 宋) 5-4
謝鎭西→謝尙(東晉) 9-10, 15-66, 16-9, 32-13, 33-38
——……爲眞長求會稽 38-15
——少時……故往造之 8-30
——著紫羅襦……作大道曲 33-29
殷顗庾恒 竝是——外孫 38-29
謝車騎→謝玄(東晉) 16-15, 16-19, 18-48, 24-37, 37-18
王僧彌……共王小奴許集 13-16
謝參軍→謝超宗(南朝 齊) 16-34
謝超宗(南朝 宋)←謝參軍
——好學……爲新安王子鸞常侍 9-28
宋武帝嘗稱——殊有鳳毛 47-11
謝太傅→謝安(東晉) 4-49, 4-54, 4-67, 12-20, 13-12, 15-60, 15-71, 15-74, 16-3, 16-5, 16-8, 18-36, 18-39, 18-42, 18-43, 18-51, 28-15, 29-30, 38-25
符宏叛來……每加接引 38-31
——……汎海戲 13-8
——……而不作父誄 9-6
——劉夫人性忌 不令公有別房 48-5
——語王右軍曰…… 輒作數日惡 4-41
——日 當爾時 覺形神俱往 4-23
——爲桓公司馬 15-94
——絶重褚公 常稱……而四時之氣亦備 1-44
羊曇 少爲——所知 27-20
王國寶搆——……太傅患之 20-7
桓玄欲以——宅爲營 20-8
士行→陶侃(東晉)4-28(註)
謝奕(東晉)←無奕, 安西 1-43(註), 8-49(註)
——作剡令……謝以醇酒罰之 1-43
謝玄(東晉)←幼度, 車騎 4-54(註), 45-1
謝公與人圍棋 俄而——淮上信至 13-13
郗超與——不善 14-27
思玄→江彪(東晉) 11-8(註)
謝玄暉→謝朓(南朝 齊) 2-7
——頗輕江祏 49-8
士衡→陸機(西晉) 4-10(註), 15-18
——撫掌大笑……以覆酒甕耳 8-24
謝譓(南朝 梁)
——不妄交接 35-19
謝胡兒→謝朗(東晉) 4-55
謝虎子→謝據(東晉)
——嘗上屋熏鼠 47-9
謝混(東晉)←叔源, 益壽, 望蔡 24-43, 37-24

—— 曰 召伯之仁……更不保五畝之宅 20-8
—— 風鑑爲江左第一 24-41
謝弘微 → 謝密(南朝 宋)
——……與人未嘗有牾 44-11
謝晦(南朝 宋) ← 謝宣明 13-21, 26-11
—— 美風姿……鬢髮如墨 24-41
士休 → 賈思伯(北魏) 5-14(註)
謝希深 → 謝絳(北宋)
錢文僖留守西都……同在幕下 32-23
山簡(西晉) ← 山季倫
王戎喪兒…… —— 往省之 27-9
山巨源 → 山濤(西晉) 15-10, 15-13, 15-27
鬲令袁毅在政貪濁……嘗遺 —— 絲百斤 1-29
山季倫 → 山簡(西晉)
—— 爲荊州 時出酣暢 33-13
山谷 → 黃庭堅(北宋) 9-37
山公 → 山濤(西晉) 6-9, 14-9, 15-12, 15-14, 24-6
公曰 爲君思之久矣……而況人乎 6-9
——……契若金蘭 29-14
—— 大兒著短帢……武帝欲見之 10-18
嵇阮以識推 —— 1-29(頭)
散騎 → 何子朗(南朝 梁)
何參軍與族弟水部 —— 俱擅文名 9-30
山濤(西晉) ← 巨源, 司徒, 山公 1-29(註), 4-54, 14-16
——……乃歎曰 生兒不當如王夷甫邪 14-16
—— 以下 魏舒以上 15-21
山賓 → 明山賓(南朝 梁)
—— 七歲能言玄理……居喪盡禮 2-13(註)
山司徒 → 山濤(西晉)
—— 前後選 殆周遍百官 擧無失才 6-7
山少傅 → 山濤(西晉) 14-9
山該(西晉) 10-18(註)
尙 → 謝尙(東晉)
—— 率易挺達 超悟令上也 15-95(註)
—— 自然令上 15-95
祥 → 王祥(西晉)
方盛寒冰凍……魚出 1-23(註)
尙 → 袁尙(東漢) 19-4(註)
湘東王 → 蕭繹(南朝 梁) 27-27, 37-39
—— 繹……淹留不進 20-18
常伯熊 → 常魯(唐)
陸鴻漸與 —— 皆精茶理 46-13
尙書 → 何晏(三國 魏)
—— 含笑贊之曰 可謂要言不煩 3-13
商鞅(戰國)
謝答曰 秦任 —— 二世而亡 豈淸言致患邪 4-49
相王 → 司馬昱(東晉) 8-56
—— 好事 不可使阿訥在坐頭 38-32
向秀(魏晉) ← 向子期
——……然猶有別本 8-19
向雄(西晉) ← 茂伯 11-3
向子期 → 向秀(魏晉) 18-26, 35-5
向子平 → 向長(東漢) 28-4
向長(東漢) ← 向子平 28-4(註)
尙之 → 何尙之(南朝 宋) 35-18
索靖(西晉) 26-15
—— 有先識遠量 14-15
生公 → 竺道生(南朝 宋)
—— 弟子道猷 9-22
諝 → 荀爽(東漢)
荀爽一名 —— 3-7(註)
舒 → 王舒(東晉)
—— 果沈含父子于江 14-21
徐寧(東晉) 15-68
徐陵(南北朝) ← 孝穆, 徐常侍 5-9(註), 22-26
徐勉(南朝 梁) 11-39, 14-30, 24-45
——……盡以給之 37-43(註)
徐傅 → 徐羨之(南朝 宋), 傅亮(南朝 宋) 13-21
徐悱(南朝 梁)
劉孝綽三妹……東海 —— 29-37
徐師川 → 徐俯(南宋) 28-41
徐常侍 → 徐陵(南朝 陳) 5-9
—— 聘齊 39-8
徐羨之(南朝 宋) ← 徐傅 13-21
西施(春秋) 38-6
郭答曰 譬如見 —— 何必識姓名然後 知美 4-12
徐野民 → 徐廣(東晉)
桓玄簒立……涕泗交流 11-32
徐有功(唐) 5-17
徐孺子 → 徐穉(東漢) 22-3
—— 嘗事江夏黃公 1-10
陳仲擧……至便問 —— 所在 欲先看之 1-9
西子 → 西施(春秋)
何乃刻畫無鹽 以唐突 —— 也 38-6
徐晦(唐)
獨 —— 送至藍田 2-21
徐孝穆 → 徐陵(南北朝) 5-9
徐孝嗣(南朝 齊) 37-34
沈昭略……同賜死華林省 13-23
石季倫 → 石崇(西晉) 4-12, 19-13
石奴 → 謝石(東晉) 1-56(註)
釋道安(東晉) 4-29, 37-13

石頭(地) 4-35, 11-13, 19-15, 23-10, 23-16, 33-34, 46-6
丞相嘗夏月 至――看庾公 6-13
王大將軍旣反……周伯仁往見之 11-6
王敦……欲有廢明帝意 11-5
庾在――王在冶城坐 38-8
石勒(後趙) 15-20(註), 38-14(註)
――不知書 使人讀漢書 14-17
石崇(西晉)←季倫 26-6, 43-6, 49-3
――……見顔原象而歎 43-2
――厠……無不畢備 43-3
孫秀旣恨――……昔遇不以禮 49-2
宋褘……有國色善吹笛 33-22
石學士→石中立(北宋)
――中立 37-46
石顯(西漢) 19-2(註)
釋慧淨(唐)
――嘗與道士蔡晃談義 9-32
石虎(後趙) 15-43(註)
林公曰 澄以――爲海鷗鳥 4-43
宣→范宣(東晉)
――潔行廉約……旣終不受 1-47
宣武→桓溫(東晉) 4-66, 23-14, 32-12, 36-21(註)
――不得已而先之 因曰 伯也執殳 爲王前驅 4-38
――集諸名勝講易 日說一卦 8-32
習鑿齒史才不常――甚器之9-4
善業→阮長之(南朝 宋) 2-9(註)
宣遠→謝瞻(南朝 宋)
――謂之曰 秘書早亡 談者亦互有同異 20-10
宣帝→司馬懿(三國 魏) 10-11
宣帝→陳頊(南朝 陳) 5-8
先中丞→盧奕(唐)
――傳首平原……親舌舐之 49-9
薛道衡(隋)←玄卿 5-11(註), 32-20(註)
――……曰金剛何爲努目 5-11
――聘陳 作人日詩 9-32
聶季寶(漢) 14-2
葉義問(南宋) 47-19
葉祖洽(北宋)
東坡見南昌太守――37-49
成公簡(西晉) 15-17
盛度
――體豐肥 37-46
成都王→司馬穎(西晉) 4-8
成濟(三國 魏) 10-12(註)
世修→陳世修(北宋) 20-25
洗心→齊澣(唐) 9-34(註)
世英→黃瓊(東漢) 1-10(註)
世遠→高柔(三國 魏) 4-59(註)
世儒→王彬(東晉)
王應欲投世儒 14-21
世遊→庾乘(東漢) 26-2(註)
世將→王廙(東晉)
王大將軍執司馬愍王……於車而殺之 49-7
世祖→蕭賾(南朝 齊)
――曰 裴昭明罷郡歸 遂無宅 2-10
――曰 士大夫는 故非天子所命 11-38
張思光……答曰 臣陸處無屋 舟居非水 2-12
世祖→劉秀(東漢) 35-1
世祖→劉駿(南朝 宋) 5-4
蘇瓊(北齊)←珍之 6-25(註)
――爲淸河太守 淸愼無私 6-25
少君(西漢)
君若欲慕……――孟光之事矣 29-5
蕭南郡→蕭惠開(南朝 宋)
――除少府……列種白楊樹 44-13
蕭道生(南朝 齊) 13-24(註)
小令→王珉(東晉)
――……答曰 不知治化何如 惟與張祖希情好日隆耳 6-22
少明→王悅之(南朝 宋) 1-58(註)
昭明太子→蕭統(南朝 梁) 27-27
――與諸賢 汎舟玄圃池 2-11
少文→宗炳(南朝 宋) 23-17
召伯→召公(周)
謝混曰――之仁……更不保五畝之宅 20-8
蕭傅→蕭至忠(唐) 20-21
蕭賁(南朝 梁) 20-18
――是竟陵王子良之孫 31-14
蘇司業→蘇源明(唐) 26-18
蕭思話(南朝 宋) 32-15
蘇世長(唐)
――……陳禽於旌門 11-40
小心→劉子翼(隋) 16-44(註)
蘇養直→蘇庠(南宋) 28-41
蕭彦瑜→蕭琛(南朝 梁)
――嘗與御宴 醉伏筵中 21-9
蕭穎士(唐)←文元先生
――有一僕……輒百餘 26-17
巢由→巢父(唐堯), 許由(唐堯)
未聞――買山而隱 37-2
自比――39-18

小庾 → 庾翼(東晉)
—— 臨終……爲代 14-25
蕭引(南朝 陳) ← 叔休 5-8(註)
—— 書法遒逸 5-8
蘇子美 → 蘇舜欽(北宋)
—— 豪放不羈 好飮酒 23-22
蘇子瞻 → 蘇軾(北宋) 34-26
蘇長公 → 蘇軾(北宋) 37-49, 37-50
—— ……以五百緡買一宅 2-23
蘇頲(唐) 22-28
少正卯(春秋 魯) 18-47
蘇峻(東晉) 11-13, 12-21, 13-2, 15-51(註), 27-13, 33-33
—— 時……爲匡術所逼 11-7
蕭至忠(唐) ← 蕭傅
—— 依太平公主 20-21
蕭詧(西梁)
宗如周面……——戱之 37-43
蕭何(前漢) 47-12
巢許 → 巢父(唐堯), 許由(唐堯) 4-47
蘇桓公 → 蘇純(西漢)
見 —— ……不見又思之 10-2
—— ……士友咸憚之 10-2
束晳(西晉) ← 廣微
—— 慢戱之流 13-19
孫 → 孫綽(東晉)
—— 日 楓柳雖合抱 亦何所施 4-59
或重許高……而無取於許 18-7
孫 → 孫楚(西晉)
—— 日 所以枕流 欲洗其耳 所以漱石 欲礪其齒 4-9
孫監 → 孫盛(東晉) 37-8
孫季舒(西晉) 19-13
孫權(三國 吳) ← 大皇帝, 仲謀 36-4, 36-5, 17-10
孫騰(東魏) 35-29
孫登(三國 吳) 23-6(註)
嵇康……遇道士 —— 19-9
孫武(春秋 吳) 14-9(註)
孫伯符 → 孫策(東漢)
看此山川形勢 當復出一 —— 41-8
—— 志業不遂 23-13
劉荊州嘗自作書……以示禰正平 38-2
孫盛(東晉) ← 安國, 孫監 8-20(註), 13-9, 22-19, 36-22
孫秀(西晉) 29-16
—— 旣恨石崇……昔遇不以禮 49-2
孫叔敖(春秋 楚)
—— 爲兒時…對曰 恐後人見 殺而埋之矣 1-40(註)
庾云 賣之必有買者……效之不亦達乎 1-40
孫安國 → 孫盛(東晉) 37-8
褚季野語 —— 云……淸通簡要 8-20
孫吳 → 孫武(春秋 吳), 吳起(戰國 楚)
—— 用兵本意 14-9
孫王 → 孫綽(東晉), 王羲之(東晉) 13-8
孫恩(東晉)
王江州……僑居會稽 29-32
孫子荊 → 孫楚(西晉) 4-9, 27-8, 35-3
—— 除婦服 作詩以示王武子 8-11
王武子 —— 各言其土地人物之美 4-7
孫綽(東晉) ← 興公, 長樂 4-59, 4-59(註)
—— 作列仙商丘子贊 38-17
孫長樂 → 孫綽(東晉) 38-13, 38-23
—— 作王長史誄 38-24
—— 兄弟……言至款雜 38-18
孫齊由 → 孫潛(東晉) 22-18
孫齊莊 → 孫放(東晉) 22-18
孫仲謀 → 孫權(三國 吳)
桓公 鬢如反猬皮……一流人 24-28
孫策(東漢) ← 伯符, 討逆 3-14(註), 22-8
欲使 —— 帳下兒讀之耶 將使張子布見乎 38-2
孫楚(西晉) ← 孫子荊, 子荊 4-7(註), 35-3
孫討逆 → 孫策(東漢)
—— ……謂虞仲翔曰…恐子綱不能結兒輩舌也 3-14
孫荊玉(南朝 梁) 43-8
孫皓(三國 吳) 19-7, 36-8
孫休(三國 吳) ← 景皇帝
—— 好射雉 19-6
孫興公 → 孫綽(東晉) 8-33, 15-77, 15-78, 18-19, 18-34, 24-38, 37-12, 37-18, 37-21
—— ……多託寄之辭 11-20
—— ……以示范榮期 9-14
—— 道……酷無裁製 9-19
—— 云 潘文……往往見寶 8-28
—— 云 三都二京 五經鼓吹 9-5
—— 爲庾公參軍 共遊白石山 15-96
—— 聽妓 振且擺折 38-20
—— 許玄度 皆一時名流 18-7
謝萬作八賢論……小有利鈍 9-18
謝太傅……汎海戱 13-8
褚公與 —— 同遊……舫欲傾覆 38-12
此舫人皆無…… —— 多塵滓 38-12
宋璟(唐) ← 宋廣平 20-21
宋景文 → 宋祁(北宋) 16-51
宋廣平 → 宋璟(唐)

── 愛民惜物……人咸謂有脚陽春 6-27
宋明帝 → 劉彧(南朝 宋) 37-37
── ……以爲歡笑 29-36
── 賜王景文死 13-22
宋武 → 劉裕(南朝 宋) 26-11
宋武帝 → 劉裕(南朝 宋) 35-21
── 嘗稱謝超宗殊有鳳毛 47-11
宋文帝 → 劉義隆(南朝 宋) 21-7, 34-14
── 嘗問慧觀……誰復習之 9-22
宋世祖 → 劉駿(南朝 宋)
── 至……謂劉德願 37-36
宋禕(西晉)
── ……有國色善吹笛 33-22
宋子京 → 宋祁(北宋)
── 多內寵 後庭曳羅綺者甚衆 48-14
宋宗(晉) ← 宋處宗 8-26(註)
宋之問(唐) 18-57(註)
杜審言將死 語 ── 武平一 35-31
宋處宗 → 宋宗(晉)
── 甚有思理……雞遂作人語 8-26
宋太祖 → 劉義隆(南朝 宋)
── 嘗面許張思光……粉竟不下 37-35
宋太祖 → 趙匡胤(北宋) 29-41
宋孝武 → 劉駿(南朝 宋)
── 選侍中四人……阮韜何偃爲一雙 24-43(註)
修 → 王修(東晉)
── 明秀有美稱 16-18(註)
綏 → 王綏(西晉)
國寶雖不知綏 ── 自知國寶 26-3
脩 → 桓脩(東晉)
── 少爲玄所侮 49-6(註)
隋高祖 → 楊堅(隋) 32-20
脩齡 → 王胡之(東晉) 4-57(註)
隋文帝 → 楊堅(隋) 37-42
水部 → 何遜(南朝 梁)
何參軍與族弟 ── 散騎 俱擅文名 9-30
脩仁 → 徐勉(南朝 梁) 11-39(註)
壽寂之(南朝 宋)
敬則在宋……殺後廢帝於華林園 39-5(註)
豎刁(春秋)
仁祖聞之曰 時無 ── 故 不貽陶公話言 4-28
淑 → 荀淑(東漢)
── 有八子……時人號曰八龍 1-14(註)
叔開 → 蔡洪(西晉) 4-13(註)
叔達 → 孟敏(東漢)
有愧於 ── 不能不恨於破甑 41-6
叔道 → 裴遐(西晉) 12-8(註)
叔度 → 司馬穎(西晉) 4-8(註)
叔道 → 桓歆(東晉) 6-19(註)
叔度 → 黃憲(東漢) 1-8(註)
叔明 → 陸慧曉(南朝 齊) 2-8(註)
叔寶 → 衛玠(西晉) 4-17(註)
叔夜 → 嵇康(三國 魏) 4-2(註)
叔元 → 王乂(西晉) 1-39(註)
叔慈 → 荀靖(東漢)
慈明外朗 ── 內潤 17-3
叔慈 → 荀靖(東漢)
荀使 ── 應門 慈明行酒……坐著膝前 1-14
叔子 → 羊祜(西晉) 4-61(註)
肅宗 → 李亨(唐) 29-38
叔治 → 王修(東晉) 1-22(註)
叔則 → 裴楷(西晉) 1-31(註)
叔皮 → 班彪(東漢) 4-19(註)
叔和 → 庾龢(三國 吳) 11-20(註)
叔休 → 蕭引(南朝 陳) 5-8(註)
詢 → 許詢(東晉)
── 出都迎姊 15-91(註)
荀巨伯(東漢)
── 遠看友人疾 值胡賊攻郡 1-16
荀朗陵 ← 荀淑(東漢)
陳太丘詣 ── 貧儉無僕役 1-14
荀令君 → 荀彧(三國 魏) 24-4
── 趙溫寇皆足蓋當世乎 38-3
荀令則 → 荀羨(東晉)
王仲祖病……荀令則爲量水 32-9
荀伯玉(南朝 齊) 25-3
荀奉倩 → 荀粲(三國 魏) 22-20
── ……然則六籍雖存 固聖人之糠粃也 8-1
── 與婦至篤 48-2
── 諸兄 竝以儒術論議 奉倩 獨好言道 8-1
荀羨(東晉) ← 令則, 中郎 4-50(註)
荀邃(東晉)
時泰山胡毋彦國……邀孝孫 32-10
荀淑(東漢) ← 季和, 朗陵 1-13(註)
李元禮嘗歎 ── 鍾皓曰……鍾君至德可師 1-13
荀寓(西晉) 37-4
荀勖(西晉) ← 濟北 30-8
── 善解音聲 30-7
晉武帝時……和嶠爲令 10-16
荀慈明 → 荀爽(東漢) 3-7
荀濟北 → 荀勖(西晉) 31-5
詢祖 → 盧詢祖(北齊)

—— 曰 見未能高飛者……剪其翅翮 5-10
荀中郎 → 荀羨(東晉) 4-50
荀仲茂 → 荀閎 黃初中有甲乙疑論……議各不同 8-8
荀粲(三國 魏) ← 奉倩 8-1(註), 14-8, 14-23
傅嘏善言虛勝 —— 談尙玄遠 8-4
述 → 王述(東晉)
—— 少貧約……不求聞達 15-87(註)
習 → 習鑿齒(東晉)
—— 答曰 四海習鑿齒 4-29
習鑿齒(東晉) ← 彦威 4-29, 37-12
—— ……猶作漢晉春秋 品評卓逸 9-4
—— 史才不常 宣武甚器之 9-4
—— 以脚病廢居里巷 37-13
王令詣謝公……當與併榻 44-9
僧虔 → 王僧虔(南朝 齊) 20-11
僧彌 → 王珉(東晉)
法護非不佳 —— 難爲兄 18-53
丞相 → 王導(東晉) 6-14, 12-19, 15-38, 17-22, 24-19, 35-9, 46-6
—— 乃歎曰 向來語……正當爾耳 8-31
—— 末年 略不復省事 正封籙諾之 6-14
—— 嘗夏月 至石頭 看庾公 6-13
—— 以麈尾指坐 15-58
劉尹撫王長史背曰……但有都長 18-25
王右軍在南……每歎子姪不令 38-10
王長豫幼便和令 —— 愛恣甚篤 36-15
僧意(東晉)
—— 在瓦官寺中……與共語 8-57
時苗(三國 魏) 44-2
時溥(唐)
中和間……竝巢姬妾百數 29-40
侍中 → 李式(東晉) 28-7
侍中 → 王份(南朝 梁)
—— 答曰 陛下應萬物 爲有 體至理 爲無 5-7
軾 → 蘇軾(北宋)
—— ……三年泊然無所芥蔕 37-49(註)
神武帝 → 高歡(北齊) 35-26
新安 → 張鏡(南朝 宋)
—— 靜翳無言聲 26-12
新安王 → 劉子鸞(南朝 宋)
謝超宗好學……爲 —— 子鸞常侍 9-28
神堯 → 李淵(唐) 26-15(註)
深公 → 竺法深(東晉)
孫問 —— 上人常是逆風家 8-33
—— 云 人謂……柴棘三斗許 38-7
沈昭略(南朝 齊)
—— ……同賜死華林省 13-23
沈宋 → 沈佺期(唐), 宋之問(唐) 18-57
沈深(南朝) 39-4
沈約(南朝 梁) 37-38
范雲 —— 之徒 皆引短推長 41-9
尋陽公主(東晉) 18-33(註)
沈佺期(唐) 18-57(註)
沈充(東晉) 12-22
沈懷文(南朝 宋) 39-4(註)

【ㅇ】

阿敬 → 王獻之(東晉) 18-43
阿恭 → 庾會(東晉) 12-21
阿奴 → 周謨(西晉)
唯 —— 碌碌 當在阿母目下耳 14-20
阿大 → 謝尙(東晉) 44-8
阿大 → 王忱(東晉)
孝伯……羅羅淸疎 16-22
阿齡 → 王胡之(東晉) 16-8
阿龍 → 王導(東晉)
人言阿龍超 —— 故自超 26-4
阿螭 → 王恬(東晉) 35-11
阿臨 → 王臨之(東晉)
我家 —— 章淸太出 15-105
阿萬 → 謝萬(東晉)
—— 當裂眼爭邪 18-32
牙生 → 伯牙(春秋 晉)
昔匠石……輟弦於鍾子 27-16
阿源 → 殷浩(東晉)
—— 有德有言 15-103
阿戎 → 王思遠(南朝 齊) 14-29
阿智 → 王處之(東晉)
王文度弟 —— ……而無人與婚 40-12
阿瞻 → 謝瞻(南朝 宋)
我家 —— 24-42
阿平 → 王澄(西晉)
—— 若在 當復絶倒 15-48
阿布思(唐) 29-38
阿黑 → 王敦(東晉) 23-7
阿興 → 王蘊(東晉)
苟子秀出 —— 淸和 15-63
樂 → 樂廣(西晉)
—— 歎曰 此兒胸中 當必無膏肓之疾 8-13
樂廣(西晉) ← 彦輔, 樂令 4-8(註), 15-26, 17-14

—— 笑曰 名教中自有樂地 何爲乃爾也 1-36
—— 善以約言厭人心 15-29(註)
樂令 → 樂廣(西晉) 4-6, 15-29, 15-32, 18-28, 38-6
客問 —— 指不至者 8-14
—— 民望……又不足殺 29-16
—— 善於淸言 而不長於手筆 8-23
—— 神色自若 徐答曰 豈以五男易一女 4-8
衛玠總角時 問 —— 夢 8-13
樂羊子(東漢) 29-2
—— ……又遠饋羊子 29-1
樂彦輔 → 樂廣(西晉) 15-24
—— 我所敬 17-15
樂毅(戰國) 38-6
岳柱(元) 22-33
樂天 → 白居易(唐) 9-35(註)
安 → 謝安(東晉)
—— 弘雅有氣 風神調暢也 16-17(註)
顔 → 顔延之(南朝 宋)
—— 談議飮酒 喧呼不絶 26-12
晏 → 王晏(南朝 齊) 14-29
晏 → 何晏(三國 魏)
—— 性自喜……行步顧影 24-3(註)
顔光祿 → 顔延之(南朝 宋) 26-12
顔光祿 → 顔含(東晉) 11-14, 18-47
—— 曰 周伯仁之正……餘則吾不知 18-4
安國 → 孫盛(東晉) 8-20(註)
安期 → 王承(東晉) 4-23(註), 44-4
我與 —— 千里……聞有蔡充兒 38-9
王家有三年少 右軍 —— 長豫 15-53
安祿山(唐)
—— 陷洛陽 奕遇害 49-9(註)
安北 → 王坦之(東晉)
—— ……不復使人思 16-5
安西 → 謝奕(東晉)
謝車騎……將夕乃退 8-49
安石 → 謝安(東晉) 1-44(註), 15-75, 18-32, 37-11
謝公在東山…… —— 必出 14-13
—— 不肯出 將如蒼生何 36-23
—— 居然 18-27
顔延之(南朝 宋) ← 延年 5-5, 5-5(註), 16-37, 34-14
—— 每薄湯惠休詩 39-2
—— 嘗問鮑明遠己詩與謝康樂優劣 9-28
—— 兒竣……延之一無所受 20-12
顔原 → 顔回, 原憲
石崇……見 —— 象而歎 43-2
安仁 → 潘岳(西晉) 8-23(註)
—— 至美……老嫗以果擲之滿車 24-8(註)
顔子 → 顔回(春秋) 15-11, 25-4, 44-6
安之 → 嚴安之(唐)
—— 至 以手板繞場畫地曰 犯此者死 6-28
顔眞卿(唐) ← 顔平原 28-37
安汰 → 道安(東晉), 竺法汰(東晉)
—— ……將絶復興 16-37
顔平原 → 顔眞卿(唐)
—— 不容於盧杞 49-9
安豊 → 王戎(西晉) 24-19, 26-3
使人思 —— 33-28
遏末 → 謝淵(三國 吳) 44-8
艾 → 鄧艾(三國 魏)
恐是昌家……只有 —— 氣 37-47
敳 → 庾敳(西晉)
—— 不爲辨析之談 而擧其旨要 15-106(註)
哀帝 → 劉欣(西漢)
漢 —— 問尙書鄭崇 卿門何以如市 3-1
哀仲(人)
秣陵有 —— ……入口消釋 38-34(註)
冶城公 → 王導(東晉)
明帝函封……於王丞相 47-2
亮 → 庾亮(東晉)
端委廟堂……自謂過之 18-1
—— 有廊廟之器 翼有匡世之才 15-72(註)
楊 → 楊大年(北宋)
—— 答曰 如此富貴 亦不願得 11-41
梁簡文 → 蕭綱(南朝 梁)
—— 爲侯景幽縶 題壁自敍 27-28
羊敬元 → 羊欣(南朝 宋) 31-13
羊固(東晉) 12-24
羊公 → 羊祜(西晉) 37-20
—— 還洛 郭奕爲野王令 15-11
楊廣(隋) ← 德度
桓南郡 —— 共說殷荊州……以自樹 1-50
羊權(東晉) ← 道輿 4-48, 4-48(註)
羊曇(東晉)
—— 少爲謝太傅所知 27-20
楊大年(北宋)
眞宗……令作冊文 11-41
楊德幹(唐)
—— 爲萬年令 6-26
寧食三年炭 不逢 —— 6-26(註)
楊德祖 → 楊修(東漢) 21-4
大兒孔文擧 小兒 —— 38-1
—— 爲魏武主簿時 作相國門 21-1

曹公旣殺——後與太尉遇於朝堂 3-9
梁柳(西晉)
皇甫謐有從姑子——爲城陽太守 1-28
楊臨賀→楊憑(唐) 2-21
羊曼(東晉) 12-24, 26-5
梁武→蕭衍(南朝 梁) 5-13, 24-45
——每集文士 策經史事 41-9
梁武帝→蕭衍(南朝 梁) 35-23
兩潘→潘岳, 潘尼 37-40
梁伯鸞→梁鴻(東漢)
——少孤常獨止 不與人同食 1-5
羊秉(東晉)←長達 4-48(註)
——爲撫軍叅軍 少亡 4-48
羊孚(東晉) 27-21, 32-14
——作雪贊 9-12
楊憑(唐)←楊臨賀
——得罪……獨徐晦送至藍田 2-21
陽城(唐)←亢宗 2-20(註)
——歲饑屛迹 2-20
楊素(隋)←越公 37-41
——方用事 37-42
羊綏(東晉)
王子敬與——善 27-18
楊修(東漢)←德祖 3-9(註), 21-2, 21-3
羊叔子→羊祜(西晉) 4-61, 15-11
——有鶴善舞 37-20
殷中軍……比——18-11
揚雄(西漢)←子雲 7-1(註)
楊愔(北齊)←遵彦 5-12(註)
揚子雲→揚雄(西漢)
——以爲一出一入 字直百金 7-1
淸靜比——默識擬張安世 15-17
羊長和→羊忱(東晉) 15-15
楊再思(唐) 13-28
煬帝→楊廣(隋) 24-47, 30-16
羊祖忻→羊侃(南朝 梁)
——性善音律 43-8
揚州→殷浩(東晉)
江左殷太常父子……亦有辯訥之異 9-3
楊遵彦→楊愔(北齊) 5-12
羊仲(西漢) 28-2
羊志(南朝 宋) 37-36
楊次公→楊傑(北宋) 35-35
羊陟(東漢) 32-2
羊稚舒→羊琇(西晉)
——冬月釀 常令人抱甕 43-7
羊太傅→羊祜(西晉)
——……終日不倦 27-7
楊太尉→楊彪(東漢)
曹公 以——與袁公路婚 將誣以同逆 3-4
楊玄感(隋) 24-47(註)
羊祜(西晉)←叔子, 太傅, 羊公 4-61(註), 14-16
——曰 亂天下者 必此子也 14-16
梁鴻(東漢)←伯鸞 1-5(註)
君若欲慕……少君孟光之事矣 29-5
楊弘禮(唐) 16-46
楊淮(東漢) 17-14
羊欣(南朝 宋)←羊敬元 27-21
於陵仲子→陳定(人) 23-9
魚復侯→蕭子(南朝 齊)
——……遺宗敬微 28-27
彦德→何尙之(南朝 宋) 9-24(註)
彦伯→袁宏(東晉) 4-58(註)
彦輔→樂廣(西晉) 4-8(註)
彦先→顧榮(西晉) 1-38(註)
彦雲→王陵(西漢)
大丈夫……比蹤英傑 29-12
彦威→習鑿齒(東晉) 4-29(註)
彦祖→劉劭(東晉) 4-33(註)
彦胄→鍾雅(西晉) 11-13(註)
彦回→褚淵(南朝 齊) 16-32
褚彦宣 常非從兄——身事二姓 11-37
嚴武(唐)
——以世舊待杜甫甚善 39-15
嚴續(南唐)←興宗 35-32
嚴安之(唐)
河南丞——爲理嚴 爲人所畏 6-28
嚴子陵→嚴光(西漢) 19-1, 35-1
嚴挺之(唐)
——乃有此兒 39-15
——薄妻 而愛其子武 22-30
嚴仲弼→嚴隱(人) 15-25
呂吉甫→呂惠卿(北宋)
——曰……其用無差別 5-21
盧陵→李顯(唐) 20-19
女生→魯爽(南朝 宋) 5-4(註)
呂安(三國 魏) 12-7(註), 35-5(註)
嵇康與——善……千里命駕 35-6
汝陽王→李璡(唐)
明皇好羯鼓 有——花奴 尤善此伎 48-12
餘姚公主(南朝 梁)
獻之……詔尙——1-48(註)

女正 → 袁女正(東晉) 26-9(註)
呂太乙(人) 20-22
呂惠卿(北宋) ← 吉甫 5-21(註)
女皇 → 袁女皇(東晉) 26-9(註)
酈生 → 酈食其(西漢) 35-26(註)
酈食其(西漢) ← 酈生 14-17
禰正平 → 禰衡(東漢) 38-3
—— 自荊州…… 漫滅而無所遇 38-1
劉荊州嘗自作書……以示 —— 38-2
禰衡(東漢) ← 正平 35-2(註)
—— 被魏武謫爲鼓吏 3-5
延年 → 顔延之(南朝 宋) 5-5(註)
延陵季子(周) 6-4
淵源 → 殷浩(東晉) 6-20(註), 14-24, 15-102, 26-7
少時與 —— 共騎竹馬……故當出我下 18-21
—— 始至 猶貪與少日周旋 26-7
阮思曠……而兼有諸人之美 18-15
延祖 → 嵇紹(西晉) 6-9(註)
延之 → 顔延之(南朝 宋)
—— 曰 竣尙不顧有老父 何緣復有陛下 5-5
—— 曰 竣筆體 臣不容不識 5-5
閻立本(唐)
—— 善畫 26-16
閻鼎(西晉) 15-65(註)
廉頗(戰國 趙)
—— 藺相如……恒如有生氣 18-37
此藺相如所以下 —— 也 14-8
榮 → 顧榮(西晉)
—— 乃悟而嘆曰 一餐之惠……古人豈虛言哉 1-38(註)
—— 曰 豈有終日執之而不知其味者乎 1-38
穎 → 司馬穎(西晉) 4-8
寗 → 管寗(東漢)
—— 割席分坐曰 子非吾友也 1-18(註)
令公 → 韋皐(唐)
方稅重 —— 輪年全放 恩深於蜀 6-29
領軍 → 王洽(東晉) 18-50
榮期 → 裴榮(東晉) 9-17(註)
榮期 → 范啓(東晉) 9-14(註)
令明 → 王惠(南朝 宋) 2-1(註)
—— 時然後言 16-26
—— 曰 亦復何須得食 2-1
令伯 → 李密(隋唐)
—— 答曰 爲兄 供養之日長 3-15
—— 曰 願爲人兄 3-15
靈寶 → 桓玄(東晉) 34-4
—— 成人 當以此坐還之 22-24
—— 視我如母……骨肉相圖 49-6(註)
靈運 → 謝靈運(南朝 宋) 16-25
—— 辯博辭義鋒起 16-26
甯越(戰國) 6-11
—— 曰 請以十五歲……吾不敢臥 6-11(註)
令則 → 荀羨(東晉) 4-50(註)
令狐綯(唐) 32-22
—— 曾以舊事 訪於溫庭筠 41-11
令狐相 → 令孤綯(唐) 21-13
乂 → 王乂(西晉) 14-16
豫章 → 謝鯤(西晉) 15-92
五官將 → 曹丕(三國 魏) 36-3
吳起(戰國 楚) 14-9(註)
吳道助 → 吳坦之(東晉) 1-54
吳道玄(唐) ← 吳生
—— ……卽生烟霧 31-16
吳府君 → 吳展(人) 15-25
吳附子 → 吳隱之(東晉) 1-54
吳生 → 吳道玄(唐)
玄宗忽思……令往寫貌 31-15
吳王 → 李元軌(唐) 18-56(註)
吳隱之(東晉) ← 吳附子 1-56
吳子 → 王肅(東漢) 21-11
溫 → 溫嶠(東晉) 47-8
—— 發口鄙穢 33-31
—— 曰 嶠雖不敏 才非昔人 明公以桓文之姿 建匡立之功 豈敢辭命 4-19
—— 曰 小人無以測君子 11-5
溫 → 桓溫(東晉)
—— 有豪邁風氣 11-26(註)
溫公 → 司馬光(北宋) 47-18
溫公 → 溫嶠(東晉) 40-8
—— 慢語 33-31
溫嶠(東晉) ← 太眞 9-7(註), 13-2(註), 21-5, 46-5
劉琨……曰 班彪識劉氏之復興 馬援知漢光之可輔 4-19
溫李 → 溫庭筠(唐), 李商隱(唐) 41-11(註)
溫顒(西晉) 37-4
溫庾 → 溫嶠(東晉), 庾亮(東晉) 9-7
溫子昇(東魏)
庾信至北……寒山寺碑 39-9
溫庭筠(唐)
令狐綯曾以舊事 訪於 —— 41-11
溫太眞 → 溫嶠(東晉) 11-5, 12-21
—— ……估客樗蒱 33-30
—— 問郭文擧……先生安獨無情乎 4-18
—— 是過江第二流之高者 18-2

雍→顧雍(三國 吳) 12-4
邕→蔡(東漢)
——聞火烈聲 知其良木 30-2(註)
翁叔→馬日磾(東漢) 3-14(註)
阮→阮裕(東晉)
——乃歎曰 非但能言人……亦不得 8-21
阮公→阮裕(東晉) 11-18
阮公→阮籍(三國 魏) 33-6
阮光祿→阮裕(東晉) 11-25, 15-53, 28-8, 38-11
——在剡 曾有好車 借者無不皆給 1-42
謝安年少時 請——道白馬論 8-21
阮德如→阮侃(西晉)
——嘗於厠見鬼 12-9
阮韜(南朝 宋)
——何偃爲一雙 24-43(註)
王延之——俱是劉湛外甥 37-31
宛陵→王遮(東晉) 18-29
阮文業→阮武(三國 魏) 15-16
阮步兵→阮籍(三國 魏)
——嘯 聞數百步 28-6
——喪母 裴令公往弔之 33-5
阮孚(西晉)←阮遙集
——云……輒覺神超形越 8-27
阮思曠→阮裕(東晉) 11-18(註), 18-19, 36-19
——……而兼有諸人之美 18-15
——奉大法 敬信甚至 46-9
阮嗣宗→阮籍(三國 魏) 27-6
晉文帝大親愛……不迫以職事 33-2
晉文王稱——……未嘗臧否人物 1-24
阮宣子→阮修(西晉)
——……以百錢掛杖頭 33-21
阮遙集→阮孚(西晉) 15-95
——……對曰 願以賜臣 33-22
祖士少好財——好屐 12-18
阮衛尉→阮共(西晉)
許允婦……奇醜 29-9
阮長之(南朝 宋)←景茂
——爲中書郎……依事自列 2-9
阮籍(三國 魏)←嗣宗, 步兵 1-24(註), 34-7, 35-4
司空鄭冲馳遣信 就——求文 8-2
——嫂……籍見與別 33-7
阮主簿→阮裕(東晉) 15-56
阮仲容→阮咸(西晉)
——……居道北 33-10
——先幸姑家鮮卑婢 33-12
玩之→虞玩之(南朝 齊)
——……復不可遣 2-6
——曰初釋褐時買之 著已三十年 2-6
阮千里→阮瞻(西晉) 26-5
——善彈琴 12-10
阮咸(西晉)←阮仲容 15-14
阮渾(西晉) 33-11
王→王儉(南朝 齊)
——答曰 謝朏得父膏腴 江淹有意 9-29
王→王導(東晉) 47-8
王→王敦(東晉)
——歎曰 不知我進 伯仁退 17-17
王→王濛(東晉)
——曰 國自有周公 4-35
——謂何曰 我今故與林公……那得方低頭看此邪 6-17
支道林……共集王家 9-16
王→王韶之(晉)
——徐答曰 我常自耕耳 5-2
王→王承(東晉)
——曰 文王之囿與衆共之 池魚復何足惜 6-8
王→王安期(南朝 宋)
——曰 鞭撻寗越 以立威名 恐非致理之本 6-11
王→王衍(西晉)
——曰 裴僕射善談名理……亦超超玄箸 4-6
——歎曰 卿天才卓出……一無所愧 8-12
王→王戎(西晉)
——曰 聖人忘情……正在我輩 27-9
王→王濟(西晉)
——曰 未知文生於情……增伉儷之重 8-11
王→王坦之(東晉)
——曰 旣無文殊 誰能見賞 8-44
王→王獻之(東晉)
——徐曰 偸兒……可特置之 13-15
——曰 外人那得知 18-41
——謂謝曰 夏禹勤王……恐非當今所宜 4-49
王←王獻之(東晉)
——曰 魏祚所以不長 11-29
王江州→王凝之(東晉)
——……嫠居會稽 29-32
——夫人 語謝遏 29-31
王江州→王弘(東晉)
——……不能致 13-20
王愷(西晉)←王君夫
劉璵兄弟少時 爲——所憎 49-3
王介甫→王安石(北宋) 39-17
司馬君實直言——不曉事 39-19
——嘗見舉燭 5-21
——雅愛馮道 11-42

——爲相 大講天下水利 37-48
王建武→王忱(東晉)
王恭……遂致疑隟 16-21
王儉(南朝 齊)←仲寶, 僕射, 文憲 37-34
王經(三國 魏) 29-13
王敬倫→王劭(東晉) 24-29
王景文→王彧(南朝 宋) 24-43
宋明帝賜——死 13-22
——……謂客曰 此酒不可相勸 13-22
王敬豫→王恬(東晉)
——有美形 24-26
王敬仁→王修(東晉) 19-17
——是超悟人 15-64
——年十三 作賢人論 9-13
王敬則(南朝 齊) 37-34
張敬兒拜……呼爲褚彦回 39-5
王景玄→王微(南朝 宋) 28-25
王敬弘→王裕(隋) 35-18
——爲尚書……初不省讀 34-13
王敬和→王洽(東晉) 24-34
王景興→王朗(三國 魏)
黃初中有甲乙疑論……議各不同 8-8
王季琰→王珉(東晉) 18-53
王恭(東晉)←王丞, 王孝伯 13-19, 14-28, 24-40, 45-1(註)
——……而讀書少 16-23
——……遂致疑隟 16-21
——乘高輿 被鶴氅裘 26-8
——欲……爲長史 35-12
——將唱義 使喩三吳 34-10(註)
——從會稽還 王大看之 1-52
王公→王導(東晉) 12-16, 24-26, 27-11, 36-13, 38-8
敬豫 事事似——24-26
——目太尉……壁立千仞 15-37
——曰 卿欲希嵇阮邪 4-21
——曰 使太陽……何以瞻仰 32-3
王公淵→王廣(三國 魏)
——娶諸葛誕女 29-12
王廣(三國 魏)←公淵 29-12((註)
王光祿→王蘊(東晉) 37-18
——云 酒正使人人自遠 33-35
王光祿→王遠(南朝 宋)
——……能蔽風露 16-27
王荀子→王脩(東晉)
僧意在瓦官寺中……與共語 8-57
許掾年少時……許大不平 8-46
王國寶(東晉) 11-30(註)
——搆謝太傅……太傅患之 20-7
王緒數讒殷荊州於——45-2
王緒王……竝弄權要 20-6
王君公(東漢)
王君公……儈牛自隱 28-1
王君夫→王愷(西晉)
——有牛……常瑩其蹄角 43-5
王筠(南朝 梁) 22-27
王茍子→王修(東晉) 16-18
王恬(東晉)←敬豫, 王螭, 阿螭 29-28(註), 35-11
王尼(東晉)←王孝孫 24-20
王丹陽→王混(東晉) 37-14
王曇首(南朝 宋)
——年十四五 便歌 26-10
王大→王忱(東晉) 14-28, 20-6, 34-4, 34-7
王恭從會稽還——看之 1-52
——故自濯濯 16-21
——喪後……應作荊州 47-6
王大將軍→王敦(東晉) 14-21, 17-21, 23-7, 30-13, 32-4, 46-6, 46-8
——……此客必能作賊 43-3
——……輒扇障面不得住 17-17
——既反……周伯仁往見之 11-6
——既爲逆 頓軍姑孰 40-6
——年少時……語音亦楚 23-3
——執司馬愍王……於車而殺之 49-7
王導(東晉)←茂弘, 阿龍, 丞相, 王公, 冶城公 21-5, 33-28(註), 38-8(註), 46-5
——接誘應會 少有牾者 6-10(註)
王睹→王爽 18-49
王敦(東晉)←處仲, 阿黑, 大將軍 4-27, 12-15(註), 14-11, 18-1(註)
石崇……見顔原象而歎 43-2
少爲——所歎 15-43
——……欲有廢明帝意 11-5
——爲大將軍……從洛投敦 15-48
——引軍 垂至大桁 明帝自出中堂 21-5
——初尙主……木以塞鼻 47-5
王東亭→王珣(東晉) 4-66, 9-17, 13-17 16-16, 27-22, 45-2, 49-4
——與謝公交惡 27-19
——與張冠軍善 6-22
王藍田→王述(東晉) 18-5, 38-17, 44-7
——拜楊州 主簿請諱 11-19
——性急 44-4
王朗(三國 魏)←景興 1-20(註), 17-11

華歆 —— 俱乘船避亂 有一人欲依附 1-20
王郎 → 王融(南朝 齊)
—— 名高望促 難可輕衣裾 14-30
王郎 → 王惠(南朝 宋)
—— 如萬頃陂 16-26
王亮(南朝) 11-36
王令 → 王儉(南朝 齊)
—— 文章大進 39-4
王令 → 王獻之(東晉)
—— 詣謝公……當與併榻 44-9
王令明 → 王惠(南朝 宋) 16-26
—— 兄鑒 頗好聚斂 廣營田業 2-1
王令言(隋)
樂人 —— 妙解音律 30-16
王劉 → 王濛(東晉), 劉惔(東晉) 18-43, 33-38, 37-5, 36-21
—— 與桓公 共至覆舟山看 11-26
王淩(三國 魏) 10-11
王陵(西漢) ← 彦雲 29-12(註)
—— 廷爭 陳平……克終云何耳 49-4
王螭 → 王恬(東晉) 44-5
王摩詰 → 王維(唐) 28-36
王萬子 → 王綏(西晉)
裴國寶……特爲王萬子所重 26-3
王莽(西漢)
王通孔門之 —— 18-58
陳尙書見 —— 誅何武鮑宣 10-1
王濛(東晉) ← 仲祖, 長史, 阿奴 4-35(註), 6-17, 15-99
王武岡 → 王謐(東晉) 18-50
王無功 → 王績(唐) 28-33, 34-21
仲長子光……徙與相近 26-14
王武子 → 王濟(西晉) 4-9, 4-10, 24-16, 27-8, 42-1, 43-4, 43-5
武帝語和嶠曰 我欲先痛罵 —— 10-17
孫子荊除婦服 作詩以示 —— 8-11
—— 善解馬性 30-9
—— 孫子荊 各言其土地人物之美 4-7
王茂弘 → 王導(東晉) 19-14
王文開 → 王訥(東晉)
—— 那生如馨兒 24-30
王文度 → 王坦之(東晉) 11-28, 16-19, 37-16, 37-21, 38-21(註)
揚州獨步 —— 後來出人郗嘉賓 15-59
—— 弟阿智……而無人與婚 40-12
王文憲 → 王儉(南朝 齊) 39-4
王微(南朝 宋) ← 幼仁, 荊産 4-45(註)
王眉子 → 王玄(西晉) 15-41, 17-18
王謐(東晉) ← 雅遠, 武岡, 司徒 20-9
王方慶(唐)
—— 在政府 20-19
王伯輿 → 王廞(東晉) 34-10
王輔嗣 → 王弼(三國 魏)
昔 —— 吐金聲……此子今復玉振於江表 15-48(註)
—— 弱冠詣裴徽 8-5
王僕射 → 王儉(南朝 齊) 9-29, 32-16, 32-17
王僕射 → 王裕之
—— 子恢之 被召爲秘書郎 2-2
王裒 ← 偉元 1-30(註)
王北中郎 → 王坦之(東晉) 18-50
—— ……乃著論沙門不得爲高士論 38-27
王汾
劉貢父 —— 同在館中 37-47
王佛大 → 王忱(東晉)
—— 歎……形神不復相親 34-8
王份(南朝 梁) ← 季文 5-7(註)
王謝 → 王坦之(東晉), 謝安(東晉)
—— 舊齊名 於此始判優劣 13-6
王司徒 → 王渾(西晉)
—— 婦鍾氏女 29-20
王沙彌 → 王晞(北齊) 28-32
王思遠(南朝 齊) ← 阿戎 14-29, 20-16
—— ……暑月亦有霜氣 16-36
王司州 → 王胡之(東晉) 4-57, 23-15, 26-7
—— 嘗乘雪往王螭許 44-5
—— 與殷中軍語 歎 15-80
王爽(東晉) ← 王睹 11-30
—— ……忠孝亦何可以假人 11-30
—— ……呼王爲小子 11-31
王祥(西晉) ← 休徵, 太保 1-23(註)
—— 事後母朱夫人甚謹 1-23
王尙書 → 王惠(晉)
—— 惠……問 眼耳未覺惡不 29-34
王生 → 王允(東漢)
—— 一日千里 31-1(註)
王緖
卿但數詣 —— ……二王之好離矣 45-2
—— 數讒殷荊州於王國寶 45-2
—— ……竝弄權要 20-6
忱與恭爲 —— 所間 終成怨隙 14-28(頭)
王舒(東晉)
王含欲投 —— 14-21
王石 → 王愷(西晉), 石崇(西晉)

——所未知作 43-4
王先生→王通(隋) 18-58(註)
王世將→王廙(東晉) 23-10
王小奴→王薈
　王僧彌……共——許集 13-16
王韶之(晉)←休泰 5-2(註)
　——……嘗三日絶糧 執卷不輟 5-2
王修(東晉)←叔治, 敬仁, 苟子 1-22(註)
王脩齡→王胡之(東晉) 11-23, 16-3, 18-29
王修載→王耆之
　——樂託之性 出自門風 16-2
王肅(東漢)←吳子 5-9, 21-11
王叔英(南朝 梁)
　劉孝綽三妹……東海徐悱 29-37
王叔優→王柔
　——……共往候之 14-5
王叔治→王修(東晉)
　——七歲喪母…… 隣里爲之罷社 1-22
王珣(東晉)←元琳, 法護, 東亭 4-66(註), 18-50, 24-35
　孝武屬——求女壻 37-24
王承(東晉)←安期, 參軍, 東海 4-23(註)
王丞→王恭(東晉)
　——齒似不鈍 37-18
王僧朗(南朝 宋) 29-36(註)
王僧彌→王珉(東晉)
　——……共王小奴許集 13-16
王丞相→王導(東晉) 11-7, 12-12, 12-23, 15-42, 15-55, 17-19, 18-5, 20-2, 23-10, 24-18, 26-4, 26-5, 28-7, 30-12, 32-3, 32-5, 33-26, 36-12, 36-17
　江僕射年少——呼與共棋 11-8
　陸太尉詣……食以酪 36-9
　明帝函封……於——47-2
　諸葛令……爭姓族先後 36-11
　——……不說而去 11-12
　——……欲爲降禮 11-14
　——……云君出臨海 便無復人 6-10
　——……請婚陸太尉 11-10
　——輕蔡公 38-9
　——過江左……無所不入 8-16
　——拜司徒而歎 15-65
　——云……正自爾馨 18-13
　——有幸妾姓雷 頗預政事納貨 48-8
　——主簿 欲檢校帳下 12-17
　——愀然變色曰 當共戮力王室 克復神州 何至作楚囚相對 4-16
　——枕……指其腹 36-16
　會見——便覺清風來拂人 15-60
王僧祐(南朝 宋) 16-28
王僧恩→王禕之(東晉)
　——輕林公 18-33
王侍中→王份(南朝 梁) 5-7
王娥兒(南朝 梁) 43-8
王安國(北宋)←平甫 5-22(註)
王安期→王承(東晉) 15-34
　——……歎曰 人言愁 我始欲愁 4-23
　——爲東海郡 小吏盜池中魚 綱紀推之 6-8
　——作東海郡 吏錄一犯夜人來 6-11
王安石(北宋)←介甫 5-20(註)
　今鄞令——者……甚似王敦 14-34
王安豐→王戎(西晉) 15-6, 33-6
　我與——說延陵子房 亦超超玄箸 4-6
　——婦常卿安豐 48-3
　——選女壻 從挽郎搜其勝者 47-3
　——眼爛爛 如巖下電 24-7
　——穎脫 不持儀形 33-9
　——遭囏 至性過人 1-33
王養→王泰 22-25
王彦深→王蘊(東晉)
　——不爲群從所禮 常懷恥慨 44-12
王汝南→王湛(西晉) 15-21
　——……自求郝普女 29-18
王衍(西晉)←夷甫, 太尉 4-6(註)
王延之
　——阮韜 俱是劉湛外甥 37-31
王悅之(南朝 宋)←少明
　——……曰所賚誠復小小 然少來不欲當人之惠 1-58
　——少厲淸操 1-58
王蘊(東晉)←叔仁, 阿興, 光祿 11-31(註)
王右軍→王羲之(東晉) 4-49, 11-18, 15-105, 15-75, 15-84, 15-88, 15-97, 16-12, 18-14, 18-32, 23-12, 26-6, 28-8, 28-18, 29-26, 37-18, 38-20, 40-7
　謝太傅語——曰…… 輒作數日惡 4-41
　——……泣善 19-17
　——……營山水弋釣之娛 28-13
　——見杜弘治歎 24-27
　——少重患
　——在南……每歎子姪不令 38-10
　——飄若遊雲 矯若驚龍 24-31
王右丞→王維(唐)
　孟浩然 極爲——所知 41-10
王彧(南朝 宋)←景文 5-6(註), 16-32

宋孝武選侍中四人……阮韶何偃爲一雙 24-43(註)
王元澤→王雱(北宋) 22-32
王衛軍→王薈(東晉)
——云 酒正自引人著勝地 34-2
王威明→王規(南朝 齊·梁) 27-27
王偉元→王裒(魏晉)
——門生爲本縣所役 求屬令爲脫 1-30
王庾→王導(東晉), 庾亮 33-14
王允之(晉) 40-7(註)
王融(南朝 齊)←瑯琊王, 王郎, 王中書, 元長 35-4
——……三十內望爲公輔 44-14
王戎(西晉)←濬沖, 安豐 15-13, 15-16, 15-20, 24-13, 36-7
司徒——……洛下無比 42-2
——年七歲時……李樹有子扳折 22-11
——父渾有令名 1-34
——喪兒……山簡往省之 27-9
——云……將無以德掩其言 1-32
——形狀短小……視日不眩 24-7
——和嶠同時遭大喪 俱以孝稱 1-25
王應(東晉) 30-13
——欲投世儒 14-21
王凝之(東晉)←叔平, 江州 44-8
公大兄無奕女 左將軍——妻 29-30
王夷甫→王衍(西晉) 4-6, 12-8, 12-12, 14-16, 15-27, 15-29, 15-32, 24-11, 24-9, 29-16, 41-2
裴成公作崇有論……惟——來 如小屈 8-10
遂使神州陸沈……不得不任其責 38-14
——……乃謂客曰……君可往問 8-9
——……口未嘗言錢字 19-12
——……志好不同 12-13
——婦……干豫人事 19-11
——太解明 17-15
諸葛厷 年少不肯學問……便已超詣 8-12
王逸少→王羲之(東晉) 24-25
——在坐曰 令巢許遇稷契 當無此言 4-47
王子敬→王獻之(東晉) 4-61, 11-29, 16-17, 16-20, 18-41, 18-46, 22-20
——……盜物都盡 13-15
——見之曰 山水之美 使人應接不暇 4-64(註)
——病篤道家上章應首過 1-48
——語王孝伯曰……不如銅雀臺上妓 4-61
——與羊綏善 27-18
——云 從山陰道上行……尤難爲懷 4-64
此——晝蠅也 4-9(頭)
王子師→王允(東漢) 31-1
王子山→王延壽(東漢)
——到魯……湘水溺死 43-1(註)
王子猷→王徽之(東晉) 18-44, 34-1, 35-13, 35-10, 35-15, 37-15, 38-31
——……上忽發火 13-14
——……便令種竹 28-20
——子敬……而子敬先亡 27-24
——作桓車騎參軍 35-14
——出都……於岸上過 34-3
王咨議→王肅之(東晉) 37-23
王長史→王騫(南朝 梁)
——至性凝簡 不狎當世 20-15
王長史→王濛(東晉) 4-35, 11-26, 15-38, 15-74, 15-83, 15-90, 15-93, 16-1, 16-4, 18-24, 18-26, 18-29, 18-30, 24-27, 24-32, 24-34, 33-28, 37-9
劉尹撫——背曰……但有都長 18-25
孫長樂作——誄 38-24
——……轉麈尾視之 27-15
——……何其軒軒韶舉 24-30
——求東陽 撫軍不用 38-22
——道江道群 15-81
——登茅山 大慟哭 34-10
——云……勝我自知 15-98
支道林……不大當對 8-50
王長豫→王悅(東晉)
——幼便和令 丞相愛恣甚篤 36-15
王節信→王符(東漢) 32-1
王濟(西晉)←武子 4-7(註)
王尊(西漢)
——…… 叱其馭曰 驅之 王陽爲孝子 王尊爲忠臣 4-36(註)
王濬沖→王戎(西晉) 27-6
王中郎→王坦之(東晉) 4-71, 8-44
——擧許玄度爲吏部郞 38-32
——與林公絶不相得 38-21
——以圍棊是坐隱 31-12
王仲寶→王儉(南朝 齊) 20-11, 44-15
王中書→王融(南朝 齊) 16-40
王仲宣→王粲(東漢) 7-10(註)
——好驢鳴 27-5
王仲祖→王濛(東晉) 18-19
劉眞長……肴案甚盛 11-22
——……省殷揚州 14-24
——……造殷中軍談 15-82
——聞……曰 若使介葛盧來朝 故當不昧此語 4-46
——病……苟令則爲量水 32-9

—— 祖稱殷淵源……處長亦勝人 15-79
王仲回 → 王丹(東漢)
侯司徒欲與 —— 交友 10-5
——……疾惡疆豪 10-4
王澄(西晉) ← 平子, 阿平 1-36(註)
時泰山胡母彦國……邀孝孫 32-10
王車騎 → 王彧(南朝 宋)
——……歎曰 眞使人飄緲有伊洛間意 5-6
王車騎 → 王洽(東晉) 34-5
王瓚之(南朝 宋)
—— 今便是朝隱 16-29
王參軍 → 王承(東晉)
—— 人倫之表 汝其師之 15-34
王參軍 → 王弘之(南朝 宋) 11-33
王處叔 → 王隱(東晉) 20-1
王處仲 → 王敦(東晉) 23-4, 23-5
王倩玉 → 王球(南朝 宋)
—— 嘗稱之曰 尙之西河之風不墜 9-24
王充(東漢) ← 仲任 7-9(註)
—— 著論衡成 7-9
王忠嗣(唐) 29-39(註)
王忱(東晉) ← 佛大, 王大, 阿大, 建武 1-52(註)
王坦之(東晉) ← 文度, 中郎, 安北, 北中郎 4-55(註), 13-6, 13-7, 18-31
王太尉 → 王衍(西晉) 15-28, 24-19, 38-5
—— 不與庾子嵩交 11-2
王平子……送者傾路 35-8
王通(隋) ← 文中子
—— 孔門之王莽 18-58
王平甫 → 王安國(北宋)
馮當世知幷州 以書寄 —— 5-22
王平北 → 王乂(西晉) 1-39
王平子 → 王澄(西晉) 14-19, 15-30, 15-46, 15-49, 17-16, 32-4
——……送者傾路 35-8
—— 胡毋彦國諸人 皆以任放爲達 或有裸體者 1-36
王弼(三國 魏) ← 輔嗣
何晏爲吏部尙書…… —— 未弱冠 往見之 8-3
王含(三國 蜀)
—— 欲投王舒 14-21
王獻之(東晉) ← 子敬, 阿敬, 王令 31-13
—— 性甚整峻 不交非類 44-9
王荊公 → 王安石(北宋) 5-20
王荊產 → 王微(南朝 宋) 4-45
王惠(南朝 宋) ← 令明 2-1(註)
王胡之(東晉) ← 脩齡, 阿齡, 司州 4-57(註), 49-7
景重是 —— 外甥 與舅亦不協 39-3(註)
佐吏殷浩……登南樓理詠 24-25
王渾(西晉) ← 玄沖, 司徒, 京陵 3-16(註)
—— 妻鍾氏……令淑 29-19
—— 平吳之日 登建業宮 3-16
王弘之(南朝 宋) ← 方平 28-30
王奐(南朝 齊) 39-7
王黃門 → 王徽之(東晉) 18-40
王懷祖 → 王述(東晉) 15-87
王孝伯 → 王恭(東晉) 4-61, 16-13, 18-39, 18-42, 18-8, 18-9, 34-7, 34-9, 37-18, 38-24, 49-4
—— 死 縣其首於大桁 49-5
—— 在京行散 18-49
桓玄……云 我今欲爲 —— 作誄 9-8
孝武山陵夕 —— 入臨27-23
王孝孫 → 王尼(東晉)
—— 早歲喪妻 有一子 33-16
—— 初爲護軍府兵士 32-10
王興道 → 王和之
——……如失鷹師 38-33
王羲之(東晉) ← 逸少, 右軍, 臨川 4-41(註)
繇 → 羊繇(魏晉) 15-15
姚崇(唐) 9-34
—— 與張說 同爲宰輔 各懷疑阻 40-13
廖元儉 → 廖化(三國 蜀) 10-14
遙集 → 阮孚(西晉) 33-12
禹 → 鄧禹(東漢)
—— 年二十四封鄼侯 44-14(註)
右軍 → 王羲之(東晉) 15-56, 48-15
阮思曠……而兼有諸人之美 18-15
王家有三年少 —— 安期長豫 15-53
—— 勝林公……亦貴徹 18-9
—— 淸鑒貴要 15-50
—— 歎曰 癲何預盛德事耶
宇文述(隋) 24-47
虞翻(三國 吳) ← 仲翔 3-14(註)
虞世南(唐)
—— 在此 行秘書 16-45
虞嘯父(東晉) 47-10
虞玩之(南朝 齊) ← 茂瑤 2-6, 2-6(註)
—— 好臧否人物 44-15
虞韙(人) 29-8(註)
友仁 → 米友仁(北宋) 35-35(註)
虞存(東晉) ← 道長 6-18(註), 37-17
——……題白事後云 若得門亭長如郭林宗者 當如所白 汝何處得此人 6-18

虞仲翔 → 虞翻(三國 吳) 38-4
孫討逆……謂 —— 曰……恐子綱不能結兒輩舌也 3-14
—— 放棄南方 自恨疏節 44-3
牛弘(隋) 13-27, 37-41
虞駿(東晉) 17-19
昱 → 侯昱(東漢) 10-5
鬱林 → 蕭昭業(南朝 齊)
齊高宗……報謝侍中 13-24
雄 → 揚雄(西漢)
恐是昌家……只有艾氣 37-47
—— 口吃 37-47(註)
雄 → 向雄(西晉)
—— 曰 古之君子……退人若將墜諸淵 11-3
袁 → 袁羊(東晉)
—— 曰 何嘗見明鏡疲於屢照 淸流憚於惠風 4-60
遠 → 慧遠(東晉)
—— 曰 願檀越安隱使彼 亦復無他 4-74
元絳(北宋) 47-16
園客 → 庾爰之(東晉) 14-25
袁公 → 袁粲(南朝 宋) 32-16
遠公 → 慧遠(東晉) 4-74, 20-4, 20-9
—— 曰 桑楡之光……與時竝明耳 20-4
殷荊州曾問 —— 易以何爲體 8-59
袁公路 → 袁術(東漢)
曹公 以楊太尉與 —— 婚 將誣以同逆 3-4
袁宏(東晉) ← 彦伯, 袁虎 4-58(註)
—— 始作東征賦……臨以白刃 8-36
袁喬 → 袁羊(東晉) 4-60(註)
元規 → 庾亮(東晉) 1-40(註), 12-16, 12-21
—— 爾時 風範不得不小穨 24-25
—— 塵汚人 38-8
袁冀州 → 袁紹(東漢) 3-3
袁湛(東晉)
謝宣映曾於公坐 戲調其舅 —— 39-3
袁譚(東漢) 12-1
袁德章 → 袁憲(隋) 16-41
袁閬(東漢) ← 奉高 3-2(註)
—— 笑曰 士但可因親舊而已乎 3-7
元亮 → 陶潛(南朝 宋) 13-20(註)
元禮 → 李膺(東漢) 1-12
元龍 → 陳登(東漢) 3-10
袁劉 → 袁粲(南朝 宋), 劉秉
中郎曰 不能殺 —— 安得免寒士 39-6
元琳 → 王珣(東晉) 4-66(註), 18-53, 27-22
元茂 → 潘勖(東漢) 7-10, 7-10(註)
元微之 → 元稹(唐)
—— ……各賦金陵懷古詩 9-35
元方 → 陳紀(東漢) 22-1, 22-2
使 —— 將車 季方持杖後從 長文尙小 載著車中 1-14
—— 曰 昔高宗放孝子孝己……忠臣孝子 3-6
袁本初 → 袁紹(東漢)
—— 劉景升父子 19-4
袁奉高 → 袁閬(東漢)
邊文禮見 —— 失次序 3-2
造 —— ……鸞不輟軛 17-2
元裒 → 任愷(西晉) 33-18
袁司徒 → 袁粲(南朝 宋)
—— ……豈得非名賢 2-15
袁山松(東晉) ← 府君 37-24
元相 → 元載(唐)
—— 得罪……頗聞掖庭 29-39
袁生 → 袁耽(東晉) 44-6
袁紹(東漢) ← 本初 3-3(註)
—— 年少時……少下不著 40-5
—— 爲中子熙娶甄會女 48-1(註)
魏武少時 嘗與 —— 好爲游俠 40-1
員俶(唐) 22-31
袁術(東漢) ← 公路 3-4(註), 22-8
元升 → 脂習(東漢)
太祖呼其字曰 —— 卿故慷慨 15-4
袁侍中 → 袁恪之(東晉) 18-45
袁羊 → 袁喬(東晉) 4-60, 14-23, 18-19, 18-34
袁彦道 → 袁耽(東晉) 33-15
—— 有二妹……一適謝仁祖 26-9
桓宣武與 —— 樗蒲……擲去五木 44-6
袁彦伯 → 袁宏(東晉) 4-58
—— ……歎曰 江山遼落 居然有萬里之勢 4-58
桓宣武命 —— 作北征賦 8-43
袁悅(東晉)
王恭……遂致疑隙 16-21
—— 有口才……亦有精理 45-1
袁隗(東漢)
—— 妻馬倫……少有才辯 29-5
袁曜卿 → 袁渙(東漢)
黃初中有甲乙疑論……議各不同 8-8
遠遊 → 許邁(東晉) 28-13(註)
袁尹 → 袁粲(南朝 宋) 16-33
—— 疏放好酒 34-16
—— 在郡 嘗於後堂夜集 16-31
袁毅(西晉)
鬲令 —— 在政貪濁……嘗遺山巨源絲百斤 1-29

元子→桓溫(東晉) 4-25(註)
元紫芝→元德秀(唐)
不幸生於衰俗……識——26-18
元章→米芾(北宋)
——忽起立……願質之子瞻 37-50
元長→王融(南朝 齊) 14-30
元帝→司馬睿(東晉) 22-15, 36-10
——過江 猶好酒 19-14
——正會引王丞相登御牀 王公固辭 32-3
晉明帝欲起池臺——不許 23-6
元仲→曹叡(三國 魏) 3-17(註)
袁粲(南朝 宋)←粲, 景倩, 愍孫, 袁尹, 司徒 2-15(註), 16-32, 24-43
元歎→顧雍(三國 吳) 7-6(註)
袁耽(東晉)←袁生 33-15
袁豹(東晉)
傅亮歎曰 若使殷仲文……才不減班固 9-21
元夏→武陔(西晉) 36-6
原憲(春秋)
德操曰 子且下車……不足貴也 3-8
袁虎→袁宏(東晉) 15-62, 38-14, 40-9
——伏滔同在桓公府 38-16
——少貧……嘗爲人傭載運租 9-10
——云 當令齒舌間得利 9-20
桓宣武北征……倚馬前令作 9-20
袁孝尼→袁準(西晉) 12-7
袁熙(東漢)
魏甄后惠而有色……甚獲寵 48-1
袁熙妻(東漢) 36-3
越公→楊素(隋)
——兒郎 故有家風 16-46
越國公→楊素(隋) 14-31
越石→劉琨(西晉) 4-19(註)
頠→裴頠(西晉)
——疾世俗尙虛無之理 故著崇有貴無二論 8-10(註)
威→胡威(西晉)
——答曰 臣父……淸常恐人不知 17-13
衛江州→衛展(東晉)
——在尋陽……唯餉王不留行一斤 42-3
衛玠(西晉)←叔寶, 虎, 洗馬
王敦爲大將軍……從洛投敦 15-48
衛玠(西晉)←叔寶 4-17, 15-46, 24-16, 24-17
——總角時 問樂令夢 8-13
魏甄后(三國 魏)
——惠而有色……甚獲寵 48-1
魏季景(北齊) 28-32
威考→崔烈(東漢) 7-5(註)
魏公→曹操(東漢)
潘元茂作——冊命 人謂與訓誥同風 7-10
魏公→韓琦(北宋)
——復就枕曰 取我首去 13-31
衛瓘(西晉) 19-10
魏國長公主(北宋) 29-41(註)
衛君→衛玠(西晉)
——談道 平子三倒 15-46(註)
衛君長→衛永(東晉) 15-96, 24-24
魏明帝→曹叡(三國 魏) 24-2, 31-3, 31-4
魏明帝→曹叡(三國 魏)
——爲外祖母 築館於甄氏 3-17
威武→曹操(東漢)
人餉——一桮酪……題合字以示衆 21-2
魏武→曹操(東漢) 21-3, 40-3, 40-5
南陽宗世林……不與之交 10-8
楊德祖爲——主簿時 作相國門 21-1
禰衡被——謫爲鼓吏 3-5
——乃入 抽刃劫新婦 40-1
——常云 我眠中……亦不自覺 40-4
——嘗行役 失汲道 軍皆渴 40-2
——少時 嘗與袁紹好爲游俠 40-1
——遺令曰 以吾妾與妓人皆着銅雀臺上 4-61(註)
——有一妓……而情性酷惡 44-1
——將見匈奴使……使崔季珪代 14-6
何晏七歲……——奇愛之 22-10
魏武帝→曹操(東漢)
——崩……自侍 29-7
魏文→曹丕(三國 魏) 19-4
魏文帝→曹丕(三國 魏)
——忌弟任城王驍壯 46-2
——爲五官中郎將 10-7
衛伯玉(唐) 15-26
魏佛助→魏收(北齊) 5-10
韋妃(唐) 32-21
魏舒(春秋 晉)
山濤以下——以上 15-21
衛洗馬→衛玠(西晉) 24-18, 27-11
——……故終身不見喜慍之色 1-37
——……語左右云 見此芒芒 不覺百端交集 4-17
——天韻標令 17-18
韋綬(唐)
——在翰林 德宗嘗至其院 32-21
魏收(北齊)←伯起 5-10(註), 5-9, 39-8
劉晝作六合賦……以呈——39-11

衛叔寶 → 衛玠(西晉) 15-24
魏神武 → 拓拔燾(北魏) 47-13(註)
魏野(北宋) 26-19
偉元 → 王裒(西晉) 1-30(註)
—— 乃下道至土牛傍 磬折立 1-30
魏隱(人) 15-101
衛子許 → 衛玆(東漢) 14-4
魏長齊 → 魏顗(晉)
—— 雅有……非所經 37-17
韋仲將 → 韋誕(三國 魏)
—— 能書 31-4
韋陟(唐)
—— 廚中飮食……多飽飫而歸 43-9
韋誕(三國 魏) 11-29
魏太祖 → 曹操(東漢)
脂元升……收欲治罪 15-4
韋賢妃(南宋) 40-14
韋賢妃(唐) 32-21(註),
衛虎 → 衛玠(西晉)
弘治膚淸 —— 奕奕神令 18-24
韋后(唐) 18-57(註)
攸 → 鄧攸(西晉)
—— ……卒 弟子綏服攸齊衰三年 1-41(註)
—— 素有德業……終身遂不復畜妾 1-41
庾 → 庾亮(東晉) 47-8
—— 云 賣之必有買者……效之不亦達乎 1-40
庾 → 庾敳(西晉)
—— 曰 卿自君我……卿自用卿法 11-2
庾 → 庾龢(東晉)
—— 曰 若文度來……濟河焚舟 4-55
遺 → 陳遺(東晉)
—— 獨以焦飯得活 1-53
劉 → 劉惔(東晉)
—— 曰 卿若知吉凶由人 吾安得不保此 4-47
—— …… 乃云 田舍兒强學人 作爾馨語 8-35
劉 → 劉祥(南朝 齊)
—— 曰 驢……皆已令僕矣 39-7
劉慶孫 → 劉輿(西晉) 12-14
太傅府……淸才 15-31
劉景升 → 劉表(東漢) 38-14
袁本初 —— 父子 19-4
柳季雲 → 柳遠(北魏)
—— 性不拘檢……飮酒 35-28
劉季和 → 劉洪(東漢) 24-4
庾杲之(南朝 齊) 32-16
—— ……生韮穊菜 28-28
劉琨(西晉) ← 越石 15-43
—— ……曰 班彪識劉氏之復興 馬援知漢光之可輔 4-19
有功 → 徐有功(唐)
—— 答曰 失出 臣小過 好生 陛下大德 5-17
庾公 → 庾亮(東晉) 4-15, 4-24, 12-16, 17-21, 18-5, 22-18, 22-19, 26-7, 28-14, 37-20, 38-8, 46-7
明帝函封……於王丞相 47-2
孫興公……多託寄之辭 11-20
孫興公爲 —— 參軍 共遊白石山 15-96
—— ……覓一佳吏 15-68
—— 乘馬有的盧 1-40
庾公 → 庾氷(西晉)
丞相嘗夏月 至石頭 看 —— 6-13
—— 曰 公之遺事 天下亦未以爲允 6-13
庾公 → 庾子輿(南北朝)
瞿塘水退 爲 —— 2-14
庾公 → 庾琮(西晉) 15-69, 24-20
劉公幹 → 劉楨(東漢)
—— 以失敬罹罪 3-11
劉貢父 → 劉攽(北宋) 39-17
—— 王汾 同在館中 37-47
劉公榮 → 劉昶(南朝 宋) 33-8, 35-4
劉錡(北宋) 47-19
柳機(隋) 37-42
劉丹陽 → 劉惔(東晉) 18-24, 24-42
柳惔(南朝 梁) 32-17
劉湛(南朝 宋)
王延之阮韜 俱是 —— 外甥 37-31
劉惔(東晉) ← 眞長, 劉尹, 丹陽 15-99
柳潭(唐) 29-38(註)
劉德願(南朝 宋)
宋世祖至……謂 —— 37-36
幼度 → 謝玄(東晉) 4-54(註)
庾道季 → 庾龢(東晉) 4-55, 18-37, 31-7, 38-26
庾道季 → 庾龢(東晉)
—— 云 思理倫和……吾皆百之 18-10
庾道恩 → 庾羲(三國 吳) 11-20
劉道隆(南朝 宋) 47-11
劉道眞 → 劉寶(西晉) 35-7
—— 少時……善歌嘯 33-20
—— 子婦始入門 遣婢虔 48-7
劉諒(南朝 梁) 37-39
庾亮(東晉) ← 元規, 庾公, 文康 1-40(註), 9-7(註), 18-1, 33-30

庾亮兒 → 庾會(東晉) 27-13
幽厲 → 幽王(周), 厲王(周) 19-2
劉伶(西晉)
　—— 病酒……求酒 33-3
　—— 身長六尺……土木形骸 24-14
　—— 恒縱酒……裸形在屋中 33-4
劉令言 → 劉納(東晉) 17-15
劉柳(東晉) 29-32
劉驎之(東晉) ← 長史 28-10
劉萬安 → 劉綏(西晉) 15-69
喩明仲 → 喩陟(人) 34-25
劉夢得 → 劉禹錫(唐)
　元微之……各賦金陵懷古詩 9-35
庾文康 → 庾亮(東晉) 15-72
　—— 亡 何揚州臨葬 27-14
庾伯鸞 → 庾鴻(晉) 37-25
庾法暢 → 康法暢(東晉) 4-32
劉寶(西晉) 46-4
劉夫人(東晉) 38-18
　謝太傅 —— 性忌 不令公有別房 48-5
庾夫人(東晉) 49-6
劉備(三國 蜀) ← 玄德, 豫州, 先主 30-6(註)
庾氷(西晉) ← 季堅, 司空 33-33
劉四 → 劉子翼(隋) 16-44
庾司空 → 庾冰(西晉)
　孔君平疾篤……爲之流涕 11-15
劉士章 → 劉繪(南朝 齊) 21-10
柳世隆(南朝 齊) 32-17
劉劭(東晉) ← 彦祖
　—— 日 栢梁雲構……以好不以新 4-33
劉承胤 → 劉胤(東晉)
　—— 少有淹雅之度 47-8
庾信(北周)
　—— 至北……寒山寺碑 39-9
　頲方誦 —— 枯樹賦 避談字諱 22-28
庾氏 → 庾會(東晉)
　諸葛令女庾氏婦……不復重出 40-10
幼安 → 管寧(東漢) 1-18(註)
　—— 爲牽牛着凉處 自與飮食 1-19
游巖 → 田游巖(唐)
　—— 對日 臣所謂泉石膏肓 烟霞痼疾 5-16
柳昂(隋) 37-42
庾敳(西晉) ← 子嵩, 中郎 8-15(註)
劉璵(西晉)
　—— 兄弟少時 爲王愷所憎 49-3
劉輿(西晉) ← 慶孫 12-14(註)
　時泰山胡毋彦國……邀孝孫 32-10
庾域(南朝 梁)
　——……無有離心 2-14(註)
庾悅(東晉) 35-27(註)
劉豫州 → 劉備(三國 蜀) 22-8
庾玉臺 → 庾友(東晉) 29-24
劉王喬 → 劉疇(西晉)
　—— 若過江 我不獨拜公 15-65
劉邕(南朝 宋)
　—— 愛食瘡痂 以爲味似鰒魚 48-10
劉王喬 → 劉疇(西晉) 13-4
劉訏(南朝 梁)
　—— 超然越俗 如半天朱霞 16-38
劉禹錫(唐)
　憲宗初徵柳宗元……俄皆貶謫 20-23
庾園客 → 庾爰之(東晉) 37-8
庾元規 → 庾亮(東晉)
　深公云 人謂……柴棘三斗許 38-7
庾元規 → 庾亮(東晉) 38-6
劉越石 → 劉琨(西晉) 40-8
　—— 爲胡騎所圍 13-4
劉威碩 → 劉琰(三國 蜀)
　——……號爲侈靡 43-1
劉遺民 → 劉驎之(東晉) 33-36
劉尹 → 劉惔(東晉) 14-35, 4-45, 5-104, 18-26, 18-39, 32-11, 14-25, 15-75, 15-91, 15-100, 16-1, 16-7, 16-10, 16-31, 18-14, 18-30, 24-28, 27-15, 36-21(註)
　王長史云……勝我自知 15-98
　——……答日 刺史嚴 不敢夜行 6-20
　——……正色日 莫得淫祀 1-45
　—— 答日……略無正方圓者 8-52
　—— 每稱王長史 15-83
　—— 著苧 有實理 16-11
　—— 撫王長史背日……但有都長 18-25
　—— 問 道人 何以游朱門 4-30
　—— 秀 18-42
　—— 與桓宣武 共聽講禮記 4-44
　—— 云 伊必能克蜀……則不爲 14-26
　—— 云 人想王荊産佳 此想長松下當有清風耳 4-45
　—— 云 淸風朗月 輒思玄度 4-34
　殷中軍嘗至 —— 所 8-35
　長史虛 —— 秀 謝公融 18-8
　許玄度停都……無日不往 32-6
　桓大司馬……彈劉枕 11-16
劉凝之(南朝 宋) ← 志安 2-5(註)
　—— 隱居荊州 適歲儉 2-5

劉毅(東晉) 29-35(註), 35-27
幼仁→王微(南朝 宋) 4-45
劉子→劉冉(南朝 梁) 27-27
孺子→徐穉(東漢)
——往會葬 無資以自致 齎磨鏡具自隨 所在取直 然後 得前 1-10
庾子躬→庾琮(西晉) 15-38, 15-39
庾子嵩→庾敳(西晉) 12-14, 15-19
——……從子文康見 8-47
——……頹然自放 24-22
——讀莊子……曰了不異人意 8-15
王太尉不與——交 11-2
庾子輿(南北朝)←孝卿,子輿,庾公
——……水忽減退 安流而下 2-14
劉子翼(隋)
——……退無餘訾 16-44
劉子眞→劉寔(西晉)
太尉——淸潔有志操……竝黷貨致罪 1-46(註)
劉子初→劉巴(三國 蜀)
——褊阨 不當拒張飛太甚 17-10
劉長史→劉麟之(東晉)
唯有——當埋我耳 28-10(註)
劉長史→劉孝綽(南朝 梁) 16-40
庾長仁→庾統(東晉) 15-72
——與諸弟……欲住亭中宿 24-39
庾赤玉→庾統(東晉)
——省率治除 15-85
——胸中無宿物 15-85
庾征西→庾翼(東晉) 36-20
柳宗元(唐)
憲宗初徵——……俄皆貶謫 20-23
劉祭酒→劉瓛(南朝 宋) 16-31
劉晝(北齊)
——作六合賦……以呈魏收 39-11
劉遵祖→劉爰之(東晉) 37-20
劉中郎→劉祥(唐)
——性韻剛疎 輕言肆行 39-6
庾中郎→庾敳(西晉) 15-106
——善於託大 長於自藏 15-45
劉眞長→劉惔(東晉) 4-35, 4-47, 14-23, 14-24, 18-19, 22-20, 36-12, 36-18, 38-13
王仲祖……造殷中軍談 15-82
王仲祖病……苟令則爲量水 32-9
——……肴案甚盛 11-22
——笑曰 玄度爲弟婚 施十重鐵步障 4-31
——與殷淵源談……卿不欲作將善雲梯仰攻 8-29
——標雲柯而不扶疎 15-84
劉澄(南朝 齊)
張思光嘗詣……尙書劉澄 35-22
庾徵君→庾乘(東漢) 26-2
庾闡(東漢)
——始作揚都賦 道溫庾 9-7
劉倩(南朝) 35-20
劉捷卿→劉迅(唐) 16-48
庾穉恭→庾翼(東晉) 37-8
——爲荊州 以毛扇上武帝 4-33
劉太常→劉瑾(東晉) 18-51
劉太常→劉寔(西晉) 15-9
庾太尉→庾亮(東晉) 4-32, 13-2, 15-36, 15-78, 15-106, 23-10, 24-25, 28-11
——……不輕擧止 12-21
武昌孟嘉作——州從事 14-22
庾太尉→庾琮(西晉) 15-44
庾恒(東晉)
殷顗——竝是謝鎭西外孫 38-29
劉許(東漢) 37-4
劉玄德→劉備(三國 蜀) 3-10, 17-6
劉玄明(唐)
——……政常爲天下第一 6-24
劉顯徵→劉祥(南朝 齊) 39-7
劉玄平(唐)
霍王元軌 臨徐州……爲布衣之交 18-56
劉荊州→劉表(東漢) 3-10
——嘗自作書……以示禰正平 38-2
劉瓛(南朝 齊)
——謙率通美……自居 35-25
庾龢(東晉)←道季 4-55(註)
劉淮(西晉) 11-3
劉歊(南朝 梁)
——矯矯出塵 如雲中白鶴 16-38
劉孝綽(南朝 梁)←孝綽, 阿士, 長史
——三妹……東海徐悱 29-37
劉孝標→劉峻(南朝 梁) 16-38, 41-9
留侯→張良(西漢) 14-17
庾羲(三國 吳)←叔和 11-20(註)
陸→陸凱(三國 吳) 19-7
——曰 君賢臣忠……臣何敢言盛 19-7
陸→陸機(西晉)
——云 有千里蓴羹 但未下鹽豉耳 4-10
孫興公云 潘文……往往見寶 8-28
陸→陸玩(東晉)
——曰 公長民短 臨時不知所言 旣後覺其不可耳 6-12

陸→陸慧曉(南朝 齊)
—— 曰 我性惡人無禮 不容不以禮處人 2-8
—— 曰 六十之年……吏部郎也 11-34
陸機(西晉)←士衡, 平原 4-10, 15-18, 25-2
陸東海→陸慧曉(南朝 齊) 11-34
陸亮(西晉)←長興 6-7(註)
山司徒……爭之不從 6-7
陸士龍→陸雲(西晉) 15-25
世目鄧士載……爲隱鵠 15-22
—— 好笑 24-15
陸士衡→陸機(西晉) 11-1, 15-25, 35-7
—— 入洛……聞左太沖作之 8-24
—— 入洛……投宿民居 8-25
陸遜(三國 吳) 11-1
陸乂(北齊) 22-26
陸玩(東晉)←士瑤, 太尉 6-12(註), 19-16
陸羽(唐)←鴻漸 5-18(註)
—— 問張志和 孰與往來 5-18
—— 次第二十水 揚州大明寺第十二 21-13(註)
—— 品題天下二十水 30-20(註)
陸子春→陸閎(漢)
—— 姿容如玉 威儀秀異 24-1
陸績(三國 吳) 17-9
陸祖言→陸納(東晉)
—— 望闕 歎曰 好家居 織兒欲撞壞之邪 11-21
陸贄(唐) 37-44(註)
陸太尉→陸玩(東晉) 6-12
王丞相……請婚 —— 11-10
—— 詣……食以酪 36-9
陸太喜(南朝 梁) 43-8
陸退(東晉)
謝太傅……而不作父誄 9-6
陸平原→陸機(西晉) 46-4
葛稚川目 —— 之文 如玄圃積玉 無非夜光 8-22
—— 河橋敗……被誅 46-3
張華……鳳鳴朝陽 15-23
陸抗(三國 吳) 11-1
陸慧曉(南朝 齊)←叔明, 東海 2-8(註)
—— ……無不朗然 16-36
—— 爲晉熙王長史……必起送之 2-8
陸鴻漸→陸羽(唐)
—— 與常伯熊 皆精茶理 46-13
尹吉甫(周)
—— 放孝子伯奇 3-6
融→王融(南朝 齊) 39-7
融→張融(南朝 齊)
—— 風止詭越……見者驚異 18-54(註)
隆公→慧隆道人(南朝 齊)
—— ……若霜下之松竹 16-39
殷→殷仲堪(東晉)
—— 乃歎曰 使我解四本 談不翅爾 8-58
—— 曰 銅山西崩 靈鍾東應 便是易邪 8-59
—— 云 此乃是君轉解 9-2
—— 作誄云……閑庭晏然 18-45
殷→殷浩(東晉) 18-36
—— 理小屈 遊辭不已 8-35
—— 曰 官本是臭腐……而夢穢汙 8-54
—— 云 我與我周旋久 寧作我 18-18
殷公→殷師(西晉) 47-7
殷貴妃(南朝 宋)
宋世祖至……謂劉德願 37-36
殷覬(東晉)←伯道
桓南郡楊廣共說殷荊州……以自樹 1-50
殷劉→殷浩(東晉), 劉惔(東晉) 11-25, 23-11
殷謝→殷浩(東晉), 謝安(東晉)
—— 諸人共集……萬形來入眼不 8-53
殷淑妃(南朝 宋) 9-28
殷淑儀(南朝 宋) 13-26(註)
殷揚州→殷浩(東晉) 4-56, 14-24
謝鎭西……爲眞長求會稽 38-15
殷淵源→殷浩(東晉) 8-56, 15-79
劉眞長與 —— 談……卿不欲作將善雲梯仰攻 8-29
袁彥道有二妹……一適謝仁祖 26-9
殷豫章→殷羨(東晉)
—— 與書……以調之 36-20
殷允(東晉) 15-62
殷顗(東晉) 20-5
—— 庾恒 竝是謝鎭西外孫 38-29
殷子徵(東漢) 27-3
殷仲堪(東晉)←荊州 16-24, 18-45
—— …… 輒拾以噉之 1-49
—— 擧兵 20-5(註)
—— 云……便覺舌本間强 9-1
—— 精覈玄論 8-58
殷中軍→殷浩(東晉) 15-50, 15-86, 15-89, 32-5, 37-20
王司州與 —— 語 歎 15-80
王仲祖……造 —— 談 15-82
—— ……比羊叔子 18-11
—— 見佛經 云理亦應阿堵上 8-18
—— 妙解經脈 中年都廢 30-15
—— 問……惡人多 8-52
—— 嘗至劉尹所 8-35

—— 雖思慮通長 然於才性偏精 8-38
—— 云 康伯未得我牙後慧 8-17
—— 廢後……僧梯將去 41-5
—— 被廢東陽 始看佛經 8-55
—— 被廢在信安……終日恒書空作字 41-4
人有問 —— ……而夢矢穢 8-54
殷仲文(東晉) ← 仲文 5-1(註), 18-52, 37-30
—— ……意甚不平 41-8
—— ……而讀書不甚廣 9-21
—— 勸宋武帝畜伎 5-1
—— 還姑熟 祖送傾朝 11-33
桓玄敗後……非復往日 41-7
殷太常 → 殷融(東晉)
江左 —— 父子……亦有辯訥之異 9-3
殷荊州 → 殷仲堪(東晉) 13-19, 31-11, 37-22, 37-26, 46-11
王緒數讒 —— 於王國寶 45-2
—— 曾問遠公 易以何爲體 8-59
—— 興晉陽之甲 20-5
桓南郡楊廣共說 —— ……以自樹 1-50
桓南郡與 —— 共談每相攻難 9-2
殷浩(東晉) ← 淵源, 阿源, 揚州, 中軍 6-20, 6-20(註), 8-53(註), 18-17, 18-22, 26-7
謝鎭西少時……故往造之 8-30
佐吏 —— ……登南樓理詠 24-25
殷洪喬 → 殷羨(東晉) 36-10
—— 作豫章郡……附百許函書 33-34
殷洪遠 → 殷融(東晉) 18-19
殷侯 → 殷浩(東晉) 18-21
桓公少與 —— 齊名 常有競心 18-18
應仲遠 → 應邵(東漢)
汝南應劭亦歸於袁……何如 3-3
—— 作風俗通 20-1
凝之 → 劉凝之(南朝 宋)
—— ……見有飢色者 悉分與之 2-5
應劭(東漢) ← 仲遠 應劭……博覽多聞 3-3(註)
顗 → 周顗(西晉)
—— 正情嶷然 15-57(註)
李 → 李充(東晉)
—— 答曰 北門之歎 久已上聞 窮猿奔林 豈暇擇木 4-56
夷簡 → 李夷簡(唐)
—— 甚通 2-21(頭)
—— 曰 聞君送楊臨賀 不顧犯難 肯負國乎 2-21(註)
李汧公 → 李勉(唐)
—— ……出白金 2-18
李季卿(唐) 46-13
李寬(隋) 24-47
李龜年(唐) 30-18
李納(唐)
—— 性辯急……極於寬緩 48-13
李待制 → 李師中(北宋)
—— 誠之……因邸吏報包希仁參政 14-34
李德林(隋) 32-20
李德林(隋) ← 德林, 李生
—— ……自駕靈輿反葬 2-17
李令伯 → 李密(隋唐)
—— 常聘吳……寧願爲人兄 3-15
二陸 → 陸機(西晉), 陸雲(西晉) 37-40
李陵
—— 降匈奴 武帝甚怒 36-22(註)
李勉(唐) ← 玄卿, 李汧公
—— 字玄卿 2-18(註)
李文靖 → 李沆(北宋)
—— 爲相……用此報國 6-30
李密(隋唐) ← 令伯 3-15(註)
—— ……翻漢書 14-31
—— 目瞳子正方 黑白明澈 24-47
李白(唐)
—— 登華山落雁峯 23-20
李百藥(隋唐) 16-44, 22-26
崔信明……謂過 —— 39-12
夷甫 → 王衍(西晉) 4-6(註), 11-2(註)
—— 無君輩客 37-5
吏部 → 韓愈(唐)
韓昶……而性頗闇劣 47-17
李師古(唐) ← 師古
—— 跋扈 憚杜黃裳爲相 2-19
李嗣眞(唐) 30-19
李生 → 李德林(隋)
不得令 —— 怪人熏灼 2-17(註)
二謝 → 謝安(東晉), 謝萬(東晉) 29-26
李石(唐)
開成中延英奏對 —— 言 6-29
李勢(成漢) 14-26, 23-8, 29-23
李神儁(北齊) 26-13
李安國 → 李豐(三國 魏)
—— 頹唐如玉山之將崩 24-5
李約(唐)
—— 是汧公子……可謂世有盛德 2-18(頭)
李陽(西晉)
幽州刺史 —— 京都大俠 19-11
李永和 → 李謐(北魏) 23-18

二吳→吳坦之(東晉), 吳隱之(東晉)
本爲——孝行 而韓母在焉 1-54(頭)
利用(南唐)
——書袋 4-68(頭)
李元禮→李膺(東漢) 22-5
世目——謖謖如勁松下風 15-2
——嘗歎荀淑鍾皓曰……鍾君至德可師 1-13
——一世龍門 14-2
——風格秀整……欲以天下名教是非爲己任 1-12
仲擧……攝下易 17-1
李元忠(北齊) 34-19, 35-26, 35-29
伊尹(殷商) 11-42
李膺(東漢)←元禮 1-12, 26-1, 32-16
——杜密等 爲黨事考逮 27-2(註)
李夷簡(唐)
御史中丞——請爲監察 2-21(註)
李將軍→李思訓(唐) 31-15
李程(唐) 39-16
李志(東晉)
曹蜍——……如九泉下人 18-37
李贊皇→李德裕(唐) 30-20
李昌夔(唐)
——在荊州打獵 大修裝飾 43-10
李楚琳(唐) 45-3(註)
李充(東晉)←弘度 4-56(註)
李特(西晉) 14-26(註)
李平陽→李重(西晉) 29-16
李豐(三國 魏)
賈充前婦……離婚徙邊 29-15
李泌(唐) 22-31
李沆(北宋)←太初, 文靖 6-30(註)
李諧(北魏)←虔和 5-13, 5-13(註)
李弘度→李充(東晉) 4-56, 18-28
李弘範→李軌(東晉) 42-3
李廞(魏晉)
——是茂曾第五子 28-7
李喜(魏晉)←季和 4-3(註)
司馬景王東征 取上黨——以爲從事中郎 4-3
翼→庾翼(東晉)
亮有廊廟之器——有匡世之才 15-72(註)
翼德→張飛(三國 蜀) 17-10
益壽→謝混(東晉) 24-42(註)
引→蕭引(南朝 陳)
——答曰 此乃陛下假其羽毛 5-8
藺相如(戰國 趙)
廉頗——……恒如有生氣 18-37
此——所以下廉頗也 14-8
仁祖→謝尙(東晉)
——企脚……天際眞人想 24-33
——聞之曰 時無豎刁 故 不貽陶公話言 4-28
——是勝我許人 32-13
仁宗→趙禎(北宋)
李待制誠之……因邸吏報包希仁參政 14-34
壹公→道壹(東晉)
——曰 風霜固所不論……林岫便已皓然 4-68
逸民→裴頠(西晉) 4-6(註)
逸少→王羲之(東晉) 4-41(註), 12-23, 44-8
——不節 23-12
日磾→金日磾(西漢) 3-9(註)
林→支遁(東晉)
——曰 既有凌霄之姿 何肯爲人作耳目近玩 4-52
任愷(西晉)←元裒
——既失權勢 不復自檢括 33-18
林公→支遁(東晉) 4-43, 15-88, 15-99, 18-36, 24-30, 24-38, 37-15, 38-27
與——相遇於瓦官寺 講小品 8-33
王僧恩輕——18-33
王中郎與——絶不相得 38-21
右軍勝——……亦貴徹 18-9
——見東陽長山 曰何其坦迤 4-62
——器朗神儁 15-84
——尋微之功不減輔嗣 15-93
——曰 故當攀安提萬 18-6
——曰 澄以石虎爲海鷗鳥 4-43
此必——24-32
任棠(東漢)
——……伏於戶下 6-3
林道人→支遁(東晉)
——詣謝公……體未堪勞 8-48
謝車騎……將夕乃退 8-49
林法師→支遁(東晉) 37-21
戴公見——墓 27-17
任城王→曹彰(三國 魏)
魏文帝忌弟——驍壯 46-2
任彦升→任昉(南朝 梁) 11-36
任延(東漢)←長孫 6-4(註)
——……唯先遣饋 禮祠延陵季子 6-4
——爲會稽都尉 時年十九 6-4
任育長→任瞻(西晉)
——年少時 甚有令名 47-3
林宗→郭泰(東漢) 1-11(註), 41-6(註)
臨川→王羲之(東晉) 18-29
臨淄侯→曹植(三國 魏) 19-4

林逋(北宋)
——隱居……嘗畜兩鶴 28-40

【ㅈ】

子敬→王獻之(東晉) 16-15, 18-40, 18-43, 18-44, 18-51
——云 不覺有餘事 唯憶與郗家離婚 1-48
王子猷……上忽發火 13-14
王子猷子敬……而——先亡 27-24
子固→曾鞏(北宋) 35-34
子貢(春秋 衛) 18-47(註)
子光→胡母謙之(晉) 33-19
子期→向秀(魏晉) 8-19(註)
子南→周邵(三國 吳) 28-11, 46-7
子臺→張閣(三國 魏) 1-27(註)
子道←羊孚(東晉) 9-12(註)
子鸞→劉子鸞(南朝 宋)
謝超宗好學……爲新安王——常侍 9-28
子路→仲由(春秋 魯) 11-7(註)
孔子大聖……猶有伯寮之愬 29-5
慈明→荀爽(東漢)
荀使叔慈應門——行酒 餘六龍下食 1-14
——外朗 叔慈內潤 17-3
——曰昔者祁奚內擧不失其子……不爲悖德乎 3-7
子思→殷允(東晉) 15-62
子上→司馬昭(三國 魏) 1-24(註)
子宣→范宣(東晉) 1-47(註)
子嵩→庾敳(西晉) 8-15
子愼→服虔(東漢) 7-3(註)
呼——子愼 7-5
子魚→華歆(東漢) 1-17(註),
子輿→庾子輿(南北朝) 2-14(註)
——……水忽減退 安流而下 2-14
子雲→揚雄(西漢) 7-1(註)
子元→司馬師(三國 魏) 4-3(註)
子猷→王徽之(東晉) 16-20, 18-40
子游→鄭崇(西漢) 3-1(註)
子隱→周處(西晉) 3-16(註)
子才→邢劭(北齊) 9-26(註)
子周→張志和(唐) 5-18(註)
子重→王操之(東晉) 18-40
紫芝→元德秀(唐)
見——眉宇 使人名利之心都盡 16-49
子眞→盧玄(北魏)
對——使我懷古之情更深 16-43
子瞻→蘇軾(北宋) 37-50
蘇軾……母程氏授以書 2-23(註)
子春→單子春(三國 魏)
——語衆人曰……正似司馬長卿游獵賦 8-7
子行→盧思道(北齊) 5-10(註)
子許→衛玆(東漢)
——買物……減價乃取 14-4
子荊→孫楚(西晉) 4-7(註)
子桓→曹丕(三國 魏) 3-11(註)
張→張天錫(前凉)
——曰……人無嫉心 4-69
張閣(三國 魏)←子臺 1-27(註)
張堪(東漢)←君游 1-3(註)
朱文季與——同縣 張於太學中 見文季 甚重之 1-3
長卿→司馬相如(西漢) 8-7(註)
——慢世 18-44
張敬兒(南朝 齊)
——拜……呼爲褚彦回 39-5
張季鷹→張翰(西晉) 14-18, 27-12, 33-25
——……江東步兵 33-23
張公→張華(西晉) 35-7
後示——……宜以經高名之士 8-41
張冠軍→張玄之(東晉)
王東亭與——善 6-22
張九齡(唐)←博物
每見——精神頓生 16-47
張君嗣→張裔(東漢) 36-4
張譏(南朝 陳)←16-42
長達→羊秉(東晉) 4-48(註)
長度→謝朗(東晉) 4-55(註)
章惇(北宋)←章丞相
范忠宣謫永州……輒罵章惇 13-33
張吏部→張讚(南朝 梁)
——……意趣不協 35-24
張驎→張湛(東晉) 34-6
張孟陽→張載(西晉)
——至醜……以瓦石投之 24-8(註)
張茂先→張華(西晉) 15-17
——我所不解 17-15
——論史漢 靡靡可聽 4-6
長文→陳群(三國 魏)
使元方將車 季方持杖後從——尙小 載著車中 1-14
陳元方子——有英才 1-15
張文潛→張耒(北宋) 37-51, 39-19
張輔吳→張昭(三國 吳) 17-10, 36-2, 36-5

張飛(三國 蜀)←翼德 17-10
張憑(東晉) 32-11, 37-19
謝太傅……而不作父誄 9-6
長史→王濛(東晉) 11-31, 15-77, 18-39, 24-23
——韶興 18-42
——語甚不多 可謂有令音
——曰 韶音令辭……勝我 18-30
——自不欲苦物 15-88
——作數百語……如恨不苦 15-88
張士簡→張率(南朝 梁)
——……忘懷家務 13-25
張思光→張融(南朝 齊) 34-20
宋太祖嘗面許——……敕竟不下 37-35
——……答曰 臣陸處無屋 舟居非水 2-12
——嘗詣……尙書劉澄 35-22
——作海賦……以示鎭軍將軍顧覬之 9-31
齊太祖奇愛——18-54
張思曼→張緒(南朝 齊) 27-26
長史父→王訥(東晉)
——形貌旣偉 雅懷有槩 24-23
長沙王→司馬乂(西晉) 4-8
張相公→張元(西夏) 13-31
張緖(南朝 齊)←思曼 2-12(註), 16-37
楊柳風流可愛 似——當年 16-30
張徐州→張建封(唐) 23-19
張說(唐)←張燕公 22-31
姚崇與——同爲宰輔 各懷疑阻 40-13
——女嫁盧氏 21-12
長孫→任延(東漢) 6-4(註)
張純(三國 吳) 22-9
張嵊(南朝 梁)
劉孝綽三妹……東海徐悱 29-37
章丞相→章惇(北宋) 37-49
張僧繇(南朝 梁) 26-16
張新安→張鏡(南朝 宋) 26-12
張安道→張方平(北宋) 39-19
張安世(西漢)
淸靜比揚子雲 默識擬——15-17
張儼(三國 吳) 22-9
長輿→和嶠(西晉) 1-25(註), 10-16(頭)
——嵯櫱 17-22
張燕公→張說(唐)
——……曰 韋趙兄弟 人之杞梓 16-50
張延符→張充(南朝) 25-4
長豫→王悅(東晉)
王家有三年少 右軍安期——15-53
張吳興→張玄之(東晉)
——……知其不常 37-3
長源→王渾(西晉) 1-34(註)
蔣元卿→蔣詡(西漢)
——舍中三徑 28-2
張元伯→張劭(東漢) 27-3
張威伯→張暢(南朝 宋) 15-25
張裕(三國 蜀)
蜀先主……下獄將誅之 41-1
張融(南朝 齊)←思光, 黃門 2-12(註), 27-26
張鎰(唐)
盧杞忌——剛直 欲去之 45-3
張子臺→張閣(三國 魏)
杜恕著家戒道——……患禍當何從而來 1-27
張子布→張昭(三國 吳)
欲使孫策帳下兒讀之耶 將使——見乎 38-2
章子厚→章惇(北宋) 35-34
途中見——乃回反耳 37-49
張淨琬(南朝 梁) 43-8
蔣濟(三國 魏) 44-2
張祖希→張玄之(東晉) 6-22
莊宗→李存勖(後唐) 21-14
莊周(戰國 宋) 22-18
——爲道家之儀秦 18-58
張仲蔚(晉)
——……唯開一行徑 28-3
長之→阮長之(南朝 宋)
——固遣送曰 長之一生不侮闇室 2-9
張志和(唐)←子周 5-18(註), 28-37
陸羽問——孰與往來 5-18
張參軍→張譏(南朝 陳)
——少有思理 爲國子助教 9-25
張蒼梧→張鎭(西晉) 37-19
張天錫(前涼)←公純嘏 28-21
——爲涼州刺史 稱制西隅 4-69
張麀(東晉) 28-18
長平→趙孝(東漢) 1-2(註)
張平子→張衡(漢)
——作地動儀 30-1
章獻→章獻皇后(宋) 16-51(註)
莊憲皇后(唐) 20-23(註)
張玄(東晉) 33-36
謝遏絶重其姊——常稱其妹 29-33
張玄之(東晉)←祖希, 冠軍, 吳興 6-22(註), 22-16, 22-17, 37-3
張泓(西晉) 19-10(註)

張華(西晉) ←茂先 4-6(註), 17-11, 37-4, 44-12(註)
——……鳳鳴朝陽 15-23
長和 →羊忱(東晉)
—— 哀容擧止 宛若成人 15-15
張黃門 →張融(南朝 齊) 13-26
長興 →陸亮(西晉) 6-7(註)
再思 →楊再思(唐)
—— 徐謂之曰 爾牛亦自 13-28
—— 曰 世路艱難……何以全身 13-28(註)
載之 →權德輿(唐) 2-21(註)
褚季野 →褚裒(東晉) 12-22, 36-22
謝太傅絶重褚公 常稱 —— 雖不言 而四時之氣亦備 1-44
—— 語孫安國云……淸通簡要 8-20
—— 皮裏陽秋 15-70
褚公 →褚裒(東晉) 4-35, 12-22
謝太傅絶重 —— 常稱……而四時之氣亦備 1-44
—— 與孫興公同遊……舫欲傾覆 38-12
褚期生 →褚爽(東晉) 14-12
褚陶(西晉)
張華……鳳鳴朝陽 15-23
褚裒(東晉) ←季野, 褚公, 太傅 1-44(註)
褚司徒 →褚淵(南朝 齊) 16-32, 39-6
褚炤(南朝 宋) 11-37(註)
褚遂良(唐)
—— 其父亮尙在 乃別開門 47-15
褚彦宣 →褚炤(南朝 宋)
—— 常非從兄彦回身事二姓 11-37
褚彦回 →褚淵(南朝 齊)
張敬兒拜……呼爲褚彦回 39-5
褚太傅 →褚裒(東晉) 14-22, 38-13
籍 →阮籍(三國 魏)
——……書札爲之 無所點定 8-2
翟道淵 →翟湯(東晉) 28-11
狄仁傑(唐) 39-13
傳亮(南朝 宋) 13-21
錢文僖 →錢維演(北宋)
—— 留守西都……同在幕下 32-23
田游巖(唐)
—— 頻召 不出 5-16
錢維演(北宋) ←希聖 32-23(註)
全琮(三國 吳) 17-9
田橫(戰國 秦) 34-6
楨 →劉楨(東漢)
—— 答曰 臣誠庸短 亦由陛下網目不疏 3-11
鄭康成 →鄭玄(東漢) 3-3
林公道王云……何物塵垢囊 38-21
貞公 →高郢(唐) 22-29
鄭公業 →鄭泰(東漢) 20-15(註)
井丹(東漢)
—— 高潔 18-44
丁梁州(三國 魏)
陳壽將爲國志 謂 —— 47-1
正禮 →顧協(南朝 梁) 2-16(註)
鄭尙書 →鄭崇(西漢)
上曰 我識 —— 履聲 3-1(註)
鄭鮮之(南朝 宋)
—— 歎曰 觀徐傅言論 不復以學問爲長 13-21
鄭世翼(唐) 39-12
鄭崇(西漢)
漢哀帝問尙書 —— 卿門何以如市 3-1
程氏(北宋)(蘇軾 母)
蘇軾……母 —— 授以書 2-23(註)
鄭餘慶(唐) 24-48(註)
正熊 →崔豹(西晉) 4-14
丁謂(北宋)
眞宗……令作冊文 11-41
鄭絪(唐) 32-21
正一先生 →司馬承禎(唐) 39-14(註)
丁正禮 →丁儀(三國 魏)
曹公聞……欲以愛女妻之 46-1
丁晉公 →丁謂(北宋)
—— 自崖州還……何地最雄盛 37-45
鄭泉(三國 吳)
—— 臨卒時……陶家之側 33-1
鄭冲(西晉)
司空 —— 馳遣信 就阮籍求文 8-2
貞風 →明恭后(南朝 宋) 29-36(註)
鄭玄(東漢) ←康成 3-3(註)
—— 家 奴婢皆讀書 7-4
—— 欲注春秋傳 尙未成 時行與服子愼 遇宿客舍 7-3
—— 在馬融門下……高足弟子傳授而已 7-2
政和公主(唐) 29-38
鄭詡(晉) 37-4
濟 →王濟(西晉) 15-21
帝 →劉裕(南朝 宋)
—— 曰 畏解 故不畜 5-1
帝 →李治(唐)
—— 曰 情知此漢獰 何須犯他百姓 6-26
諸葛厷(西晉) ←茂遠
——……時論亦以擬王 41-2
—— 年少不肯學問……便已超詣 8-12

諸葛瑾(三國 吳) 36-2
諸葛道明 → 諸葛恢(東晉) 27-13
諸葛令 → 諸葛恢(東晉)
—— ……爭姓族先後 36-11
—— 女庾氏婦……不復重出 40-10
諸葛武侯 → 諸葛亮(三國 蜀) 41-1
蒲元……鑄刀三千口 30-6
—— ……治軍渭濱 12-2
諸葛妃(西晉) 10-13
諸葛思遠 → 諸葛瞻(三國 蜀) 10-14
諸葛元遜 → 諸葛恪(三國 吳) 36-5
諸葛靓(三國 吳)
—— ……常背洛水而坐 10-13
諸葛誕(三國 魏) ← 公休
王公淵娶 —— 女 29-12
齊高帝 → 蕭道成(南朝 齊) 2-6, 25-3
齊高宗 → 蕭鸞(南朝 齊)
—— ……報謝侍中 13-24
—— 從弟季敵 性頗豪縱 20-16
濟尼(東晉) 29-33
齊明帝 → 蕭鸞(南朝 齊) 14-29
齊武帝 → 蕭賾(南朝 齊) 20-14, 35-24(註)
齊世祖 → 蕭賾(南朝 齊) 9-29, 11-38
齊神武 → 高歡(北齊) 18-55, 34-19
齊王 → 司馬冏(西晉) 10-19, 14-18
齊莊 → 孫放(東晉) 22-19, 37-8
齊太祖 → 蕭道成(南朝 齊)
—— 奇愛張思光 18-54
齊澣(唐) ← 洗心
—— 善知今事 高仲舒善知古事 9-34
祖 → 祖納(西晉)
—— 云 百里奚 亦何必輕於五羖之皮邪 1-39
曹 → 曹操(東漢)
—— 云 此國家之意 3-4
趙 → 趙至(三國 魏)
—— 云 尺表能審璣衡之度……但問識如何耳 4-2
趙景眞 → 趙至(三國 魏)
嵇中散語 —— ……恨量小狹 4-2
曹公 → 曹操(東漢) 10-7, 17-5, 19-4, 29-6, 36-1, 36-3, 38-4
—— ……翕然而起曰 此愈我疾 7-7
—— 旣殺楊德祖 後與太尉遇於朝堂 3-9
—— 聞……欲以愛女妻之 46-1
—— 以楊太尉與袁公路婚 將誣以同逆 3-4
祖廣(東晉) ← 祖參軍 37-29
祖光錄 → 祖納(西晉)
—— 少孤貧 性至孝 常自爲母炊爨作食 1-39
趙匡凝(唐)
—— 每整衣冠 使人持巨鑑 前後照 24-49
祖納(西晉) ← 士言, 光祿 1-39(註)
趙母 → 趙姬(三國 吳)
—— 嫁女……敕之 29-8
趙普(北宋) 39-18
曹輔佐 → 曹毗(東晉) 9-19
趙飛燕(西漢)
漢成帝……讒班婕妤呪詛 29-4
祖士少 → 祖約(東晉) 24-24
—— 風領毛骨……不復見如此人 15-84
—— 好財 阮遙集好屐 12-18
祖士言 → 祖納(西晉)
—— 深好奕棋 20-1
曹蜍(東晉)
—— 李志……如九泉下人 18-37
曹娥(東漢) 21-3
孝女 —— 者 上虞人 21-3(註)
趙耶利 → 趙師(唐) 30-17
刁約(東晉) 27-19
趙悅子 → 趙悅(東晉) 32-12
趙溫(東漢) 23-1
趙王 → 司馬倫(西晉) 19-13(註), 29-16(註)
—— 簒逆 樂令親授璽綬 18-28
趙元達 → 趙達(三國 吳) 17-6
趙元叔 → 趙壹(東漢) 32-2
祖元珍 → 祖瑩(北魏) 21-11
曹子建 → 曹植(三國 魏) 15-7
曹操(東漢) ← 孟德, 曹公, 魏 武帝, 魏公, 魏 太祖 3-4(註)
—— 自爲魏公 加九錫 7-10(註)
趙至(三國 魏) ← 景眞 4-2(註)
趙知禮(南朝 陳) 16-41
祖車騎 → 祖逖(東晉) 15-43, 23-7, 33-14
祖參軍 → 祖廣(東晉) 37-29
趙盪寇 → 趙稚長(三國 魏)
荀令君 —— 皆足蓋當世乎 38-3
刁玄亮 → 刁協(東晉) 11-4
—— 之察察 15-55
曹洪(三國 魏) 48-2(註)
趙皇后 → 趙飛燕(西漢) 29-4(註)
趙孝(東漢) ← 長平 1-2(註)
—— ……常白衣步擔 1-2
祖孝徵 → 祖珽(北齊)
—— 放縱不羈 47-13

趙姬(三國 吳) 29-8(註)
祖希 → 張玄之(東晉) 6-22(註)
琮 → 劉琮(東漢) 19-4(註)
宗敬微 → 宗測(南朝 齊)
　魚復侯……遺 —— 28-27
鍾季明 → 鍾皓(東漢) 14-1
鍾夔 → 鍾子期(春秋 楚), 夔(虞舜) 4-33
宗德艶 → 宗預(三國 蜀) 10-14
鍾離春(戰國 齊) 38-6
宗文 → 徐羨之(南朝 宋) 13-21(註)
鍾夫人(魏晉) 29-19(註)
　東海家內……範 —— 之禮 29-20
鍾士季 → 鍾會(三國 魏) 14-7, 15-6, 15-10
　—— 精有才理 35-5
宗世林 → 宗承(東漢)
　南陽 —— ……不與之交 10-8
宗少文 → 宗炳(南朝 宋)
　—— 好山水…… 欲懷尙平之志 28-23
鍾氏(魏晉)
　王渾妻 —— ……令淑 29-19
鍾雅(西晉) 11-13
宗如周(南北朝 西梁)
　—— 面……蕭詧戲之 37-43
宗元幹 → 宗慤(南朝 宋) 23-17
鍾元常 → 鍾繇(三國 魏)
　黃初中有甲乙疑論……議各不同 8-8
鍾毓(三國 魏)
　—— ……有機警 36-6
　—— 兄弟小時……共偸服藥酒 22-12
　夏侯玄…… —— 爲廷尉 10-9
鍾子 → 鍾子期(春秋 楚)
　昔匠石……輟弦於 —— 27-16
鍾皓(東漢) ← 鍾季明
　李元禮嘗歎荀淑 —— 曰……鍾君至德可師 1-13
鍾會(三國 魏) ← 士季 7-11(註), 10-9
　—— ……情好不協 31-5
　—— 撰四本論……於戶外遙擲 7-11
左太沖 → 左思(西晉) 16-51
　陸士衡入洛……聞 —— 作之 8-24
　—— 作三都賦 初成時人互有譏訾 8-41
　—— 絶醜 24-8
　—— 招隱詩曰 何必絲與竹 山水有清音 2-11
周 → 周顗(西晉)
　—— 曰 吾若萬里長江 何能不千里一曲 33-27
朱據(三國 吳) 22-9
周公(周) 19-3
朱公叔 → 朱穆(東漢)
　—— ……不自知亡失衣冠 顚墜阬岸 7-8
　—— 耽學專精 銳意講誦 7-8
周旦 → 周公(周) 20-7(註)
朱桃椎(唐)
　—— ……浮沉人間 28-34
朱買臣(西漢) 36-4(註)
周姥(周公夫人 任氏) 48-5
朱穆(東漢) ← 公叔 7-8(註)
朱文季 → 朱暉(東漢)
　—— 與張堪同縣 張於太學中 見文季 甚重之 1-3
周閔(東晉) 29-29(註)
朱百年(南宋)
　—— ……伐樵採若爲業 2-4(註)
　—— 家貧……不衣綿帛 2-4
周伯仁 → 周顗(西晉) 4-15, 11-4, 11-9, 17-20, 24-21, 38-6
　顔光祿曰 —— 之正……餘則吾不知 18-4
　王大將軍旣反…… —— 往見之 11-6
　王丞相枕……指其腹 36-16
　—— ……恒大飮酒 33-32
　—— 母……賜三子 14-20
周馥(西晉) 12-8, 23-8
周僕射 → 周顗(西晉) 33-27
周僕射 → 周顗(西晉)
　—— ……答曰 何敢近舍明公 遠希嵇阮 4-21
周叔治 → 周謨(西晉)
　—— ……周侯仲智往別 11-11
周嵩(東晉) ← 仲智 14-20
　非 —— 比 11-15(頭)
周彦倫 → 周顒(南朝 齊) 16-39
　何子季與 —— ……精信佛法 9-23
朱永長 → 朱誕(晉) 15-25
周瑜(東漢) 17-9(註)
周顗(西晉) ← 伯仁, 僕射, 周侯
　—— 比臣有國士門風 17-20
朱異(三國 吳) 22-9
　—— 遍治五經……皆其所長 37-38
朱泚(唐) 45-3
　—— 之亂……佯爲奴 求出城 24-48
周子居 → 周乘(東漢)
　—— 常云……則鄙吝之心已復生矣 1-8
　陳仲擧嘗歎曰 若 —— 者 眞治國之器 15-1
周子隱 → 周處(西晉)
　—— 答曰 漢末分崩……豈唯一人 3-16
周浚(西晉)

—— 作安東時 行獵値暴雨 29-17
周仲智 → 周崇(東漢) 12-25
周處(西晉) ← 子隱 3-16(註)
—— 年少時……爲鄕里所患 25-1
周太常 → 周澤(東漢)
——……嘗臥病齋宮 10-6
周澤(東漢) ← 穉都 10-6(註)
周弼(西晉) 15-40
周弘武 → 周恢(西晉)
—— 巧於用短 17-15
周弘正(南朝 梁·陳) 9-25
周侯 → 周顗(西晉) 13-1, 15-42, 15-47, 17-17, 17-22, 24-23, 36-14, 46-6, 46-8
周叔治……—— 仲智往別 11-11
—— 嶷如斷山 15-57
—— 中坐而歎曰 風景不殊 正自有山河之異 4-16
朱暉(東漢) ← 文季 1-3(註)
竣 → 顔竣(南朝 宋)
顔延之兒 ——……延之一無所受 20-12
遵素 → 杜黃裳(唐) 2-19(註)
遵彦 → 楊愔(北齊)
—— 曰 盧郞朗潤 所以加玉 5-12
濬沖 → 王戎(西晉) 1-25(註)
裴令往弔之曰 若使一慟果能傷人 —— 必不免滅性之譏 1-33
仲堪 → 殷仲堪(東晉)
——……遂眇一目 37-26(註)
仲擧 → 陳蕃(東漢) 1-9(註)
中軍 → 桓謙(東晉) 18-52
仲弓 → 陳寔(東漢)
—— 曰 盜殺財主 何如骨肉相殘 6-1
仲尼 → 孔子(春秋 魯) 22-18
先君 —— 與君先人伯陽 有師資之親 22-5
—— 不漱 29-2(註)
仲達 → 孔穎達(唐) 9-32(註)
仲達 → 龐參(東漢) 6-3(註)
—— 思其微意 良久曰 ……欲吾開門恤孤也 6-3
中郞 → 劉祥(唐)
—— 曰 不能殺袁劉 安得免寒士 39-6
中郞 → 謝據(東晉) 44-8
中郞 → 謝萬(東晉)
—— 始是獨有千載 38-25
中郞 → 庾敳(西晉) 15-44
中郞 → 蔡邕(東漢)
—— 歎異之曰 卿必成致 今以吾名與卿 7-6
中郞 → 郗曇(東晉) 29-26
仲文 → 殷仲文(東晉) 5-1(註), 18-27
—— 曰……足以映徹九泉 16-24
—— 有器貌才思 18-52(註)
仲山 → 孔嵩(東漢)
—— 曰……豈爲鄙哉 1-6
仲翔 → 虞翻(三國 吳) 3-14(註)
仲宣 → 王粲(東漢) 7-10(註)
晉王爲太傅……—— 亦以爲不如 7-10
仲叔 → 閔貢(東漢) 1-1(註)
——……歎曰 閔仲叔豈以口腹累安邑邪 1-1
中丞 → 孔覬(南宋)
—— 呼吏語曰……可載還 2-3
仲若 → 戴顒(南朝 宋) 5-3(註)
中玉 → 李石(唐) 6-29(註)
仲容 → 阮咸(西晉) 33-11
—— 借客驢……追之 33-12
仲遠 → 應劭(東漢) 3-3(註)
仲任 → 王充(東漢) 7-9(註)
仲長子光(唐) 28-33
——……徙與相近 26-14
仲祖 → 王濛(東晉) 4-35(註)
吾將負 —— 38-22
阮思曠……而兼有諸人之美 18-15
中宗 → 司馬睿(東晉)
—— 龍飛 實賴萬里長江 38-23(註)
中宗 → 李顯(唐)
——……幸昆明池賦詩 18-57
仲智 → 周嵩(東晉) 11-4
周叔治……周侯 —— 往別 11-11
仲回 → 王丹(東漢)
—— 曰 如丹此縑 出自機杼 10-4
曾鞏(北宋) ← 子固 35-34
曾閔 → 曾參(春秋 魯), 閔子騫(春秋 魯)
罔極過於 —— 3-17
曾子固 → 曾鞏(北宋) 35-34
支 → 支遁(東晉) 18-36
—— 徐徐謂曰……了不長進 8-50
—— 曰 貧道重其神駿 4-42
—— 謂謝曰 君一往奔詣 故復自佳耳 9-16
—— 從容曰……豈是求理中之談哉 8-46
—— 卓然標新理於二家之表……皆是諸名賢尋味之所不得 8-34
支公 → 支遁(東晉)
—— 以圍棊爲手談 31-12
—— 好鶴 4-52
支道林 → 支遁(東晉) 4-42, 8-34, 13-10, 18-3,

37-2, 38-26
三乘 佛家滯義 —— 分判 使三乘炳然 8-45
—— ……共集王家 9-16
—— ……不大當對 8-50
—— ……風味轉墜 27-16
—— ……許爲都講 8-39
—— 談……或有所遺 15-71
—— 聞之曰……如牖中窺日 8-20
—— 殷淵源 俱在相王許 8-56
—— 造卽色論 8-44
支遁(東晉) ← 道林, 支公, 支道林, 支法師, 支氏, 林公
高逸沙門傳曰 —— 道林 河內林慮人 4-42(註)
支法師 → 支遁(東晉) 8-46
支氏 → 支遁(東晉)
—— 逍遙論曰 夫逍遙者 明至人之心也 8-34(註)
志安 → 劉凝之(南朝 宋) 2-5(註)
脂元升 → 脂習(東漢)
—— ……收欲治罪 15-4
摯仲治 → 摯虞(西晉)
太叔廣……俱爲列卿 8-42
摯瞻(西晉) ← 景游 4-27, 4-27(註)
志和 → 張志和(唐)
—— 曰……何有往來 5-18
稷契 → 后稷, 契 4-47
陳 → 陳蕃(東漢)
—— 曰 武王式商容之閭……有何不可 1-9(註)
陳江州 → 陳顯達(南朝 宋) 20-17
晉景王 → 司馬師(三國 魏)
許允爲 —— 所誅 29-11
陳季弼 → 陳矯(三國 魏) 17-6
陳恭公 → 陳執中(北宋) 20-25
陳孔璋 → 陳琳(東漢)
—— 草檄文成 以呈曹公 7-7
秦國大長公主(北宋) 29-41(註)
陳群(三國 魏) ← 長文, 司空
—— 歎曰……淸而不介矣 1-21(註)
陳登(東漢) ← 元龍 3-10(註)
晉陵公主(東晉) 37-24(註)
陳琳(東漢) ← 孔璋 7-7(註)
陳林道 → 陳逵(東晉) 23-13
晉明帝 → 司馬紹(東晉) 22-15, 30-10, 33-22
晉明帝 → 司馬紹(東晉)
—— ……陰察軍形勢 40-6
—— 欲起池臺 元帝不許 23-6
晉武 → 司馬炎(西晉) 17-13
晉武帝 → 司馬炎(西晉) 14-9, 30-8, 36-8
—— ……亦多獻直言 19-10
—— 時……和嶠爲令 10-16
—— 始登阼 探策得一 4-4
晉文王 → 司馬昭(三國 魏)
魏朝封 —— 爲公……固讓不受 8-2
—— 大親愛……不迫以職事 33-2
—— 稱阮嗣宗……未嘗臧否人物 1-24
—— 戲之曰 卿云艾艾 定是幾艾 4-1
陳蕃(東漢) ← 仲擧 1-9(註)
—— ……爲中官所害 27-2
陳本(三國 魏) 10-10
陳尙書 → 陳咸(西漢)
—— 見王莽誅何武鮑宣 10-1
陳壽(西晉)
—— 將爲國志 謂丁梁州 47-1
陳叔達(唐) 34-21
晉安王 → 蕭綱(南朝 梁) 32-18
陳嬰(秦楚) 29-3
晉王 → 司馬昭(三國 魏)
—— 爲太傅……仲宣亦以爲不如 7-10
陳元龍 → 陳登(東漢) 17-6
許曰 —— 淮海之士 豪氣不除 3-10
陳元方 → 陳紀(東漢) 17-6
—— 兄弟 恣柔愛之道 1-17
陳遺(東晉)
吳郡 —— 家至孝 母好食鐺底焦飯 1-53
眞長 → 劉惔(東晉) 16-8, 18-20, 36-21
阮思曠……而兼有諸人之美 18-15
—— 答曰 丘之禱久矣 勿復爲煩 1-45
—— 答云……便足參微言 9-13
—— 性至峭 何足乃重 16-15
—— 曰 小人都不可與作緣 11-22
陳長文 → 陳群(三國 魏)
何不從 —— 司馬伯達乎 38-1
眞宗 → 趙恒(北宋)
—— ……令作冊文 11-41
—— 幸澶淵 27-31(註)
秦州 → 李秉(西晉) 29-16
陳遵(西漢) ← 孟公 10-4
陳仲擧 → 陳蕃(東漢) 14-3, 15-8
—— ……攝下易 17-1
—— 嘗歎曰 若周子居者 眞治國之器 15-1
—— 爲豫章太守 至便問徐孺子所在 欲先看之 1-9
陳仲弓 → 陳寔(東漢) 14-3
潁川太守髡 —— 3-6
—— 爲太丘長 有劫賊殺財主者 6-1

陳仲子(戰國 齊) 23-9(註)
珍之→蘇瓊(北齊) 6-25(註)
陳泰(三國 魏)←陳玄伯 10-12
陳太丘→陳寔(東漢) 14-1, 17-8, 22-1
——……太丘舍去 22-2
——詣荀朗陵 貧儉無僕役 1-14
秦太虛→秦觀(北宋)
——爲御史賈所彈 37-51
陳平(西漢)
王陵廷爭——……克終云何耳 49-4
陳咸(西漢)←陳尙書 10-1(頭)
陳恒(春秋)
如明府之去——4-14
陳玄伯→陳泰(三國 魏) 17-12
——……有正骨 15-97
秦會之→秦檜(南宋)
——夫人常入禁中 40-14
晉孝武→司馬曜(東晉) 22-23
陳後主→陳叔寶(南朝 陳) 16-42
陳暄(南朝)
——文才……沈湎過度 34-18
晉熙王→蕭銶(南朝 齊)
陸慧曉爲——長史……必起送之 2-8
郅君章→郅惲(東漢) 27-3
澄→王澄(西晉)
——放蕩不拘 35-8(註)

【ㅊ】

車騎→謝玄(東晉) 37-32, 38-25
——答曰……忘少 4-54
——答曰 譬如芝蘭玉樹 欲使其生於階庭耳 4-67
車騎→桓沖(東晉) 44-10
次道→何充(東晉) 6-17(註)
車武子→車胤(東晉) 4-60
車胤(東晉)←武子 4-60(註)
粲→袁粲(南朝 宋)
——以身受顧託 不欲事二姓 2-15(註)
昶→孟昶(後蜀)
——顗竝美風姿 時人謂之雙珠 39-1(註)
昌→周昌(西漢)
恐是——家……只有艾氣 37-47
蔡→蔡系(東晉)
——……自復坐 13-10
蔡→蔡洪(西晉)
——答曰 夜光之珠 不必出於孟津之河……得無諸君 是其苗裔乎 4-13
蔡公→蔡謨(東晉) 37-5
王丞相……不說而去 11-12
——曰 恨諸人不見杜弘治耳 24-27
王丞相輕——38-9
蔡大寶(南北朝) 37-43
蔡文姬(東漢) 29-6, 30-4
蔡伯喈→蔡邕(東漢) 17-1, 29-6(註), 38-20
——作勸學篇 20-1
蔡司徒→蔡模(東晉) 15-18
——渡江 見彭蜞 大喜 47-4
蔡叔子→蔡系(東晉)
——云 韓康伯……然亦膚立 18-35
蔡邕(東漢)←伯喈, 中郎 7-6(註), 27-5(註)
蔡攸(北宋) 48-15
蔡子尼→蔡充(晉) 17-16
蔡子度→蔡廓 寺卿蔡子度 2-16
蔡子叔→蔡系(東晉) 13-10
蔡中郎→蔡邕(東漢) 17-5(註), 27-4, 30-2, 30-3, 31-1
——到江東得之 歎爲高文 恒秘翫 以爲談助 7-9
——從朔方還……顧元歎從學琴書 7-6
蔡洪(西晉)←叔開, 秀才 4-13, 4-13(註)
蔡晃(唐)
釋慧淨 嘗與道士——談義 9-32
處靖→吳坦之(東晉) 1-54(註)
處宗→宋宗(晉) 8-26(註)
處仲→王敦(東晉) 4-27(註)
千里→阮瞻(西晉) 12-10(註)
我與安期——……聞有蔡充兒 38-9
天后→則天武后(唐) 5-17
瞻→摯瞻(西晉)
——曰 方於將軍 少爲太蚤 比之甘羅 已爲太老 4-27
捷卿→劉迅(唐)
——有不諱 可謂無復有神理 16-48
淸河→陸雲(西晉) 25-1
淸河公主(三國 魏) 46-1(註)
劭→劉劭(南朝 宋) 5-5
超宗→謝超宗(南朝 宋) 37-37
蜀先主→劉備(三國 蜀) 19-5
——……下獄將誅之 41-1
總髮(南朝 宋) 14-14
崔季珪→崔琰(東漢)
魏武將見匈奴使……使——代 14-6
崔公孺(北宋) 20-24
崔烈(東漢)←威考 7-5(註)

服虔旣善春秋……聞 —— 集門生講傳 7-5
崔㥄(北朝) 26-13
—— 應作令僕 恨其神明太遒 18-55
崔司徒 → 崔浩(北魏) 16-43
崔丞相 → 崔群(唐)
—— 直是聰明過人 39-16
崔信明(唐)
—— ……謂過李百藥 39-12
崔諶(北周)
博陵豪族 —— 2-17(註)
崔瑗(東漢) ← 崔子玉 20-11(註)
崔子玉 → 崔瑗(東漢)
—— 座右銘 20-11
崔子眞 → 崔寔(東漢)
—— 作政論 20-1
崔杼(春秋)
去 —— 幾世 4-14
崔正熊 → 崔豹(西晉)
—— ……答曰 民去崔杼 如明府之去陳恒 4-14
崔瞻(北齊) 35-27
—— 才學風流爲後來之秀 26-13
崔豹(西晉) ← 正熊 4-14(註)
崔鉉(唐) 14-32
崔浩(北魏) ← 崔司徒 27-29
鄒湛(西晉) 37-4
竺景秀(南朝 齊) 25-3
竺法深 → 竺潛(東晉) 4-30, 8-33
充 → 王充(東漢)
—— 之天才……不能過也 7-9(註)
充 → 張充(南朝)
—— 該通老易 能淸言 25-4(註)
种明逸 → 种放(北宋)
—— ……曰空 山淸寂 聊以養和 28-39
充宗 → 五鹿充宗(西漢) 19-2(註)
郗嘉賓 → 郗超(東晉) 13-11, 18-36, 29-29
—— 嘗三伏之月詣謝公 13-5
揚州獨步王文度 後來出人 —— 15-59
郗公大聚斂……意甚不同 42-4
郗鑒(東晉) ← 道徽, 太尉, 太傅, 司空 4-20(註), 17-20
稚恭 → 庾翼(東晉) 4-33(註), 15-72
郗公 → 郗鑒(東晉)
—— 大聚斂……意甚不同 42-4
郗公 → 郗愔(東晉)
卞望之云 —— 體中有三反 18-12
郗曇(東晉) ← 重熙, 中郎
獻之娶高平 —— 女 1-48(註)
稚都 → 周澤(東漢) 10-6(註)
郗方回 → 郗愔(東晉) 18-14
郗夫人(東晉)
王右軍 —— 29-26
郗司空 → 郗愔(東晉) 18-14
—— 在北府 桓宣武惡其居兵權 21-6
郗尙書 → 郗恢(東晉) 28-19
稚長 → 趙稚長(三國 魏)
文若可借面弔喪 —— 可使監廚請客 38-3
郗重熙 → 郗曇(東晉) 38-32
稚川 → 葛洪(南宋) 8-22(註)
郗超(東晉) ← 景興4-51(註), 14-14, 15-62
桓宣武……議芟夷朝臣 13-7
—— 與謝玄不善 14-27
稚春 → 氾毓(西晉) 1-57(註)
郗太尉 → 郗鑑(東晉) 20-2
—— ……日 平生意不在多 値世故紛紜 遂至台鼎 4-20
郗太傅 → 郗鑒(東晉)
—— ……求女壻 12-23
郗鴻豫 → 郗慮(東漢) 49-1
則天 → 則天武后(唐) 13-28, 40-13(註)

【E】

誕 → 王誕(東晉)
—— 曰 惠後來秀令 鄙宗之美也 2-1(註)
湯惠休(南朝 宋) ← 休上人
顔延之每薄 —— 詩 39-2
太丘 → 陳寔(東漢) 14-3
—— 曰 元方難爲兄 季方難爲弟 1-15
汰法師 → 竺法汰(東晉)
—— 云 六通三明同歸 正異名耳 8-40
太傅 → 司馬道子(東晉) 37-27
—— 因戱謝曰……乃復彊欲滓穢太淸邪 4-72
太傅 → 司馬越(西晉) 12-14
—— 府……淸才 15-31
太傅 → 謝安(東晉) 32-8, 44-8
謝萬就 —— 乞裘 19-18
—— ……答曰 我常自教兒 1-46
—— 時年七八歲…‥諫曰 阿兄 老翁可念 何可作此 1-43
—— 猶斂膝容之 16-16
—— 在東山二十餘年 4-73
太傅 → 鍾繇(三國 魏) 31-5
太史 → 董狐(春秋 晉) 36-18(註)
太常 → 殷融(東晉)

——輒云 汝更思吾論 9-3
太叔廣(西晉)←季思
——……俱爲列卿 8-42
太尉→楊彪(東漢)
曹公旣殺楊德祖 後與——遇於朝堂 3-9
——答曰……猶懷老牛舐犢之愛 3-9
太尉→王衍(西晉) 15-30
王公目太尉……壁立千仞 15-37
——……自然是風塵外物 15-20
太尉→庾亮(東晉) 12-22
太子→司馬衷(西晉)
晉武帝……亦多獻直言 19-10
太宰→司馬晞(東晉) 13-3
太祖→劉義隆(南朝 宋) 32-15
太祖→蕭道成(南朝 齊)
——謂四座曰……使人不衣自煖 16-34
太祖→曹操(東漢)
——呼其字曰 元升 卿故慷慨 15-4
太宗→李世民(唐) 16-45, 16-46
太宗→司馬昱(東晉)
——曰 一日萬幾 那得速 6-16
太眞→溫嶠(東晉) 4-19(註)
——終日無鄙言 33-31
太初→李沆(北宋) 6-30(註)
泰初→夏侯玄(三國 魏)
——因起曰 可得同 不可得而雜 10-10
太冲→左思(西晉) 8-24(註)
太平公主(唐) 20-21
退→陸退(東晉)
——答曰……非誄不顯 9-6

【ㅍ】

巴東王→蕭子(南朝 齊) 28-27(註)
沛公→劉邦(西漢) 35-26(註), 37-17(註)
彭城王→元勰(北魏) 21-11
平甫→王安國(北宋) 5-22(註)
——答曰……已是一種公案 5-22
平叔→何晏(三國 魏) 3-12(註)
平陽→李重(西晉) 18-28
平原→陸機(西晉) 25-1
平子→王澄(西晉) 1-36(註), 15-32, 17-18, 24-19
衛君談道——三倒 15-46(註)
平仲→寇準(北宋) 5-19(註)
廢帝→司馬奕(東晉)
——子業疑畏諸父 14-29(註)
鮑→鮑照(南朝 宋)
——曰 謝五言……亦雕繢滿眼 9-28
包公→包拯(北宋) 14-34
鮑明遠→鮑照(南朝 宋)
顏延之嘗問——己詩與謝康樂優劣 9-28
鮑宣(西漢)
君若欲慕……少君孟光之事矣 29-5
陳尙書見王莽誅何武——10-1
蒲元(三國 蜀)
——……鑄刀三千口 30-6
包希仁→包拯(北宋)
李待制誠之……因邸吏報——參政 14-34
馮京(北宋)←當世 5-22(註)
馮當世→馮京(北宋)
——……曰弁門 歌舞妙麗 閉目不窺 5-22
——知幷州 以書寄王平甫 5-22
馮道(五代十國)
王介甫雅愛——11-42
馮祖思→馮懷(東晉) 11-14
馮太常→馮懷(東晉) 11-14
弼→王弼(三國 魏)
——……十餘歲 便好莊老 8-3(註)
——曰 聖人體無……恒訓其所不足 8-5
弼→牛弼(隋) 13-27
畢茂世→畢卓(東晉)
——云……便足了一生 33-24

【ㅎ】

何→何晏(三國 魏)
——意多所短……因作道德論 8-6
何→何充(東晉)
——曰 我不看此 卿等何以得存 6-17
何敬容(南朝 梁) 39-10, 47-12
張吏部……意趣不協 35-24
何劉沈謝→何遜(南朝 梁), 劉孝綽(南朝 梁), 沈約(南朝 梁), 謝朓(南朝 齊)
若遇何劉……亦可識 35-30
何武(西漢)
陳尙書見王莽誅——鮑宣 10-1
賀司空→賀循(東晉) 33-25
何散騎→何子朗(南朝 齊) 16-35
何尙書→何晏(三國 魏) 14-10, 15-9
——自言 易義精了 所不解者九事 3-13

何尙之(南朝 宋) 46-12
——……更置玄學於南郭外 9-24
賀邵(三國 吳)←興伯 6-6(註)
何承裕(北宋) 34-24
何晏(三國 魏)←平叔, 尙書 19-8
——鄧颺夏侯玄 竝求傅嘏交 14-8
——爲吏部尙書……王弼未弱冠 往見之 8-3
——注老子未畢 8-6
——七歲……魏武奇愛之 22-10
何揚州→何充(東晉)
庾文康亡——臨葬 27-14
何偃(南朝 宋) 16-29
宋孝武選侍中四人……阮韜何偃爲一雙 24-43(註)
何子季→何胤(南朝 梁)
——與周彦倫……精信佛法 9-23
何子晳→何點(南朝 梁) 35-23
何點(南朝 梁)←何子晳 16-36
何準(東晉) 28-9(註)
何戢(南朝 宋)
張思光嘗詣……尙書劉澄 35-22
何澄(東晉) 22-33
何次道→何充(東晉) 15-58, 38-11
王丞相云……正自爾馨 18-13
——……禮拜甚勤 36-19
——……賈寧在後輪中 15-51
——飮酒 使人欲傾家釀 16-7
何參軍→何思澄(南朝 齊·梁)
——與族弟水部散騎 俱擅文名 9-30
何充(東晉)←次道, 驃騎, 揚州 6-17(註)
賀太傅→賀邵(三國 吳)
——作吳郡 初不出門 6-6
何佟之(南朝 齊)
——性好潔……洗滌者十餘過 48-11
何平叔→何晏(三國 魏)
——……僞傷其道 18-16
——美姿儀 面至白 24-3
——云 服五石散……亦覺神明開朗 3-12
何驃騎→何充(東晉) 4-35, 6-17, 28-9
——作會稽 虞存弟謇作郡主簿 6-18
夏侯→夏侯玄(三國 魏) 37-33
夏侯湛(西晉)←孝若 4-48(註)
潘安仁——竝有美容 喜同行 24-10
帝問曰——作羊秉敍 絶可想 4-48
夏侯豫州→夏侯亶(南朝 梁)
——……無被服姿容 42-5
夏侯仲權→夏侯霸(三國 魏) 14-7
夏侯太初→夏侯玄(三國 魏) 13-23, 15-10
——朗朗如日月之入懷 24-5
——……破所倚柱 12-11
夏侯泰初→夏侯玄(三國 魏) 14-8
——與廣陵陳本善 10-10
夏侯玄(三國 魏)←泰初 15-19(註), 24-2
何晏鄧颺——竝求傅嘏交 14-8
——……鍾毓爲廷尉 10-9
夏侯孝若→夏侯湛(西晉) 4-48
郝隆(東晉) 37-7, 37-10
——七月七日 出日中仰臥 37-6
郝普(三國 蜀·吳)
王汝南……自求——女 29-18
郝夫人(西晉)
東海家內……範鍾夫人之禮 29-20
韓→韓伯(東晉)
——曰 無可無不可 4-71
韓康伯→韓伯(東晉) 4-71, 18-45, 28-16
蔡叔子云——……然亦膚立 18-35
——母……毁壞 29-27
——母殷……之衡陽 29-35
——似肉鴨 38-30(註)
——數歲……至大寒止得襦 22-21
——將肘無風骨 38-30
韓康伯母(東晉) 29-27
漢光→劉秀(東漢)
班彪識劉氏之復興 馬援知——之可輔 4-19
韓母(東晉)
本爲二吳孝行 而——在焉 1-54(頭)
韓伯(東晉)←康伯, 豫章, 太常 1-47(註), 41-5(註)
韓伯休→韓康(東漢)
——……口不二價 28-5
韓范→韓琦(北宋), 范仲淹(北宋) 13-31(註)
韓非(戰國 韓)
老子遂與——同傳 37-34
漢成帝→劉驁(西漢)
——……讒班婕妤呪詛 29-4
韓壽(西晉)
——美姿容 賈充辟以爲掾 48-6
韓氏(西晉)
山妻——29-14
韓豫章→韓伯(東晉) 1-47
漢元帝→劉奭(西漢) 19-2
韓魏公→韓琦(北宋)
——執政 監司有非其人者 20-24

韓魏公→韓琦(北宋) 13-31
韓愈(唐)←吏部, 韓持國 39-16
韓朝宗→韓會(唐) 34-22
韓持國→韓維(北宋) 9-36
韓昶(唐)
——……而性頗闇劣 47-17
韓太常→韓伯(東晉) 15-86
韓熙載(南唐) 35-32
——肆情坦率 不持名檢 34-23
——在南唐……晝夜歌舞 14-33
咸陽王→元禧(北魏)
——窮極驕奢 27-30
項羽(秦) 4-17(註), 37-9(註)
亢宗→陽城(唐)2-20(註)
諧→李諧(北魏)
——答曰 不取 亦不放 5-13
海西公→司馬奕(東晉) 24-36, 37-11
許→許汜(東漢)
——曰 昔遭……使客臥下牀 3-10
——曰 陳元龍 淮海之士 豪氣不除 3-10
許→許詢(東晉)
支道林……共集王家 9-16
——曰 若保全此處 殊勝東山 4-47
或重——高……而無取於許 18-7
許敬宗(唐)
——見人 多忘之 35-30
許謹選(人)
——……不拘小節 28-38
許邁(東晉)←遠遊
與道士——共修服食 28-13
許汜(東漢)
——與劉玄德 竝在劉荊州坐 共論人物 3-10
許司徒→許靖
——喪子……欲共會其葬所 12-3
虛受→楊憑(唐) 2-21(註)
許詢(東晉)←玄度, 阿訥, 許掾 4-31(註)
許侍中→許璪(東晉) 12-19
許愼選(人) 28-38(註)
許掾→許詢(東晉) 16-14
支道林……許爲都講 8-39
——……體便登陟 28-17
——年少時……許大不平 8-46
許由(堯時) 22-18
許允(三國 魏)
——爲吏部郎 多用其鄉里 29-10
——爲晉景王所誅 29-11
許子將→許劭(東漢) 15-8
——……多長者之游 14-3
許章(人) 17-3
許玄度→許詢(東晉) 4-31, 4-47, 15-100, 18-7, 18-32, 19-17, 38-19
王中郎擧——爲吏部郎 38-32
——送母 始出都 15-91
——停都……無日不往 32-6
憲聖→憲聖皇后(南宋) 40-14
獻帝→劉協(東漢)
——嘗宴見孔文擧與郗鴻豫問 49-1
憲宗→李純(唐)
——初徵柳宗元……俄皆貶謫 20-23
奕→盧奕(唐)
安祿山陷洛陽——遇害 49-9(註)
顯→劉顯(南朝 梁)
——幼聰敏 當世號曰神童 21-8
玄→鄭玄(東漢)
——就車與語曰……今當盡以所注與君 7-3
——……在水上據屐 7-2
玄→桓玄(東晉)
——文翰之美 高於一世 9-8(註)
玄卿→李勉(唐)
李勉字——2-18(註)
玄卿→薛道衡(隋) 5-11(註)
玄德→劉備(三國 蜀) 3-10(註)
玄度→許詢(東晉) 4-31(註)
淸風朗月 輒思——4-34
玄明→劉玄明(南朝)
——……旣而言 作縣令 唯日食一升飯而不飮酒 此第一策也 6-24
玄茂→鄧颺(三國 魏) 3-13(註)
玄伯→陳泰(三國 魏) 36-6
玄英(唐) 22-30
顯仁太后(南宋) 40-14
玄宗→李隆基(唐) 16-47
——不好琴……叱琴者出 48-12
——嘗賜酺三日 6-28
——忽思……令往寫貌 31-15
玄冲→王渾(西晉) 3-16(註)
玄平→劉玄平(唐)
——曰 夫人有短 所以見長 18-56
玄虛→木華(西晉) 9-31(註)
玄暉→謝朓(南朝 齊) 2-7(註)
——嗟歎良久……無惜齒牙餘論 2-7
衡→禰衡(東漢)

——先自飽食 都不顧衆賓 35-2
——枹爲漁陽摻檛 淵淵有金石聲 3-5
荊公→王安石(北宋)
——厲聲曰 祖宗親盡亦祧 何况賢輩
兄女→謝道韞(東晉) 29-30
衡陽王→劉義季(南朝 宋)
——餉錢十萬 2-5
邢子才→邢劭(北齊)
——……嘗謂 誤書思之 更是一適 9-26
——有書甚多……更是一適 9-26
邢劭(北齊)←子才 26-13
嵇康(三國 魏)←叔夜, 中散, 嵇公 4-2(註), 6-9, 35-5
——……遇道士孫登 19-9
——目送飛鴻語 16-51
——身長七尺八寸 風姿特秀 24-6
——與呂安善……千里命駕 35-6
或問顧——……何如嵆康琴賦 9-11
嵇公→嵇康(三國 魏) 18-36
慧觀(南朝 宋)
宋文帝嘗問——……誰復習之 9-22
慧亮(南朝) 16-37
惠連→謝惠連(南朝 宋)
至如風定花猶落 乃追步——矣 22-27
慧隆道人(南朝 齊)←隆公 16-39
嵇紹(西晉)←延祖 6-9(註), 10-19
嵇叔夜→嵇康(三國 魏) 15-12, 27-6, 15-100(註)
何平叔……僞傷其道 18-16
——之爲人……若玉山之將崩 24-6
惠施(戰國)
——多方 其書五車 18-48(註)
嵇延祖→嵇紹(西晉) 15-41
——卓卓如野鶴之在雞羣 24-13
嵇阮→嵇康(三國 魏), 阮籍(三國 魏) 4-21
山公……契若金蘭 29-14
嵇阮山劉→嵇康(三國 魏), 阮籍(三國 魏), 山濤(三國 魏), 劉伶(三國 魏) 36-7
惠子(戰國 宋)
——……何以無一言入玄 18-48
惠帝→司馬衷(西晉) 24-11
嵇中散→嵇康(三國 魏) 12-6
——……曰 恥與魑魅爭光 12-6
——……奏廣陵散 12-7
——語趙景眞……恨量小狹 4-2
嵇喜(西晉) 35-6(註)
祜→羊祜(西晉) 15-15
浩→殷浩(東晉)
——能言理……長於老易 15-82(註)
——善以通和接物也 15-79
——淸言妙辯玄致 15-80(註)
浩→崔浩(北魏)
——作國書……以彰直筆 27-29(註)
胡奴→陶範(東晉)
袁宏始作東征賦……臨以白刃 8-36
虎犢→王彪之(東晉)
虎豘——還其所如 38-10
虎豘→王彭之
——虎犢 還其所如 38-10
虎頭→顧愷之(東晉) 4-65(頭)
胡毋彦國→胡毋輔之(西晉) 33-17
時泰山——……邀孝孫 32-10
王平子——諸人 皆以任放爲達 或有裸體者 1-36
——……三伏中 33-19
——……後進領袖 15-54
胡毋輔之(西晉) 33-24(註)
正與——詣賈 47-8
胡兒→謝朗(東晉) 18-28, 29-30, 47-9
胡威(西晉) 17-13
胡之→王胡之(東晉)
——常遺世務 以高尙爲情 16-3(註)
——治身淸約 以風操自居 16-8(註)
渾→王渾(西晉)
——薨……相率致賻數百萬 戎悉不受 1-34
弘度→李充(東晉) 4-56(註)
弘微→謝密(南朝 宋)
——自幼精神詳審 時然後言 44-11(註)
洪遠→殷融(東晉) 9-3(註)
鴻漸→陸羽(唐) 5-18(註)
弘治→杜乂(東晉)
——膚淸 衛虎奕奕神令 18-24
和→顧和(東晉) 22-17
——覓蝨 夷然不動 13-1
華公→華歆(東漢)
陳群歎曰……淸而不介矣 1-21(註)
和嶠(西晉)←長輿 15-19, 17-22, 33-18
武帝語——曰 我欲先痛罵王武子 10-17
王戎——同時遭大喪 倶以孝稱 1-25
晉武帝時……——爲令 10-16
——性至儉……與不過數十 42-1
——爲武帝所親重 10-15
花奴→李璡(唐) 48-12
和氏→和士開(北齊) 37-40

華軼(西晉) 15-91(註)
華子魚→華歆(東漢) 17-6
──從會稽還都……密各題識 1-21
和長輿→和嶠(西晉) 11-4, 27-10
王武子有馬癖──有錢癖 30-9(註)
華歆(東漢)←子魚 1-17(註), 17-11
管寧──……華捉而擲去之 1-18
──王朗 俱乘船避亂 有一人欲依附 1-20
──遇子弟甚整 雖閒室之內 嚴若朝典 1-17
桓→桓溫(東晉)
──云 時有入心處 便覺咫尺玄門 4-44
桓→桓伊(東晉)
──神色無忤 卽吹爲一弄 20-7
桓→桓玄(東晉)
──出山 語左右曰 實乃生所未見 4-74
桓謙(東晉)←敬祖, 中軍
舊以──比殷仲文 18-52
桓敬祖→桓謙(東晉) 11-33
桓公→桓溫(東晉) 11-28, 13-6, 14-26, 15-103, 15-94, 18-21, 18-27, 18-31, 23-9, 24-29, 37-10, 37-11, 37-12, 38-14, 46-10
鄧竟陵……過見大司馬──41-6
王劉與──共至覆舟山看 11-26
袁虎伏滔同在──府 38-16
──……慨然曰 木猶如此 人何以堪 4-37
──……迺嘆曰 旣爲忠臣 不得爲孝子 如何 4-36
──見謝安石作簡文謚議 9-15
──鬢如反猬皮……一流人 24-28
──少與殷侯齊名 常有競心 18-18
──欲遷都 以張拓定之業 38-23
──云 我猶患其重 6-19
──有主簿 善別酒 30-14
──議移洛陽鍾簴 11-17
──入蜀……有得猨子者 41-3
──入峽 絶壁天懸 騰波迅急 4-36
──在荊州 全欲以德被江漢 恥以威刑肅物 6-19
桓公→桓玄(東晉)
企生答曰……我何顏謝──1-51
──初報破殷荊州 46-11
桓南郡→桓玄(東晉) 1-51, 4-73, 29-35, 34-4, 37-26, 37-29
──每見人不快 輒嗔 38-34
──小兒時……各養鵝共鬪 44-10
──楊廣共說殷荊州……以自樹 1-50
──與殷荊州 共談每相攻難 9-2
──好獵……騎甚盛 20-3
桓宣武薨──年五歲 22-24
桓大司馬→桓溫(東晉) 18-20, 24-33, 36-21, 40-9
──……彈劉枕 11-16
桓道恭(東晉) 20-3
桓靈寶→桓玄(東晉) 4-74
桓武→桓溫(東晉) 29-24
桓茂倫→桓彝(東晉) 15-70
──……可笑人 24-21
桓石虔(東晉) 23-14
桓宣武→桓溫(東晉) 4-25, 4-38, 4-44, 13-3, 13-9, 13-17, 17-19, 23-11, 23-12, 23-8, 24-35, 26-9, 32-13, 34-5, 36-23
郗司空在北府──惡其居兵權 21-6
──……議芟夷朝臣 13-7
──……以李勢妹爲妾 29-23
──……戲大輸 33-15
──命袁彦伯 作北征賦 8-43
──北征……倚馬前令作 9-20
──嘗問孟萬年 聽伎……何也 4-26
──與袁彦道樗蒲……擲去五木 44-6
──薨 桓南郡年五歲 22-24
桓修(東晉)←桓崖 37-30(註)
桓玄將篡──欲因玄在脩母許襲之 49-6
桓式→桓歆(東晉)
──年少從外來云……下拂地足 6-19
桓崖→桓修(東晉) 37-30
桓溫(東晉)←元子, 桓公, 征西, 大司馬 宣武 4-25(註), 14-25, 18-19
──行經王敦墓邊過……可兒 15-76
桓胤(東晉) 41-8(註)
桓子野→桓伊(東晉) 20-7, 33-38, 34-3
──每聞淸歌 輒喚奈何 33-37
桓征西→桓溫(東晉)
──治江陵城甚麗 4-65
桓廷尉→桓彝(東晉) 15-47
庾公……覓一佳吏 15-68
桓車騎→桓溫(東晉) 33-36
桓車騎→桓沖(東晉) 22-24, 35-13
──不好着新衣 29-28
王子猷作──參軍 35-14
桓沖(東晉)←玄叔, 車騎 35-10
桓豹奴→桓嗣(東晉) 37-14
桓玄(東晉)←敬道, 靈寶, 南郡 16-24, 18-51, 18-52, 23-16, 27-21, 37-25, 37-30
──……領荊江二州二府一國 9-9
──……云 我今欲爲王孝伯作誄 9-8
──旣篡位 將改置直館 4-75

—— 欲以謝太傅宅爲營 20-8
—— 將簒 桓脩欲因玄在脩母許襲之 49-6
—— 簒立……涕泗交流 11-32
—— 敗後……非復往日 41-7
桓護軍 → 桓伊(東晉) 18-24
桓豁(東晉) 29-24
桓歆(東晉) ← 叔道 6-19(註)
黃瓊(東漢) ← 世英 1-10(註)
黃公 → 黃瓊(東漢)
徐孺子嘗事江夏 —— 1-10
皇甫度遼 → 皇甫規(東漢) 32-1
皇甫謐(西晉)
思乃詢求於 —— ……遂爲作敍 8-41
—— 有從姑子梁柳 爲城陽太守 1-28
黃山谷 → 黃庭堅(北宋) 39-17
黃巢(唐)
中和間……竝巢姬妾百數 29-40
黃叔度 → 黃憲(東漢)
詣 —— 乃彌日信宿 17-2
周子居常云……則鄙吝之心已復生矣 1-8
黃子琰 → 黃琬(東漢) 22-4
黃庭堅(北宋) ← 魯直 5-23(註)
黃祖(東漢) 35-2
黃太史 → 黃庭堅(北宋)
—— 云 士大夫三日不讀書……語言無味 5-23
皇太后 → 崇德太后 37-11(註)
黃憲(東漢) ← 叔度 1-8(註)
會 → 庾會(東晉) 12-21
會 → 鍾會(三國 魏)
—— 善書……作書與母取劍 31-5
會稽王 → 司馬道子(東晉) 11-21, 16-21(註), 27-22, 45-1(註)
會稽王 → 司馬昱(東晉)
唯 —— 來 軒軒如朝霞擧 24-36
人言 —— 癡 眞癡 38-22
支道林……許爲都講 8-39
—— 有遠體而無遠神 18-3
淮南厲王 → 劉長(西漢)
—— ……不食而死 10-17(註)
淮南王 → 劉安(西漢)
—— 著鴻烈二十篇 號淮南子 7-1
晦堂(北宋)
—— 曰 吾無隱乎爾 9-37
晦堂老子(北宋)
黃龍寺 —— ……以吾無隱乎爾之義 9-37
懷祖 → 王述(東晉)
—— 狷隘 18-5(註)
恢之 → 王恢之(南朝 宋) 2-2
繪之 → 韓繪之(東晉)
韓康伯母……之衡陽 29-35
斅 → 江斅(南朝 齊)
—— 顧命左右曰 移吾牀遠客 11-38
孝卿 → 庾子輿(南北朝) 2-14(註)
孝己(殷)
昔高宗放孝子 —— 3-6
孝穆 → 徐陵(南朝 陳) 5-9(註)
—— 從容答曰 前王肅至此……使卿復知寒暑 5-9
孝武 → 司馬曜(東晉) 4-60, 4-69, 11-30, 13-18, 32-7, 45-1(註), 47-7, 47-10
簡文崩 —— 年十餘歲立 22-22
—— 山陵夕 王孝伯入臨 27-23
孝武 → 劉駿(南朝 宋) 16-33(註)
孝武 → 司馬曜(東晉)
王國寶搆謝太傅……太傅患之 20-7
—— 屬王珣求女壻 37-24
孝文王 → 司馬道子(東晉) 45-1
孝伯 → 王恭(東晉) 1-52(註)
—— ……羅羅淸疎 16-22
—— 常有新意 不覺爲煩 16-23
孝先 → 陳忠(東漢)
長文有英才 與季方子 —— 各論其父功德 1-15
孝若 → 明山賓(南朝 梁) 2-13(註)
孝若 → 夏侯湛(西晉) 4-48(註)
孝懿皇后(南朝 宋) 32-15(註)
后 → 明恭后(南朝 宋)
—— 曰 爲樂之事 其方自多 29-36
侯景(南朝 梁)
梁簡文爲 —— 幽縶 題壁自敍 27-28
侯白(隋)
—— 好俳諧 37-41
侯司徒 → 侯霸(東漢) 19-1
—— 欲與王仲回交友 10-5
侯嬴(戰國)
仲山曰……豈爲鄙哉 1-6
後廢帝 → 劉昱(南朝 宋)
敬則在宋……殺後廢帝於華林園 39-5(註)
徽 → 裴徽(三國 魏)
—— 問曰 夫無者……何邪 8-5
休 → 孫休(三國 吳)
—— 曰 雖爲小物……朕所以好之 19-6
眭夸(北魏) 27-29
休上人 → 湯惠休(南朝 宋)

——制作 委巷間歌謠耳 39-2
休遠→劉劭(南朝 宋) 5-5(註)
休徵→王祥(西晉) 1-23(註)
休泰→王韶之(東晉) 5-2(註)
歆→華歆(東漢)
——曰 本所以疑……寧可以急相棄邪 1-20
興公→孫綽(東晉) 4-59(註)
——到處 爲衆人所擯 38-24(頭)
興伯→賀邵(三國 吳) 6-6(註)
興宗→嚴續(南唐) 35-32(註)
喜→李喜(魏晉)
——對曰 先公以禮見待……喜畏法而至耳 4-3
希→庾希(東晉) 29-24
喜→嵇喜(魏晉) 35-6
希聖→錢維演(北宋) 32-23(註)
希逸→謝莊(南朝 宋) 5-4(註)
僖宗→李儇(唐) 29-40

〔附錄 2〕 - 參考資料

1. ≪世說新語補 5≫ 參考書目

◇ 底本

- ≪世說新語補≫ 규장각한국학연구원, 奎中 1801-v.1-7(현종실록자본).

◇ 주요 참고자료

- ≪世說新語補≫ 국립중앙도서관 古373-1(목활자본).
- ≪李卓吾批點世說新語補≫ 국립중앙도서관 古古10-30-나34.
- ≪李卓吾批點世說新語補≫ 와세다대학 소장본(イ17 02080).
- ≪李卓吾批點世說新語補≫ 와세다대학 소장 安永本(ヌ08 04889).
- ≪鍾伯敬批點世說新語補≫ 대전 연정국악원 소장본.
- ≪世說新語≫ 董弅本, 日本 尊経閣叢刊, 育德財団.
- ≪世說新語≫ 思賢講舍本, 上海古跡出版社 影印, 1984.
- ≪世說新語≫ 元刊本, 內閣文庫本.
- ≪世說新語≫ 八卷本, 中華書局, 2017.
- ≪宋本世說新語≫ 全5冊, 國家圖書館出版社, 2017.
- ≪何氏語林≫, 규장각한국학연구원(奎中 3300-v.1-6)
- ≪何氏語林≫, 文淵閣四庫全書, 臺灣商務印書館, 1986.

◇ 교감주해서 및 번역서

〔日本〕

- ≪世說音釋≫, 恩田仲任 編, 국립중앙도서관(古古10-30-가100), 1802.
- ≪世說講義≫, 田中頤, 국립중앙도서관(古3235-9-58-2), 1816.
- ≪世說啓微≫, 皆川淇園, 국립중앙도서관(古古10-30-가178), 1815.
- ≪世說新語補觽≫, 岡白駒, 국립중앙도서관(古古10-30-나61), 1749.
- ≪世說箋本≫, 秦士鉉, 국립중앙도서관(古古10-30-나28), 1826.
- ≪世說新語補考≫, 桃源藏, 국립중앙도서관(古古10-30-나59), 1762.

- ≪新釋漢文大系 世說新語(上・中・下)≫, 目加田誠, 明治書院, 1975~7.
- ≪世說新語≫(中國古典文學全集32), 大村梅雄, 平凡社, 1959.
- ≪世說新語≫(中國古典文學大系9), 森三樹三郎, 平凡社, 1969.
- ≪世說新語≫(世界文學大系71「中國古小說集」), 川勝義雄 等, 筑摩書房, 1964.
- ≪世說新語(上・下)≫, 竹田晃, 學習研究社, 1983~4.
- ≪世說新語≫(鑑賞中國の古典14), 井波律子, 角川書店, 1988.

〔中國〕

- ≪世說新語校釋≫(上・中・下), 博客來 譯註, 上海古籍出版社, 2011.
- ≪世說新語校釋≫(上・中・下), 龔斌 譯註, 上海古籍出版社, 2012.
- ≪世說新語校箋≫, 勇 楊 譯註, 中華書局, 2006.
- ≪世說新語校箋≫, 徐震堮 譯註, 文史哲出版社, 1989.
- ≪世說新語硏究≫, 王能憲 譯註, 江蘇古籍出版社, 1992.
- ≪世說新語箋疏≫, 余嘉錫 譯註, 中華書局, 1983
- ≪世說新語全譯≫, 柳士鎭 等 譯註, 貴州人民出版社, 1996.
- ≪世說新語彙校集注≫, 朱鑄禹 譯註, 上海古籍出版社, 2002.
- ≪世說新語會評≫, 劉强 譯註, 鳳凰出版社, 2007.
- ≪王世貞年譜≫, 鄭利華, 上海, 復旦大學出版社, 1993.
- ≪李贄全集注≫ 第20冊, 李贄, 社會科學文獻出版社, 2010.

〔韓國〕

- ≪세설신어≫, 김현진 역, 두성, 1991.
- ≪세설신어≫(전3책), 김장환 역, 살림, 1996~2000.
- ≪세설신어≫(전4책), 임동석 역, 동서문화사, 2011.
- ≪세설신어≫(전3책), 안길환 역, 명문당, 2006.
- ≪세설신어보≫(전4책), 김장환 역, 지식을만드는지식, 2010.
- ≪세설신어성휘운분≫(전3책), 김장환 역, 학고방, 2012.

〔其他〕

- ≪A New Account of Tales of the World(世說新語)≫, Richard B.Mather, University of Minnesota Press, 1976.

◇ 經部

- ≪經典釋文≫, 陸德明 撰, 文淵閣四庫全書, 臺灣商務印書館, 1986.
- ≪老子道德經≫, 文淵閣四庫全書, 臺灣商務印書館, 1986.
- ≪論語注疏≫, 何晏 注, 邢昺 疏, 北京大學出版社, 1999.
- ≪論語集註大全≫, 朱熹 集註, 胡廣 等 編, 朝鮮 內閣本, 影印本, 學民文化社.
- ≪孟子注疏≫, 趙岐 注, 孫奭 疏, 北京大學出版社, 1999.
- ≪孟子集註大全≫, 朱熹 集註, 胡廣 等 編, 朝鮮 內閣本, 影印本, 學民文化社.
- ≪毛詩正義≫, 毛公 傳, 鄭玄 箋, 孔穎達 正義, 北京大學出版社, 1999.
- ≪書傳大全≫, 蔡沈 集傳, 胡廣 等 編, 朝鮮 內閣本, 影印本, 學民文化社.
- ≪尙書正義≫, 孔安國 傳, 孔穎達 正義, 北京大學出版社, 1999.
- ≪詩傳大全≫, 朱熹 注, 胡廣 等 編, 朝鮮 內閣本, 影印本, 學民文化社.
- ≪禮記正義≫, 鄭玄 注, 孔穎達 正義, 北京大學出版社, 1999.
- ≪禮記集說大全≫, 陳澔 集說, 胡廣 等 編, 朝鮮 內閣本, 影印本, 學民文化社.
- ≪儀禮注疏≫, 鄭玄 注, 賈公彦 疏, 文淵閣四庫全書, 臺灣商務印書館, 1986.
- ≪周易正義≫, 王弼・韓康伯 注, 孔穎達 正義, 北京大學出版社, 1999.
- ≪周易傳義大全≫, 程頤 傳, 朱熹 本義, 胡廣 等 編, 朝鮮 內閣本, 影印本, 學民文化社.
- ≪春秋公羊傳注疏≫, 何休 註, 徐彦 疏, 北京大學出版社, 2000.
- ≪春秋左氏傳注疏≫, 杜預 註, 孔穎達 疏, 北京大學出版社, 2000.
- ≪韓詩外傳今註今譯≫, 賴炎元 註譯, 臺灣商務印書館, 1974.
- ≪孝經注疏≫, 唐 玄宗 注, 邢昺 疏, 北京大學出版社, 1999.

◇ 史部

- ≪高士傳≫, 皇甫謐 撰, 文淵閣四庫全書, 臺灣商務印書館, 1986.
- ≪南史≫, 文淵閣四庫全書, 臺灣商務印書館, 1986.
- ≪南齊書≫, 文淵閣四庫全書, 臺灣商務印書館, 1986.
- ≪唐書≫, 文淵閣四庫全書, 臺灣商務印書館, 1986.
- ≪東都事略≫, 王稱 撰, 文淵閣四庫全書, 臺灣商務印書館, 1986.
- ≪馬氏南唐書≫, 馬令 撰, 文淵閣四庫全書, 臺灣商務印書館, 1986.
- ≪明史≫, 文淵閣四庫全書, 臺灣商務印書館, 1986.
- ≪北史≫, 文淵閣四庫全書, 臺灣商務印書館, 1986.
- ≪史記索隱≫, 司馬貞 編, 文淵閣四庫全書, 臺灣商務印書館, 1986.

- ≪史記正義≫, 張守節 撰, 文淵閣四庫全書, 臺灣商務印書館, 1986.
- ≪史記集解≫, 裴駰 撰, 文淵閣四庫全書, 臺灣商務印書館, 1986.
- ≪史通≫, 文淵閣四庫全書, 臺灣商務印書館, 1986.
- ≪山西通志≫, 李維禎 撰, 文淵閣四庫全書, 臺灣商務印書館, 1986.
- ≪三國志≫, 陳壽 撰, 文淵閣四庫全書, 臺灣商務印書館, 1986.
- ≪續後漢書≫, 郝經 撰, 文淵閣四庫全書, 臺灣商務印書館, 1986.
- ≪宋史≫, 文淵閣四庫全書, 臺灣商務印書館, 1986.
- ≪宋書≫, 文淵閣四庫全書, 臺灣商務印書館, 1986.
- ≪隋書≫, 長孫無忌 撰, 文淵閣四庫全書, 臺灣商務印書館, 1986.
- ≪御批資治通鑑綱目≫, 朱熹(宋) 撰, 商務印書館, 1990.
- ≪吳越春秋≫, 文淵閣四庫全書, 臺灣商務印書館, 1986.
- ≪魏書≫, 文淵閣四庫全書, 臺灣商務印書館, 1986.
- ≪廿二史考異≫, 錢大昕 撰, 藝文印書館, 1964.
- ≪晉書≫, 文淵閣四庫全書, 臺灣商務印書館, 1986.
- ≪通鑑節要≫, 文淵閣四庫全書, 臺灣商務印書館, 1986.
- ≪通志≫, 鄭樵 撰, 文淵閣四庫全書, 臺灣商務印書館, 1986.
- ≪冊府元龜≫, 王欽若 等編, 鳳凰出版社, 2006.
- ≪漢書≫, 班固 撰, 文淵閣四庫全書, 臺灣商務印書館, 1986.
- ≪後漢書≫, 司馬彪 撰, 文淵閣四庫全書, 臺灣商務印書館, 1986.
- ≪後漢書補逸≫, 文淵閣四庫全書, 臺灣商務印書館, 1986.

◇ 子部

- ≪高僧傳≫, 釋慧皎 撰, 湯用彤 校注, 中華書局, 1992.
- ≪文子≫, 辛硏 著, 四部備要, 中華書局, 1936.
- ≪法言義疏≫, 汪榮寶 撰, 中華書局, 1996.
- ≪荀子箋釋≫, 盧文弨 校, 謝墉 輯校, 上海古籍出版社, 1986.
- ≪荀子集解≫, 王先謙 集解, 中華書局, 1988.
- ≪揚子法言≫, 揚雄 撰, 文淵閣四庫全書, 臺灣商務印書館, 1986.
- ≪列女傳≫, 劉向 撰, 文淵閣四庫全書, 臺灣商務印書館, 1986.
- ≪列仙傳≫, 劉向 撰, 文淵閣四庫全書, 臺灣商務印書館, 1986.
- ≪列子≫, 文淵閣四庫全書, 臺灣商務印書館, 1986.

- ≪莊子≫, 文淵閣四庫全書, 臺灣商務印書館, 1986.
- ≪太平廣記≫, 李昉 等 撰, 中華書局, 1961.
- ≪太平御覽≫, 李昉 等 撰, 文淵閣四庫全書, 臺灣商務印書館, 1986.
- ≪抱朴子內外篇≫, 葛洪 撰, 文淵閣四庫全書, 臺灣商務印書館, 1986.
- ≪韓詩外傳≫, 韓嬰 撰, 文淵閣四庫全書, 臺灣商務印書館, 1986.
- ≪韓非子≫, 韓非 撰, 文淵閣四庫全書, 臺灣商務印書館, 1986.
- ≪淮南子≫, 劉安 撰, 高誘 注, 文淵閣四庫全書, 臺灣商務印書館, 1986.
- ≪淮南鴻烈集解≫, 劉文典 撰, 中華書局, 1997.

◇ 集部

- ≪陶淵明集箋注≫, 袁行霈 箋注, 中華書局, 2003.
- ≪文選≫, 蕭統 撰, 文淵閣四庫全書, 臺灣商務印書館, 1986.
- ≪文選注≫, 蕭統 撰, 李善 注, 世界書局, 1962.
- ≪西京雜記≫, 劉歆 著, 成林 譯, 貴州人民出版社, 1993.
- ≪西晉文紀≫, 梅鼎祚 撰, 文淵閣四庫全書, 臺灣商務印書館, 1986.
- ≪呂氏春秋≫, 呂不韋 編, 高誘 注, 文淵閣四庫全書, 臺灣商務印書館, 1986.
- ≪緯略≫, 高似孫 撰, 廣文書局, 1970.
- ≪初潭集≫, 李贄 撰, 中華書局, 2009.
- ≪嵇中散集≫, 嵇康 撰, 讀書出版社, 1988.

◇ 데이터베이스(DB) 자료

- 동양고전종합DB(http://db.cyberseodang.or.kr)
- 상우천고(http://www.s-sangwoo.kr)
- 電子版 文淵閣四庫全書, 迪志文化出版社, 北京, 1999.
- 國學大師(http://www.guoxuedashi.com/search/?keyword)
- 搜韻(https://sou-yun.cn/index.aspx)
- 中華百科全書(https://ctext.org)
- Kanseki Repository Catalog 四庫全書(http://www.kanripo.org)
- 한국고전종합DB(http://db.itkc.or.kr)

2. ≪世說新語補 5≫ 參考圖版 目錄

(1)〈謝安(사안)〉, 上官周(淸) 畫, ≪晩笑堂竹莊畫傳≫ / 11
(2)〈皐陶明刑圖(고요명형도)〉, 孫家鼐(淸) 等, ≪欽定書經圖說≫ / 15
(3)〈遠志(원지)〉, 王圻(明) 撰, ≪三才圖會≫ / 20
(4)〈桓溫廢主立新君(환온폐주입신군)〉, 王少淮(明) 畫, ≪東西晉演義≫ / 23
(5)〈漢 高祖(한 고조)〉, 上官周(淸) 畫, ≪晩笑堂竹莊畫傳≫ / 28
(6)〈王羲之(왕희지)〉, 上官周(淸) 畫, ≪晩笑堂竹莊畫傳≫ / 29
(7)〈顧愷之(고개지)〉, 上官周(淸) 畫, ≪晩笑堂竹莊畫傳≫ / 31
(8)〈銘旌(명정)〉, 鄂爾泰(淸) 外 撰, ≪欽定周官義疏≫ / 36
(9)〈甘蔗(감자)〉, 王圻(明) 撰, ≪三才圖會≫ / 38
(10)〈老子(노자)〉, 王世貞(明) 輯, ≪列仙全傳≫ / 43
(11)〈娥皇(아황)과 女英(여영)〉, 顔鑑塘(淸) 撰, 王翽(淸) 繪, ≪百美新詠圖傳≫ / 47
(12)〈王安石(왕안석)〉, 上官周(淸) 畫, ≪晩笑堂竹莊畫傳≫ / 57
(13)〈蘇軾(소식)〉, 上官周(淸) 畫, ≪晩笑堂竹莊畫傳≫ / 59
(14)〈禰衡(예형)〉, 上海圖書集成局 刊, ≪繪圖三國演義≫ / 62
(15)〈術(출)〉, 王圻(明) 撰, ≪三才圖會≫ / 74
(16)〈謝靈運(사영운)〉, 田琦(鮮) 畫, ≪萬古際會圖像≫ / 87
(17)〈腰鼓(요고)〉, 王圻(明) 撰, ≪三才圖會≫ / 90
(18)〈章甫(장보)〉, 王圻(明) 撰, ≪三才圖會≫ / 93
(19)〈狄仁傑(적인걸)〉, 上官周(淸) 畫, ≪晩笑堂竹莊畫傳≫ / 98
(20)〈杜甫(두보)〉, 上官周(淸) 畫, ≪晩笑堂竹莊畫傳≫ / 100
(21)〈韓愈(한유)〉, 上官周(淸) 畫, ≪晩笑堂竹莊畫傳≫ / 102

(22) 〈黃庭堅(황정견)〉, 上官周(淸) 畫, ≪晩笑堂竹莊畫傳≫ / 103
(23) 〈趙普(조보)〉, 田琦(鮮) 畫, ≪萬古際會圖像≫ / 104
(24) 〈曹操(조조)〉, 田琦(鮮) 畫, ≪萬古際會圖像≫ / 108
(25) 〈諸葛亮(제갈량)〉, 上官周(淸) 畫, ≪晩笑堂竹莊畫傳≫ / 130
(26) 〈孫策(손책)〉, 金古良(淸) 畫, ≪無雙譜≫ / 139
(27) 〈梁 武帝(양 무제)〉, 姚文翰(淸) 繪, ≪歷代帝王眞像≫ / 140
(28) 〈水碓(수대)〉, 王圻(明) 撰, ≪三才圖會≫ / 147
(29) 〈王不留行(왕불류행)〉, 王圻(明) 撰, ≪三才圖會≫ / 149
(30) 〈原憲(원헌)〉, 狩野常信(日本) 畫, ≪賢哲肖像≫ / 153
(31) 〈箏(쟁)〉, 王圻(明) 撰, ≪三才圖會≫ / 160
(32) 〈榻(탑)〉, 王圻(明) 撰, ≪三才圖會≫ / 173
(33) 〈曹丕(조비)〉, 上海圖書集成局 刊, ≪繪圖三國演義≫ / 185
(34) 〈陸機(육기)〉, 顧沅(淸) 輯, ≪吳郡名賢圖傳贊≫ / 188
(35) 〈司馬懿(사마의)〉, 上海圖書集成局 刊, ≪繪圖三國演義≫ / 190
(36) 〈澡盆(조분)〉, ≪朱漆描金澡盆≫, 北京故宮博物院 소장 / 207
(37) 〈杜若(두약)〉, 王圻(明) 撰, ≪三才圖會≫ / 215
(38) 〈司馬光(사마광)〉, 上官周(淸) 畫, ≪晩笑堂竹莊畫傳≫ / 219
(39) 〈羯鼓(갈고)〉, 王圻(明) 撰, ≪三才圖會≫ / 233
(40) 〈半臂(반비)〉, 王圻(明) 撰, ≪三才圖會≫ / 235
(41) 〈孔融(공융)〉, 上海圖書集成局 刊, ≪繪圖三國演義≫ / 237
(42) 〈顔眞卿(안진경)〉, 田琦(鮮) 畫, ≪萬古際會圖像≫ / 252

3. ≪世說新語補≫ 總目次

QR코드를 스캔하면 ≪世說新語補≫ 總目次를 보실 수 있습니다.

4. ≪世說新語補≫ 解題

QR코드를 스캔하면 ≪世說新語補≫ 解題를 보실 수 있습니다.

*집필 : 金鎭玉(前 한국고전번역원 책임연구원)

責任飜譯者 略歷

金鎭玉

1959년 출생
誠信女子大學校 史學科 學士 졸업
西江大學校 史學科(東洋史) 碩士 졸업
高麗大學校 文學博士(고전번역)
民族文化推進會 國譯硏修院 상임연구부 졸업
한국고전번역원 책임연구원(前)

論著 및 譯書
論著 〈'推考'의 性格과 運用〉, 〈≪金吾憲錄≫의 자료적 가치〉, 〈≪世說新語≫에 대한 일고찰〉, 〈조선 후기 官署志에 대한 고찰〉 등
譯書 ≪의금부의 청헌, 금오헌록≫ 등
共譯 ≪태종실록≫, ≪세종실록≫, ≪일성록≫, ≪정조실록≫ 등

共同飜譯者 略歷

金泰勳

1971년 출생
高麗大學校 문과대학 한문학과 학사
高麗大學校 대학원 중어중문학과 석사 수료
한국고전번역원 선임연구원(現)

譯書
共譯 ≪승정원일기≫, ≪신역 조선왕조실록≫

南誠佑

1969년 출생
高麗大學校 한문학과 졸업
民族文化推進會(현 韓國古典飜譯院) 전문위원
民族文化推進會(현 韓國古典飜譯院) 부설 敎育硏修院 상임연구원(현 전문과정) 졸업
韓國古典飜譯院 표점교감팀 연구원
釜山大學校 점필재연구소 연구원
檀國大學校 동양학연구원 연구원
高麗大學校 한자한문연구소 연구원(現)

論著 및 譯書
譯書 ≪黃山遺藁≫, ≪桑韓唱和塤篪集≫, ≪栢後遺集≫, ≪沔陽雜錄≫ 등
共譯 ≪金鼎奎日記≫, ≪使行錄≫, ≪石谷散稿≫, ≪承政院日記≫,
≪續陰晴史≫, ≪朝鮮王朝御冊:敎命・竹冊・金冊≫ 등

懸　吐

吳圭根

江原 平昌 大化 出生
南山 鄭鑽 先生, 祖父 鳳西 先生, 家親 硏靑 先生에게 受學
民族文化推進會 國譯硏修院 卒業
國譯硏修院 講師 歷任
傳統文化硏究會 古典硏修院 講師 歷任
理事(現)

譯書 및 校勘標點
譯書 ≪宣祖實錄≫, ≪光海君日記≫, ≪中宗實錄≫
≪白湖全書≫, ≪順菴集≫, ≪承政院日記≫(高宗祖) 등
校勘標點 ≪韓國文集叢刊≫

東洋古典譯註叢書 134

譯註 世說新語補 5　　　　40,000원

2022년 12월 30일 초판 발행
2023년 01월 31일 초판 2쇄

企劃編輯　東洋古典飜譯編輯委員會
飜譯硏究管理　南賢熙
刪　定　王世貞
責任飜譯　金鎭玉
共同飜譯　金泰勳 南誠佑
懸　吐　吳圭根
潤　文　朴勝珠
校　訂　李承俊 朴相水
出　版　白俊哲
裝　幀　김진디자인

發 行 人　朴洪植

發 行 處　社團法人 傳統文化硏究會

등록 : 1989. 7. 3. 제1-936호
서울시 종로구 삼일대로 428 낙원빌딩 411호
전화 : (02)762-8401　전송 : (02)747-0083
전자우편 : juntong@juntong.or.kr
홈페이지 : juntong.or.kr
사이버書堂 : cyberseodang.or.kr
온라인서점 : book.cyberseodang.or.kr

인쇄처 : 한국법령정보주식회사(02-462-3860)
총　판 : 한국출판협동조합(070-7119-1750)

ISBN 979-11-5794-554-2 94820
978-89-85395-71-7 (세트)

※ 이 책은 2022년도 교육부 고전문헌 국역지원사업 지원비에 의해 초판(비매품) 간행.

전통문화연구회 도서목록

범례 : 周易正義 1~4〔全15〕 – 전체 15책 계획, 현재 1~4책만 간행된 경우

新編 基礎漢文教材

新編 四字小學·推句 고전교육연구실 編譯 11,000원
新編 啓蒙篇·童蒙先習 고전교육연구실 編譯 11,000원
新編 明心寶鑑 李祉坤·元周用 譯註 15,000원
新編 擊蒙要訣 咸賢贊 譯註 12,000원
新編 註解千字文 李忠九 譯註 13,000원
新編 原文으로 읽는 故事成語 元周用 編譯 15,000원
新編 唐音註解選 權卿相 譯註 22,000원

漢文讀解捷徑시리즈

漢文독해 기본패턴 고전교육연구실 著 15,000원
四書독해첩경 고전교육연구실 著 20,000원
한문독해첩경 –文學篇 朴相水·李和春 외 著 15,000원
한문독해첩경 –史學篇 朴相水·李和春 외 著 15,000원
한문독해첩경 –哲學篇 朴相水·李和春 외 著 15,000원

五書五經讀本

論語集註 上·下 鄭太鉉 譯註 合 50,000원
孟子集註 上·下 田炳秀·金東柱 譯註 合 60,000원
大學·中庸集註 李光虎·田炳秀 譯註 15,000원
小學集註 上·下 李忠九 外 譯註 合 50,000원
詩經集傳 上·中·下 朴小東 譯註 合 90,000원
書經集傳 上·中·下 金東柱 譯註 合 90,000원
周易傳義 元·亨·利·貞 崔英辰 外 譯註 合 120,000원
詳說 古文眞寶大全後集 上·下 李相夏 外 譯註 合 64,000원
春秋左氏傳 上·中·下 許鎬九 外 譯註 合 109,000원
禮記 上·中·下 成百曉 外 譯註 合 90,000원

東洋古典國譯叢書

大學·中庸集註 –개정증보판 成百曉 譯註 10,000원
論語集註 –개정증보판 成百曉 譯註 27,000원
孟子集註 –개정증보판 成百曉 譯註 30,000원
詩經集傳 上·下 成百曉 譯註 合 70,000원
書經集傳 上·下 成百曉 譯註 合 70,000원
周易傳義 上·下 成百曉 譯註 合 80,000원
小學集註 成百曉 譯註 30,000원
古文眞寶 後集 成百曉 譯註 32,000원

東洋古典譯註叢書

〈經部〉

〔十三經注疏〕

周易正義 1~4 成百曉·申相厚 譯註 合 139,000원
尙書正義 1~7 金東柱 譯註 合 228,000원
毛詩正義 1~7〔全15〕 朴小東 外 譯註 合 227,000원
禮記正義 1~2, 中庸·大學 李光虎 外 譯註 合 77,000원
論語注疏 1~3 鄭太鉉·李聖敏 譯註 合 107,000원
孟子注疏 1~3〔全5〕 崔彩基·梁基正 譯註 合 90,000원
孝經注疏 鄭太鉉·姜珉廷 譯註 30,000원
周禮注疏 1~3〔全15〕 金容天·朴禮慶 譯註 合 95,000원
春秋左傳正義 1〔全18〕 許鎬九 外 譯註 27,000원

春秋左氏傳 1~8 鄭太鉉 譯註 合 244,000원
禮記集說大全 1~4〔全10〕 辛承云 外 譯註 合 128,000원
東萊博議 1~5 鄭太鉉·金炳愛 譯註 合 153,000원
韓詩外傳 1~2 許敬震 外 譯註 合 62,000원
說文解字注 1~3〔全20〕 李忠九 外 譯註 合 109,000원

〈史部〉

思政殿訓義 資治通鑑綱目 1~22〔全39〕 辛承云 外 譯註 合 671,000원
通鑑節要 1~9 成百曉 譯註 合 275,000원
唐陸宣公奏議 1~2 沈慶昊·金愚政 譯註 合 80,000원
貞觀政要集論 1~4 李忠九 外 譯註 合 102,000원
列女傳補注 1~2 崔秉準·孔勤植 譯註 合 68,000원
歷代君鑑 1~4 洪起殷·全百燦 譯註 合 135,000원

〈子部〉

孔子家語 1~2 許敬震 外 譯註 合 71,000원
管子 1~3〔全4〕 李錫明·金帝蘭 譯註 合 91,000원
近思錄集解 1~3 成百曉 譯註 合 96,000원
老子道德經注 金是天 譯註 30,000원
大學衍義 1~5〔全7〕 辛承云 外 譯註 合 144,000원
墨子閒詁 1~6〔全7〕 李相夏 外 譯註 合 212,000원
說苑 1~2 許鎬九 譯註 合 50,000원
世說新語補 1~5 金鎭玉 外 譯註 合 171,000원
荀子集解 1~7 宋基采 譯註 合 224,000원
心經附註 成百曉 譯註 35,000원
顔氏家訓 1~2 鄭在書·盧暻熙 譯註 合 47,000원
揚子法言 1〔全2〕 朴勝珠 譯註 24,000원